持続可能なエネルギーシステムとは

エネルギーシステムの脱炭素化と、災害に強い街を構築するために、再生可能エネルギーによる発電や、地域全体を送電網で結んでエネルギーを有効利用するシステムの導入が進められている。

❼スマートシティ、サステイナブルシティとは

小規模分散型で、再生可能エネルギーを用いて、電気自動車（EV）などに蓄電して電力の自給自足をするシステムを**スマートグリッド**というが、これを情報通信技術（ICT）で制御してエネルギーをはじめ都市機能全体をネットワーク化した都市を**スマートシティ**という。このような都市は、持続可能なシステムを導入しているので、**サステイナブルシティ**とよばれることも増えてきた。

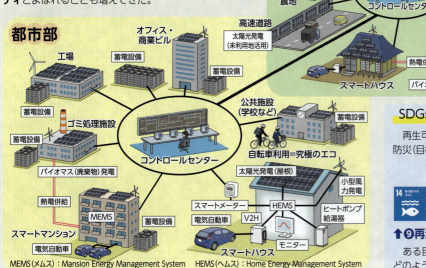

↑❽V2Hのモニター画面（東京都）
V2H（Vehicle to Home）は、太陽光発電の電力を電気自動車に蓄電し、夜間や停電時は車から給電するシステムで、エネルギーの地産地消の基本となる。

SDGsの目標のつながりをとらえよう Link 巻末1～2

再生可能エネルギーの利用（目標7）は、気候変動への対策（目標13）や防災（目標11）にもつながるよう

↑❾再生可能エネルギーの…
ある目標を達成するために別の目標の達成を犠牲にしてはならず、どのようにすれば両立できるのかを考えることが大切である。

日本国内の取り組み

日本国内でも、神奈川県藤沢市や千葉県柏市などの都市部や、岐阜県郡上市の農村部など各地域で、持続可能な地域社会の構築に向けて、小規模分散型システムで、エネルギーの地産地消を目指す取り組みが始まっている。

↑❿各住宅や提供公園の施設に太陽光発電パネルが整備された街「Fujisawa SST」（神奈川県，藤沢市）

Link p.142 ❷再生可能エネルギーの利用

↓→⓬柏の葉スマートシティ（下）と地域の電力供給を制御するコントロールパネル（右，ともに千葉県，柏市）
柏の葉キャンパス駅を中心に、自治体・民間企業・大学が連携したスマートシティの構築が目指されている。

←⓫写真⓾の街で実証実験が行われている自動運転の宅配ロボットサービス（藤沢市，2020年）

→⓭農業用水を活用した小水力発電を行う石徹白集落（岐阜県，郡上市，2017年）用水を流れる水で水車を回すことで発電した電力は、公共施設や農産物加工所などで用いられ、エネルギーの地産地消の好例として注目されている。

巻頭特集2　GISと防災① － GISの役割と活用 －

Link　p.5 ③地理情報システム（GIS）の活用,
p.70～71 日本の地形と自然災害,
p.72～73 日本の気候と自然災害,
p.74～75 防災・減災の取り組み,
共通テスト対策(p.304, 308, 311)

多発する自然災害とGISが果たす役割

　自然災害の多い日本では，道路・鉄道・上下水道・送電網をはじめとするインフラ（→p.210）の整備などのハード面だけでなく，私たちがすぐに実践できるソフト面での防災・減災対策が求められる。
　地理情報システム（GIS）を活用して，これまでに発生した自然災害を分析すれば，より精度の高いハザードマップが作成でき，さらにこれをインターネット上で公開すれば，多くの人々と防災対策を進めるための有用な情報を共有することができる。しかし，どんなに精度の高いハザードマップができたとしても，そこで想定された災害予測を無条件に信頼するのではなく，一人ひとりが防災に対する意識そのものを変える必要がある。被災時でも平常な心理で最適な行動がとれるように，被災者の証言を教訓にして日頃から自分で考える習慣を身につけなければならない。自助・共助・公助に取り組み，自然災害と共生しながら，次世代にわたって誰一人取り残さない持続可能な社会を実現することが求められる。

↑❶平成26（2014）年8月豪雨による土砂災害（広島県，広島市，2014年8月）　広島市安佐北区と安佐南区を中心に1時間に100mmを超える豪雨が降ったことにより，山の斜面で土石流や崖崩れが発生し，山ぎわの住宅地を襲った。この土砂災害で全壊・半壊の被害を受けた家屋は400棟近くにのぼり，70名以上の人が亡くなった。

災害の範囲と土地の特徴をGISで読み取ろう

↑❷地理院地図の写真判読図による平成26年8月豪雨の土砂流出範囲と自然災害伝承碑の分布

↑❸左の地図中の梅林駅近くに建立された自然災害伝承碑

　集中豪雨によって地盤がゆるんだ山間部で大規模な土砂の流出（左の図中では■で表示）が同時多発的に発生し，谷を流れ下って山ぎわの住宅地を襲ったことにより，広範囲の市街地が土砂災害の被害を受けた。
　左の地図中に点在する自然災害伝承碑は，この平成26年8月豪雨による土砂災害の教訓を後世に伝えるために建立された碑である。写真❸はその一つで，図中の❶をクリックすると，各碑の画像を見ることができる。

↑❹「重ねるハザードマップ」で見た広島市安佐南区の地形分類図（下の図❺とほぼ同じ範囲を表示）

「重ねるハザードマップ」は国土交通省が運営するハザードマップのポータルサイトで，防災に役立つ災害リスク情報などを地図や写真に自由に重ねて表示することができる。洪水や土砂災害などの災害の種類ごとに表示する情報を選ぶことができ，図❹のように，地形図と地形分類図を重ねて表示することも可能である。これにより土地の地形的特徴とそれに基づく災害リスクを把握することができる。

※地形分類図は地理院地図のウェブサイトでも閲覧可能。

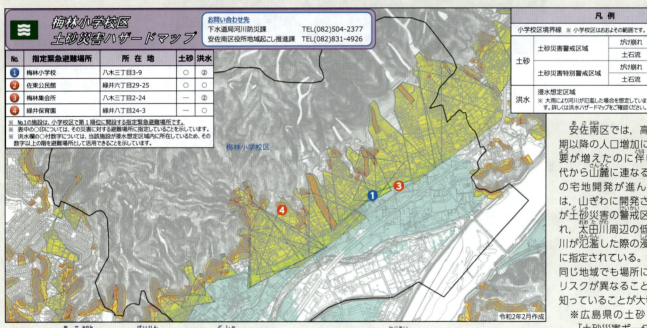

↑❺広島市安佐南区にある梅林小学校区の土砂災害ハザードマップ（一部加工・割愛）
［提供：広島市（土砂災害ハザードマップ「梅林小学校区」https://www.city.hiroshima.lg.jp/site/saigaiinfo/2663.html）］

安佐南区では，高度経済成長期以降の人口増加により住宅需要が増えたのに伴い，1960年代から山麓に連なる扇状地上での宅地開発が進んだ。図❺では，山ぎわに開発された住宅地が土砂災害の警戒区域に指定され，太田川周辺の低平な地域は川が氾濫した際の浸水想定区域に指定されている。このように，同じ地域でも場所によって災害リスクが異なることを日頃から知っていることが大切である。

※広島県の土砂災害情報は「土砂災害ポータルひろしま」のウェブサイトでも閲覧可能。

コラム　正常性バイアスと同調バイアス

自分の身の回りで実際に災害が発生したとき，私たちはどのような心理状態になり，どのような行動をとっさにとるのだろうか。テレビやラジオ，スマートフォンなどで，注意報や警報，避難勧告・避難指示などが出ていることを知っても，安全な場所に避難する行動を起こさなかったり起こせなかったりする人がいるのは，なぜだろうか。

防災心理学において，「正常性バイアス」と「同調バイアス」という言葉がある。バイアスとは心理学的な思い込みや先入観という意味で，例えば，2011年に起きた東日本大震災における津波被害の際には，"これまで津波被害を受けたことがない場所だから今回も被害は起きないだろう"と考える「正常性バイアス」と，"みんなが避難せずに自宅や職場にとどまっているから大丈夫だろう"と考える「同調バイアス」，被災時に陥りがちな"自分だけは助かるだろう"と考える心理などが，被害を拡大させる要因の一つになったといわれている。最新の防災対策では，災害時における人間のこうした心理学的側面を十分に検証した行動マニュアルづくりが求められている。

↑❻災害時に生じやすい心理状態の例

巻頭特集2　GISと防災②
－あなたならどこに住む？－

Link
p.5 ③地理情報システム(GIS)の活用,
p.11 ③一般図と主題図,
p.70～71 日本の地形と自然災害,
p.72～73 日本の気候と自然災害,
p.74～75 防災・減災の取り組み,
共通テスト対策(p.304, 308, 311)

～受験勉強の成果が実り，春から東京の大学に進学することになったあなたは，転居のために住まい探しをしている～

あなた：大学は東京の文京区にあるみたいだから，住まいも大学になるべく近い，同じ文京区内がいいかな。物件情報サイトで一人暮らし用の物件を検索してみたら，図❷のⒶ～Ⓓの位置にある物件がヒットしたよ。大学への通学がしやすくて，買い物する所とかアルバイト先とか，日常生活にも便利な場所にある物件がいいな！

友　達：大学に通学しやすいことは重要なポイントだね！でも，最近は都会の住宅地でも豪雨による水害が発生しているニュースを見聞きするから，「水害を受けにくい土地」という防災の観点も大切だと思うな。災害リスクも考えて，住む物件を選んではどうかな？

1　一般図で物件を探し，周辺地域の様子を調べよう

→❶小石川植物園（東京都，文京区）　もとは江戸幕府が薬になる植物を育てるために開いた植物園で，現在は東京大学の植物学の教育・研究施設になっている。一般公開されており，春の桜の季節などは，地域の人々の憩いの場にもなっている。

物件 Ⓐ
家賃9万円。最寄り駅は後楽園駅。東京ドームに近いので，野球の試合を気軽に見に行けて楽しそう！スーパーマーケットも近い。

物件 Ⓑ
家賃8万円。最寄り駅は白山駅。住宅街で静かな環境。スーパーマーケットやコンビニエンスストア，飲食店はあまりない。

物件 Ⓒ
家賃10万円。最寄り駅は茗荷谷駅。駅から近くて便利。コンビニエンスストアやファストフードなどの飲食店も豊富。

物件 Ⓓ
家賃7万円。最寄り駅は茗荷谷駅。複数の路線のバス停が近くにある。スーパーマーケットは近くにあるけど，飲食店などは少ない。

＊物件情報はフィクションです。実際の家賃相場とは異なる場合があります。

↑❷インターネットのウェブサイトで見ることができる文京区の一般図

↑❸東京ドーム（左）と最寄りの後楽園駅（右）　地下鉄の丸の内線が，道路の上の高架橋を走る。
↑❹東京大学の赤門　もとは加賀藩上屋敷の表門だった。

~次の日，あなたは友達にアドバイスを受けた災害リスクの調べ方について，先生に相談してみた~

あなた：水害を受けにくい土地って，どのように調べればよいのですか？
先　生：自治体が発行しているハザードマップを閲覧したり，WebGISの一つ，地理院地図を活用したりして，一緒に調べてみましょう。

地理総合

2 ハザードマップを見て，水害を受けやすい場所を調べよう

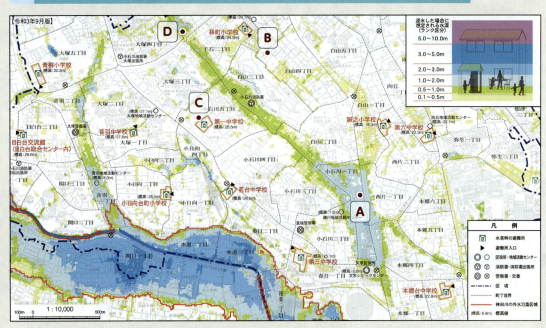

あなた：これが文京区のハザードマップですね。やはり川の近くは，浸水想定区域になっているのですね。でも，よく見ると，川沿いではない場所にも，浸水想定区域があります。これはなぜですか？
先　生：よく気がついたね！浸水想定区域になっている所は，地形的にどのような特徴をもっているのか，次は地理院地図のウェブサイトで検証してみましょう。

←❺文京区の水害ハザードマップ（一部加工・割愛）
〔提供：文京区〕

3 地理院地図を活用して，土地の地形的な特徴をとらえよう

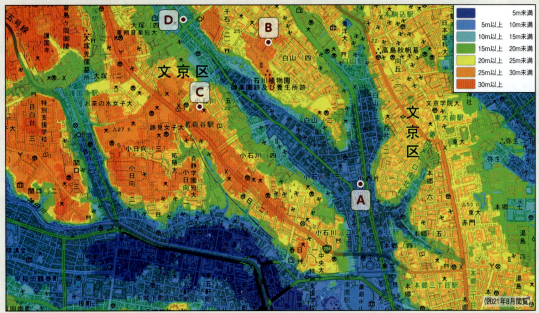

先　生：地理院地図の「地図の種類」を選択するウインドウで，「標準地図」→「標高・土地の凹凸」→「自分で作る色別標高図」と選択すると，左のような，土地の標高を色別に示した地図を作ることができるよ。
あなた：文京区ってこんなに土地の高低差があるのですね！谷のように低い所が，ハザードマップで浸水想定区域になっているのですね！

←❻地理院地図の「自分で作る色別標高図」で文京区の標高を色別に表示してみた例

やってみよう
1. 3枚の地図を比較して，物件 A ～ D の立地条件を，下のカードの項目に○△×をつけるかたちで評価しよう。
2. ○が多くついた物件のなかから最終選択物件をあなたなりに決めて，右端のカードに記入しよう。

物件 A	物件 B	物件 C	物件 D	あなたが選んだ物件
家賃　　　　　（　） 買い物のしやすさ（　） 水害の受けにくさ（　）	家賃　　　　　（　） 買い物のしやすさ（　） 水害の受けにくさ（　）	家賃　　　　　（　） 買い物のしやすさ（　） 水害の受けにくさ（　）	家賃　　　　　（　） 買い物のしやすさ（　） 水害の受けにくさ（　）	（　　）

巻頭6

もくじ

本書の特色

※国名の表記について
国名は，広く使われてよく知られている略称を用いています。下はその例です。

本書	正式国名
韓国	大韓民国
北朝鮮	朝鮮民主主義人民共和国
中国	中華人民共和国

※統計について
イギリスは2020年にEUより離脱しましたが，統計の年次によってはEUに含まれています。

1. **本書の構成** 「系統地理」を主体として構成しています。とくに農業と工業については，地域ごとの特色をより理解しやすくするため，農業の学習のあとに「農業地誌」を，工業の学習のあとに「工業地誌」を設けています。

2. **本書の整理とまとめ表について**
   - 「系統地理」には，単元の最後に学習のまとめページを設けているほか，随所にまとめ表を掲載しています。
   - 表のほかにも，写真や地図などを用いて視覚的に内容を整理しています。

3. とについて
   - 掲載している資料に着目して，地理的思考力を深めたり，能動的思考力を高めたりする問いかけを設けています。
   - ➕のガイド 地理力➕ の問いかけに対する解答例・解説を設けています。

巻頭特集
- 巻頭特集1 サステイナブルシティ構築への挑戦 …… 巻頭1-2
- 巻頭特集2 GISと防災①② …… 巻頭3-6

地図と地理情報
- 地理情報の活用 …… 4-5
- 世界像の変遷 …… 6-7
- 地球上の位置・時差 ▶ …… 8-9
- 地図の種類 …… 10-11

地形
- 世界の大地形 …… 12-13
- プレートテクトニクス …… 14-15
- プレートの境界 ▶ …… 16-17
- 火山の形成 …… 18-19
- 地震の原因と断層 …… 20-21
- 造山帯と安定陸塊 …… 22-23
- 河川がつくる地形 ▶ …… 24-27
- 海岸の地形 ▶ …… 28-29
- 氷河地形と乾燥地形 ▶ …… 30-31
- カルスト地形とサンゴ礁 ▶ …… 32-33
- 地形 まとめ …… 34-35
- 地形図の読み取り ▶ …… 36-37
- 地形と地形図 …… 38-39

気候，植生と土壌
- 気温と降水量 …… 40-41
- 大気大循環と風 …… 42-43
- 水の循環と大陸の東西 …… 44-45
- 世界の気候区分 …… 46-47
- 熱帯 A …… 48-50
- 乾燥帯 B …… 51-53
- 温帯 C …… 54-57
- 亜寒帯（冷帯）D …… 58-59
- 寒帯 E …… 60
- 高山気候 H …… 61
- 気候区分 まとめ …… 62-63
- 植生と土壌 …… 64-65
- 気候変動と都市気候 …… 66

自然災害・防災
- 世界各地の自然災害 …… 67-69
- 日本の地形と自然災害 …… 70-71
- 日本の気候と自然災害 …… 72-73
- 防災・減災の取り組み ▶ …… 74-75

環境問題
- 世界の環境問題 …… 76
- 地球温暖化 …… 77
- 森林破壊 …… 78-79
- 砂漠化 …… 80
- 大気汚染・酸性雨 …… 81
- 海洋汚染，放射能汚染 …… 82
- 日本の環境問題 …… 83
- 環境問題への取り組み …… 84-85

農業，林業，水産業，食料問題
- 農業の発達と分類 …… 86-87
- 自給的農業 …… 88-90
- 商業的農業 …… 91-93
- 企業的農業 ▶ …… 94-95
- 農業の発展と国際化の進展 …… 96-97
- おもな農産物の生産と流通 …… 98-101
- 農業 まとめ …… 102-103
- 中国の農業 …… 104-105
- 朝鮮半島の農業 …… 106
- 東南アジアの農業 ▶ …… 107-108
- 南アジアの農業 …… 109
- 西アジア・中央アジアの農業 …… 110
- アフリカの農業 …… 111-112
- ヨーロッパの農業 ▶ …… 113-114
- ロシアと周辺諸国の農業 …… 115
- アングロアメリカの農業 …… 116-117
- ラテンアメリカの農業 …… 118-119
- オセアニアの農業 …… 120
- 日本の農業 …… 121-123
- 林業 ▶ …… 124-125
- 水産業 …… 126-127
- 食料問題 …… 128-129

資源・エネルギー
- エネルギー資源の利用 …… 130-131
- 石油 …… 132-133
- 天然ガス …… 134
- 石炭 …… 135
- 鉄鉱石 …… 136
- 非鉄金属 …… 137
- レアメタル，水資源 …… 138-139
- 電力と原子力の利用 …… 140-141
- 再生可能エネルギーと省エネルギー …… 142-143
- 日本のエネルギー利用 …… 144-145

工業
- 工業の発達と分化 …… 146-147
- 工業の立地と変化 …… 148-149
- 繊維工業，化学工業，鉄鋼業 …… 150-151
- 自動車工業，造船業，航空機・宇宙産業 …… 152-153
- 電気機械工業，知識産業 …… 154-155
- 工業 まとめ …… 156
- 世界の鉱工業地域 …… 157
- 中国と周辺地域の鉱工業 …… 158-159
- 朝鮮半島の鉱工業 …… 160
- 東南アジアの鉱工業 …… 161-162
- 南アジアの鉱工業 …… 163-164
- 西アジア・中央アジアの鉱工業 …… 165
- アフリカの鉱工業 …… 166
- ヨーロッパの鉱工業 …… 167-169
- ロシアと周辺諸国の鉱工業 …… 170
- アングロアメリカの鉱工業 …… 171-173
- ラテンアメリカの鉱工業 …… 174
- オセアニアの鉱工業 …… 175
- 日本の工業地域と工業分布 …… 176-178
- 日本の工業の変化と海外進出 …… 179-180

第3次産業，観光
- 世界と日本の産業構成 …… 181
- 第3次産業の発展 …… 182-183
- 余暇と観光業 …… 184-185

4. 本書を活用するためのさまざまなコーナー

専門家ゼミ
とくに深く掘り下げたい新しい事項などを,専門家が詳しく解説しています。

地理的な話題をわかりやすく解説しています。

用語
大学入学試験に必須の「重要語句」を解説しています。

動画check / ウェブcheck

QRコードをタブレットやスマートフォンで読み取ると,関連する動画やウェブサイトを視聴・閲覧できます。

※表示されたウェブサイトにアクセスした際には通信料がかかります。Wi-Fi環境での使用をおすすめします。
※QRコードは(株)デンソーウェーブの登録商標です。

グローバルNIPPON
日本企業の世界進出や文化交流など,グローバル化による世界と日本のかかわりについて紹介しています。

Link ▶ p.000
内容が関連するページを示しています。

【日本地誌ページ専用のコーナー】

Q1・Qの解答
掲載資料を読み解き,地域の特徴をとらえる問いかけと解答を設けています。

●●地方 地域調査にtry
各地方学習の最後に,地形図の読図問題を設置しています。

▶：動画・ウェブサイトが視聴・閲覧できる単元

交通・通信
- 世界の交通 …… 186
- 世界の航空交通・陸上交通 …… 187
- 世界の水上交通 ▶ …… 188
- 情報化の進展 …… 189

貿易
- 拡大する貿易と貿易構造 …… 190-191
- 貿易の地域差と国際協力 …… 192
- 貿易の自由化と経済連携 …… 193
- 日本の貿易 …… 194-195

人口
- 世界の人口 …… 196-197
- 人口の移動 …… 198
- 発展途上国の人口問題 …… 199
- 先進国の人口問題 …… 200
- 日本の人口問題 …… 201

村落・都市
- 集落の立地と起源 …… 202
- 村落の形態と機能 …… 203
- 都市の立地 …… 204
- 都市の発達と機能 …… 205-206
- 都市の内部構造 …… 207
- 都市への集中 …… 208
- 発展途上国の都市・居住問題 …… 209-210
- 先進国の都市・居住問題 …… 211-212
- 日本の都市・居住問題 …… 213

生活文化
- 世界各地の衣服 …… 214
- 世界各地の住居 ▶ …… 215
- 多様な食文化 ▶ …… 216-217

民族・宗教
- 世界の民族・言語 …… 218-219
- 世界の宗教 …… 220-221

国家,民族・領土問題
- 現代世界の国家と結びつき …… 222-223
- 世界の民族・領土問題 …… 224-225
- 日本の領土をめぐる動き …… 226-227

世界地誌
- 中国と周辺諸国・地域 …… 228-233
- 朝鮮半島 …… 234-237
- 東南アジア ▶ …… 238-241
- 南アジア …… 242-245
- 西アジア・中央アジア ▶ …… 246-249
- アフリカ …… 250-253
- ヨーロッパ ▶ …… 254-259
- ロシアと周辺諸国 ▶ …… 260-263
- アングロアメリカ …… 264-269
- ラテンアメリカ ▶ …… 270-273
- オセアニア …… 274-276
- 主要国要覧 …… 277-281

日本地誌
- 九州地方 …… 282-283
- 中国・四国地方 …… 284-285
- 近畿地方 …… 286-287
- 中部地方 ▶ …… 288-289
- 関東地方 …… 290-291
- 東北地方 …… 292-293
- 北海道地方 …… 294-295

共通テスト対策
- 大学入学共通テストNAVI 傾向と対策 …… 296
- 大学入学共通テストNAVI 共通テストの典型例 …… 297-301
- 大学入学共通テストNAVI 共通テストで想定される問題 …… 302-303
- 大学入学共通テストNAVI 出題資料タイプ別実践問題 …… 304-314

写真資料,統計資料
- 写真資料① 世界の農産物 …… 315-317
- 写真資料② 世界の家畜 …… 318
- 写真資料③ 世界の鉱産物 …… 319
- 統計資料① 農林水産業 …… 320-324
- 統計資料② 鉱工業 …… 325-327

50音さくいん,アルファベット略称さくいん …… 328-331

巻末特集
- SDGsについて探究しよう …… 巻末1-2

専門家ゼミ
- 2億年後の超大陸アメイジア …… 15
- プルームテクトニクス …… 19
- 日本にもあった氷河 …… 31
- 地球の気候を調節する熱塩循環 …… 45
- ケッペンの気候区分をめぐる状況 …… 47
- 熱帯林の生態系と共存する アグロフォレストリー …… 79
- 縮小するアラル海 …… 80
- サウジアラビアの近代的農業 …… 110
- 三つの農業形態と穀物生産の拡大 …… 115
- 急増する南アメリカの大豆生産 …… 119
- くろまぐろの資源問題と養殖技術革新 …… 127
- アフリカで進むランドラッシュ(農地収奪) …… 128
- 国際河川をめぐる問題 …… 139
- 原発問題にゆれるヨーロッパ …… 141
- 再生可能エネルギー 固定価格買取制度(FIT) …… 143
- 日本の宇宙技術を世界に …… 153
- 国産旅客機の現状 …… 156
- 中国の先端技術産業の行方 …… 159
- 国際分業を進める航空機産業 …… 168
- TPP加盟と私たちの生活への影響 …… 193
- 日本の貿易を支えるコンテナ船 …… 195
- 福祉の国,スウェーデンの少子化対策 …… 200
- ユネスコ無形文化遺産に登録された「和食」 …… 217
- 中国の少数民族政策 …… 230
- 南スーダンの独立と課題 …… 252
- 市場経済の導入と経済成長 …… 263
- オーストラリアの難民受け入れ …… 276

3

地理情報の活用

地理力プラス スマートフォンやタブレット端末のGPS機能，地理情報システム（GIS）によって，私たちの生活はより便利になっている。それらがどのように活用されているか考えてみよう。→2 3

1 リモートセンシング

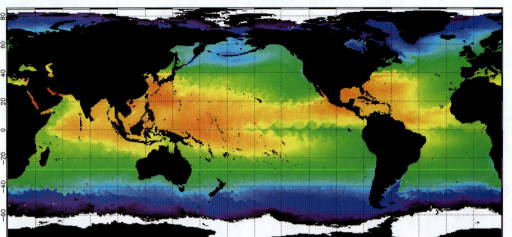

←❶気象衛星「NOAA」がとらえた海洋・湖沼の表面水温分布（2016年8月18日）衛星から水面温度の分析を行い，着色したもの。日本からフィリピンにかけての太平洋の海水温が高くなっており，台風が発生しやすい状態になっていることが読み取れる。

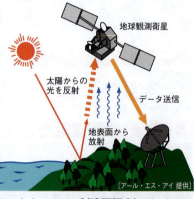

→❷気象衛星「ひまわり8号」がとらえた三つの台風（2016年8月20日）写真❶の海水温が高い水域で，三つの台風が発生している。2015年から運用が始まった「ひまわり8号」は，高精細なカラー画像を扱えるため，気象分析の精度が向上した。

↑❸リモートセンシング（遠隔探査）のしくみ
実際に物にさわらずに遠隔から測定する技術を**リモートセンシング**（Remote Sensing）という。人工衛星や航空機などに搭載した観測センサーによって，陸上や海水面，大気中などのさまざまな物質による太陽光の反射波や，物質そのものからの熱放射などを計測し，物体ごとに異なる電磁波の波長の特性を利用して物体の識別を行う。リモートセンシングは，植生分布や地表面の計測，水域の水質・温度の測定，雲や雨などの気象観測など，幅広い分野に利用されている。

2 全球測位衛星システム（GNSS）の利用

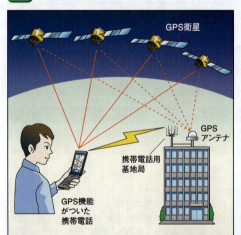

←❹GPSのしくみ 人工衛星の電波を受信して，地球上の位置を正確に求めるしくみのことを**全球測位衛星システム**（GNSS：Global Navigation Satellite System）といい，そのうちアメリカ合衆国で開発されたものを**GPS**（Global Positioning System）という。GPSは，地球を周回する約30機のGPS衛星のうち，4機以上から電波を同時に受信することで，利用者の現在位置（緯度・経度・高度）がわかるシステムである。もともとは軍事目的で開発されたが，現在は日本を含めて一般に広く普及している。

Link p.268「ポケモンGO」

→❺スマートフォンでのナビゲーションシステム GPS機能が搭載されたスマートフォンなどでは，位置情報を利用したナビゲーションシステムを利用できる。地図の拡大・縮小が容易，現在地がすぐにわかる，持ち運んで活用できるなどの利点がある。

コラム GPSを補完する準天頂衛星の始動

準天頂衛星とは，日本と周辺地域の上空を飛行する日本独自の測位衛星で，アメリカ合衆国国防総省が運用しているGPSを補強・補完することを目的として開発された。2010年に打ち上げられた1号機「みちびき」に加え，2018年からは追加の3機とともに4機体制で運用され，位置情報を24時間提供している。地球全体を測位するGPSには約5～10mの誤差があり，とくにビル街や山間部での精度が低い。この課題を解決するために，準天頂衛星システムでは日本上空に常に1機以上の衛星が滞空するよう運用し，これにより日本のどこでも誤差は数cm以内になるとされる。

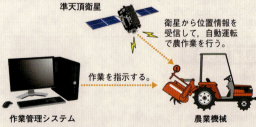

↑❻準天頂衛星の農業での活用事例 トラクターなどの農業機械を，準天頂衛星の位置情報を利用して，遠隔操作により無人走行させ，耕うん，種まき，除草，収穫などを自動化する。現在，実証実験が行われており，農業の情報通信化をあと押しするものとして期待されている。

3 地理情報システム(GIS)の活用

Link 巻頭3～6, p.74～75 防災・減災の取り組み, 共通テスト対策(p.307, 310)

地理情報システム (GIS : Geographic Information System) とは，緯度・経度などの位置情報をもつデータを総合的に管理・加工し，電子地図上に視覚的に表示する情報システム。目的に応じた地図を作成することで，情報管理や分析を可能にする技術である。都市計画，気象，防災，商圏分析，観光など，さまざまな分野で活用されている。

↑ ❼ GISを利用した洪水ハザードマップのしくみ (岐阜県，関市) GISの技術を利用すると，現実の空間を地図化し，必要な要素を組み合わせることで，ハザードマップを作成することもできる。この洪水ハザードマップでは道路や住宅などの基本の地図に，浸水想定区域や避難所のレイヤー*を重ね合わせた層を示すことで，洪水時の浸水域と避難所の位置が読み取れる。このように，GISは現実世界で発生するさまざまな課題の解決に生かされている。

＊レイヤーは，透明な「板」に地理情報が描かれたもの。　〔岐阜県，関市 提供〕

コラム　地理の学習に役立つWebGIS

インターネット上に公開され，誰でも利用・操作できるデジタル地図のことをWebGISという。国土地理院が公開している地理院地図やGoogleマップもその一つである。利用する人が，それぞれの目的や必要に応じてデータの加工を行うのに便利であるので，学習や研究，防災，市場調査など幅広い分野で活用されている。

【WebGISのおもな例】
・地図で見る統計(jSTAT MAP)…総務省統計局が提供
・地域経済分析システム(RESAS)…内閣官房・経済産業省が提供
・ハザードマップポータルサイト…国土交通省が運用している「重ねるハザードマップ」や「わがまちハザードマップ」への入口のサイト
・ArcGIS Online…ESRI社が提供

別冊ワークのp.2～7では，「ArcGIS Online」で表示した世界や日本の統計地図を，パソコンやスマートフォンなどで閲覧し，地理的事象を読み取る練習ができる。
下のQRコードを読み取るかアドレスを入力してサイト画面を表示し，読図問題を解いてみよう。

←日本の基礎統計 (別冊p.3, 7掲載)
ウェブcheck
→世界の主要統計 (別冊p.5, 7掲載)
https://arcg.is/nLn41　　https://arcg.is/rq9CG

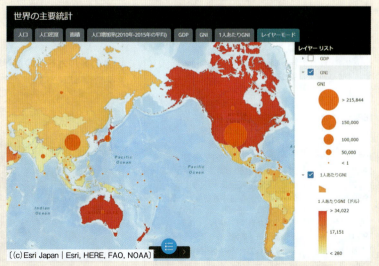

➡ ❽ 「ArcGIS Online」で表示した世界の国々の「GNI」と「1人あたりGNI」を重ねた地図(パソコンでの表示例)

＋のガイド　GPSは，ナビゲーションシステムやスマートフォンのアプリなどで位置情報を取得するのに利用されている。GISは，自動運転や防災，市場調査など，さまざまな分野で活用されている。

世界像の変遷

地理力＋　世界像の変遷によって，地図はどのように変化してきたのだろうか。円盤状の世界観と地球球体説にもとづく世界観に着目しながらみていこう。

年代	おもなことがら
B.C.2500ごろ	バビロニアの所領図
B.C.700ごろ	**バビロニアの世界地図（❶）**
B.C.500ごろ	ヘカタイオスの世界図
B.C.450ごろ	ヘロドトス「歴史」
B.C.350ごろ	アリストテレス，地球球体説を実証
B.C.334～323	アレクサンドロス大王，ペルシア・インドに遠征
B.C.200ごろ	**エラトステネス，地球の大きさ測定（❷）**
B.C.139～126	張騫，西域へ遠征
A.D.150ごろ	**プトレマイオスの世界地図（❸）**
412	法顕「仏国記」
646	玄奘「大唐西域記」
805ごろ	行基図，このころから広まる
900ごろ	**TOマップ，ヨーロッパに出現（❹）**
980ごろ	ノルマン人，グリーンランドへ到達
1154	**イドリーシー，世界図作成（❺）**
1271～95	マルコ＝ポーロ「世界の記述」（東方見聞録）
1300ごろ	**地中海でポルトラノ海図を利用（❻）**
1355	イブン＝バットゥータ，三大陸周遊
1474	**トスカネリ，インドへの西回り航路の地図を作成（❼）**
1488	バルトロメウ＝ディアス，喜望峰到達
1492	**マルティン＝ベハイム，世界で最初の地球儀製作（❽）**
	コロンブス，大西洋横断
1498	ヴァスコ＝ダ＝ガマ，インド到達
1501	アメリゴ＝ヴェスプッチ，南アメリカ大陸を探検
1513	バルボア，パナマ地峡横断
1519～22	マゼラン艦隊，世界周航
1543	ポルトガル人，種子島漂着 コペルニクス，「天球の回転について」（地動説）
1569	**メルカトル，正角円筒図法考案（❾）**
1617	スネル，三角測量実施
1642	タスマン，タスマニア到達
1728	ベーリング，ベーリング海峡到達
1736	フランス学士院，地球扁平楕円体を実証
1768～79	クック，太平洋探検
1800	伊能忠敬，測量事業開始
1817	リッター，「一般比較地理学」
1818	カッシニ，フランス地形図作成
1821	**伊能忠敬測量の大日本沿海輿地全図完成（❿）**
1872	日本で三角測量開始
1882	ラッツェル，「人文地理学（人類地理学）」
1884	国際子午線会議，本初子午線決定
1885～1935	ヘディン，中央アジア探検
1911	アムンゼン，南極点到達
1922	ブラーシュ，「人文地理学原理」
1947	国際民間航空図作成開始
1962	測地人工衛星（GPS衛星）打ち上げ
1980年代	カーナビゲーションが日本でも普及し始める
1990年代半ば	携帯電話が普及し始める
1994	国連海洋法条約発効
1998～	国際宇宙ステーションの建設始まる
2005～2006ごろ	Googleマップ，Google Earthが登場する

1 世界像の変遷と地図の変化

❶バビロニアの世界地図（B.C.700年ごろ）

1. 海　2. 山　3. バビロン
4. 小都市　5. ユーフラテス川
6. 湿地帯　7. ペルシア湾

円盤状の世界観

バビロニア人がもっていた世界観を表現した地図。大地は，バビロン（現在のバグダッド近郊）を中心とした円盤のような形で大海の上に浮かんでいると考えられていた。

❹TOマップ（900年ごろ）

内部のTの字と外周のOの字からなるので，TOマップとよばれる。

中世キリスト教の世界観
～円盤状の世界観への後退～

中世キリスト教的世界観による絵図である。地球円盤説にもとづいており，陸地は，アジア，アフリカ，ヨーロッパに三分されている。エルサレムが中心に配置され，上端である東の果てには「エデンの園」があると考えられていた。

地球球体説の復活

❼トスカネリの地図（1474年）

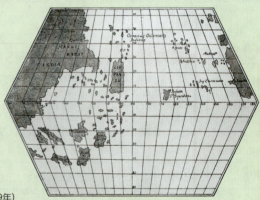

1474年に，地球球体説を唱えたトスカネリが描いた地図で，まだ南北アメリカ大陸は描かれていない。この地図を見たコロンブスは，西回りでのアジア航路をとることを決意したといわれている。ジパング（日本）を探してみよう。

❾メルカトルの世界地図（1569年）

フランドル地方出身のメルカトルが考案した地図。大航海時代になると，航海用の正確な地図が必要になり，この図法が考案された。メルカトル図法は等角航路が直線で表されるため，地図上ではかった舵角で羅針盤を見ながら進めば，目的地にたどり着くことができる。

＊左の図は，メルカトルの地図の輪郭を利用してつくられたクワッドの地図

地球球体説の登場

↓❷エラトステネスの測定(B.C.200年ごろ)

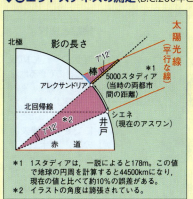

*1 1スタディアは，一説によると178m。この値で地球の円周を計算すると44500kmになり，現在の値と比べて約10%の誤差がある。
*2 イラストの角度は誇張されている。

エラトステネスは，夏至の南中に太陽の影のまったく映らない都市シエネ(現在のアスワン)に対し，同一経線上にあるアレクサンドリアで影の角度を測定した。そして両都市間の距離を測り，地球の円周を算出した。左の図で計算方法を考えてみよう。

地球球体説の進展

↓❸プトレマイオスの世界地図(A.D.150年ごろ)

プトレマイオスは，地球を360度に等分した緯経線網を設定し，球体である地球を平面に描く方法として，初めて投影法を考案した(現在の円錐図法)。地図は半球図であり，ヨーロッパから見て180度東に中国が描かれている。地中海周辺は詳しいが，ほかの地域は不正確になっている。

中世イスラームの世界観

↓❺イドリーシーの世界図(1154年)

中世のアラブ人地図学者イドリーシーによる。当時のイスラーム世界では，古代ギリシアの知識が残り，メッカを中心に中国からイベリア半島までが世界と考えられていた。地図は南を上にして描かれている。

↓❻ポルトラノ海図(1300年ごろ)

地球球体説復活の契機

13世紀以降，地中海の航海では羅針盤が使われるようになり，これに適した地図が求められた。その結果，方位盤から放射状にのびる32本の方位線と，縮尺がつけられたポルトラノ型の海図がつくられた。

交易の拡大とともに航海情報の収集が進み，地球球体説復活のきっかけになった。

↓❽マルティン=ベハイムの地球儀 (1492年)

50.7cm

現存する世界最古の地球儀として，ドイツのニュルンベルク博物館に保管されている。赤道・南北回帰線・両極が描かれているが，南北アメリカ大陸は描かれていない。地図はプトレマイオスの世界地図から影響を強く受けている。トスカネリの地図と比べてみよう。

*ベハイムの地球儀をハンメル図法に投影したもの

正確な地図・地球儀の登場

→❿大日本沿海輿地全図(伊能図)

(1821年) 外国船の襲来を恐れた幕府が，測量家の伊能忠敬を中心にして作成させた実測地図。伊能たちは海岸沿いに一歩ずつ計測をしながら日本中の海岸を歩き，現代の地図とほとんど誤差がない地図を描いた。伊能忠敬は完成を見ずにこの世を去ったが，地図は1821年に完成した。右の地図はその一部である。現代の地図と海岸線を比べてみよう。

コラム 地図の中心と印象

地図の中心を変えると，見る人が受ける印象は異なるものになる。例えば，ワシントンD.C.中心の地図では，北アメリカ大陸とヨーロッパとの距離的な近さが感じられる。また，ブラジリア中心の地図では，東京は世界の端にあるひじょうに遠い都市だという印象を受ける。

↓⓫さまざまな都市を中心にした地図*

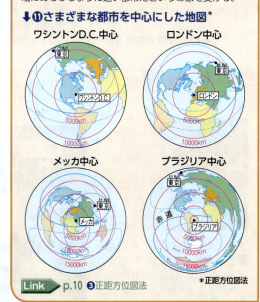

ワシントンD.C.中心　ロンドン中心
メッカ中心　ブラジリア中心

Link ▶ p.10 ❸正距方位図法　*正距方位図法

➕のガイド 円盤状の世界観では，地図は主観や宗教的思想にもとづいてつくられていたが，航海情報の収集が進み地球球体説が広まると，客観的で正確な地図がつくられるようになった。

地球上の位置・時差

地理力＋ マゼラン一行が世界一周をして戻ってきた際に，航海日誌の日付と帰着したスペインの日付が1日違っていた。その理由を考えてみよう。→3 4

1 緯度と経度   Link p.4 2全球測位衛星システム(GNSS)の利用

➡①**緯度と経度** **緯度**と**経度**は，地球上の位置を示す座標の一つである。緯線と経線の交点で地表の位置を決定でき，地球上のすべての位置を表す番地の役割を果たしている。

本初子午線（経度0度）
ロンドン郊外を通る経線。1884年に経度および時刻の基準となった。全周は，40008kmである。

コラム　グリニッジを通る経線が本初子午線となったわけ

大航海時代以降，オランダやスペインなどが世界に勢力を広げていったが，当時，航海図や時刻は，それぞれの国を中心としたものを使っていた。しかし，19世紀になり世界的に交易がさかんになると，国によって時刻が異なることが大きな障害となった。そこで1884年に，当時の強国がワシントンで国際会議を開き，どの国の時刻を基準とするかを話し合った。結果，当時最も勢力があり発言力が強かったイギリスに合わせることになり，ロンドン郊外のグリニッジを通る子午線を**本初子午線**とすることになった。

緯線と経線
緯線は，地球を赤道面に平行に切ったときにできる地球表面の線。
経線は，地軸を含む平面で切ったときにできる地球表面の線。北（十二支方位の子）と南（十二支方位の午）を結ぶため，**子午線**ともいう。

北緯と南緯
赤道を緯度0度として，南北を90度に分けた北を北緯，南を南緯という。

東経と西経
本初子午線を経度0度として，東西を180度に分けた東を東経，西を西経という。

赤道（緯度0度）
地球の中心を通り，地軸に垂直な平面の円周。全周は40075km。

2 方位と大圏航路・等角航路

地球儀を用いて，日本の真東を調べるとアルゼンチンの方向であることがわかる。これは，地球上の2地点間を結ぶ最短コースである**大圏航路**であるため，航空機の航路に利用される。

一方，メルカトル図法の地図は，地図上の2地点間を結ぶ直線が，舵角（進行方向と経線の角度）を一定に保って進む**等角航路**になるため，現在でも海図に利用されている。

➡②地球儀で方位を調べる

↓③メルカトル図法の世界地図での大圏航路と等角航路

コラム　白夜と極夜

北極や南極に近い高緯度では，夏至を中心とした時期に，太陽が沈んでも一晩中暗くならない夜（**白夜**）がある。極圏（緯度66度34分より高緯度）では，下の写真（北緯71度付近）のように太陽が沈まない日があり，冬には太陽の昇らない日（**極夜**）もある。連続写真）

↓⑤太陽が沈まないようす（ノルウェー，ノール岬，7月，北緯71度付近）

↑④**北半球が夏至のころの地球と太陽光**　夏至のころ，北半球では昼の長さが最も長くなり，北極圏では，一日中太陽光が当たって白夜となる。

3 世界の等時帯

➡❻**世界の等時帯** 世界の国々では、それぞれ基準となる経線（子午線）を決めて、それに合わせた時刻を**標準時**として使っている。標準時は国ごとに指定されるが、共通の標準時を世界全図に描くと、帯状に区分された地帯ができる。これを**等時帯**という。

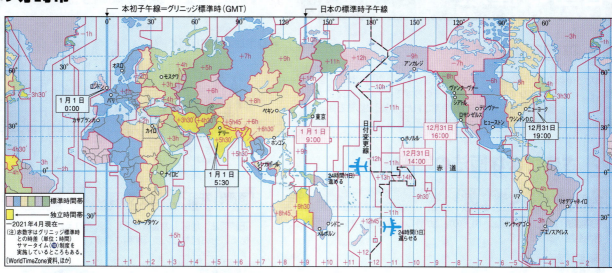

4 時差のしくみ

➡❼**宇宙からみた昼と夜の地球**

©TRIC/NASA/NOAA

➡❽**時差が生じるしくみ**（ロンドンが1月1日午前0時のときの地球）

©TRIC/NASA/NOAA

本初子午線の通るロンドンと日本（東経135度）との経度差は135度なので、両者の時差は、135÷15＝9で、9時間となる。

用語 時差 各地の標準時の時刻差のこと。時差は、地球の自転によって生まれる。地球は24時間で1回転（360度）するので、世界各地の時刻（**標準時**）は経度15度ごとに1時間ずつずれることになる。

日付のずれを解消するため、経度180度付近に**日付変更線**を設けて調整している。日付変更線を西から東に進んだときには日付を1日遅らせ、東から西に進んだときには1日進める。日付変更線が赤道付近で大きく東側に曲がっているのは、島国のキリバスの領域が経度180度をまたいで東西に広がっており、同国の国内で日付を統一するためである。

➡❾**1月1日のロンドンと同じ時刻の東京のようす** ロンドンが新しい年の午前0時を迎え、新年の始まりを祝っているとき、東に位置する東京ではすでに新しい年の午前9時になっており、多くの人々が初詣に訪れている。

ロンドン（イギリス） 1月1日 午前0時

東京（日本） 1月1日 午前9時

5 サマータイム（夏時間）

➡❿**サマータイムの実施国**

➡⓫**8月のヴァンクーヴァーの夜**（カナダ）

サマータイムとは、昼の時間が長い夏季の間だけ時刻を1時間進める制度である。

コラム　眠らない世界の市場

世界のおもな国の証券取引所は、時差を利用して必ず世界のどこかの取引所が稼働するようにネットワークを築いている。このような時差を利用した世界の分業システムは、効率をあげるために多国籍企業などでも採用されている。 Link ▶ p.164 ❸時差を利用した仕事のやりとり

➡⓬**世界の証券取引所の立会時間**

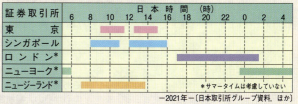

＋のガイド　マゼラン一行が世界一周に要した時間はスペインでも同じ長さの時間であるが、現在の日付変更線を越えて帰着したため、日付が1日ずれた。

地図の種類

地理力プラス 地図には、メルカトル図法やモルワイデ図法、正距方位図法など、さまざまな図法がある。なぜこのように多くの図法が必要なのだろうか。→**1 2**

1 平面図のしくみ

私たちの身のまわりには、さまざまな地図がある。丸い地球を平面に描くと、さまざまな**ひずみ**が生じるが、そのひずみの少ない地図をつくるために、各種の**地図投影法(図法)**が考案された。地図投影法とは、地球儀に光をあて、平面に影を映し出す方法である。

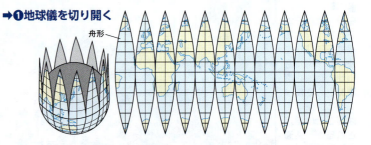

↑**①地球儀を切り開く** 舟形

2 さまざまな図法の地図

「角度」を正しく表す図

正角図法：地球上の角度と地図上の角度が等しくなるよう表された図法。**等角航路**が直線となる。

中央経線：東経150°
標準緯線：0°

↑**②メルカトル図法** 正角図法の一種で、正角円筒図法ともよばれる。高緯度の面積が誇張され、航路も遠まわりになるが、羅針盤にたよった大航海時代には重要な図法だった。この図法の一種である**ユニバーサル横メルカトル(UTM)図法**は、国土地理院発行の地形図にも利用されている。

「距離」「方位」を正しく表す図

正距図法：地図上で、ある点からすべての方向の距離を正しく表す図法。
正方位図法：地図中のある基準点と、任意の地点とを結ぶ直線が正しい方位を示す図法。正射図法・平射図法・心射図法がその典型。

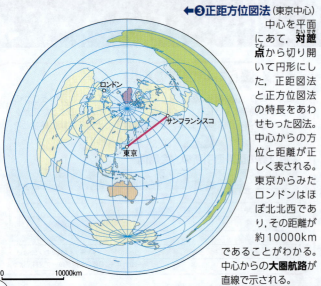

←**③正距方位図法**(東京中心) 中心を平面にあて、**対蹠点**から切り開いて円形にした、正距図法と正方位図法の特長をあわせもった図法。中心からの方位と距離が正しく表される。東京からみたロンドンはほぼ北北西であり、その距離が約10000kmであることがわかる。中心からの**大圏航路**が直線で示される。

「面積」を正しく表す図

正積図法：地図上の面積が正しく表される図法だが、形がひずむものもある。分布図などに多く利用される。

中央経線：東経150°
標準緯線：0°

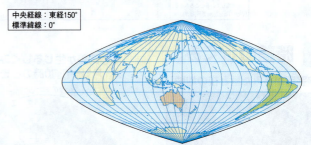

↑**④サンソン図法** 地球儀を切り開いた舟形(**①**)を、北極と南極を中心に寄せ集めた図法。緯線は平行で、緯度ごとの長さの比が正しい。そのため、低緯度の中央経線付近で形は正確だが、高緯度でのひずみが大きい。ひずみの小さい低緯度地方を中心とした地方図に利用される。

中央経線：東経150°
標準緯線：0°

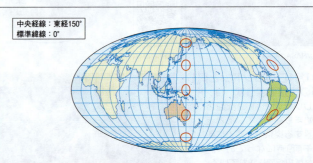

↑**⑤モルワイデ図法** 高緯度のひずみを小さくするために外周を楕円にし、サンソン図法の短所を補っている。そのため緯線は平行であるが、高緯度ほど正しい長さより長めに表示される。世界全図や世界の分布図に用いられる。図**②**のメルカトル図法と図中の○の範囲を比較すると、モルワイデ図法のほうが高緯度のひずみが小さいことがわかる。

↑**⑥ホモロサイン図法(グード図法)** 低緯度にサンソン図法、高緯度にモルワイデ図法を用い、両者を緯度40度44分で接合したもの。高緯度での形のひずみを小さくするため、海洋部を断裂させる。世界の分布図としてよく利用されるが、流線図には向いていない。

3 一般図と主題図 Link p.36〜39 地形図

▼❼地図の分類

分類基準	種類	例
目的	一般図	国土基本図・**地形図**・地勢図
	主題図	**統計地図**・土地利用図・地質図・海図・観光地図・道路地図・ハザードマップなど
作成方法	実測図	国土基本図・地形図 (1/2.5万)＊
	編集図	地形図 (1/1万, 1/5万)・地勢図 (1/20万)・地方図 (1/50万) ほか多くの主題図
媒体	紙地図	地形図など
	電子地図	GIS・Web上の地図など

＊平成25年図式の地形図は電子国土基本図から作成しているので編集図となる。

▼❽**一般図の例** 地形や道路など地表のさまざまな事象を記載した地図を**一般図**という。国土地理院の**地形図**はその代表例である。

〔国土地理院 地理院地図 (2017年10月閲覧)〕

▼❾**主題図の例** 特定の事象について表現した地図を**主題図**という。土地の地形分類などを示した土地条件図は主題図にあたる。

おもな土地条件
■山地斜面等 ■砂州・砂丘 □盛土地・埋立地
〔国土地理院 地理院地図 (2017年10月閲覧)〕

4 統計地図の分類 絶対分布図

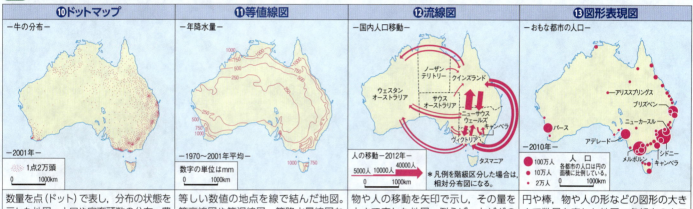

❿ドットマップ —牛の分布— 2001年 1点2万頭
⓫等値線図 —年降水量— 1970〜2001年平均 数字の単位はmm
⓬流線図 —国内人口移動— 人の移動—2012年— ＊凡例を階級区分した場合は、相対分布図になる。
⓭図形表現図 —おもな都市の人口— 2010年 人口 100万人 10万人 2万人 各都市の人口は円の面積に比例している。

数量を点（ドット）で表し、分布の状態を示した地図。人口や家畜頭数の分布、農産物の産出量の分布などを把握するときに用いる。

等しい数値の地点を線で結んだ地図。等高線図や等温線図、等降水量線図などがある。

物や人の移動を矢印で示し、その量を太さで表した地図。例えば、人がどの州からどの州に多く移動しているかなど、移動の方向と量を示すときに用いる。

円や棒、物や人の形などの図形の大きさで数量を表した地図。各都市の人口や農水産物の貿易など、さまざまな統計データの地図化に用いる。

⓮カルトグラム（変形地図）

〔World Bank 資料、ほか〕

地域の統計データにもとづいて地図を変形させ、大きさの違いで表現した地図。その地域の特徴を視覚的に表現するために用いる。地点間の所要時間を地図上の距離で表す「時間地図」も代表的なカルトグラムである。

用語 **統計地図** 測地データ（気温や降水量など）や統計データ（人口や生産量など）を地図上に表した**主題図**の一つ。複雑で膨大な量のデータを地図化すると、視覚的にわかりやすくなり、比較や分析、管理などの際に効果的である。

ただし、統計地図の表現には、数値の絶対値を示した**絶対分布図**と、1人あたりなどの割合を示した**相対分布図**がある。そのため、目的や統計データの種類によって適切な表現を考えなければならない。

Link 共通テスト対策 (p.306, 307, 310)

相対分布図 Link 共通テスト対策 (p.300, 307, 310)

⓯階級区分図
⓰メッシュマップ

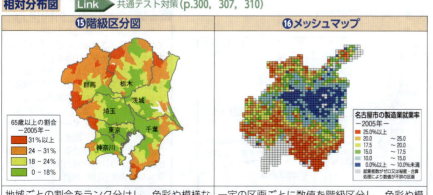

⓯65歳以上の割合 —2005年— 31％以上 24〜31 18〜24 0〜18
⓰名古屋市の製造業就業率 —2005年— 25.0％以上 20.0〜25.0 17.5〜20.0 15.0〜17.5 10.0〜15.0 0.0％〜10.0％未満 就業者数がゼロは秘密・合算処理により数値が不詳の区画

地域ごとの割合をランク分けし、色彩や模様などで表した地図。上の図は関東地方の市区町村ごとの65歳以上の人口割合を示している。

一定の区画ごとに数値を階級区分し、色彩や模様などで表した地図。市区町村などでは区切れない降水量のデータなどを示すときに用いる。

コラム 桜前線図

毎年、春になると話題になる桜の開花時期。桜の開花日を予測した桜前線図は、同じ日に開花すると予測された地点を結んだ等期日線図で、等値線図を応用した地図である。

➡⓱桜の開花日の等期日線図 (1981〜2010年)

〔気象庁資料〕

＋のガイド 球体の地球を平面に描くと、どのような図法でも面積や方位など、どこかにひずみが生じる。そのため、用途や描く地域に応じてできる限りひずみが出ないよう、さまざまな図法が考案されている。

世界の大地形

地理力＋プラス 宇宙から見た地球の姿は，青く輝いている。地球は「水の惑星」とよばれることがあるが，その理由について，地球の水陸分布に着目しながら考えてみよう。→ 1 2 4

1 陸と海の地形

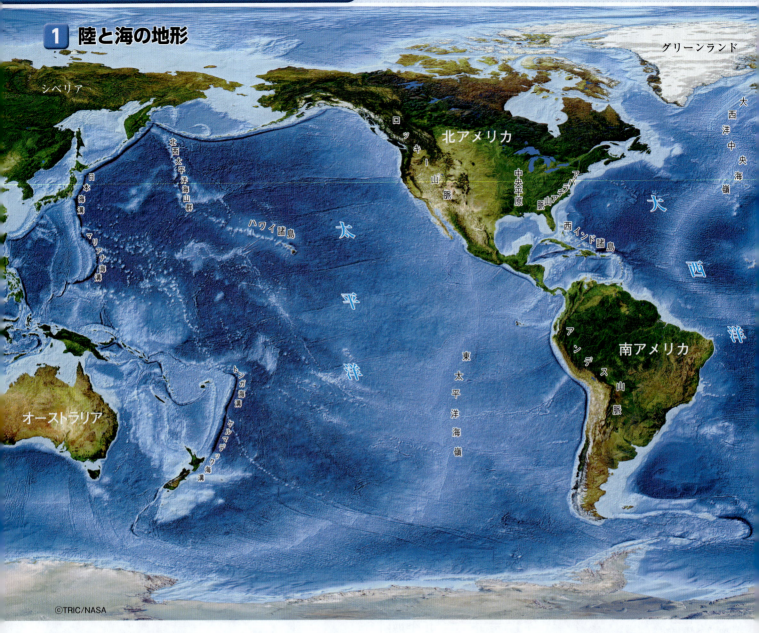

©TRIC/NASA

2 陸と海の分布

地球の表面積：約5.1億km² 〔理科年表 平成28年，ほか〕						
海洋（71.1%）				陸地（28.9%）			
太平洋 32.6%	大西洋 17.0	インド洋 14.4	その他 5.3	アジア州 8.8%	アフリカ州 6.0	北アメリカ州 4.8	南アメリカ州 3.5	南極州 2.3
		北極海 1.8		オセアニア州 1.7	ヨーロッパ州 1.9	

↑2 **地球の表面積の割合** 地球の表面積の7割は海洋で占められ，残りの3割が陸地である。

→3 **地球の大きさ**

赤道と軌道面との傾き 23°26′21.406″	
極半径	6356.752km
赤道半径	6378.137km
赤道の全周	40074.912km

自転周期	公転周期（太陽年）
23時間56分4秒	365.24219日

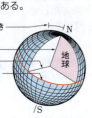

↓4 **陸と海の高度の割合**

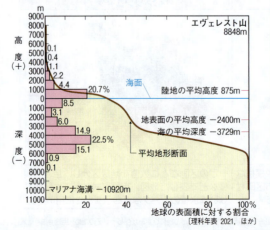

エヴェレスト山 8848m
陸地の平均高度 875m
地表面の平均高度 −2400m
海の平均深度 −3729m
平均地形断面
マリアナ海溝 −10920m
地球の表面積に対する割合
〔理科年表 2021，ほか〕

用語 内的営力と外的営力

地球内部からの熱エネルギーによって地形を変形させる力のことを**内的営力**という。アルプス山脈やヒマラヤ山脈のような高くけわしい山脈を形成する**地殻変動**や，地下からの溶岩の噴出といった火山活動がこれにあたり，おもに**大地形**をつくる。

一方，太陽エネルギーが源である流水・波・氷河・風・雨水など，地球の外から地形を変形させる力のことを**外的営力**という。外的営力には，**風化作用**，**侵食作用**（河食・海食・氷食・風食・溶食など），運搬作用，堆積作用などがある。これらの作用によって，外的営力はおもにV字谷や扇状地，三角州などの**小地形**をつくる。

①陸と海の地形

地球にはユーラシア，アフリカ，北アメリカ，南アメリカ，オーストラリア，南極の六つの**大陸**があり，大陸と大陸の間には太平洋，大西洋，インド洋の三つの**大洋**がある。大陸の中心部は広大で平坦な地形が占め，これをふちどるように山脈が分布している。また大洋には，**海嶺**とよばれる海底山脈や，**海溝**とよばれる深く切れ込んだ地形がみられる。このような地球規模の大規模な地形を**大地形**という。

Link ▶ p.20 ①地震の分布

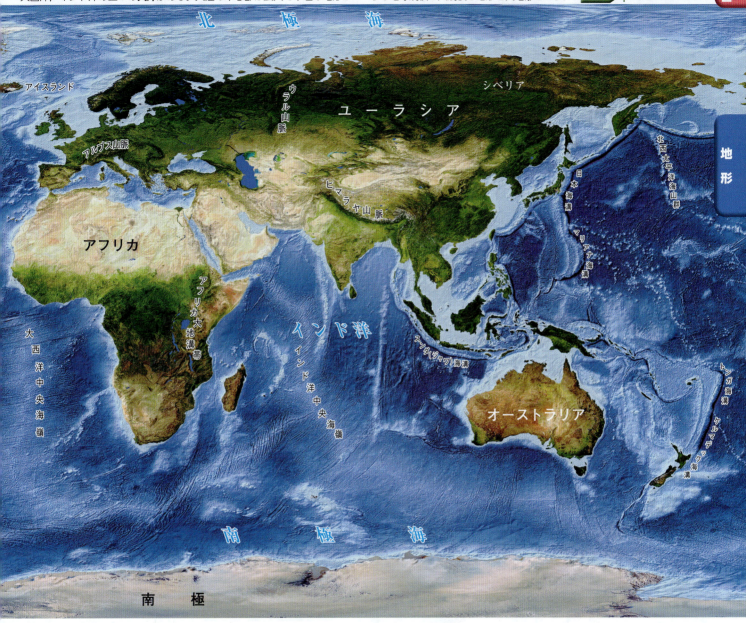

③ 大陸別の高度分布 Link ▶ p.250 ①台地状の大陸

(単位：％)（理科年表 1958年）

	200m未満	200〜500	500〜1000	1000〜2000	2000〜4000	4000m以上	平均高度(m)
南　　極	6.4	2.8	5.0	22.0	63.8	0.0	2200
アフリカ	9.7	38.9	28.2	19.5	3.7	0.0	750
ア ジ ア	24.6	20.2	25.9	18.0	7.2	5.2	960
北アメリカ	29.9	30.7	12.0	16.6	10.8	0.0	720
南アメリカ	38.2	29.8	19.2	5.6	5.0	2.2	590
オーストラリア	39.3	41.6	16.9	2.2	0.0	0.0	340
ヨーロッパ	52.7	21.2	15.2	5.0	2.0	0.0	340
全 大 陸	25.3	26.8	19.4	15.2	11.4	1.9	875

＊数値は原典のまま。調整項目があるため、合計は100％にならない。

④ 陸半球と水半球

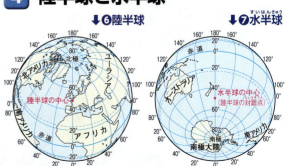

↑⑥陸半球　↑⑦水半球

陸地を最も多く含む地球の半球を**陸半球**，その裏側となる海洋を最も多く含む半球を**水半球**という。陸半球には全陸地の約83％が含まれる。陸半球の中心はフランスのナント付近である。

↑⑤大陸別の高度分布

大陸ごとに高度の割合の分布をみてみると，各大陸の大まかな特徴をつかむことができる。アフリカは低地が少ない台地状の大陸となっており，ヨーロッパは半分以上が標高200m以下の低地であることがわかる。南極大陸は厚い氷床におおわれているため，平均高度が著しく高い。

＋のガイド　地球の表面積の7割は三大洋をはじめとする海洋で占められ，残りの3割が六大陸を中心とする陸地となっていることから，地球の表面の大部分は水におおわれているといえる。

プレートテクトニクス

地球内部の構造やその動きは、現在の地球のようすにどのように関係しているのだろうか。プレートに着目して考えてみよう。→ 1 2 3

1 プレートの運動

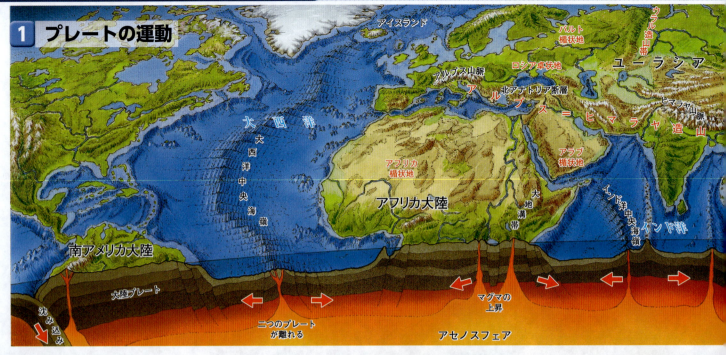

2 地球内部の構造と地球の歴史

地球の内部は岩石の化学的性質からみると、地殻・マントル・核に分類できる。地殻の厚さは、大陸で約30～40km、海洋底で約10kmである。地球の表層は、この地殻と上部マントルからなる**リソスフェア**とよばれるかたい岩石の層でおおわれており、この部分が地球の表層をおおう**プレート**にあたる。プレートの下には、やわらかく流動しやすい岩石の層（**アセノスフェア**）が分布し、さらに深い部分（下部マントル）は**メソスフェア**とよばれる。核は、液体の外核と固体の内核からなる。

↓❷地球内部の構造（左）とプレートにおおわれた地球（右）

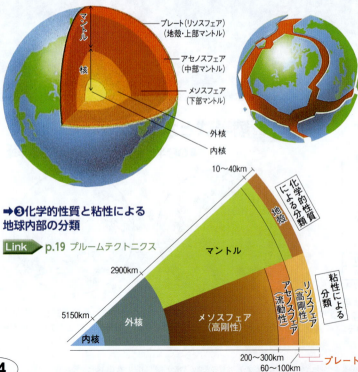

→❸化学的性質と粘性による地球内部の分類

Link ▶ p.19 プルームテクトニクス

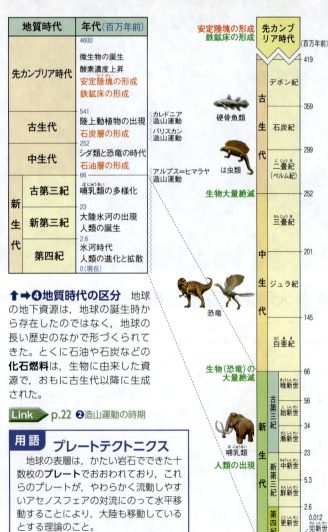

↑→❹地質時代の区分 地球の地下資源は、地球の誕生時から存在したのではなく、地球の長い歴史のなかで形づくられてきた。とくに石油や石炭などの**化石燃料**は、生物に由来した資源で、おもに古生代以降に生成された。

Link ▶ p.22 ❷造山運動の時期

用語 プレートテクトニクス
地球の表層は、かたい岩石でできた十数枚の**プレート**でおおわれており、これらのプレートが、やわらかく流動しやすいアセノスフェアの対流にのって水平移動することにより、大陸も移動しているとする理論のこと。

Link p.16~17 プレートの境界, p.18 ③ホットスポット, p.22~23 造山帯と安定陸塊

↓❶プレートの断面　赤道で切断した場合の地球表層部の模式図。プレートが複雑に重なり合っているアジアをはじめ、プレートの境界では地震が多い。

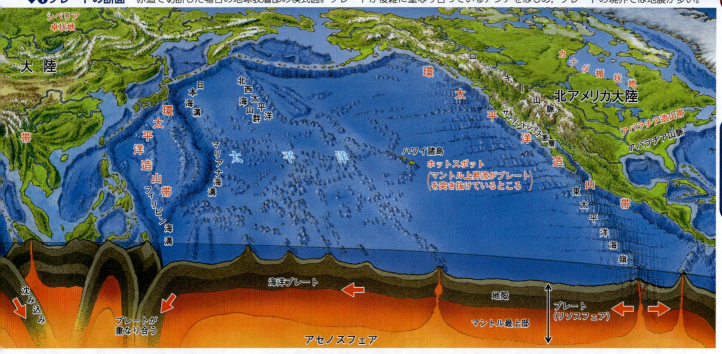

③ 移動する大陸

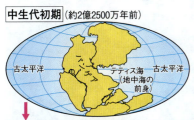

←❺大陸の移動とプレートテクトニクス　かつて一つだった大陸（パンゲア）は、長い地球の歴史のなかで分離と移動を続け、現在の大陸と海洋の分布が形づくられた。

コラム　ウェゲナーの大陸移動説

←❻ウェゲナー（ドイツ、1880~1930年）

気象学者で学術探検家でもあったウェゲナーは、南アメリカとアフリカの両大陸の海岸線と大陸棚が重なり合って一つの大陸になることに着目し、1912年に**大陸移動説**を発表した。現在の大陸はもともと一つの巨大な大陸（パンゲア）にまとまっていたが、その後、分裂して現在の大陸配置になったと考えた。当時、この考え方は受け入れられなかったが、のちにプレートテクトニクスへとつながった。

→❼大陸の組み合わせパズル

専門家ゼミ　2億年後の超大陸アメイジア

世界最大の海洋である太平洋は、6億年前ごろに超大陸が分裂したときに小さな海洋として誕生した。その後、拡大を続け、5億年前ごろに面積が最大となった。しかし、そのころを境に太平洋地域の周辺に海溝が生まれたために、太平洋は縮小し始めた。2億年前ごろに大西洋が誕生し、拡大すると、太平洋の縮退は顕著になった。北アメリカ大陸と南アメリカ大陸は現在もユーラシア大陸に接近する運動を続けているので、このままの運動が続くと、約2~3億年後にユーラシア大陸、インドネシア、オーストラリア大陸からなる未来のユーラシア大陸が南北アメリカ大陸と衝突して、南極大陸を除くすべての大陸が一つになる。このとき太平洋は消失する。こうして生じる未来の仮想的な巨大大陸をアメイジアとよぶ。
〔東京工業大学　丸山　茂徳〕

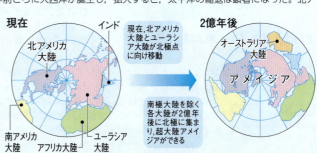

↑❽超大陸アメイジアができるまで

プレートの境界

地理力＋ プレートの境界付近に形成される大地形には，どのようなものがあるだろうか。プレートの動きに着目して，考えてみよう。→1 2 3 4

1 プレートの境界

Link p.22 ①世界の地体構造，p.34 ①プレート境界の分類，共通テスト対策(p.301)

プレートの境界は，各プレートの動く向きによって，**狭まる境界**，**広がる境界**，**ずれる境界**の3種類に分類できる。

プレートの境界付近は，プレートの運動によって地殻変動や火山活動が活発な帯状域となっており，**変動帯**とよばれる。変動帯では，大山脈や海溝，海嶺などの**大地形**がつくられる。

↓①世界のおもなプレートの分布と移動

[Alexander Gesamtausgabe 2004, ほか] ※プレートはおもなものを示した　＊丸数字は写真番号を示す

2 狭まる境界

用語　狭まる境界　となり合うプレートどうしが押し合って近づくプレート境界のこと。狭まる境界には，ヒマラヤ山脈のように**大陸プレート**どうしが衝突する境界（**衝突帯**）と，日本海溝のように**海洋プレート**がほかのプレートの下へ沈み込む境界（**沈み込み帯**）がある。

衝突帯

大陸プレートどうしが衝突する**衝突帯**では，プレートが押し合うことにより，地層が徐々に押し曲げられて褶曲が起こり，高くけわしい**褶曲山脈**ができる。ヒマラヤ山脈は，インド・オーストラリアプレートとユーラシアプレートの衝突で形成された。

分布：ヒマラヤ山脈・チベット高原，ザグロス山脈・イラン高原など

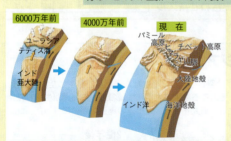

↑②北上するインド亜大陸

↑③ヒマラヤ山脈で発見されたアンモナイト　ヒマラヤが数千万年前には海底だったことを物語っている。

↑④ヒマラヤ山脈とその周辺　©TRIC/NASA/USGS　※地形情報はSRTM30(USGS)を使用している

Link p.242 ①ヒマラヤ山脈

沈み込み帯

Link p.18 ②火山の形成，p.20 ③海溝型地震

大陸プレートと海洋プレートがぶつかる狭まる境界では，玄武岩質の重い海洋プレートが，花崗岩質の軽い大陸プレートの下に沈み込むため，**沈み込み帯**となり，海底が急に深くなる**海溝**が形成される。海溝に沿った大陸プレート側には**弧状列島（島弧）**や**火山列**ができる。

分布：日本海溝・日本列島，千島・カムチャツカ海溝・千島列島，フィリピン海溝・フィリピン諸島，スンダ（ジャワ）海溝・大スンダ列島，ペルー海溝・チリ海溝・アンデス山脈など

→⑤大陸プレートの下に沈み込む海洋プレート

3 広がる境界

用語 広がる境界 となり合うプレートがたがいに遠ざかり、引っ張り合う力がはたらく境界のこと。広がる境界には、太平洋などの大洋底にある**海嶺**と、大陸上にみられる**地溝帯**がある。

海嶺 広がる境界が大洋底にあると、噴き出した玄武岩質のマグマが急速に冷やされ、**海嶺**とよばれる海底山脈をつくる。海嶺では地球内部からマントルがわき出して、玄武岩からなる海洋プレートが次々と生成される。新しくできた海洋プレートは、海嶺から両側へ移動していく。

分布：大西洋中央海嶺（アイスランド）、東太平洋海嶺、インド洋中央海嶺など

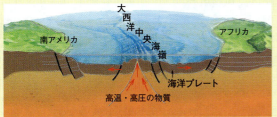

←❻海嶺の形成とプレートの動き

↑❼アイスランドのギャオ アイスランドは、大西洋中央海嶺の上に位置する島で、海嶺が海上に顔を出している世界でも珍しい場所である。写真に見られる大地のさけ目は「ギャオ」とよばれ、年に数cmの速度で広がっている。

地溝帯 広がる境界が大陸にあると、そこから大地が引きさかれ、巨大なさけ目（リフト）がつくられる。そのさけ目の落ち込んだ部分を**地溝**といい、地溝のなかでも大規模なものを**地溝帯**という。

分布：アフリカ大地溝帯（ザンベジ川河口～タンガニーカ湖～アファール窪地）、紅海、死海～ヨルダン川など

←❽地溝帯の形成とプレートの動き

→❾アフリカ大地溝帯 アフリカ大陸の東部にある全長6000kmに及ぶ巨大な地溝帯。タンガニーカ湖やマラウイ湖は、大地のさけ目に水が流入してできた断層湖である。

Link p.250 ❶台地状の大陸

4 ずれる境界

用語 ずれる境界 となり合うプレートがたがいにすれ違い、水平方向にずれ動いている境界のこと。おもに海域に分布するが、境界の末端がほかの種類の境界に変わるため、**トランスフォーム断層**ともよばれる。

分布：アメリカ合衆国西部（サンアンドレアス断層）、トルコ（北アナトリア断層）など

↑❿ずれる境界のプレートの動き

→⓫サンアンドレアス断層（アメリカ合衆国、カリフォルニア州） 北アメリカプレートと太平洋プレートの境にあたる、ずれる境界（トランスフォーム断層）が陸上に現れたもので、長さは約1100kmに及ぶ。周辺地域は地震の多発地帯となっている。

⊕のガイド 大陸プレートどうしが衝突する境界では大山脈がつくられ、大陸プレートの下に海洋プレートが沈み込む境界では海溝が形成される。また、海嶺はプレートの境が広がる境界でつくられる。

火山の形成

> **地理力プラス** ハワイ諸島は、島によって特徴が異なる。現在とくに火山活動が活発なのはハワイ島だけであるが、それはなぜだろうか。ハワイ諸島の成因に着目して考えてみよう。→ 2 3

1 火山の分布

→❶世界のおもな火山と地震の震源地の分布 火山活動は、地球内部で生成された**マグマ**（高温の液体となった岩石）が、地表付近まで上昇することによって起こる。

世界のおもな火山の分布は、**地震の震源地**の分布とほぼ重なっており、そのほとんどが**プレート**の境界周辺にある。火山は、おもに海洋プレートが大陸プレートの下に沈み込んでいる**沈み込み帯**と、海洋プレートが生成される**海嶺**の部分に列状に分布する。

Link p.67 ❶火山・地震による災害、共通テスト対策(p.301)

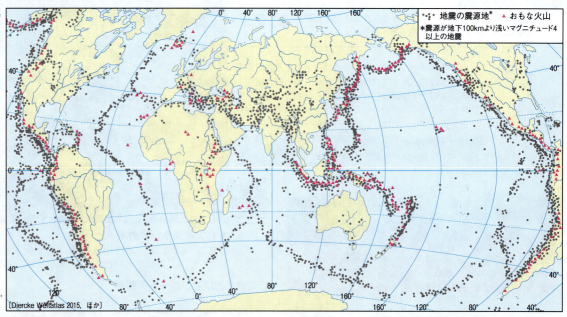

2 プレートの動きと火山の形成

Link p.70 ❹日本の地体構造

用語　火山前線（火山フロント） 海溝から斜めに沈み込んだ海洋プレートは、地下約100kmで多量のマグマを生んで活発な火山活動をもたらし、地上に**火山帯**（火山が集中する幅100～200km程度の帯状地帯）を形成する。火山帯のうち、最も海溝側に位置する火山を結んだ線を**火山前線（火山フロント）**という。

→❷火山ができる場所 火山は、①沈み込み帯の海溝に沿うように形成される**火山帯**、②**海嶺**、③プレートの境界とは無関係にマグマが噴出する**ホットスポット**に形成される。

3 ホットスポット

地球内部のマントルの深部には、固定されたマグマの供給源があり、ここからマグマがプレートを突き抜けて上昇することにより、地表や海底に火山が形成される。このマグマの源のことを、**ホットスポット**という。

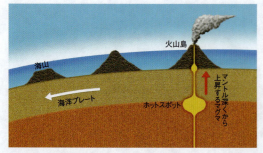

↑❸ホットスポットによる火山島の形成 ホットスポット上に形成された火山は、火山島となり、プレートとともに移動していく。ホットスポットから離れるとマグマの供給が停止するため火山活動は終わり、移動した火山島は波に侵食されて海中に沈み、海山となる。

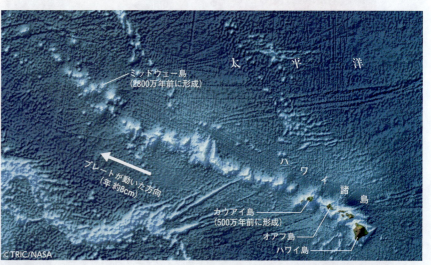

↑❹ホットスポットによって形成されたハワイ諸島とミッドウェー諸島 ホットスポット上に形成された火山島がプレートとともに北西方向に移動したため、島々が列状に並んでいる。現在はハワイ島がホットスポット上にあるので火山活動が最も活発で、北西に移動した火山島は海中に沈んで海山となっているものもある。500万年前には、今のハワイ島の位置にカウアイ島があった。

4 火山の種類と成因　Link p.34 ②火山地形の分類, 別冊ワークp.14 ⑫火山地形

溶岩の組成	玄武岩質	安山岩質	流紋岩質
噴出時の温度	高い		低い
溶岩の粘性	小さい		大きい

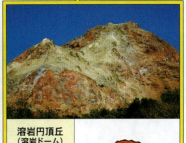

楯状火山 キラウエア山（ハワイ島）
成層火山 富士山（静岡県・山梨県）
溶岩円頂丘（溶岩ドーム） 昭和新山（北海道）

←⑤火山の種類と成因
噴火の仕方や火山の形態は、マグマの組成によって異なる。粘性の小さい玄武岩質のマグマは流れやすく、ゆるやかな**楯状火山**を生じやすい。粘性の大きい流紋岩質のマグマは流れにくく、噴火は爆発的で、**溶岩円頂丘（溶岩ドーム）**をつくる。粘性が中間の安山岩質のマグマは、溶岩流や火山灰を噴出することが多く、おもに1か所の火口から噴火を繰り返し、火口を中心にした円錐形の**成層火山**を生じやすい。

5 火山の災害と恩恵

火山灰 噴火によってから放出される固形物のうち比較的細かいもの（直径2mm未満）。風によって広範囲に拡散し、農作物や航空交通に大きな被害をおよぼす。

噴石 マグマ噴火や水蒸気爆発で火口から吹き飛ばされる大きな岩石。御嶽山噴火の犠牲者の死因は、ほとんどが噴石の直撃であった。

溶岩流 噴火によってマグマが噴出して溶岩として流れ出る現象。溶岩の粘性によって流れる速度は異なる。歩いて避難できる場合もある。

火砕流 噴火や噴火時の溶岩ドームの崩壊などで、高温の火山ガスや、火山灰などの火山砕屑物が高速で流れ下る現象。流下域では逃れることは困難。

↓⑥火山がつくる地形

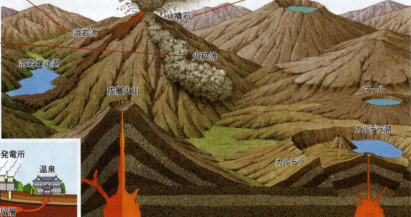

↑⑦噴石で大きな穴が開いた山小屋（御嶽山, 2014年）

火山と湖 噴火口に水が貯まってできた火口湖の御釜（蔵王山）、水蒸気爆発でできたマールに水が貯まった一ノ目潟（男鹿半島）、溶岩流によってせき止められてできた堰止め湖の富士五湖、カルデラに水が貯まってできたカルデラ湖の洞爺湖など、日本には火山を由来とする湖が多い。風光明媚なことから観光地になっている。

↓⑧火山がつくる地熱の利用

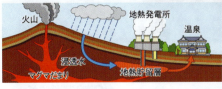

地熱発電 地中深くから取り出した天然の蒸気で直接タービンを回す発電方法。火山国で多い。再生可能エネルギーの一つ。　Link p.142 ②再生可能エネルギーの利用

温泉 地中から湧き出す温水。火山地帯に多い。日本では古くから湯治で利用されてきた。

カルデラ 噴火による爆発・陥没や、噴火後の侵食で形成された直径1～2km以上の大規模な凹地をカルデラという。阿蘇や箱根など観光地も多い。

専門家ゼミ プルームテクトニクス

マントルの下部を中心にした地球内部の上下方向の運動を、表層の運動であるプレートテクトニクスと区別して**プルームテクトニクス**とよぶ。

マントルの表層は約10枚のプレートによっておおわれ、これらが水平方向に運動することによって、プレートの境界で地震、火山活動などが起きる。海溝からマントルに沈み込むプレートは、浅部では板状の構造であるが、410～660km深度付近で形が不明瞭になり始める。これより下部では巨大な塊状（プルーム）になり、水平方向ではなく、直下の核・マントルの境界へと沈んでいく。このように、地球の中心方向に向かって下降するプルームをコールドプルームとよび、日本を含む東アジアの真下に巨大なコールドプルームがみられる。その一方で、マントル表層に向かって高温のマントルが上昇するプルームをホットプルームとよび、南太平洋とアフリカ大陸の直下に巨大なホットプルームがみられる。これらの巨大なスーパープルームは、白亜紀や二畳紀（ペルム紀）などの地質時代に活発に活動して、大規模な火山活動を起こしたと考えられている。〔東京工業大学 丸山 茂徳〕

Link p.14 ②地球内部の構造と地球の歴史　→⑨プルームの動き

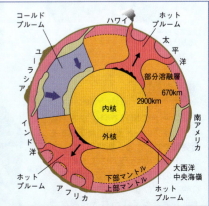

+のガイド ハワイ諸島は、ホットスポット上に形成された火山島がプレートとともに移動して列状に連なったものであるため、現在ホットスポット上にあるハワイ島だけ火山活動が活発になっている。

地震の原因と断層

地理力プラス ひとたび発生すると、津波をはじめ、さまざまな被害をもたらす地震は、どのような原因で発生するのだろうか。プレートの境界や活断層に着目して、考えてみよう。→2 3

1 地震の分布
Link p.12~13 ①陸と海の地形、p.71 ③火山・地震による災害、共通テスト対策(p.302~303, 308, 309)

↓❶世界で発生したおもな地震の震源地

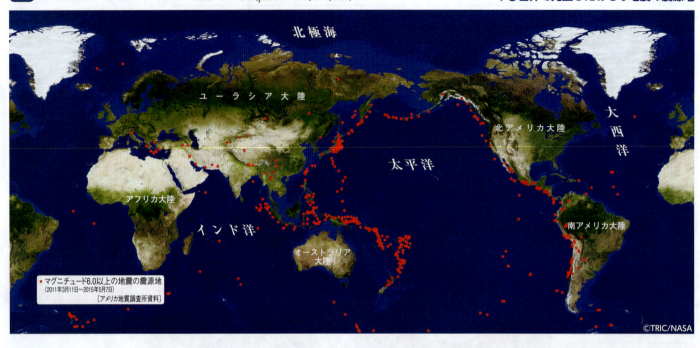

・マグニチュード6.0以上の地震の震源地
(2011年3月11日~2015年5月7日)
〔アメリカ地質調査所資料〕

2 プレートの境界で発生する地震

プレートの沈み込みや衝突により、地殻には力が加えられ、ひずみが蓄積される。この蓄積されたひずみが限界に達し、一気に解放されるときに岩盤がこわれ、**地震**が発生する。地震の震源地は、地球の内部からの**内的営力**が強くはたらくプレートの境界に集中している。 Link p.34 ③地震の分類

↑❷東北地方太平洋沖地震で発生した津波 (宮城県、名取市、2011年3月11日) 三陸沖の**沈み込み帯**で発生した地震によって、大規模な**津波**が発生した。

沈み込み帯
用語 海溝型地震 海洋プレートが大陸プレートの下に沈み込む境界で発生する地震のこと。**津波**の発生を伴う可能性が高い地震で、巨大地震はこのタイプが多く、地震の周期は数十年~数百年と比較的短い。

海洋プレートが大陸プレートの下に沈み込む。

大陸プレートが海洋プレートに引きずり込まれ、徐々にひずみがたまる。

ひずみが限界に達し、大陸プレートがはね上がると地震が発生する。

←❸海溝型地震が発生するしくみ

Link
p.70 ②日本の地体構造、
p.71 ③火山・地震による災害、
p.74~75 ①さまざまな防災・減災の取り組み

衝突帯
プレートの境界で発生する地震は、大陸プレートどうしが衝突する**衝突帯**でも起こる。衝突帯では、プレートが押し合う力によって、プレートの境界面にひずみが蓄積されやすく、ひずみが解放されると、土地が隆起するような大規模な地震が発生する。

←❹衝突帯で地震が発生するしくみ(ネパール地震の場合) 衝突帯の近くに位置するネパールでは、2015年4月にマグニチュード7.8の大地震が起きた。

↑❺ネパール地震の被害(カトマンズ)

3 活断層がずれ動くことで発生する地震

単一プレートの内部には，**活断層**といわれる過去数十万年の間に繰り返し活動してきた断層がある。この活断層がずれ動くことで，比較的震源の浅い地震が発生する。

Link p.71 ③火山・地震による災害

↓❻直下型地震が発生するしくみ

活断層に圧力がかかり，徐々にひずみがたまっていく。

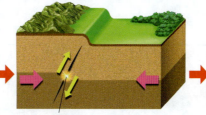
ひずみが限界に達し，活断層がずれ動くと地震が発生する。

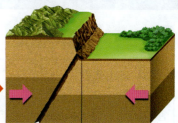
活断層が地表に姿を現す。

用語　直下型地震　内陸部の活断層がずれ動くことで生じる地震のこと。人の住む土地の直下で発生することに由来する。地震の規模はマグニチュード7以下の場合が多く，比較的小規模だが，震源に近い都市は建物の倒壊などの甚大な被害を受ける。地震の周期は数百年〜数十万年と比較的長い。

➡❼**日本の活断層**　日本列島には，**活断層**が高い密度で分布しており，断層が繰り返しずれ動くことにより，過去に**直下型地震**を何度も発生させてきた。将来活動する可能性が高い活断層が，まだ見つかっていない地域もある。

➡❽**兵庫県南部地震で倒壊した高速道路**（兵庫県，神戸市，1995年1月）兵庫県南部地震では，多くの建物の倒壊とともに，火災も発生し，6400人以上の人命が失われた。

←❾**兵庫県南部地震で出現した断層**（兵庫県，淡路市）以前から活断層として知られていた野島断層に沿って，地面のずれと段差が地表に現れた。

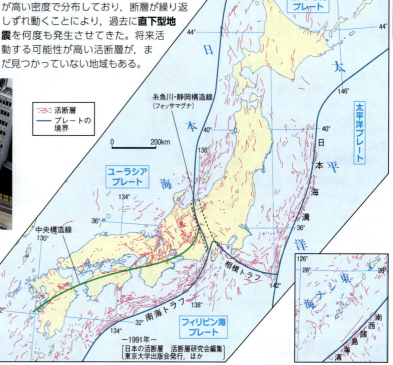

4 断層の種類と断層がつくる地形

断層は，ずれの向きによって**正断層・逆断層・横ずれ断層**に分けられる。正断層は両側から引っ張る力がはたらくとき，逆断層は両側から圧縮の力がはたらくときに生じやすい。横ずれ断層は，断層の両側が水平方向に移動したものである。

↓❿断層の種類

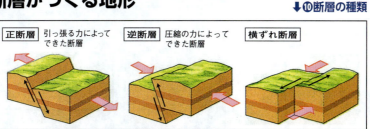
正断層　引っ張る力によってできた断層
逆断層　圧縮の力によってできた断層
横ずれ断層

↑⓫**熊本地震で出現した横ずれ断層**（熊本県，益城町，2016年）

➡⓬断層がつくる地形
Link p.34 ④断層地形の分類

傾動地塊　片側が急な断層崖で，反対側が緩斜面になっている山地。（例：六甲山地，養老山地，シエラネヴァダ山脈，テベク山脈など）

三角末端面　断層によって三角状に切断された断層崖。例：比良山地東ろく，松本盆地西縁など

断層崖　断層運動によって生じた急な崖。

地塁　ほぼ並走する二つの断層崖ではさまれた山地。（例：木曽山脈，テンシャン（天山）山脈など）

地溝　両側を断層崖ではさまれた低地（地溝に水がたまると**断層湖**が形成される）。（例：ライン地溝帯，アフリカ大地溝帯，諏訪盆地，伊那盆地など）

＋のガイド　プレートの境界では，プレートの沈み込みや衝突によってひずみが蓄積し，大規模な地震が発生する。プレートの境界以外でも，活断層がずれ動くことで，震源の浅い直下型地震が発生する。

造山帯と安定陸塊

地理力プラス 観光地として世界的に有名なオーストラリアのウルル（エアーズロック）は，どのようにして形成されたのか，世界の地体構造とその成因に着目して考えてみよう。→❶❹

1 世界の地体構造

Link p.14 ❷地球内部の構造と地球の歴史，p.16 ❶プレートの境界，p.34 ❺造山帯と安定陸塊の分類

用語 造山運動 褶曲や断層を起こしながら，大規模な山脈や山地，弧状列島などを形成する地殻変動のこと。

➡❶**世界の造山帯と安定陸塊** 大陸の中心部には，地球上で最も古い陸地である**安定陸塊**が広がる。これを取り巻くように，古生代には造山運動が活発であったが，現在は侵食を受けてなだらかな山地となっている**古期造山帯**が分布する。さらに，現在のプレートの境界にあたる地域には，中生代以降の造山運動によって高くけわしい山地となっている**新期造山帯**が分布する。

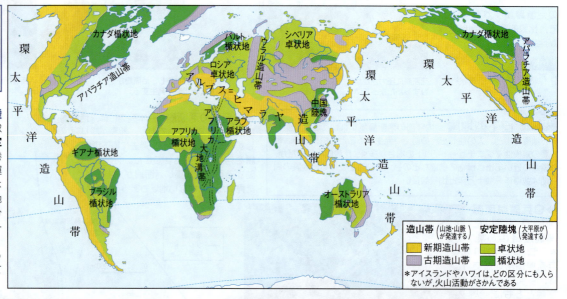

⬇❷**造山運動の時期** 古生代以降に造山運動が生じた地帯を**造山帯**とよび，造山運動が起きた時代により**新期造山帯**と**古期造山帯**に区分する。

2 新期造山帯

Link p.242 ❶ヒマラヤ山脈，p.254 ❶アルプス山脈

用語 新期造山帯 中生代以降の造山運動によって生じた山地や山脈が分布する地域。**アルプス＝ヒマラヤ造山帯**と**環太平洋造山帯**があり，地震が多く，火山活動が活発。

分布：アルプス山脈，ヒマラヤ山脈，日本列島，千島列島，アリューシャン列島，ロッキー山脈，アンデス山脈，フィリピン諸島など

➡❸**褶曲山脈ができるしくみ（アルプス山脈の形成）** アルプス山脈は，ユーラシアプレートとアフリカプレートの衝突によって，地層が徐々に押し曲げられて褶曲が起こったことにより形成された。

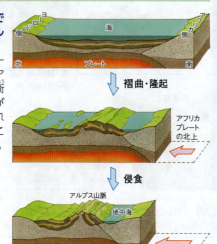

⬆❹人工衛星から見たアルプス山脈とその周辺

➡❺**アルプス山脈で見られる褶曲（スイス）** かつては海に水平に堆積していた地層が，横からの圧力によって褶曲し，その後，隆起も加わって山地となった。

3 古期造山帯 Link p.260 ❹ウラル山脈

用語 古期造山帯 古生代に造山運動が活発だった地帯で、その後は隆起運動を終えて長期間の侵食を受けたことにより、低くなだらかな山地が分布する地域。

分布：アパラチア山脈，ウラル山脈，グレートディヴァイディング山脈，ドラケンスバーグ山脈，ペニン山脈，スカンディナヴィア山脈など

↑❻なだらかな尾根が続くアパラチア山脈（アメリカ合衆国）

↑❼人工衛星から見たアパラチア山脈の北部（アメリカ合衆国）

4 安定陸塊 Link p.30〜31 ❷乾燥地形, p.264 ❶グランドキャニオン, p.270 ❶ギアナ高地, p.274 ❺ウルル（エアーズロック）

用語 安定陸塊 先カンブリア時代に造山運動を受けたが，古生代以降は安定している地球上で最古の陸地のこと。安定陸塊では，地震や火山活動がほとんど起こらず，大平野が発達する。安定陸塊の大平野は，先カンブリア時代の岩盤が露出した平坦地である**楯状地**と，先カンブリア時代の地層の上に古生代以降の地層が堆積して台地や平原となっている**卓状地**に分類される。

分布：カナダ楯状地，ギアナ楯状地，ブラジル楯状地，バルト楯状地，アラブ楯状地，アフリカ楯状地，オーストラリア楯状地，ロシア卓状地，シベリア卓状地など

↑❽先カンブリア時代の地層が露出したカナダ楯状地（オンタリオ州）

↓❾準平原と構造平野

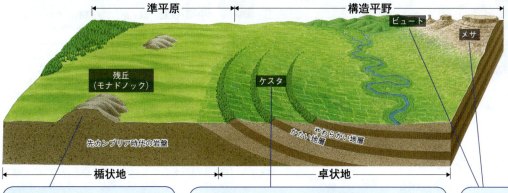

用語 準平原と構造平野
大陸内部の地盤が安定した地域で，長期間の侵食により形成されたゆるやかな地形を**準平原**という。準平原は多くの楯状地でみられ，起伏はほとんどない。
楯状地の周辺部や卓状地では，地層のかたさなどの地質構造を反映した**構造平野**がみられる。地層が水平な場合はかたい地層が雨による侵食を防ぐため，台地が横方向から侵食されて**メサ**や**ビュート**がつくられる。地層がゆるやかに傾斜しているところでは，かたい地層が急斜面として残る**ケスタ**がみられる。

残丘（モナドノック） かたい岩石が侵食から取り残されてできた丘。（例：ウルル（エアーズロック）など）

ケスタ かたい地層とやわらかい地層が交互に堆積した層がゆるやかに傾斜し，かたい地層が侵食のあとに残って丘陵となったもの。（例：パリ盆地，ロンドン盆地など）

メサ，ビュート 侵食に強い岩石の層が取り残されてできたテーブル状の地形が**メサ**。その小規模のものが**ビュート**。（例：モニュメントヴァレーなど）

コラム 地形の侵食輪廻

←❿デーヴィス（アメリカ合衆国，1850〜1934年）

アメリカ合衆国の自然地理学者デーヴィスが1899年に提唱した，地形の侵食の進み方を示した説を**侵食輪廻**という。原地形が内的営力で隆起すると，河川などの侵食作用を受けて削られ，幼年期，壮年期，老年期の段階を経て，平坦な**準平原**になる。準平原となったあとは再び隆起して，同じ侵食のサイクルを歩むと考えられている。ただし，プレートテクトニクスによれば，変動帯では隆起が長時間継続すると考えられ，侵食輪廻では説明できないことも多い。

→⓫地形の侵食輪廻のしくみ

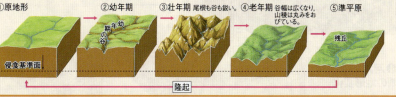

のガイド オーストラリア大陸のほとんどは，地質の年代が古く，地殻が安定した安定陸塊であるため，長期間の侵食で準平原がつくられ，かたい一枚岩であるウルルが残丘として侵食から取り残された。

河川がつくる地形

地理力＋ 日本では，おもにどのような地形のところで，果樹栽培がさかんなのだろうか。水はけなどの特徴に着目して考えてみよう。→ 1 4

1 河川がつくる地形

➡①河川がつくる地形 湿潤地域では，降水が河川水となって地表を流れることにより，さまざまな地形がつくられる。流水によって山は侵食を受け，侵食で生じた土砂が下流に運ばれ，堆積することで，**三角州**（デルタ）や**扇状地**，**氾濫原**などの**沖積平野**がつくられる。

三日月湖（河跡湖） 平野部に入って川の蛇行が大きくなると，洪水時の氾濫によって流路が短縮されることがある。それまでの河川は，川から切り離されて湖沼となる。その形から牛角湖とよばれることもある。（例：石狩川，釧路川，阿武隈川など）

後背湿地 自然堤防の背後にある低平な地形で，水はけが悪く，沼や湿地となっている。日本では江戸時代になってようやく開発が進み，水田として利用されていることが多い。

自然堤防 洪水時に河川の両側に，上流から運ばれてきた土砂が堆積して形成された，数十cm〜数mの微高地。洪水をまぬかれるため，集落や畑，道路などに利用されてきた。

Link p.35 ⑥河川がつくる地形の分類

台地 更新世に形成された谷底平野・扇状地・三角州などが隆起して形成された地形。**河岸段丘**や**海岸段丘**などもこれに含まれる。

Link p.26 ⑥三角州の形成

氾濫原 河川の中・下流域で，洪水時の河川の氾濫によって形成される地形のこと。**自然堤防**や**後背湿地**，**三日月湖**などで構成され，河川は蛇行することが多い。

三角州 河川が海や湖に流入するところに形成された三角形の地形で，デルタともよばれる。水はけが悪いうえに低平なため，洪水や高潮に襲われやすい。河川の流量や土砂の量，沿岸流や潮流の強弱，川底や海底の地形により，鳥趾状，円弧状，カスプ状などの形となる。

2 河川の営力

河川に沿ってみられる地形は，上流からの侵食・運搬・堆積によってつくられる。粒径の大きい砂礫は上流に堆積し，砂や泥は下流まで運ばれて堆積する。

➡②河川の営力と地形

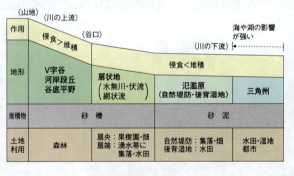

Link p.71 ④日本の河川の特徴

用語　沖積平野 最も新しい地質時代である完新世（約1万2000年前から現在まで）の間に，河川や海などによって運ばれた土砂が堆積してできた平野のこと。沖積平野は，おもに河川の堆積作用によってつくられ，現在もその形成が続いている新しい平野である。沖積平野には，河川の上流域から順に，**谷底平野**，**扇状地**，**氾濫原**（自然堤防・後背湿地），**三角州**などの**小地形**がみられる。用語として単に平野という場合には，沖積平野，海岸平野，台地を指す。

3 河川の上・中流域の地形変化

←③V字谷（長野県，大町市）槍ヶ岳（3180m）を源流とする高瀬川の上流では，侵食作用が強く，深いV字谷が形成されている。

河川は，流路を左右に移動させながら流れることで，川の両岸を侵食し，谷底を広げていく。この側面方向への侵食によって広がった谷底に，土砂が堆積して形成された平野を，**谷底平野**とよぶ。谷底平野は木の枝のような形で山地に入り込んでおり，日本では水田として利用されることが多い。

Link p.27 ⑧河岸段丘の形成，別冊ワークp.9 ②V字谷

V字谷 傾斜が急な上流で形成。横断面がVの字に似ている。

谷底平野 河川の側方侵食によって広げられた谷底に土砂が堆積して形成。木の枝のように山地の間に入り込む。

河岸段丘 河川の両側に形成される階段状の地形。（例：片品川流域，信濃川流域など）

➡④河川の上・中流域の地形変化

4 扇状地

↑⑤扇状地(山梨県，甲州市・笛吹市) 扇端はこの写真の範囲外となる。

(★は動画の撮影開始地点)

用語　扇状地 山間部を流れてきた河川は，山地から平野に出る谷の出口で勾配が急にゆるくなるため，土砂の運搬力が小さくなる。そこに土砂が堆積してできた，谷口を頂点とする扇状から半円状の地形のこと。

扇状地は，扇の形のかなめの部分にあたる**扇頂**，中央部の**扇央**，末端部にあたる**扇端**に分類される。扇頂は，谷の水に恵まれるため，**谷口集落**が形成される。砂礫層の厚い扇央は，河川が伏流して**水無川**になるため，水が得にくく，古くから畑や果樹園として利用されてきた。扇端は，伏流していた河川が地表へ湧出し，水を得やすいため，集落が立地しやすく，水田としても利用される。　Link　p.38 ①扇状地，別冊ワークp.9 ③扇状地

↓⑥扇状地の模式図

5 氾濫原　Link　p.38 ②氾濫原，p.202 ①自然条件とかかわりの深い集落立地，別冊ワークp.10 ④氾濫原

↓⑦氾濫原の模式図

↓⑧氾濫原が広がる石狩川流域(北海道，浦臼町) 平野を流れる河川はS字状に蛇行し，洪水時には氾濫によって河川の流路が移動する。このような低平地を**氾濫原**という。石狩川の両岸には，上流から運ばれてきた土砂がたまり，周囲よりも高くなった**自然堤防**，洪水時には水がたまって水はけが悪い**後背湿地**，かつての流路である**三日月湖(河跡湖)**がみられる。

コラム　生活エリアよりも高いところを流れる天井川

扇状地の扇央・扇端や氾濫原にある，土砂の供給量が多い河川では，河道を堤防によって固定すると，堤防内に土砂が堆積して河床が高くなる。河床が高くなると洪水の危険性が高まるため，防災のために堤防をかさ上げすることになり，河床はさらに高くなる。この繰り返しによって，河床が両側の平野よりも高くなった河川を**天井川**とよぶ。

かつて滋賀県草津市を流れていた旧草津川は，天井川の典型で，東海道本線や国道1号が図⑨のように川の下をトンネルで通っている。草津市の市街地は扇状地上に位置するため，洪水の被害を受けやすく，人々は長年，堤防を積み上げてきた。その結果，天井川が発達し，洪水の危険性が高まるとともに，都市開発のうえでも障害となった。このため，1980年代から草津川の流路を変更して新草津川を建設する工事が行われ，旧河道は現在，廃川となっている。

↓⑨天井川の模式図

6 三角州の形成

↓❶三角州の内部構造

頂置層（上表面にある水平な堆積層）
前置層（傾斜して堆積した粗い砂の層）
底置層（前置斜面の沖合いに堆積した細かい泥の層）
湖または海
前置斜面

河川が海や湖に流入すると，運搬されてきた土砂が堆積して低平な**三角州**（デルタ）を形成する。比較的あらい砂は河口付近に堆積し，干潟や傾斜の大きい斜面（前置斜面）を形成する。一方，粘土などの細かい泥は沈殿しにくいため，沖合いまで運ばれて堆積し，底置層を形成する。三角州は，図❶のように，おもに砂からなる前置斜面が，泥でできた底置層をおおいながら前進していくことで拡大する。

Link p.24 ❶河川がつくる地形

↑❷大都市が形成された**太田川河口の三角州**（広島県，広島市）　三角州は古くから水田や集落が発達してきたが，洪水や高潮の被害を受けることも多かった。堤防による治水や河川改修が進んだ現在では，広島のように大都市が形成されていることも多い。

7 三角州の分類　Link p.38 ❸三角州，p.202 ❶自然条件とかかわりの深い集落立地，p.264 ❹ミシシッピ川の河口に広がる三角州（デルタ）

鳥趾状三角州	円弧状三角州	カスプ状三角州
大 ←―――――――――――	[海岸の波や流れに対する河川の堆積作用の相対的な強さ]	―――――――――――→ 小
緩 ←―――――――――――	[海底の勾配]	―――――――――――→ 急

↑❸**ミシシッピ川河口**（アメリカ合衆国）　河川の堆積作用がさかんで沿岸流が弱い場合は，河道に沿って形成される**自然堤防**が海側にまでのび，鳥の足跡のような形の**鳥趾状三角州**になる。

↑❹**ナイル川河口**（エジプト）　河道の移動がひんぱんに生じる河川で，土砂の堆積が進み，複数の自然堤防の間が埋積されて陸地化すると，海岸線が円弧状になった**円弧状三角州**になる。

↑❺**テヴェレ川河口**（イタリア）　波の侵食作用が強い場合は，堆積作用がさかんな本流の河口付近だけに三角州が突出し，その両側は陸側に湾曲して尖状になった**カスプ状三角州**になる。

←❻鳥趾状三角州
例：ミシシッピ川（アメリカ合衆国），キュル川（アゼルバイジャン），マッケンジー川（カナダ）

←❼円弧状三角州
例：ナイル川（エジプト），ニジェール川（ナイジェリア），ドナウ川（ルーマニア），インダス川（パキスタン），小櫃川（千葉県）
Link 別冊ワークp.10 ❺

←❽カスプ状三角州
例：テヴェレ川（イタリア），安倍川（静岡県），天竜川（静岡県）

コラム　ヒマラヤの土砂がつくったガンジスデルタ

ヒマラヤ山脈に源流をもつガンジス川は，長い年月をかけて，上流から河口に大量の土砂を運び，その河口に巨大な**三角州**（デルタ）を形成してきた。右の写真はガンジスデルタの一部で，堆積した土砂の間を網目状に流路がはしっていることが読み取れる。河口に生育する世界最大といわれるマングローブ林は，3mをこえる潮の干満差による激しい潮流や，**サイクロン**による高潮・洪水から土砂の流出をくいとめる天然の防潮堤の役割を果たしている。また，スンダルバンス国立公園は，その豊かな自然環境に多くの動植物が生息し，世界自然遺産に登録されている。

Link p.242 ❻洪水によって冠水したダッカ
→❾人工衛星から見たガンジス川河口

8 河岸段丘の形成

↑⑩ 片品川の河岸段丘(群馬県，沼田市・昭和村) 段丘崖は森林，低い段丘面は水田，高い段丘面は畑に利用されている。　Link▶p.24 ③河川の地形変化

Link▶p.39 ④河岸段丘，別冊ワークp.11 ⑥河岸段丘

➡⑪河岸段丘の形成　河岸段丘は，河川沿いに形成される階段状の地形で，ほぼ平坦なところを段丘面，それをくぎる崖を段丘崖とよぶ。一般に現在の河川より高いところにある段丘ほど，古い時代に形成されたもので，土地の隆起や河川流量の変化などによって形成される。

9 台地の利用　Link▶p.44 ③地下水の利用，p.202 ①自然条件とかかわりの深い集落立地，p.289 try 台地の特徴，別冊ワークp.11 ⑦台地

➡⑫台地の利用

用語　台地と丘陵　沖積平野の周縁部には，高さ数m〜数十m以上の崖に囲まれた台地や，小山のような丘陵が分布する。
　台地は，更新世(約260万〜1万年前)に形成された扇状地や三角州などが隆起した地形で，河川沿いの河岸段丘や海岸にできる海岸段丘も台地に含まれる。丘陵は，ゆるやかな起伏をもつ地形で，台地のような平坦地を含まない。台地や丘陵には，谷戸(谷津・谷地)とよばれる樹枝状に刻まれた小さな谷が多く，そこに開かれた水田は谷戸田(谷津田・谷地田)とよばれる。

コラム　関東地方の貝塚

　縄文時代の人々は，魚介類の採集のために海岸近くに住み，貝がらや魚の骨などを集落のすみに捨てた。これが貝塚であり，貝塚は縄文時代の人々の生活跡といえる。図⑭は，貝塚の分布から推定した縄文時代の海岸線である。7000年前ごろは，最終氷期後に地球が温暖化した時期で，日本付近の海面は現在よりも数m高かったため，海水が内陸まで入り込んでいた(この海域の拡大は縄文海進とよばれる)。利根川，荒川，多摩川の河口に広がる沖積平野は，縄文時代以降に形成されたもので，貝塚は，現在の台地の縁辺部に位置している。縄文時代に入り江だったところは，霞ケ浦のように湖沼になっていることも多い。

➡⑭関東地方の地形と旧海岸線

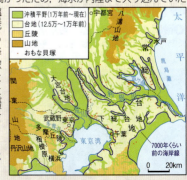

↑⑬ 下総台地(千葉県，成田市)　海面後退でできた海岸平野が隆起した台地。

⊕のガイド　果樹栽培には，水はけや日あたりのよい土地が適している。このため，厚い砂礫層におおわれて水はけがよく，傾斜地のために日あたりがよい扇状地の扇央部で果樹栽培が発達した。

海岸の地形

地理力プラス 観光地として知られる九十九里浜や江の島には、どのような海岸地形がみられ、どのようなレジャーの場となっているのか、地形の成因に着目して考えてみよう。→**1 2 3**

1 海岸の地形

→**❶海岸にみられる地形**

海岸では、波や潮の干満、**沿岸流**などにより土砂の侵食・運搬・堆積作用が生じ、地形が変化する。また、海面の上昇・低下や地殻の隆起・沈降などの影響も強く受けて、さまざまな海岸地形が形成される。

海岸平野 陸地に近い浅い海底堆積面が、隆起または海面の低下によって地表に現れた平野。単調で平坦な海岸は砂礫や泥からなる。(例：九十九里平野、宮崎平野、アメリカ合衆国東海岸など)

砂嘴 湾口や岬の先端などに堆積した砂礫が、沿岸流によって鳥のくちばしのように内湾側に湾曲したもの。(例：野付半島、三保松原、コッド岬(アメリカ合衆国)など)

ラグーン(潟湖) 砂州などによって入り江がふさがり、外洋から切り離された浅い湖。(例：サロマ湖、能取湖、浜名湖、中海、パムリコ湾(アメリカ合衆国)など)

砂州 河川が運搬してきた砂礫や、近くの海岸が侵食されて生じた砂礫が沿岸流で運ばれ、湾に面した海岸や岬の先端などから細長く突き出すように堆積し、離水した地形のこと。(例：天橋立、弓ヶ浜(夜見ヶ浜)など)

海岸段丘 海岸線が侵食されてできた崖(海食崖)や、波の侵食で海底が削られてできた平坦面(海食台)が、複数回の離水で陸上に現れたことにより形成された階段状の地形。(例：襟裳岬、洲崎(房総半島)、三浦半島、室戸岬、足摺岬など)

Link p.35 ⑦海岸地形の分類、p.291 try 陸繋砂州・陸繋島の特徴、別冊ワークp.13 ⑩砂州

2 離水海岸

用語 離水海岸
陸地の隆起または海面の低下によって、浅い海底が陸上に現れることを**離水**という。海岸線が陸から後退することを**海退**といい、海退によってできた海岸を**離水海岸**という。離水海岸では平坦な砂浜が広がる**海岸平野**がよくみられ、海岸線は単調になる。

↑**❷海岸平野**(千葉県、九十九里浜) 九十九里浜は、海岸線と平行に**浜堤**と低湿地(かつてのラグーン)とが交互に続く遠浅な**海岸平野**である。海に近い浜堤には、江戸時代末期に納屋集落が形成された。

↑**❸海岸段丘**(高知県、室戸岬) 室戸岬は、**段丘面**と**段丘崖**が明瞭な典型的な**海食海岸**である。かつては海面下にあって波の侵食を受けていた**海食台**が、隆起による離水によって陸地となり、段丘崖に囲まれた段丘面になっている。

Link 別冊ワークp.12 ⑧海岸平野　　**Link** 別冊ワークp.12 ⑨海岸段丘

3 砂礫の堆積によってできる地形

Link p.39 ⑤砂州とラグーン、p.291 try ⑧江の島の地形図

↓**❹砂嘴**(静岡県、清水港) **沿岸流**に運ばれた土砂がくちばし状に堆積する**砂嘴**は、湾奥へ屈曲する。

↓**❺砂州とラグーン(潟湖)**(北海道、サロマ湖) サロマ湖は北海道北東部にある**ラグーン**で、海とラグーンをしきる**砂州**は、長さ約25kmにも及ぶ。

↓**❻陸繋島とトンボロ(陸繋砂州)**(神奈川県、江の島) **沿岸流**によって、川の土砂が海岸と江の島の間に堆積し、**トンボロ**が形成されている。

フィヨルド 氷食作用によって形成された**U字谷**に，海水が浸入してできた奥深い入り江。海岸は，氷河に削りとられた急な崖であるため，陸地を深く切り込んだ景観をなす。(例：ノルウェー，ニュージーランド南島，チリ南部など)　Link▶p.254 ❹ソグネフィヨルド，p.274 ❻氷河地形のミルフォードサウンド

エスチュアリ(三角江) 比較的広大な平野を流れ，土砂の運搬量が少ない河川の河口部が，河川沿いの低地に海水が浸入することによって沈水し，ラッパ状となった入り江のこと。湾奥は平野であるため，都市が発達し，港湾として栄えることが多い。(例：テムズ川(イギリス)，エルベ川(ドイツ)，セントローレンス川(カナダ)，ラプラタ川(アルゼンチン)などの河口)

多島海 島が数多く散在している海域のこと。起伏の多い陸地が沈水すると，以前の山頂や尾根が海上に出て島となる。(例：九十九島，瀬戸内海，松島湾，エーゲ海(ギリシャ)など)

リアス海岸 山地や丘陵が沈水することにより，谷の下流域に海水が浸入してできた，複雑に入り組んだ海岸線をもつ海岸のこと。リアス(rias)の語は，スペイン語で入り江を意味する(ria)の複数形で，入り江が多くみられるスペイン北西部のリアスバハス海岸に由来して，この名称が用いられている。リアス海岸では，背後に山地が迫っているため平地が少なく，内陸との交通が不便なことが多い。入り江の奥は波がおだやかで天然の良港となっているが，津波が押し寄せると波の高さが急激に増すことがある。

急斜面の谷に海水が浸入して**おぼれ谷**となると，のこぎり状に屈曲した海岸線ができる(例：リアスバハス海岸(スペイン)，三陸海岸など)。一方，低くなだらかな谷がおぼれると，海水が奥まで浸入して複雑な海岸線ができる(例：チェサピーク湾沿岸(アメリカ合衆国)，志摩半島の海岸など)　Link▶p.254 ❷ヨーロッパの自然環境

陸繋島 砂州が発達して，沖合いの島が陸続きとなったもの。(例：江の島，函館，男鹿半島，潮岬，志賀島など)

トンボロ(陸繋砂州) 陸と島をつなぐほど発達した**砂州**のこと。陸との間に**ラグーン(潟湖)**をはさむこともある。(例：江の島，函館など)

4 沈水海岸

用語　沈水海岸
陸地の沈降または海面の上昇によって，陸地が海面下に沈むことを**沈水**という。海岸線が陸に向かって前進することを**海進**といい，海進によってできた海岸を**沈水海岸**という。山地の谷が沈水して**おぼれ谷**になると，沿岸は急斜面で入り組んだ海岸線になる。

Link▶別冊ワークp.13 ⑪リアス海岸

↑❼リアス海岸(三重県，英虞湾) 志摩半島の南部に位置する湾で，リアス海岸特有の波のおだやかさを生かし，真珠や青のりの養殖がさかんなことで知られている。湾内に浮かぶいかだは，真珠などの養殖いけすである。

↑❽エスチュアリ(三角江)(カナダ，セントローレンス川河口) オンタリオ湖を水源として，カナダとアメリカ合衆国との国境を流れてきたセントローレンス川は，河口がラッパ状に広がる世界最大の**エスチュアリ**となっている。

5 氷食による海岸地形

Link▶p.30～31 ❶氷河地形, p.35 ❽氷河地形の分類, p.113 フィヨルドを生かした養殖業

↓❾**U字谷とフィヨルドの形成** 氷河が流動し，谷底や谷壁を侵食すると，谷の壁はほぼ垂直に削られる。氷河が融解して消失すると，氷河が流れ下った跡は断面が U字形をなす**U字谷**となる。U字谷に海水が浸入すると，**フィヨルド**とよばれる奥深い入り江になる。フィヨルドは水深が深いため，湾の最奥部まで大型船舶が航行できる。フィヨルドの両岸には，急な崖を流れ落ちる滝が見られることも多い。

↓⓾フィヨルド(ノルウェー) 写真は，世界自然遺産に登録されたガイランゲルフィヨルド。

U字谷の形成

海水の浸入

➕のガイド 九十九里浜は，離水でできた海岸平野にある平坦な砂浜で，遠浅のため海水浴場に利用されている。江の島は，トンボロを渡って行くことができる陸繋島で，海食台では磯遊びなどができる。

氷河地形と乾燥地形

地理力＋プラス 氷河地形や乾燥地形は、どのような自然の作用によって形成されているのだろうか。気候とのかかわりに着目しながら、その成因について考えてみよう。→ 1 2

1 氷河地形

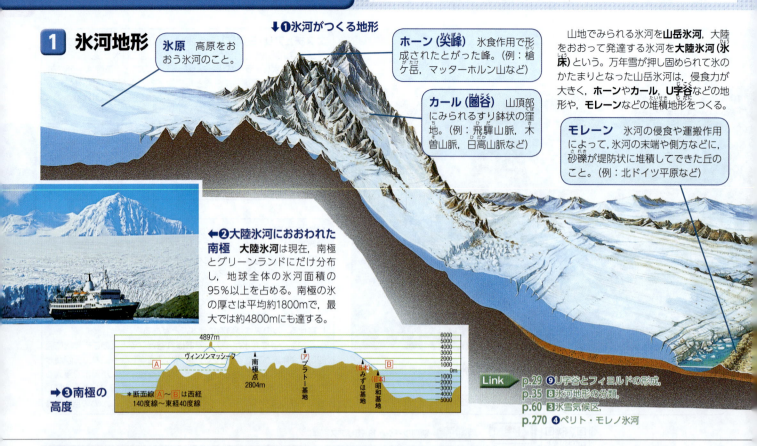

↓❶氷河がつくる地形

- **氷原** 高原をおおう氷河のこと。
- **ホーン（尖峰）** 氷食作用で形成されたとがった峰。（例：槍ヶ岳，マッターホルン山など）
- **カール（圏谷）** 山頂部にみられるすり鉢状の窪地。（例：飛騨山脈，木曽山脈，日高山脈など）
- **モレーン** 氷河の侵食や運搬作用によって，氷河の末端や側方などに，砂礫が堤防状に堆積してできた丘のこと。（例：北ドイツ平原など）

山地でみられる氷河を**山岳氷河**，大陸をおおって発達する氷河を**大陸氷河（氷床）**という。万年雪が押し固められて氷のかたまりとなった山岳氷河は，侵食力が大きく，**ホーン**や**カール**，**U字谷**などの地形や，**モレーン**などの堆積地形をつくる。

←❷大陸氷河におおわれた南極 大陸氷河は現在，南極とグリーンランドにだけ分布し，地球全体の氷河面積の95％以上を占める。南極の氷の厚さは平均約1800mで，最大では約4800mにも達する。

→❸南極の高度

Link p.29 ❾U字谷とフィヨルドの形成
p.35 ❽氷河地形の分類
p.60 ❸氷雪気候区
p.270 ❹ペリト・モレノ氷河

2 乾燥地形

Link p.35 ❾乾燥地形の分類

乾燥地域では，蒸発量が降水量を上まわるほか，昼夜の気温の変化が激しいため，岩石に含まれる微量の水分の膨張・凍結などによる破砕作用が活発で，岩石の風化が進みやすい。また，植生が乏しいために風による侵食・運搬作用も活発で，これらの作用により，岩石が露出したり，砂礫におおわれたりした特異な景観がつくり出されている。

↑❼岩石砂漠（チリ，アタカマ砂漠） 山地や高原の岩盤が露出した砂漠を，**岩石砂漠**という。砂漠のなかでは最も広く分布する。

↑❽礫砂漠（中国，ゴビ砂漠） 強風のために細かな砂が吹き飛ばされ，おもに礫が地表をおおう砂漠を，**礫砂漠**という。

↑❾砂砂漠（モロッコ，サハラ砂漠） 砂におおわれた砂漠を**砂砂漠**という。 **Link** p.242 ❺大インド（タール）砂漠

コラム 実は少ない砂砂漠

砂漠は本来，水が少ない場所のことを意味していたため，昔は「沙漠」という字を用いていた。現在は，「砂漠」と書くのが一般的であるため，さらさらの砂でおおわれた地域を砂漠とするイメージが強くなった。しかし，サハラ砂漠では砂からなる砂漠は20％ほど，アラビア半島の砂漠では30％ほどであることからもわかるように，世界の砂漠のうち，砂砂漠の面積割合は低く，砂漠の大部分は岩石や礫からなる岩石砂漠・礫砂漠となっている。

→❿乾燥地域にできる地形

↓⓫メサとビュート（アメリカ合衆国，モニュメントヴァレー） アリゾナ州北部を中心に，日本の東北6県ほどの面積に広がる。現在も風化が進んでいる。

メサ，ビュート 侵食に強い岩石の層が取り残されてできたテーブル状の地形が**メサ**で，その小規模のものが**ビュート**。 **Link** p.23 ❹安定陸塊

ワジ（かれ川） 降雨があったときだけ流水がみられる河川。

↑❹**氷河湖とモレーン**(アイスランド,ヴァートナ氷河) ヴァートナ氷河は,最大約1000mの厚さをもつ氷河で,**モレーン**や**氷河湖**などの氷河地形を形成している。

➡❺**カール(圏谷)**(飛騨山脈,槍ヶ岳) 槍ヶ岳から穂高岳へと続く稜線の一部で,山頂付近の斜面に複数の**カール**が形成されている。最終氷期に発達していた氷河が,山頂部分を侵食してこれらのカールを形成した。

Link p.66 ❶海底堆積物の酸素同位体比, p.77 ⑩氷河の変化

エスカー 氷河の底を流れた河川による堆積物からなる丘。

氷河湖 氷河によってえぐられた凹地に水がたまった**氷食湖**や,**モレーン**による堰止湖。(例:五大湖,サイマー湖(フィンランド)など)

フィヨルド

ドラムリン モレーンや基盤岩が再び氷河により侵食され,残った小丘のこと。

| 専門家ゼミ | **日本にもあった氷河** | Link 別冊ワークp.14 ⑬氷河地形 |

日本にも,最終氷期には日本アルプスや日高山脈に約400の氷河が発達したが,間氷期の現在,氷河は存在しないと考えられてきた。しかし,近年,電波で氷厚を測るアイスレーダーや測量用GPSなど新しい機器を使った観測が,立山連峰の万年雪で行われるようになり,いくつかの万年雪は,流動する氷体をもつ「氷河」であることがわかった。現在,「氷河」として認められているのは,立山の御前沢雪渓,剱岳の三ノ窓雪渓・小窓雪渓*で,最大の「氷河」である三ノ窓雪渓は,厚さ60m,長さ1200mに達する氷体をもち,1か月あたり約30cm流動している。従来,極東地域では,カムチャツカが氷河分布の南限と考えられてきたが,今後は立山連峰が南限となる。
〔立山カルデラ砂防博物館 福井 幸太郎〕

↓❻**氷河であると認められた三ノ窓雪渓**(富山県,剱岳)

* 2020年までに,鹿島槍ヶ岳の「カクネ里雪渓」など,7か所が氷河であることが判明している

↑⓬**ワジ(かれ川)**(エジプト) ワジは,平常時には水無川で交通路として使われる。 Link p.51 ワジ

塩の結晶が集積した湖岸

↑⓭**塩湖**(アメリカ合衆国,グレートソルト湖) 塩分濃度が25%以上と高く,周辺では製塩業が発達している。

| 用語 | **外来河川と内陸河川** |

湿潤地域に源流のある川が,乾燥地域を貫流して,海または湖に注ぐ河川のことを**外来河川**といい,ナイル川,ティグリス川,ユーフラテス川,インダス川などがこれにあたる。

内陸河川は,海洋に出口をもたない川のことで,蒸発量が多く,水が地中に浸透するなどして内陸でとだえる河川も含まれる。タリム川,シルダリア川,アムダリア川などがその例。

Link p.52 砂漠の成因

オアシス 砂漠の中に散在する湧水地などの水が得られるところ。植生がみられ,農耕が行われたり,集落が立地したりする。
Link p.52 ❶オアシス, p.246 ❶オアシスに広がるなつめやし畑

塩湖 塩分濃度の高い湖。一般的には,乾燥地域で流出河川のない湖に多く,激しい蒸発によって湖水の塩分が濃縮されて生じる。干上がると,陸化した湖底に塩の結晶が集積した**塩原**になる。
Link p.80 アラル海, p.246 ❺死海

砂丘 風によって運ばれた砂が堆積して丘状になった地形。移動しやすく,耕地や集落が埋まることがある。
Link p.228 ❹タクラマカン砂漠

➕のガイド 氷河地形は,万年雪がみられる寒冷な山岳地帯や極地などで,氷河の侵食作用によって形成される。乾燥地形は,砂漠などで岩石の風化や風による侵食・運搬作用が進むことにより形成される。

カルスト地形とサンゴ礁

地理力＋ カルスト地形と暖かい海にあるサンゴ礁は、一見関連がないようにみえるが、その成因には地球の歴史のなかでのかかわりがある。どのようなかかわりか考えてみよう。→1 2

1 カルスト地形

海底に堆積した**石灰岩**が陸化した地域では、弱酸性の地下水や雨水が石灰岩を侵食することによって、地表に多数の**くぼみ**ができる特異な地形が形成され、地下には**鍾乳洞**ができる。石灰岩が二酸化炭素などを含む弱酸性の水によって溶解・侵食される作用のことを**溶食**といい、溶食によって形成された地形のことを**カルスト地形**とよぶ。

↓❶さまざまなカルスト地形

- **カレンフェルト** ピナクルが林立する石灰岩質の斜面または台地。
- **ピナクル** 溶食からとけ残った石灰岩が石碑のように地表から突出したもの。
- **カレン** 石灰岩が溶食を受けて生じた溝状の凹地のこと。
- **ドリーネ** 溶食の結果、形成された小さな凹地のこと。吸い込み口を伴い、直径は数m〜数十m。
- **ポリエ** ウバーレの溶食が進み、谷底の面積が100km²以上に及んだものは、**ポリエ**（溶食盆地）とよばれる。ポリエでは集落が形成され、農業が行われることもある。
- **ウバーレ** となり合う複数のドリーネが溶食によって結合すると、ドリーネより大きな凹地がつくられる。これを**ウバーレ**といい、平らな谷底をもつ。ウバーレは、鍾乳洞の天井が落盤することなどでも形成される。
- **鍾乳洞** 地表の**くぼみ**から浸透した地下水などにより、地中の石灰岩が溶食されてできた洞窟。（例：秋芳洞、龍河洞など）

2 サンゴ礁の発達と分布

サンゴ礁は、サンゴや有孔虫、石灰藻などの石灰質の骨格や殻をもつ造礁生物がつくる生物地形で、おおよそ北緯20度から南緯20度の熱帯などの低緯度地域に分布する。サンゴ礁の形成には、表面海水温度が最寒月でも18℃以上必要で、浅い水域、高い透明度などの条件も必要である。

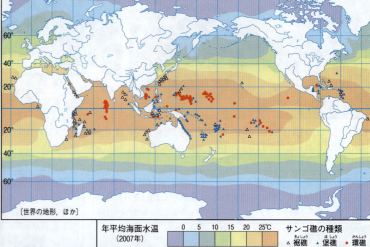

↓❻サンゴ礁の分布

〔世界の地形、ほか〕

年平均海面水温（2007年） 0 5 10 15 20 25℃
サンゴ礁の種類 △裾礁 ▲堡礁 ●環礁

←❼人工衛星から見たグレートバリアリーフ（**大堡礁**）（左）とそのサンゴ礁（右、ともにオーストラリア） グレートバリアリーフは、オーストラリア大陸の北東岸にみられる世界最大の**堡礁**である。陸からの幅が約80kmにもなる**礁湖**（ラグーン）をへだてて、長さ2000km以上にわたって**サンゴ礁**が連なる。

（左図ラベル）グレートバリアリーフ、コーラル海（珊瑚海）、ウィットサンデー諸島、マカイ、ノーサンバーランド諸島　©TRIC/NASA

↑❷**ドリーネ**(スロベニア，カルスト地方) **カルスト地形**の名称は，石灰岩層に多くのカルスト地形が分布する，この地方に由来する。

➡❸**タワーカルスト**(中国，コイリン(桂林)) 石灰岩質の台地の溶食が進行すると，塔状の石灰岩の残丘(**タワーカルスト**)が形成される。

タワーカルスト 石灰岩の厚い層が，高温多雨な熱帯気候のもとで溶食を受けてできた地形で，石灰岩の岩塔や小山が林立する。(例：コイリン(桂林)(中国)，ハロン湾(ベトナム)など)

←❹**カレンフェルト**(福岡県，平尾台) 石灰岩質の斜面に，**ピナクル**が無数に散在している。日本では，写真の平尾台のほか，山口県の秋吉台，四国山地の四国カルストなどでみられる。

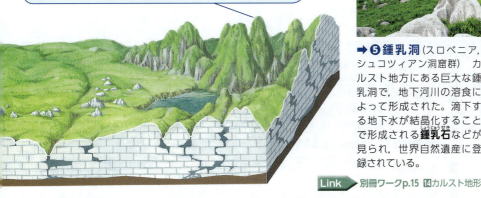

➡❺**鍾乳洞**(スロベニア，シュコツィアン洞窟群) カルスト地方にある巨大な鍾乳洞で，地下河川の溶食によって形成された。滴下する地下水が結晶化することで形成される**鍾乳石**などが見られ，世界自然遺産に登録されている。

Link 別冊ワークp.15 ⓮カルスト地形

↓❽**サンゴ礁の発達** 進化論で有名なイギリスの博物学者ダーウィンは，サンゴ礁は火山島が沈降(または海面が上昇)するにつれて，**裾礁→堡礁→環礁**の順に発達するという説を唱えた。

Link p.274 ❶オーストラリア大陸と太平洋の島々

裾礁 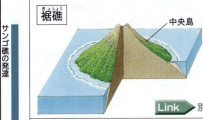	島や大陸の海岸の裾をふちどるように発達したサンゴ礁。日本の南西諸島でよくみられる。(例：石垣島，水納島，ラロトンガ島など) Link 別冊ワークp.15 ⓯サンゴ礁	 ↑❾裾礁(モーレア島)
堡礁 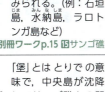 礁湖(ラグーン)	「堡」とはとりでの意味で，中央島が沈降してサンゴ礁との間に**礁湖(ラグーン)**ができた状態をさす。(例：グレートバリアリーフ，ウヴェア島など)	 ↑❿堡礁(ボラボラ島)
環礁 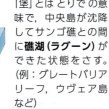 礁湖(ラグーン)	中央島が完全に沈降して環状または楕円状に発達したサンゴ礁。環は島や州からなり，居住地となっているところもある。(例：ビキニ環礁，ムルロア環礁など)	 ↑⓫環礁(モルディブ)

コラム サンゴ礁の白化現象

サンゴはそれ自体が動物だが，体内には褐虫藻とよばれる藻類(共生藻)がすんでおり，光合成を行っている。ところがサンゴに高い水温や水質の低下などのストレスがかかると，体内の共生藻を失い白くなる。これを**白化現象**という。環境が回復すれば健全なサンゴに戻るが，環境が回復せず白化現象が長く続くとサンゴは死んでしまう。水温が30℃をこえる状態が続くとサンゴの白化現象が起こるといわれるため，地球温暖化やエルニーニョ現象による海水温の上昇が危惧されている。

Link p.77 地球温暖化

↓⓬**白化したサンゴ**(沖縄県，石垣島)

+のガイド カルスト地形が形成される石灰岩層は，数億年前に海底に堆積したサンゴ礁などからできた石灰岩が隆起したものであるため，カルスト地形が見られる場所は古代には浅く暖かい海だった。

地形 まとめ

1 プレート境界の分類　Link▶ p.12〜13 世界の大地形，p.14〜15 プレートテクトニクス，p.16〜17 プレートの境界

分類	特徴・成因	例
狭まる境界	となり合うプレートどうしが押し合って近づくプレート境界。衝突帯と沈み込み帯の二つに分類される。	
衝突帯	大陸プレートどうしが衝突するプレート境界。プレートが押し合うことにより，地層が徐々に押し曲げられて褶曲が起こり，高くけわしい褶曲山脈ができる。	ヒマラヤ山脈・チベット高原，ザグロス山脈・イラン高原
沈み込み帯	重い海洋プレートが，軽い大陸プレートの下に沈み込むプレート境界のことで，海底が急に深くなる海溝が形成される。海溝に沿った大陸プレート側には弧状列島（島弧）や火山列ができる。海溝沿いに形成された火山の集中地帯は火山帯といい，その海溝側の最前列は火山前線（火山フロント）とよばれる。	日本海溝・日本列島，千島・カムチャツカ海溝・千島列島，フィリピン海溝・フィリピン諸島，スンダ（ジャワ）海溝・大スンダ列島，ペルー海溝・チリ海溝・アンデス山脈
広がる境界	となり合うプレートがたがいに遠ざかり，引っ張り合う力がはたらくプレート境界。大洋底にある海嶺と，大陸上にみられる地溝帯がある。	
海嶺	広がる境界が大洋底にある場合に，噴き出したマグマによって形成される海底山脈。	大西洋中央海嶺，東太平洋海嶺，インド洋中央海嶺
地溝帯	広がる境界が大陸上にある場合に，地表面が引きさかれて形成される巨大なさけ目（リフト）。さけ目の落ち込んだ部分を地溝といい，地溝のなかでも大規模なものを地溝帯という。	アフリカ大地溝帯（ザンベジ川河口〜タンガニーカ湖〜アファル窪地），紅海，死海〜ヨルダン川
ずれる境界	となり合うプレートがたがいにすれ違い，水平方向にずれ動いているプレート境界。おもに海域に分布する。境界の末端がほかの種類の境界に変わるため，トランスフォーム断層ともよばれる。	サンアンドレアス断層（アメリカ合衆国西部），北アナトリア断層（トルコ），エンリキロ断層（ハイチ）

2 火山地形の分類　Link▶ p.18〜19 火山の形成

	分類	特徴・成因	例		分類	特徴・成因	例
火山	楯状火山	粘性の小さい溶岩（玄武岩質）によって形成された，傾斜のゆるい，楯を伏せたような形の火山。	霧ヶ峰，キラウエア山	火口にできる地形	カルデラ	噴火による爆発・陥没や，噴火後の侵食で形成された直径1〜2km以上の大規模な凹地。カルデラ内の平原を火口原，火口原にある湖を火口原湖という。	阿蘇山，有珠山，箱根山
					火口湖	火山の噴出口に水がたまった湖。	蔵王山，本白根山
	成層火山	おもに1か所の火口からの噴火を繰り返し，中程度の粘性をもつ溶岩（安山岩質）や火砕物が堆積した円錐形の火山。	富士山，岩木山，羊蹄山		マール	水が大量にある場所で，マグマが水蒸気爆発したことによってできた円形の火口。湖や池になっていることが多い。	一ノ目潟
					火山砕屑丘	火口の周囲に火山砕屑物が堆積した，円錐形に近い形の小さい山や丘。	大室山
	溶岩円頂丘（溶岩ドーム）	粘性の大きい溶岩（流紋岩質）によって形成された，ドーム状の火山。マグマは流れにくく，噴火は爆発的。	昭和新山，樽前山	溶岩流地形	溶岩台地	大量の溶岩流が流れ出てできた広大な台地。粘性の低い溶岩（玄武岩質）が重なり合ってつくられる。	デカン高原
					溶岩堰止湖	溶岩流が川の流れをせき止めたことで形成された湖。	富士五湖

3 地震の分類　Link▶ p.20〜21 地震の原因と断層

分類	特徴・成因	例
プレート境界型地震	プレートの沈み込みや衝突によって地殻に蓄積されたひずみが解放されるときに生じる，プレート境界で起こる地震。	
沈み込み帯	海洋プレートが大陸プレートの下に沈み込む境界で発生する地震は，海溝型地震という。地震の周期は数十年〜数百年と比較的短い。津波の発生を伴う可能性が高い。	東北地方太平洋沖地震，スマトラ島沖地震
衝突帯	大陸プレートどうしが衝突する衝突帯では，プレートの境界面にひずみが蓄積されやすく，大規模な地震が発生する。	ネパール地震
直下型地震	単一プレートの内部にある活断層がずれ動くことで生じる地震。地震の周期は数百年〜数十万年と比較的長い。震源に近い都市は，建物の倒壊などの甚大な被害を受ける。	兵庫県南部地震，熊本地震

4 断層地形の分類　Link▶ p.21 4 断層がつくる地形

断層は，両側から引っ張る力によってできる正断層，両側からの圧縮の力によってできる逆断層，断層の両側が水平方向に移動する横ずれ断層の三つに分類される。

分類	特徴・成因	例
地塁	ほぼ並走する二つの断層崖（断層運動によって生じた急な崖）ではさまれた山地。	木曽山脈，讃岐山脈，テンシャン（天山）山脈
傾動地塊	片側が急な断層崖で，反対側が緩斜面になっている山地。	六甲山地，養老山地，シエラネヴァダ山脈，テベク山脈
地溝	両側を断層崖ではさまれた低地。地溝に水がたまると断層湖が形成される。	諏訪盆地，伊那盆地，アフリカ大地溝帯
三角末端面	断層によって三角状に切断された断層崖。	比良山地東ろく，松本盆地西縁

5 造山帯と安定陸塊の分類　Link▶ p.22〜23 造山帯と安定陸塊

分類	特徴・成因	例
造山帯	古生代以降に造山運動が生じた地帯で，新期造山帯と古期造山帯の二つに分類される。	
新期造山帯	中生代以降の造山運動によって生じた山地や山脈が分布する地域。アルプス＝ヒマラヤ造山帯と環太平洋造山帯があり，地震が多く，火山活動が活発である。	アルプス山脈，ヒマラヤ山脈，日本列島，千島列島，アリューシャン列島，ロッキー山脈，アンデス山脈，フィリピン諸島
古期造山帯	古生代に造山運動が活発だった地帯で，その後は隆起運動を終えて長期間の侵食を受けたことにより，低くなだらかな山地が分布する地域。	アパラチア山脈，ウラル山脈，グレートディヴァイディング山脈，ドラケンスバーグ山脈，ペニン山脈，スカンディナヴィア山脈
安定陸塊	先カンブリア時代に造山運動を受けたが，古生代以降は安定している陸地のことで，大平野が発達する。安定陸塊の大平野は楯状地と卓状地の二つに分類される。	
楯状地	先カンブリア時代の岩盤が露出した平坦地。長期間の侵食によって形成された，起伏がほとんどない地形である準平原が広がり，侵食から取り残された残丘（モナドノック）がみられる。	カナダ楯状地，ギアナ楯状地，ブラジル楯状地，バルト楯状地，アラブ楯状地，アフリカ楯状地，オーストラリア楯状地
卓状地	先カンブリア時代の地層の上に，古生代以降の地層が堆積して形成された大平野。地層のかたさなどの地質構造が反映した構造平野がみられ，地層が水平な場合は侵食に強い岩石の層が取り残されたメサやビュート，地層が傾斜している場合は硬軟がある地層が緩斜面と急崖となって残ったケスタがみられる。	ロシア卓状地，シベリア卓状地

34

6 河川がつくる地形の分類　Link ▶ p.24～27 河川がつくる地形, p.38～39 地形と地形図

分類	特徴・成因	例
台地	更新世（約260万～1万年前）に形成された谷底平野や扇状地，三角州などが隆起した地形で，高さ数m～数十m以上の崖に囲まれる。沖積平野の周縁部に分布する。	下総台地，常総台地，武蔵野，牧ノ原，三方原
河岸段丘	河川沿いに形成される階段状の地形で，ほぼ平坦なところを段丘面，それをくぎる崖を段丘崖とよぶ。	片品川流域，信濃川流域，天竜川流域
沖積平野	完新世（約1万年前～現在）の間に，河川や海などによって運ばれた土砂などの堆積物が堆積してできた平野。	濃尾平野，越後平野，筑紫平野
谷底平野	山地を河川が侵食したことによって形成されたV字谷が，河川の側方侵食によって谷底を広げ，そこに土砂が堆積して形成された平野。木の枝のような形で山地に入り込んで分布する。	日本アルプス（飛騨山脈・木曽山脈・赤石山脈）山ろく
扇状地	山間部を流れてきた河川が，谷の出口で土砂を堆積させることにより形成する扇状の地形。谷口部分にあたる扇頂，中央部の扇央，末端部の扇端に分類され，砂礫層の厚い扇央では河川水が伏流して水無川になる。	甲府盆地，山形盆地，松本盆地，富山平野，琵琶湖西岸
氾濫原	洪水時に河川の氾濫によって形成される地形の総称。河川の両側に土砂が堆積してできた微高地を自然堤防，自然堤防の背後にある低平で水はけが悪い地形を後背湿地という。蛇行した河川が洪水をきっかけに流路を変え，かつての流路が湖沼となったものは三日月湖（河跡湖）という。	石狩平野，釧路平野，仙台平野，越後平野，濃尾平野，筑紫平野
三角州（デルタ）	河川が海や湖に流入するところに形成される三角形の地形。河川の堆積作用がさかんで沿岸流が弱い場合は鳥の足跡のような形の鳥趾状三角州に，河道の移動がひんぱんに生じる河川では海岸線が円弧状になった円弧状三角州に，波の侵食作用が強い場合は河口の両側が陸側に湾曲して尖状になったカスプ状三角州になる。	鳥趾状：ミシシッピ川，マッケンジー川 円弧状：ナイル川，ニジェール川，ドナウ川 カスプ状：テヴェレ川，安倍川，天竜川

7 海岸地形の分類　Link ▶ p.28～29 海岸の地形, p.39 ⑤砂州とラグーン

分類	特徴・成因	例
離水海岸	土地が隆起（上昇）するか海面が低下するかして，浅い海底が陸上に現れて（離水して）できた海岸。	
海岸平野	海岸沿いの浅い海底堆積面が，隆起または海面低下によって地表に現れてできた平野。	仙台平野，九十九里平野，宮崎平野
海岸段丘	複数回の隆起による離水と波の侵食作用によって形成された階段状の地形。かつては海面下にあって波の侵食を受けていた海食台が隆起によって陸地となり，段丘崖（かつての海食崖）に囲まれた段丘面になっている。	室戸岬，三浦半島，襟裳岬
沈水海岸	土地が沈降（下降）するか海面が上昇するかして，陸地が海面下に沈んで（沈水して）できた海岸。	
リアス海岸	山地や丘陵が沈水することにより，谷に海水が浸入してできた，複雑に入り組んだ海岸線をもつ海岸。	リアスバハス海岸，三陸海岸，志摩半島の海岸
多島海	起伏の多い陸地が沈水し，以前の山頂や尾根が島となったことにより形成された，島が多く散在する海域。	九十九島，瀬戸内海，松島湾，エーゲ海
エスチュアリ（三角江）	比較的広大な平野を流れる河川の河口部が沈水してできたラッパ状の入り江。	テムズ川，エルベ川，セントローレンス川の河口
フィヨルド	氷食でできたU字谷に海水が浸入してできた奥深い入り江。	ノルウェー，ニュージーランド南島，チリ南部の海岸
砂州	河川や沿岸流によって運搬された砂礫が，湾や岬の先端などから細長く突き出るように堆積した地形。	天橋立，弓ヶ浜（夜見ヶ浜）
砂嘴	湾口や岬の先端などに堆積した砂礫が，沿岸流によって鳥のくちばしのように内湾側に湾曲したもの。	野付半島，三保松原，コッド岬
トンボロ（陸繋砂州）	陸と島をつなぐほど発達した砂州のことで，陸繋砂州によって陸続きとなった沖合いの島を陸繋島という。	江の島，函館，男鹿半島，潮岬，志賀島
ラグーン（潟湖）	砂州などによって入り江がふさがり，外洋から切り離された浅い湖。	サロマ湖，能取湖，浜名湖，中海，パムリコ湾

8 氷河地形の分類　Link ▶ p.30～31 ①氷河地形

	分類	特徴・成因	例
山岳氷河	ホーン（尖峰）	氷食作用で形成されたとがった峰。	槍ヶ岳，マッターホルン山
	カール（圏谷）	山頂部にみられるすり鉢状の窪地。	飛騨山脈，木曽山脈，日高山脈
	U字谷	厚い氷河が谷の底部を侵食したことによって形成された，横断面がU字形の谷。沈水するとフィヨルドになる。	アルプス山脈，ロッキー山脈，ヒマラヤ山脈
大陸氷河（氷床）	モレーン	氷河の侵食・運搬作用により，氷河の末端などに砂礫が堆積してできた丘。	北ドイツ平原
	氷河湖	氷河が侵食した凹地に水がたまった氷食湖や，モレーンによる堰止湖の総称。	五大湖，サイマー湖（フィンランド）
	ドラムリン	モレーンや基盤岩が再び氷河により侵食され，残った小丘のこと。	ヨーロッパ北部やカナダなど，かつて氷河が存在していた地域
	エスカー	氷河の底を流れた河川による堆積物からなる丘。	

9 乾燥地形の分類　Link ▶ p.30～31 ②乾燥地形

	分類	特徴・成因	例
砂漠	岩石砂漠	山地や高原の岩盤が露出した砂漠。メサやビュートがみられる。	アタカマ砂漠，モハーヴェ砂漠
	礫砂漠	おもに礫が地表をおおう砂漠。	ゴビ砂漠
	砂砂漠	砂におおわれた砂漠で，砂丘がある。	リビア砂漠，タクラマカン砂漠
ワジ（かれ川）		降雨時にのみ流水がある河川。	アラビア半島，アフリカ北部
外来河川		湿潤地域を源流とする川が，乾燥地域を貫流して海や湖に注ぐ河川。	ナイル川，ティグリス川，ユーフラテス川，インダス川
内陸河川		海洋に出口をもたず，内陸でとだえる河川。	タリム川，シルダリア川，アムダリア川
塩湖		塩分濃度の高い湖。干上がると陸化して塩の結晶が集積する塩原になる。	グレートソルト湖，死海，ウユニ塩原
オアシス		砂漠の中に散在する湧水地などの水が得られるところ。	トンブクトゥ，サマルカンド，カシ（カシュガル）（喀什）

10 カルスト地形の分類　Link ▶ p.32～33 ①カルスト地形

分類	特徴・成因	例
ドリーネ	溶食の結果，形成された直径数m～数十mの小さな凹地。	スロベニアのカルスト地方
ウバーレ	複数のドリーネが結合した，ドリーネより大きな凹地。	
ポリエ	谷底の面積が100km²以上に及んだ大規模な凹地。	
カレン	石灰岩が溶食を受けて生じた溝状の凹地。	
カレンフェルト	ピナクル（石灰岩の突出部）が林立する斜面または台地。	平尾台，秋吉台
タワーカルスト	石灰岩の岩塔や小山が林立する地形。熱帯地域にみられる。	コイリン（桂林）
鍾乳洞	地中の石灰岩が溶食されてできた洞窟。	秋芳洞，龍河洞

11 サンゴ礁の分類　Link ▶ p.32～33 ②サンゴ礁の発達と分布

分類	特徴・成因	例
裾礁	島や大陸の海岸の裾をふちどるように発達したサンゴ礁。	石垣島，水納島，モーレア島，ラロトンガ島
堡礁	中央島が沈降して，サンゴ礁との間に礁湖（ラグーン）ができた状態のサンゴ礁。	グレートバリアリーフ，ボラボラ島，ウヴェア島
環礁	中央島が完全に沈降して環状または楕円状に発達したサンゴ礁。環は島や州からなる。	ビキニ環礁，ムルロア環礁

地形図の読み取り

地理力＋ 地形図上で，地形を表すために用いられる等高線は，その線の種類や間隔，形状で，さまざまな情報を提供している。等高線からは，何がわかるのだろうか。→ 1 3

1 地形図の約束ごと

Link 共通テスト対策 (p.303, 308), 別冊ワーク p.8 1

➡①方位のルール

地形図は，北が上になるように描かれている。地形図を読み取る際には，このルールにしたがって，示したい**方位**を16方位で答えられるようにする。

↓②縮尺の計算
縮尺は実際の大きさを縮小した割合を示す。2万5千分の1の地図であれば，実際の大きさを2万5千分の1に縮小したことを意味する。したがって2万5千分の1の地形図上での1cmを実際の長さにするには，2万5千倍する必要がある。地図上での1cmは実際の25000cm，つまり250mとなる。

2万5千分の1の縮尺で 4cmの実際の長さは？
4cm×25000＝100000cm ＝1000m ＝1km

地図の縮尺	実際の距離1kmの地図上での長さ	地図上1cmの実際の長さ
2万5千分の1	4cm	250m
5万分の1	2cm	500m
10万分の1	1cm	1000m
20万分の1	0.5cm	2000m

➡③等高線の見方
標高が等しい地点を結んだ**等高線**からは，土地の高さや起伏を読み取れる。等高線の間隔が狭いほど傾斜は急で，間隔が広いほど傾斜はゆるやかである。

地形図の等高線には，縮尺によって右の表のような基準がある。5万分の1地形図と，2万5千分の1地形図における，**計曲線・主曲線**が示す標高の間隔を覚えておくと，地形図に縮尺が示されていない場合でも，計曲線や主曲線が示す標高から縮尺を判断することができるので便利である。

種類＼縮尺	1:50,000	1:25,000	1:10,000	書き表し方	1/25000 地形図の例
計曲線	100m	50m	平地・丘陵 10m / 山地 20m		→主曲線 →計曲線 →主曲線 →補助曲線
主曲線	20	10	平地・丘陵 2 / 山地 4		
補助曲線*1	10	5か2.5*2	平地・丘陵 1 / 山地 2		
	5				

*1 必要に応じて用いる。 *2 等高線数値を表示する。

2 おもな地形図の記号と由来

Link p.4 2 GNSSの利用

➡⑤電子基準点
（兵庫県）地殻変動を監視するために全国に設置されたGNSS連続観測点。全国に約1300点ある。

↓④おもな地形図の記号とその由来 (2万5千分の1地形図) 平成25年図式

*1 三角測量：正確な距離を測定した2地点ともう1地点で三角形をつくり，その内角の角度をもとに水平方向の位置を求める方法。現在はGNSS測量に移行しつつある。三角点は全国約11万点。

*2 水準測量：2地点においた水準儀の目盛りを読み，垂直方向の高さを測定する方法。日本水準原点（東京都千代田区永田町1-1）を基点に，全国約1万7000点の水準点が設置されている。

コラム 時代とともに見直される地図記号

地形図は，現在の地表の情報を端的に表現する。そのため，時代が変化して使われなくなった施設などは地形図でも記載をやめ，かわりに新しく登場した施設を地図記号で表現する見直しが行われてきた。例えば，昭和30年代ごろは，小川に水車を設置して粉ひきをしていたので，「水車」の地図記号があったが，機械で製粉ができるようになると，水車はほとんど姿を消したため，水車の地図記号も地形図に記載されなくなった。同じように「桑畑」も，現在では養蚕を行う農家が少なくなったので，平成25年図式では記載されなくなった。一方，各地で増えてきた図書館や博物館，老人ホーム，風車などは，2000年代に入って新しく地図記号が考案され，地形図に記載されるようになった。また2016年には，増加する外国人観光客にわかりやすいように考案された「外国人向け地図記号」が国土地理院から発表され，今後，英語版の地図が作成される際などに適用されることになっている。

項目	地図記号	項目	地図記号
郵便局		コンビニエンスストア／スーパーマーケット	
交番		ショッピングセンター／百貨店	
病院		ホテル	
銀行／ATM		レストラン	

↑⑥外国人向け地図記号の例

3 読図のポイント

[1：25,000「戸賀」平成19年更新]

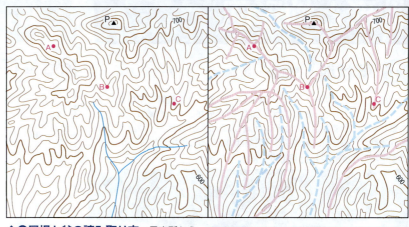

↑7 面積の計測方法 2万5千分の1の地形図の場合，地図上の4mmが100mになるので，1辺4mmの方眼を引くと，1マスが1万m^2（1ha）となる。1マスに半分入る場合は1/2で計算して方眼の数を数えていくと，二ノ目潟の面積は約9haとなる。この方法を用いて，一ノ目潟の面積も求めてみよう。

Link p.19 ⑤火山の災害と恩恵，共通テスト対策(p.308)

[⑦の答え：約28ha，⑧の答え：C地点]

↑8 尾根と谷の読み取り方 最高所から等高線の張り出すところが**尾根**，尾根と尾根の間の等高線がくい込むところが**谷**である。右図のように，尾根をつないだのが**尾根線**（赤色の実線），谷をつないだのが**谷線**（水色の破線）で，雨水は標高の低い谷に集まる。地点A・B・Cのうち，地点Pから見えないのはどこだろうか。

用語 分水界 降った雨水が，ある川に流れ込む範囲を**流域**，となり合う流域の境界線を**分水界**という。通常，分水界は尾根線に沿っている。奥羽山脈のような脊梁山脈は，日本海に注ぐ川と太平洋に注ぐ川を分ける分水界である。

4 新しい地形図

国土地理院では，GISの活用を促す目的で，従来の2万5千分の1地図にかわる新たな基本図として**電子国土基本図**の整備を進めている。最新の測量成果を反映できるほか，「地理院地図」のウェブサイトで誰でも閲覧できるなどの利点がある。「地理院地図」では，地図情報の上に色別標高図・土地条件などの主題図や空中写真を重ねて表示したり，地形の起伏を3Dで表示することもできる。

Link p.11 ③一般図と主題図，p.25 ⑤扇状地

（地理院地図）

ウェブcheck

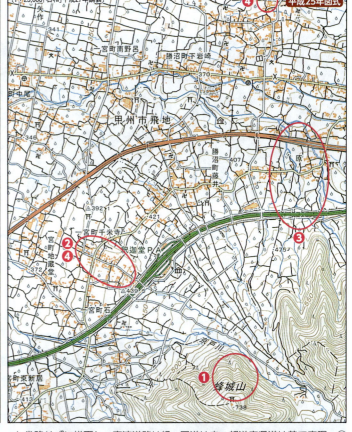

↑9 2万5千分の1地形図図式の変更点 電子国土基本図の整備に伴い，紙媒体の2万5千分の1地形図も3色刷りの平成14年図式から，多色刷りの平成25年図式へと徐々に更新されている。平成25年図式では，①山地地形に陰影表現を追加，②建物の総描をやめ，各々オレンジ色で描画，③細かな道路も省略せずに描画し，高速道路は緑，国道は赤，都道府県道は黄で表現，④工場や桑畑，樹木に囲まれた居住地，植生界などの記号を廃止といった変更がなされた。なお，電子媒体の**電子地形図25000**は，地図の範囲や道路の色，記号・陰影の有無などを用途に応じて選択して購入することができる。

+のガイド 等高線の計曲線・主曲線が示す標高からは縮尺を判断することができ，等高線の粗密からは傾斜が急かゆるやかかが，等高線の形状からは尾根か谷かを読み取ることができる。

37

地形と地形図

Link ▶ 共通テスト対策(p.302～303, 308)

1 扇状地 Link ▶ p.25 ④扇状地，別冊ワークp.9 ③扇状地

　等高線や国道のカーブ，扇子の骨のように谷口から扇端に向かってつくられた道路などから，川によって運ばれた土砂が扇形に堆積して形成された扇状地のようすがよくわかる。伏流していた河川が地表に湧出する扇端には集落が形成され，集落より標高が低いところには水田が広がる。

↓①百瀬川が形成した扇状地(滋賀県，高島市)

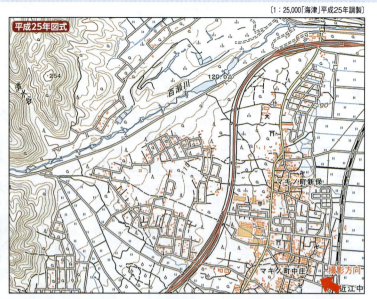
〔1：25,000「海津」平成25年調製〕

2 氾濫原 Link ▶ p.25 ⑤氾濫原，別冊ワークp.10 ④氾濫原

　信濃川のように，平野を流れる大きな河川は蛇行して，両岸に自然堤防を形成する。低平で水はけが悪い後背湿地は水田として利用され，後背湿地よりも標高がわずかに高い自然堤防上には，洪水の被害を避けるために立地した古くからの集落と，そこにつくられた道路がみられる。

↓②氾濫原が広がる信濃川流域(新潟県，新潟市)

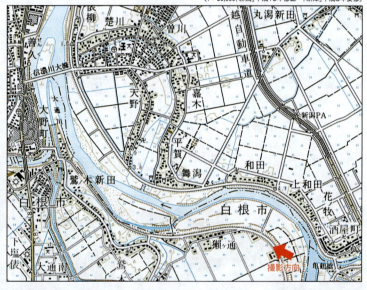
〔1：50,000「新潟」平成15年修正・「新津」平成8年要修〕

3 三角州 Link ▶ p.26 ⑥三角州の形成，⑦三角州の分類，別冊ワークp.10 ⑤三角州

　滋賀県の北西部にある伊吹山地から流れ出た姉川が，上流から運搬してきた土砂を琵琶湖に注ぐ河口に堆積させたことによって形成した三角州である。河口近くの両岸の微高地には集落や果樹園などがみられ，背後に広がる低地は水田，河口先端部は砂や泥が堆積した荒れ地となっている。

↓③姉川の河口に形成された三角州(滋賀県，長浜市)

〔1：25,000「南浜」平成18年更新〕

4 河岸段丘

Link ▶ p.27 ⑧河岸段丘の形成, 別冊ワークp.11 ⑥河岸段丘

[1:25,000「沼田」平成23年更新]

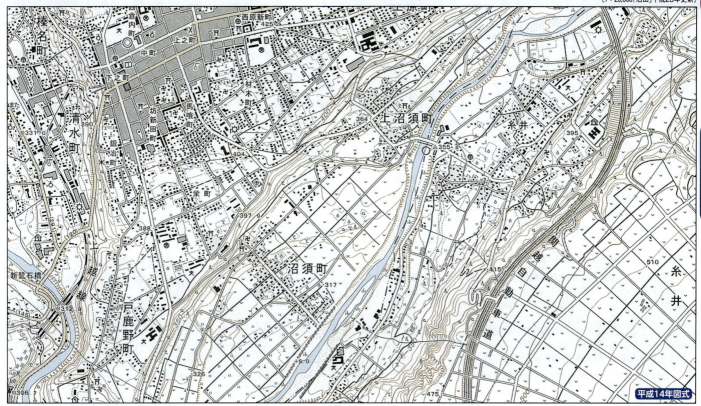

〔平成14年図式〕

利根川の支流の片品川の両岸に形成された**河岸段丘**である。河道近くの下位(低い)段丘面は水田に,河道から離れた上位(高い)段丘面は畑に利用されており,広い上位段丘面には沼田市の中心街がある。下位段丘面から上位段丘面にある中心街に向かう際には,急な崖となっている**段丘崖**を上らなければならず,この急崖が,交通発展の障害となってきた。

〔国土地理院撮影〕

←④実体視をしてみよう ある地形を1枚の空中写真でみると,高低差がわかりにくいが,少しずらした2枚の写真をじっと見つめると,地形や建物が立体的に見えてくる。これを**実体視**という。実際に実体視をするには,右の写真を右目で,左の写真を左目で見つめるというテクニックが必要である。写真の間に はがき などを立てると実体視しやすい。

5 砂州とラグーン

Link ▶ p.28〜29 海岸の地形, 別冊ワークp.13 ⑩砂州

野田川が運搬してきた土砂と,宮津湾の**沿岸流**によって運ばれてきた土砂が堆積して**砂州**を形成した。細長くのびた砂州の上には数千本の松が生え,「**白砂青松**」とよばれるその美しい景色は,日本三景の一つに数えられる。砂州の内湾側は,阿蘇海とよばれる**ラグーン(潟湖)**である。

↓⑤砂州が形成した景勝地,天橋立(京都府,宮津市)

[1:50,000「宮津」平成8年修正]

気温と降水量

地理力プラス 気温の高い赤道付近で降水量が多いのはなぜだろうか。また、南北ともに緯度30度付近が乾燥しているのはなぜだろうか。降水量と蒸発量の差に着目しながら考えてみよう。→ 1 3 4

1 世界の気温分布　Link p.45 4西岸気候と東岸気候

用語 気候要素と気候因子 気温・降水・風・湿度・日照など、観測によって測定され、個々の気候を特徴づけるものを**気候要素**という。
気候因子は、気候要素に影響を与えるもので、緯度・海抜高度・地形・海流・海陸分布などがこれにあたる。

→❶1月の平均気温（上）と7月の平均気温（下）
1月の気温は、北半球では大陸の東岸で低く、西岸で高くなる。ヨーロッパは、**偏西風**と暖流である**北大西洋海流**の影響で、緯度のわりに温暖である。また、北半球の高緯度の内陸部は、沿岸部よりも低温であり、とくにシベリア東部は極寒となる。北半球では、地域による気温差が大きく、等温線が密になっている。
一方、7月の気温をみると、**熱赤道**が大きく北半球に移っていることがわかる。北半球では、海洋上よりも内陸の方が気温が高くなっている。とくにサハラ砂漠中央部のような砂漠地帯では、酷暑となる。

コラム 季節によって変動する熱赤道
熱赤道とは、経線上において年平均気温もしくは月平均気温が最も高い地点を連ねた線のことで、緯度0度の赤道とは一致せず、年平均では北緯6.5度付近に位置する。これは、低緯度では海上よりも陸上のほうが高温となりやすく、北半球のほうが南半球よりも陸地面積が広いためである。熱赤道は、海洋上では1年を通じて赤道に近接しており、太陽高度の季節的変動に約1か月遅れて変動する。大陸上の熱赤道は、季節的に著しく変動し、7月には北緯20度付近まで北上する。春分や秋分の直後、熱赤道は赤道に最も近い位置にある。

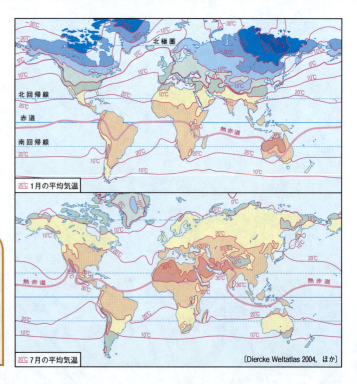

20℃ 1月の平均気温
20℃ 7月の平均気温
〔Diercke Weltatlas 2004, ほか〕

2 気温の年較差・日較差　Link p.59 3亜寒帯（冷帯）冬季少雨気候区

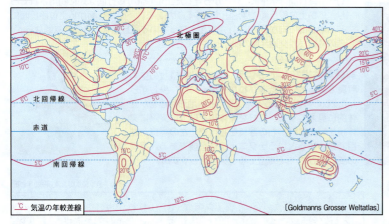

℃ 気温の年較差線　〔Goldmanns Grosser Weltatlas〕

←❷気温の年較差の分布　低緯度ほど気温の**年較差**が小さく、高緯度の内陸部ほど年較差が大きい。年較差が最大となるシベリア東部は、「北半球の寒極」とよばれる。

日較差の方が大きい地域

↑❸日較差が年較差よりも大きい地域　回帰線より低緯度の地域では、**日較差**が年較差より大きい。

用語 年較差と日較差 1年のうちの最暖月平均気温と最寒月平均気温の差を**年較差**という。**日較差**は、1日の最高気温と最低気温の差のことで、一般に海上よりも陸上（とくに内陸）のほうが大きい。

3 緯度別の降水分布　Link p.42 1大気大循環

湿潤な地域であるか乾燥した地域であるかは、降水量と蒸発量の差によって判断できる。降水量のほうが多いところは湿潤、蒸発量のほうが多いところは乾燥する。

緯度別の降水量と蒸発量をみると、湿潤な地域は北緯40〜50度、赤道付近、南緯40〜60度などである。これらの地域は、**亜寒帯低圧帯**と**熱帯収束帯（赤道低圧帯）**の位置に相当する。一方、回帰線付近が乾燥するのは、**亜熱帯高圧帯（中緯度高圧帯）**の影響による。アジアではモンスーンの影響から、赤道よりやや北側で降水量が最大となる。

↑❹年降水量の分布　〔Diercke Weltatlas 2004, ほか〕　降水量（1961〜1990年の平均）

→❺緯度別の降水量と蒸発量

4 降水量の季節変動と植生

赤道直下では，上昇気流が発達するため，年中安定して降水がある。しかし，その周辺は，**熱帯収束帯（赤道低圧帯）** と **亜熱帯高圧帯（中緯度高圧帯）** の移動の影響を受けて，降水量の季節的変動がみられる。

南半球の雨季（北半球は乾季）

←❻2月の植生 赤道の南部に赤色が広がり，南半球の**サバナ気候区**は雨季で植物が繁茂していることがわかる。北半球は乾季で，植生は少ない。

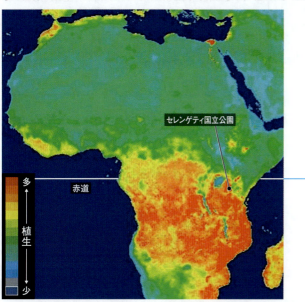

南半球の乾季（北半球は雨季）

←❼8月の植生 赤道の北部に赤色が移り，南半球のサバナ気候区は**乾季**で植生が少なくなっている。北半球には雨季が訪れる。

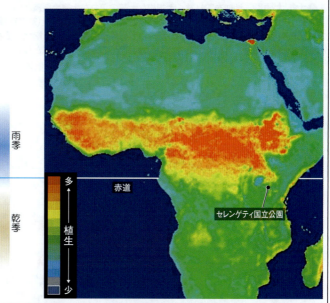

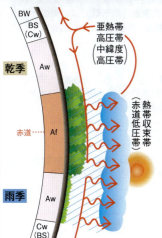

←❽南半球の夏の熱帯収束帯の位置 地球の公転面に対して，地軸は傾いている。このため，地球が太陽から受け取るエネルギー量は季節ごとに変化し，それに伴って強い上昇気流が発達する**熱帯収束帯（赤道低圧帯）** も移動する。

南半球の夏には，太陽からのエネルギーが南半球に大量に降り注ぐため，熱帯収束帯は南に移動する。それに伴って，雨が多く降る地域も南に広がり，南半球のサバナ気候区では**雨季**となる。一方，熱帯収束帯の南下とともに亜熱帯高圧帯（中緯度高圧帯）も南へ移動するため，北半球のサバナ気候区では乾季となる。

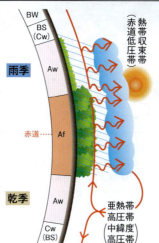

←❾南半球の冬の熱帯収束帯の位置 南半球の冬には，太陽からのエネルギーが北半球に多く降り注ぐため，熱帯収束帯（赤道低圧帯）は北に移動する。それにあわせて**亜熱帯高圧帯（中緯度高圧帯）** も北へ移動するため，南半球のサバナ気候区では**乾季**となる。一方，北半球のサバナ気候区は，北上した熱帯収束帯の影響を受け，雨季となる。

Link p.50 4 サバナ気候区，共通テスト対策（p.297, 305）

↓❿雨季のセレンゲティ国立公園（タンザニア）

↓⓫乾季のセレンゲティ国立公園（タンザニア）

+のガイド 赤道付近は，一年中，熱帯収束帯（赤道低圧帯）の影響を受けるため，降水量が多い。また，緯度30度付近は亜熱帯高圧帯（中緯度高圧帯）の影響が強いため，乾燥する。

大気大循環と風

地理力 東アジアから東南アジアは夏に降水量が多く，この気候条件が米の生育に適している。なぜ夏に降水量が多くなるのだろうか。気圧と風の関係に着目して考えてみよう。→ 2 3

1 大気大循環

Link 共通テスト対策（p.297, 305）

↓①大気大循環 地球を取り巻く大規模な大気の流れを**大気大循環**という。日射量の違いから，温められた赤道付近と冷たい両極地方との間に大気の循環(対流)が起こる。実際には地球の自転の影響を受けるため，図のように赤道を境として，南北にそれぞれ三つに分かれて大気が循環している。この循環の地表部分の動きが**恒常風**となる。

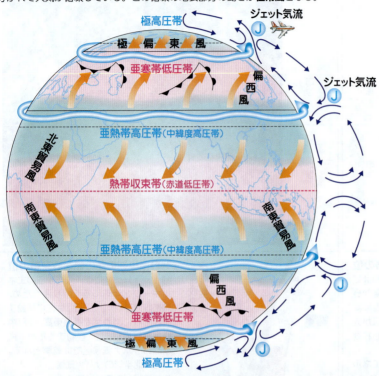

コリオリの力（転向力） 風や海流が，自転する地球の上で受ける見かけの力。北半球では進行方向に対して右方向にはたらく。そのため，極側に吹く偏西風は東に向きを変え西風になる。一方で南半球では，コリオリの力は左方向にはたらく。

気圧帯

極高圧帯
冷やされた空気によって，下降気流が発生し，気圧が高くなる。亜寒帯低圧帯に向かって**極偏東風**が吹き出す。

亜寒帯低圧帯
緯度60度付近で**極偏東風**と**偏西風**が衝突し，上昇気流が発生して温帯低気圧となる。

亜熱帯高圧帯（中緯度高圧帯）
熱帯収束帯（赤道低圧帯）で上昇した気流が，地球の自転の影響で回帰線付近で下降気流となり，気圧が高くなる。晴天で乾燥するが，風は弱い。高緯度側に**偏西風**，低緯度側に**貿易風**が吹き出す。砂漠気候を形成する要因の一つである。

熱帯収束帯（赤道低圧帯）
赤道付近で太陽エネルギーを大量に受けることにより空気が温められて，上昇気流が発生し，低圧帯となる。降水は，スコールでもたらされる。 Link p.48 スコール

恒常風

貿易風
亜熱帯高圧帯（中緯度高圧帯）から，低緯度地域に向かって吹く風。北半球では北東風，南半球では南東風となる。年中一定方向に吹く**恒常風**であるため，天気も安定する。

偏西風
亜熱帯高圧帯（中緯度高圧帯）から，高緯度地域に向かって吹く恒常風。北半球では南西風，南半球では北西風となる。**低気圧**が発生しやすく雨が多い。

極偏東風
極高圧帯から吹き出す恒常風。高緯度地域や北極・南極付近で常に吹いている東風のこと。極風ともいう。

2 ジェット気流

ジェット気流とは，偏西風のなかでも上空の高度8000～13000m付近を吹く，幅100kmほどの帯状の強風のことである。とくに冬に強まり，風速は100m/秒に達する。北極・南極を中心として西から東へ蛇行しながら，地球を一周している。

北半球では，緯度30度付近を吹く亜熱帯ジェット気流と，その北側の中緯度帯で寒帯前線を伴って吹く寒帯前線ジェット気流とがある。ジェット気流は，航空機の航路とほぼ同じ高度を吹いているため，航空機の飛行に大きな影響を与える。また，中国の黄砂を日本にもたらす風としても知られている。

↓②東京－ロサンゼルスの所要時間

東京 → 9時間30分　　← ロサンゼルス 11時間20分

東京－ロサンゼルス間の航空機の所要時間は，ジェット気流の影響で行きと帰りで2時間近くの差が生じることがある。

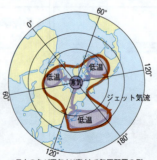

*日本の冬が平年より寒くなる気圧配置の例

↑③北極からみたジェット気流
冬に南北の気温差が大きくなると，その気温差を解消しようとする作用によってジェット気流は大きく蛇行する。ジェット気流が大きく南へ蛇行すると，寒気におおわれた地域は平年より寒くなる。

コラム　風が生じるしくみ

大気が地表付近で温められると空気が膨張して密度が下がり，上昇気流が発生して低気圧(低圧帯)となる。反対に，大気が冷やされると密度が上がり，下降気流が発生して高気圧(高圧帯)となる。地表付近の風は高気圧から低気圧に向かって吹き，気圧差が大きいほど強い。

海洋と大陸では太陽熱による温まりやすさ(比熱)が異なり，温まりやすく冷えやすい大陸では，夏に低気圧，冬に高気圧が発達しやすい。その結果，季節で風向きの異なる**季節風(モンスーン)**が生じる。

↓④気圧と風

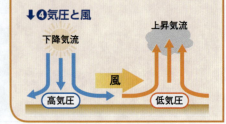

3 季節風（モンスーン） Link p.50 ③Am気候区, p.72 ②日本のおもな気象, p.239 ②季節風の影響を受ける気候

→⑤モンスーンと降水量の季節変化　大陸と海洋の間で、季節によって風向きが変わり、広範囲に吹く風を**季節風（モンスーン）**という。夏には大陸が高温で低圧部、海洋が低温で高圧部となるため、海から陸に向かって湿った季節風が吹く。反対に、冬には大陸が低温で高圧部、海洋が高温で低圧部となるので、陸から海に向かって乾いた季節風が吹く。

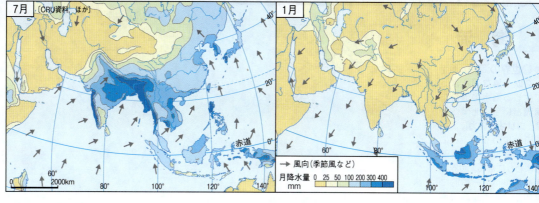

4 熱帯低気圧 Link p.54 ①温帯の分布, p.68〜69 ③異常気象と気象災害

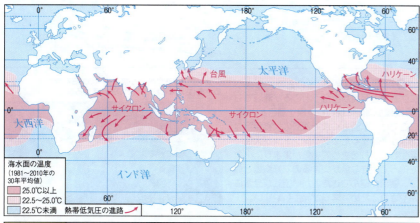

←⑥熱帯低気圧の発生場所　熱帯低気圧は、海面温度が高く、強い上昇気流が起こりやすい赤道近くの海域で発生する。貿易風の波動が、水蒸気による熱をエネルギー源として大きなうずに発達すると、強い風が中心に向かって吹き、熱帯低気圧となる。

台風	北西太平洋で発生する最大風速が約17m/秒以上の熱帯低気圧。
ハリケーン	大西洋西部のメキシコ湾や太平洋東部で発生する、最大風速が33m/秒以上の強い熱帯低気圧。
サイクロン	インド洋や南太平洋で発生する最大風速が約17m/秒以上の熱帯低気圧。人口の密集した低湿デルタ地帯では、サイクロンによる高潮や洪水で大災害が発生することが多い。

↑⑦アメリカ合衆国南東部を襲うハリケーン(2008年)

←⑧世界の熱帯低気圧　Link p.26 ガンジスデルタ

5 局地風

→⑨地中海周辺の局地風
比較的狭い地域にみられる風を**局地風（地方風）**という。気温や湿度が大きく変化することにより、農作物などに被害をもたらすこともある。地中海の周辺では、複雑な海岸線やアルプス山脈、サハラ砂漠の影響で地域特有の風が吹く。

コラム　フェーン現象のしくみ

　水蒸気を含む空気が山を越えたときに、山の風下側の気温が上昇する現象を**フェーン現象**という。フェーン現象は、湿った空気が山を上昇するときと、乾燥した空気が山を下降するときの気温減率の違いによって生じる。「フェーン」とは、アルプス山脈の北側に吹き降ろす、高温で乾燥した局地風をさす言葉であったが、「フェーン現象」という言葉が報道で使われるようになり、用語として定着した。日本では、台風や低気圧などが日本海を通過すると、太平洋側から湿った空気が山を越えて日本海側に吹き降り、このときにフェーン現象が発生する。フェーン現象が起こると乾燥した強風が吹くため、火災が起きやすく、その場合には、2016年12月に起きた糸魚川市の大規模火災のように火が燃え広がりやすいので注意が必要である。

↓⑩世界の局地風　Link p.73 やませ

シロッコ	地中海を低気圧が通り抜けるとき、サハラ砂漠から南ヨーロッパに吹きつける、砂塵を伴う熱風。
ミストラル	フランスのローヌ川の谷沿いで、地中海に向かって吹く寒風。
ボラ	アドリア海に吹き降ろす、乾燥した寒風。
フェーン	アルプス山脈の北側に吹き降ろす、南からの高温で乾燥した強風。
ブリザード	冬に、北アメリカなどを襲う、雪を伴う暴風。
やませ	6〜8月に東北地方の太平洋岸などに吹く冷涼・多湿な北東風。

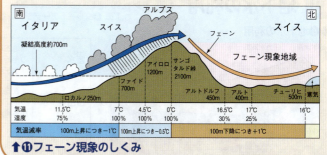

↑⑪フェーン現象のしくみ

のガイド　夏の陸地は海洋に比べて気温が上がり、上昇気流が発生しやすい。その結果、陸地は低圧部、海洋は高圧部となり、湿気を含んだ季節風が海洋から陸地に吹き込んで降水をもたらす。

水の循環と大陸の東西

地理力＋ 北緯50度付近の気候をみると，大陸の西岸と東岸とで大きな違いがみられる。なぜこのような違いが生まれるのか，海流や風などに着目して考えてみよう。→1 4

Link p.4 ❶気象衛星「NOAA」がとらえた海洋・湖沼の表面水温分布

1 海流

➡❶世界の海流 海面上を吹く風などによって生じる海水の流れを**海流**という。北半球では，**コリオリの力**によって時計まわりの流れになり，南半球では反時計まわりになる。世界の海面温度は，一般的に低緯度で高く，高緯度で低い。低緯度から高緯度へ流れる海流は**暖流**，高緯度から低緯度へ流れる海流は**寒流**となる。日本近海の**黒潮**や**親潮**もその例である。

Link p.42 コリオリの力

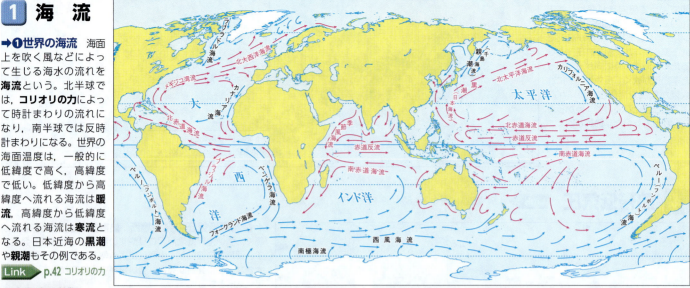

↓❷海流の分類

成因による分類	表層流	一定方向に吹く風によって起こる。
	密度流	海水の密度差によって起こる。
	傾斜流	水位の傾斜で起こる。赤道反流など。
	補流	上記の海流の移動を補うために起こる。
水温による分類	暖流	低緯度側から高緯度側に流れる，相対的に高水温の流れ。
	寒流	高緯度側から低緯度側に流れる，相対的に低水温の流れ。

➡❸潮境と漁場 日本の三陸沖のように，寒流と暖流が出合うところが**潮境**であり，潮境が海面に現われた線を**潮目**とよぶ。ここでは，水面近くまで深層の栄養豊富な海水が湧昇するためプランクトンが大量に発生し，これを求めて小魚が集まり，小魚を追って大きな魚が集まるので好漁場となる。暖流が運んできた温かい空気が急激に冷やされるため，濃霧が発生しやすい。

2 水の循環

➡❹水の循環 地球上の水は，太陽からの熱エネルギーによって，蒸発→降水→流出→蒸発と変化しながら循環している。この循環の収支バランスの地理的差異によって，熱帯雨林や砂漠などさまざまな自然景観が形成されている。水の蒸発散量は，海水からが約90％，陸地からは約10％といわれている。

水は蒸発するときに周囲の熱を奪い，凝結するときに熱を発散する。そのため，水の循環は，熱エネルギーの輸送であるともいえる。

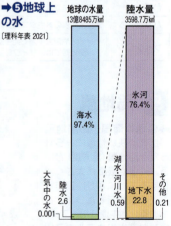

➡❺地球上の水

3 地下水の利用

Link p.90 地下水路が支えるオアシス農業，p.120 ❹グレートアーテジアン盆地

↓❻地下水の利用

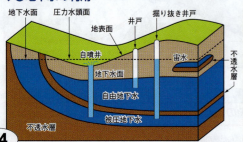

↓❼地下水の分類

宙水	局地的な不透水層上にたまった地下水。武蔵野の台地などでは農業に利用してきたが，くみ上げすぎると，かれやすいのが難点である。
自由地下水	地表面から一番近い不透水層の上にたまっている地下水。比較的浅いところにあるため，古くから利用されてきた。
被圧地下水	不透水層の間にはさまれた地下水。被圧地下水がたまっている地層まで達する井戸が**掘り抜き井戸(鑿井)**である。井戸の位置が被圧地下水面より低い場合，井戸は自噴し，**自噴井**となる。

↓❽掘り抜き井戸を利用した羊の放牧
（オーストラリア，アリススプリングス近郊）

4 西岸気候と東岸気候

↑⑨1月のパリ（左，フランス）と同じ月のウラジオストク（右，ロシア） 大陸西岸のパリの冬は曇りがちではあるが，高緯度（北緯48度）のわりに温暖である。一方，大陸東岸のウラジオストクは，パリよりも南（北緯43度）に位置するが，冬は晴れても海面が凍結するほど厳しい寒さとなる。

↓⑪大陸西岸と東岸の1月と7月の気温　北緯50度付近のほぼ同緯度の気候を比較すると，とくにユーラシア大陸で**西岸気候・大陸性気候・東岸気候**が明瞭となる。

西岸気候のロンドンやパリは，**偏西風**が暖流上の空気を運んでくるため，高緯度の割には一年中温暖である。ワルシャワからセメイにかけては，西岸気候から大陸性気候へとしだいに移り変わっていく。イルクーツクとチタは大陸性気候の典型的な地点であり，夏は暑く冬は寒いため，気温の年較差がひじょうに大きい。ハバロフスクは東岸気候であり，冬は大陸内部の高気圧の影響を受け寒冷に，夏は太平洋上に発達した高気圧から南東風が吹き暑くなるため，気温の年較差が大きい。大陸性気候に近い特性となるが，とくに**季節風**によって大きな影響を受ける。北アメリカ大陸でも同じ傾向を示すが，西岸は暖流の影響が小さい。

→⑩大陸性気候と海洋性気候，西岸気候と東岸気候の違い

Link p.56 ❶ユーラシア大陸周辺のおもなCfb気候区・Cfa気候区の分布

大陸性気候		大陸内部は比熱が小さいため，温まりやすく冷えやすい。太陽からの熱を多く受ける夏は高温となり，それが少なく地面からの放射が多い冬は低温となる。
海洋性気候		海洋は大陸に比べて比熱が大きいため，夏は温まりにくく，冬は冷えにくい。このため，海に沿った地域では，大陸内部と比べて，年較差が比較的小さい。
	西岸気候	大陸西岸では，海洋上の空気が偏西風によって運ばれてくるため，冬は温暖であり，夏でもそれほど暑くならない。
	東岸気候	大陸東岸では，冬は大陸内部の高気圧から寒冷な風が吹くため低温になり，夏は海洋上の高気圧からの高温多湿な風で高温となる。西岸気候と比べて年較差が大きい。

専門家ゼミ　地球の気候を調節する熱塩循環

海水の循環は深さによって異なっている。深度とともに風成循環は弱まり，中・深層では水温と塩分で決まる海水の密度に起因する循環（熱塩循環）が卓越している。熱塩循環は個々の大洋の一部しか占めていない比較的小規模のものから，全世界の海洋をおよそ2000年かけてめぐる大規模なものまで多数存在している。どの熱塩循環も海面で海水が冷却されて沈み込むことが出発となるが，その際に大量の熱を大気に放出すること，また二酸化炭素などの大気成分を海中に取り込むことによって，地球全体の気候や環境を形づくっている。熱塩循環は長期の気候との関係に注目されがちだが，その変動は気候を短期間に激変させる可能性をもつことが指摘されている。　〔海洋研究開発機構　深澤 理éル〕

→⑫熱塩循環

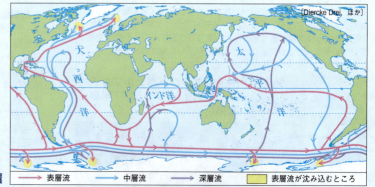

世界の気候区分

気候の特徴をとらえるための指標には，どのようなものがあるだろうか。気候学者ケッペンが注目した指標や，気象統計として得られるものに着目して考えてみよう。→ 1 3 4

1 ケッペンの気候区分

Link p.72 1日本の気候区分，p.214〜215 世界各地の衣服・住居

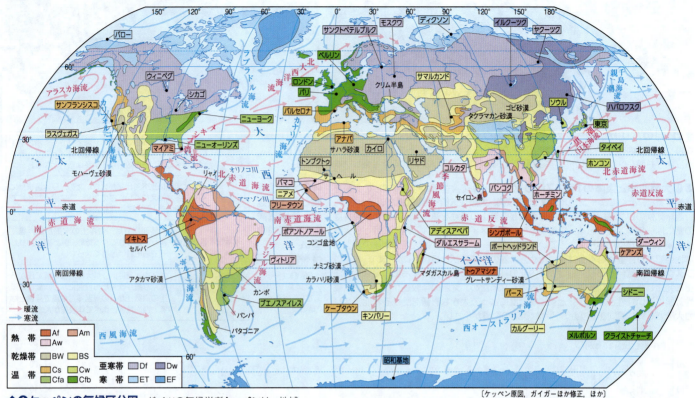

↑①ケッペンの気候区分図　ドイツの気候学者**ケッペン**は，地域ごとに異なる**植生**に着目して，世界の気候を区分した。この区分の指標とされた気温や降水量という**気候要素**は，その季節変化が樹木の有無や種類と深く関係しており，人々が直感的にわかりやすい基準である。

ケッペンは，経験にもとづいて植生帯ごとに気温と降水量の指標を定式化し，A気候からE気候まで五つの**気候帯**に区分し，さらに各気候帯をいくつかの**気候区**に区分した。

コラム　気候学研究に生涯をささげたケッペン

ケッペンは，ドイツ人の両親のもと，1846年にロシアで生まれた。大学生のころ，最初の大学生活を過ごしたサンクトペテルブルクと，両親の住む黒海沿岸のクリム（クリミア）半島とを列車で往復するうち，植生景観の変化を目のあたりにし，気候と植生のかかわりに興味をもった。

その後，ハイデルベルクやライプツィヒの大学でも学び，卒業後はロシアの観測所やドイツの気象台に勤めた。そして，70歳を過ぎた1918年に，AからEまでの区分を定めた世界の気候区分に関する論文を発表した。それから，何年もかけて気候区分の改良や修正を重ね，1930年からは気候学者ガイガーとの共著にも取り組み，その生涯を気候学の研究にささげた。ケッペンの気候区分の最終版が発表されたのは，彼が亡くなる4年前の90歳のときであった。

←②大陸別の気候区の割合
北半球あるいは南半球のどちらに位置するのかということが，気候区の割合を左右する。

陸地全域	Af 9.4%	Aw 10.5	BS 14.3	BW 12.0	Cw 3.5% Cs 1.7	Cf 7.5	Df 16.5 6.2	Dw 4.8	ET 6.4	EF 10.7
ユーラシア	3.9	15.9	10.2	9.6	5.7		25.8	13.4		9.8
北アメリカ	2.8% 2.4	10.7 0.8 3.7	10.7 2.2			43.4		17.3		6.2
アフリカ	19.8%		18.8	21.5		25.2		13.1	0.3(Cf)	
南アメリカ	26.9%		36.5		6.7 7.3	6.7	0.3 1.3 14.0			
オーストラリア*	7.9% 9.0		25.8		31.4		1.6 7.9 6.8		11.2	

*パプアニューギニアも含むとみられる〔H.Wagner〕

➡③仮想大陸上の気候区分
右の図は，ケッペンの気候区分を模式的に示したものである。
中央の気球型の部分は，現実の海陸比にもとづいた仮想大陸で，気候帯の南北分布と東西分布を表している。赤道から両極方向にA〜E気候の順に並ぶが，D気候は陸地面積が広い北半球のみに存在する。南北緯度30度付近にはB気候が大陸西岸から内陸にかけて分布し，北半球の中緯度ではCfbとCsが大陸西岸に，CwとCfaが大陸東岸にみられる。

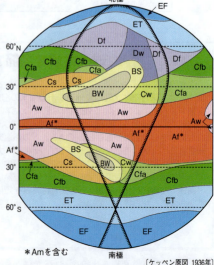

*Amを含む
〔ケッペン原図 1936年〕

←④サンクトペテルブルク（左）とクリム（クリミア）半島南部（下）

Link p.62〜63 1ケッペンの気候区分と判定

2 その他の気候区分

世界の気候区分には、今日でも広く用いられているケッペンの気候区分以外にも、さまざまな気候区分がある。気団の出現状態、大気大循環の季節変動など、さまざまな指標をもとに、多くの気候学者が分類に取り組んできた。

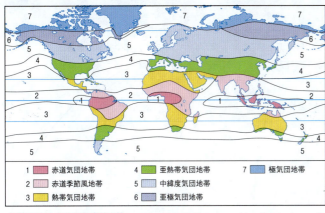

↑❺アリソフの気候区分 ソ連の地理学者アリソフは、緯度によって気団地帯がつくられ、その境界にできる前線帯が季節によって南北移動すると考え、世界の気候を区分した。彼の気候区分は、大陸の東西差の説明には向いていないが、降水要因の説明にはわかりやすい区分である。

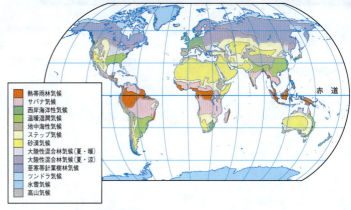

↑❻トレワーサの気候区分 アメリカ合衆国の地理学者トレワーサは、ケッペンの気候区分にはない高山気候を取り入れたり、ケッペンの区分で亜寒帯に相当する部分を独自の分類で区分したりすることにより、世界の気候を区分した。ケッペンの気候区分をベースとしているため、両者の差はあまり明瞭ではない。

専門家ゼミ ケッペンの気候区分をめぐる状況

ケッペンによる気候区分は、もともと植生の違いに着目した区分で、基本的な気候要素（気温・降水量）から容易に区分ができることや、区分が複雑すぎないこと、また他の気候区分に比べて現実の気候の境界をうまく表していることから、長年にわたって使用されてきた。とくに植生は、私たちが実際に目にする景観をつくり出し、さらには農業や食生活、衣服などさまざまな文化的要素に影響を与えるため、地域ごとの文化の違いを説明するのにも役だってきた。一方で、ケッペンの気候区分には、植生分布の違いだけで気候の分布が説明できるのかという疑問がつきまとってきた。

現在、広く使われているケッペンの気候区分図は、最後に修正されてからすでに50年以上も経過しているため、近年は、地球を細かく格子状に網羅した気候データを使って、20世紀初から現在までのケッペンの気候区分の再計算が行われている。それによると、北緯60〜80度の高緯度帯において、ET気候地域の減少とD気候地域の増加が顕著である。このことは、地球規模の温暖化の影響が気候区分にも出ていることを示しているといえる。今後、ケッペンの気候区分は、少しずつ変化する可能性がある。〔成蹊大学 財城 真寿美〕

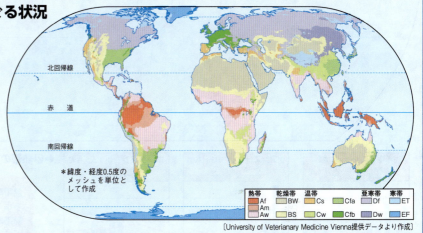

↑❼1951〜2000年の観測データにもとづいて作成されたケッペンの気候区分図
世界の気候は、太陽活動の周期的変化や人間活動の影響を受けて変化し続けている。20世紀初頭にケッペンによって作成された図❶と比較すると、世界の気候の変化が読み取れる。

3 雨温図とハイサーグラフ

気象統計をもとに作成されるグラフとして代表的なのは、**雨温図**と**ハイサーグラフ**である。両者とも、一般に月別の気温と降水量の平年値が用いられ、観測地の気候の特徴をとらえる際に利用される。

	1月	2月	3月	4月	5月	6月	7月	8月	9月	10月	11月	12月	全年
気温（℃）	5.2	5.7	8.7	13.9	18.2	21.4	25.0	26.4	22.8	17.5	12.1	7.6	15.4
降水量（mm）	52.3	56.1	117.5	124.5	137.8	167.7	153.5	168.2	209.9	197.8	92.5	51.0	1528.8

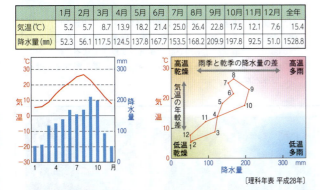

↑❽東京の気象データ（上）**と、このデータから作成した雨温図**（下左）**とハイサーグラフ**（下右）

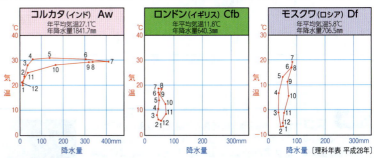

↑❾ハイサーグラフの例 **ハイサーグラフ**は、横軸に降水量、縦軸に気温をとり、月々の降水量と気温の相関値を点で表し、結んだものである。グラフの縦軸は気温の年較差の大小を表し、横軸は降水量の季節変化を表す。コルカタの横長のグラフは、気温の年較差が小さく、雨季と乾季があることを示している。モスクワの縦長のグラフは、降水量の季節変化が少なく、夏と冬の気温差が大きいことを示している。

Link 共通テスト対策（p.297, 301）

+のガイド ケッペンの気候区分では、おもに植生に着目して区分がなされたが、各地で観測されている気温や降水量などの統計も、グラフ化することなどによって気候の特徴をとらえる際に活用できる。

熱帯 A

> **地理力＋** 同じ熱帯でも，熱帯雨林気候区(Af)とサバナ気候区(Aw)では，その特徴に大きな違いがある。降水量や住居に着目して，両者の違いについて考えてみよう。→①②④

1 熱帯の分布

熱帯は，赤道付近を中心とした回帰線の間の低緯度地域に分布する。一年中気温が高く，降水量が多いのが特徴である。とくに赤道直下では，強い日射で温められた空気が上昇気流となるため，雲が発生しやすく，年中多雨になる。

→❶熱帯の分布

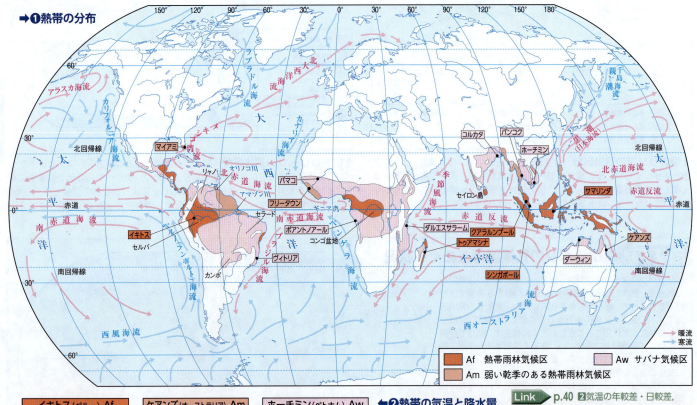

←❷熱帯の気温と降水量

Link p.40 ②気温の年較差・日較差，p.42 ①大気大循環，共通テスト対策(p.305)

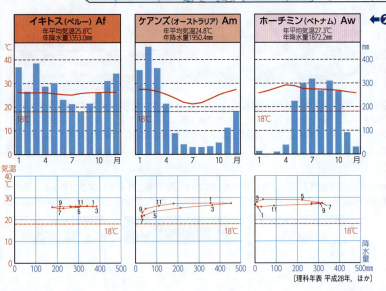

熱帯雨林気候区(Af) ほとんどが赤道付近に分布する。年中高温多雨で，気温の年較差が小さく，四季の区別がない。年間を通して**熱帯収束帯(赤道低圧帯)** や**貿易風**の影響を受ける。自然状態では，多種類の常緑広葉樹からなる密林(**熱帯雨林**)におおわれ，土壌はやせた赤色土(**ラトソル**)が広く分布する。

弱い乾季のある熱帯雨林気候区(Am) 低緯度地域で，熱帯雨林気候区(Af)に隣接して分布する。短く弱い**乾季**がみられるのが特徴である。夏と冬で風向きが変わる**季節風(モンスーン)** の影響を受けるため，**熱帯モンスーン気候区**ともよばれる。

サバナ気候区(Aw) 熱帯雨林気候区(Af)よりも高緯度側に，Af気候区をはさむように分布する。雨の多い**雨季**と乾燥した**乾季**の差が明瞭で，南半球と北半球では雨季と乾季が逆になる。熱帯収束帯の影響を受ける夏に雨季となり，亜熱帯高圧帯の影響を受ける冬に乾季となる。

用語 スコール

熱帯地域に特有の強風を伴う激しい雨のこと。赤道直下の熱帯地域では，日の出とともに強い日ざしによって地表面が加熱され，大気が膨張して上昇気流が発生する。この上昇気流が上空で積乱雲を発達させ，午後から夕方にかけての短時間に激しい対流性降雨(スコール)を降らせる。

赤道直下の熱帯地域は年中高温で季節の変化はないが，毎日の天気には決まったリズムがあり，スコールも降る時間がほぼ毎日一定である。日本では，おもに夏にみられる夕立に似た現象が，熱帯では一年中みられると考えるとわかりやすい。

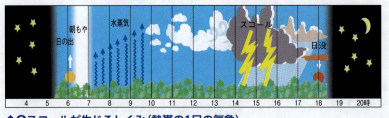

↑❸スコールが生じるしくみ(熱帯の1日の気象)

2 熱帯雨林気候区 Af

↑❺カリマンタン（ボルネオ）島に広がる熱帯雨林（マレーシア，サバ州）　熱帯雨林は，東南アジアやアフリカでは**ジャングル**，南アメリカでは**セルバ**とよばれる。

Link ▶ p.251 ❼コンゴ盆地の熱帯雨林，p.271 ❼セルバを流れるアマゾン川

突出木（50～60m）
板根

←❹**熱帯雨林の模式図**　熱帯は気温が高く降水量が多いため，植物の生育にはよい環境である。**熱帯雨林**には，樹高が50mをこえる**突出木**があり，その下に多種類の常緑樹やツル性の植物が繁茂している。それらにさえぎられて，日射が地表近くまでは届かないため，林内は暗く，下草はあまり生えていない。突出木は，高い幹を支えるために，**板根**（板状の根）となるものが多い。

→❻**スコールのなかを歩く子供たち**（インドネシア，アンボン）　スコールは短時間でやむため，外出の際にかさを持たない人も多い。

→❼**熱帯の気候に適した民族衣装**（インドネシア，ヨクヤカルタ）　季節変化がない熱帯では，衣がえの必要がなく，一年中風通しのよい，涼しい衣服で過ごす。

↓❽**さまざまな熱帯作物が売られる市場**（インドネシア，ポンティアナック）　バナナやタロいも，キャッサバなどが見られる。

↓❾**高床式の住居**（インドネシア，マカッサル近郊）　熱帯地域の伝統的な住居は，木や竹などを材料としてつくられ，害獣・害虫の侵入を防ぎ，風通しをよくするために高床になっている。床下は雨の日の作業場所や洗濯物干し場にもなる。

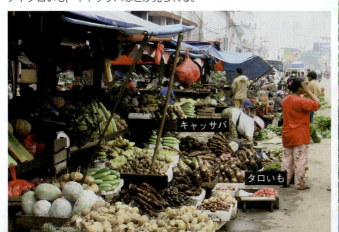

キャッサバ
タロいも

地理総合　気候

49

3 弱い乾季のある熱帯雨林気候区 Am

Link p.43 ③季節風(モンスーン),
p.239 ②季節風の影響を受ける気候

←❶田植えをする人々(左,フィリピン,ルソン島)とライスバーガーがあるマクドナルド(上,フィリピン,マニラ) Am気候区は,季節風(モンスーン)の影響を受けて,雨季は雨に恵まれ,乾季は強い日ざしを受けるので,稲の生育に適している。東南アジアのAm気候区では稲作がさかんで,米が人々の主食となっている。ほぼ全域がAm気候区のフィリピンでは,マクドナルドのメニューにも,ご飯好きなフィリピン人に合わせたライスとチキンのセットやライスバーガーがある。

4 サバナ気候区 Aw

←❷アフリカのサバナ地帯に暮らすマサイの住居(ケニア) マサイは,ケニア南部からタンザニア北部一帯に住む牧畜民で,牛や羊,ヤギなどの家畜を飼って生活している。住居は,木を骨組みにし,泥と牛糞をこねたものを壁材にして,つくられている。マサイの人々は伝統的な牧畜業のほかに,観光客向けのみやげ物づくりなどでも収入を得ている。

Link
p.41 ④降水量の季節変動と植生,
p.251 ②アフリカの気候,
p.271 ②南北と標高で異なる気候

←❸アフリカの北半球のサバナ地帯における雨季(上)と乾季(下,ともにケニア) サバナの雨季は,雷雨から始まる。雨季に入ると,草木がいっせいに発芽し,大地は緑の草原となって,動物は繁殖期を迎える。一方,乾季に入ると,数か月ほとんど雨が降らないこともあるため,樹木は落葉し,草は枯れて草原は褐色となる。動物たちは,乾季の間,わずかな水を求めて長い旅に出る。

用語 サバナ サバナ(サバンナ)とは,もともとアフリカのスーダン地方で用いられた草原と疎林の呼称で,草たけの長い草原に,乾燥に強いバオバブやアカシア類などの樹木がまばらに生える植生をさす。
ベネズエラやコロンビアのオリノコ川流域に広がるサバナ地域を**リャノ**,パラグアイ西部からアルゼンチンにかけてのサバナ地域を**グランチャコ**とよぶ。また,ブラジル高原では,まばらな低木と草原からなるサバナの植生を**セラード**,樹木が少ない草たけの長い熱帯草原を**カンポ**とよぶが,両者を区別せずにカンポセラードとよぶこともある。

↑❹セラードの植生(ブラジル,ゴイアス州) 「セラード保護地域」として世界遺産に登録されている地域。

+のガイド Af気候区は四季の区別や降水量の年変化がなく,森の樹木を使った高床式住居が特徴であるのに対し,雨季と乾季があるAw気候区では,木が少ないので泥などを材料とした住居がみられる。

乾燥帯 B

地理力＋ 年降水量が極端に少ない砂漠気候区でも、農業が可能な場所がある。それはどのような場所だろうか。農業に欠かせない条件に着目して考えてみよう。→2

1 乾燥帯の分布

乾燥帯は、亜熱帯高圧帯（中緯度高圧帯）や寒流の影響を受ける南北回帰線付近と、大陸の内陸部に多く分布する。昼は日射が植物の少ない地面を直接温め、夜は放射冷却によって急速に冷え込むため、気温の日較差が大きいのが特徴である。

→❺乾燥帯の分布

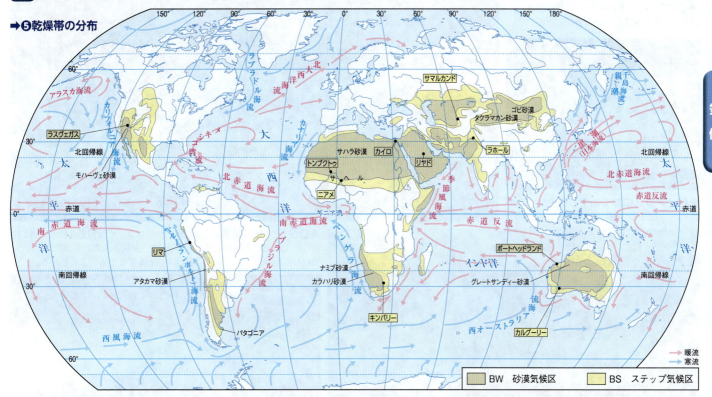

←❻乾燥帯の気温と降水量

砂漠気候区（BW） 南北回帰線周辺や中緯度の大陸の内陸部などに分布する。亜熱帯高圧帯の影響などにより、降水量が極端に少なく、大半の地域が年降水量250mm未満である。**オアシス**の周辺を除いて、植生はほとんどみられず、岩石や砂ばかりの**砂漠**が広がる。

ステップ気候区（BS） 砂漠気候区に隣接した地域に分布する。亜熱帯高圧帯の影響による長い乾季と、降水量がやや多くなる短い雨季があり、ほとんどの地域は年降水量が250～750mmである。樹木は育たず、**ステップ**とよばれる草たけの短い草原が一面に広がる。

Link p.30～31 2乾燥地形, p.40 3緯度別の降水分布

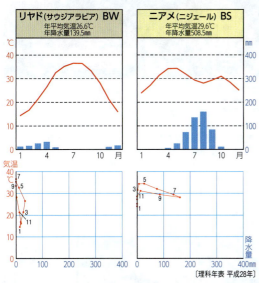

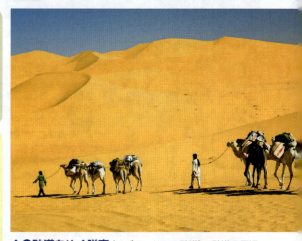

↑❼砂漠をゆく隊商（リビア、サハラ砂漠） 砂漠の周辺で暮らす遊牧民は、サハラ砂漠の交易も担ってきた。

用語 ワジ 砂漠地帯にみられる**かれ川**のこと。もともとはアラビア語で河谷を意味する語である。砂漠に降った雨が地面にしみ込まずに流れ、大地を侵食してできた谷（かれ谷）も、ワジとよばれる。
　ワジは、普段は水が流れていない水無し川で、砂漠を行き来して交易を行う**隊商（キャラバン）**の交通路などに利用されてきた。しかし、まれに大雨が降ると、流水がワジに集中して、洪水が起こることがある。

Link p.31 12ワジ（かれ川）

↑❽かれ川状態のワジ（左）と大雨のあとで水が流れるワジ（右、ともにヨルダン西部）

2 砂漠気候区 BW

Link　p.90 地下水路が支えるオアシス農業，
　　　p.246〜249 西アジア・中央アジア

➡**①オアシス**（モロッコ）　砂漠に囲まれているが，**オアシス**には緑の畑が広がる。

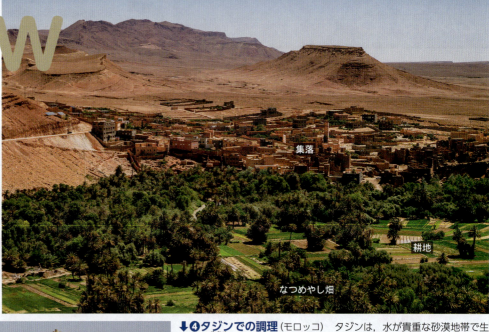

集落／耕地／なつめやし畑

水路

↑**②オアシスのなつめやし畑**（サウジアラビア）　水路から，畑に水が供給されている。

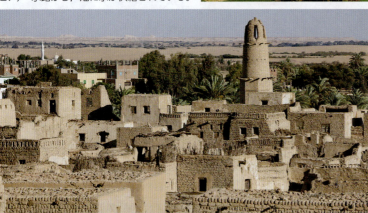

↑**③日干しれんがでつくられた住居**（エジプト）　砂漠の強い日ざしや砂嵐を避けるために，窓は小さくつくられており，家の中は昼でもひんやりしている。

⬇**④タジンでの調理**（モロッコ）　タジンは，水が貴重な砂漠地帯で生まれた土鍋で，その独特なふたの形は，少ない水でも調理できるよう，食材から出た水分が効率よく鍋の中で循環するための工夫である。

コラム　砂漠の成因

世界には，岩石砂漠や礫砂漠，砂砂漠など，さまざまな砂漠がみられるが，それらの地域に砂漠が形成される要因には，緯度などの地球上の位置，海からの距離，海流の影響，山脈の存在など，さまざまな要因がある。

砂漠を成因別に分けてみると，①回帰線砂漠，②内陸砂漠，③海岸砂漠，④雨陰砂漠の大きく四つに分類することができる。サハラ砂漠など，世界の砂漠の多くは，亜熱帯高圧帯が卓越した南北回帰線上に位置する回帰線砂漠である。一方，ユーラシア大陸の内陸部にあるゴビ砂漠などは，海から遠く離れているので内陸砂漠に分類される。また，大陸の西岸には，ナミブ砂漠のように，亜熱帯高圧帯と海岸沿いを流れる寒流の影響を受けて形成された海岸砂漠がみられる。アンデス山脈などの山脈の風下側には，山から乾燥した下降気流が吹きつけることにより，パタゴニアのような雨陰砂漠に分類される乾燥地域が形成される。

Link　p.30〜31 ②乾燥地形，
　　　p.250 ⑤ナミブ砂漠

回帰線砂漠の成因（亜熱帯高圧帯の支配）	赤道付近で上昇した大気が，回帰線付近でほぼ一年中下し，雨を降らせる原因である上昇気流が生じにくい。		サハラ砂漠，グレートサンディー砂漠，カラハリ砂漠など	海岸砂漠の成因（低緯度の大陸西岸にある）	亜熱帯高圧帯からの下降気流があり，海岸沿いを寒流が通るため，下層が冷涼，上層が温暖の安定構造になり，上昇気流が生じない。	ナミブ砂漠，アタカマ砂漠など
内陸砂漠の成因（隔海度が大きい）	海から離れていたり，周囲を大山脈で囲まれていたりして水蒸気が十分に供給されず，年中乾燥する。	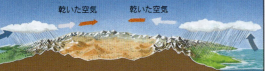	ゴビ砂漠，タクラマカン砂漠，カラクーム砂漠など	雨陰砂漠の成因（卓越風の風下にある）	湿った空気が山を越えるとき，山脈の風上側で雨を降らせる。山を越えた風は，乾いた下降気流となる。	南アメリカのパタゴニア地方など

↑**⑤砂漠気候ができるさまざまな要因**

3 ステップ気候区

➡❻モンゴル高原のステップ（モンゴル）　広大な**ステップ**が広がるモンゴル高原では，古くから羊や馬などの**遊牧**がさかんで，家畜とともに住居も移動する遊牧生活が営まれてきた。

Link　p.88 ❷遊牧，
p.233 ⓬周辺国 モンゴル

⬇❼モンゴル高原での遊牧のしくみ　草と水を求めて移動する遊牧は，移動経路がほぼ決まっていることが多い。気温が−20〜−30℃にもなる冬は，北西の風を防ぐために谷の奥や山の南側で暮らす。夏になると，川のそばなど水を得やすい場所に移動して暮らす。

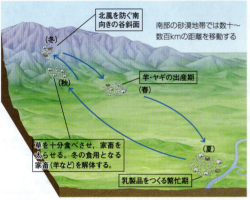

⬆❽乾燥チーズづくり（モンゴル）　遊牧民の人々は，羊・ヤギ・馬などの乳からつくったチーズやバターなどの乳製品，羊肉などをおもに食べている。

⬇❾移動式住居ゲル（モンゴル）　木の骨組みに羊毛フェルトを張って組み立てる**ゲル**は，解体も短時間でできる。

用語　ステップ，プレーリー，パンパ

ステップは，もともとは中央アジアの草原を意味するロシア語であったが，現在では，草たけの短い短草草原全般をさす用語として使われている。

北アメリカの**プレーリー**や南アメリカの**パンパ**も草原であるが，どちらも草たけがひざより上まである長草草原であるため，植生名としてのステップには含まれない。しかし，北アメリカのグレートプレーンズからプレーリーの西縁にかけての一帯や，南アメリカのパンパのうち年降水量550mm未満の**乾燥パンパ**を中心とした地域は，気候区分としてのステップ気候区には含まれる。このため，植生名としてのステップと，気候区名（BS気候区）としてのステップという用語の使用には注意が必要である。

⬅❿チェルノーゼムが広がる畑（ウクライナ）　BS気候区の中でも比較的降水量の多い地域では，乾季に多くの草が枯れて養分の豊富な腐植層をつくるため，肥沃な**黒土**が形成される。ウクライナからロシア南西部に広がる**チェルノーゼム**は，そのような黒土の典型例で，黒土地帯は世界的な穀倉地帯となっている。

Link　p.64〜65 植生と土壌，p.115 ロシアと周辺諸国の農業

⬇⓫草原の広がり（アメリカ合衆国西部の例）　草原は，温暖湿潤地域の周辺から砂漠周辺の漸移地帯まで広く分布し，降水量の多少により，長草草原から短草草原へと移り変わっていく。

➕ のガイド　砂漠の中に点在する湧水地や，砂漠の中を貫流する外来河川の周辺，山ろくから地下水路が引かれている場所などのオアシスでは，灌漑を行うことにより砂漠気候区でも農業が可能である。

温帯 C

> **地理力＋** 同じ温帯の気候でも，西ヨーロッパより日本のほうが四季の変化が明瞭なのは，なぜだろうか。大陸との位置関係や緯度，降水量などに着目して考えてみよう。→145

1 温帯の分布

温帯は，おもに緯度30～50度付近に分布する。ほかの気候帯に比べて四季の変化が明瞭であることが特徴で，北半球と南半球とでは季節が逆になる。人間活動が最もさかんな気候であるため大都市も多く，人口が集中している。

→❶温帯の分布

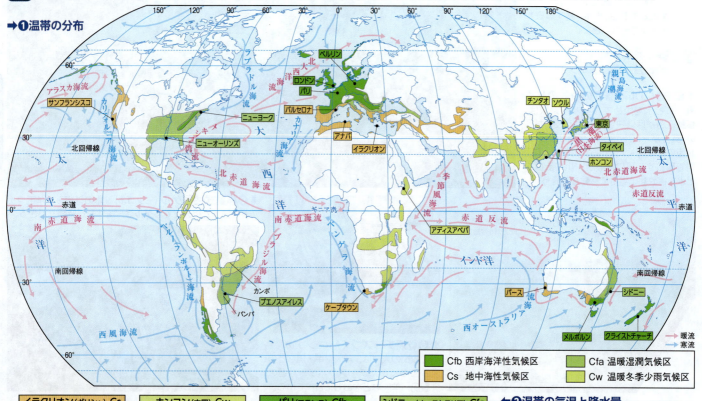

←❷温帯の気温と降水量

Link p.42 ❶大気大循環，p.43 ❹熱帯低気圧

地中海性気候区（Cs） 地中海沿岸やオーストラリア西岸など緯度30～45度付近の大陸西岸にみられる。冬には少し雨が降るが，夏はほとんど雨が降らず乾燥している。

温暖冬季少雨気候区（Cw） サバナ気候区の高緯度側と，大陸の東岸に分布する。前者は熱帯収束帯と亜熱帯高圧帯の影響を受け，後者は季節風（モンスーン）の影響を強く受ける。どちらも夏は高温多湿で，しばしば熱帯低気圧の襲来を受けるが，冬は温暖な気候である。

西岸海洋性気候区（Cfb） 大陸の西岸やオーストラリア南東部，ニュージーランドなどに分布する。偏西風の影響を一年中受けるため，年間を通して気温や降水量の差が小さい。

温暖湿潤気候区（Cfa） 日本やアルゼンチンなど大陸の東岸に分布する。夏は高温多雨，冬は低温少雨。年降水量が多く，四季の変化が最も明瞭。

コラム 温帯に四季が生じるしくみ

地球が太陽のまわりを回る公転の面に対して，自転の軸は約23度26分傾いている。そのため，太陽光線が地表にあたる角度は季節によって大きく変化し，これによって夏と冬で日ざしの強さや昼間の長さに変化が生じる。この変化は，温帯で最も明瞭で，それが季節の変化となって現れている。

→❸四季が生じるしくみ

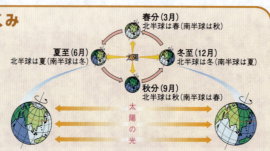

2 地中海性気候区 Cs

➡❹**白壁の家が立ち並ぶミコノス島**（ギリシャ） エーゲ海にあるミコノス島は、世界有数のリゾートで、多くの観光客が訪れる。地中海沿岸地域は、夏は亜熱帯高圧帯の影響下に入るため、乾燥した晴天の日が続き、日ざしも強い。このため家々は、強い日ざしを反射させる白壁になっており、壁は厚く窓を小さくして、家の中を涼しく保つ工夫がされている。

⬅❺**見わたす限りに広がるオリーブ畑**（スペイン、アンダルシア地方） 地中海沿岸では、夏の高温と乾燥に強いオリーブの栽培がさかんで、丘陵地の日あたりのよい斜面などにオリーブ畑が広がっているのをよく目にする。

Link
p.93 ❼地中海式農業,
p.111 ❶アフリカの農業分布,
p.116 ❸カリフォルニア州の農業

⬆❻**市場で売られるオレンジ**（スペイン、バルセロナ） Cs気候区では、夏の強い日ざしを生かした柑橘類の栽培がさかんで、なかでもスペインは、オレンジ類の輸出量で世界第1位(2016年)を誇っている。

コラム　エリカ気候とオリーブ気候

地中海性気候区のなかでも、寒流の影響を受けるケープタウンのように、最暖月平均気温が22℃未満となる気候をエリカ気候とよび、海流の影響が少ない地中海沿岸のように、22℃以上になる気候をオリーブ気候とよぶ。ともに両地域に多い低木の名称から名づけられた。

➡❼**エリカ**（スペイン） 白や黄色の花もある。

3 温暖冬季少雨気候区 Cw

⬅❽**茶の収穫**（インド、ダージリン） この地域はヒマラヤ山脈の谷間にあり、明け方に川から立ち上る朝霧が良質の茶葉を育てている。Cw気候区のほとんどは、別名「茶の気候」といわれるほど、茶の栽培がさかんである。

Link
p.95 ❹プランテーション農業,
p.109 ❶南アジアの農業分布,
p.112 ❸茶のプランテーション

コラム　茶の種類ができるわけ

茶は、ツバキ科の常緑樹である茶の木の葉や茎を加工してつくられる飲み物である。緑茶や紅茶、ウーロン茶など、さまざまな種類があるが、この種類は茶葉をどのように酸化発酵させるかによって生み出されている。緑茶は、摘み取った茶葉に熱を加えて酸化発酵しないようにしたもので、紅茶は完全酸化発酵、ウーロン茶は半酸化発酵させることによってつくられている。

緑茶　紅茶　ウーロン茶

4 西岸海洋性気候区 Cfb

↓❶1月の気温・降水量とユーラシア大陸周辺のおもなCfb気候区・Cfa気候区の分布

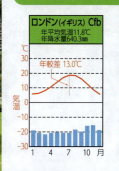

西岸海洋性気候区(Cfb) 大陸西岸の北緯40～60度に分布。暖流の**北大西洋海流**の上を**偏西風**が吹くため，高緯度のわりには年間を通して温和な気候。年降水量は多くないが，一年中降水がみられる。

↑❷**緑豊かな田園風景**(イギリス，ヨークシャー地方) イギリスでは，郊外の丘陵に牧草地が広がる風景をいたるところで見られる。夏の気温が高くならず，年間を通して適度な降水があるため牧草がよく育ち，古くから牧畜がさかんに行われてきた。

Link p.255 ❷高緯度でも温暖な気候
　　 p.275 ❷オーストラリアとニュージーランドの気候

→↓❸**イングリッシュガーデン**(右)**と庭でアフタヌーンティーを楽しむ家族**(下，ともにイギリス) 一年中適度な降水があるイギリスでは，庭で草花を育てるガーデニングがさかんである。

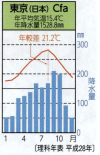

↑❹Cfb気候区とCfa気候区の雨温図

→❺**セーヌ川沿いに夏季限定でつくられた人工ビーチで日光浴をする人々**(フランス，パリ) 夏でも曇りがちなCfb気候区に暮らす人々は，夏の日ざしで健康的に日焼けしたいと考える人が多く，公園などでは日光浴をする人をよく見かける。

コラム　ヨーロッパで生まれたジューンブライド

6月に結婚することを「ジューンブライド(june bride)」というが，ジューンブライドはそもそもヨーロッパが発祥で，古くから6月に結婚すると幸せになれると言い伝えられてきた(その由来には諸説ある)。西岸海洋性気候区(Cfb)に属するヨーロッパの6月は比較的雨が少なく，1年の中で最も過ごしやすい時期であることから，結婚式をあげるには最適の季節とされたことも，ジューンブライドのならわしが長く引きつがれてきた理由の一つであるといえる。

一方，温暖湿潤気候区(Cfa)に属する日本の6月は**梅雨**の時期で，雨が続いて湿気も多く，蒸し暑い季節である。このため日本では，かつては梅雨の時期は挙式をひかえる人が多く，結婚式場は閑散としていた。これに困ったブライダル業界の人々が，ヨーロッパのジューンブライドの言い伝えを日本の人々にも紹介し，これをきっかけに日本でもジューンブライドが広く知られるようになった。

↑❻**6月の結婚式**(左，スロベニア)**と同じ月の日本の梅雨**(右，神奈川県，鎌倉市)

5 温暖湿潤気候区 Cfa

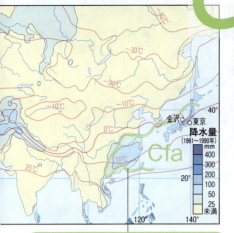

合掌造の家

地理総合

気候

↑→❼世界文化遺産に登録されている白川郷での田植え（上）と，**かやぶき屋根のふきかえ**（右，ともに岐阜県，白川村）　日本など東アジアのCfa気候区では稲作がさかんで，山あいの村でも古くから米がつくられてきた。豪雪地帯でもある白川郷では，急角度の屋根で雪が積もりにくくしてある合掌造の伝統家屋が，今も修復を重ねながら大切に保全されている。

温暖湿潤気候区（Cfa）　大陸東岸で，Cfb気候区よりも低緯度に分布。温帯の中で四季の変化が最も明瞭。**季節風（モンスーン）**や**梅雨前線**の影響で夏に降水が多く，年降水量も多い。夏の気温は熱帯のように暑い。

Link
p.45　4 西岸気候と東岸気候，
p.72〜73　日本の気候と自然災害

→❽日本の納豆づくり　東アジアのCfa気候区では，温暖湿潤な気候を生かして，しょうゆやみそ，納豆などの発酵食品が発達している。

→❾俳句の季語の例　「季節感の文学」といわれる俳句では，季語を一つ詠み込むことが作法で，その多様さには日本人の季節感の豊かさが現れている。

春	梅，桜，つつじ，よもぎ，若草，木の芽，うぐいす，かえる，つばめ，かげろう，かすみ，花曇り，花冷え，種まき，なわしろ，野焼き，花見，彼岸，桃の節句，ひな，八十八夜，茶摘みなど。
夏	青葉，新緑，葉桜，あじさい，あやめ，しょうぶ，金魚，あゆ，初がつお，ほたる，せみ，五月晴れ，五月雨，田植え，端午の節句，こいのぼり，梅雨，夕立，雷，風鈴，虫干し，浴衣，行水など。
秋	菊，すすき，彼岸花，なし，くり，まつたけ，もみじ，ほおずき，赤とんぼ，こおろぎ，すずむし，いわし雲，野分（台風），名月，夜長，稲刈り，かかし，十五夜，月見，墓参り，盆踊りなど。
冬	落葉，枯れ木，さざんか，だいこん，ねぎ，みかん，かも，つる，あられ，北風，氷，木枯らし，小春日和，霜柱，初雪，樹氷，七五三，師走，すすはらい，火鉢，竹馬，雪見，節分など。

↓❿兼六園の四季（石川県，金沢市）　日本の名園の一つとして知られる兼六園は，庭の美しさとともに四季折々の草木が楽しめるため，一年中観光客の姿が絶えない場所となっている。

春（4月）

夏（8月）

秋（11月）

冬（1月）　雪つり

➕のガイド　高緯度の西ヨーロッパは暖流と偏西風の影響で年較差の小さい気候となっているが，ヨーロッパより低緯度にある日本は季節風などの影響で気温と降水量の季節変化が大きい気候となっている。

亜寒帯（冷帯）D

地理力＋ 亜寒帯（冷帯）の地域に広く分布する永久凍土は、植生の形成や人々の生活にどのような影響を与えているのだろうか。永久凍土の性質に着目して考えてみよう。→１２

1 亜寒帯（冷帯）の分布

亜寒帯（冷帯）は、ユーラシア大陸の北部と北アメリカ大陸の北部に分布し、南半球には分布しない。樹林のある気候のうち、最も寒冷な気候で、長い冬は厳寒となるが、夏は暑くなるため、気温の**年較差**が大きい。

➡❶亜寒帯（冷帯）の分布

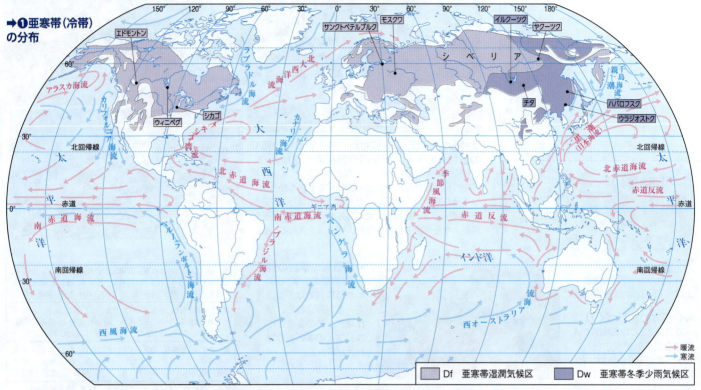

| Df 亜寒帯湿潤気候区 | Dw 亜寒帯冬季少雨気候区 |

⬅❷亜寒帯（冷帯）の気温と降水量

亜寒帯（冷帯）湿潤気候区（Df）
アラスカやカナダ、ユーラシア大陸北部や北海道など、おもに北緯40度以北の広い地域に分布する。亜寒帯低圧帯の影響で一年中降水があり、冬の積雪量が多い。Df気候区の北部には、寒さに強い少数の樹種からなる針葉樹林の**タイガ**が広く分布するが、混合林が広がる南部では農業や酪農が行われる。

亜寒帯（冷帯）冬季少雨気候区（Dw）
ユーラシア大陸の北東部だけに分布する。冬は大陸性のシベリア高気圧の影響で降水量が少なく、酷寒だが、夏は気温が比較的高くなるため、気温の年較差が大きい。

Link p.261 ❷冷涼な気候，p.265 ❷各地で異なる多様な気候

⬆❸**地面の上に設置された水道管**（ロシア、ヤクーツク）　冬には気温が−30℃以下になることもあるシベリアでは、水道管が凍らないように温水を流している。地面から水道管を離して設置しているのは、温水の熱が永久凍土層をとかし、建物などが傾くのを防ぐためである。

⬇❺**夏の間に永久凍土の表面がとけてぬかるんだ道**（ロシア、ヤクーツク）

用語　永久凍土
1年以上にわたり連続して凍結している土壌のこと。冬季だけ凍結する土壌は永久凍土といわない。北極を中心とする高緯度地域には、地下数十mから数百mの厚さの永久凍土が分布し、短い夏の間に表面の層だけとけることによって、湿地を出現させる。永久凍土の分布には、過去の氷床の分布が関係しており、かつて氷床が分布していなかった地域で、地面が強く冷やされて永久凍土が形成された。

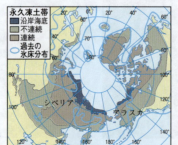

➡❹永久凍土の分布

2 亜寒帯（冷帯）湿潤気候区 Df

➡❻**一面に広がるタイガ**（ロシア，シベリア） **タイガ**は，ユーラシア大陸，北アメリカ大陸の北部の亜寒帯（冷帯）地域に広く分布する。地中には，永久凍土層が100mをこえる厚さで分布しており，この凍土層から供給される水分が森林を育てている。

Link
p.124 ■世界の森林資源，
p.269 ❿雄大なカナディアンロッキー

⬅❼**暖かい家の中**（ロシア，ヤクーツク近郊） 寒さが厳しいシベリアの家は，壁の厚さが30cmほどもあり，窓は二重，三重につくられている。町の暖房センターから送られてくる温水を使った暖房で，家の中は半袖で過ごせるほど暖かく保たれている。

➡❽**凍った洗濯物を取り込む女性**（ロシア，ヤクーツク近郊） シベリアでは，冬に屋外に洗濯物を干すと，水分が凍るため，固まった水分を手ではたいて落とし，洗濯物をかわかす。

コラム 農業ができるD気候，できないD気候

D気候は，降水量によってDf気候区とDw気候区に分類されるが，夏の気温に着目して「大陸性混合林気候」と「針葉樹林気候」に分ける方法もある。この分け方だと，夏に気温が比較的高くなることを利用して，麦やてんさいなどの栽培を行う南部の「大陸性混合林気候」と，夏が短く低温で農業ができない北部の「針葉樹林気候」とに大別できる。農業ができるかどうかという点に着目しているのがポイントとなる。

Link p.115 ロシアと周辺諸国の農業

⬆❾農業ができるか，できないかで区分した亜寒帯（冷帯）の気候区分

3 亜寒帯（冷帯）冬季少雨気候区 Dw

Link p.260 ❸バイカル湖

⬆➡⓫**針葉樹の伐採**（上，ロシア，イルクーツク）**と川を利用した木材の輸送**（右，ロシア，ハバロフスク） 農業があまりさかんではないDw気候区では，林業が地域経済を支える重要な産業の一つになっている。

⬆❿**厳冬期に凍結した湾内をゆく船**（ロシア，ウラジオストク） Dw気候区の冬は著しく気温が低いため，内陸の湖や河川は長期間凍結し，湾が凍ることもある。

➕のガイド 永久凍土は，森林に水分を供給してタイガを形成しているが，熱が伝わってとけると地上の建物を傾かせたり，夏になると表面がとけて道をぬかるませ，交通の障害となったりしている。

寒帯 E

地理力＋プラス　寒さが厳しい寒帯では，農業はできないが，ツンドラ地帯では，先住民が伝統的な暮らしを営んできた。先住民の人々は，どのような生活をしているのだろうか。→1 2

1 寒帯の分布

寒帯は，グリーンランドなどの北極海沿岸や南極大陸周辺，チベット高原やアンデス山脈などの高地に分布する。寒さが一年中厳しく，降水量はひじょうに少ない。土壌が**永久凍土**であるため，植物は生育しにくく，樹林はみられない。

→❶寒帯の分布

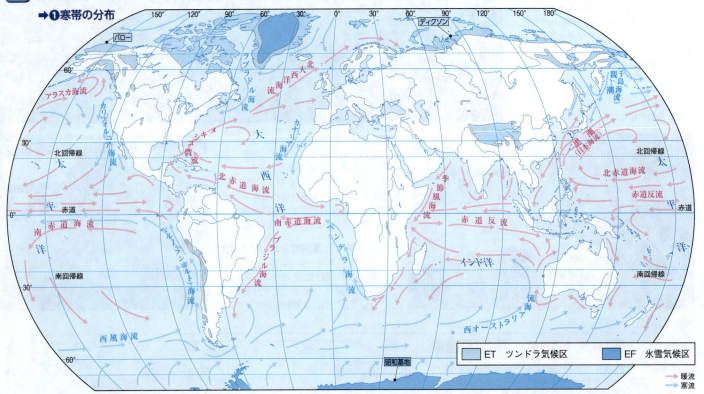

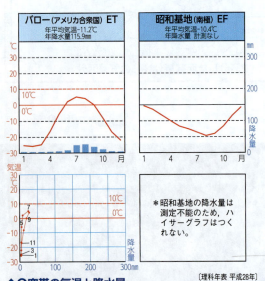

↑❷寒帯の気温と降水量　〔理科年表 平成28年〕

ツンドラ気候区（ET） 北極海沿岸とチベット高原などの高地に分布する。短い夏だけ気温が上がり，低木や草，コケ類・地衣類などがまばらに育つが，それ以外の季節は雪と氷におおわれる**ツンドラ**が広がる。

氷雪気候区（EF） 南極大陸とグリーンランド内陸部のみに分布する。降水量は少ないが，低温で積もった雪が一年中とけないため，**大陸氷河**が広がる。学術調査などを除いて人が定住することは難しく，植生もほとんどみられない。

2 ツンドラ気候区 ET

Link ▶p.256 ❺ⓐサーミ，p.261 ❺北極海沿岸のツンドラ地帯

←❸ツンドラに設営した夏の狩猟用テント（左，カナダ，バッフィン島）**とアザラシ猟のようす**（下，アラスカ）　ツンドラ地帯では，**イヌイット**や**エスキモー**などの狩猟民族や，**サーミ**などの遊牧民が暮らしている。

3 氷雪気候区 EF

Link ▶p.30～31 ❶氷河地形

←❹夏（1月）の昭和基地（南極）　氷点下の気温が続く南極でも，海に面して標高が低い昭和基地（オングル島）では，夏になると気温が0℃近くまで上がり，部分的に地表が顔を出す。

＋プラスのガイド　ロシアや北欧の北極海沿岸地域ではトナカイの遊牧を行う少数民族が生活し，カナダの北極海沿岸ではイヌイットが，アラスカではエスキモーが，アザラシなどの狩猟を行っている。

高山気候 H

地理力＋ 低地に比べて気温が低い高山地域では，年間を通じて涼しいことや，高度によって気温差があることが，人々の生活にどのようにかかわっているのだろうか。→①

1 高山気候区の分布

高山気候区は，ケッペンの気候区分にはもともとなかった区分であるため，E気候などと重複して分布する。低緯度では海抜高度3000m以上，中緯度では2000m以上の標高が高い地域に分布する。

→❺ 高山気候区の分布

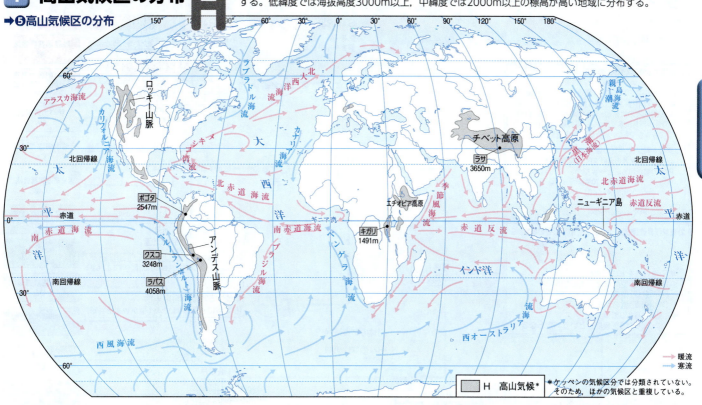

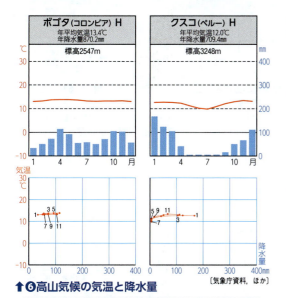

↑❻ 高山気候の気温と降水量

高山気候区（H） チベット高原やパミール高原，ロッキー山脈やアンデス山脈などの標高が高い地域に分布する。これらの高地では，**気温の逓減率（約-0.65℃/100m）** によって，同緯度の低地に比べて気温が低い。低緯度地域では，緯度のわりに年間を通じて涼しく，気温の年較差が小さい「常春」とよばれる温暖な気候となる。中・高緯度地域では，年較差が大きく寒帯に似た気候となる。高山のため，昼は日射量が多く，夜は放射冷却で冷え込むので，気温の日較差は大きい。

→❼ アンデス山脈の山中にあるクスコ（ペルー）
クスコ（標高3248m）は，年平均気温12℃の高山都市である。暮らしやすい気候であるため，古くはインカ帝国の首都として栄え，その後スペインに征服された。現在のクスコは，インカの石づくりの建築とスペイン式の教会などが融合した町なみとなっている。

↑❽ **高度による作物の変化** 赤道に近いアンデス地方では，高度による気温差を利用した作物栽培が行われている。

↓❾ **アルパカの放牧**（ペルー） アルパカの毛は，高地の寒さを防ぐ衣服の材料として，欠かせないものとなっている。

＋のガイド 熱帯が広がる低緯度地域では，標高が高い場所のほうが温暖で過ごしやすいため，古くから高山都市が発達した。また，高度による気温差を利用して栽培作物をかえる工夫も行われてきた。

気候区分 まとめ

1 ケッペンの気候区分と判定

❶ケッペンの気候区分における判定の手順

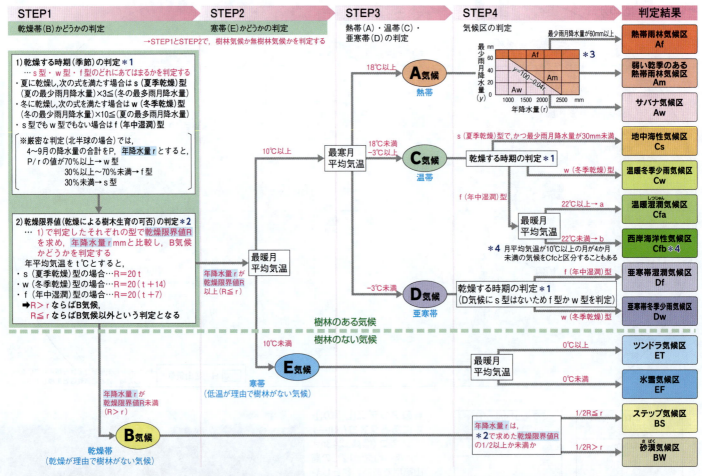

ケッペンは世界の植生を樹林の有無で大別し、前者は熱帯(A)・温帯(C)・亜寒帯(D)の樹木の生育地域に、後者は乾燥が理由で樹林がない地域(B)と低温が理由で樹林がない地域(E)に区分した。そして平均気温や乾燥限界の判定値などと対応づけ、これらの等値線を世界全図に描くことで、気候区分を行った。ケッペンの気候区分で用いられるアルファベットには、A〜Eというようにアルファベットの最初の5文字を単純に割りあてているものもある一方で、ケッペンがドイツ人であることから、その由来がドイツ語にあるものもある。例えば、乾燥する時期(季節)の判定において分類の型の名前に使用されている小文字のsはsommertrocken(夏季乾燥)、wはwintertrocken(冬季乾燥)、fは乾燥した時期がfehlt(欠けている)あるいはfeucht(湿った)という語の頭文字からとっている。また、BW気候区のWはWüste(砂漠)、EF気候区のFはFrost ewig(ずっと氷点下の寒さ)という語から命名している。

コラム AwからAmに気候区が変わったマイアミ

アメリカ合衆国のフロリダ半島にある都市マイアミは、かつてはサバナ気候区(Aw)に判定されていた。しかし、現在のマイアミは、弱い乾季のある熱帯雨林気候区(Am)に判定される。気象統計は、過去30年間のデータを平均した平年値が用いられ、10年ごとに更新される。現在は、1981〜2010年の平均値が用いられている(マイアミは、1982〜2010年である)。

❷マイアミの気温と降水量 *統計期間：1982〜2010年

	1月	2月	3月	4月	5月	6月	7月	8月	9月	10月	11月	12月	全年
気温(℃)	20.1	21.0	22.4	24.1	26.5	28.0	28.8	28.9	28.2	26.4	23.7	21.3	25.0
降水量(mm)	43.0	55.9	77.6	76.3	130.3	248.3	169.2	221.2	246.2	163.2	84.2	53.4	1568.6

[理科年表 平成28年]

マイアミの気候区分の判定をしてみよう

STEP1
1) まず、乾燥する時期(s型・w型・f型)の判定をする。
マイアミは冬に乾燥しているので、w型の式にあてはめてみると、冬の最少雨月降水量(43.0mm)×10＝430mm≦夏の最多雨月降水量(248.3mm)となり、w型の式を満たさないので、乾燥する時期の型はf型となる。
2) f型の計算式を用いて乾燥限界値Rを求め、年降水量rと比較し、B気候か否かを判定する。
乾燥限界値R＝20×(年平均気温t(25.0℃)+7)＝640mm<年降水量r(1568.6mm)となり、R≦rであるため、B気候以外という判定となる。

STEP2
最暖月平均気温(28.9℃)で10℃以上なので、A・C・D気候のいずれかとなる。

STEP3
最寒月平均気温(20.1℃)で18℃以上なので、A気候となる。

STEP4
1) 最少雨月降水量y(43.0mm)が60mm未満なので、Af気候区ではない判定となる。
2) 図❶の*3(A気候の中での気候区の判定図)で、AmかAwを判定する。横軸に年降水量r(1568.6mm)、縦軸に最少雨月降水量y(43.0mm)の値をとってプロットしてみると、Am気候区という最終判定になる。

気候区	特徴	植生・土壌	人間生活・産業　〔 〕はおもな作物	分布・代表的都市
熱帯雨林気候区 Af	年中高温多雨で，気温の年較差小。年間を通して熱帯収束帯や貿易風の影響を受ける。午後は**スコール**が頻発。	多種類の常緑広葉樹からなる，多層構造の**熱帯雨林**。南米では**セルバ**とよばれる。土壌は赤色・酸性でやせた**ラトソル**が分布。	**焼畑農業とプランテーション農業**がさかん〔天然ゴム・油やし・カカオ〕。黄熱病・**マラリア**などの風土病が残る。近年，熱帯雨林の乱伐が深刻な環境問題となっている。	シンガポール，クアラルンプール（マレーシア），サマリンダ（インドネシア），イキトス（ペルー）
弱い乾季のある熱帯雨林気候区 Am	夏は低緯度側からの多湿な**モンスーン**，冬は高緯度側からの乾燥したモンスーンの影響を受ける。**熱帯モンスーン気候区**ともよばれる。	おもに乾季に落葉する広葉樹林からなるが，熱帯雨林ほど種類は多くない。土壌は**ラトソル**と赤黄色土。	アジアでは**稲作農業**が発達。嗜好品の**プランテーション農業**もさかん〔さとうきび・バナナ・コーヒー・茶〕。 さとうきび	ケアンズ（オーストラリア），フリータウン（シエラレオネ），マイアミ（アメリカ合衆国）
サバナ気候区 Aw	夏は熱帯収束帯に入り**雨季**，冬は亜熱帯高圧帯に入り**乾季**となる。	疎林と長草草原（アフリカ：**サバナ**，ブラジル高原：**カンポ**，オリノコ川流域：**リャノ**）。土壌は**ラトソル**と赤黄色土。	乾季と雨季を生かした**プランテーション**〔綿花・さとうきび・コーヒー〕。牛・ヤギの放牧や企業的牧畜がみられる。 コーヒー	バンコク（タイ），ホーチミン（ベトナム），コルカタ（インド），バマコ（マリ），ダーウィン（オーストラリア）
地中海性気候区 Cs	夏は亜熱帯高圧帯の影響を受け乾燥。降水は亜寒帯低圧帯下に入る冬に集中する。最暖月の平均気温が22℃以上になる気候をオリーブ気候，22℃未満の気候をエリカ気候と細分することもある。	オリーブやコルクがしなど耐乾性の硬葉樹林。地中海地方には石灰岩の風化土壌である**テラロッサ**がみられる。 コルクがし オリーブ	耐乾性果樹の栽培〔オリーブ・ぶどう・柑橘類〕や，冬の降水を利用した小麦栽培。地中海沿岸では夏と冬で牧地を上下に移動する移牧が行われる。 ワイン ぶどう	バルセロナ（スペイン），イラクリオン（ギリシャ），ケープタウン（南アフリカ共和国），サンフランシスコ（アメリカ合衆国），パース（オーストラリア）
温暖冬季少雨気候区 Cw	夏は高温湿潤なモンスーンの影響を受け多湿。冬は乾燥し温暖。夏にはときどき**熱帯低気圧（台風，サイクロン）**が襲来。	シイ・カシ・クスなどの**照葉樹林**。高緯度地域では落葉樹や針葉樹もみられる。栗色土と黒土が分布。	アジアでは米・綿花・茶の栽培がさかん。アフリカ南部・アンデス山脈東側ではとうもろこし・小麦・コーヒーなど。 アッサム茶 ダージリン茶	チンタオ，ホンコン（中国），ソウル（韓国），アディスアベバ（エチオピア）
温暖湿潤気候区 Cfa	夏は高温多雨。気温の年較差が比較的大きい。夏には**熱帯低気圧**が襲来。	常緑広葉樹林〜落葉広葉樹林と針葉樹の混合林。南部には照葉樹林もみられる。栗色土，**褐色森林土**，黒土が分布（北アメリカ：**プレーリー土**，南アメリカ：**パンパ土**）。	居住に適した気候のため人口密度の高い地域が多い。アジアやアメリカで大農業地帯を形成〔米・小麦・大豆・とうもろこし〕。	東京，ニューヨーク（アメリカ合衆国），ブエノスアイレス（アルゼンチン），シドニー（オーストラリア）
西岸海洋性気候区 Cfb	**偏西風**の影響により年中湿潤。同緯度の大陸東岸部と比べて，夏は冷涼で冬は温暖。気温・降水量とも季節変化が小さい（月平均気温10℃以上の月が4か月未満の気候をCfcと区分することもある）。	落葉広葉樹（ブナ・コナラなど）と常緑針葉樹の混合林。黒土，**褐色森林土**，**ポドゾル**が分布。 コナラ ブナ	居住に適した気候のため人口密度の高い地域が多い。**酪農・混合農業**がさかん。	ロンドン（イギリス），パリ（フランス），ベルリン（ドイツ），メルボルン（オーストラリア），クライストチャーチ（ニュージーランド）
亜寒帯湿潤気候区 Df	北半球にのみ分布。気温の年較差が大きい。降水量は年間を通じて変化が少ない。	南部は，落葉広葉樹（カバなど）と針葉樹との混合林。北部は**タイガ**とよばれる針葉樹林が広がる。土壌は灰白色・酸性でやせた**ポドゾル**が主体。黒土も分布。	南部では夏の高温を生かした酪農，混合農業，商業的穀物農業〔小麦・ライ麦・えん麦・じゃがいも〕。北部は林業（製材・パルプ）が中心。アルプスでは，夏は高原の牧場で放牧し，冬は村の畜舎で飼育する移牧が行われる。	モスクワ，サンクトペテルブルク，ヤクーツク（ロシア），シカゴ（アメリカ合衆国），ウィニペグ，エドモントン（カナダ）
亜寒帯冬季少雨気候区 Dw	ユーラシア大陸北東部にのみ分布。気温の年較差は最大で，冬はきわめて寒冷。降水は夏に集中。	**タイガ**が発達。土壌は**ポドゾル**が主体。北部には一部ツンドラや永久凍土が分布。	林業中心。中国東北部など耐寒性作物の畑作地域もみられる。技術の発達により，農業限界は北進。	ウラジオストク，ハバロフスク，イルクーツク，チタ（ロシア）
ツンドラ気候区 ET	最暖月平均気温10℃未満。高緯度のため降水量は少ない。	短い夏に永久凍土の表面がとけ，コケ類や地衣類が生育。土壌は低温のため分解の進まない**ツンドラ土**。地中には**永久凍土層**がみられる。	**イヌイット**（北米），**サーミ**（スカンディナヴィア半島北部）などの民族が暮らす。**トナカイ**の遊牧が行われる。 トナカイ	バロー（アメリカ合衆国），ディクソン（ロシア）
氷雪気候区 EF	最暖月平均気温0℃未満。夏の一時期を除いて氷雪におおわれる。	永久氷雪の氷雪原で植生はみられない。	非居住地域（**アネクメーネ**）。南極大陸などの一部で学術調査や資源調査が行われている。	昭和基地（南極）
ステップ気候区 BS	砂漠周辺に分布。夏に熱帯前線（あるいは冬に寒帯前線）の影響で，3か月程度の短い雨季がある。	短草草原（**ステップ**）のほか，一部の長草草原（プレーリー西縁，乾燥パンパ）にも分布。土壌はおもに栗色土。比較的湿潤な地域には肥沃な黒土が分布（ウクライナ：**チェルノーゼム**，北アメリカ：**プレーリー土**，南アメリカ：**パンパ土**）。	**遊牧**がさかん。小麦栽培や牛・羊の企業的牧畜もみられる。**ゲル**（モンゴル），**パオ**（中国），**ユルト**（中央アジア）とよばれる遊牧生活に適した移動式住居がみられる。 ゲル	ラホール（パキスタン），サマルカンド（ウズベキスタン），ニアメ（ニジェール），キンバリー（南アフリカ共和国），カルグーリー（オーストラリア）
砂漠気候区 BW	気温の日較差が大きい。降水はほとんどみられず，大半の地域で年降水量250mm以下。降水は不定期で，**ワジ**（かれ川）がみられる。	オアシス周辺を除いて，植生はほとんどみられない。岩石の風化が激しい。土壌は褐色・強アルカリ性の砂漠土で，蒸発がさかんなため塩性土壌を生じやすい。	**オアシス**や**外来河川**の流域で灌漑農業。**フォガラ**（北アフリカ）・**カナート**（イラン）・**カレーズ**（アフガニスタンなど）とよばれる灌漑用地下水路が用いられる。灌漑が不適切に行われた地域では，塩害による被害がみられる。	ラスヴェガス（アメリカ合衆国），トンブクトゥ（マリ），カイロ（エジプト），リヤド（サウジアラビア）
高山気候区 H	＊ケッペンの気候区分には含まれない気候区。気温の逓減によって低温。年較差小・日較差大の「**常春気候**」。降水量は比較的少ない。	高度差に伴い，熱帯から寒帯の植生が垂直に分布。疎林ないし草原が中心。一部に植生のない礫砂漠が分布。	牧畜がおも。アンデス地方ではリャマやアルパカの飼育，じゃがいもなどの栽培が行われる。低緯度地方では高山都市が発達。 リャマ アルパカ	ラサ（3650m，中国），ボゴタ（2547m，コロンビア），クスコ（3248m，ペルー），ラパス（4058m，ボリビア）

植生と土壌

地理力プラス 植物の生育に必要な土壌は，気温や降水量の影響を大きく受けている。気候の影響が強い成帯土壌に着目して，気温・降水量と土壌の関係について考えてみよう。→①②

1 気候と植生・土壌との関係

植生とは，ある地域をおおっている植物の集まりのことで，森林や草原など，植物の生え方によって生じる景観も含めて植生という。植生の形成に最も強い影響を与えるのは気候であるが，地形や土壌などの影響も受けている。

土壌とは，地表の岩石や堆積物が，その場所の地形や気候，植物などの影響を受け，長い時間をかけて物理的・化学的に変化してできた土のことである。

Link p.46 ❶ケッペンの気候区分，共通テスト対策(p.305)

↓❶世界の植生分布（上）と土壌分布（下）

用語	成帯土壌と間帯土壌

土壌が形成される要因として，気候や植生の影響が強く，気候帯と分布が一致する土壌を**成帯土壌**という。一方，もととなる岩石である母岩の性質の影響が強く，分布する地域が限定される土壌を**間帯土壌**という。実際の土壌は，気候と母岩双方の影響を受けることが多く，厳密に区分できない場合もある。

凡例（植生分布）：氷雪／ツンドラ／針葉樹林(タイガ)／広葉・混(混交)林／地中海性低木林／プレーリー／ステップ／砂漠／サバナ／熱帯低木林／亜熱帯落葉樹林／熱帯雨林／高山植生　〔Diercke Weltatlas 2004，ほか〕

凡例（土壌分布）：ツンドラ土／ポドゾル／褐色森林土／黒土(チェルノーゼム・プレーリー土など)／栗色土／砂漠土／ラトソル・赤黄色土／山岳土　〔C.E.Kellogg，ほか〕

↓❷気候と植生・土壌の関係

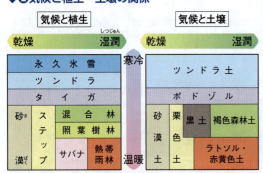

↓❸気候帯と成帯土壌

成帯土壌は気候や植生に対応して形成される。湿潤・乾燥・温度の高低により土壌の性質が異なる。　**Link** p.53 ステップ，プレーリー

気候	Af	Am	Aw	BW	BS	Cs
植生	熱帯雨林 多種の常緑広葉樹の密林をいう。樹木は一般にかたく，チークやマホガニーなどは高級家具に，ラワン類は合板などの原料となる。		サバナ 熱帯草原。雨季に樹木は葉をつけ，たけの高い草も生えるが，乾季には草は枯れ，樹木も落葉する。	砂漠 降水量よりも蒸発量が大きい地域をいう。一般に植生はないが，オアシスには樹木も生育し，居住が可能なところもある。	ステップ，プレーリー **ステップ**は，カザフスタン北部とその周辺に多い樹木のない短草草原をいう。**プレーリー**などの長草草原はCfにもみられる。	硬葉樹林 夏の乾燥に耐える小さくかたい葉をもつコルクがしや，オリーブなどが生える森林をいう。樹木は散在し，その間に，たけの短い低木や草が生える。
植生模式図	(Af)	(Am)	(Aw)	(BW) 砂漠	(BS)	(Cs)
土壌	ラトソル		ラトソル・赤黄色土	砂漠土	半砂漠土・栗色土・黒土	栗色土・赤褐色土

ラトソル（ラテライト性土壌） 熱帯の高温多雨地域に発達する。雨で有機物や塩類が流された（**溶脱**），赤色のやせた土壌。熱帯林が伐採され，強い日射を受けると乾燥して固まり，回復は困難になる。

赤黄色土 亜熱帯を中心に分布する，ラトソルに似たやせた土壌。土壌中の水分量で，赤色から黄色となる。土の色が黄色になるほど腐植層が厚くなり，植生が増える。

塩性土壌（アルカリ土壌） 乾燥地域において，雨水がたまる所や，灌漑用水の排水不良地では，地中の塩分が毛細管現象で引き上げられて地表に集積し，土壌は白っぽくなる。植生はきわめて貧弱。

栗色土 砂漠周辺の**ステップ**を中心に分布する栗色の土壌。弱アルカリ性で，表層の腐植層は厚くはないが，比較的肥沃。おもに遊牧や放牧地に利用されてきたが，灌漑による耕地化も進んでいる。

2 おもな間帯土壌と作物の栽培

間帯土壌は，母岩やその場所の地形の影響を受けて形成された土壌で，気候や植物の影響は少ない。その分布は局地的で，関東ロームやシラスのように地域特有の土壌である。

レグール	テラロッサ	テラローシャ

↑❹綿花の種植え（インド，デカン高原）
玄武岩が風化した土で，デカン高原に多くみられる黒色土。綿花土ともいわれる。

↑❺ぶどう園（クロアチア）
石灰岩が風化した土などで，地中海沿岸地域に多い赤色の土。果樹が栽培される。

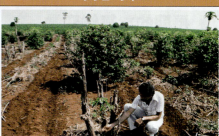
↑❻コーヒー栽培（ブラジル）
玄武岩が風化した土などで，ブラジル高原南部に広がる赤紫色の土。コーヒー栽培がさかん。

コラム　氷河の贈り物　Link p.30〜31 ❶氷河地形，p.228 ❶中国の地形

大陸氷河の末端には，氷河によって運搬された砂礫が堆積し，モレーンが形成される。この中の微細な砂が北風にのって運ばれ，ヨーロッパ中部に堆積したものはレスとよばれる。

レスは，透水性がよく肥沃なため，小麦やぶどうなどの畑作に適する。図❽からは，ヨーロッパの主要な穀倉地帯が，レスの分布とほぼ一致していることがわかる。レスはヨーロッパのほかにも，中国の黄土高原などに分布する。

↑→❼ハンガリーの穀倉地帯プスタ（上）とレス（右）　レスは，黄褐色で粒が細かいのが特徴で，中国では黄土とよばれる。

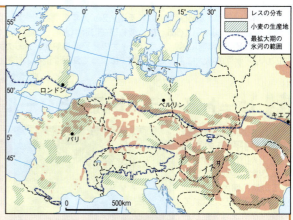
↑❽ヨーロッパにおけるレスの分布と小麦のおもな生産地

気候	Cw	Cf	Df・Dw	ET	EF
植生	照葉樹林　シイ，カシ，ツバキなど葉が厚く，表面につやのある常緑樹林をいう。緯度が高くなるにつれて落葉樹もまざる。	混合林（混交林）　ブナ，コナラなどの広葉樹とマツなどの針葉樹が混合して生えている森林をいう。	タイガ　高緯度地帯に分布する針葉樹帯をいう。モミ，ツガ，トウヒ，カラマツ，エゾマツなどが多く，建築やパルプの材料に適する。	ツンドラ　短い夏の期間に地表の雪や氷がとけて土壌が現れ，低い樹木やコケ類・地衣類が生育する。	氷雪原　一年中，雪と氷におおわれ，植物はほとんど生育しない。
土壌	栗色土・黒土	栗色土・黒土・褐色森林土・ポドゾル	黒土・ポドゾル	ツンドラ土	

黒土　草原を中心に分布。降水による養分の流出がなく，大量に腐植質を含んだ肥沃な土壌。ウクライナのチェルノーゼムや北米のプレーリー土，南米のパンパ土などがある。生産性が高いため，農耕地としての利用がさかん。

褐色森林土　温帯の森林地帯に発達している。表層部は腐植層が厚く暗色で，下層部は酸化鉄が多く，褐色となる。黒土ほどではないが肥沃度は高く，良質の耕地となっている。

ポドゾル　湿潤な亜寒帯のタイガに多く分布する。気温が低いので腐植の分解が進まず，下方に移動する水分が鉄分や塩類を溶脱するため，灰白色をしている。強酸性土壌のため，農業には不向き。

ツンドラ土　寒帯のツンドラ地帯に分布する青灰色の土壌の総称。夏に繁茂するコケ類や地衣類などが，低温のために十分に分解せず，堆積している。下層には永久凍土層がある。

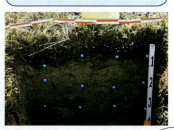

⊕のガイド　温暖で適度な降水がある地域では，植物が分解されて腐植物となり，肥沃な土壌が形成されるが，腐植物が流される多雨地域や，低温で植物の腐植が進まない寒冷地では，やせた土壌となる。

気候変動と都市気候

地理力プラス ヒートアイランド現象と局地的大雨の関係は，熱帯でみられるスコールが発生するしくみと似ている。都市で局地的大雨が発生するしくみについて，考えてみよう。→②③

1 長期的な気候変動

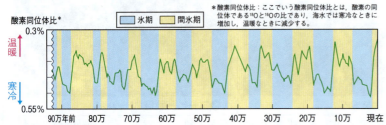

↑①海底堆積物の酸素同位体比　同じ元素でも中性子の数が異なる原子のことを同位体というが，海底堆積物に含まれる酸素の同位体の変化を調べることにより，地球の長期的な気候変動をとらえることができる。**氷河**が拡大した時期を**氷期**，縮小した時期を**間氷期**というが，第四紀とよばれる過去260万年の間は，氷期と間氷期が交互に訪れる気候変動が激しい時代であった。最も現在に近い氷期（最終氷期）のなかでも，最寒冷期であった約2万年前には，スカンディナヴィア半島や北アメリカ大陸などに**大陸氷河**が広がり，氷河の拡大による海水の減少によって海面は現在よりも約120m低かった。

Link p.30～31 ①氷河地形，共通テスト対策(p.297)

コラム　ピナトゥボ山の噴火と気候への影響

1991年6月15日，フィリピンのルソン島にあるピナトゥボ山は20世紀最大の噴火を起こした。その火山灰は上空25～35kmの成層圏にまで達し，エアロゾル（大気中に浮遊する微粒子）は成層圏に滞留した。このエアロゾルの滞留によって，地球上に届く太陽エネルギーがさえぎられ，その結果，2年間にわたって地球の平均気温はおよそ0.5℃下がった。日本で起きた1993年の冷害も，これらの影響によるものとされている。

→②ピナトゥボ山の噴火（フィリピン，ルソン島）

2 ヒートアイランド現象とクールアイランド効果

→③東京周辺における冬季（1月平均）の気温分布　人口が集中する都心部では，建物の密集や人工排熱の増大などにより，**都市気候**とよばれる局地的で特殊な気候がみられる。**ヒートアイランド現象**はその一つで，冬季の朝（1日の最低気温時）に最も明瞭に現れることが知られている。

図では，東京都心部に5℃以上の高温域すなわち熱の島(Heat Island)が形成され，ここを頂点として，ほぼ同心円状に周辺の気温が低くなっているようすがよくわかる。（・は観測点の位置を示す）

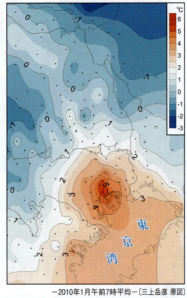

－2010年1月午前7時平均－〔三上岳彦 原図〕

用語　ヒートアイランド現象　人口の集中や建物のコンクリート化などが要因となって，都市域が高温化する現象を**ヒートアイランド現象**という。等温線が都市を丸く囲んで島のような形になることから，その名がついた。一方，都市の中にある公園や緑地は，建物が密集する周辺の市街地よりも，気温が数℃低温になる。この現象はクールアイランド効果とよばれ，風の弱い夏の晴天日に，気温差が大きくなる傾向がわかっている。

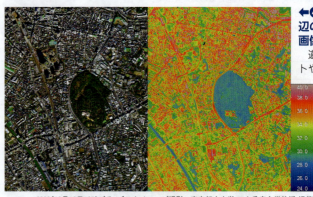

←④自然教育園周辺の空中写真と熱画像（東京都，港区）　道路のアスファルトや密集した建物の表面温度は40℃近い高温になっているが，緑地の表面温度は30℃以下で，クールアイランドを形成している。

－2009年8月12日13時ごろ－〔スカイマップ撮影・東京都立大学 三上岳彦名誉教授 提供〕

3 局地的大雨と都市型水害

狭い地域で短時間に驚異的な量の雨が降ることを，**局地的大雨**（ゲリラ豪雨）とよぶ。都市で発生する局地的大雨は，ヒートアイランド現象などによる熱の上昇によって形成された積乱雲が一因であると考えられている。地面の多くがアスファルトで固められた都市部では，川の増水が早いほか，下水道の処理能力をこえて水があふれ出し，**都市型水害**を引き起こすこともある。

Link p.75 防災・減災

→⑤局地的な雨雲におおわれる東京都心部　周辺には青空が広がるなか，局地的な雨雲が新宿副都心のそばに発達している。

↓⑥都市で局地的大雨が発生するしくみ　**Link** p.48 スコール

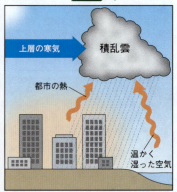

プラスのガイド　熱帯のスコールは，赤道直下の強い日ざしによって積乱雲が発生することで生じ，都市の局地的大雨は，ヒートアイランド現象などの都市域の高温化による積乱雲の発達によって生じる。

世界各地の自然災害

地理力 ある地域の自然現象の変化が、遠く離れた国で異常気象を引き起こすことも多い。エルニーニョ現象が日本にどのような異常気象を引き起こすのか考えてみよう。

1 火山・地震による災害

Link p.18 ❶世界のおもな火山と地震の震源地の分布, p.71 ❸火山・地震による災害

↓❽エトナ山のふもとでのぶどうの収穫（イタリア，シチリア島）

↑❼火山の噴火（イタリア，シチリア島，2011年） シチリア島のエトナ山は世界で最も活動的な火山の一つであり、噴火が絶えないが、そのふもとには数千人が住んでいる。シチリア島では、火山灰に含まれるミネラルが豊富な土で、ぶどうが栽培されている。人々は火山の危険性に注意を払いつつ、その恵みを生かして暮らしている。

↑❾地震による被害（イタリア中部，テラモ近郊，2016年） **新期造山帯**に位置するイタリアは、ヨーロッパの中では地震が起こりやすい国である。地震が発生するのは中〜南部のアペニン山脈周辺が中心で、2016年に発生したマグニチュード6.2のイタリア中部地震では、300人以上が犠牲になった。

2 増加する自然災害

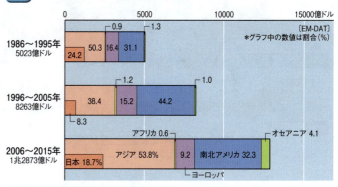

↑❿地域別の自然災害被害額の変化 20年前に比べると自然災害による被害が大幅に増加しており、被害額のおよそ5割がアジアに集中している。犠牲者の多くが低所得国・中所得国に集中しているが、人口増加により条件の悪い場所にも人が居住するようになったことが原因の一つであると考えられる。

コラム 日本の防災訓話「稲むらの火」が世界へ

「五兵衛は、地震のあと海水が引くのを見て津波が来ることに気づく。村人に危険を知らせるため、五兵衛は自分の田の稲むら（稲の束）に火をつけた。火を消そうと村人が高台に集まったところで、村は津波にのみこまれた。」これは、現在の和歌山県広川町で、1854年11月5日（旧暦，現在の12月24日）の安政南海地震で起きたできごとをもとにした「稲むらの火」という物語である。主人公の五兵衛は、実在した濱口儀兵衛（梧陵）という人物がモデルとなっている。物語には登場しないが、儀兵衛は将来、再び津波が襲来することを想定して、私財を投じて防潮堤を築造し、のちに1946年の昭和南海地震の津波から村を守ったという逸話もある。

日本では、2011年の東日本大震災以降、地震後は津波を警戒し、すぐに避難することの重要性を示す防災訓話として再度注目を浴びている。近年ではアジアの8か国語に翻訳され、津波に関する子供たちの防災教材としても用いられており、防災意識の啓発に役だてられている。なお、物語の由来である安政南海地震の起きた11月5日は、国連で「世界津波の日」と定められた。

Link 共通テスト対策（p.302〜303, 308, 309）

→⓫各国語に翻訳された「稲むらの火」（上）と、「稲むらの火」を読む子供たち（下，インドネシア）

〔内閣府「日本の災害対策」〕

3 異常気象と気象災害

Link p.73 ③日本のおもな気象災害, 共通テスト対策 (p.297)

異常気象とは，大雨・強風・干ばつ・冷夏・暖冬などの気象現象が，過去の傾向から大きく外れ，まれにしか経験しないような現象のこと。気象庁では，過去30年間に発生しなかったような値が観測された場合に異常気象としている。異常気象は人間活動に影響を与え，**気象災害**をもたらすことが多い。**グローバル化**により，世界各国で発生する異常気象が，その国だけでなく，経済活動などを通じて日本にも大きな影響を与えている。

低温・大雪

↑❶寒波で凍った車（スイス，2012年2月） 2012年初めに，ヨーロッパと周辺の広い範囲が大寒波に見舞われた。チェコ南西部で−39.4℃を記録したほか，アフリカのアルジェリアにも大雪をもたらし，人々の暮らしを直撃した。

高温・少雨

↑❷干ばつにより枯れた さとうきび（インド，オーランガバード近郊，2016年5月） インドでは，2015，16年と2年続けて熱波に見舞われ，高温と雨季の少雨が大規模な干ばつを引き起こした。世界有数の生産量を誇る さとうきびも，大量枯死などの深刻な被害を受けた。

↓❸2018年に起きた世界のおもな異常気象と気象災害

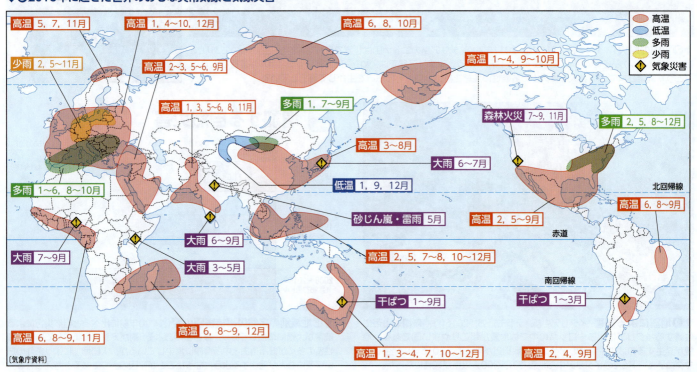

［気象庁資料］

↓❹台風30号（ハイエン）により壊滅した町（フィリピン，レイテ島，2013年11月） フィリピン中部を横断した台風30号は，観測史上例をみないほどの猛烈な強さであった。レイテ島を中心に6200人以上が死亡，1600万人以上が被災した。台風が通過した町の多くが壊滅し，がれきの山となった。

↓❺洪水で冠水した道路（中国，チヤンシー（江西）省，チウチヤン（九江），2016年6月） 2016年4〜8月にかけて，長江流域で長雨が続き，積算雨量はこの20年で最大となった。写真のような洪水のほか，土砂災害も各地で起こり，200人以上が死亡した。

熱帯低気圧

Link p.43 ❹熱帯低気圧

大雨・洪水

竜巻

↓❼トルネードシェルター（アメリカ合衆国，オクラホマ州）　竜巻が襲来した際に避難するためのシェルターを設けている家も多い。

↑❻町を襲う竜巻（トルネード）（アメリカ合衆国，オクラホマ州，2016年5月）　竜巻とは，積乱雲に伴う強い上昇気流により発生する激しいうず巻きのことで，大気が不安定になると発生しやすい。アメリカ合衆国中西部では，北極からの寒気とカリブ海からの暖気の衝突で大気が不安定になりやすいため，竜巻の発生が多い。

コラム　緊急告知ラジオでの避難支援

　新潟県は，新潟県中越地震や豪雨による水害など，近年さまざまな自然災害に直面してきた。その経験を生かして，長岡市の企業が開発したのが，「緊急告知ラジオ」である。緊急告知ラジオは，緊急情報を受信すると自動的に緊急放送を流し，災害に備えられるようにするものである。

　日本と同じく地震・火山噴火・土砂災害など自然災害の多いインドネシアでは，災害時の情報伝達は携帯電話や拡声器など口伝えのものが中心で，住民の避難を遅らせる原因になっている。そのため，学校などの公共施設やモスクなどに緊急告知ラジオを設置し，防災情報を住民に直接伝達して避難に役だててもらう取り組みが進められている。

4　エルニーニョ現象・ラニーニャ現象

　エルニーニョ現象とは，中部太平洋赤道域から南米沿岸までの海域で，水温が高い状態が半年から1年半程度続く現象のことである。逆に，同じ海域で水温が低くなる現象を**ラニーニャ現象**という。これらの現象が発生すると，水温の高い海域がずれ，積乱雲がさかんに発生する地域も，その海域とともに移動する。そのため，世界各地の雨や雪の降り方，気温，気圧配置などが平年とは異なる状態になり，異常気象を引き起こすと考えられている。例えば，エルニーニョ現象が起こると，日本では冷夏や暖冬になりやすいとされる。

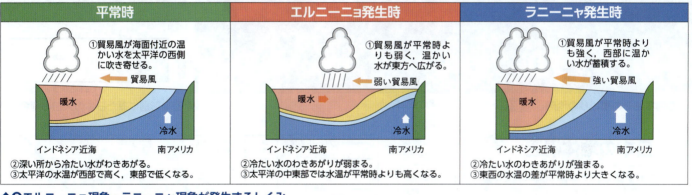

↑❽エルニーニョ現象・ラニーニャ現象が発生するしくみ

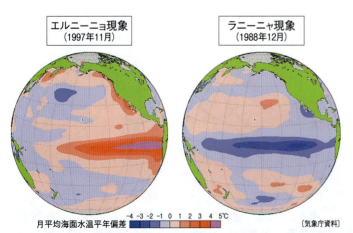

↑❾エルニーニョ現象・ラニーニャ現象発生時における海面水温の平年との差　赤道周辺の海面水温が，エルニーニョ時には平年よりも高く，ラニーニャ時には平年よりも低くなっていることが読み取れる。

コラム　日本の猛暑の原因はインド洋にある？

　近年日本では，猛暑の夏が続いている。その原因の一つとして最近注目されているのが，「ダイポールモード現象」である。ダイポールモードとは「二極構造」という意味で，熱帯域のインド洋で，海面水温が平年よりも東部で低くなり，西部で高くなる現象のことである。この現象が発生すると，インド洋周辺での大気の対流活動が通常と変わり，インド洋東部で高気圧が，フィリピン周辺で低気圧が発達する。その影響で，太平洋高気圧の勢力が強まって日本上空に居座り，日本の猛暑の一因となっているという。また，日本以外でも，東アフリカでの豪雨や，地中海北部での猛暑など，世界各地の異常気象を引き起こす要因になっているとも考えられているが，その因果関係には未解明の部分も多く，現在研究が進められている。

➡❿日本に猛暑をもたらすと考えられているしくみ

❶ダイポールモード現象が起こる。
❷インド洋東側で高気圧が強まる。
❸フィリピン付近で低気圧が強まる。
❹日本付近で高気圧が強まり，猛暑となる。

日本の地形と自然災害

地理力＋プラス 日本は自然災害が数多く発生する国である。その要因は，日本の位置と地形である。地体構造に着目し，自然災害を引き起こす原因について考えてみよう。→❶❷❸

1 日本とそのまわり

日本列島は，**環太平洋造山帯**に属する**弧状列島（島弧）**で，海洋プレート（太平洋プレートとフィリピン海プレート）が，大陸プレート（ユーラシアプレートと北アメリカプレート）の下に沈み込む，**狭まる境界**に位置する。海洋プレートが大陸プレートの下に沈み込む境界には**海溝**が形成され，その陸側ではマグマが噴出して火山ができる。これらが列状に並び，**弧状列島（島弧）**を形成している。また，変動帯に位置するため地殻変動が激しく，日本は世界の中でも地震が多く，火山活動が活発な地域となっている。

↑❶日本とそのまわりの地形　Link p.12～13 世界の大地形

地形	山地 75%	台地 11	低地 14	平野 25
人口割合	山地に住む人 20%	台地に住む人 30	低地に住む人 50	

〔日本統計年鑑 平成28年，ほか〕

↑❷地形別にみた日本の人口の割合

2 日本の地体構造
Link p.18 火山前線，共通テスト対策（p.302～303）

フォッサマグナ　本州の中央部に位置し，日本列島の地質を東西に分断する大地溝帯。明治時代，ドイツの地質学者ナウマンにより命名された。その西縁は**糸魚川・静岡構造線**とよばれる大断層帯で，北アメリカプレートとユーラシアプレートの境界と考えられている。

中央構造線　西南日本を南北に二分する大断層帯で，南西諸島海溝・南海トラフ・相模トラフとほぼ並行している。中央構造線より太平洋側を**外帯**，日本海側を**内帯**という。

↓❸飛騨山脈と仁科三湖（長野県 大町市）　糸魚川・静岡構造線沿いでは，地殻変動が活発である。仁科三湖（青木湖・中綱湖・木崎湖）は，断層運動によって形成された**断層湖（構造湖）**である。

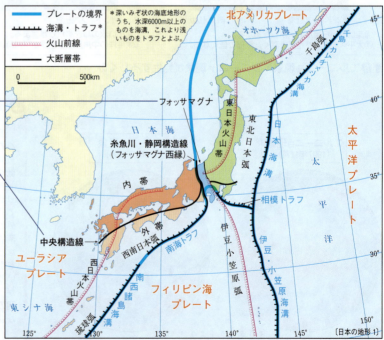

↑❹日本の地体構造　日本列島は，4枚のプレートがぶつかり合う場所に位置する。本州中央部の**糸魚川・静岡構造線**によって東北日本弧・西南日本弧に分けられ，また，西南日本弧は**中央構造線**で**内帯・外帯**に分けられる。火山分布は，東日本火山帯と西日本火山帯の二つに大きく分類することができる。海溝とほぼ平行に分布している火山帯のうち，海溝側に並ぶ火山の列を**火山前線（火山フロント）**という。

3 火山・地震による災害

Link p.20~21 地震の原因と断層, p.67 ■火山・地震による災害, p.283 try 火山地形の特徴

4枚のプレートがぶつかり合う日本列島周辺は，世界でも有数の火山集中地域となっている。また，大きな地震や，地震による津波もたびたび発生している。

↑❺おもな火山と地震の震源

↑❻噴火する御嶽山（長野県・岐阜県） 御嶽山は，長野県・岐阜県にまたがる成層火山である。2014年9月27日の噴火は，規模としては小さかったものの，山頂付近にいた登山客を巻き込み，死者・行方不明者63人を出す戦後最悪の火山災害となった。

↑❼熊本地震により倒壊した家屋（熊本県，益城町） 2016年4月に起きた熊本地震は，中央構造線上の活断層がずれることによって発生した。現在の気象庁震度階級が制定されてから初めて，震度7を2回観測した。家屋の倒壊や土砂災害が発生し，死者や交通網の寸断が生じた。

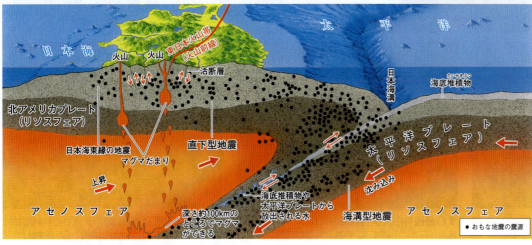

←❽日本の断面図と地震の震源の分布 日本の太平洋沖では，海洋プレートが大陸プレートに沈み込んでおり，この境界にたまった ひずみ が解放されると，海溝型地震が発生する。一方，内陸部では，活断層がずれ動くことで直下型地震が生じる。

4 日本の河川の特徴

Link p.24~27 河川がつくる地形

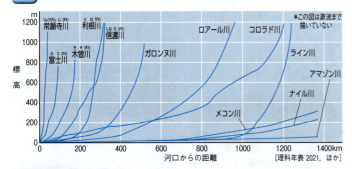

↑❾おもな河川の勾配 山がちで狭い国土を流れる日本の河川は短く，勾配も急で流れが速い。また，流域面積もひじょうに小さい。信濃川や利根川などは，日本ではゆったりと流れる大河の代表であるが，世界の大河と比較すると短く，急流であることがわかる。

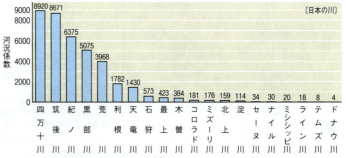

↑❿おもな河川の河況係数 河況係数とは，[最大流量÷最小流量]の値である。河川の流量の季節変化が大きいほど河況係数の値は大きい。日本では，夏の季節風や梅雨・台風による降雨，春の雪どけ水の流入などにより，降水の季節差が大きいので，河川の河況係数は世界の諸河川に比べてきわめて大きい。

⊕のガイド 日本列島は，環太平洋造山帯に属する弧状列島であり，4枚のプレートがぶつかり合う場所に位置する。そのため，地震が多く火山活動も活発で，それらによる災害が起こりやすい。

日本の気候と自然災害

地理力プラス 四季の変化が明瞭な日本は、気象災害も多い。どのような要因で気象災害が引き起こされるのか、日本の気候に大きな影響を及ぼす気団に着目して、考えてみよう。→②③

1 日本の気候区分

北海道の気候
- 冬が非常に寒く、夏涼しい

日本海側の気候
- 冬は雪が多い

太平洋側の気候
- 冬は降水量が少ない
- やませの影響を受ける
- 冬温暖で、夏は雨が多い

太平洋側(内陸)の気候
- 冬寒く、夏涼しい
- 年降水量が比較的少ない

南西諸島の気候
- 冬温暖で、夏暑く雨多い

↑❶日本の気候区分　Link p.46 世界の気候区分, p.57 ❺温暖湿潤気候区

↑❷日本のおもな都市の気温と降水量　上越(高田)では、北西からの冬の季節風の影響で、11～2月の降水量が多い。一方熊本では、南西からの夏の季節風の影響で、梅雨の時期にあたる6～7月の降水量が多い。

2 日本付近の気団と日本のおもな気象　Link p.42～43 大気大循環と風

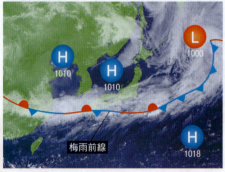

↑❸梅雨(6月の例)　初夏には、冷たく湿ったオホーツク海気団と、温かく湿った小笠原気団との間に梅雨前線ができ、日本の南岸からユーラシア大陸にかけて、東西に停滞する。

↑❹台風(8月の例)　夏から秋にかけては、しばしば台風が日本に上陸する。台風は猛烈な風雨や波浪を伴いながら太平洋高気圧(小笠原気団)のへりに沿って進み、各地に大きな被害をもたらすことがある。

↑❺冬の天気(12月の例)　大陸での放射冷却によりシベリア気団の勢力が強まり、「西高東低」の気圧配置となる。この気圧差により、大陸から北西の季節風(モンスーン)が日本列島に向けて吹き出す。

↑❻日本付近の気団　大陸や海洋の上で、広い範囲にわたって気温や湿度が一様な空気のかたまりのことを、気団という。気団は季節ごとに勢力範囲を変え、日本の気候に大きな影響を及ぼす。

↑❼日本海側の大雪と関東のからっ風　日本海側に大雪が降るのは、真冬の「西高東低」の気圧配置により、シベリア気団(シベリア高気圧)からの冷たく乾いた空気が北西の季節風として吹きつけ、日本海上でおもに対馬海流から水蒸気の供給を受けたのちに脊梁山脈にぶつかって持ち上げられることが要因である。降雪により水蒸気を失った空気は山を越え、からっ風として太平洋側に吹き降ろし、晴天をもたらす。

→❽冬の風景の比較(上、新潟県、魚沼市/下、群馬県、桐生市)

3 日本のおもな気象災害

Link p.68〜69 ③異常気象と気象災害，共通テスト対策(p.304, 308, 311, 312)

雨や風，台風などの気象現象に異常な強弱が生じることにより発生する災害を，**気象災害**という。気象現象の種類により，水害，風害，雪害，干害，冷害など，その形は多岐にわたる。

➡❾堤防が決壊し濁流におおわれた市街地(岡山県，倉敷市真備町，2018年7月) 停滞した前線や台風の影響により，日本付近に暖かく非常に湿った空気が供給され続け，西日本を中心に広範囲で記録的な大雨が降り続いた。河川の氾濫や家屋の浸水，土砂災害などが各地で発生，死者200人以上の，平成になって最悪の豪雨災害となった。

↓⓫日本の豪雪地帯

➡❿竜巻とみられる突風の被害にあった住宅地(埼玉県，越谷市，2013年9月) 低気圧や台風の接近時に大気の状態が不安定になり，南から温かく湿った空気が流入すると，**竜巻**が発生しやすい気象状況になる。日本では，9〜10月に発生しやすい。

➡⓬大雪で孤立した集落と救助に向かうう自衛隊のヘリコプター(徳島県，つるぎ町，2014年12月) 積雪による倒木などで道路が寸断されたほか，広範囲にわたって停電になった。

←⓭東北地方の冷害

用語 やませ
オホーツク海気団の勢力が強い6〜7月ごろに，東北地方の太平洋側に吹きつける冷たく湿った北東風。**やませ**が長期間吹き続けると，農作物に**冷害**をもたらす。

Link p.43 ⑤局地風

コラム 季節で異なる台風の進路

台風は，発生後，地球の自転と上空の風の影響を受けつつ，太平洋高気圧(小笠原気団)のへりに沿って北上する。日本はちょうどその通り道に位置するため，近くを通過する台風の数が世界のなかでもとくに多い。7〜8月は太平洋高気圧が日本をおおい，台風の進路に影響を及ぼす偏西風も弱いため，台風は不安定な動きをする。9月以降になると，太平洋高気圧の勢力が弱まるため，台風が日本付近を通過しやすくなる。このため，日本に大きな災害をもたらす台風は9月にやってくることが多い。しかし近年では，異常気象で太平洋高気圧の勢力が安定せず，予測のつかない進路をとって日本を通過する台風も多い。

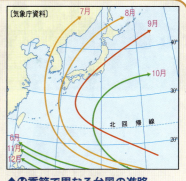
↑⓮季節で異なる台風の進路

↓⓯土砂災害の種類と特徴 〔資料提供 NPO法人 土砂災害防止広報センター(特徴は政府広報オンラインより)〕

	崖崩れ	地すべり	土石流
種類			
特徴	斜面の地表に近い部分が，雨水の浸透や地震等でゆるみ，突然崩れ落ちる現象。	斜面の一部あるいは全部が，地下水の影響と重力によって斜面下方に移動する現象。	山腹や川底の石，土砂が，長雨や集中豪雨などによって一気に下流へと押し流される現象。

↓⓰九州北部豪雨による土砂災害(福岡県，朝倉市，2017年7月) **梅雨前線**に向かって流れ込んだ湿った空気が山地にぶつかって上昇し，線状降水帯が局地的に発生した。山間部では**土砂災害**が起こり，孤立した地域もあった。

+のガイド 日本付近にある気団の勢力の変化が，季節ごとに異なる気象現象を生み出す。それらの気象現象に異常な強弱が生じることにより，気象災害が発生する。

防災・減災の取り組み

地理力＋ 近年，さまざまな防災・減災への取り組みが行われている。その一つとして注目されているリモートセンシングがどのように活用されているか，確認してみよう。→❷

1 さまざまな防災・減災の取り組み

　かつては防災といえば，砂防ダムや河川堤防，防潮堤の建設など，防災施設を整備して災害を防ぐという考え方が主流であった。しかし近年では，想定外の規模の自然災害が増加し，災害を完全に防ぐのは不可能であることが明らかになってきた。そのため，起こりうる被害をあらかじめ想定し，それを最小限におさえようとする**減災**の取り組みが広がっている。

Link p.5 ❼GISを利用した洪水ハザードマップのしくみ，共通テスト対策（p.308, 309）

➡❶ハザードマップ（神奈川県，鎌倉市，2020年4月作成）　**ハザードマップ**とは，洪水や津波，火山の噴火など，自然災害が発生した際の被害の予測範囲や避難情報などを示した地図である。日ごろから身近な地域で起こりうる災害を知り，どこへどのように避難すればよいかを頭に入れておくのに役だつ。鎌倉市の津波ハザードマップでは，地震による津波が発生した場合の浸水被害の予測や災害時の避難に関する情報が示されている。いざというときのために，自分が住む地域の最新のハザードマップを日ごろから確認しておくことが大切である。

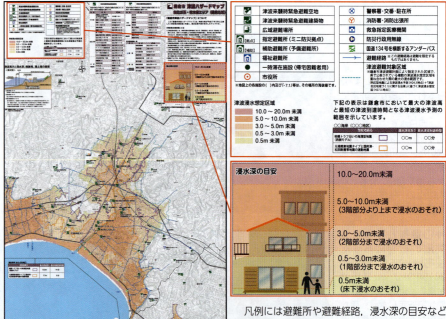

凡例には避難所や避難経路，浸水深の目安などがかかれている。

←❷津波襲来の想定CG（鎌倉市，2016年4月作成）　相模トラフでマグニチュード8.5の地震が起き，最大14.5mの津波が押し寄せることを想定したCG。実際の街なみと合成したシミュレーションにより，津波に対する意識を高めることを意図している。

←❸津波避難タワー（高知県，黒潮町）　地震発生から津波到達までの時間的余裕がきわめて少なく，高齢者などが高台に避難するのが難しいと想定されているため，津波避難タワーが設置された。公共施設やマンションなどの建物を津波避難ビルに指定し，津波襲来時に緊急避難できるようにしている地域も増えている。

↑❹緊急地震速報　地震は，P波（Primary wave）が引き起こす小さなゆれ（初期微動）ののち，S波（Secondary wave）が引き起こす大きなゆれ（主要動）が来る。緊急地震速報は，主要動が始まる数秒前にP波をとらえ，地震の震源や規模，各地の震度などを自動予測する，気象庁のシステムである。ゆれが震度5弱以上と予測されたとき，報道機関や携帯電話などを通じて発表される。

➡❺1600年以降に南海トラフで発生した巨大地震

地震発生日（西暦）	名称	マグニチュード	南海	東南海	東海
1605年 2月 3日	慶長地震	7.9	●	●	●
1707年10月28日	宝永地震	8.6	●	●	●
1854年12月23日	安政東海地震	8.4		●	●
1854年12月24日	安政南海地震	8.4	●		
1944年12月 7日	昭和東南海地震	7.9		●	
1946年12月21日	昭和南海地震	8.0	●		

[理科年表 平成25年，ほか]

Link p.20 ❷プレートの境界で発生する地震

　西日本の太平洋沖には，日本の南から移動してくるフィリピン海プレートがユーラシアプレートの下に沈み込む，南海トラフがある。ここでは，東海地震・東南海地震・南海地震という三つの**プレート境界型地震**が，100～150年ほどの周期で過去に繰り返し発生しており，三つが連動して巨大地震になったこともある。地震の前兆となる現象をとらえられるよう，気象庁では東海地方の地下で，岩盤のひずみなどを常時観測している。

↑❺南海トラフの巨大地震の想定震源域　**Link** 共通テスト対策（p.302～303）

↑❼ 24時間体制で行われる火山の監視（東京都，千代田区） 気象庁の火山監視・警報センターでは，約50の火山について常時観測・監視を行っており，噴火の前兆をとらえて，すみやかに噴火警報などを発表できるようにしている。

↑❽ 首都圏外郭放水路の調圧水槽（埼玉県，春日部市） 埼玉県東部地域の浸水被害を防止するため，地下50mにつくられた総延長6.3kmにも及ぶ世界最大級の地下放水路。付近を流れる中川や綾瀬川は，標高の低い平地を流れ，勾配もゆるやかなため，大雨で洪水を起こすことが多かった。この放水路では，あふれそうになった水を取り込んで貯水し，のちに江戸川に排水している。

↑❾ 首都圏外郭放水路の位置

2 防災・減災に活用される地理情報　Link p.4〜5 地理情報の活用

増加する自然災害に備え，減災に取り組むために，地理情報を活用する動きが広がっている。ハザードマップもその一つである。また，**リモートセンシング**を用いて気象の状況を監視し，その情報を地図上に表示して，天候の急変時に避難など適切な行動をとるための情報を提供する取り組みも行われている。

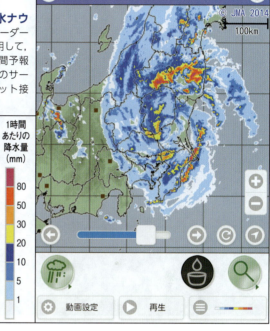

↑❿ 天候急変情報配信サービスの積雲監視画像（開発中） 短時間で急速に発達する積雲を，最新の気象衛星ひまわり8号で監視し，積乱雲へと発達する前（天候急変の数分〜10分程度前）に，警戒情報を配信するサービスである。この画像では，東京西部などで積乱雲が急発達し，落雷や突風，**局地的大雨**（ゲリラ豪雨）などに警戒が必要な状況であることがわかる。

→⓫ 高解像度降水ナウキャスト 気象レーダーの観測データを利用して，降水の現況や短時間予報を提供する気象庁のサービス。インターネット接続環境があれば，スマートフォンなどでいつでも確認できる。ほかにも，雷や竜巻についてのナウキャストも公開されている。画像は，2016年8月下旬に関東から北海道までを縦断した，台風9号による降水のようす。

コラム　地図で学ぶ防災

2016年4月の熊本地震では，**液状化現象**が起こりやすいとされる干拓地や埋立地だけでなく，内陸部でも液状化現象の被害が発生した。写真⓬の場所を，現在と過去の地形図で比較すると，この場所が氾濫原に位置する水田であったことを読み取ることができる。そして，このような地域は地盤がゆるく，液状化現象による被害が集中しているとの報告もある。

このように，地形図や空中写真などを見て，地形などを読み取っていくと，どのような被害にあう可能性があるかをあらかじめ想定するのに役だつ。　Link 別冊ワークp.18〜19 地形図でみる防災

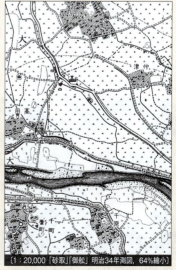

↑⓬ 液状化現象で泥が噴き出した駐車場（熊本県，嘉島町，2016年）

↑⓭ 写真⓬付近の地形図〔1：25,000「宇土」平成24年更新，80％縮小〕

↑⓮ 写真⓬付近の旧版地形図〔1：20,000「砂取」「御船」明治34年測図，64％縮小〕

世界の環境問題

地理力＋プラス　私たちが直面しているさまざまな環境問題は、どのような原因で発生しているのだろうか。人間の活動が自然環境に与える影響に着目して考えてみよう。→1

1 さまざまな環境問題　Link▶共通テスト対策(p.313)

↓❶人為的な影響による環境問題

〈環境問題の因果関係〉
　環境問題には、人間が直接自然を破壊してしまうものと、それが原因となって間接的にほかのところで起こるものがある。さらに、生じたいくつかの問題が複雑にからみ合い、別の問題の原因になってしまうこともある。

〈環境問題が起こる背景〉
　環境問題の多くは人間の活動に起因しているが、その背景は自然環境や社会環境によって大きく異なる。生きるために必要な行動、これからより発展していくための開発など、国や地域に焦点をあてて考える必要がある。

2 オゾン層の破壊

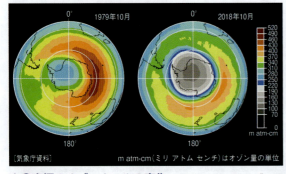

↑❷南極のオゾンホールの変化　南極の上空には**オゾン層**が薄くなり、穴のように見える**オゾンホール**がある。

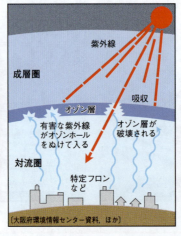

←❸オゾン層の役割　オゾン層は太陽から放出される有害な紫外線を吸収する。フロンガスなどによってオゾン層が破壊されると、有害な紫外線が地表まで到達し、皮膚がんや目の異常が増加するとされる。

↓❹紫外線を防ぐために帽子をかぶり、日焼け止めクリームを塗られる幼児(オーストラリア)

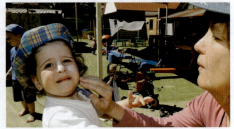

76　＋プラスのガイド　フロンガスの使用により、オゾン層が破壊されている。また、化石燃料の燃焼、鉱山開発、森林伐採などの活動もさまざまな環境問題の原因になっている。

地球温暖化

地理力＋：先進国と発展途上国の二酸化炭素排出量の違いやその変化に着目しながら、地球温暖化が人間の生活に与える影響について考えてみよう。→1 2 3

1 世界的な気温上昇

↓❺世界の気温の変化

石炭や石油などの**化石燃料**の大量消費によって、大気中の二酸化炭素などの**温室効果ガス**が急速に増加し、それに伴い地球の平均気温も上昇している（**地球温暖化**）。とくに1980年以降の上昇は急激であり、このままのペースで化石燃料の消費が続くと、21世紀末には、気温が最高で6℃以上、上昇するという予測もある。

また、地域によって気温上昇の度合いは異なっており、ユーラシア大陸の中高緯度地域や北アメリカ大陸北部の気温上昇が顕著である。

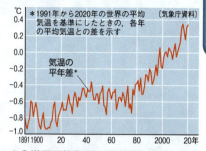
↑❻世界平均気温の平年差の推移
＊1991年から2020年の世界の平均気温を基準にしたときの、各年の平均気温との差を示す〔気象庁資料〕

2 二酸化炭素の排出

Link ▶ p.85 ❹京都議定書からパリ協定へ

産業革命以降の石炭の使用と、1960年代に始まる石炭・石油の大量消費により、大気中の二酸化炭素（CO_2）量は増加してきた。2018年現在、二酸化炭素排出量は、アメリカ合衆国や日本などの先進国と、中国やインドなどの新興工業国で、世界の約70％を占めている。サウジアラビアなどの産油国でも多い。

地球温暖化に強く影響する二酸化炭素の排出量削減は国際的な課題となっている。自らが発展する権利を主張し、二酸化炭素の排出削減に非協力的な発展途上国と、これまで排出を続け、発展してきた先進国との間の調整が課題となっている。

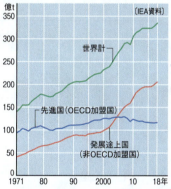
↑❼世界の二酸化炭素排出量の推移

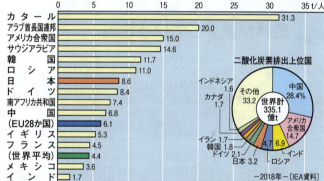
↑❽おもな国・地域の1人あたり二酸化炭素排出量と二酸化炭素排出上位国

3 地球温暖化の影響

Link ▶ p.30～31 ❶氷河地形

地球温暖化に伴って、熱による海水の膨張などが起こり、海面が上昇している。海面上昇は20世紀の100年間で約170mmと推定され、このまま上昇が続けば、沿岸部や低地に暮らす多くの人々の生活に影響を及ぼす。このほかにも農作物の耕作可能な地域が変わったり、感染症を媒介する動物の分布域が広がったりするなどの影響もみられる。

ⓐ2004年　ⓑ2009年

↑❿**氷河の変化**（ノルウェー）　地球温暖化の影響で、世界各地の氷河がとけて後退している。とけた氷河の水がたまってできた氷河湖では、堤防の役割をしていたモレーンが決壊し、下流で大水害が起きることもある。世界の人口の6分の1が、氷河や積もった雪の融雪水を生活用水として利用しており、多くの人の水利用への影響も懸念される。

↑❾海岸の侵食によって居住できなくなった住宅（セネガル）

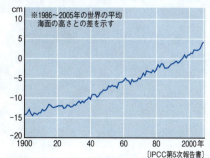
←⓫世界の平均海面の推移
※1986～2005年の世界の平均海面の高さとの差を示す〔IPCC第5次報告書〕

＋のガイド：大量の化石燃料を消費する先進国や産油国での二酸化炭素排出量が多く、近年は新興工業国でも排出量が急激に増加している。気温上昇により、海面上昇や山岳氷河の縮小などが生じている。

森林破壊

地理力 アマゾン川流域で森林面積が減少しているのはなぜだろうか。p.174 図❺のブラジルの輸出品に着目して考えてみよう。→ 1 2 3

1 熱帯林の減少の要因

↓❶熱帯林減少のさまざまな要因

2 森林が減少している地域

熱帯林の破壊が進行している背景として、熱帯に多い発展途上国が経済的に不安定であること、鉱産資源の開発が進められていること、人口が急増していることがあげられる。とくに、鉱産資源の開発には先進国の利害がからんでおり、発展途上国側だけで解決できる問題ではない。

Link p.124〜125 林業

用語　熱帯林　熱帯に分布する森林の総称。熱帯林には、年間を通じて温暖で雨量の多い地域に形成される**熱帯雨林**のほか、乾季と雨季のある地域に発達する熱帯サバンナ林や熱帯モンスーン林、海岸部の**マングローブ林**などがある。熱帯林は、農場・牧場の開発や鉱山開発によって木が大規模に伐採されると、薄い表土が雨で流され、もとの植生が回復するには長い時間がかかる。

Link p.48〜50 熱帯,
p.95 ❹プランテーション農業

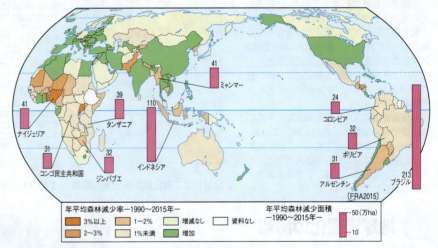

↑❷国別森林減少率とおもな国の森林減少面積

3 アマゾンの開発と森林伐採

Link p.136 ❷カラジャス鉄鉱山

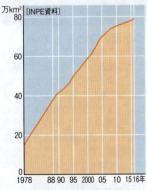

↑❸アマゾンの森林伐採面積の累計

↑❹伐採された熱帯林（ブラジル）　1970年代に森林破壊が始まり、現在でも毎年約2万km²の森林が失われている。

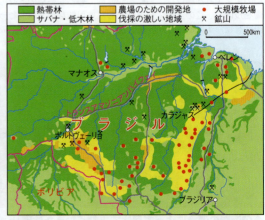

↑❺アマゾンの開発　農場・牧場の開発は、熱帯林の中に貫通された幹線道路の周辺から進む。

熱帯林は，二酸化炭素の吸収源として重要である。また，熱帯林は樹種が多く，いくつもの層に枝木が重なり合っており，そこにすむ動物や菌類も多いため，生物多様性の保全のためにも重要な機能を果たしている。

熱帯林の低湿地は，高温にもかかわらず地下水位が高いため，落葉が分解されず，厚い泥炭層でおおわれている。泥炭上の熱帯林が伐採されたり森林火災で焼失したりすると，地下水位が下がり，泥炭が急速に分解されるため，大量の二酸化炭素が放出されるといわれている。

⑩熱帯林を切り開いてつくられた牛の放牧地

4 マングローブ林の破壊

Link p.127 ③日本の水産物輸入

↑⑥マングローブ林を伐採してつくられたえびの養殖池（マレーシア）

↑⑦マングローブ林（沖縄県）

東南アジアのマングローブ林がこの20～30年の間に激減した最大の理由は，えびの養殖池への転換であり，その多くは日本へ輸出されている。養殖池は生産量が落ちると放置され，また別の場所に養殖池がつくられる。

5 生態系への影響

森林には，樹木や草花などの多くの植物が生育している。さらに，その植物の花や実をえさとし，樹木の幹や土の中などを すみか にしている多くの動物が生息している。とくに熱帯林には，まだ発見されていない動植物も数多く生息していると考えられている。これらの動植物は，森林という空間で非常に密接で複雑な関係を築き上げている。そのため，森林が破壊されずに維持されたとしても，伐採による疎林化や断片化などの森林の劣化は，生態系に大きな影響を与える。現在，森林の減少によって数多くの動植物が絶滅の危機に瀕している。

↑⑧絶滅が危惧されるスマトラトラ（インドネシア）　スマトラトラの生息域は狭く，スマトラ島の熱帯モンスーン林地帯に限られる。スマトラ島の人口が増えて熱帯林が減少するとスマトラトラの数は減少する。

専門家ゼミ 熱帯林の生態系と共存するアグロフォレストリー

農地は通常，水田やキャベツ畑のように1種類の作物が植えられているが，作物間隔の有効活用，作物の成長促進，病害虫抑制，生産量や品質の改善の目的で，古くから稲に大豆，ウリ科作物にねぎ類といった混植が行われている。組み合わせる作物の一方が，高く生長する樹木ややしの場合，農業（agriculture）と林業（forestry）の複合としてアグロフォレストリーとよばれる。例えば，道ばたに田畑の防風や農作業の日よけのため，やがて材木や薪炭にもなる並木を植えたり，開墾地にも陸稲，すいかや野菜を数年つくりながら，マンゴー苗を間作して果樹園に移行したりするといった，面的，立体的，時系列的な複合農業経営である。

アグロフォレストリーの原型は，人口増加により熱帯林破壊の主要因となった焼畑移動耕作だが，休閑中の二次遷移植生を樹木作物に置換し，土地利用を集約化したものが，遷移型アグロフォレストリーである。東南アジアやアマゾン，サハラ以南のアフリカなど，熱帯林の減少と断片化が進む地域では，アグロフォレストリーによる農民の収入向上と定着化，および農地植林を通じて，残された天然林を保全しつつ野生生物の移動経路となる森林回廊（forest corridor）を確保することが急がれている。〔東京農工大学　山田 祐彰〕

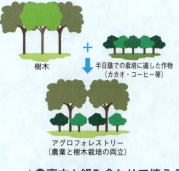

⑨アグロフォレストリーのしくみ

樹木 ＋ 半日陰での栽培に適した作物（カカオ・コーヒー等）

アグロフォレストリー（農業と樹木栽培の両立）

➡⑩高木と組み合わせて植えられたコーヒーの苗（エクアドル）

＋のガイド　ブラジルは肉類や鉄鉱石などが主要な輸出品であり，大規模な農場・牧場や鉱山を開発するために熱帯林が伐採され，森林が減少している。

砂漠化

地理力プラス 急激な人口増加や人々の生活の向上が砂漠化の原因になるのはなぜだろうか。人間生活の営みに不可欠である農業に着目して考えてみよう。→ 2

1 砂漠化の進行する地域

Link p.51 ①乾燥帯の分布

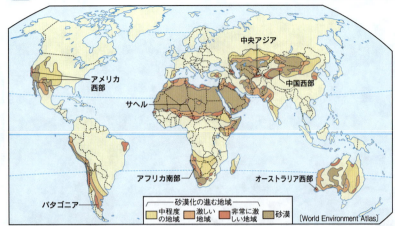

↓①砂漠化の進む地域

↑②熱帯収束帯とサヘル（7月） 夏のサヘルでは，熱帯収束帯が北に移動し，これに南西の季節風（モンスーン）が加わって，雨が降る。しかし，サハラ砂漠上の高気圧が強かったり，モンスーンが弱かったりすると雨がほとんど降らない年がある。

↑③サヘルの集落（マリ）

世界で最初に**砂漠化**（土地の荒廃）が問題になったのは，1968～73年に起こった**サヘル**の干ばつである。サヘル以外にも砂漠化が進行している地域は世界中でみられ，世界の人口の約6分の1がその影響を受けているといわれている。砂漠化は，自然環境の変化に伴った降水量の減少や気温の上昇だけでなく，人為的な要因も大きい。

2 砂漠化の要因　Link p.89 ③焼畑農業

↓④砂漠化のおもな要因

↑⑤薪を運ぶ人々（ブルキナファソ）／↑⑥焼畑農業（ギニア）／↑⑦乾燥地でのヤギの放牧（エチオピア）／↑⑧塩害により不毛化した農地（エジプト）

過伐採	過耕作	過放牧	過灌漑
人口が増加すると，生活に必要な燃料となる薪の需要が増加し，わずかに生育する樹木の**過伐採**が進む。	人口の増加に伴い食料の需要が増加すると，地力の回復を待たずに**焼畑**を行うなどの**過耕作**が行われるようになる。	土地の広さや生産力に対して家畜数が多すぎると，採食や踏みつけによって草地が再生できない**過放牧**となる。	過剰な灌漑が行われると，地下水位が上昇する。さらにその状況が続くと塩分が上昇し，土壌の塩性化（**塩害**）がおこる。

専門家ゼミ　縮小するアラル海　Link p.110 西アジア・中央アジアの農業

↑⑨縮小が進むアラル海（ウズベキスタン・カザフスタン）　1990年／2000年／2010年

カザフスタンとウズベキスタンにまたがるアラル海は，かつて世界第4位の湖沼面積の**塩湖**であった。アラル海には，テンシャン（天山）山脈からのシルダリア川とパミール高原からのアムダリア川という2本の**内陸河川**が流れ込んでいる。アラル海から流れ出る川はないが，この地域は乾燥が著しく，流入量と蒸発量のバランスが保たれていた。

シルダリア川，アムダリア川の中流域には，ステップ気候の広大な大地があり，ここに水を与えれば豊かな農地になる。このことに着目した当時のソ連は，1960年代から「砂漠を緑に」をめざして灌漑農地の開発を進め，両河川から大量の農業用水を取水し綿花を生産した。アラル海に流れ込む水量が激減すると，アラル海は縮小の一途をたどった。湖沼面積は1990年代には半分となり，21世紀には10分の1に縮小した。漁業や水運は崩壊し，新たに出現した旧湖底の砂漠には，漁船や貨物船が打ち捨てられている。

一方，農地では過剰な灌漑によって塩類の集積が進行し，白く塩が蓄積した農地が散在し，農業の継続が困難となった。また，旧湖底の砂漠に大量に蓄積した塩類が砂とともに巻き上げられ，住民には貧血症や気管支系の疾病が多発している。行政による十分な調査や対策もなく，住民は困窮している。

〔NPO法人・市民環境研究所　石田 紀郎〕

プラスのガイド　人口増加や生活の向上によって食料需要が急増すると，煮炊き用の薪炭材生産のための樹木の伐採，家畜の放牧，焼畑，灌漑などが過度に行われるようになり植生が崩壊する。

大気汚染・酸性雨

地理力 大気汚染や酸性雨の被害は，どのような地域で大きいだろうか。また，どのような原因で発生するのだろうか。→ 1 3 4

1 世界の大気汚染　Link p.130〜131 エネルギー資源の利用

↓⑩大気汚染物質である二酸化窒素の濃度分布（衛星画像）

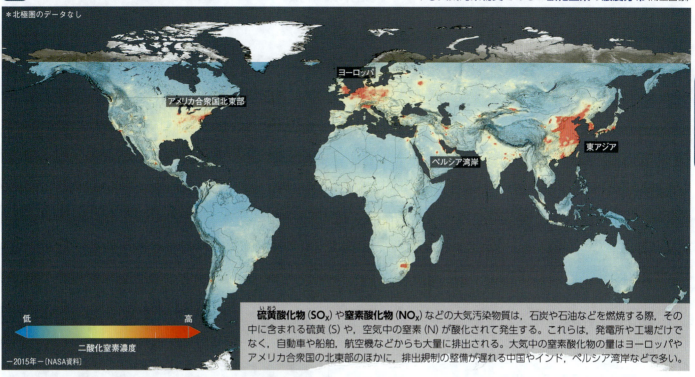

硫黄酸化物（SO$_X$）や窒素酸化物（NO$_X$）などの大気汚染物質は，石炭や石油などを燃焼する際，その中に含まれる硫黄（S）や，空気中の窒素（N）が酸化されて発生する。これらは，発電所や工場だけでなく，自動車や船舶，航空機などからも大量に排出される。大気中の窒素酸化物の量はヨーロッパやアメリカ合衆国の北東部のほかに，排出規制の整備が遅れる中国やインド，ペルシア湾岸などで多い。

2 中国の大気汚染

中国では，深刻な大気汚染が発生している。近年とくに注目されているのが，**PM2.5**とよばれる，直径2.5μm以下の微粒子状の大気汚染物質である。大気汚染物質の増加で，工業地帯の周辺や都市部では健康被害を訴える人々が増えている。現在でも大量の石炭を使用していることや，自動車が増加していることなどが原因としてあげられている。

中国内陸部の乾燥・半乾燥地帯から土壌・鉱物粒子が**偏西風**によって飛来する**黄砂**も重大な健康被害をもたらすことがある。黄砂には硫黄酸化物などの大気汚染物質が付着することもあり，偏西風の風下となる日本や韓国にとっても重大な問題である。

Link p.159 4 エネルギーの生産と消費

↑⑪スモッグが発生して視界が悪くなった道路（中国，ペキン（北京））　電光掲示板の表示は「スモッグ発生，ルールを守って運転」の意。

用語 PM2.5 大気中に浮遊している2.5μm（0.0025mm）以下の小さな粒子のこと。PM2.5は非常に小さいため遠くまで浮遊しやすく，人体に入ると，肺の奥深くまで達して呼吸器系・循環器系に影響を及ぼす。焼却炉や工場の排煙，自動車の排ガスなどの人為的発生源のほか，土壌，火山などの自然的発生源のものもある。

3 ヨーロッパの酸性雨

←⑫ヨーロッパの酸性雨の分布　ヨーロッパでは，東ヨーロッパで汚染物質の濃度が高く，**酸性雨**の被害が大きい。これは，排ガス規制が遅れていることに加え，**偏西風**の風上側である西ヨーロッパの工業地域から，汚染物質が東ヨーロッパに流れていくためである。しかし近年は，大気汚染物質の観測網の整備や防止策が各国の協力のもとに進められたことにより，酸性雨の被害は減少傾向にある。

4 アメリカ合衆国の酸性雨

←⑬アメリカ合衆国の酸性雨の分布　アメリカ合衆国ではとくに北東部で酸性雨の被害が顕著である。この地域は，多数の火力発電所が建設され，石炭燃焼による硫黄酸化物の排出量が多い。アメリカ合衆国は自動車大国であり，都市部では大気汚染も深刻である。

＋のガイド　大気汚染や酸性雨の被害は，ヨーロッパやアメリカ合衆国，中国などの工業がさかんな地域でみられる。工場や発電所，自動車などから排出される大気汚染物質が原因となる。

海洋汚染，放射能汚染

地理力＋プラス　海洋汚染は，どのような原因によって発生するのだろうか。例をあげてみよう。→❶

1 海洋汚染

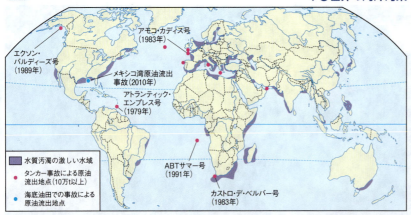
↓❶世界の海洋汚染

↑❷座礁した船から流出した重油の回収（モーリシャス）

海洋汚染には，①河川を通じた工場・家庭からの汚染物の流入，②海底資源探査などの活動による生態系の破壊や汚染物の流入，③船舶の運行に伴って生じる油や有害液体物質などの排出，④酸性雨などの大気汚染に関連した汚染などがある。さらに，タンカー事故や戦争も大きな海洋汚染の原因となる。近年は，マイクロプラスチック（微小なプラスチック粒子）による汚染が漁業などに打撃を与えたと考えられる例もみられる。

用語　赤潮　生活排水の流入などの原因によって海水の栄養分が増え，大量にプランクトンが発生すると水面が赤く見える赤潮が発生する。赤潮が発生すると魚介類の大量死などが起こり，海の生態系に多大な影響を与えることがある。おもに岸に近い内湾で発生する。

2 放射能汚染

2011年3月11日，東北地方を襲った地震と津波によって，原子力発電所が破壊された。東京電力福島第一原子力発電所の1～4号機では，炉心溶融（メルトダウン）や水素爆発が起こり，大量の放射性物質が大気や海に放出され，広範囲が汚染された。とくに，放射性セシウムのなかには，半減期（放射性物質が半分に減る期間）が約30年と長いものもあり，長期的な影響が続く。

現在も多くの住民が避難生活を余儀なくされており，被曝による影響も懸念されている。農業や漁業ができない地域も広範囲にわたり，生活の糧を失った人も多い。汚染地域の生態への影響も心配されている。

Link　p.140～141　電力と原子力の利用

↑❸放射性物質の沈着量

↑❹除染で取り除いた汚染土の保管場（福島県，浪江町，2016年）

年月日	事例
1957年9月28日	ウラルの核惨事（旧ソ連ウラル地方で起きた爆発事故）
79年3月28日	スリーマイル島原発事故（アメリカ合衆国）
86年4月26日	チェルノブイリ原発事故（現ウクライナ）
99年9月30日	JCO臨界事故（茨城県）
2011年3月11日	福島第一原発事故

↑❺おもな原子力発電所の事故

コラム　相互に結びつく地球環境問題

↓❻おもな地球環境問題の相互関係

私たち人間が豊かで快適な生活を求めた結果，自然環境のバランスが崩れ，さまざまな環境問題が起きている。それぞれの環境問題は独立して発生しているように見えるが，実際には相互に関連し合っている。

例えば，熱帯林の破壊は，木材の生産や鉱産資源の開発によって引き起こされるが，熱帯林の破壊そのものも砂漠化や地球温暖化，野生生物種の減少の原因になる。

さらに，これらの環境問題は経済の発展だけでなく，発展途上国の貧困や人口増加など，社会的・経済的に複雑な原因がからみ合って起きている。その影響はひとつの国や地域に留まらず，国境を越え地球規模で顕著化している。

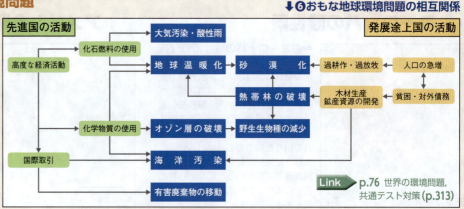

Link　p.76　世界の環境問題，共通テスト対策（p.313）

プラスのガイド　海洋汚染は，工場や家庭からの汚染物の流入，海底資源探査，タンカー事故などが原因となって発生する。臨海の原子力発電所の事故が海洋汚染の原因となる場合もある。

日本の環境問題

地理力＋プラス　日本では環境問題に対して、どのような取り組みが行われているのだろうか。例をあげてみよう。→ 2 3

1 日本の公害・環境問題

年	事 例
1885	足尾銅山の鉱毒による被害拡大
1911	神通川流域で**イタイイタイ病**が発生
49	東京都が全国で初めて公害防止条例を制定
56	**水俣病**の存在が社会問題化
61	**四日市ぜんそく**被害者が多発
64	厚生省に公害課が設立
65	阿賀野川流域で**新潟水俣病**が発生
67	**公害対策基本法**施行
68	大気汚染防止法，騒音規制法施行
69	公害健康被害救済法制定
70	東京で光化学スモッグが発生
	静岡県田子ノ浦港で製紙工場排水のヘドロ汚染が問題化
71	新潟水俣病訴訟，患者側勝訴
	環境庁発足
72	四日市公害訴訟，イタイイタイ病訴訟，患者側勝訴
73	水俣病訴訟，患者側勝訴
80	ラムサール条約とワシントン条約に日本が加盟
94	**環境基本法**完全施行
97	地球温暖化防止京都会議を開催（京都市）
99	環境アセスメント法完全施行
2000	容器包装リサイクル法完全施行
01	**環境庁が環境省となる**
	循環型社会形成推進基本法完全施行
	家電リサイクル法完全施行
	グリーン購入法完全施行
05	自動車リサイクル法完全施行
	アスベストの被害拡大
	京都議定書発効
11	東日本大震災による福島第一原子力発電所事故
13	中国から飛来した**PM2.5**が社会問題に

↑7 日本の公害問題・環境問題

2 ごみ処理をめぐる問題

ごみは，焼却するとダイオキシンなどの大気汚染物質や二酸化炭素などの**温室効果ガス**が排出される。
　2000年代以降は，古紙やペットボトルを**リサイクル**する法律が整備され，徐々にごみの排出量は減少している。しかし，国土には限りがあり，焼却できないごみを処分する埋立地の確保などの問題もある。

↑8 ごみなどを埋め立てて造成された土地（東京都）

3 省エネルギーの取り組み

地球温暖化対策として，**クールビズやウォームビズ**の普及，走行時に排気ガスを出さない燃料電池車の開発と購入推進などが進められている。また，各地で**再生可能エネルギー**の発電設備の導入も進められている。

Link　p.142 2 再生可能エネルギー，p.144 日本のエネルギー利用

↑10 水素ステーションで水素燃料を補給する燃料電池車（東京都）

↓9 都道府県別のごみのリサイクル率
- 25％以上
- 20～25
- 15～20
- 15％未満

－2016年－〔統計でみる都道府県のすがた 2019〕

↓11 都道府県別の太陽光発電設備のある住宅の割合
- 7.5％以上
- 5.0～7.5％
- 2.5～5.0％
- 2.5％未満

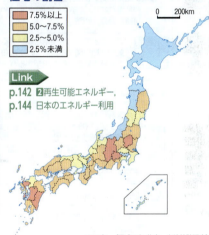

－2018年－〔平成30年 住宅・土地統計調査〕

4 自然保護の取り組み

用語　ラムサール条約
地球規模で移動する渡り鳥を保護するために，国家間で協力して水辺の自然を保全することを目的とした条約。正式名称は「特に水鳥の生息地として国際的に重要な湿地に関する条約」。

↓12 日本のラムサール条約登録湿地
－2021年11月現在－〔環境省資料〕

●ラムサール条約登録湿地

→13 ラムサール条約登録湿地の尾瀬（群馬県）

用語　ジオパーク
特徴的な地形や地質を生かした「大地の公園」。生態系や地質の保全に加えて，観光資源としての活用も重視している。ユネスコが認定する世界ジオパークと，日本ジオパーク委員会が認定する日本ジオパークがある。

Link　p.185 4 世界遺産

↓14 世界ジオパークの登録地
－2021年4月現在－〔日本ジオパークネットワーク資料〕

●世界ジオパーク

洞爺湖有珠山，アポイ岳，糸魚川，隠岐，山陰海岸，島原半島，阿蘇，室戸，伊豆半島

→15 世界ジオパークに登録された洞爺湖有珠山ジオパーク（北海道）

Link　p.294 1 北海道の自然環境

＋のガイド　ごみ問題への対策としてはリサイクル，地球温暖化対策としてはクールビズや再生可能エネルギーの利用推進などの取り組みが行われている。

環境問題への取り組み

地理力＋ COP21で採択されたパリ協定は，COP3で採択された京都議定書からどのような点が変わったのだろうか。温室効果ガスの削減対象国に注目して考えてみよう。→4

1 環境問題への国際的な取り組み

↓❶環境問題への国際的な取り組み

年	環境問題への国際的な取り組み
1971	**生物多様性** ラムサール条約採択
1972	ローマ・クラブ「成長の限界」*を発表 　*科学者や経済学者による民間団体であるローマ・クラブが，このまま人口増加，工業化が続いた場合，地球環境は自然が許容できる範囲をこえて悪化し，100年以内に成長は限界に達すると報告した。
	国連人間環境会議 開催地：ストックホルム（スウェーデン） ・「かけがえのない地球（Only one earth）」をスローガンに，「人間環境宣言」を採択 ・**国連環境計画（UNEP）**設立
	世界遺産条約採択
1973	**生物多様性** 野生動植物の国際間取り引きを規制するワシントン条約採択
1979	**大気汚染** 長距離越境大気汚染条約（ジュネーヴ条約）締結
1982	**国連環境会議** 開催地：ナイロビ（ケニア） ・国連環境計画（UNEP）による特別会議
1985	**オゾン層** オゾン層保護のためのウィーン条約採択
1987	**環境と開発に関する世界委員会** ・報告書「われら共有の未来（Our Common Future）」のなかで「持続可能な開発」を提言
	オゾン層 フロンなどの製造や使用を規制するモントリオール議定書採択
1988	**地球温暖化** 気候変動に関する政府間パネル（IPCC）設置
1989	**有害廃棄物** 有害廃棄物の移動を規制するバーゼル条約採択
1992	**国連環境開発会議（地球サミット）** 開催地：リオデジャネイロ（ブラジル） ・リオ宣言（21世紀の地球環境保全のための原則） ・アジェンダ21（リオ宣言を達成するための行動計画） ・**「持続可能な開発」の理念** →将来の世代と地球に負担をかけないさまざまなしくみをつくり出そうという考え方。 ・生物多様性条約・気候変動枠組み条約　などを採択
1994	**砂漠化** 砂漠化防止条約採択
1997	気候変動枠組み条約締約国会議（COP3）（地球温暖化防止京都会議）開催地：京都（日本），**京都議定書を採択**
2001	**有害廃棄物** 残留性有機汚染物質に関するストックホルム条約締結
2002	**持続可能な開発に関する世界首脳会議（環境開発サミット，リオ＋10）** 開催地：ヨハネスバーグ（南アフリカ共和国） ・アジェンダ21の実績の検証 ・ヨハネスバーグ宣言，アジェンダ21を促進するための実施計画を採択 ・日本政府およびNGOが「持続可能な開発のための教育（ESD）」を提唱
2005	**地球温暖化** 京都議定書発効
2012	**持続可能な開発に関する国連会議（リオ＋20）** 開催地：リオデジャネイロ（ブラジル） ・「我々の求める未来」採択
2015	**国連持続可能な開発サミット** 開催地：ニューヨーク国連本部（アメリカ合衆国） ・「持続可能な開発のための2030アジェンダ」の採択 ・持続可能な開発目標（SDGs）
	気候変動枠組み条約締約国会議（COP21） 開催地：パリ（フランス），**パリ協定採択**
2016	**地球温暖化** パリ協定発効

「持続可能な開発」に関する国際会議　　地球温暖化防止についての国際会議

2 持続可能な開発目標（SDGs）

↓❷SDGsの17の目標〔国連広報センター資料〕　Link 巻末1〜2

	世界をかえるための17の目標
1	貧困をなくそう
2	飢餓をゼロに
3	すべての人に健康と福祉を
4	質の高い教育をみんなに
5	ジェンダー平等を実現しよう
6	安全な水とトイレを世界中に
7	エネルギーをみんなに　そしてクリーンに
8	働きがいも経済成長も
9	産業と技術革新の基盤をつくろう
10	人や国の不平等をなくそう
11	住み続けられるまちづくりを
12	つくる責任つかう責任
13	気候変動に具体的な対策を
14	海の豊かさを守ろう
15	陸の豊かさも守ろう
16	平和と公正をすべての人に
17	パートナーシップで目標を達成しよう

持続可能な開発目標（SDGs）とは，2001年に設定されたミレニアム開発目標（MDGs）の後継として，2015年に採択された「持続可能な開発のための2030アジェンダ」に記載された2016〜2030年までの国際目標のこと。持続可能な世界を実現するための17の目標，169のターゲットで構成されている。

かつてのMDGsは，発展途上国の貧困・教育・健康・環境などの改善を掲げ，一定の成果をあげたが，21世紀のグローバル化の進展にともない，先進国のなかでもその流れに取り残された人々の問題が顕在化してきた。こうした背景から，SDGsは世界全体で「誰ひとり取り残さない」ことを理念に掲げている。

用語　持続可能な開発　地球上の限りある資源や環境を，将来の世代にわたって利用していけるような，節度のある開発をしていこうとする考え方のことを，**持続可能な開発**（Sustainable Development）という。これを実現できる持続可能な社会に向けて，生活の質の改善や資源消費の最少化，国家間の協力体制，生態系を含めた環境の保全などが求められている。

3 持続可能な社会

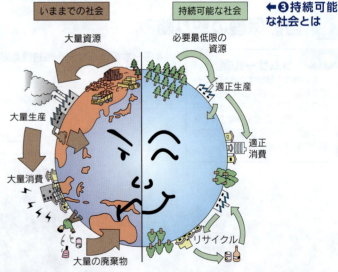

←❸持続可能な社会とは

経済発展や技術革新により，人々の生活は物質的には豊かで便利なものとなったが，資源の大量消費や廃棄物の問題など，地球環境が悪化した。そこで，持続可能な社会（地球環境や自然環境が適切に保全され，将来の世代が必要とするものを損なうことなく，現在の世代の要求を満たすような開発が行われている社会）の形成が求められるようになった。

4 京都議定書からパリ協定へ

 Link p.77 地球温暖化

	京都議定書	パリ協定
採択年	1997年	2015年
全体の目標	・条約の究極目標(人為的起源の温室効果ガス排出を抑制し、大気中の濃度を安定化)を念頭に置く。	・産業革命前からの気温上昇を2℃よりも低く抑えることを世界全体の目標としつつ、1.5℃に抑える努力を追求。
削減目標の設定	・先進国全体で2008~2012年の5年間に1990年比5%削減させることを目標として設定。 ・先進国に対して、法的拘束力のある排出削減目標を義務づけ(日本6%、アメリカ合衆国7%、EU8%減など)。	・すべての国に各国が決定する削減目標の作成・維持・国内対策を義務づけ。 ・5年ごとに削減目標を提出・更新。
削減の評価方法	・条約において、温室効果ガスの排出量などに関する報告の義務づけがある。	・すべての国が共通かつ柔軟な方法で削減目標の達成などを報告することを義務づけ。専門家、多国間による検討を実施。 ・協定全体の進捗を確認するため、5年ごとに実施状況を確認。
適応	なし	・適応の長期目標の設定、各国の適応計画プロセスや行動の実施、適応報告書の提出と定期的更新。
途上国支援	・主要先進国に対して、発展途上国への資金支援を義務づけ。	・先進国は資金を提供する義務を負う一方、先進国以外の締約国にも自主的な資金の提供を奨励。

↑④**京都議定書とパリ協定の比較** パリ協定では、温室効果ガスの排出削減と吸収の対策を行う「緩和」に加えて、新しい気候条件を利用する「適応」などの考え方が新しく導入された。

1992年、国連の下で大気中の**温室効果ガス**の濃度を安定化させることを究極の目標とする気候変動枠組み条約が採択され、地球温暖化対策に世界全体で取り組んでいくことが合意された。この条約にもとづき、1995年から毎年、気候変動枠組条約締約国会議(COP)が開催されている。

1997年に京都で開催された第3回締約国会議(COP3)では、先進国に拘束力のある削減目標を規定した「**京都議定書**」が採択され、世界全体での温室効果ガス排出削減の大きな一歩を踏み出した。しかし、中国やインドを含む発展途上国に温室効果ガスの削減目標が課されず、これに反発したアメリカ合衆国が2001年に議定書から離脱するなど、実効性の面での問題があった。

2015年にパリで開催された第21回締約国会議(COP21)において、気候変動に関する2020年以降の新たな国際的な枠組みである「**パリ協定**」が採択された。パリ協定は、すべての国に対して削減目標の作成・報告が義務化されており、世界全体で温室効果ガスの削減に向けて取り組む体制が整ったといえる。

国	削減目標
中国	2030年までに GDPあたりの二酸化炭素排出量を**60~65%削減**(2005年比)
アメリカ合衆国	2025年までに **26~28%削減**(2005年比)
EU	2030年までに **40%削減**(1990年比)
ロシア	2030年までに **25~30%削減**(1990年比)
インド	2030年までに GDPあたりの二酸化炭素排出量を**33~35%削減**(2005年比)
日本	2030年までに **26%削減**(2013年比) *2005年比では25.4%削減

↑⑤**パリ協定におけるおもな国・地域の二酸化炭素削減目標**

5 循環型社会へ

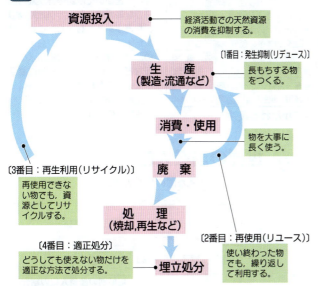

↑⑥**循環型社会のしくみ**

高度経済成長期には大量生産・大量消費がよしとされ、その結果大量廃棄が生じたが、近年ではごみの排出抑制と資源の有効利用をめざした循環型社会への移行が進んでいる。ごみの**リサイクル**を例に考えると、従来は資源投入から埋め立て処分への一方向の流れしかなかったが、再利用や再生利用という逆向きの流れができ、資源が循環するようになった。しかし、モノの製造から使用・廃棄というライフサイクルで考えると、資源の使用量を減らすしくみが大切となる。

コラム ヨーロッパで進む環境税の導入

←⑦**ヨーロッパにおける環境保全を目的としたおもな税制** ヨーロッパではさまざまな環境税を導入し、環境をそこなう経済活動を抑制するとともに、環境に対する国民の意識を高めている。

環境税は、環境への負荷に応じて税金をかけるしくみで、地球温暖化の原因となる二酸化炭素排出量をもとに課税する炭素税が代表例である。炭素税は、石油やガソリン、天然ガス、石炭などの化石燃料に課税することで、二酸化炭素排出量の削減とエネルギー消費の抑制を目的としている。1990年にフィンランドが世界ではじめて炭素税を導入したのをはじめとして、現在ではヨーロッパ各国で環境保全を目的とした税制が導入されている。

のガイド 京都議定書では、先進国にのみ法的拘束力のある削減目標が義務づけられたため、実効性の面で問題があった。パリ協定は、すべての国に対して削減目標の作成・報告を義務づけた。

農業の発達と分類

地理力プラス 稲作が多い地域や畑作が多い地域があるように，世界各地の農業にはさまざまな違いがある。どのような条件が世界の農業の地域差を生み出しているのだろうか。→2 5

1 農業の起源と伝播

世界の農耕文化の起源については，さまざまな学説がある。大きくは図❶のように，一年生の麦類を中心に西アジアで発生した**地中海農耕文化**，東南アジアで発生したいも類を主とする**根栽農耕文化**，雑穀を中心に西アフリカで発生した**サバナ農耕文化**，じゃがいもやとうもろこし，豆類の複合からなる**新大陸農耕文化**，の4類型に分類される。自然環境を背景にして生まれた各農耕文化が，世界各地に伝播していくなかで，さまざまな作物や農法が取り入れられ組み合わされることで，今日の農業形態が成立したと考えられている。

Link p.315～317 世界の農産物

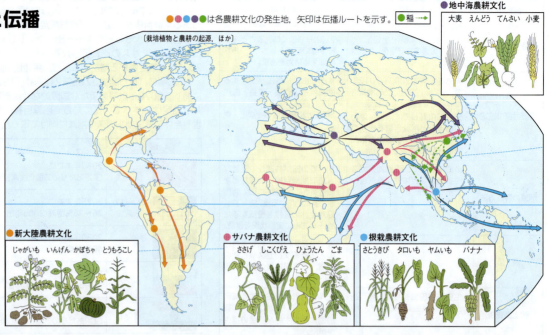

↑❶農業の起源と伝播

2 農業に影響を与える要因

↑❷おもな作物の栽培限界

おもな栽培条件		具体例
自然条件	気象	平均気温，気温の日較差・年較差，無霜期間
	降水量	降水量，降水パターンの季節性
	地形	多様な地形（平野，丘陵，盆地，台地，扇状地，谷），日照条件，水資源へのアクセス
	土壌	酸性／アルカリ性，排水性，土壌母材，肥沃度
社会条件	市場との関係	産地と市場の距離，流通，商慣習
	交通の発達	高速交通体系の整備，輸送コスト
	資本・労働力	土地改良事業の実施，灌漑整備，生産用具や施設の進歩，人件費，技術
	農業政策	生産・流通システムの整備，農家保護的政策／規制緩和，国際ルールの影響

↑❸作物の栽培にかかわる条件

作物の栽培には，**自然条件**と**社会条件**の両方が影響する。各作物には栽培が可能な範囲の限界である**栽培限界**が存在し，栽培に最低限必要な気温にもとづいた寒冷限界，標高による気温などの自然条件にもとづいた高距限界，栽培に必要な降水量にもとづいた乾燥限界などがある。しかし，これらの栽培限界は，品種改良，栽培方法の改良，**灌漑**による農業用水の確保などで変化しうる。一般に高温な気候を好む稲は，冷涼な気候でも生育可能な小麦よりも栽培限界の緯度が低くなる。

3 世界の耕地面積

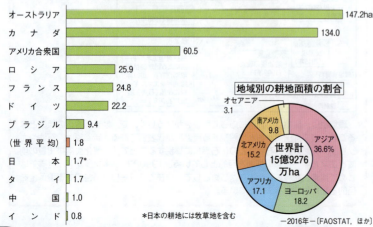

↑❹おもな国の農民1人あたりの耕地面積と地域別の耕地面積

4 世界の農業人口

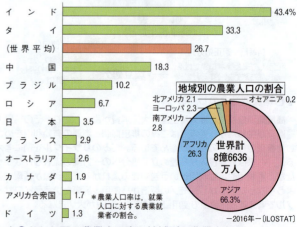

↑❺おもな国の農業人口率と地域別の農業人口

5 農業の集約度と生産性

集約度とは，単位面積あたりの労働力や農業機械・施設などの資本の投入量（額）を示すもの。人手をかければ労働集約的，資本をかければ資本集約的，どちらもかけていなければ粗放的という。これに対し生産性は，単位面積あたりの生産量（額）を示すもので，単位面積あたりの生産量（額）が高ければ**土地生産性**が高い，労働量あたりの生産量（額）が高ければ**労働生産性**が高いと表される。

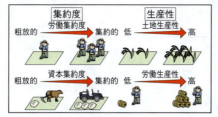
↑❻集約度と生産性の高低

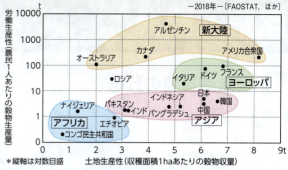
↑❼おもな国の労働生産性と土地生産性

↑❽湿潤パンパでの小麦の収穫（アルゼンチン）

カナダやアルゼンチン，オーストラリアなど新大陸で行われている**企業的穀物・畑作農業**は，広大な畑を大型機械を用いて少人数で耕作している。このため，土地生産性は比較的低いが労働生産性は高い。

 p.94～95 企業的農業

焼畑農業は，熱帯地域や山地で行われてきた伝統的農業である。伐採した樹木を焼いてできる灰を肥料として利用し，あまり手を加えずに栽培する。そのため，労働生産性も土地生産性も低く，収穫量は少ない。

↑❾ヨーロッパの混合農業（ドイツ）

ヨーロッパで一般的な**混合農業**は，農作物と家畜を高度に組み合わせた農業である。家族経営の農家が多いが，経営規模はアジアの平均よりも大きく，土地生産性・労働生産性ともに高い。

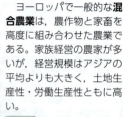 p.92 ❸混合農業

↑⓫東南アジアの稲作（インドネシア）

アジアの**集約的稲作農業**は，灌漑施設を整備したり，田植えや除草など多くの手間をかけたりすることで，狭い耕地から多くの収穫量を得ている。このため，労働生産性は低いが，土地生産性は高い。

 p.90 ❺集約的稲作農業

↑⓬アフリカの焼畑農業（ブルンジ） Link p.89 ❸焼畑農業

6 ホイットルセイの農業地域区分

アメリカ合衆国の地理学者**ホイットルセイ**（1890～1956年）は，五つの指標（①作物と家畜の組み合わせ，②作物栽培・家畜飼養の方法，③労働・資本投下の程度と収益性，④生産物の仕向け先，⑤住居・農業施設の状態）をもとにして世界の農牧業を13に分類し，その分布を示した。ホイットルセイによる農業地域区分は，自然条件・経済条件・文化的要素を取り入れた総合的な分類であり，指標のとり方も妥当であるため，現在，最も広く用いられている。

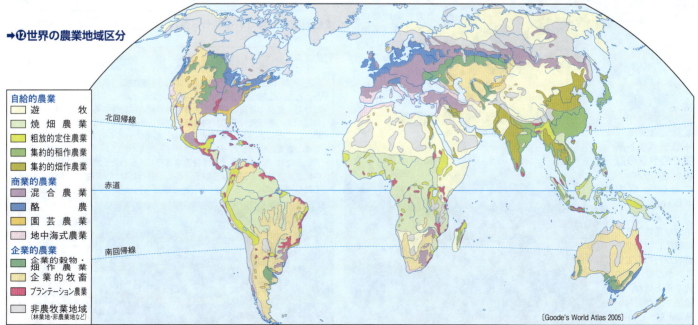
➡⓬世界の農業地域区分

自給的農業

地理力＋プラス　焼畑農業では、なぜ伐採した森林や草原に火を放つのだろうか。焼畑農業が行われている地域の気候や土壌の特徴に着目して考えてみよう。→ 1 3

1 自給的農業の分布

用語　自給的農業
農産物をおもに自家消費するために生産する農業のこと。各地の自然条件に適応し、古くからの農法を継承する伝統的農業である場合が多い。農耕が困難な乾燥地域や寒冷地域、高山地域での**遊牧**、アフリカやラテンアメリカ、東南アジアなどの熱帯地域での**焼畑農業**、**粗放的定住農業**がこれに該当する。また、人口密度が高く、灌漑が発達した東アジアや東南アジア、南アジアでみられる**集約的稲作農業**や**集約的畑作農業**も自給的性格が強く、これに分類される。

➡❶自給的農業の分布

2 遊牧　Link p.53 ❸ステップ気候区

用語　遊牧　水と草を求めて家畜とともに移動する粗放的な牧畜のこと。乾燥地域や寒冷地域では水平移動が、高山地域では山と谷の間の垂直移動が伝統的に行われてきた。食料や服・家の材料のほか、燃料も家畜から得て、移動が容易なテント状の住居（モンゴルでは**ゲル**、中国では**パオ**、中央アジアでは**ユルト**とよばれる）で暮らしながら広い地域を移動する。

←❸サハラ砂漠でのラクダの遊牧（アルジェリア）西アジアや北アフリカの乾燥地帯に暮らすアラブ系の遊牧民ベドウィンは、ラクダを中心とした遊牧を行い、オアシスの定住民と交易も行っている。Link p.214 ❹ベドウィン

↑❷遊牧で飼育されるおもな家畜　Link p.318 世界の家畜

➡❹チベット高原でのヤクの遊牧（中国、チベット自治区）標高4000m以上のチベット高原では、冷涼な高地の気候に適応したヤクの遊牧が行われている。ヤクは、肉や乳を得るほか、荷役にも欠かせない家畜となっている。

コラム　定住化する遊牧民　Link p.233 ⓬モンゴル

モンゴルの遊牧民は、**ゲル**とよばれる移動式の住居に暮らしながら、家畜とともに伝統的な遊牧生活を営んできた。しかし、社会の近代化が進むなかで、就業や教育の機会を得るために都市に居住する人々が増えた。これに加え、最近では冬の異常な寒さや夏の干ばつによって多くの家畜が失われたことにより、遊牧生活をやめて都市に出てくる人が急増している。近年、首都のウランバートルに移り住んだ人々は、アパートなどが不足しているため、ゲル地区とよばれる地域で与えられた土地を塀で囲い、その中にゲルをたてて定住している。ここで暮らしながらお金をためて家を建てたり、多くの収入を求めて外国へ出稼ぎに行ったりする人も増えている。

←❺遊牧民の定住化がみられるウランバートルの住宅地（モンゴル）中心部のビル街から離れた地域に、ゲルが点在する。

3 焼畑農業

→❻焼畑のサイクル

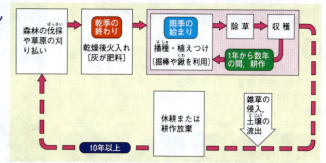

用語 **焼畑農業** 植物を焼いた灰を肥料として利用する粗放的な農業のこと。アジアやアフリカ、ラテンアメリカの熱帯地域を中心に伝統的に行われてきた。キャッサバ（写真❼右）・ヤムいもなどのいも類、もろこし（ソルガム）・ひえなどの雑穀をおもに栽培する。数年間の耕作を行った後、10年以上放置して植生の回復を待ち、そののちに火入れを行って地力を向上させ、再び畑として利用する。長期間の休耕中は、ほかの土地に移動して焼畑を行うため、住居の移動を伴う場合が多かったが、近年では定住化が進んでいる。また、休耕期間の短期化による地力の消耗などの問題も起きている。

Link p.79 アグロフォレストリー, p.80 ❷砂漠化の要因, p.111〜112 アフリカの農業

↓❼焼畑農業における火入れ・植えつけ・収穫のようす

火入れ
植物を焼き、その灰を肥料とする。

種まき
火入れを行った土地に、種を直接まく。

収穫
収穫後は、10年以上休耕し、植生の回復を待つ。

4 アジアの自給的農業

Link p.104〜105 中国の農業, p.106 朝鮮半島の農業

アジアでは、ほとんどの地域で自給的な農業が営まれている。夏の**季節風（モンスーン）**の影響を受ける年降水量1000mm以上の湿潤な地域では稲作がさかんで、年降水量500〜1000mmの地域では小麦やとうもろこしを中心とした畑作が行われている。また、年降水量500mm未満の乾燥した地域やチベット高原などの高地では、遊牧が行われている。

多くの人口を抱えるアジアは、米や小麦、とうもろこしなどの穀物の生産量が世界の中で高い割合を占めている。米は主食として、小麦やとうもろこしは主食や家畜の飼料として、そのほとんどが国内で消費されるため、輸出される割合はわずか数％にすぎない。このため、アジアの農業は自給的な性格が強いといえる。

↓❽アジアの自給的農業の分布と年降水量、季節風（モンスーン）の向き

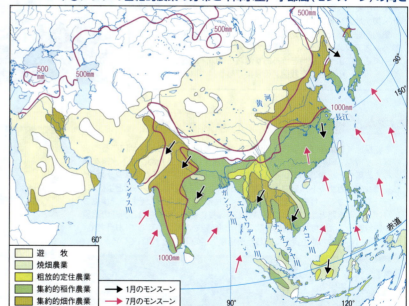

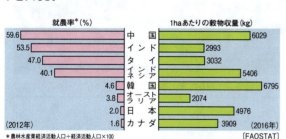

↑❾おもな国の就農率と単位面積あたりの穀物収量

↓❿主要穀物の生産量の地域別割合（帯グラフ）と生産量に占める輸出量の割合（円グラフ）

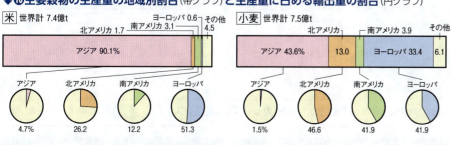

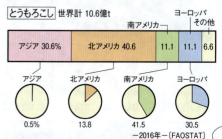

5 集約的稲作農業
Link p.107〜108 東南アジアの農業

用語　集約的稲作農業　モンスーンアジアの沖積平野や山間部の棚田などで行われている小規模経営主体の労働集約的な稲作農業。世界の米のおよそ9割をこの地域で生産している。すぐれた生産力をもち、世界で最も人口過密な地域の食料を支える農業である。

↑❶牛や水牛を使った田おこし（ベトナム）　機械化が進んでいない地域では、小規模な水田でも多くの労働力を必要とする。

↑❷インドネシアの棚田（バリ島）　バリ島は島全体が火山で平野が少ないため、傾斜地に水田が階段状につくられてきた。現在では、その美しい景観が観光資源にもなっている。

6 集約的畑作農業
Link p.109 南アジアの農業,
p.110 西アジア・中央アジアの農業

用語　集約的畑作農業　アジアを中心に、年降水量500〜1000mmの地域で行われる小規模経営主体の労働集約的な畑作農業。小麦、大豆、綿花、こうりゃんなどを栽培する。中国の華北・東北地方やインドのデカン高原などに分布する。
　集約的畑作農業には、乾燥地域で行われる**オアシス農業**も含まれる。オアシス農業とは、乾燥地域で外来河川や湧水などから水を引くことによって農地をうるおす灌漑を行い、ぶどう、なつめやし、綿花、小麦などを栽培する農業である。

←❸インド西部でみられる伝統的な灌漑（ラージャスターン州）　歯車に連結した棒（男性が座っている棒）を牛に引かせることによって、歯車に連動して動く水車をまわし、畑よりも低いところにある水場から水をくみ上げている。

コラム　地下水路が支えるオアシス農業

　乾燥地域で集落から離れた場所に水源（おもに山ろくの扇状地にある帯水層など）がある場合には、送水の途中での蒸発を避けるため、地下水路を通じて集落へと水を導いている。この地下水路は、北アフリカでは**フォガラ**、イランでは**カナート**、アフガニスタンやパキスタンでは**カレーズ**とよばれ、紀元前からつくられている。最初にいくつもの縦穴を掘り、それらを横につなげて地下水路としており、長いものでは長さ数十kmにも及ぶ。その建設や維持管理には高度な技術や多額の費用が必要であり、こうして得た貴重な水は、各自の労力や出資金に応じた厳格な規定の下で配分されている。

↑❹砂漠の中でも緑が見られるオアシス農業の村（イラン）

↑❺空から見たカレーズ（パキスタン）　地下水路に沿って縦穴が線状に並ぶ。

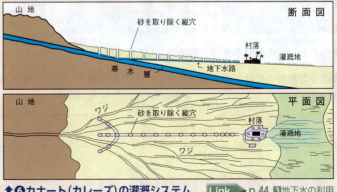
↑❻カナート（カレーズ）の灌漑システム　Link p.44 ❸地下水の利用

＋のガイド　焼畑農業は、多雨によって有機物が流されてやせた土壌が広がる熱帯地域を中心に行われており、地力を高めるために植物を焼いて、その灰を肥料として農作物を栽培している。

商業的農業

地理力プラス なぜヨーロッパ北部や五大湖周辺では，おもに酪農が行われているのだろうか。自然条件や土壌の性質などに着目しながら考えてみよう。→ 1 4

1 商業的農業の分布

用語 商業的農業
産業革命以降にヨーロッパで発達した，販売を目的とした農業。都市や工業の発達に伴って農産物の需要が高まったことが発達の背景。また，ヨーロッパからの移民がこの農業形態をもち込んだため，アメリカ合衆国を中心に新大陸にも分布している。農業形態は，自然条件とともに，都市からの距離などの社会条件にも大きな影響を受ける。

→❼商業的農業の分布

Link
p.102 ❷商業的農業，
p.113〜114 ヨーロッパの農業，
p.116〜117 アングロアメリカの農業

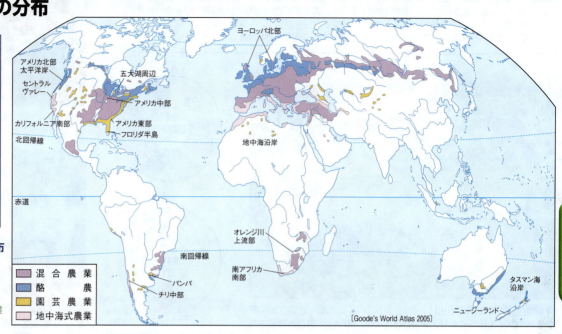

2 商業的農業の成立

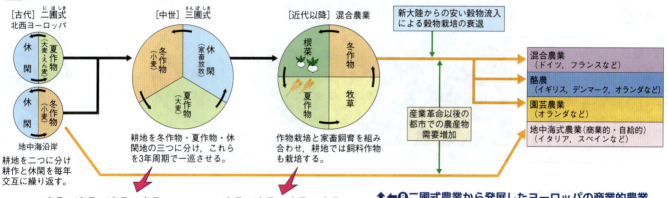

↑←❽二圃式農業から発展したヨーロッパの商業的農業

古代は，地力の消耗を防ぐため，小麦や大麦・えん麦の栽培のあとを**休閑**にし，それらを**輪作**する二圃式が基本であった。中世期に，年間を通じて降水が見込めるアルプス以北で発達した**三圃式農業**では，集落近くの耕地は3区分された。そして，冬作物（小麦）・夏作物（大麦）・休閑と3年周期で土地利用を一巡させ，休閑地や集落から離れた放牧地では羊や豚などの共同放牧が行われた。その後，休閑せずに地力を回復させる効果のあるクローバーや根菜類などの飼料作物を導入し，家畜を増やした結果，**混合農業**が成立した。のちに穀物以外の農産物の需要が増えると，**酪農**，**園芸農業**が分化し，混合農業も商業的性格を強めた。

コラム チューネンの『孤立国』

ドイツの農業経済学者チューネンは，周囲から隔絶された『孤立国』を想定し，市場である都市からの距離によって輸送費が変化し，それが最大の要因となって農業の形態が決まると考えた。都市に近いほど集約的，遠いほど粗放的になり，同じ農業形態が同心円状に立地するが，船によって輸送費が低下するため河川の流域はより集約的になる。実際にヨーロッパでは，大市場であるロンドンやパリの周辺，近接するオランダやデンマークで，より集約的な農業が営まれている。

←❾チューネン
（ドイツ，1783〜1850年）

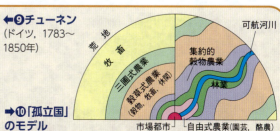

→❿『孤立国』のモデル

3 混合農業

Link ▶ p.315〜317 世界の農産物

用語　混合農業　食用の麦類（小麦，ライ麦），根菜類（じゃがいも・てんさいなど），飼料作物（大麦・えん麦・とうもろこし・牧草）などの栽培と，肉用家畜（牛・豚など）の飼育を組み合わせた農業。西ヨーロッパは商業的，東ヨーロッパは自給的な性格が強い。写真❶のように，耕地を細かくくぎって作物の栽培や放牧を行い，それらを**輪作**することで地力を維持している。

↑❸てんさいの収穫（ドイツ）　砂糖大根ともよぶ。しぼりかすと茎は飼料になる。

↑❶混合農業の耕地利用（ドイツ，アンスベルク近郊）　区画ごとに異なる作物が植えられており，黄色い区画では，搾油用の菜種が栽培されている。

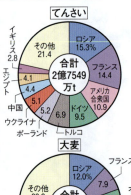
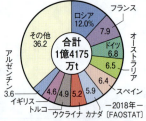
↑❷てんさいと大麦の生産国

↑❹市場に並ぶ多種類のソーセージ（ドイツ）　ドイツでは，豚肉加工品のソーセージが食卓の定番。

4 酪農

用語　酪農　飼料作物を栽培して乳牛を飼育し，牛乳などの乳製品を生産する農業。商業的な性格が強く，冷涼で大消費地に比較的近い地域で発達することが多い。輸送費の関係から，消費地に近いところでは牛乳として出荷され，比較的遠いところではバターやチーズに加工される場合が多い。

↑❺乳牛の放牧（アメリカ合衆国，ペンシルヴェニア州）

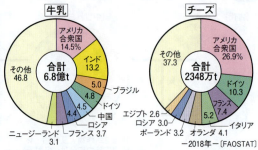
↑❻乳製品の生産国

5 アルプスの移牧

用語　移牧　山を垂直的に利用する山岳酪農で，スイスなどで行われる。冬は寒気と積雪を避けてふもとの本村で舎飼いし，夏は暑気を避けて山の上（アルプ）で放牧する。本村では夏の間に干し草をつくっておき，冬の間の飼料にする。

↓❼夏に高地にあるアルプで放牧される乳牛（スイス，ザーネン近郊）

↑❽移牧のしくみ

6 園芸農業

用語　園芸農業　高度な農業技術や多くの資本を投入して、野菜・果実・花卉などを集約的に栽培する農業。都市への人口集中と生活水準の向上を背景に、混合農業から専門化して生まれた。鮮度が重視される作物が多いため、もともと近郊農業として発達したが、交通機関の発達とともに都市から遠く離れた地域での輸送園芸（トラックファーミング）もさかんになっている。

➡❾輸出用の花卉栽培（コロンビア）　赤道近くに位置するコロンビアの高地は、一年中春のような気候で花の栽培に適している。コロンビアは現在、世界有数の花卉輸出国になっており、生産された切り花はアメリカ合衆国などに輸出されている。

コラム　オランダのスマートアグリ

EUの拡大とともに、EU域内の農業国の安い農作物に対抗することが必要になったオランダでは、大規模化を進めるためにICTの農業への応用が進んだ。それが、栽培する作物に適した環境にハウス内を24時間自動コントロールする**スマートアグリ**というシステムである。経営者は、コンピュータを使ってハウス内の温度や湿度、光合成に必要な二酸化炭素濃度などを集中管理する。人工繊維を土のかわりに使い、そこに養分を加えた水を自動供給するため、毎日の水やりの手間もかからない。こうしてオランダの園芸農業は、農家が主導するかたちで省力化・大規模化を進め、トマトやパプリカなどの農作物を輸出するだけでなく、スマートアグリの生産システムも世界に輸出していくことをめざしている。

➡❿スマートアグリシステムによる苗の栽培（オランダ）　種から発芽させた苗の成長に合わせて、ハウス内で適切に水が自動散布されるようコンピュータに入力を行っている。

7 地中海式農業

Link　p.55 ❷地中海性気候区、p.111〜112 アフリカの農業、p.113〜114 ヨーロッパの農業

用語　地中海式農業　地中海沿岸など地中海性気候の地域で行われ、夏の乾燥に強いオリーブやぶどう、オレンジ・レモンなどの柑橘類の栽培と、冬の降雨を利用した小麦の栽培、羊やヤギの飼育を組み合わせた農業。南北アメリカ大陸では、とくにぶどうや柑橘類などの生産が多い。また、ぶどうを利用したワインの生産もさかん。

⬇⓫地中海周辺における地中海式農業のさかんな地域

⬆⓬オリーブ・ぶどう・オレンジ類の生産国

⬅⓭コルクの収穫（スペイン）　コルクがしの樹皮のコルク層をはいで、ワインを入れるびんの栓などに利用する。コルクがしの樹皮は、約10年間隔で何回も採取することができる。

⬇⓮オリーブの実の収穫（イタリア）　木の下に大きなネットを敷き、棒で枝をたたいて実を落とし、収穫する。木に振動を与える機械を使って収穫する方法もある。

+のガイド　ヨーロッパ北部や五大湖周辺はかつて氷河におおわれていたことにより、穀物栽培に適さないやせた土壌が広がっていることから、おもに酪農が行われている。

企業的農業

> **地理力＋** 世界のプランテーションの多くが，熱帯地域でコーヒーなどの嗜好作物を生産しているのはなぜだろうか。欧米の植民地時代に始まった点に着目して考えてみよう。→14

1 企業的農業の分布

用語 企業的農業
外部から調達した資本や労働力を積極的に投入し，商品価値の高い作物や家畜を大量に生産・販売して利潤を追求する農業。経営規模はきわめて大きく，機械化も進んでいるため，**労働生産性**は著しく高い。ヨーロッパの農業形態が大規模化・専門化したものであり，おもに南北アメリカ大陸やオーストラリアなどの新大陸に分布している。

➡❶企業的農業の分布

Link
p.99 ③小麦の生産と流通，
p.116〜117 アングロアメリカの農業，
p.118〜119 ラテンアメリカの農業，
p.120 オセアニアの農業

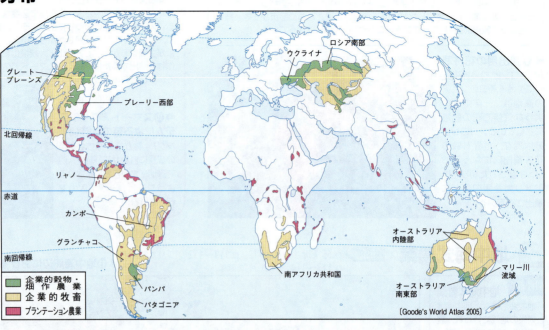

2 企業的穀物・畑作農業

↑❷大規模な小麦の収穫（アメリカ合衆国）

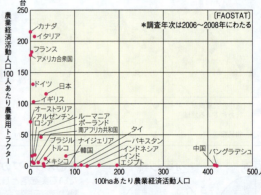

←❸大きく異なる農業形態

用語 企業的穀物・畑作農業
広大な耕地で，コンバインや飛行機を用いて，輸出向けの小麦や飼料作物（とうもろこし・大豆など）を大量に生産する農業。土地生産性は比較的低いが，少人数で大型機械を用いるため労働生産性はきわめて高い。

3 企業的牧畜 **Link** p.101 ⑦牛の分布と牛肉の生産，p.117 ⑤センターピボット灌漑の普及と肉牛肥育地の変化

←❹フィードロットでの肉牛の肥育（アメリカ合衆国，テキサス州）

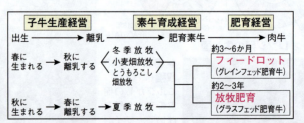

↑❺フィードロットの位置づけ 肉用牛の飼養は，子牛の生産・育成を行う繁殖経営と，子牛を牛肉として出荷するまで育成する肥育経営に大別される。肥育経営には，大量の飼料を必要とする。降雨が十分で牧草に恵まれた地域では，放牧で対応できる。乾燥地域では，穀物飼料を人工的に投与する，**フィードロット**とよばれる経営方式が展開した。その効率的な生産は高い競争力を生んでいる。

用語 企業的牧畜
土地や資本を大規模に投入して効率的に経営する畜産。冷凍船の普及や鉄道など交通機関の発達によって，南半球から北半球への輸出が可能となるなど，市場から離れた地域での生産が飛躍的に拡大した。穀物飼料を投与して牛を効率的かつ大量に肥育する**フィードロット**方式などが代表的。

4 プランテーション農業

Link p.107〜108 東南アジアの農業, p.118〜119 ラテンアメリカの農業

用語 プランテーション農業 おもに熱帯や亜熱帯などの地域にみられる大規模な企業的経営の農園（**プランテーション**）で，現地の安価な労働力を用いて，輸出向けの**商品作物**を大量に生産する農業のこと。各国のプランテーション農業は，欧米による植民地支配の時代に始められた例が多いが，独立後に大農園を国有化したり，分割して自作農を育成したりした国もある。特定の**商品作物**が主要な輸出品となっている**モノカルチャー経済**の国々では，国際価格の低迷がその国の経済全体を直撃するという問題があり，農業の多角化が課題となっている。

Link p.112 3商品作物の生産

➡7 熱帯林の中につくられた油やしのプランテーション（マレーシア） マレーシアでは，パーム油の需要増による油やし農園が増加している。天然ゴムからの転換だけでなく，農園開発による熱帯林破壊が問題になっている。

Link p.108 4天然ゴムと油やしのプランテーション

⬅8 プランテーションでの茶の生産（スリランカ） スリランカの茶の生産は，イギリスの植民地時代にプランテーション農業がもち込まれたことから始まった。よく知られた紅茶の銘柄「セイロンティー」の一大産地で，茶葉は人手をかけてていねいに手摘みされる。

↑6 日本のコーヒー豆とカカオ豆の輸入先 ―2019年―［財務省貿易統計］

↓9 世界のおもな商品作物の生産地

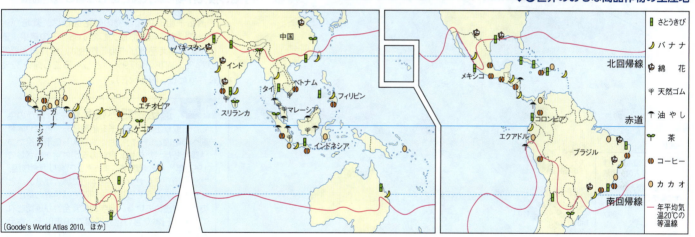

〔Goode's World Atlas 2010，ほか〕

↓10 おもな商品作物

	さとうきび Link p.119, 315	コーヒー豆 Link p.107, 316	カカオ豆 Link p.112, 317	茶 Link p.109, 112, 316	天然ゴム Link p.108, 317	バナナ Link p.108
気候条件	年平均気温20℃以上 年降水量1000mm以上 多雨かつ収穫期に乾燥すること	年平均気温16〜22℃ 年降水量1000〜3000mm 収穫期に乾燥すること 霜が降りないところ	年平均気温24〜28℃ 年降水量2000mm以上 実が落下しやすいため強風地帯は不適	年平均気温14℃以上 年降水量2000mm以上	年平均気温26℃以上 年降水量2000mm以上（熱帯雨林地域）	年平均気温21℃以上 最高気温が38℃以下 年降水量900mm以上
適地	熱帯モンスーン地域とサバナ地域，太平洋の島々	熱帯の高原・丘陵地 ブラジルのテラローシャが広がる地域	赤道を中心とした北緯10度〜南緯10度の低地	亜熱帯・温帯の丘陵地	熱帯雨林気候区の低地	赤道を中心とした北緯30度〜南緯30度までの一帯
生産国（2018年）	メキシコ3.0 その他23.3 ブラジル39.2% パキスタン3.5 タイ5.7 中国5.5 インド19.8 合計19.1億t	エチオピア4.6 その他26.5 ブラジル34.5% ホンジュラス7.0 コロンビア7.0 インドネシア ベトナム15.7 合計1030万t* *生豆	エクアドル4.5 その他11.9 ブラジル4.6 カメルーン5.9 ナイジェリア6.3 インドネシア ガーナ18.1 コートジボワール37.4% 合計525万t	ベトナム4.3 その他16.4 中国41.2% トルコ4.3 ケニア4.8 スリランカ7.8 インド21.2 合計634万t	コートジボワール4.3 その他18.1 タイ32.8% 中国5.6 インド6.7 ベトナム7.8 インドネシア24.7 合計1468万t	エクアドル5.3 フィリピン5.6 ブラジル5.8 その他40.7 インド26.6% 中国9.7 インドネシア6.3 合計1.2億t

［FAOSTAT］

+のガイド 欧米諸国はコーヒー豆や茶などの気候条件的に自国での栽培が難しい嗜好作物を，当時支配していた熱帯地域の植民地で栽培させた。現在でも，そのなごりがみられる。

農業の発展と国際化の進展

地理力プラス スーパーマーケットの食料品売り場で，外国産の野菜や肉類が売られているのを目にしたことはないだろうか。それらの産地に着目して，具体例をあげてみよう。→④

1 農業の近代化を進めた「緑の革命」 Link p.109 ②インドの農業生産とその変化

用語　緑の革命　1960年代から，発展途上国において，米や小麦などの穀物の品種改良や化学肥料の使用が進められ，収穫量の増大を実現させた農業の技術革新のこと。収穫量の増大により，発展途上国でみられた食料不足は解消されつつある。しかしその一方で，高収量品種の栽培には大量の化学肥料や灌漑設備の整備が必要なため，農家間の経済格差が広まった。

↑①国際稲研究所（IRRI）の実験田（フィリピン）　緑の革命の原動力となった高収量品種を開発し，現在も新しい品種の開発を続けている。

↑②フィリピンの米生産の推移

2 遺伝子組み換え作物の展開 Link p.116~117 アングロアメリカの農業，p.119 ③ブラジルの農業の変化

↓③遺伝子組み換え作物の導入国とおもな国の栽培面積

遺伝子組み換え作物の栽培面積は，栽培が始まって以来，急速に拡大している。その結果，遺伝子組み換え品種が占める割合は，世界の大豆畑の74%，綿花畑の79%，とうもろこし畑の32%になった（2019年現在）。

用語　遺伝子組み換え作物　ほかの生物から取り出した遺伝子を組み込み，害虫や除草剤への耐性といった省力化やコスト低下に役だつ性質をもたせた作物。食料の安定供給をめざして1990年代から栽培が広まった。アメリカ合衆国，ブラジル，アルゼンチンを中心に導入が進み，とくに大豆・とうもろこし・綿花では世界の輸出量の大半を占めている。科学的に安全性が確認されており，日本を含む世界各国で20年以上，食品としても利用されている。一方，食材とすることに不安をもつ消費者もおり，正しい情報提供が望まれている。

↓④除草剤耐性がある遺伝子組み換え大豆の畑　遺伝子組み換え作物には，大きく分けて害虫抵抗性品種と除草剤耐性品種がある。除草剤耐性品種は，特定の除草剤に耐性をもつ品種で，特定の除草剤をまくと，雑草だけが枯れるため，雑草防除が効率的になる。

除草剤を散布する前

除草剤を散布したあと

[写真提供 バイテク情報普及会]

→⑤アメリカ合衆国の遺伝子組み換え作物の作付割合
とうもろこし 92%　大豆 94%　綿花 98%
—2019年—〔USDA資料〕

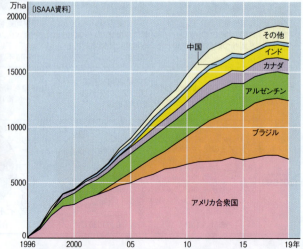

↑⑥おもな国の遺伝子組み換え作物の栽培面積の推移

3 フードシステムを統轄する穀物メジャー

用語　穀物メジャー
穀物の流通・販売・加工を担い、輸出市場を支配する多国籍の穀物商社のこと。現在は、アメリカ合衆国に本拠地をおくカーギルとADMの2社が中心である。穀物は、穀物メジャーによって生産地・集散地から輸出港にある**ポートエレベーター**に集められ、そこから世界各地に輸出されていく。穀物メジャーは、国際的な穀物価格の形成や政府の農業政策にも大きな影響力をもっている。

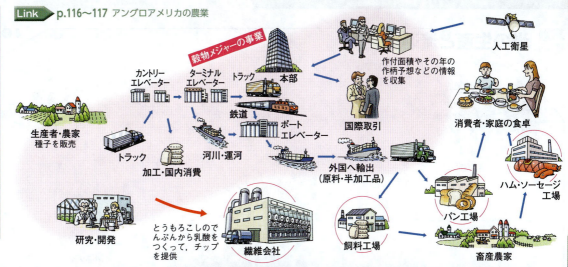

↓❼ 穀物メジャーの事業例と他の産業とのつながり　事業は多岐にわたり、穀物の効率的な集荷・保存、市場の予測、販売・加工などを行う。

Link p.116～117 アングロアメリカの農業

↑❽ カーギル社が進出している国・地域　アメリカ合衆国に本拠地をおくカーギル社は、世界70か国に15万5000人の従業員を抱える巨大な**多国籍企業**となっている。

↑❾ ミシシッピ川沿いにあるカーギル社のポートエレベーター（アメリカ合衆国、ルイジアナ州）

用語　アグリビジネス
農業（アグリカルチャー）とビジネスを組み合わせた造語で、農業関連産業の総称。種子・肥料・農薬・農業機械など農業資材の供給から、農産物の加工や流通、気象や農産物の市場価格についての情報提供など、幅広い分野がある。その代表が穀物メジャーで、農家と密接な関係をもち、企業的な農業経営には欠かせない。

4 グローバル化する世界の農業

Link p.98～101 おもな農産物の生産と流通、p.105 ❹食生活の変化と増え続ける農産物輸入、p.119 ❸ブラジルの農業の変化

農産物の流通におけるグローバル化が進展するにつれて、世界の農産物貿易はヨーロッパやアジアを中心として拡大を続けている。近年は、経済成長が著しい新興国における農産物貿易の増大がめだつ。これは、新興国で人口が増加し、農産物を外国に依存する傾向が強くなったためである。例えば中国では、食生活の多様化が進んで肉類や食用油の消費が増えたことから、大豆や油脂の輸入が増加している。

こうした農産物需要の増加を受けて、アメリカ合衆国やオーストラリアなどの先進農業国は農産物の輸出を増大させた。ブラジルやアルゼンチンでも、大規模な農業開発や多国籍のアグリビジネス企業の参入などによって、農地や農園の経営規模の拡大が進められ、大豆やとうもろこし、鶏肉といった農産物の輸出が急速にのびている。

↑❿ 穀物運搬船に積み込まれる小麦（ウクライナ）　写真の小麦は、ウクライナからエジプトに向けて輸出される。

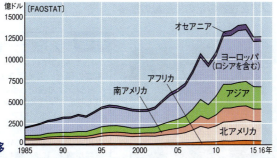

➡⓫ 世界の地域別農産物輸出額の推移

ⓐ アメリカ合衆国の生産に占める輸出の割合

小麦　輸出 44.6%　生産量 5129万t

大豆　輸出 37.5%　生産量 1.2億t

牛肉　輸出 8.3%　生産量 1222万t

―2018年―〔FAOSTAT〕

ⓑ オーストラリアの生産に占める輸出の割合

小麦　輸出 59.2%　生産量 2094万t

羊肉　輸出 63.5%　生産量 74万t

牛肉　輸出 53.0%　生産量 222万t

―2018年―〔FAOSTAT〕

↑⓬ 輸出用につくられる農産物　アメリカ合衆国とオーストラリアは、ともに世界的な農業大国であり、その農業生産の動向が世界の農産物市場に与える影響は大きい。一方でアメリカ合衆国では、国内での消費の拡大により、牛肉の輸出の割合は小さくなっている。

＋のガイド　鶏肉はブラジル産、牛肉はアメリカ産やオーストラリア産、野菜はメキシコ産アスパラガスやニュージーランド産かぼちゃなどがあげられ、農産物流通のグローバル化が垣間見える。

おもな農産物の生産と流通

地理力プラス 世界の主食である米・小麦の生産と流通の図を比較すると、どのようなことがわかるだろうか。世界の生産国や総輸出量、輸出国と輸入国の内訳に着目してみよう。→ 1 3

1 米の生産と流通

❶米の主要栽培地と移動

Link p.104 中国の農業, p.106 朝鮮半島の農業, p.107 東南アジアの農業

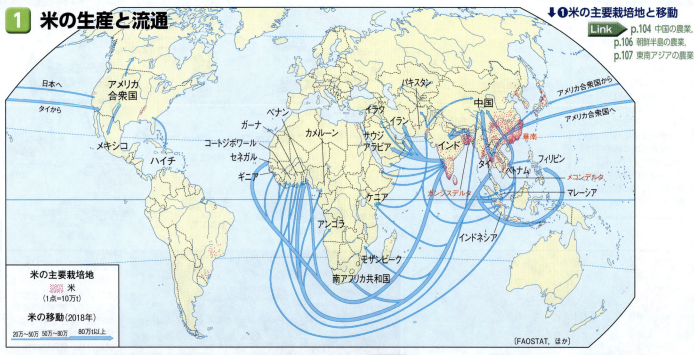

米は、生育期間中の高温多雨を必要とし、デルタ地帯など低平な場所で生産されている。生産国の大半はアジアだが、域内消費の自給的な性格が強く、貿易量は世界の総生産量のうちわずかである。

米の輸出国は、アジアではインド、タイ、ベトナムなどが主で、アメリカ合衆国では商品作物として企業的経営のもと大規模に生産されている。また、米の輸入国は大消費地である中国のほか、アフリカ諸国や西アジア諸国が多い。これは、人口増加の一方で、国内での安定した穀物生産ができないためである。

Link p.320 ❶❷❸米の生産・輸出入・生産量上位国の1haあたり収量

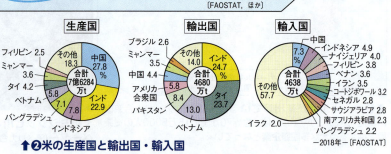

↑❷米の生産国と輸出国・輸入国

2 米の生産をめぐる世界の現状

Link p.96 ❶緑の革命, p.112 マダガスカルに通じた稲の道

世界各地において、高収量品種の導入や灌漑施設の整備、肥料の使用などが進んだ結果、1960年代以降、世界の米の生産量や単位収量は大幅に増加した。インドネシアやベトナムのように**緑の革命**が進んだ国や、日本のように集約的な栽培と品種改良がさかんに行われている国では、高い単位収量を実現している。一方、肥料や農薬をあまり使用しないタイは、単位収量は低いが生産コストも低いので、国際競争力のある米を生産している。

↓❺インド南部での田植えのようす
(タミルナドゥ州)

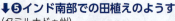

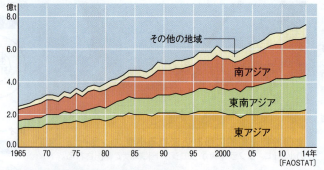

↑❸アジアと世界の米の生産量の推移

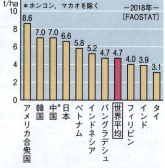

↑❹おもな国における米の1haあたり収量

用語 ジャポニカ種とインディカ種

稲は、短粒種でねばりけが強い**ジャポニカ種**と、長粒種でねばりけが弱い**インディカ種**がある。世界で栽培される稲の大半はインディカ種で、ジャポニカ種は日本や東アジアの一部で栽培されるにすぎない。しかし、世界的な日本食ブームに伴いジャポニカ種の需要が増え、栽培面積も増加している。

↑❻ジャポニカ種(右)とインディカ種(左)

3 小麦の生産と流通

Link ▶ p.94 ②企業的穀物・畑作農業, p.97 ④グローバル化する世界の農業, p.109 南アジアの農業, p.110 西アジア・中央アジアの農業, p.113～114 ヨーロッパの農業, p.116～117 アングロアメリカの農業

↓❼小麦の主要栽培地と移動

小麦は，生育期に冷涼で湿潤，成熟期に温暖で乾燥する気候を好み，世界各地で生産・消費される。とくにロシアとウクライナの**黒土地帯**や，アメリカ合衆国，カナダ，オーストラリアなど新大陸の国では，大規模な**企業的穀物・畑作農業**が行われ，安い生産費を背景に世界的な小麦の輸出地域となっている。小麦は，米と比べて貿易量も多く，世界の小麦生産量の3割が輸出されている。

Link ▶ p.320 ❹❺❻小麦の生産・輸出入・生産量上位国の1haあたり収量

↑❽小麦の生産国と輸出国・輸入国

4 小麦の生産をめぐる世界の現状

Link ▶ p.97 ❸穀物メジャー, p.114 ❷国によって異なる農業経営と農業生産

緑の革命や耕地の拡大により，世界の小麦の生産量は1960年代以降，着実に増加し，中国やインドなどの人口大国でも自給を達成した。一方で，単位面積あたりの収量は，西ヨーロッパ諸国が圧倒的に高い。これは，肥料を積極的に投入するなど集約的で栽培技術も高いこと，そして1980年代に高収量品種が普及したことによる。

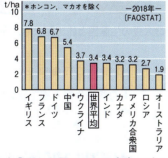

↑❾おもな国における小麦の1haあたり収量

↓❿カナダの春小麦栽培地域（サスカチュワン州） カナダ南部のマニトバ，サスカチュワン，アルバータの3州は大規模な春小麦栽培地域である。

用語 冬小麦と春小麦 小麦は栽培する時期により，秋に種をまき初夏に収穫する**冬小麦**と，春に種をまき秋に収穫する**春小麦**とに分けられる。冬小麦の場合，収穫後の夏に別の作物を栽培できるため，世界の小麦の大半は冬小麦が占めている。日本の関東平野でも，かつては冬作に小麦，夏作に稲を栽培するところが多くみられた。これに対し春小麦の栽培は，冬の寒さが厳しく冬の間は耕作ができない高緯度地域に限られている。単位収量も冬小麦のほうが高く，春小麦は低いので，冬に耕作が可能であれば冬小麦を栽培することが一般的である。

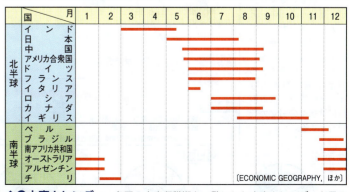

↑⓫**小麦カレンダー** 各国の小麦収穫期を一覧にした小麦カレンダーを見ると，南半球・北半球の位置，冬小麦・春小麦の違いから，1年を通じてどこかで小麦が収穫されていることがわかる。とくに南半球では，北半球の**端境期**に収穫できることが利点となっている。

5 とうもろこし・大豆の生産と流通

Link ▶ p.104~105 中国の農業, p.116~117 アングロアメリカの農業, p.118~119 ラテンアメリカの農業

とうもろこしは中央・南アメリカが原産,大豆は東アジアが原産と推測されている。ともに飼料や搾油用としての利用が多いが,メキシコ,アンデス諸国,アフリカではとうもろこしを主食とし,アジアでは大豆を食料としている国も多い。総生産量はとうもろこしのほうが多く,ともにアメリカ合衆国やブラジルなどから大量に輸出されている。

➡①とうもろこし・大豆の主要栽培地と移動

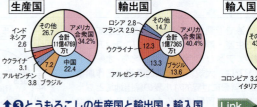

↑③とうもろこしの生産国と輸出国・輸入国

Link ▶ p.320 ⑪⑫とうもろこしの生産・輸出入

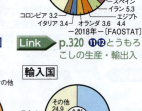

↑②大型コンバインを使ったとうもろこしの収穫(アルゼンチン)

↑④大豆の生産国と輸出国・輸入国

Link ▶ p.320 ⑭⑮ 大豆の生産・輸出入

6 綿花の生産

Link ▶ p.109 南アジアの農業, p.110 西アジア・中央アジアの農業, p.323 ㉑㉒綿花の生産・輸出入

綿花は温暖で開花後よく乾燥する気候が適し,華北平原,中央アジア,アメリカ合衆国南部,デカン高原などが主要な産地となっている。種子に密生する綿毛が繊維原料となる。手作業での摘み取りには多くの労働力を必要とする。

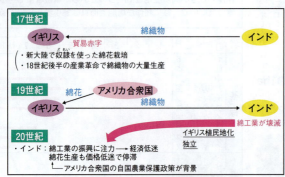

⬅⑤綿花生産と綿工業の歴史 インドにあった綿織物の製造技術をイギリスが取り入れ,産業革命で大量生産し始めた。それによりインドの綿工業は崩壊し,綿花の輸出国でありながら綿織物の輸入国になった。

⬇⑦機械化された綿花の収穫(アメリカ合衆国,テキサス州)

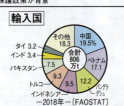

↑⑥綿花の生産国と輸出国・輸入国

7 牛の分布と牛肉の生産　Link p.117 5肉牛肥育地の変化

牛肉の輸出国は南北アメリカ大陸，オセアニアに集中している。インドは，牛肉を食べないヒンドゥー教徒が多い反面，ミルクや乳製品の消費は多いため，牛の数も多い。

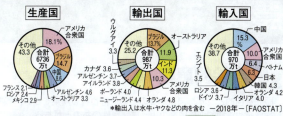

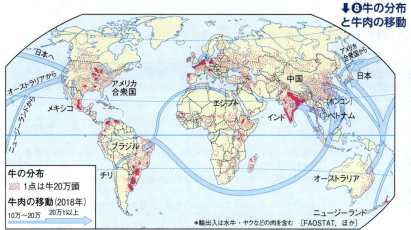

↓⑧牛の分布と牛肉の移動

↑⑨牛肉の生産国と輸出国・輸入国　Link p.323 ㉗㉘㉙

↑⑩熱帯林を切り開いてつくられた牛の放牧地（ブラジル）

8 豚の分布と豚肉の生産　Link p.217 3肉類の消費

豚は牛に比べて分布がかたよっている。中国は世界の豚の頭数の約半分を飼育しており，世界有数の輸入国でもある。イスラーム圏では宗教的理由から豚肉を食べず，飼育もほとんどしていない。

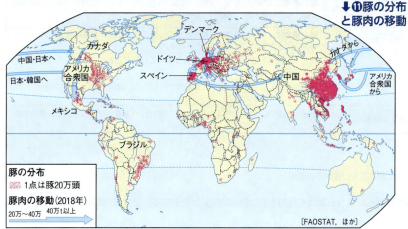

↓⑪豚の分布と豚肉の移動

↑⑫豚肉の生産国と輸出国・輸入国　Link p.323 ㉚㉛㉜

↑⑬豚の飼育（中国，アンホイ（安徽）省）

9 羊の分布と羊毛の生産　Link p.120 オセアニアの農業

羊は降水量が少ない地域でも飼育可能なため，広域に分布する。羊毛は，毛用種のメリノ種を中心に飼育するオーストラリアが一大輸出国だが，近年は肉用種の飼育も増えている。

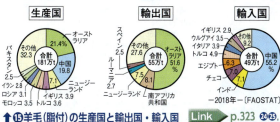

↓⑭羊の分布と羊毛の移動

↑⑮羊毛（脂付）の生産国と輸出国・輸入国　Link p.323 ㉔㉕　p.324 ④

↑⑯羊の毛刈り（オーストラリア，ヴィクトリア州）

＋のガイド　世界の米の総輸出量は小麦の5分の1であることから，米は自給的性格が強いといえる。米・小麦の生産国の中では，アメリカ合衆国は輸出国に，中国は輸入国になっている。

農業 まとめ

1 自給的農業　Link ▶ p.88〜90 自給的農業

　販売を目的とせず，自家消費のために行われる農業をさし，最も古い農業形態である。自給的農業には，焼畑農業や遊牧のように移動を伴うものと，集約的稲作農業や集約的畑作農業のように定着性のものとがある。

分　類	特　徴	おもな地域	地域の特徴
遊　牧	水と草を求めて，家畜とともに移動する粗放的な牧畜形態。衣食住のほとんどを家畜に依存する。乾燥地域やサバナのほか，山地や寒冷地でも行われる。	モンゴル・中央アジア・西アジア・北アフリカの乾燥地域	年降水量が500mm以下の砂漠やステップ地域で羊，ヤギ，ラクダを遊牧。住居は移動が容易な組み立て式のテント。
		チベットなどの高地	チベット高原ではヤクを飼育。
		北極海沿岸のツンドラ地域	スカンディナヴィア半島北部のサーミ，ロシア北部のネネツ人などがトナカイを遊牧。
焼畑農業	森林や草原を焼き，その灰を肥料として作物を栽培し，地力が衰えると他地域へ移動する農業。掘棒や鍬で地面に穴をあけ，そのなかに種子をまく。	東南アジア（島嶼部と山間地域）	いも類やバナナなどの栽培が伝統的に行われてきた。企業による農園開発が進み，熱帯林破壊が問題。
		アフリカ（コンゴ盆地とその周辺）	熱帯雨林地域では，キャッサバやタロいもなどのいも類，サバナ地域では，乾燥に強いソルガム（もろこし）やミレットといった雑穀類が栽培される。
		ラテンアメリカ（アマゾン川流域）	キャッサバ，とうもろこし，さとうきび，大豆などの作物が栽培される。自然の回復力をこえた過剰な焼畑が問題になっている。
粗放的定住農業	焼畑に依存している場合も常畑を設けて定住し，ひえなどの雑穀を栽培する。	アフリカ中部	サバナや高地など，植生が少なく焼畑が難しい地域で行われる。ひえやきび，あわなどの雑穀を栽培する。
		アンデス山脈	じゃがいもやとうもろこしなどのアンデス原産の作物を，アンデス山脈の斜面を利用して作物に適した高度で栽培する。
集約的稲作農業	モンスーン地域の低湿な沖積平野で行われる。経営規模は零細で，家族労働を主体とするため労働生産性は低い。東アジアでは，灌漑施設も整い，施肥も多いので，土地生産性が高い。	東アジア（日本，韓国，中国，台湾）	肥料や機械など多くの資本が投入され，土地生産性が高い。米の裏作として畑作を行っている地域もある。
		東南アジア（メコン川，チャオプラヤ川，エーヤワディー川流域）	緑の革命により，生産量が大幅に増加。ベトナムやタイでは輸出も多い。山間部では，傾斜地を利用した棚田もみられる。
		南アジア（ガンジス川流域）	緑の革命により，二期作，三期作が実現した。サイクロンや季節風（モンスーン）による洪水が多く，生産量が左右される。
集約的畑作農業	冷涼で降水量が少ないなど，稲作に向かない地域で行われる。麦や雑穀，とうもろこしなどの自給的作物を，人力とわずかな畜力で栽培する。砂漠やステップなどの乾燥地域では，外来河川，湧水，地下水などの水を利用した灌漑によるオアシス農業が営まれる。	中国	華北・東北地方で，小麦，大豆，とうもろこしなどが栽培される。内陸ではオアシス農業も行われる。
		インド（デカン高原）	夏の季節風による降水にたよった畑作が行われる。機械や灌漑の導入は不十分で，収穫量の年変動が大きい。
		エジプト（ナイル川流域）	ナイル川のゆるやかな氾濫を利用して，古代から灌漑が発達している。麦類を中心とした畑作が行われる。

2 商業的農業　Link ▶ p.91〜93 商業的農業，p.284 ３中国・四国地方の農業

　都市の発達などにより農産物の需要が増大すると，農産物の流通がさかんになり，販売を目的とした商業的農業が発達する。地域の特性に適し，販売に有利な農産物を栽培する傾向が強まり，農業の地域分業が進む。

分　類	特　徴	おもな地域	地域の特徴
混合農業	穀物・飼料作物の栽培と，肉牛・豚などの家畜の飼育を組み合わせた経営が行われている。穀物と家畜の商品化をはかり，西ヨーロッパでは集約的，新大陸では大規模な経営がなされるが，東ヨーロッパでは自給的生産が中心である。	ヨーロッパ（ドイツ，フランスが中心）	平均した降水があるやや内陸の丘陵地に発達。ドイツでは，家族経営が主体。フランスでは，パリ盆地以北に分布し，100ha以上の企業的経営も多い。
		アメリカ合衆国（オハイオ州，インディアナ州，イリノイ州，アイオワ州中心）	肥沃なプレーリー土，無霜期間140日以上のコーンベルトに分布。家族経営中心だが企業化も進んでいる。
		アルゼンチン（湿潤パンパ）	年降水量550mm線以東の湿潤パンパに発達。とうもろこしやアルファルファで肉牛を飼育。
酪　農	飼料作物を栽培して乳牛を飼育し，牛乳のほか，バターやチーズなどの乳製品の生産を行う農業。冷涼な気候下のやせた土地で，穀物栽培に適さず，大消費地に近い地域に成立することが多い。	ヨーロッパ	家族経営が多く，集約的。牧草や家畜の品種改良の技術が進んでいる。アルプスでは移牧が行われている。
		アメリカ合衆国（五大湖周辺）	気候の冷涼な北東部から五大湖周辺地域に分布。五大湖以東では，牛乳やバター，以西ではチーズの生産が多い。
		オーストラリア，ニュージーランド	オーストラリアでは，降水量が比較的多いメルボルンからブリズベンにかけての大都市郊外で行われている。ニュージーランドでは北島でさかん。
園芸農業	大市場向けの新鮮な野菜・果実・花卉などを栽培する。温室などの施設を用いて（施設園芸農業），抑制栽培や促成栽培も行われる。市場との距離によって近郊農業と遠郊農業に分けられる。	オランダ	温室での野菜・花卉栽培がさかん。園芸作物の多くは，ドイツやイギリスなどの大消費地へ運ばれる。
		アメリカ合衆国	フロリダ州や北東部の大都市近郊に分布。フロリダ州では，温暖な気候を生かした輸送園芸（トラックファーミング）が行われる。
地中海式農業	地中海性気候の地域で営まれる農業。夏の乾燥に強いオリーブやぶどう，柑橘類などの樹木栽培と，冬季の雨を利用した小麦栽培が特徴である。ヤギや羊の飼育も行われる。	地中海沿岸	小規模農家が多く，小麦，オリーブ，ぶどう，柑橘類などの生産が主体。複雑な小作制度が残存している地域もある。
		アメリカ合衆国（カリフォルニア州）	カリフォルニア州はアメリカ合衆国随一の農業州。メキシコとの国境に近いため，農作業はヒスパニックの低賃金季節労働者に依存。
		南アフリカ共和国	白人農場での商品作物の栽培が近年増加。山の斜面や谷でぶどうの栽培がさかんで，そのほとんどがワインに加工される。
		チリ	北半球との季節差を生かし，ぶどう，りんご，野菜などの栽培が行われる。ぶどうからつくられるワインは，代表的な輸出品目として外貨獲得に貢献している。

102

3 企業的農業　Link▶ p.94〜95 企業的農業

　世界市場を対象とし，大きな資本と最新の農業技術を投入した大規模な生産を特徴とする農業である。生産と販売の効率化をはかるため，単一種類の作物や家畜を栽培・飼育することが多く，労働生産性が高い。

分　類	特　徴	おもな地域	地域の特徴
企業的穀物・畑作農業	広大な耕地で，大型機械を使って穀物を生産する。粗放的で土地生産性は低いが，労働生産性は高い。小麦の単一栽培が多いが，穀物価格の変動の影響を受けやすいため，経営の多角化が進んでいる。	アメリカ合衆国（プレーリー，グレートプレーンズ）	プレーリーからグレートプレーンズに分布。北部は春小麦，中部は冬小麦が中心。100haをこえる経営規模で，春小麦地帯では400haにも達する。
		カナダ（マニトバ州，サスカチュワン州，アルバータ州）	春小麦の生産が中心。耐寒品種のガーネット種が開発されて，小麦地帯が北方に広がっている。
		アルゼンチン（湿潤パンパ）	北半球との収穫時期の差を利用した小麦栽培がさかん。近年では遺伝子組み換え大豆の生産も増加。
		オーストラリア（マリー川流域）	スノーウィーマウンテンズ計画により，オーストラリアアルプス山脈の融雪水を降水の少ないマリー川流域へ導く灌漑が行われた。米や小麦の生産がさかん。
企業的牧畜	新大陸の半乾燥地域で，大規模に行われる近代的牧畜。鉄道の発達や冷凍船の開発により飛躍的に発展した。近年は，フィードロット方式の飼育が普及してきた。	アメリカ合衆国（グレートプレーンズ）	グレートプレーンズからロッキー山脈にかけての地域で，肉牛や羊を大規模に飼育。繁殖経営と肥育経営の二つに大別される。
		アルゼンチン（湿潤パンパ，乾燥パンパ）	19世紀末に冷凍船が実用化されて，北半球への市場が拡大したことで発達。湿潤パンパ地域では，混合農業による肉牛飼育。乾燥パンパ地域では羊や牛の放牧。
		ブラジル（カンポ，セラード）	カンポやセラードとよばれる地域でヨーロッパ向けの肉牛生産を行う。開発のために熱帯林が伐採された跡地を肉牛飼育のための牧草地にしている。
		オーストラリア（西部，内陸部）	降水量が少ない地域では，牛や羊の粗放的な放牧が主体であり，降水量が増えるにつれ，集約的な牧羊・牧牛と，いくつかの形態がみられる。
プランテーション農業	元来は，欧米資本が熱帯や亜熱帯地域において，安い労働力を使って熱帯性作物を栽培する大農園をさした。地域の気候や土壌に適した特定の作物のみを栽培する単一耕作（モノカルチャー）が多い。	東南アジア（フィリピン，インドネシア，マレーシア）	バナナ，天然ゴム，油やしの生産が多い。いくつかのバナナプランテーションには，日本の多国籍企業も進出し，商品開発を行っている。
		アフリカ（大陸東岸，マダガスカル）	ケニアの茶の生産が代表例で，同国の輸出品の第1位を占めている。
		中央アメリカ（太平洋沿岸，カリブ海沿岸），ブラジル	大土地所有制を起源とする大農場で，コーヒー，さとうきび，バナナなどの熱帯商品作物が栽培されている。

4 米の特徴と栽培地域　Link▶ p.98 ■米の生産と流通

気候条件：生育期間中に高温多雨。
　　　　　平均気温17〜18℃以上で，日中は，25℃以上が適する。
　　　　　年降水量1000mm以上。
土地条件：平坦な沖積平野で，多量の水を得られるところ。
カロリー：350kcal/100g
原産地：長江中・下流域説が有力。
　　　　　（かつては中国のユンナン（雲南）省説が有力）
栽培の特徴：連作が可能。
生産の特徴：おもにアジアで生産され，地域内での消費が多い。そのため，貿易量が小麦と比べると少ない。

	栽培地域	土地生産性	経営形態	栽培技術・歴史など	
アジア	東アジア，インドネシアのジャワ島	高	自給的	多労・多肥（集約度大），裏作も多い。	
	ベトナム，タイ，ミャンマーのデルタ	低	輸出向	灌漑整備遅れ，未利用地大。粗放的生産。	華僑（華人）が流通に影響力。19世紀開田。
	インド，バングラデシュ	低	自給的		大地主制が残存。
地中海	ナイルデルタ，イタリアのポー川流域，フランス南部，スペインの北東沿岸部	高	商業的	灌漑の整った地域で，輪作の一環として栽培。	
新大陸	アメリカ合衆国のメキシコ湾岸，カリフォルニア州	高	企業的	経営規模が大きく，機械力・化学肥料を利用。労働生産性が高い。	

5 小麦の特徴と栽培地域　Link▶ p.99 ■小麦の生産と流通

気候条件：冷涼でやや乾燥した地域。
　　　　　生育期間中は14℃くらいで，成熟期に20℃くらいが適する。
　　　　　年降水量500〜750mmくらい。
土地条件：有機質に富んだ肥沃な土壌が適する。
カロリー：337kcal/100g
原産地：カフカス山脈〜イラン高原。
栽培の特徴：連作が難しい。
生産の特徴：世界各地で栽培され，貿易量が多い。アジアでは自給的，ヨーロッパでは商業的，新大陸では企業的な農業の作物として栽培されている。

	栽培地域	土地生産性	経営形態	栽培技術など
アジア	中国の華北地方，インド北西部，パキスタン北東部のパンジャブ地方	低	自給的畑作農業	手労働による集約度の高い連作。経営規模は小さい。
ヨーロッパ	ロシアやウクライナの黒土地帯，ポーランド，ルーマニア	低	自給的混合農業	旧社会主義国では集団農場の解体後，農業企業による生産が多い。
	ドイツ，イギリス東南部，フランスのパリ盆地	高	商業的混合農業	大型機械や化学肥料を利用し，集約度は高い。中規模の経営。
新大陸	アメリカ合衆国とカナダのプレーリー	低	企業的穀物・畑作農業	大型機械を利用した大規模な経営で，粗放的な単一栽培。

6 とうもろこしの特徴　Link▶ p.100 ■とうもろこし・大豆の生産と流通

　主食や飼料用として，米・小麦につぐ重要な穀類。近年は燃料用としても注目されている。

気候条件：夏季に高温であれば栽培可能。
　　　　　生育期間中は22〜27℃。
　　　　　年降水量600〜1000mm。
土地条件：どこでも栽培可能。
カロリー：101kcal/100g
原産地：中南米と推測される。
栽培の特徴：連作をきらう。遺伝子組み換え品種の栽培が増加。

7 大豆の特徴　Link▶ p.100 ■とうもろこし・大豆の生産と流通

　飼料作物として世界的に需要が増大している（20%が油用で，80%が大豆かすとして飼料となる）。

気候条件：冷涼を好むが，熱帯でも栽培可能。
土地条件：やせた土壌でも栽培可能。
カロリー：417kcal/100g
原産地：東アジアと推測される。
栽培の特徴：連作が可能。遺伝子組み換え品種の栽培が増加。

農業

中国の農業

地理力プラス　近年，中国は大豆を大量に輸入し，世界最大の輸入国となっている。なぜ中国の大豆の輸入量が急激に増えたのか，考えてみよう。→4

1 中国の農業分布

Link ▶ p.89 4アジアの自給的農業，p.98～101 おもな農産物の生産と流通，p.228～229 12中国の地形・気候

チンリン（秦嶺）山脈と**ホワイ川（淮河）**を結ぶ線は年降水量1000mmの線とほぼ一致し，この線を境に北部が畑作地域，南部が稲作地域となっている。黄河や長江の流域では綿花，華中では茶，温暖な華南では**さとうきび**の栽培がさかんである。最近では大都市周辺で生鮮野菜や果実を生産する園芸農業がさかんになっている。一方，西部の乾燥地域ではオアシス農業，羊の遊牧，綿花栽培が，チベット高原ではヤクの遊牧がみられる。

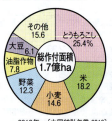

↓❶中国における農作物の作付面積割合
総作付面積 1.7億ha
- とうもろこし 25.4%
- 米 18.2
- 小麦 14.6
- 野菜 12.3
- 油脂作物 7.8
- 大豆 6.1
- その他 15.6

―2018年―〔中国統計年鑑 2019〕

↑❷東北地方のとうもろこし畑（ヘイロンチャン(黒竜江)省）

↑❸華南の稲作地帯（コワンシー（広西）壮族自治区）

↓❹中国の農業地域

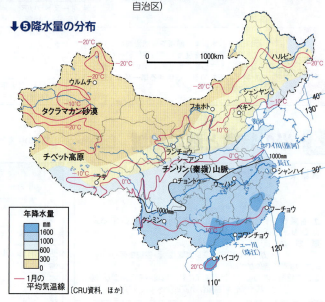

↓❺降水量の分布

2 中国の農業制の移り変わり

かつて農民は**人民公社**の下で**集団農業**を行い，指示に従って労働するだけだった。このため，農民の労働意欲は低く，生産も低迷した。そこで1979年以降，契約した分を国に売れば，それ以外は自由に耕作して個人の収入にしてよいという**生産責任制**を導入したところ，労働意欲が高まり農業生産も増加した。しかし，条件に恵まれた地域とそうでない地域の格差が拡大するなど，問題も生じている。

用語　郷鎮企業　農民が経営する企業のことで，1980年代半ばから進められた政策により，農村の余剰労働力を雇用して大きく発展した。工業や運輸業，商業などさまざまな業種で郷鎮企業が設立され，その収益は農村を豊かにした。かつては農村の行政単位である郷（村）や鎮（町）が経営するものが多かったが，90年代以降は民営化が進んだ。

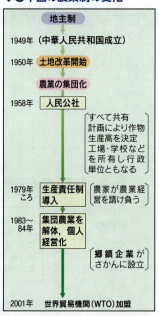

↓❻中国の農業制の変化

コラム　**三農問題**　Link ▶ p.232 8国内の経済格差

1980年代前半から，中国政府が**経済改革・対外開放政策**の一環として農業・農村改革に取り組んだ結果，農村部の経済はいったんは成長した。しかし，80年代後半からはこれらの改革がとどこおる一方で，都市部の成長は続いたため，都市部と農村部との格差が拡大した。とりわけ内陸の農村部の経済は低迷し，「三農（農村，農業，農民）問題」の中心といわれている。80年代から郷鎮企業の増加により農村の工業化が進んだが，2000年代半ばまで都市と農村の所得格差は拡大した。しかし，農村から都市への人口流出が進んだことや，農業への補助金政策などにより，2009年に3.11倍の格差があった都市と農村の所得差は，2010年以降は縮小し，2019年には2.64倍の数値にまで下がった。政府は都市化を進めることで，格差の縮小をめざしている。

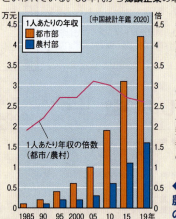

←❼中国における都市と農村の1人あたりの年収の変化

3 おもな農産物の生産地域

小麦は華北を中心に栽培され、とうもろこしは東北地方で栽培がさかん。米は、長江流域で生産量が多く、華中では小麦との**二毛作**、華南では**二期作**がみられる。1990年代以降は冷涼な東北地方でも、稲作技術の向上と耐寒品種の普及により、高収益のジャポニカ種の米の生産が増えている。茶は、温暖で雨の多い華中・華南の丘陵地を中心に生産される。

↓❽おもな農産物の生産上位省

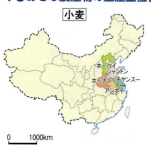

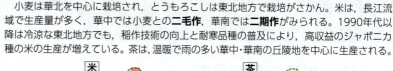

―2019年―〔中国統計年鑑 2020〕

4 食生活の変化と増え続ける農産物輸入

←❾**中国の1人あたりの年間食料消費量の推移** 日本や韓国に多くの農産物を輸出してきたが、所得の上昇とともに生活スタイルは大きく変化した。これまでの穀物中心から、野菜や果物、肉類、魚介類などの消費量が増加している。

↑⓫**大量に輸入される大豆**(中国、ナントン(南通))
←❿**中国のおもな農産物の輸入量の推移** 中国では、食用油や肉類の需要増大に国内生産が追いつかないため、2000年以降、植物油と大豆の輸入量が急増している。とくに大豆は、食用油の原料となり、しぼりかすは家畜の飼料になるため、世界の輸入量の6割(2018年)を中国が輸入している。

Link ▶ p.97 ❹グローバル化する世界の農業、 p.320 ⓯大豆の輸出入

5 日本向けの農産物生産

Link ▶ p.129 ❹日本の食料問題

1990年代以降、中国産野菜の日本向け輸出が増加している。背景には、日本の商社やスーパーマーケットによる開発輸入があり、日本企業の指導の下で厳しく品質管理された農作物の契約栽培が行われている。おもな生産地はシャントン(山東)省などで、ねぎ、しいたけなどが栽培されている。2002年には日本の基準値以上の農薬が検出されたことにより、中国産農産物の検疫が強化された。

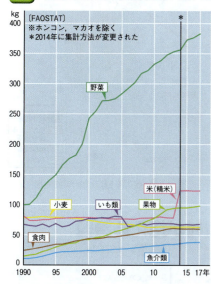

↑⓬**日本向けの干しいもの加工工場**(シャントン(山東)省)

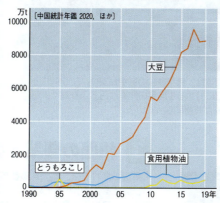

↑⓭**日本の野菜の輸入先の推移**

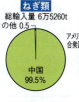
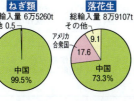

←⓮**日本が中国から輸入しているおもな農産物とその割合**
―2019年―〔財務省貿易統計〕

中国の農業のまとめ
Link ▶ p.229 ❸風土に応じた伝統料理

地域	自然条件	特徴
東北地方 (畑作)	寒冷で降水量が少ない平原地帯	**春小麦**、**大豆**、こうりゃんなどの雑穀が多かったが、近年、**とうもろこし**や稲作(耐寒品種)が中心。1年1作。
華北地方 (畑作)	気温が低く、降水量が少ない大平野地帯	**冬小麦**ととうもろこしの1年2作。黄河流域の綿花生産、沿海部の輸出向け野菜の生産。
華中地方 (稲作)	温暖で湿潤な気候 長江などの大河川の流域	水稲と冬小麦の**二毛作**、大都市周辺では園芸農業も発達。
華南地方 (稲作)	温暖で湿潤な気候 沖積平野	稲の**二期作**、三熟制(稲二期作のあとに麦類作付)、チュー川(珠江)流域では稲の三期作もみられる。
西部 (牧畜)	乾燥気候 ステップや砂漠	羊や牛、**ヤク**などの遊牧。**オアシス**では小麦やとうもろこし、綿花などを生産。

+のガイド 中国でも食生活の欧米化が進み、食用油や肉類の消費が増えたため、食用油の原料となり、しぼりかすが家畜の飼料になる大豆の需要が増えし、ブラジルなどからの輸入が急激に増えた。

朝鮮半島の農業

地理力プラス 日本で売られている色あざやかなパプリカの多くは，韓国から輸入されている。韓国で輸出向けの農産物生産がさかんになった背景について考えてみよう。→ 1 2

1 朝鮮半島の農業分布

朝鮮半島の農業は，亜寒帯（冷帯）に属し冷涼な北部では畑作，温帯に属し温暖湿潤な南部では稲作が中心である。南部沿岸地域では，漁業もさかんである。また，韓国では近年，輸出向けの農産物の生産に力を入れており，とくに**園芸農業**による日本への野菜の輸出が増加している。一方，北朝鮮では，厳しい自然環境や農村の近代化の遅れに加えて，自然災害の多発などにより，農業の不振と食料不足が深刻になっている。

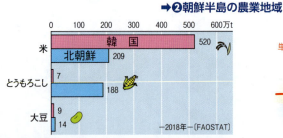

↑❶韓国と北朝鮮の農産物の生産規模の違い

Link p.234 1 2 朝鮮半島の地形・気候

↑❸**機械化が進んだ韓国の稲作**（ソサン） 韓国の農業の特徴は，専業農家の割合が58%（2009年）と高いことである。米の生産量は日本の7割ほどであるが，人口に対する生産量の比率は日本より高く，日本以上に稲作が中心である。そのため，韓国でも米の生産過剰が問題になっている。

2 輸出指向の農産物生産

↑❹温室での日本向けパプリカの栽培（韓国，ハプチョン）

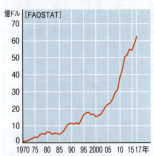

↑❺韓国の農産物輸出額の推移

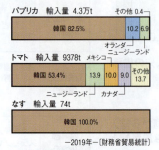

↑❻日本の農産物輸入における韓国産の割合

3 韓国の農業・農村が抱える課題

Link p.236 5 ソウルへの一極集中

韓国の農村では，拡大する都市との経済格差を縮小するために，1970年代に**セマウル運動**とよばれる開発政策が進められた。しかし，農村からの人口流出には歯止めがかからず，農村の高齢化と後継者不足が深刻な問題となっている。

用語 セマウル運動 セマウルとは「新しい村」という意味。農村の耕地や道路などを整備することにより，農業収入の向上と農村の近代化をめざした事業で，1970年代に始められた。パソコンやインターネットを普及させて，情報化や電子商取引を支援するインターネット・セマウル運動も行われている。

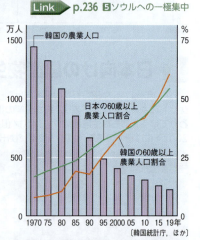

↑❼韓国の農業人口の推移と高齢化

朝鮮半島の農業のまとめ

国	自然条件	社会条件	特徴
北朝鮮	亜寒帯（冷帯）気候 山がちな地形	農業・土木技術の普及と農村近代化の遅れ。	ほとんどの地域でとうもろこし・じゃがいもなどの**畑作**が中心。集団農場制を採用。低い生産性。
韓国	温暖湿潤な気候 西部〜南部に広がる平野	セマウル運動による農村の近代化。1990年代からの農村補助事業。	**稲作**を中心とする二毛作。最近では温室を使用した野菜・果実の園芸農業もさかん。

プラスのガイド 農産物貿易の自由化交渉が進むなか，韓国では園芸農業の施設建設に政府の手厚い補助が行われ，気候が温暖で輸送にも便利な南部で，日本向け施設野菜の生産が戦略的に行われている。

106

東南アジアの農業

地理力＋プラス　季節風（モンスーン）の影響を強く受ける東南アジアでは稲作がさかんであるが，どのような場所で稲作が行われているのか，地形に着目して考えてみよう。→**1**

1 東南アジアの農業分布

Link▶ p.90 **5**集約的稲作農業，p.95 **4**プランテーション農業，p.96 **1**緑の革命，p.98 インディカ種

インドシナ半島の稲作 メコン川・チャオプラヤ川・エーヤワディー川などの大河川の下流に広がる**三角州（デルタ）**地帯で，**インディカ種**を中心とした稲作がさかん。

大部分の地域が熱帯に属する東南アジアでは，欧米諸国によって植民地時代に始められた**プランテーション農業**と，**季節風（モンスーン）**を利用した稲作が，農業の中心となっている。この地域で栽培される稲は**インディカ種**で，自給的な栽培が多いが，タイやベトナム南部などでは輸出向けに栽培されている。

↑**9 メコンデルタの稲作地帯**（ベトナム）
メコンデルタは，ベトナム最大の稲作地帯で，同国における米生産のおよそ半分を占める。2〜4月の春作，5〜9月の秋作，10〜1月の冬作の三期作が行われている。

島嶼部のプランテーション農業 天然ゴムや油やし，バナナやコーヒーなどの**商品作物**のプランテーション農業がさかん。

↑**8 東南アジアの農業地域**

2 タイの稲作と米の輸出　Link▶ p.98 **1**米の生産と流通

19世紀後半に東南アジアですず鉱山やプランテーションの開発が進むと，そこで働く移民労働者が急増し，食料需要も拡大した。これを受けて，タイをはじめ大陸部のデルタ地帯では輸出用の稲作が発展した。タイは米の生産費の低さに加え，**灌漑**の整備，**二期作**の普及，国による品種改良，高級香り米の栽培普及などを背景に，世界有数の米輸出国であり続けている。

用語　浮稲 インドシナ半島のデルタ地帯の一部で栽培される稲。雨季になると水位の上昇に応じて背たけをのばし水没をまぬかれようとする。近年，生産性の低さや食味の悪さから，作付けは減少している。

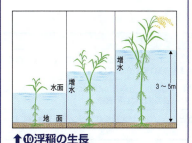

↑**10 浮稲の生長**

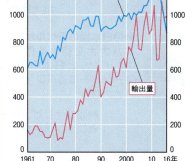

↑**11 タイにおける米の作付面積と輸出量の推移**

↑**12 米の1tあたりの生産費**

3 ベトナムの農業の多角化

社会主義国のベトナムは，1986年から中国の生産責任制をモデルにした**ドイモイ（刷新）**とよばれる市場開放政策を実施し，農業生産の拡大と多角化に成功した。とくにコーヒー豆の生産が急増し，わずか10年ほどでブラジルにつぐ世界有数の産地となった。天然ゴムの栽培面積の増加も顕著である。

Link▶ p.321 **27 28**コーヒー豆の生産・輸出入

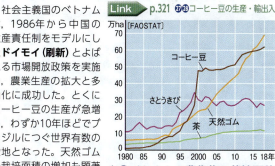

↑**13 ベトナムの農作物の栽培面積の推移**

↓**14 コーヒーの収穫**（ベトナム）

4 天然ゴムと油やしのプランテーション

Link p.95 ⑦熱帯林の中につくられた油やしのプランテーション, p.317 天然ゴム・油やし, p.322 ②パーム油の生産, p.323 ⑰⑱天然ゴムの生産・輸出入

↑①天然ゴムの樹液の採取(タイ)

←②油やしの収穫（インドネシア） 油やしは、収穫後の劣化を防ぐため速やかに搾油されパーム油になる。パーム油は、マーガリンやチョコレート、即席麺などの食品や洗剤、化粧品など身近な製品に使われ、安価な植物油脂として需要が急増している。

*動画撮影地はマレーシア

20世紀初頭に自動車の大量生産が始まると、タイヤの原料である天然ゴムの需要が高まった。イギリスはマレー半島にゴム園を開き、インド人労働者を連れてきて生産を始めた。それ以降、マレーシアは生産量世界一であり続けたが、ゴムの木が老化したことやパーム油の価格が堅調であったことから、1980年代以降、油やしへの転作を進めた。その結果、天然ゴムの生産量は、増産したタイやインドネシアなどに抜かれた。天然ゴムと油やしは、熱帯性の気候が栽培に適することや、収穫直後の加工の必要性など、栽培条件における共通点が多い。

↑③おもな国の天然ゴム生産量の推移

↑④マレーシアとインドネシアのパーム油生産量の推移

5 フィリピンのバナナプランテーション

Link p.95 ④プランテーション農業, p.322 ⑤⑥バナナの生産・輸出入

フィリピンのバナナプランテーションは、ミンダナオ島のダヴァオ北部に集中する。日本市場の成長を見越して、1960年代後半からデルモンテやドール、ユナイテッド・ブランズ、住友商事などの**多国籍企業**が進出した。プランテーションを経営するとともに、地元大地主の農園や小規模農家の農園と栽培契約を結び、集荷や加工、輸出を効率的に行っている。

↓⑤日本のバナナの輸入先の変化

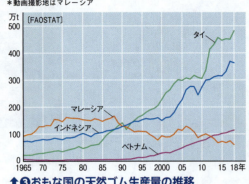

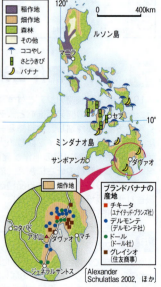

←⑥日本語のラベルが付いた袋にバナナを詰める作業員(左、フィリピン)と日本のスーパーマーケットに並ぶフィリピン産バナナ(右)

→⑦フィリピンの土地利用とプランテーションの分布

東南アジアの農業のまとめ

国	特徴	国	特徴
タ イ	チャオプラヤ川流域の稲作が中心。**米**の輸出量は世界有数。また、**プランテーション**による**天然ゴム**の栽培がさかん。近年では、野菜や果物の生産・輸出も増えている。	インドネシア	棚田などでの稲作のほか、コーヒーや**天然ゴム**の栽培もさかんである。また、**パーム油**の生産は世界第1位(2014年)。
マレーシア	天然ゴムの生産がさかんであったが、ゴム不況と老木化により、油やしの栽培が大幅に増え、世界第2位(2014年)の**パーム油**の生産国になった。	ベトナム	**メコンデルタ**などでの稲作のほか、近年では**コーヒー豆**の生産が大幅に増えている。**米**とコーヒー豆の輸出は世界有数。
		フィリピン	バナナやココやし、さとうきびなどが大規模な**プランテーション**で栽培されている。

108　＋のガイド　インドシナ半島では大河川の三角州地帯で稲作が行われ、タイやベトナムは米の輸出国になっている。ジャワ島やルソン島でも自給的な稲作がさかんで、島の斜面には棚田がみられる。

南アジアの農業

地理力＋プラス 近年，インドでは穀物以外の農産物の生産が増えてきている。その理由をインドの文化的背景と結びつけて考えてみよう。→2

1 南アジアの農業分布

年降水量1000mmの線を境に，東部や海岸部の湿潤地域における稲作と，西部の乾燥地域における畑作に大別することができる。湿潤地域では稲作のほか，アッサム地方やセイロン島の茶，ガンジス川中流域のさとうきび，三角州（デルタ）地帯でのジュートの栽培もさかんである。乾燥地域では，小麦栽培に加え，デカン高原やパンジャブ地方での綿花栽培がさかんである。

↓⑧南アジアの農業地域

Link
- p.55 ③温暖冬季少雨気候区
- p.65 ②レグール
- p.90 ⑥集約的畑作農業
- p.95 ④プランテーション農業
- p.98 ②米の生産をめぐる世界の現状
- p.100 ⑥綿花の生産

↑⑨デカン高原での綿花の収穫（インド）

↑⑩ジュートの収穫（左，バングラデシュ）とジュートからつくられた麻袋（右）

Link p.323 ⑲ジュートの生産

↑⑪アッサム地方での茶の摘み取り（インド）

Link p.324 ⑧⑩牛乳・バターの生産

2 インドの農業生産とその変化

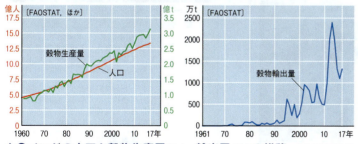
↑⑫インドの人口と穀物生産量（左）・輸出量（右）の推移　1960年代後半から進められた**緑の革命**により，穀物生産量が増加し始め，現在では米の輸出国になっている。

Link p.96 ①緑の革命

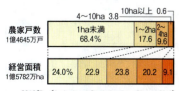
↑⑬インドの農業経営規模

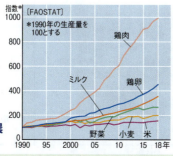
→⑭インドのおもな農産物の生産量の推移

コラム 白い革命

経済成長で中間層が増えたインドでは，2000年以降，鶏肉や卵とともに，ミルクの消費が増加している。酪農協同組合の設立や生産・流通システムの普及によるミルク生産の増加は，**白い革命**とよばれている。インドでは，水牛のミルクがミルクの総生産量の半分以上を占めているのが特徴である。

↑⑮ボトル詰めされるミルク（プネ）

南アジアの農業のまとめ

国	おもな地域	特徴
インド	パンジャブ地方	イギリス統治下から灌漑設備が発達し，**小麦**や**綿花**の栽培がさかん。
インド	デカン高原	**レグール**とよばれる肥沃で保水力の高い黒色土が分布するため，**綿花**の栽培がさかん。とうもろこし，大豆の生産も増えている。
インド	アッサム地方	世界有数の多雨地帯であり，丘陵地では**茶**の栽培がさかん。
バングラデシュ	ガンジス川流域	湿潤なヒンドスタン平原を中心に稲作がさかん。下流域のデルタ地帯では，**ジュート**の栽培が多い。
スリランカ		イギリス統治下で広まった**プランテーション農業**が行われる。**茶**の生産量，輸出量ともに世界有数。

＋プラスのガイド　インドの2大宗教であるヒンドゥー教とイスラームでは，それぞれ牛肉と豚肉がタブーであるため，食の欧米化に伴って鶏肉や卵，ミルクの需要が高まり，生産ものびている。

西アジア・中央アジアの農業

 西アジア・中央アジアで広く栽培されている作物である，なつめやし・綿花に共通する栽培条件は何だろうか。→ 1

1 西アジア・中央アジアの農業分布

乾燥地域が広がるため，水が得にくい地域では家畜の放牧や**遊牧**が中心である。一方，**外来河川**，**湧水**，**カナート**，ポンプを利用した井戸などによって水が得られる**オアシス**などの場所では**灌漑農業**を行い，小麦，なつめやし，綿花，果樹，野菜などを栽培している。

Link p.80 縮小するアラル海，
p.88 2遊牧，
p.90 6集約的畑作農業

灌漑農業 河川の水や湧水を利用し，なつめやし，綿花などを栽培する。

↓❶西アジア・中央アジアの農業地域

遊牧 羊やヤギ，ラクダを連れて，水と草を求めて移動する。成長した家畜を市場で売って現金収入を得る。

↑❷カザフステップでの小麦の収穫(カザフスタン)

↑❸綿花の収穫(ウズベキスタン，2018年)

↑❹デーツ(なつめやしの実)の収穫(パレスチナ)

Link p.322 ❸なつめやしの生産

専門家ゼミ サウジアラビアの近代的農業
Link p.117 ❺センターピボット

サウジアラビアは，国土の大部分が乾燥地域であるために耕地が少なく，食料の輸入国であった。そこで，食料自給をめざした国家主導の農業政策が採用され，**センターピボット**方式の灌漑の導入などにより，穀物や野菜の生産量が著しく増加した。畜産業の発達もめざましく，砂漠の中の牧舎では，エアコンで室温管理を行うなどして，厳しい環境を克服している。

小麦は，1980年代には輸出するまでに増産されたが，地下水の減少を引き起こし，2016年から生産停止とする方針となった。だが，小麦の生産は水資源の消費量が少ないとの新見解が出され，今後の政策は流動的となっている。

〔神戸大学 中村 覚〕

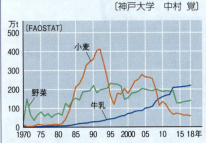
↑❺サウジアラビアの小麦・野菜・牛乳の生産量の推移

↑❻センターピボット方式の灌漑農地でのトマトの栽培(サウジアラビア)

↑❼砂漠の中の乳牛の牛舎(サウジアラビア)

西アジア・中央アジアの農業のまとめ

国	特徴
サウジアラビア	伝統的になつめやしの栽培がさかん。多額の資本を投入して近代的施設を導入し，農業生産を拡大させた。地下水の大量くみ上げによる枯渇が懸念される。
イラン	**カナート**や井戸などを利用した灌漑農業が行われ，小麦や米の生産もみられる。カスピ海の周辺では，ぶどうや柑橘類の栽培も行われている。
イスラエル	**点滴灌漑**など高度な技術を用い，乾燥地で農業を行っている。グレープフルーツなどの柑橘類，野菜，花卉などを生産しており，輸出もさかん。
カザフスタン	**カザフステップ**ではソ連時代から小麦を大規模に生産してきた。綿花やてんさい，じゃがいもの栽培のほか，羊の放牧もさかん。
ウズベキスタン	ソ連時代に，アムダリア川やシルダリア川の水を利用した灌漑により，**綿花**栽培がさかんになった。しかし，それがアラル海の縮小を招いたとされる。
トルコ	地中海性気候の地中海・エーゲ海沿岸では果樹や野菜の栽培がさかん。ステップ気候の内陸部では小麦などの穀物の栽培がさかん。

+のガイド なつめやしは高温少雨の乾燥気候に適し，その実(デーツ)はドライフルーツにして中東地域で広く食されている。綿花も高温に適し，収穫期に乾燥した気候であることが必要な作物である。

アフリカの農業

地理力＋プラス 日本でもよく食されているチョコレート。その原料となるカカオは、アフリカのどのような地域で栽培され、どのような経緯から産地となっているのだろうか。→1 3

1 アフリカの農業分布

Link p.89 3焼畑農業, p.93 7地中海式農業

↓8アフリカの農業地域

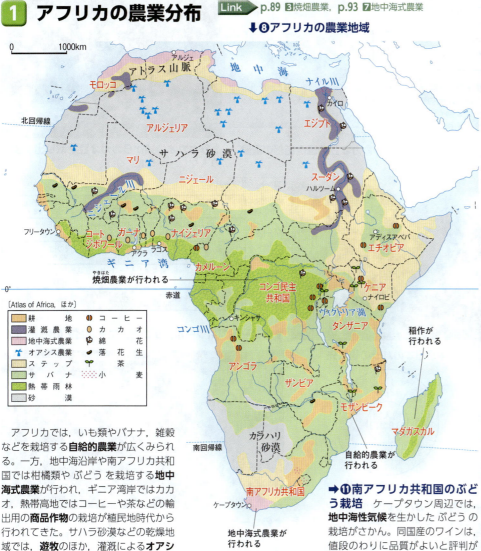

アフリカでは、いも類やバナナ、雑穀などを栽培する**自給的農業**が広くみられる。一方、地中海沿岸や南アフリカ共和国では柑橘類や**ぶどう**を栽培する**地中海式農業**が行われ、ギニア湾岸ではカカオ、熱帯高地ではコーヒーや茶などの輸出用の**商品作物**の栽培が植民地時代から行われてきた。サハラ砂漠などの乾燥地域では、**遊牧**のほか、灌漑による**オアシス農業**や綿花栽培が行われている。

↑9ナイル川沿いに広がる耕地（エジプト）
ナイル川は、砂漠を貫流して海に注ぐ**外来河川**で、エジプトの農業を支えている。

↑10地中海式農業におけるオレンジの収穫（モロッコ）

→11南アフリカ共和国のぶどう栽培　ケープタウン周辺では、**地中海性気候**を生かした**ぶどう**の栽培がさかん。同国産のワインは、値段のわりに品質がよいと評判が高まり、輸出量も増加している。

2 自給的作物の生産

アフリカでは、ヤムいも・キャッサバなどのいも類、きび・ひえ・あわ・もろこしなどの雑穀を自給的に栽培し、主食として食べている。熱帯地域で栽培されるヤムいも以外は乾燥に強く、砂漠周辺でも収穫できる。

ヤムいも 7258万t	ナイジェリア 65.5% / ガーナ 10.8 / コートジボワール 10.0 / ベナン 4.1 / その他 9.6
キャッサバ 2.8億t	ナイジェリア 21.4% / コンゴ民主共和国 / タイ 11.4 / インドネシア 10.8 / ガーナ 7.5 / ブラジル 6.4 / ベトナム 5.8 / 中国 3.5 / その他 33.2
きび・ひえ・あわ 3102万t	インド 37.5% / ニジェール 12.4 / ナイジェリア 8.5 / 中国 7.2 / マリ 5.9 / ブルキナファソ 3.8 / スーダン / エチオピア 3.2 / その他 16.5

-2018年- [FAOSTAT]

↑12おもな自給的作物の生産国

↓13キャッサバの収穫（ガーナ）

↓14焼畑でのひえの収穫（ザンビア）　アフリカの森林地帯では、森の木を伐採して火を入れ、耕地をひらく**焼畑**が行われている。

3 商品作物の生産

Link　p.95 ❹プランテーション農業，p.192 ❷フェアトレード，p.321 ㉔㉗㉛茶・コーヒー豆・カカオ豆の生産

アフリカには，特定の**商品作物**の輸出に依存する**モノカルチャー経済**の国が多い。コートジボワールなどギニア湾岸の国々では，植民地時代から小規模農家によって自給作物との混作でカカオの栽培が行われてきた。エチオピアでは，おもに小規模農家によって生産されたコーヒー豆が輸出品の第1位となっている。一方，ケニアの高原地帯では，**プランテーション**での茶の生産がさかんである。

> **用語　モノカルチャー経済**　限られた種類の一次産品の生産と輸出に依存する経済構造。一次産品とは，農林水産物や鉱産資源など未加工の産品のことであり，国際価格の変動や気候状況・自然災害などの影響を受けやすい。そのため，モノカルチャー経済の国は，経済が不安定になりやすいという課題がある。

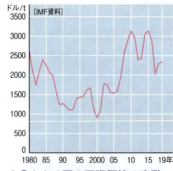

↑❶カカオ豆の国際価格の変動　↑❷カカオの実からカカオ豆を取り出す農家の人々（コートジボワール）

➡❸**茶のプランテーション**（ケニア）　アフリカ大地溝帯周辺の高原は，赤道直下ながら標高が高いために涼しく，ヨーロッパ系（白人）が多く入植して「ホワイト・ハイランド」とよばれた。ここでは，イギリス資本の**プランテーション**で早くから茶の栽培が行われ，独立後の現在も世界的な茶の産地となっている。

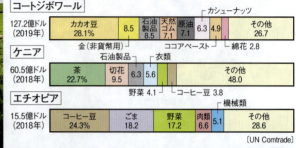

↑❹コートジボワール，ケニア，エチオピアの輸出品目

⬇❻日本のバラの輸入先

←❺**高地でのバラの栽培**（ケニア）　ケニアでは，1980年代から高原の涼しい気候を生かしてバラの生産がさかんになり，航空機でヨーロッパや日本に輸出している。

↑❼**コーヒーの天日干し**（エチオピア）　コーヒーの実を天日で乾燥させたあと，脱穀機にかけて皮や果肉を取り除き，コーヒー豆に精製する。

コラム　マダガスカルに通じた稲の道

Link　p.98 インディカ種

アフリカ大陸の東方に位置するマダガスカルでは，降水の少ない南西部の乾燥地帯を除くほぼ全域で稲が栽培され，同国の最も重要な穀類となっている。

栽培される稲のほとんどは東南アジアで栽培されている稲と同じ**インディカ種**である。また，稲作の技術的要素や稲に関する儀礼なども，インドネシアやマレーシアから10世紀ごろに伝わったと考えられている。東南アジアから遠く離れたマダガスカルで田園風景が見られるのは，インド洋の自然条件を生かした当時の東南アジアの高度な航海術の成果といえる。

↑❽田植えをする女性たち（マダガスカル）

アフリカの農業のまとめ

国	特徴
エジプト	**ナイル川**沿いが農業の中心で，小麦，綿花，なつめやし，野菜類などの栽培がさかん。アスワンハイダムの完成後は肥沃な土壌が供給されなくなった。また，灌漑に伴う塩害が発生している。
エチオピア	コーヒーの原産地であるエチオピア高原で**コーヒー**の栽培がさかん。農業がGDPの4割を占める主要産業だが，農家の大半は小規模である。
ケニア	植民地時代，イギリス資本により**プランテーション**での**茶**の生産が始められた。近年，茶の輸出量が急増し，世界有数の輸出国となった。バラなどの花卉や野菜類の輸出も増えている。
コートジボワール ガーナ ナイジェリア	高温多雨な沿岸部では，3か国で世界生産の6割（2014年）を占める**カカオ豆**のほか，油やし，天然ゴムの生産がさかん。乾燥した内陸部では，換金用に落花生が栽培されている。
南アフリカ共和国	ケープタウン付近では**地中海式農業**が行われ，柑橘類やぶどうの栽培がさかん。内陸の高原では，小麦栽培と牧羊の混合農業が行われている。

+のガイド　アフリカのギニア湾岸は，高温多雨な気候がカカオの栽培に適していたため，ヨーロッパの植民地時代にチョコレート原料の供給地とされ，コートジボワールやガーナが一大産地となっている。

ヨーロッパの農業

地理力プラス ヨーロッパは食文化の栄えた地域であり、食文化と農業は密接なつながりがある。イタリアやドイツの食文化を農業の視点から考えてみよう。→①

1 ヨーロッパの農業分布

Link p.91〜93 商業的農業, p.99 ③小麦の生産と流通

三圃式農業に起源をもち、気候や市場などの条件によって分化・発展した**混合農業・酪農・園芸農業**と、二圃式農業から変化した**地中海式農業**とがある。いずれも、農耕と牧畜とが密接に結びつき、輪作を行って地力を維持させる点に特徴がある。EUによる**共通農業政策**の下で農業の保護と振興をはかってきたが、過剰生産や補助金による財政の悪化、貿易の自由化を求める外圧などにより改革が進められている。

↓⑨ヨーロッパの農業地域

凡例：
- 混合農業
- 酪農
- 畑作地
- 地中海式農業
- 森林・その他
- ぶどう
- オリーブ
- 柑橘類
- てんさい

〔Alexander Kombiatlas 2003, ほか〕

↑⑩チューリップなどの花卉の栽培（オランダ）

↑⑪丘陵地に広がるぶどう畑（イタリア）

コラム　フィヨルドを生かした養殖業

ノルウェーは、日本と同様に水産業がさかんな国だが、その形態はこの30年で大きく変化している。1970年代半ばのノルウェーでは、過剰な漁獲による水産資源の減少が問題になっていた。そこで漁獲量制限の徹底、大規模な養殖の普及、加工や流通の近代化などの改革が行われ、新鮮な魚を衛生的に、早くヨーロッパ各国や日本へ出荷できるようになった。大規模な養殖は、波がおだやかな**フィヨルド**の特性を利用したもので、魚を大量かつ安定的に供給することに一役買っている。日本に輸入されるさけ・ますの多くはチリ産だが、生鮮冷蔵品はノルウェー産が圧倒的なシェアを占めており、すし種や刺身用として日本の消費者の人気を得ている。

Link p.29 ⑩フィヨルド, p.127 ③日本の水産物輸入

↑⑫フィヨルドにつくられたさけの養殖場（ノルウェー）

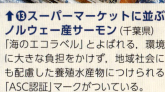

↑⑬スーパーマーケットに並ぶノルウェー産サーモン（千葉県）
「海のエコラベル」とよばれる、環境に大きな負担をかけず、地域社会にも配慮した養殖水産物につけられる「ASC認証」マークがついている。

2 国によって異なる農業経営と農業生産

農家1戸あたりの農業生産額を比べると、園芸農業や酪農を行うオランダ、デンマーク、ベルギーが高く、広い耕地で生産性の高い農業を行うドイツなどが続く。とくにオランダは、経営規模は大きくないが、収益性の高い乳製品や肉類、野菜類の生産が多いため、農家1戸あたりの農業生産額は高い。一方で、南ヨーロッパは気候の関係から果樹栽培が中心になるため、また東ヨーロッパは市場から遠く農業の近代化が遅れたため、ともに農家1戸あたりの農業生産額は低い。

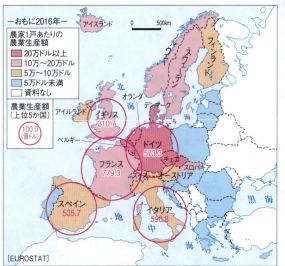

➡①農家1戸あたりの農業生産額

↑②大規模な畑での小麦の生産（フランス、ルアン近郊）

	全穀類	小麦	いも類	野菜類	果実類	肉類	牛乳乳製品
イタリア	63	62	57	146	108	74	81
スペイン	53	47	66	191	137	140	84
フランス	170	187	136	72	62	100	118
ドイツ	112	131	121	46	27	112	118
オランダ	9	15	202	328	38	228	203
イギリス	94	97	90	46	10	72	90
スウェーデン	132	124	87	37	5	71	91
アメリカ合衆国	119	148	103	87	73	113	112
日本	28	16	73	79	38	52	59

※日本のみ2019年、ほかは2017年の自給率〔令和元年度 食料需給表〕

↑③おもな国の品目別食料自給率

3 EUの共通農業政策とその課題

Link▶ p.193 貿易の自由化と経済連携、p.257 ⑥ヨーロッパ連合（EU）の発展

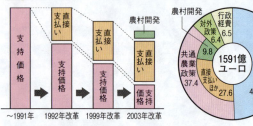

↑④共通農業政策の変遷（左）と予算の内訳（右）

EU諸国では、生産性の低い地域を基準に統一価格を設定して農産物を買い支える一方、課徴金をかけて域外からの輸入を制限することで、域内の農産物の自給率を高めてきた。しかし、こうした価格支持政策は生産過剰におちいりやすく財政負担が大きいうえ、世界的な貿易自由化の推進によって農業生産に対する補助金が規制されたため、EUでは直接支払い制度へと政策を移行させてきた。これは、価格支持の廃止による農家赤字を所得へと補填する政策への転換であり、その補助金名目は農村景観の維持や環境の保護、または農業に限らず農村におけるさまざまな取り組みに対する支援などとされるようになった。一方で、補助金受給には環境に配慮した農業のための規則を守ることが義務となり、農家の自由な経営が阻害されたり、それらの対応に多くの時間が費やされたりすることなどが問題化している。

コラム 伝統や産地を守るEUの品質認証制度

日本でもよく知られているウイスキーのスコッチやワインのシャンパンという名称は、それらが伝統的な製法によってつくられてきたヨーロッパの産地名にちなんだブランド名である。

EUは製品の品質を維持するために、1992年に欧州委員会によって規定された規則にもとづき、これまで自由に使われていたこれらの名称を、決められた製法基準を満たした製品のみが名のれるようにした。この規則は①原産地呼称保護制度（PDO）、②地理的表示保護（PGI）、③伝統的特産品保証（TSG）という三つからなる。今もEU域内外の製品が入手できるなかで、消費者は保証された品質の製品を購入することができ、生産者は伝統的な製法を守りながら、さらなる品質の向上や産地の経済発展に貢献できるというメリットがある。

↑⑤PDOマーク
➡⑥PDOマークなどの品質認証マークがつけられた製品

©European Union, 1995-2021

ヨーロッパの農業のまとめ

Link▶ p.322 ⑦⑪⑭⑯オリーブ・ぶどう・ワイン・ビールの生産

国	特徴	国	特徴
イギリス	比較的大規模な農業経営が行われている。かつてEUの共通農業政策により食料自給率が上昇した。EUを離脱し、自由貿易協定による活発な農産物の流通が期待されている。	オランダ デンマーク	冷涼な気候を生かした酪農が中心で、乳製品の輸出が多くなっている。またオランダでは園芸農業、デンマークでは畜産もさかんである。
ドイツ	農業の経営は中規模で、生産性の高い農業となっている。家畜飼育と作物栽培が有機的に結びついた混合農業がさかんであり、ハムやソーセージなどの畜産製品、大麦を原料としたビールなどの生産が多い。	ギリシャ スペイン ポルトガル	地中海式農業の地域であり、ぶどうやオリーブを中心とした果樹栽培がさかんである。ドイツやイギリスなどへの果実・野菜の輸出が多い。
フランス	小麦の生産をはじめとしたEU最大の農業国。EUの共通農業政策の恩恵を最も受けてきた国であるが、EUへの財政圧迫による共通農業政策の見直しが進められるなか、見直しへの反対運動が最も活発な国ともなっている。	ノルウェー スウェーデン フィンランド	国土の多くを森林が占めており、林業がさかんである。またノルウェーは、にしん・たら漁を中心とするヨーロッパ有数の漁業国で、フィヨルドを利用したさけなどの養殖もさかん。
イタリア	北部は混合農業が中心で、ポー川流域では稲作もさかん。南部は地中海式農業が中心で、果実のほかにも灌漑地域における野菜栽培がさかんである。	東ヨーロッパ諸国	混合農業が中心であるが、西ヨーロッパと比較して自給的な性格が強い。ポーランドなどの北側の地域では、寒冷な気候に強いライ麦の栽培が多い。ブルガリアは香水などの原料となるバラの栽培がさかん。

ロシアと周辺諸国の農業

地理力＋ ロシア農業に欠かせないダーチャとは，どのようなものだろうか。また，このダーチャでは，どのような作物が栽培されているのだろうか。→❶

1 ロシアと周辺諸国の農業分布

Link p.94 ❶企業的農業の分布，p.99 ❸小麦の生産と流通

高緯度に位置するロシアは，冬の寒さや日照時間の短さなど農業に一定の制約がある。モスクワ周辺やベラルーシでは混合農業や酪農，ウクライナやロシアの**黒土地帯**では小麦などの穀物栽培がさかんである。ソ連時代には**集団農業**が行われていたが，企業や組合，個人による農業へと変化している。

用語 黒土地帯 ウクライナからロシア南西部にかけて，**チェルノーゼム**とよばれる肥沃な黒土が広がり，世界的穀倉地帯になっている。

Link p.65 黒土

↓❼ロシアと周辺諸国の農業地域

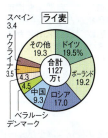
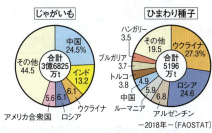
↑❽ライ麦・じゃがいも・ひまわり種子の生産国

↓❿ひまわりの種子からつくられた食用油

↑❾一面に広がるひまわり畑（ウクライナ）
ひまわりは種子から食用油をとるために栽培されている。

専門家ゼミ 三つの農業形態と穀物生産の拡大

現在のロシア農業は，大規模会社農場である「農業組織」，自宅付属地・ダーチャなどでの小規模自給経営である「住民経営」，個人独立農場である「農民（フェルメル）経営」によって担われている。このうち，「農業組織」は機械化作業中心の農産物を，「住民経営」は労働集約的な農産物を生産しており，相互補完的な関係にある。ロシアは，経済体制の転換により農業不振におちいったが，内需拡大と政府支援の再開により生産を回復させ，世界的な穀物輸出国となっている。1990年代には資金不足から農業技術が簡素化したが，2000年代以降には新規投資により「農業組織」を中心に農業生産の近代化が進展した。最近では，発展する南部の穀物生産地帯および大都市周辺の近郊農業地帯と辺境地域間の格差拡大が問題となっている。
〔専修大学　野部 公一〕

↑⓬ロシアの作物別経営形態　↑⓭ロシアの小麦輸出量の推移

↑⓫ダーチャでの野菜栽培（ロシア，サンクトペテルブルク）ソ連時代から一般市民が都市郊外にもつ別荘。菜園付きで食卓を支えてきた。

＋のガイド ダーチャは，ロシアのほとんどの家庭が所有しているといわれる菜園付き別荘。じゃがいもや野菜の大半がダーチャで栽培され，ソ連解体後の食料不足の時期にも人々の生活を支えた。

ロシアと周辺諸国の農業のまとめ

国	特徴
ロシア	ロシア南部〜シベリア西部の**黒土地帯**では小麦の大規模栽培，その北側では混合農業や酪農がさかん。寒くて農耕が困難な北極海沿岸では，トナカイの遊牧が行われている。
ウクライナ	黒土地帯は小麦の大規模栽培がさかんで「世界のパンかご」ともよばれる。てんさいやひまわりの生産量も多く，首都のキエフ以北では混合農業もさかんである。
ベラルーシ	ライ麦やじゃがいもなどの生産が多く，酪農もさかん。ソ連時代からの集団農業が現在もみられる。

アングロアメリカの農業

地理力＋ とうもろこしは，アメリカ合衆国のどのあたりで生産されているのだろうか。また，食用や飼料以外にどのような用途でとうもろこしが利用されているのだろうか。→145

1 アングロアメリカの農業分布

↓①アングロアメリカの農業地域　Link p.94～95 企業的農業，p.97 ③穀物メジャー

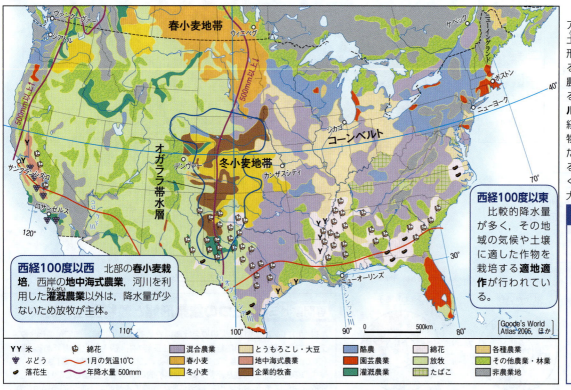

アングロアメリカ，とくにアメリカ合衆国では，気候や土壌などに応じて農業地域が形成され**適地適作**がみられる。西経100度を境に東西で農業地域の分布は大きく異なる。東側のなかでも**コーンベルト**では企業的混合農業，西経100度付近では企業的穀物・畑作農業が行われる。また，**アグリビジネス**とよばれる農業関連産業が発達し，とくに**穀物メジャー**は世界的に大きな影響力をもっている。

西経100度以西 北部の**春小麦栽培**，西岸の**地中海式農業**，河川を利用した**灌漑農業**以外は，降水量が少ないため放牧が主体。

西経100度以東 比較的降水量が多く，その地域の気候や土壌に適した作物を栽培する**適地適作**が行われている。

用語　適地適作
その土地に最も適した作物を選んで栽培すること。アメリカ合衆国のように企業的な農業が行われている地域では，自然条件に市場価格などの社会条件も加味して栽培する作物が決められる。広範囲で同じ作物が栽培されるため，生産費や労働力を最小限に抑えることができる。

2 おもな農産物の生産地域

小麦生産は，ロッキー山脈の東の**グレートプレーンズ**，**プレーリー**にかけての肥沃な黒土が分布する地域でさかん。とうもろこし・大豆は**コーンベルト**で，綿花は南部のテキサス州で生産が多い。

−2019年−〔USDA資料〕　**↑②おもな農産物の生産上位州**

3 カリフォルニア州の農業

Link p.266 ⑥ 収穫作業を行うヒスパニック

カリフォルニア州は温暖な**地中海性気候**の下，市場への近接性を生かして付加価値の高い農産物を生産し，アメリカ最大の農業生産額をあげている。

とくにセントラルヴァレーでは，大規模灌漑を利用して，米や野菜，柑橘類・ぶどうなど，多様な農産物を生産している。これらの農産物は，会社組織の大農園や企業的な借地農園で生産される。メキシコとの国境に近いこともあり，労働力は**ヒスパニック**の低賃金季節労働者に依存している。

→③セントラルヴァレーの灌漑と農業

4 土壌侵食と等高線耕作

↑④土壌侵食が生じた耕地(左)**と等高線耕作**(右)(アメリカ合衆国)
アメリカ合衆国では，大型農業機械や過度の灌漑用水の使用などによって，風雨による土壌侵食が生じやすくなり，各地で問題になっている。その対策として，等高線に沿って帯状に作物を作付けする**等高線耕作**が行われてきた。

5 センターピボット灌漑の普及と肉牛肥育地の変化

アメリカ合衆国は世界最大の牛肉生産国である。1960年代は西部での子牛生産，中西部での育成，**コーンベルト**での最終肥育という分業体制がとられており，肉牛の飼育はおもにコーンベルトでさかんであった。現在は，**グレートプレーンズ**がアメリカ最大の肉牛飼育地となっている。グレートプレーンズ周辺に主要飼育地が移動した背景には，**アグリビジネス**の存在と**灌漑農業**の発達，地下水の存在がある。肥沃なグレートプレーンズでは伝統的に小麦生産が行われてきたが，高需要で高収益を見込める牛肉への事業転換が**穀物メジャー**によって進められた。また，この地域では1960年代以降，地下水を利用した**センターピボット**灌漑が発達し，家畜飼料が大規模に生産されるようになったため，牛の飲料水となる豊富な地下水の存在とともに畜産が発達する環境が整った。こうして今やグレートプレーンズは，大規模な**フィードロット**が集中する肉牛の一大肥育地となっている。

←⑥肉牛の飼育地の変化

↑⑤センターピボット灌漑の円形農地に囲まれたフィードロット（上，テキサス州）と散水するスプリンクラー（下）

Link p.101 ⑦牛の分布と牛肉の生産

6 とうもろこし生産とバイオエタノール需要

2007年以降，世界のとうもろこし価格は高騰を続けており，それ以前と比べると，2倍以上の価格となっている。価格高騰が続いている原因として，**バイオエタノール**の精製に使用されるとうもろこしが激増して，投機対象となっていることがあげられる。

2019年時点で，アメリカ合衆国で生産されたとうもろこしの3割が同国内でバイオエタノールの精製に使用されている。この結果，食料や飼料用にふり分けられるとうもろこしの供給量が減って，とうもろこし価格の高騰が起こり，世界の食品工業や畜産業界などに大きな影響を及ぼしている。

↑⑦アメリカ合衆国のとうもろこし需要の内訳

←⑧工場で精製されたとうもろこし原料のバイオエタノール（アイオワ州）

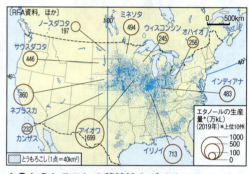
↑⑨とうもろこしの栽培地とバイオエタノールの生産量

Link p.100 ⑤とうもろこしの生産と流通

アングロアメリカの農業のまとめ

Link p.265 ⑪タウンシップ制

＊ホームステッド法とは，開拓民が5年間定住して開墾にあたった場合，連邦政府から160エーカー（約65ha）の公有地を無償で獲得できる制度。1862年に成立，1976年に廃止。

	農業地域	自然条件	社会条件	おもな作物・家畜	栽培・生産の特色	おもな地域
カナダ	企業的穀物・畑作農業	アメリカ合衆国の小麦地帯から続く肥沃な黒土。年ា降水量250〜500mm。	産業革命以後のヨーロッパでの食料需要の増大。大陸横断鉄道の開通。	春小麦が中心。企業的牧畜による肉牛の飼育も行われる。	大規模で機械化され，耐寒品種の**ガーネット種**や乾燥農法を採用。	平原3州（マニトバ・サスカチュワン・アルバータ州）
アメリカ合衆国 北東部	酪農地帯	氷食を受けたやせた土壌。牧草・飼料作物の生育には適する。	北東岸・五大湖周辺の大都市が市場。内陸部から安い農産物が供給され穀物の割合は低下。	酪農地帯東部では牛乳，中部ではバター，西部ではチーズの生産が多い。	50ha以上の経営。搾乳機などの機械の普及。舎外飼育は4〜10月（半年）。	ニューイングランド地方，五大湖沿岸（ウィスコンシン州など）
アメリカ合衆国 中西部	とうもろこし・大豆地帯（コーンベルト）	夏の平均気温20℃以上，生育期間の月平均降水量100mm前後。プレーリー土が褐色森林土。	**タウンシップ制**を基盤に**ホームステッド法**＊によって典型的自作農が育った。現在は企業化が進行中。	とうもろこし，豚の飼育，肉牛の肥育を組み合わせた混合農業。大豆・えん麦と3年輪作。	20〜80haの経営農家が多い。家族労働中心で機械化が進んでいる。	オハイオ・インディアナ・イリノイ・アイオワの4州中心
アメリカ合衆国 中西部	企業的畑作農業 春小麦 冬小麦	ロッキー山脈の東ろくにある**グレートプレーンズ**から**プレーリー**にかけての肥沃な黒土。年降水量500〜750mm。	産業革命後，ヨーロッパ・北米東岸の都市で食料需要が増大したことによる。大陸横断鉄道の開通。	夏作（とうもろこし・大豆）と春小麦の輪作。もろこし（ソルガム）・牧草・とうもろこしとの輪作。	100haをこえる経営規模。春小麦地帯では400haにも達し，大型機械化による大農法。ガーネット種も導入。	ノースダコタ・サウスダコタ・モンタナ州 カンザス・オクラホマ・ワシントン・モンタナ州
アメリカ合衆国 南部	綿花地帯（コットンベルト）	北限：年200日の無霜日 南限：秋季降水250mm以下 西限：年降水量500mm以下	イギリス綿工業の原料供給地として黒人奴隷労働の下で発展。	近年，綿花から，大豆・とうもろこしと肉牛の混合農業に変容。	地力低下，土壌侵食，激しい虫害により綿花栽培減少。	ジョージア・アラバマ・テキサス・ミシシッピ州など
アメリカ合衆国 南部	園芸農業	亜熱帯気候 温暖湿潤気候	トラック・冷蔵輸送の進歩による輸送園芸。	野菜・果実	露地栽培のほか，促成栽培による早期出荷。	フロリダ半島の大都市近郊
アメリカ合衆国 西部	企業的牧畜	グレートプレーンズを中心に年降水量500mm以下。	産業革命による大都市消費市場の拡大。大陸横断鉄道の開通。	**フィードロット**により牛を肥育し，大規模工場で食肉を生産。	数千・数万ha規模の大牧場で，粗放的な経営が行われる。	グレートプレーンズ（テキサス州など）
アメリカ合衆国 西部	地中海式農業	地中海性気候	トラック，航空機，鉄道により，東部大都市へ野菜や果物を供給。	牛肉などの畜産物や綿花の生産と**アグリビジネス**による野菜・果実の生産。	近代的灌漑設備，機械化。収穫作業などはヒスパニックが担う。	カリフォルニア州（セントラルヴァレー中心）

＋のガイド　とうもろこしは，おもにアメリカ合衆国中西部のコーンベルトで栽培されている。近年，アメリカ産とうもろこしの4割（2013年）がバイオエタノールの精製に使用されている。

ラテンアメリカの農業

地理力＋ ブラジルは、大豆・とうもろこしの輸出量において、2013年にアメリカ合衆国を抜き世界第1位となった。農産物貿易におけるブラジルの躍進の背景には何があるのだろうか。→ 3

1 ラテンアメリカの農業分布

ラテンアメリカでは、スペインやポルトガルによってもち込まれた**大土地所有制**の下、大農園が営まれてきた。熱帯の海岸付近では**プランテーション農業**が、アルゼンチンを中心とした**パンパ**では小麦栽培や肉牛の放牧が大規模に行われている。コーヒーで有名なブラジルでは、新たな開拓地で大豆などが大規模に生産されている。一方、アンデスの高地やアマゾンの密林地域には、先住民による自給的農業も残っている。

↓❶ラテンアメリカの農業地域

↑❷ドールのバナナ選果場(エクアドル) エクアドルでは、多国籍企業によるバナナのプランテーション農業が行われている。

プランテーション農業 キューバやブラジルのさとうきび、ブラジル、コロンビアのコーヒー、エクアドル、パナマのバナナ農園が代表的。
Link p.95
❹プランテーション農業

伝統農業 アンデスの高度に応じた農業とアマゾン川流域での**焼畑農業**。
Link p.61 ❽高度による作物の変化

パンパの農牧業 年降水量550mmを境に**湿潤パンパ**と**乾燥パンパ**に分けられる。前者では混合農業や小麦栽培、後者では羊の放牧がさかん。
Link p.87 ❽湿潤パンパでの小麦の収穫

↑❸じゃがいもを収穫するアンデスの先住民(ペルー)
Link p.216 ❻チューニョづくり

↑❹大型機械でのコーヒーの実の収穫(ブラジル)

2 ラテンアメリカの大土地所有制

用語 **大土地所有制** 大規模な農園に多くの労働者を雇い、農園主の管理下で行われる農業経営のこと。ラテンアメリカには、植民地時代にスペインやポルトガルによってもち込まれた。大農園を総称して**ラティフンディオ**というが、各国でよび方が異なり、メキシコ、ボリビア、ペルー、チリでは**アシエンダ**、アルゼンチンでは**エスタンシア**、ブラジルでは**ファゼンダ**とよばれる。20世紀に入り、農地改革によって制度上は順次廃止されていったが、現在でもきわめて少数の地主により存続している。

↑→❺エスタンシアの放牧地で牛を追うガウチョ(上、アルゼンチン)とアルファルファ(右) ガウチョは南米で牧畜業に従事する労働者。**アルファルファ**はマメ科の牧草で、飼料となるほか、地力の回復にも役だつ。

→❻パンパの大農園(模式図) 農園では、小麦やとうもろこしなどの穀物とアルファルファが**輪作**され、肉牛が放牧されている。

3 ブラジルの農業の変化

Link ▶ p.96 ❷遺伝子組み換え作物の展開, p.143 ❸バイオマスエネルギーの普及, p.320 ⓮大豆の生産, p.321 ㉑さとうきびの生産

ブラジルの農業は北東部の**さとうきび**栽培から始まり、19世紀半ばにはコーヒーの**プランテーション**が確立した。1970年代末から不毛な土地であった**セラード**が日本の援助を受けて開発され、一大農業地域へと変化をとげた。ここでは、栽培が容易な遺伝子組み換え大豆が**穀物メジャー**によって大規模に生産されており、中国をはじめ世界各国に輸出されている。このほか、**バイオエタノール**の原料として注目される さとうきび、鶏肉においても、ブラジルは世界有数の生産・輸出国となっている。

➡❾サントス港で穀物運搬船に積み込まれる輸出用の大豆（ブラジル）

⬇❽ブラジルのセラードにおける大豆栽培

⬇❼大豆の大規模な収穫（ブラジル、マットグロッソ州）

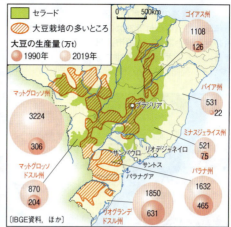

↑❿さとうきびからバイオエタノールを精製する工場（ブラジル、サンパウロ）　バイオエタノールだけでなく、砂糖を生産する工場を併設しているところもある。

↑⓫ブラジルの さとうきびとエタノールの生産量の推移

↑⓬輸出用の鶏肉工場（ブラジル、マットグロッソドスル州）

専門家ゼミ　急増する南アメリカの大豆生産

南アメリカは、2018年現在、世界全体の大豆生産量の約半分を生産する世界最大の大豆生産地域である。なかでもブラジルとアルゼンチンの大豆生産量の増加は著しく、2018年の生産量は第1位のアメリカ合衆国に次いで、ブラジルが世界第2位、アルゼンチンが第3位となっている。

ブラジルの急速な大豆栽培発展の背景には、国家プロジェクトによる大規模機械化農業の実現、酸性土壌の改良、熱帯に適した栽培品種の改良、病虫害に強い遺伝子組み換え大豆の導入、穀物メジャーの進出、輸送インフラの整備などがある。一方で、天候不順、病害虫、穀物メジャーの価格操作などによる不安定な農業経営、農薬や肥料の大量投与による環境汚染、大規模な森林破壊などの諸問題も認められる。また、世界の大豆輸入量の6割（2018年）を占める中国をはじめとした各国・企業間の激しい大豆争奪競争も生じている。　〔立教大学　丸山浩明〕

Link ▶ p.97 ❹グローバル化する世界の農業, p.100 ❺大豆の生産と流通

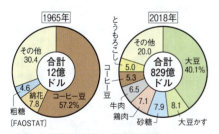

↑⓭ブラジルの輸出農産物の変化

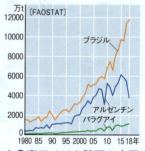

↑⓮南アメリカ諸国の大豆生産量の推移

ラテンアメリカの農業のまとめ

Link ▶ p.271 ❷南北と標高で異なる気候

国	特徴	国	特徴
ブラジル	広大な農地を利用した大規模農業で、穀物、野菜、畜産、果樹、**コーヒー**や**さとうきび**などの工芸作物など、多様な農業生産が展開されている。日系農業移民も多く、近年は**セラード**地帯での**大豆**生産の拡大が著しい。	メキシコ	**とうもろこし**の生産が多く、北部では小麦も生産されている。豆類、野菜、果樹の生産も多い。
		キューバ	**さとうきび**、柑橘類、たばこ、コーヒーなどを栽培。社会主義国であるため、政府が生産物の大半を買い入れている。
アルゼンチン	**パンパ**では、**小麦、とうもろこし、大豆**などの栽培と**牛**、馬、羊の放牧などが行われている。そのほか、おもに北西部では たばこの栽培、アンデス山脈東麓では ぶどう などの栽培、**パタゴニア**地方では羊の放牧が行われている。	エクアドル	熱帯地方特有の**バナナ**、カカオ豆、コーヒー豆、さとうきびが主要な産物であり輸出商品でもある。
		ペルー	山岳地帯では伝統的な畑作農業とリャマやアルパカなどの牧畜が、アマゾン川流域ではコーヒーなどの栽培が行われている。

➕のガイド　ブラジルは、かつてコーヒーと さとうきびのプランテーション農業が主体だったが、大規模開発が行われたセラードに穀物メジャーが進出したことにより、世界の農業大国の一つに成長した。

オセアニアの農業

地理力プラス 南半球の農業先進国オーストラリアとニュージーランドは，小麦や肉類，酪農品などの生産・輸出がさかんな国であるが，北半球の農業先進国との違いは何だろうか。→ 1 2 3

1 オセアニアの農業分布

Link p.94 ①企業的農業の分布，p.99 ③小麦の生産と流通，p.275 ②気候

オーストラリアでは，降水量によって農業の形態がかわる。乾燥した地域では羊や牛の放牧，年降水量500mm付近では企業的な穀物生産と羊の放牧を組み合わせた混合農業，大都市近郊では酪農や園芸農業がさかんである。一方，大陸南部の地中海性気候の地域では，ぶどうの栽培やワイン製造もさかんである。

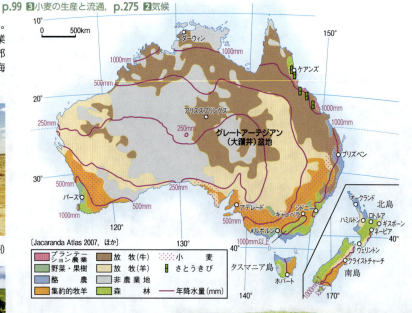
↓❶オーストラリアとニュージーランドの農業地域

↑❷内陸部での牛の放牧(オーストラリア，サウスオーストラリア州)

↑❸オーストラリア南部での羊の放牧(ヴィクトリア州)

→❹グレートアーテジアン盆地の地下水のようす 被圧地下水層まで達する**掘り抜き井戸**(鑽井)を掘り，水を得ている。当初は自噴していたが，現在はポンプでくみ上げることが多い。

Link p.44 ③地下水の利用

2 牛と羊が支えるニュージーランドの農牧業

Link p.101 ⑨羊の分布と羊毛の生産

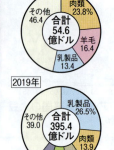
↑❺ニュージーランドの輸出品目の変化

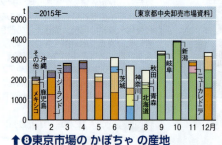
↑❻北島でさかんな酪農(ロトルア近郊)
↑❼乳製品の加工工場(ハミルトン)

ニュージーランドは，人口の数倍の羊がいる牧羊大国である。とくに毛・肉兼用種である**コリデール種**の飼育がさかんであり，羊を誘導して放牧を手伝う牧羊犬が大きな役割を担っている。19世紀末に冷凍船が発明されたことにより，イギリスをはじめとするヨーロッパ諸国への輸出用に肉類や乳製品の生産が増えた。その後，イギリスとの結びつきが弱まったことで，輸出相手国は環太平洋地域に変化し，輸出品目も多様化している。

Link p.318 羊

3 端境期を利用したオセアニア諸国の農業

オセアニアでは，北半球と季節が逆であることを利用した農業がさかんである。日本では，夏が旬の**かぼちゃ**は，国内産の流通量が少ない冬から春にかけての端境期に，ニュージーランド産が増える。オーストラリア産アスパラガスも同様の例である。

↑❽東京市場の**かぼちゃ**の産地

↑❾輸出用のかぼちゃの収穫(ニュージーランド，ギスボーン)

オセアニアの農業のまとめ

国・地域	特徴
オーストラリア	乾燥地域では毛用種の**メリノ種**を中心とした羊や牛の放牧がさかん。年降水量500mm付近では羊の放牧と小麦の栽培を行う混合農業，南東部の大都市近郊では酪農や野菜・果樹の栽培がさかん。
ニュージーランド	南島の東部は偏西風の風下で降水量が少なく，羊の放牧と組み合わせた混合農業がさかん。羊は毛・肉兼用種である**コリデール種**が中心。北島の西側は降水量が多く，酪農がさかんである。
太平洋の島々	主食となる**キャッサバ**や**タロいも**など，自給用作物の栽培が中心。トンガやフランス領のニューカレドニア島では，北半球の端境期にかぼちゃを輸出している。

プラスのガイド オーストラリアとニュージーランドは欧米諸国と比べて人口が少なく，国内消費量も少ないため，北半球の端境期をねらって出荷できる強みなどを生かし，農産物の大部分を輸出している。

日本の農業

地理力＋プラス　日本の農業は食料自給率の低下，農業人口の減少などの問題を抱えているが，農業を発展させるための取り組みもみられる。どのような取り組みが行われているのだろうか。→5 6

1 地域色豊かな日本の農業

日本の農業は稲作が中心であるが，地形や気候，大都市からの距離などの地域の条件に合わせて，野菜・果樹の栽培や畜産もさかんである。

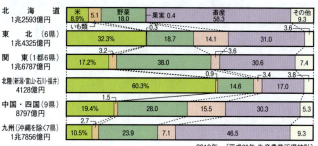

地域	米	いも類	野菜	果実	畜産	その他
北海道 1兆2593億円	8.9%	5.1	18.0	0.4	58.3	9.3
東北（6県）1兆4325億円	32.3%	0.3	18.7	14.1	31.0	3.6
関東（1都6県）1兆6787億円	17.2%	3.2	38.0	3.6	30.6	7.4
北陸（新潟・富山・石川・福井）4128億円	60.3%	1.5	14.6	0.9	17.0	3.4 3.8
中国・四国（9県）8797億円	19.4%	2.7	28.0	15.5	30.3	5.3
九州（沖縄を除く7県）1兆7856億円	10.5%	23.9	7.1	46.5	9.3

—2018年—〔平成30年 生産農業所得統計〕

↑⑩おもな農業地域の農業産出額の内訳

↑⑪水田が広がる越後平野（新潟県） 耕地整理や農作業の機械化，コシヒカリに代表される銘柄米の開発などが進められた結果，全国有数の米の生産地となっている。

米を貯蔵しておくカントリーエレベーター

←⑫地域別の農業の特色

Link p.122 ③日本の稲作の転換，共通テスト対策(p.300)

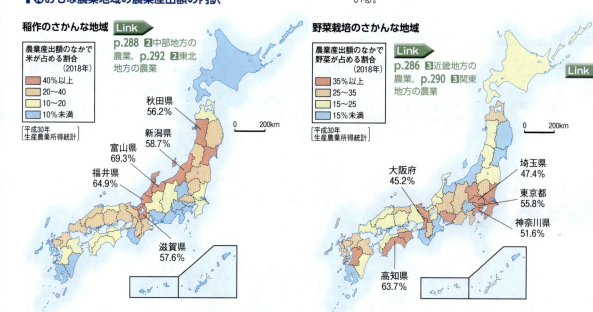

稲作のさかんな地域
Link p.288 ②中部地方の農業，p.292 ②東北地方の農業

農業産出額のなかで米が占める割合（2018年）
- 40%以上
- 20〜40
- 10〜20
- 10%未満
〔平成30年生産農業所得統計〕

秋田県 56.2%
新潟県 58.7%
富山県 69.3%
福井県 64.9%
滋賀県 57.6%

野菜栽培のさかんな地域
Link p.286 ③近畿地方の農業，p.290 ③関東地方の農業

農業産出額のなかで野菜が占める割合（2018年）
- 35%以上
- 25〜35
- 15〜25
- 15%未満

大阪府 45.2%
埼玉県 47.4%
東京都 55.8%
神奈川県 51.6%
高知県 63.7%

↑⑬白菜の収穫（茨城県，結城市）

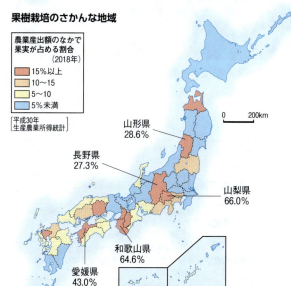

果樹栽培のさかんな地域

農業産出額のなかで果実が占める割合（2018年）
- 15%以上
- 10〜15
- 5〜10
- 5%未満
〔平成30年生産農業所得統計〕

山形県 28.6%
長野県 27.3%
山梨県 66.0%
和歌山県 64.6%
愛媛県 43.0%

畜産のさかんな地域

農業産出額のなかで畜産物が占める割合（2018年）
- 40%以上
- 30〜40
- 20〜30
- 20%未満
〔平成30年生産農業所得統計〕

北海道 58.3%
岩手県 59.0%
宮崎県 64.4%
鹿児島県 65.2%
沖縄県 45.4%

Link p.286 ③近畿地方の農業，p.292 ②東北地方の農業

Link p.282 ③九州地方の農業，p.294 ③北海道地方の農業

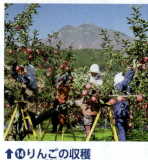

↑⑭りんごの収穫（青森県，弘前市）

↑⑮機械化された搾乳（北海道，標茶町）

2 世界と比べた日本の農業生産

Link p.129 ④日本の食料問題, p.195 ⑤国内供給に占める輸入資源・食料の割合

　国土の約3分の2を森林が占め，人口密度が高い日本では，多くの労働力や肥料を投入し，狭い耕地でも高い生産量を得る努力を続けてきた。その結果，生産コストはかかるが，**土地生産性**や単位面積あたりの**農業産出額**はきわめて高くなった。一方，近年は海外から安い農産物の輸入が増加したため，日本の農業はより付加価値の高い農産物の生産に集約されつつある。しかし，**食料自給率**は4割程度と低迷し，小規模農家が多いなど，問題点も多い。

➡①カナダ産小麦の荷揚げ作業（東京都，大井埠頭）

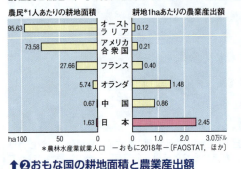
↑②おもな国の耕地面積と農業産出額

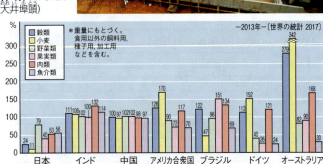
↑③1haあたり肥料消費量　↑④おもな国における農水産物の自給率

3 日本の稲作の転換

Link p.121 ⑫稲作のさかんな地域

　第二次世界大戦後，すべての米を国が購入して米価を維持する政策がとられたが，食生活の変化から米余りが生じ，1970年代に入ると稲の作付けを制限する生産調整（**減反**）が実施された。しかし，米の需要は減り続け，1995年には部分的な米の市場開放が行われた。その結果，**銘柄米**などの生産で競争が激しくなるとともに，価格は低下した。2018年4月には，補助金で零細農家を支える減反政策が一部見直された。行政による生産数量目標の配分が撤廃され，代わりに飼料用の米作への転作が促されている。

↑⑤米の国内生産量と国産米在庫量の推移

↑⑥店頭に並ぶさまざまな銘柄米（東京都，中央区）　↑⑦減反の水田で小麦を収穫する農家（茨城県，筑西市）

4 農業人口の減少と高齢化

　日本の農業就業人口は減少し続け，著しく**高齢化**が進んでいる。また，副業的農家が販売農家の59％（2015年）を占めていることからもわかるように，高齢者あるいは休日に農業に従事する人々が日本の農業を支えているのが実情である。耕作放棄地も増えており，対策としてほかの農家に耕作を依頼したり，会社やNPO法人などが農業に参入できるようにする規制緩和が行われている。

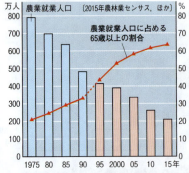
↑⑧農業就業人口の減少と高齢化

*1　農業就業人口：自営農業のみに従事した人，または自営農業以外の仕事に従事していても年間労働日数で自営農業が多い人。
*2　1995年以降は「販売農家」の統計であるためそれ以前とは異なる。

販売農家	経営耕地面積30a（3000m²）以上または農産物販売金額が年間50万円以上の農家。
主業農家	農業所得がおも（農家所得の50％以上が農業所得）で，1年間に60日以上自営農業に従事している65歳未満の者がいる農家。
準主業農家	農外所得がおも（農家所得の50％未満が農業所得）で，1年間に60日以上自営農業に従事している65歳未満の者がいる農家。
副業的農家	1年間に60日以上自営農業に従事している65歳未満の者がいない農家（主業農家及び準主業農家以外の農家）。
自給的農家	経営耕地面積が30a（3000m²）未満かつ農産物販売金額が年間50万円未満の農家。

↑⑨日本における農家の分類とその定義

5 ブランド化と海外輸出の動き

Link p.193 貿易の自由化と経済連携

環太平洋パートナーシップ（TPP）協定など，諸外国との自由貿易の交渉が進められるなか，日本の農業は，外国産の安い農産物との厳しい競争にさらされている。こうしたなか，日本の各地域では，ブランド肉やブランド野菜・果物など，付加価値の高い農産物の生産に力を入れている。

国内市場が飽和状態になりつつあるなか，意欲的な農家は輸出に活路を見いだし，海外市場を見すえた農産物の生産も始めている。例えば青森県産りんごは，その品質の高さから，贈答用の高級果物として台湾やホンコンなどで人気を得ている。ほかにも福岡のブランドいちご「あまおう」や神戸牛なども，海外でその名を知られるようになっており，急増するアジアの富裕層は，重要なターゲットとして注目されている。

↑⑩日本のりんご輸出量の推移と輸出先

➡⑪台湾のスーパーマーケットで売られる青森県産りんご

⬅⑫放し飼いにされるかごしま黒豚（左，鹿児島県）とブランドを証明するシール（右）

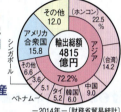
➡⑬日本の農林水産物の輸出先

6 企業の参入と経営規模の拡大

農業生産法人は，農地などの権利を取得できる事業体で，年々増加している。これらの事業体は，兼業化の進展した地域の遊休耕地を活用し，借地による経営を行うことが多い。農作物の栽培だけでなく，加工や観光農園の経営，稲作地域では農作業受託も行っている。また，近隣の有力農家を組織化し，外食産業やスーパーマーケットと直接契約するなど，流通においても大きな役割を担っている。農業就業人口の減少，高齢化，担い手不足，耕作放棄地の増加など農業生産基盤の弱体化が著しいなか，これらの農業生産法人だけでなく，集落ごとに任意の経営組織をつくって同様の取り組みを行う集落営農や，農外から農業に参入してくる法人が増加しており，新しい農業の担い手として注目されている。

↑⑭農業生産法人「ローソンファーム千葉」での小松菜の収穫（千葉県，香取市）

↑⑮販売目的の組織形態別法人経営体数の変化

↑⑯農業経営体における常雇い雇用者数の変化

コラム　農業の6次産業化

"農業の6次産業化"とは，農業を第1次産業としてだけでなく，農産物を加工してジュースや缶詰，菓子などの加工食品をつくる第2次産業，さらには製品の流通や販売などの第3次産業まで含めて，1次から3次まで一体化した産業として発展させることである。地域の農業を6次産業化させることによって，付加価値のある製品をつくって農家の所得を向上させたり，新たな雇用を生み出して地域を活性化させたりすることをめざしている。国も，高齢化や後継者不足に悩む農林水産業地域を活性化させるために，地域の産物を活用した6次産業化を支援する政策を進めており，新事業を立ち上げるための資金を援助したり，新商品の開発や販売経路の開拓について助言する専門家を派遣したりするなどの取り組みを進めている。

⬅⑰6次産業化とは

↑⑱農産物の加工品を販売する農家の人々（栃木県，宇都宮市）

+のガイド　付加価値の高いブランド農産物を海外市場へ輸出する取り組み，企業が参入して農業生産法人をつくる動き，地域農業の6次産業化などの取り組みがみられる。

林業

地理力＋ 日本は国土の3分の2が森林であるにもかかわらず、木材自給率が3割程度まで低下してしまったのはなぜだろうか。日本の林業の問題点に注目して考えてみよう。→ 3 4 5

1 世界の森林資源

Link p.49 2熱帯雨林気候区, p.58〜59 亜寒帯(冷帯), p.78〜79 森林破壊

森林は世界の陸地の3割を占める。原木の生産が多いのは、主として面積が広く、人口の多い国々である。中国を除けば、おおむね広葉樹林からなる**熱帯林**、または針葉樹林からなる**亜寒帯林**の分布域と重なる。木材の用途では、北米など先進国では**用材**が主であるのに対し、アフリカやアジアなどの発展途上国では燃料用の**薪炭材**が主である。

↓❶世界の森林分布と日本の木材輸入先

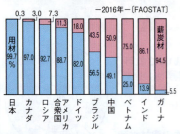

↑❷おもな国の木材生産の割合

用語 用材と薪炭材

木材は用途によって、住宅や家具などに利用される製材・合板やパルプ・チップとなる**用材**と、薪や木炭として燃料に利用される**薪炭材**に分けられる。発展途上国の人口増加と同時に、薪炭材の利用が増えている。一方で、新興国では経済成長とともに用材としての木材利用も増えている。

林業機械を使った針葉樹の伐採
動画check

オートメーション化された製材

←↓❸省力化が進んだ用材の生産（カナダ、ブリティッシュコロンビア州）
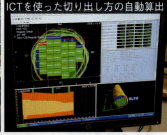
ICTを使った切り出し方の自動算出

↓❹世界の森林の特徴

	亜寒帯林	温帯林	熱帯林
分布	亜寒帯(冷帯)に分布する。ロシア、カナダ、アメリカ合衆国西部など。	温帯に分布する。ヨーロッパ、中国、日本など。	熱帯雨林気候区を中心に分布する。ブラジル、インドネシア、マレーシアなど。
特徴	樹種のそろった針葉樹林帯(**タイガ**)であるため、効率よく伐採でき、木材生産の中心となっている。	低緯度では常緑広葉樹、高緯度では落葉広葉樹と針葉樹の混合林がみられる。古くから人の利用があるため、原生林はほとんどない。熱帯林、亜寒帯林よりも森林の回復が早い。	年中高温多雨のため常緑広葉樹が繁茂する熱帯雨林と、乾季に落葉する熱帯モンスーン林とに分かれる。熱帯の土壌はやせており、木が伐採されると森林の回復には長い時間を要する。ラワンやチークなど重要な用材もあるが、樹種が多く木材生産は効率的ではない。
利用樹種	エゾマツ・カラマツ・トウヒ・トドマツ。	常緑広葉樹として、カシ・クスノキ*・シイ。落葉広葉樹として、ブナ・ナラ・ケヤキ。針葉樹として、マツ・スギ・ヒノキ・モミ・トウヒ。ほかに、コルクがし・オリーブ(地中海沿岸)、漆(日本・中国)、ユーカリ(オーストラリア)。 *防虫剤として用いる樟脳の原料。九州・台湾など。	ラワン…合板材・建築材に用いる。フィリピン、カリマンタン島。チーク…船舶材・建築材に用いる。ミャンマー、タイ、マレーシア。マホガニー…材質がかたく高級家具に用いる。カリブ海沿岸地域。紫檀・黒檀…高級家具・装飾品に用いる。インド、タイ、台湾。ケブラチョ…革なめしに使われるタンニンの原料。パラグアイ、アルゼンチン。ほかに、油やし、ココやし、天然ゴム、マングローブ。

2 世界の木材生産と貿易

木材生産の多くは国内消費に向けられ、輸出にまわされる量は少ない。輸出はロシアとカナダ、輸入は中国で、それぞれ全体の3割を占める。中国では、天然林保護政策や経済発展によって輸入量がのびている。熱帯林の原木・製材の輸出は、森林資源の保護や合板への加工促進を目的にした輸出規制により減っている。一方で、カナダやロシアといった広大な天然の針葉樹林が分布している国からの供給が増えている。カナダでは持続的な森林資源の利用に向けた管理が開始されたが、ロシアでは森林の劣化が進んでいる。

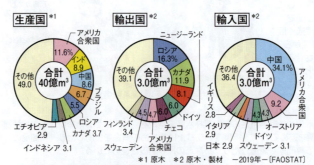
↑❺木材の生産国と輸出国・輸入国

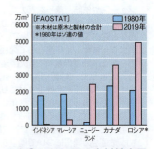
↑❻おもな国の木材輸出量の変化

3 日本の木材生産　Link p.286～287 近畿地方

　日本は国土面積の約3分の2を森林が占め，その多くは山地に分布する。日本の森林は人の手が加わった**人工林**が森林面積の4割を占める。人工林の樹種は，おもにスギやヒノキといった針葉樹である。国内の木材生産は，北海道，岩手県や秋田県などの東北地方，宮崎県などの九州地方で多い。また，奈良県吉野地域や長野県木曽地域ではスギを植林して生育させる育成林業が古くからさかんに行われてきた。**天然林**はかつて薪炭材を生産していた二次林を含み，原生林は白神山地，屋久島，日本アルプス，日高山脈などの限られた地域にのみ存在する。

↑❼スギやヒノキの苗木の植林（奈良県，吉野町）

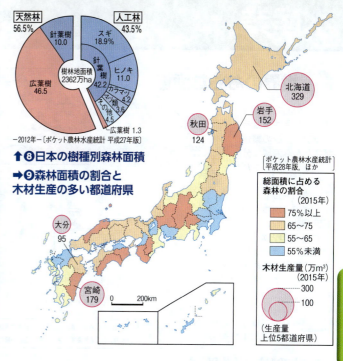
↑❽日本の樹種別森林面積
➡❾森林面積の割合と木材生産の多い都道府県

4 日本の林業の現状

　1955年に96%だった日本の木材自給率は，1964年の輸入全面自由化以降，海外からの安い木材の輸入が増えたために，低下の一途をたどった。しかし近年は，技術革新による合板原料としての国産材の利用が増加し，輸送コストの増加などにより木材の輸入量が減少したため，自給率は上昇傾向にある。

↑❿日本の木材需要

↑⓫日本の木材（用材）供給量と自給率の推移

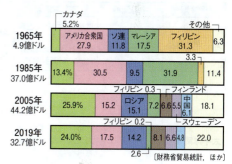
↑⓬日本の木材輸入先の変化

5 高齢化の問題を抱える日本の林業

　1960年代以降，日本の木材自給率の低下とともに林業従事者数は減少し続け，現在はその2割が65歳以上の高齢者となっている（全産業平均は1割）。国内林業の低迷，山間部の**過疎化**などにより，間伐などの管理が不十分な森林が拡大している。一方で，新規就業希望者への支援事業などにより，1990年以降は若い林業従事者が増えた。

↑⓭日本の林業従事者数の推移と高齢化

コラム　漁業者による森づくり

　森林の消失や荒廃は河川を通じて海の環境にも影響を与える。森林の開発とともに，北海道では魚のすみかや産卵場となるこんぶなどの海藻が根付づかない「磯焼け」という現象が起きた。上流の山地をおおう森の腐植土からは，海藻やプランクトンにとっての栄養素が河川を通じて海に運ばれるため，漁業者は古くから，「魚つき林」とよばれる海岸近くの森林を大切にしてきた。そのため，漁業者が中心となって，河川の上流部での植樹活動に取り組む例が少なくない。三陸海岸の気仙沼はかきやほたての養殖がさかんな地域であるが，その生産量が落ち込んだことがある。それは，上流の森林伐採によって栄養素を含んだ河川の水量が極度に変動していたためであった。これをきっかけに，宮城県気仙沼市のNPO法人「森は海の恋人」では，上流の山地で植樹活動を行っている。

⬅⓮気仙沼湾の上流にある矢越山に植樹を行う人々（岩手県）　宮城県気仙沼市の漁業関係者らが中心となり，大漁旗を掲げて，ボランティアとともに広葉樹の苗木を植えた。

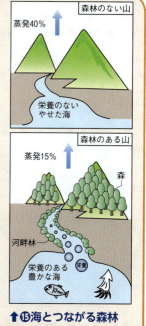
↑⓯海とつながる森林

➕のガイド　1960年代以降，海外からの安い木材の輸入量が増えたことによって国産材の需要が減り，それとともに林業従事者の減少と高齢化も進行して，国内林業の低迷が続いている。

水産業

地理力＋ 2014年現在，日本は世界第2位の水産物の輸入国である。日本は，世界のどのような国・地域から，どのような水産物を輸入しているのだろうか。→13

1 世界のおもな漁場

世界のおもな漁場は、魚のえさとなるプランクトンの繁殖がさかんな海域に分布する。**大陸棚**や**バンク（浅堆）**などの水深の浅い海域や、暖流と寒流のぶつかる**潮目（潮境）**などがすぐれた漁場となる。世界最大の漁場は日本周辺海域を含む太平洋北西部で、魚種も豊富である。

Link p.44 ①海流，p.69 ④エルニーニョ現象

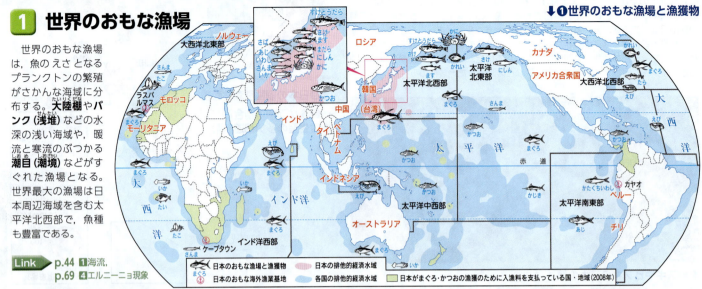

↓❶世界のおもな漁場と漁獲物

↓❷世界のおもな漁場の特徴

漁場	中心海域	おもな海流	特徴	漁場	中心海域	おもな海流	特徴
太平洋北西部	オホーツク海，日本海，東シナ海	黒潮（日本海流）と親潮（千島海流），対馬海流とリマン海流が合流する潮目（潮境）	魚種が豊富で世界最大の漁場。世界最大の漁獲量を誇る中国や日本，ロシアの漁業水域である。	太平洋中西部	インドネシア，ベトナム近海〜ミクロネシア，メラネシア周辺	北赤道海流，赤道反流，南赤道海流	かつお・まぐろ漁がさかん。東南アジア諸国の経済発展に伴い周辺海域での漁獲量も増加している。
太平洋北東部	アラスカ〜カナダの太平洋岸	カリフォルニア海流とアラスカ海流が合流する潮目（潮境）	さけ・ます・かに漁がさかん。アラスカ付近では近年，海水の酸性化が問題になっている。	大西洋北東部	北海周辺	北大西洋海流と東グリーンランド海流が合流する潮目（潮境）	たら・にしん漁がさかん。たらの乱獲により，近年は漁獲量が減少している。
太平洋南東部	ペルー〜チリ沖	ペルー（フンボルト）海流，ペルー沖の湧昇流	アンチョビ（かたくちいわし）漁がほとんど。エルニーニョ現象により，漁獲量が激減することがある。	大西洋北西部	ニューファンドランド島近海	メキシコ湾流とラブラドル海流が合流する潮目（潮境）	たら・にしん漁がさかん。グランドバンク，ジョージバンクなどのバンク（浅堆）が多く，世界有数の漁場となっている。

2 世界の水産業の動向

漁業生産量は，1980年代までは変動の大きなペルーを除き，日本が上位を占めた。1990年代には**養殖業**による生産をのばした中国や，再びアンチョビの豊漁期を迎えたペルーが台頭した。2000年代に入り，新たにインドやインドネシアの漁業生産量も増えている。水産物の輸出では，もともと輸出のさかんな北米や北ヨーロッパ諸国に加え，近年は中国やベトナムなどのアジア諸国も上位を占めるようになった。

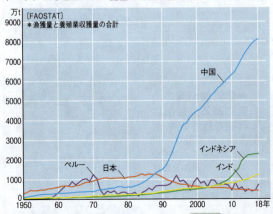

↑❸おもな国の漁業生産量*の推移
*漁獲量と養殖業収獲量の合計
Link p.324 ⑮世界の漁獲量

コラム 急速にのびる中国の養殖業
Link p.324 ⑰世界の養殖業収獲量

1990年代後半以降の中国の漁業生産量の大幅な伸びを支えているのは，養殖業による生産である。中国の養殖業の特徴は，海面養殖業が主体の日本とは異なり，湖沼や河川で行われる内水面養殖業が多いことである。中国には，黄河や長江などの大河川，日本の琵琶湖よりもはるかに大きいタイ（太）湖などのほか，無数の河川や湖沼があり，それらの沿岸や田畑の間には，大小さまざまな養殖池がいたるところにある。これらの養殖池で，コイ科を中心に多種の淡水魚が生産されている。政府の内水面養殖業への支援と，国民の所得増による水産物需要の高まりが，養殖魚の生産拡大をうながしている。

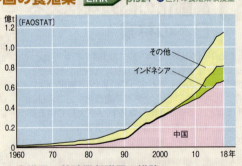

↑❹世界の養殖業収獲量の推移

→❺内陸の池で行われる淡水魚の水揚げ（中国，チャンスー（江蘇）省）

3 日本の水産物輸入

日本の輸入水産物は中・高級品が主で，輸入先は世界各国に及んでいる。1990年代に増加した日本の水産物輸入量は，近年は減少傾向にあり，世界に占める割合はアメリカ合衆国，中国に次ぐ。自給率は輸入増加とともに減少したが，2000年以降は落ちついている。

Link p.79 ④マングローブ林の破壊，p.113 フィヨルドを生かした養殖業

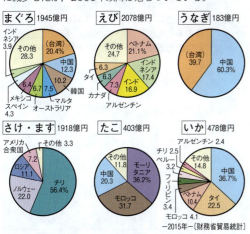
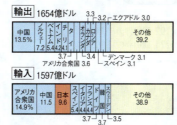

↑⑦世界の水産物貿易　↑⑧養殖さけの加工工場(チリ)

←⑨日本の食用魚介類の供給量と自給率の推移

1990年代に輸入量が増えた理由は，プラザ合意（1985年）後の円高や流通関連技術の発達，海外漁場からの撤退，漁業従事者の高齢化による国内生産の減少などである。

↑⑥日本が消費するおもな魚介類の輸入先

4 日本の水産業とその変化

Link p.222 排他的経済水域，p.294 ⑥北海道のおもな水産物

日本は，かつて**遠洋漁業**大国であったが，1970年代半ばから各国が**排他的経済水域**を採用するようになって，遠洋漁業は縮小した。**沖合漁業**は，80年代までは伸びてきたが，おもな魚種であった**いわし**の漁獲減などによって，90年代に衰退した。これにかわるように輸入量が増加した。

専門家ゼミ　くろまぐろの資源問題と養殖技術革新

2010年のワシントン条約締結国会議で商業取引禁止が提案（結果，否決）された大西洋くろまぐろは，地域漁業管理機関や関連国の漁業・養殖管理措置などが功を奏し，回復傾向に転じた。しかし，それと入れかわる形で今日，資源危機が懸念されるのが太平洋くろまぐろで，2014年の親魚資源量は約1.7万tと，歴史的最低水準付近にあると評価される。世界のくろまぐろ生産量の8割ほどを消費する日本には，資源の保全や持続的な利用に対し果たすべき責任や役割が問われている。

こうした資源利用問題の緩和・打開策の一つとして期待されるのが，天然資源に依拠しない完全養殖技術である。近畿大学水産研究所は，増養殖技術開発着手から32年を経た2002年，世界初となる**くろまぐろ完全養殖**を達成した。近年は，マルハニチロや日本水産もそれに続き，また他企業の人工種苗開発・利用（天然種苗から人工種苗への切りかえ）も進んでいるが，その割合は2014年現在で養殖総出荷尾数の4.8％，出荷量の2.6％にとどまる。人工種苗の量産・供給安定化など，さらなる技術革新が待たれるが，くろまぐろに限らず，豊かで安定した「魚食」の確保・維持には資源や環境への配慮と共生が欠かせない。〔長崎大学　山本 尚俊〕

↓⑪おもな漁港の水揚量と魚種別割合　↓⑩日本の漁業部門別の生産量と輸入量

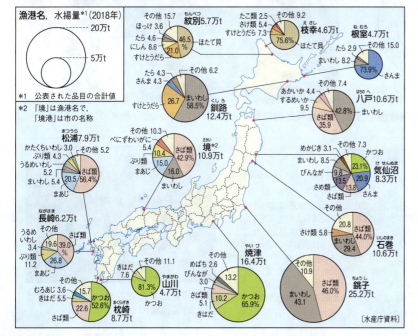

←⑫水揚げされる完全養殖くろまぐろ（左，和歌山県，串本町）とスーパーマーケットに並ぶ「近大まぐろ」（下，東京都）

のガイド　まぐろは太平洋に面した国・地域から，えびはマングローブ林を開発した養殖池が多い東南アジアから，さけ・ますはフィヨルドでの養殖がさかんなチリやノルウェーからの輸入が多い。

食料問題

地理力プラス 発展途上国は，どのような食料問題を抱えているだろうか。また，その背景となっている要因は何か考えてみよう。→ 1 2

1 食料需給のかたより

Link p.192 1世界の経済格差，p.224 1世界の紛争地域

サハラ以南のアフリカ諸国では，国内紛争や干ばつなどによって食料生産が不安定な状態が続き，栄養不足が深刻な問題となっている。一方，アメリカ合衆国やフランスなどの農業先進国は，膨大な量の穀物を各国に輸出し，世界の食料需給に大きな影響力をもっている。日本は国内需要の多くを輸入穀物に依存し，経済成長を続ける中国も穀物の輸入量が増加傾向にある。

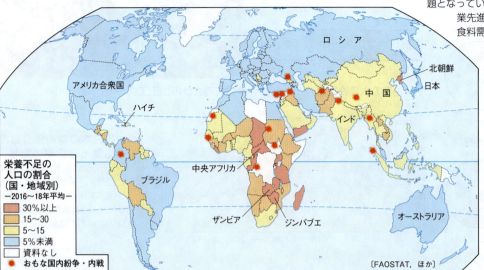

↑①世界の飢餓の状況(ハンガーマップ)

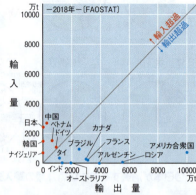

↑②おもな国の穀物輸出入量のバランス

2 発展途上国の食料問題

Link p.112 モノカルチャー経済，p.196 2世界の人口増加率，p.199 発展途上国の人口問題

発展途上国では，長い植民地支配の結果，一次産品に依存する**モノカルチャー経済**の傾向が残っており，輸出用の商品作物の生産が優先され，食料の自給が困難な国も多い。また，資源の利権をめぐる紛争などによる難民の発生も絶えない。人口が増加するなかで，慢性的な財政赤字により農地の整備や国民の食料増産のための投資ができないうえ，国内に飢餓が発生しても対応することができない状況が続いている。

↑③飢餓のさまざまな要因

↑④栄養不足人口の地域別割合

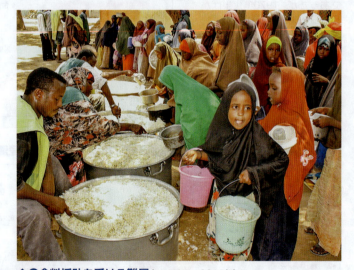

↑⑤食料援助を受ける難民(ソマリア，2011年)

専門家ゼミ アフリカで進むランドラッシュ(農地収奪)

ランドラッシュとは，土地に住む人々の同意や住民に対する十分な補償がないまま，政府や外国企業が広大な土地を取得することを意味する。土地価格の安い発展途上国で多く発生し，grab(奪う)という英語を使ってランドグラブともよばれる。とくにアフリカでは人口密度の低い地域が多く，2000年以降，この問題が急速に進んでいる。その背景として，①アフリカの多くの国々では，1990年代以降に法律が改正され，外国企業も土地を取得できるようになったこと，②焼畑や牧畜を営む地域では，人々が移動を繰り返し，土地の所有権が明確ではなかったこと，③各国の政府が経済成長を優先し，外国企業の誘致に熱心であることがあげられる。近年の食料価格の高騰を受けて，センターピボット方式による大規模農場がザンビアに建設されたり，エネルギー価格の高騰に伴ってバイオ燃料用さとうきびのプランテーション建設計画がケニアやウガンダ，モザンビークなどで進められたりしている。農産物の多くは国外輸出にまわされ，国内の食料やエネルギー事情の改善に役だたないばかりか，大規模農場における現地住民の雇用は進まず，生活手段を失う住民が多いなどの問題が発生している。大規模なデモや暴動が起きることもあり，土地問題はアフリカの政情不安のリスクを高める一因となっている。〔京都大学　大山 修一〕

↑⑥開発されたセンターピボット方式の大規模農場(ザンビア)

3 先進国の食料問題

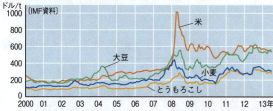

↑❼おもな穀物価格の推移

国	%
ナウル	61.0
アメリカ合衆国	36.2
サウジアラビア	35.4
オーストラリア	29.0
ドイツ	22.3
ブラジル	22.1
イタリア	19.9
世界平均	13.1
中国	6.2
エチオピア	4.5
日本	4.3
インド	3.9

*BMI(肥満度指数)30以上の人が総人口に占める割合 ―2016年― [WHO資料]

←❽おもな国の成人肥満率 先進国では、まだ食べられる食料が廃棄されるフードロスや、カロリーの過剰摂取による肥満が社会問題化している。近年はサウジアラビアなど中東の国々での肥満率が高まっている。

日本など食料自給率の低い国は、冷害や干ばつなどの異常気象によって世界で流通する農産物の生産量が減少すると、国際価格が高騰するため影響を受けやすいという問題がある。

コラム オリジナルカロリーで食肉の生産を考える

家畜を飼育し、食肉を生産するためには飼料としてその何倍かのカロリーが必要である。例えば、肉1kgを生産するためには鶏では約2kg、豚では約4kg、牛では約8kgの飼料が必要とされる。このような飼育する過程で消費された穀物などの飼料を、食料として直接消費した場合ととらえ、カロリーに換算する考え方を**オリジナルカロリー**という。

多くの肉類を消費する先進国は、発展途上国よりも多くのオリジナルカロリーを消費している。バングラデシュでは穀物消費量の9割以上が食用であるのに対して、アメリカ合衆国では8割以上が飼料用である。この穀物を家畜に与えず、人間が直接摂取すれば、肉類を摂取するよりもはるかに多くの人口を養うことができる。今後、経済発展に伴い肉類の需要が高まると、さらに多くの穀物が飼料として消費されると考えられる。これが、穀物価格の上昇につながり、発展途上国の食生活をおびやかすおそれがある。先進国の食料事情と発展途上国の食料事情は密接に結びついているのである。

Link p.94 ❸企業的牧畜

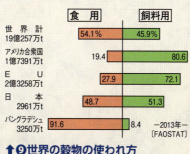

↑❾世界の穀物の使われ方

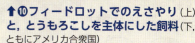

↑❿フィードロットでのえさやり(上)と、とうもろこしを主体にした飼料(下、ともにアメリカ合衆国)

4 日本の食料問題

日本の**食料自給率**は、主要先進国のなかでも最も低い。自給率が低下した要因としては、戦後、米が中心の食生活から、肉や魚介類などの割合が大きい洋風の食生活へと転換したことがあげられる。食生活の変化によって米などの消費量が減る一方、肉類や魚介類などの輸入が増加した。

Link
p.105 ❺日本向けの農産物生産、
p.122 ❷世界と比べた日本の農業生産

→⓫おもな国から日本が輸入する農水産物

↓⓬日本の品目別食料自給率の推移

コラム 各地で進められる地産地消

近年、海外からの輸入農産物が増加する一方で、食の安全性への関心が高まっていることから、地元で生産された農産物や水産物を地元で消費する**地産地消**の取り組みが注目されている。生産者情報を明記した農産物を販売する直売所が、日本各地につくられている。また、小中学校の給食で、地元の食材の積極的な活用を進めている自治体も出てきている。地域の伝統的な食材への理解を深める**食育**の取り組みも、各地で始まっている。

→⓭地元の農産物を売る「地産地消直売所」(山梨県)

エネルギー資源の利用

地理力プラス エネルギーの生産量と供給(消費)量には，国・地域ごとにどのような特徴があるだろうか。資源の分布や，各国・地域の経済状況に着目して考えてみよう。→12

1 世界のエネルギー資源

↓❶おもな資源の産出地とエネルギーの消費

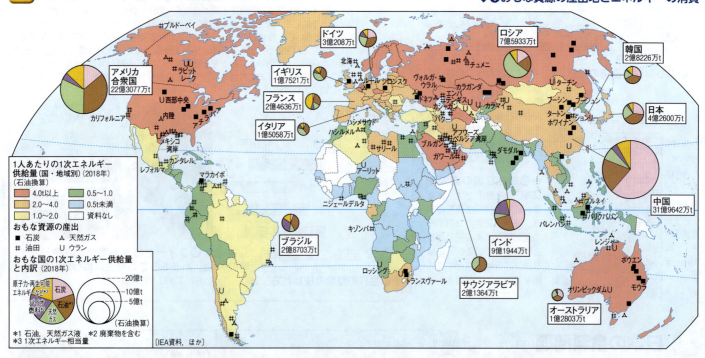

↓❷**エネルギーの分類** **1次エネルギー**は，**化石燃料**，原子力，再生可能エネルギーの3種に大きく分けられる。これらのエネルギーは，そのほとんどが電力という**2次エネルギー**に変換されて利用される。石炭のようにそのまま燃料として利用される1次エネルギーは少ない。

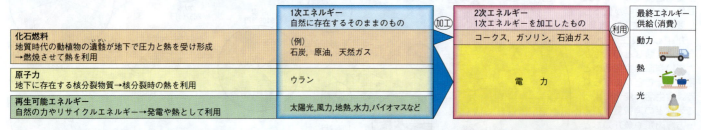

2 エネルギーの生産と消費

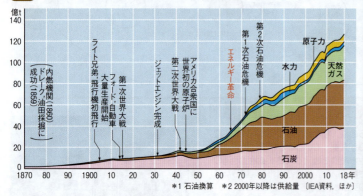

↑❸**世界のエネルギー消費量と内訳の変化** 世界のエネルギー消費は，産業革命以降，石炭が中心であった。20世紀になって自動車の普及とともに石油の需要がのび，1960年代に石油消費が石炭消費を上まわるようになった。これを**エネルギー革命**という。その後，天然ガスの消費がのび，1970年代からは原子力発電が普及し始めた。全体の消費量は20世紀後半に急激にのび，50年間でおよそ5倍にもなった。

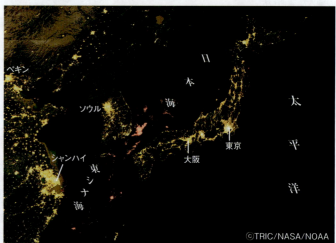

↑❹**人工衛星から見た夜の地球**（2014年12月） 人工衛星が集めた夜の地球についてのデータから，光源に関するデータのみを集めて可視化したのが上の画像である。ここから東京や大阪，ソウル，シャンハイ付近などの大都市のエネルギー消費が膨大であることが見てとれる。なお，海上に見える赤色の光は，いか釣り漁船などの集魚灯である。

Link ▶p.82 ❻地球環境問題，p.146〜147 工業の発達と分化

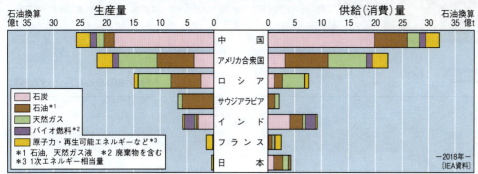

❺おもな国の1次エネルギーの生産量と供給(消費)量 各国のエネルギーの生産と消費のバランスをみると、アメリカ合衆国と中国はともに生産量が多いが、エネルギー消費大国のため供給(消費)量が生産量を上まわっている。内訳をみると、中国ではエネルギー効率の高くない石炭が主流であるのに対して、アメリカ合衆国では石油や天然ガスの生産・消費が多く、国によって事情が異なっていることがわかる。

Link p.231 ❼経済成長著しい中国

❻石炭・原油・天然ガスの地域別の生産と消費 Link p.325 ⓲㉑㉓石炭・原油・天然ガスの生産量

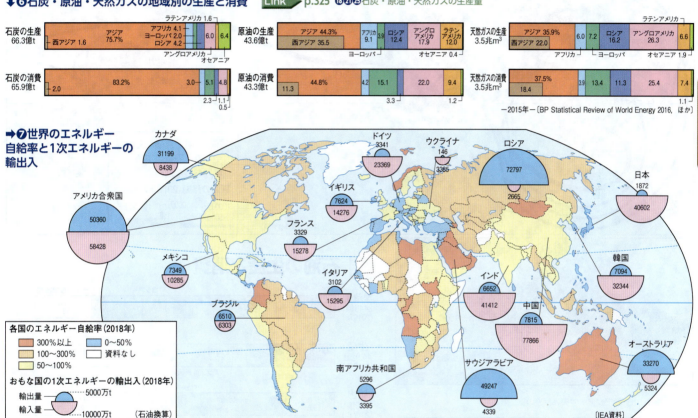

❼世界のエネルギー自給率と1次エネルギーの輸出入

世界の国々は、エネルギー資源をもつ国ともたない国、使う国と使わない国に分けられる。西アジアの産油国は自給率が高く、石油の多くを輸出できる。日本など資源をもたない先進国は、エネルギー資源の多くを輸入する。アフリカには自給率の高い国があるが、そのほとんどが輸出されている。

3 限りある資源

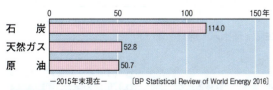

❽おもな資源の可採年数 資源の**可採年数**は、可採埋蔵量(現在価格で技術的・経済的に採掘可能な量、確認埋蔵量ともいう)を、年間生産量で割って算出される。そのため、価格の変動や技術革新などによって、可採埋蔵量、可採年数ともに変動する。

Link p.145 ❻エネルギー源の安定確保に向けた動き

コラム 可採年数は変化する

1970年代の石油危機のころ、原油の多くは新期造山帯の背斜構造部分にあると考えられ、原油は30年ほどで間もなく枯渇すると想定されていた。

しかし、原油は今も大量に産出され、可採年数は約50年と計算されている。その理由として、西シベリアなどの大平原で埋蔵が確認されたことや、技術の向上で大陸棚などで採掘可能になったことなどがあげられる。とくに、ベネズエラやカナダに大量に埋蔵されている**オイルサンド**が、技術革新によって原油の可採埋蔵量に加算されるようになった影響は大きい。

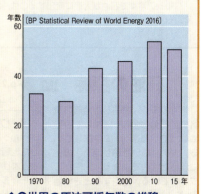

❾世界の原油可採年数の推移

Link p.132 ❸原油の採掘、p.173 ❿オイルサンド

石油

地理力 2度の石油危機を経て原油価格は大きく変動してきた。原油価格に影響を及ぼす要因には、どのようなものがあるだろうか。→4

1 原油の産出地と移動
Link ▶ p.14 ④地質時代, p.319 原油, p.325 ㉓日本の原油輸入先

↓❶原油のおもな産出地と移動

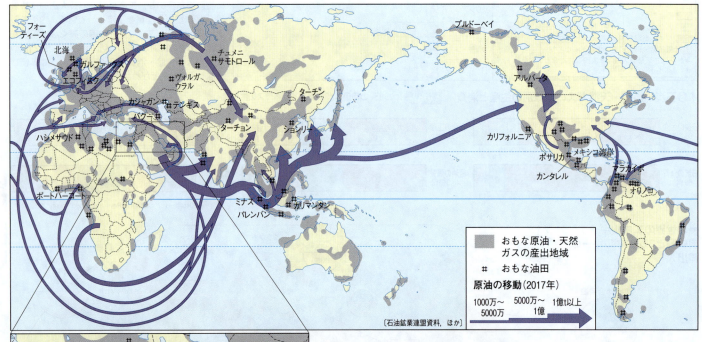

[石油鉱業連盟資料, ほか]

Link ▶ p.165 西アジア・中央アジアの鉱工業

用語 石油 地質時代の海棲生物が堆積後に分解されてできた**化石燃料**の一つで、炭化水素を主とする可燃性の液体。油田から採掘された未精製の石油を原油ともいう。石油は水よりも軽く、地層中を上方へ移動しようとするため、一定の地質条件を伴った場所にとどまることが多く、産出地は特定の地域に偏在する傾向がある。
　ペルシア湾岸で石油が大量に産出するのは、地層が褶曲しているので、石油が地層の上部にとどまり、揮発せずに存在しているためと考えられている。

2 石油の生産と消費

埋蔵量 2446億t (2019年)	ベネズエラ 19.6%	サウジアラビア 16.7	カナダ 11.2	イラン 8.7	イラク 8.0	ロシア 6.0	クウェート 5.7	アラブ首長国連邦 5.3	その他 18.8
生産 44.9億t (2019年)	アメリカ合衆国 16.7%	ロシア 12.7	サウジアラビア 12.4	カナダ 6.1	イラク 5.2	中国 4.3	ブラジル 4.0	アラブ首長国連邦 3.6	クウェート 3.4 / イラン 3.2 / その他 28.4
輸出 22.0億t (2017年)	サウジアラビア 15.8%	ロシア 11.5	イラク 8.5	カナダ 6.6	クウェート 5.4	アラブ首長国連邦 5.2	ナイジェリア 4.7	イラン 3.9	アンゴラ 3.7 / ベネズエラ 3.4 / ノルウェー 3.0 / その他 28.3
輸入 23.3億t (2017年)	中国 18.0%	アメリカ合衆国 16.9	インド 9.7	日本 6.7	韓国 6.5	ドイツ 3.9	スペイン 2.8	イタリア 2.8	ブラジル 2.5 / フランス 2.5 / シンガポール 2.5 / その他 27.7
消費 44.5億t (2019年)	アメリカ合衆国 18.9%	中国 14.6	インド 5.4	日本 3.9	サウジアラビア 3.6	ロシア 3.4	韓国 2.7		その他 45.0

[BP Statistical Review of World Energy 2020, ほか]

↑❷原油の埋蔵量・生産・輸出入・消費

3 原油の採掘
Link ▶ p.22〜23 造山帯と安定陸塊

↓❸油田の断面図

Link ▶ p.165 西アジア・中央アジアの鉱工業, p.170 ロシアと周辺諸国の鉱工業

　原油の多くは褶曲した地層の背斜構造部分(地層が褶曲して山型になっている部分)に存在している。水より軽い原油が地下水の上に浮いた状態で集まり、油田が形成されている。採掘するときは地上(海上)から井戸を掘ってくみ上げる。

ペルシア湾岸に多い形
　ペルシア湾岸には、褶曲した地層がみられ、原油がとどまりやすい背斜構造の箇所が多くある。また、原油のとどまっている地層が比較的浅く、採掘可能な場所が多いため産出量が多い。

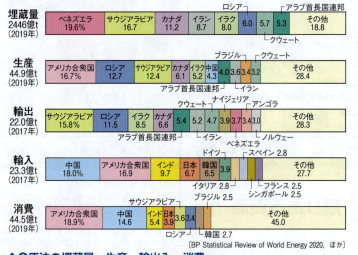

西シベリアに多い形
　ロシアの西シベリア地域は、古代に海底だったことがあり、厚い堆積物におおわれた盆地状の地層になっている。これらの堆積層の中に断層や原油を通さない地層があり、液体状の原油が流動せずに存在するため、チュメニなどの大規模な油田が存在する。

4 原油の生産量と価格の推移

世界の原油価格は，1973年までは**国際石油資本（メジャー）**が決定していた。73年の第4次中東戦争を契機に，**OPEC**が原油価格の決定権をにぎり，2度の**石油危機（オイルショック）**が起こった。近年では，ロシアやアメリカ合衆国などでの生産がのび，原油価格に大きな影響を及ぼしている。

↓❹地域別にみた原油生産量の推移

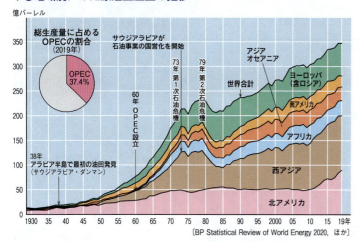

↓❺原油価格*の推移　　*日本の輸入価格

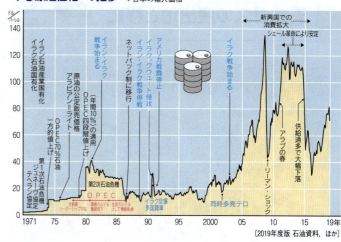

用語 OPECとOAPEC

石油輸出国機構（OPEC）は，石油市場を支配していた欧米の**国際石油資本（メジャー）**に対抗して，産油国が自国の利益を守るために1960年に結成した国際機構。石油政策や原油価格の調整などを行う。**アラブ石油輸出国機構（OAPEC）**は，1968年にアラブ産油国が，石油戦略活動を共同で行い，加盟国の利益を守るために設立した地域機構。

5 石油化学製品の製造

石油化学工業の原料である原油は蒸留・精製される。このとき成分の比重によって，**ナフサ**や**ガソリン**などの燃料，石油ガスなどに分離される。ナフサは化学繊維や合成ゴム，プラスチックなどの原料となる。

Link ▶ p.150～151 ❷石油化学工業の分布

↓❻石油化学製品の製造の流れ

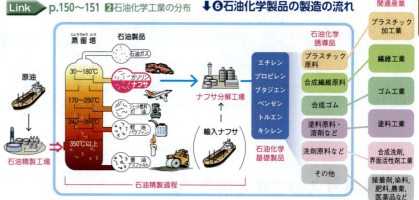

石油 まとめ

Link ▶ p.171～173 アングロアメリカの鉱工業，p.174 ラテンアメリカの鉱工業

国	おもな油田	特徴	OP	OA
中　国	ションリー，ターチョン，ターチン	石油生産は一時急成長したが，近年はターチン油田などの生産量が減少し，東部の油田の生産は停滞している。そのようななか，シンチヤンウイグル自治区など，西部の油田の開発が進んでいる。しかし，それ以上に自国の消費が増え，輸入量は増大している。中国はアンゴラなどアフリカ諸国に積極的に進出し，油田の開発を行っている。		
サウジアラビア	ガワール，カフジ*1，サファーニヤ，マニファ	生産量，確認埋蔵量ともに多く，輸出量は世界一である。油井の開発では，現在もアメリカ合衆国とのかかわりが深い。油田の多くは**ペルシア湾岸**に集中しており，多くはタンカーによって運ばれる。近年は自国の消費も増えており，ペルシア湾岸から紅海のヤンブーまでパイプラインで移送して精製するとともに，ヨーロッパなどにも輸出している。	○	○
クウェート	ブルガン，カフジ*1	ブルガン油田がクウェート最大の油田。1990年の湾岸戦争時にはイラクによって生産施設が破壊されたが，現在は復旧。	○	○
イラン	アザデガン，アフワーズ，ガチサラーン	西アジアで最も歴史のある産油国。古くはイギリス資本によって開発されたが，1979年のイラン革命や1980～88年のイラン・イラク戦争などで生産が落ち込んだ。近年，ペルシア湾の沖合油田の開発により，産出量がのびている。	○	
イラク	ルマイラ，キルクーク	世界有数の原油埋蔵国だが，たび重なる戦争で被害にあった石油関連施設の復旧・更新が進まず，産出量はのび悩む。	○	
アラブ首長国連邦	ズクーム，アサブ	1960年代以降の油田開発により，世界的な産油国となった。原油の大部分がアブダビ首長国で産出される。	○	○
カザフスタン	テンギス，カシャガン	カスピ海沿岸は石油の埋蔵量が多く，ソ連時代から開発が進められたが，進展しなかった。1991年の独立後，市場経済化の混乱をのりこえ，アメリカ合衆国やフランスなどの巨大資本の協力を得て開発が進んだ。2009年から始まったカシャガン油田の開発には，メジャーのほかに中国や日本の資本も参加している。		
ノルウェー	ガルファックス，エコフィスク	生産はおもに**北海油田**で行われ，ヨーロッパ市場に近いという地理的な優位性をもつ。一方で，採掘・生産コストが他地域に比べて高く，また季節によっては気象条件が厳しい。新技術を採用することによって効率的な産出を進めてきた。		
ロシア	チュメニ（サモトロール）	ソ連解体に伴う混乱で生産量は落ち込んだが，1990年代後半を底に回復。現在はサウジアラビアと肩を並べるほどの産出量を誇る。西シベリア（**チュメニ油田**）で7割以上を産出。		
アメリカ合衆国	アラスカ，メキシコ湾岸，内陸油田	生産量は多いが，それ以上に消費量も多いため，世界最大の原油輸入国。世界で初めて石油を商業化したアパラチア油田をはじめ，油田の開発の歴史は古く，老朽化した油田も多い。石油危機以降，国内油田の開発に力を注ぎ，現在は**アラスカ**や**メキシコ湾**沖合の水深の深い所での開発を進める。近年は**シェールオイル**の産出も注目されている。		
メキシコ	カンタレル	メキシコ湾岸で多く産出。ユカタン半島沖のカンタレル油田は，国内最大の産出量を誇っていたが，現在は減少。		
ナイジェリア	ポートハーコート	アフリカで最大の産出量を誇る。**ギニア湾岸**に油田地帯があり，20世紀の半ばから油田開発が進められた。	○	
ベネズエラ	マラカイボ	20世紀初めから米英資本によって開発された。**マラカイボ湖**が産出の中心で，東部のオリノコ川流域にも油田がある。	○	

OP＝OPEC加盟国…ほかにアルジェリア，リビア，アンゴラ，ガボン，赤道ギニア，コンゴ共和国（計13か国）
OA＝OAPEC加盟国…ほかにカタール，バーレーン，シリア，エジプト，リビア，アルジェリア，チュニジア*2（計11か国）

*1 サウジアラビアとクウェートの間の分割地帯にあり，両国が同等の採掘権をもっている
*2 資格停止中　　2020年1月現在

のガイド：中国やインドなどの新興国の消費量拡大，中東の産油国での内戦などの地政学的リスクの増大，原油市場への投機の影響，などがある。

天然ガス

地理力＋プラス 近年、天然ガスの需要が高まっているのはなぜだろうか。燃焼時の特性や輸送方法に着目して、その理由を考えてみよう。→ 2

1 天然ガスの産出地と移動

Link p.173 ⑧シェール革命，p.325 ㉗日本の液化天然ガス輸入先

↓❶天然ガスのおもな産出地と移動

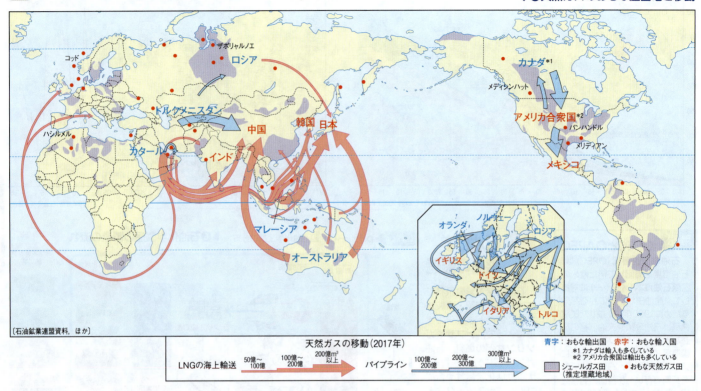

2 天然ガスの生産と消費　Link p.188 ❶おもな貨物船

用語　天然ガス　天然に産出する可燃性の炭化水素ガスで、主成分はメタンである。石炭や石油と比べて熱量が大きく、燃焼時の二酸化炭素、硫黄酸化物、窒素酸化物の排出量が比較的少ないため、クリーンエネルギーとされる。気体のままパイプラインで輸送されるほか、冷却して液化させた**液化天然ガス（LNG）**として、LNG船を利用して大量輸送される。おもに油田地帯で産出されるが、その他の地域にもガス田が分布している。日本では、埼玉県南東部から千葉県にかけて日本最大の南関東ガス田が存在するほか、北海道や新潟県でも産出される。近年、シェール（頁岩）という岩盤から採取される天然ガス（**シェールガス**）の生産量が、北米を中心に増えている。

↑❷天然ガスが日本にくるまで

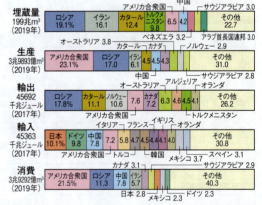

↓❸天然ガスの埋蔵量・生産・輸出入・消費

[BP Statistical Review of World Energy 2020、ほか]

天然ガス まとめ
Link p.161〜162 東南アジアの鉱工業，p.165 西アジア・中央アジアの鉱工業，p.170 ロシアと周辺諸国の鉱工業，p.171〜173 アングロアメリカの鉱工業

国・地域	おもな産出地	用途	特徴
ロシア	ザポリャルノエなどオビ川下流の北極圏、シベリア東部、サハリン	余剰分は輸出	ガス田からパイプラインが主要都市・地域まで張りめぐらされており、ヨーロッパへの延長が進んでいる。生産量はアメリカ合衆国とトップを争い、輸出量は世界最大。シベリア東部やサハリンでは、日本と共同でガス田の開発が進み、産出量も増えているが、計画当初ほどの成果は上がっていない。
アメリカ合衆国	カンザス州からテキサス州にかけての一帯、メキシコ湾岸	工業、発電	生産量は多いが消費量がさらに多いため、世界有数の輸入国となっている。カナダからパイプラインで輸入するほか、LNGの輸入も多い。近年は内陸部で**シェールガス**の採掘が増えている。
西アジア	ペルシャ湾岸および海底の油田地帯	日本などに輸出	ペルシャ湾岸の国々だけで世界の埋蔵量のおよそ4割を占める。カタールでは大規模なプロジェクトがいくつも計画されており、日本をはじめ欧米などへの輸出も増加している。

＋のガイド　天然ガスは、石炭や石油と比べて熱量が大きく、燃焼時の汚染物質の排出が比較的少ない。また、冷却・液化させた液化天然ガス（LNG）として、大量輸送が可能である。

石炭

> **地理力＋** 1960年代以降のエネルギー革命によって，エネルギー消費の中心は石炭から石油へと転換した。それ以降，石炭はどのように利用されているだろうか。→**2**

1 石炭の産出地と移動　Link p.319 石炭，p.325 ⑳日本の石炭輸入先

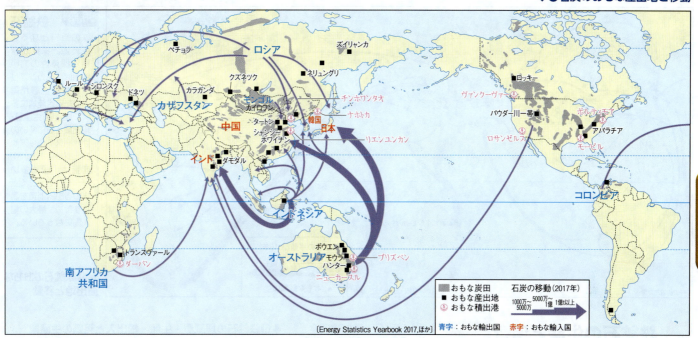

↓❹石炭のおもな産出地と移動

2 石炭の生産と消費　Link p.14 ❹地質時代，p.175 ❼石炭の採掘

用語　石炭　地中に堆積した古代の植物が，地熱や地圧に長期間さらされることによって炭化し，可燃性物質となったもの。日本を含め世界のいたる所で産出され，大規模な炭田では地表から直接掘り進む**露天掘り**で採掘されることが多い。エネルギー消費の中心が石油になった現在でも，火力発電の燃料，製鉄の原料などとして，多くが2次エネルギーに転換利用されている。近年では，大気汚染物質を除去する技術の進歩などもあり，再び消費がのびている。

➡❺石炭の種類　石炭は，炭化の度合いにより異なる用途で用いられる。とくに，瀝青炭のうち粘結性の高いものはコークスに加工され，製鉄の原料として欠かせない。

種類	発熱量	発煙	粘結性	用途
無煙炭	高	少	低	一般炭（→豆炭・練炭など家庭用燃料）
瀝青炭	↕	高 低	↕	原料炭（→製鉄用コークス） 一般炭（→発電・産業用ボイラー）
亜瀝青炭	↕	↕	低	一般炭（→発電・産業用ボイラー）
褐炭	低	多	低	一般炭（→効率低く，産地での発電用）

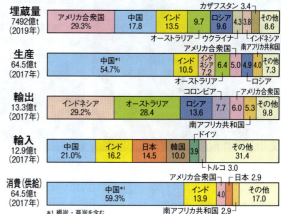

↓❻石炭の埋蔵量・生産・輸出入・消費

石炭 まとめ　Link p.158～159 中国と周辺地域の鉱工業，p.170 ロシアと周辺諸国の鉱工業，p.171～173 アングロアメリカの鉱工業，p.175 オセアニアの鉱工業

国	おもな産出地	おもな埋蔵石炭	用途	特徴
中国	タートン，内モンゴル自治区各地，シャンシー（山西）省各地	無煙炭，瀝青炭，亜瀝青炭	おもに発電用	生産量・消費量とも世界最大。巨大な国有炭鉱から個人経営の小規模炭鉱まで規模の差が大きい。かつてはフーシュン炭田など東北地方の生産が多かったが，現在はタートン炭田などのシャンシー（山西）省から内モンゴル自治区にかけての一帯で生産が多い。
アメリカ合衆国	アパラチア山脈，パウダー川一帯	無煙炭，瀝青炭，亜瀝青炭	消費の9割近くは発電用	東部のアパラチア炭田が古く，現在でも屈指の生産量であるが，近年は，硫黄分の低い石炭が低コストで産出される西部のワイオミング州パウダー川の盆地一帯が生産の中心である。
インド	ダモダル，チャッティスガル州北部	無煙炭，瀝青炭	おもに発電用	石炭がエネルギー需要の半分以上を占める。石炭需要の大半は国内産でまかなわれるが，国内炭は低品位な一般炭のため，製鉄用の原料炭は輸入。生産の中心は，東部のチャッティスガル州やジャルカンド州。
ロシア	クズネック，ペチョラ	亜瀝青炭	発電（東シベリア）	石炭生産はソ連崩壊後，急激に落ち込んだが，1999年以降増加に転じ，その後は安定した。1次エネルギー消費の大半は天然ガスで，石炭の割合は2割弱と低くなっている。オビ川上流のクズネック炭田が生産の中心だが，北極圏に近いペチョラ炭田や東シベリアの炭田の開発も進む。
オーストラリア	ボウエン，モウラ，ハンター	無煙炭，瀝青炭，褐炭	多くは輸出用，ほかには発電用	多くが露天掘りで産出される。最大の輸出先は日本。生産地はクインズランド州ボウエンやニューサウスウェールズ州ハンターなど，東部が中心である。

＋のガイド　火力発電の燃料，製鉄の原料などとして，多くが2次エネルギーに転換利用されている。中国やインドでは，現在もエネルギー消費に占める石炭の割合が高い。

鉄鉱石

地理力＋プラス　日本，中国，ヨーロッパ諸国は，それぞれどのような国・地域から鉄鉱石を輸入しているだろうか。各国・地域間の鉄鉱石の移動の特徴について考えてみよう。→1 2

1 鉄鉱石の産出地と移動

Link　p.14 ❹地質時代，p.151 ❸鉄鋼業の分布，p.326 ❸おもな国の鉄鉱石輸入先

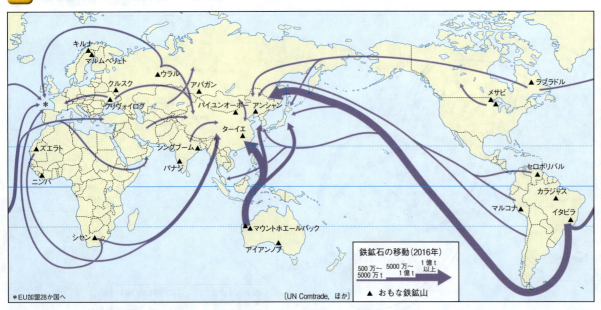

❶鉄鉱石のおもな産出地と移動

鉄鉱石の移動（2016年）
500万～5000万t／5000万～1億t／1億t以上
▲ おもな鉄鉱山
〔UN Comtrade，ほか〕
＊EU加盟28か国へ

用語　鉄鉱石
鉄の原料となる鉱産資源。採掘が容易で採算性の高い鉄山は，先カンブリア時代の地層が露出した安定陸塊に多い。埋蔵量・生産量・輸出量ともに多いのはオーストラリアやブラジルである。生産量は中国も多いが，それを大きく上まわる国内消費を満たすため，最大の輸入国になっている。

2 鉄鉱石の生産と消費

Link　p.174 ラテンアメリカの鉱工業，p.326 ❶❷鉄鉱石の生産・輸出入

↓❷カラジャス鉄鉱山（ブラジル）

カラジャス鉄鉱山は，埋蔵量・生産量ともに世界最大級の鉄山である。日本や世界各国の資金・技術援助によって開発された。カラジャス鉄道は，鉄鉱山と大西洋岸のサンルイスまでのおよそ900kmを結んでいる。

↑❸カラジャス鉄道（ブラジル）

↓❹鉄鉱石の埋蔵量・生産・輸出入と粗鋼の生産量

埋蔵量＊ 810億t（2019年）：オーストラリア 28.4％／ブラジル 18.5／ロシア 17.3／中国 8.5／インド 4.2／南アフリカ共和国 3.1／カナダ 2.8／ウクライナ 2.8／その他 17.5

生産＊ 15.2億t（2018年）：オーストラリア 36.7／ブラジル 19.3／中国 13.8／インド 8.3／ロシア 3.7／その他 15.1

輸出 15.9億t（2019年）：オーストラリア 52.6／ブラジル 21.4／南アフリカ共和国 4.2／ウクライナ 2.5／カナダ 3.3／その他 16.0

輸入 15.8億t（2019年）：中国 67.7／日本 7.6／韓国 4.7／ドイツ 2.3／その他 17.7

粗鋼の生産量 18.7億t（2019年）：中国 53.1／インド 5.9／日本 5.3／アメリカ合衆国 4.7／ロシア 3.8／韓国 3.8／その他 23.4

＊含有量〔鉄鋼統計要覧 2020，ほか〕

鉄鉱石　まとめ

Link　p.158～159 中国と周辺地域の鉱工業，p.163～164 南アジアの鉱工業，p.171～173 アングロアメリカの鉱工業，p.175 オセアニアの鉱工業

国名	おもな産出地	用途	特徴
中国	アンシャン，ターイエ，パイユンオーポー，パンチーホワ	国内の鉄鋼業	世界有数の鉄鉱石生産量を誇るが，低品質の鉱山が多く，自国での鉄鋼の生産量が多いため世界一の輸入国となっている。現在もアンシャンやターイエなどの古い鉄山が中心的存在で，近くの石炭産地と結びついて鉄鋼業がさかん。近年は，外国資本を加えて内モンゴル自治区など内陸の鉱山開発を進めている。
インド	シングブーム，パナジ	国内の鉄鋼業と中国などへの輸出	オディシャ州・ジャルカンド州にまたがるインド最大の鉄山シングブームが中心で，近くのダモダル炭田の石炭と結びついて，鉄鋼業がジャムシェドプルで発展した。
ロシア	ウラル山脈，クルスク	国内の鉄鋼業	現在は，マグニトゴルスクなどウラル山脈の山ろく付近に鉄鉱山が多く，鉄鋼業もこのあたりを中心に発達している。近年，ウクライナに近いクルスク周辺に大規模な鉄鉱床の存在が確認され，開発が進んでいる。
アメリカ合衆国	スペリオル湖南岸と，西岸のメサビ	国内の鉄鋼業	メサビ鉱山などから，五大湖の水運を利用して沿岸の鉄鋼業都市へ運ばれる。歴史は古いが，高品位の鉄鉱石はしだいに減少しており，日本企業の開発した低コストの製鋼法で付加価値を高める試みがなされる。鉄分含有量20～30％の**タコナイト鉱**の開発が進む。
ブラジル	イタビラ，カラジャス	大部分が中国や日本，欧米などに輸出されるが，一部は国内で製鉄される	ミナスジェライス州のイタビラ鉱山が中心だったが，1980年代半ばにアマゾン盆地南東部のパラ州でカラジャス鉄鉱山が生産を始め，鉄鉱石はブラジルの主力輸出品となっている。オーストラリアと並び世界有数の生産国である。
オーストラリア	マウントホエールバック（ピルバラ地区）	ほとんどが中国，日本などへ輸出	マウントホエールバックがある大陸西側のピルバラ地区が鉄鉱石の大産地で，産出された鉄鉱石はポートヘッドランドなどの港まで運ばれ，船舶で輸出される。日本などの外国資本をもとに次々に新しい鉱床を開発しており，日本にとっては最大の鉄鉱石供給国である。

＋のガイド　日本はオーストラリアやブラジル，ヨーロッパ諸国はブラジルやカナダからの輸入が多い。輸入量世界一の中国は，インドやアフリカ諸国など世界各地から輸入している。

非鉄金属

*ダイヤモンドは金属ではないが，記載している

> **地理力プラス** 非鉄金属資源のうち，銅・ボーキサイト・銀・ダイヤモンドはそれぞれどのような国・地域で生産されているだろうか。→ 1 2

1 非鉄金属などの産出地

Link p.319 世界の鉱産物

用語 非鉄金属 文字どおり鉄以外の金属のことをさす。**銅**は電気伝導率が高く電線に，**ボーキサイト**はアルミニウムの原料，**鉛**はバッテリー，**すず**は缶などに用いられる。生産量は，中国やオーストラリアが上位に並ぶ傾向にある。金属によっては産地にかたよりがあり，銅はチリ，ボーキサイトはオーストラリア，すずは中国やインドネシア，銀はメキシコやペルー，ダイヤモンドはロシアやボツワナなどがおもな産出国。

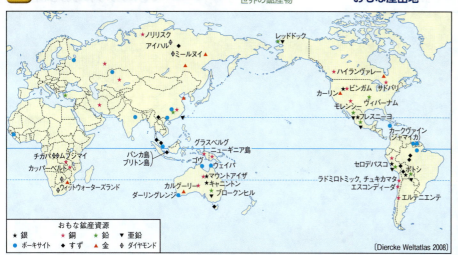

↓ 5 非鉄金属などのおもな産出地

おもな鉱産資源
- ★ 銀　★ 銅　★ 鉛　★ 亜鉛
- ● ボーキサイト　◆ すず　▲ 金　◆ ダイヤモンド

[Diercke Weltatlas 2008]

← 6 **チュキカマタ銅山**（チリ） 世界最大級の露天掘り銅山である。採掘された銅は，輸出拠点のアントファガスタまで鉄道で運ばれる。

2 非鉄金属の生産国

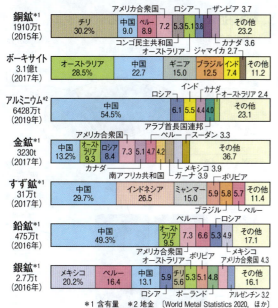

銅鉱*1 1910万t (2015年): チリ 30.2% / アメリカ合衆国 / 中国 9.0 / ペルー 8.9 / ロシア 7.2 / コンゴ民主共和国 5.3 / オーストラリア 5.1 / ジャマイカ 3.8 / ザンビア 3.7 / カナダ 3.6 / その他 23.2

ボーキサイト 3.1億t (2017年): オーストラリア 28.5% / 中国 22.7 / ギニア 15.0 / ブラジル 12.5 / インド 7.4 / その他 11.2

アルミニウム*2 6428万t (2019年): 中国 54.5% / ロシア 6.1 / インド 5.5 / カナダ 4.4 / アラブ首長国連邦 4.0 / オーストラリア 2.4 / その他 23.1

金鉱*1 3230t (2017年): 中国 13.2% / オーストラリア 9.3 / ロシア 8.4 / アメリカ合衆国 7.3 / カナダ 5.1 / ペルー 4.7 / 南アフリカ共和国 4.2 / ガーナ 3.9 / メキシコ 3.9 / スーダン 3.3 / その他 36.7

すず鉱*1 31万t (2017年): 中国 29.7% / インドネシア 26.5 / ミャンマー 15.0 / ブラジル 5.9 / ボリビア 5.8 / ペルー 5.7 / その他 11.4

鉛鉱*1 475万t (2016年): 中国 49.3% / オーストラリア 9.5 / ペルー 7.3 / アメリカ合衆国 6.6 / メキシコ 5.3 / ロシア 4.9 / その他 17.1

銀鉱*1 2.7万t (2016年): メキシコ 20.2% / ペルー 16.4 / 中国 13.1 / ロシア 5.9 / ポーランド 5.6 / チリ 5.3 / ボリビア 5.1 / オーストラリア 4.8 / アメリカ合衆国 4.3 / アルゼンチン 3.2 / その他 16.1

*1 含有量　*2 地金　〔World Metal Statistics 2020，ほか〕

↑ 7 おもな非鉄金属資源の生産国

← 8 **アルミニウムの製造** アルミニウムは，**ボーキサイト**を処理して取り出したアルミナ（酸化アルミニウム）を，電気分解により精錬して製造する。精錬の際に大量の電力を消費するため，かつては大規模な水力発電設備を有するアメリカ合衆国やカナダ，ノルウェーなどが，生産の上位を占めていた。近年では中国が，圧倒的な国内需要と石炭による火力発電を背景に，世界の生産量の半分以上を占めている。

コラム　輝きの陰にあるダイヤモンドの裏の顔

ダイヤモンドは，その輝きから宝石として人気が高い。また，硬度が高いため工業用としても重要な鉱産資源であり，国際市場では高値で取り引きされている。そのため，産出国が紛争地域であると，ダイヤモンドで得た外貨が武器購入にあてられ，内戦が長期化・深刻化することが多い。このようなダイヤモンドは「血塗られたダイヤモンド」とよばれる。この問題を解決するために，国連では，資金源となっているダイヤモンドを紛争地域から輸入することを禁止する政策をとっている。

→ 9 ダイヤモンドの生産国

1億5100万カラット: ロシア 28.2 / カナダ 15.4 / ボツワナ 15.2 / コンゴ民主共和国 12.5 / オーストラリア 11.4 / 南アフリカ共和国 6.4 / アンゴラ 6.3 / ジンバブエ 1.7 / その他 2.9

― 2017年 ―〔Minerals Yearbook 2017〕

Link p.166 アフリカの鉱工業

おもな非鉄金属など まとめ

Link p.158～159 中国と周辺地域の鉱工業，p.170 ロシアと周辺諸国の鉱工業，p.171～173 アングロアメリカの鉱工業，p.174 ラテンアメリカの鉱工業

資源名	国名	おもな鉱山	特徴
銅鉱	チリ	エスコンディーダ，ラドミロトミック，チュキカマタ，エルテニエンテ	チリは，銅鉱の埋蔵量・生産量ともに世界一である。国営企業のCODELCOが，ラドミロトミック，**チュキカマタ**といった大規模鉱山を所有している。近年は外国資本の出資も得て，生産量がのびている。
	アメリカ合衆国	モレンシー	銅ばかりでなく世界最大級の鉱産資源保有国である。同国最大のモレンシー銅山をはじめとして，アリゾナ州の生産が多い。
ボーキサイト	オーストラリア	ウェイパ，ゴヴ，ダーリングレンジ	世界の約3分の1を生産。**ウェイパ**では表土をはがし，ボーキサイト層をとった後は，埋め戻されてユーカリが植林されている。
金鉱	南アフリカ共和国	ウィットウォーターズランド	金鉱山は，ウィットウォーターズランド盆地に分布している。鉱山労働者の多くはアフリカ系である。金以外にもクロムなど多種の希少な鉱産資源を保有している。
ダイヤモンド	ロシア	ミールヌイ，アイハル	シベリアに位置するサハ共和国での産出が中心。採掘されたダイヤモンドはおもに装飾用となる。

プラスのガイド 銅はチリ，ボーキサイトはオーストラリア，銀はメキシコやペルー，ダイヤモンドはロシアが代表的な生産国である。非鉄金属の生産は全体的に，中国とオーストラリアが上位に並ぶ傾向にある。

レアメタル，水資源

地理力＋ レアメタルは先端技術産業に不可欠な金属だが，その利用にはどのような問題があり，どのような対策がとられているだろうか。産出地の分布に着目して考えてみよう。→ 1 2

1 レアメタルの産出地

Link p.158〜159 中国と周辺地域の鉱工業，p.166 アフリカの鉱工業，p.319 世界の鉱産物

↓❶レアメタルのおもな産出地

用語 レアメタル，レアアース レアメタル（希少金属）は，非鉄金属のうち，地球上の存在量が少ない金属や，単体として取り出すのが経済的・技術的に難しい金属の総称。中国やロシア，アフリカ南部など一部の地域に偏在している。先端技術産業に不可欠で，半導体，発光ダイオード（LED），特殊合金，自動車の排ガス用触媒などに利用される。

レアアースは，レアメタルのうち希土類とよばれる17元素の総称。強力な永久磁石やレーザー装置などに利用される。

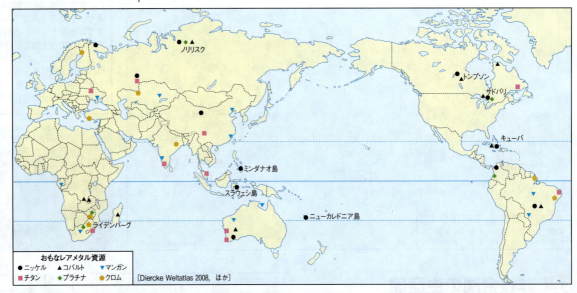

おもなレアメタル資源
● ニッケル　▲ コバルト　▼ マンガン
■ チタン　◆ プラチナ　● クロム

［Diercke Weltatlas 2008，ほか］

2 レアメタル

Link p.326 ⑭⑱⑳ タングステン鉱・モリブデン・バナジウムの生産

↓❷おもなレアメタルの生産国　[Minerals Yearbook 2018，ほか]

ニッケル鉱*1 204万t (2016年)	フィリピン 17.0% ／ ロシア 12.4 ／ カナダ 11.6 ／ オーストラリア 10.0 ／ （ニューカレドニア）／ インドネシア 9.8 ／ 中国 4.8 ／ ブラジル 3.8 ／ その他 20.6
チタン*1 1156万t (2017年)	中国 33.1% ／ オーストラリア 13.1 ／ カナダ 8.9 ／ モザンビーク 8.7 ／ 南アフリカ共和国 6.4 ／ インド 4.9 ／ ケニア 4.4 ／ セネガル 4.3 ／ ウクライナ 4.3 ／ その他 11.9
コバルト鉱*1 12万t (2017年)	コンゴ民主共和国 60.8% ／ ロシア 4.9 ／ キューバ 4.2 ／ オーストラリア 4.2 ／ マダガスカル 3.8 ／ フィリピン 3.2 ／ カナダ 2.9 ／ パプアニューギニア 2.8 ／ 中国 2.6 ／ その他 10.6 ／ その他 1.6
プラチナ族*2 471t (2018年)	南アフリカ共和国 57.5% ／ ロシア 24.6 ／ ジンバブエ 6.4 ／ アメリカ合衆国 6.0 ／ カナダ 3.9
マンガン鉱*1 1570万t (2016年)	南アフリカ共和国 33.8% ／ 中国 14.8 ／ オーストラリア 14.2 ／ ガボン 10.3 ／ ブラジル 6.8 ／ インド 4.7 ／ その他 15.4
クロム鉱*3 3570万t (2017年)	南アフリカ共和国 46.3% ／ トルコ 18.2 ／ カザフスタン 12.8 ／ インド 9.8 ／ フィンランド 2.7 ／ その他 10.2
レアアース*1 13万t (2017年)	中国 79.5% ／ オーストラリア 4.1 ／ ロシア 2.0 ／ その他

*1 含有量　*2 プラチナ，パラジウム，イリジウム，オスミウム，ルテニウム，ロジウムの総称　*3 鉱石量

↓❸マンガン

↓❹プラチナ（白金）

↓❺レアアースの埋蔵量
合計 1.2億t
中国 36.7％／ブラジル 18.3／ベトナム 18.3／ロシア 15.0／その他 11.7
*含有量 —2016年—
［Mineral Commodity Summaries 2017］

↓❻身近なものに使われているレアメタル

［自動車の使用例］
液晶パネル：Eu ユウロピウム，Y イットリウム，Ce セリウム，In インジウム
ガラスと鏡：Ce セリウム
研磨剤
紫外線防御ガラス：Ti チタン，Ce セリウム
発電機：Nd ネオジム，Pr プラセオジム，Dy ジスプロシウム，Tb テルビウム
ディーゼル燃料添加材：Ce セリウム，La ランタン
モーター：Nd ネオジム，Pr プラセオジム，Dy ジスプロシウム，Tb テルビウム
排ガス触媒：PGM（白金族），Zr ジルコニウム，Ce セリウム
蓄電池：Li リチウム，Co コバルト，Ni ニッケル，La ランタン

［スマートフォンの使用例］
バイブレーションモーター：Nd ネオジム
カメラ：Ni ニッケル
ボタンの接点：Ni ニッケル，Cr クロム
液晶：In インジウム
プラスチック：Sb アンチモン
コンデンサー：Ti チタン，Zr ジルコニウム，Ta タンタル
電池：Li リチウム

■ レアメタル　■ レアアース

［栃木県立博物館資料，ほか］

コラム 都市に眠る鉱山　グローバルNIPPON

→❼廃棄された電子部品（左）と生産された金（右）

近年，パソコンやスマートフォンなどの電子機器が身のまわりに増えている。これらの製品には，金やレアメタルなどが随所に使われているが，製品の進化が速いため廃棄量も年々増加している。一方で，これらの金属の産出地はかたよっており，とくにレアアースは，中国の輸出規制で入手しにくくなっている。

廃棄される電子機器に含まれる再利用可能な資源は，実は都市に多く存在するため，「都市鉱山」とよばれている。都市鉱山に眠る金属を回収して活用すれば，限られた国からの輸入にたよっている貴重な金属資源を，国内で循環利用できる可能性もある。しかし，金属とプラスチックなどが混在している製品から特定の金属を取り出すには，高い技術が必要とされる。この技術でよく知られているのが，秋田県小坂町である。小坂町はかつて，金や銀，銅などを多く含む「黒鉱」という鉱石の産出地として知られていた。黒鉱はほかにもさまざまな鉱物を含有しているため，そこから金属を単体で取り出すための製錬技術が発達してきた。小坂町でつちかわれてきたこの技術は現在，廃棄物からレアメタルなどの金属を取り出す資源リサイクル事業に生かされており，世界的にみても最先端の技術に注目が集まっている。

3 資源としての水

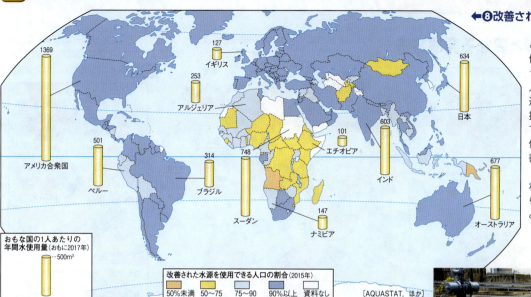

←⑧改善された水源を使用できる人口の割合

改善された水源とは、人や動物などの排泄物によって汚染されない設備を整えている水源や給水設備をいう。1990年には、それを利用できる人口の割合は世界全体で76%、発展途上国で70%であったが、政府開発援助（ODA）などによって発展途上国での改善が進み、2015年には世界全体で91%、発展途上国で89%まで改善された。

しかし、いまも6億人以上が改善された水源を利用できておらず、それらの人々は、サハラ以南のアフリカとアジアに多い。

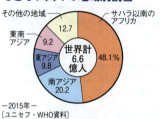

↓⑨安全な水を継続的に利用できない人々の地域別割合

→⑩日本の技術・資金援助によって整備された浄水場（スリランカ） 日本は、安全で清潔な水が供給され、水道水を直接飲むことができる世界でも珍しい国である。日本では、もともと良質の水を得ることができたが、都市化の進展に対応して安全な水を大量に供給するために、浄水場が整備された。一方、東南アジアやアフリカなどでは、浄水場の整備が遅れているため、水道水が必ずしも安全な水とはいえないところも多い。そうした地域に、日本の自治体が蓄積した水道技術を、企業と協力して輸出する取り組みが始まっている。

専門家ゼミ　国際河川をめぐる問題

複数の国の領土もしくは国境を流れる川を**国際河川**とよぶ。島国である日本にはなじみが薄いが、世界には約280の国際河川流域があり、全陸地面積の約40%を占め、世界人口の約40%が暮らしている。

国際河川においては限られた水資源をめぐる流域国間の紛争が発生しがちであるが、流域国同士の協調事例もみられる。東南アジアのメコン川ではカンボジア、タイ、ベトナム、ラオスの4国がメコン川委員会を設立し、ダムなどの開発規制、河川流量や水位データの共有による洪水管理などを各国合意の下で進めている。

他方、世界最長河川ナイル川の支流である青ナイル川では、上流国エチオピアにおいて貯水容量740億m³（琵琶湖の約3倍）のダム（大エチオピア・ルネサンスダム）が完成間近であり、2020年からダム湖への貯水が始まっている。下流国であるエジプトとスーダンは自国での水不足への懸念から一連の貯水計画に反対の姿勢を示しており、エチオピアとの3か国協議やアフリカ連合（AU）・国連を通じた調停を試みているが、2021年8月現在、合意には至っていない。〔世界銀行　田中 幸夫〕

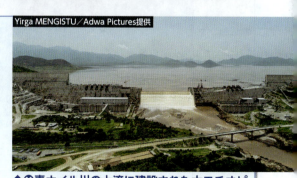

↑⑪青ナイル川の上流に建設された大エチオピア・ルネサンスダム（エチオピア、2020年）

レアメタル まとめ

レアメタル	おもな産出国・地域	おもな用途	レアメタル	おもな産出国・地域	おもな用途
ニッケル	フィリピン、ロシア、オーストラリア、カナダなど	ステンレス鋼、電子部品、ニッケル水素電池	クロム	南アフリカ共和国、カザフスタン、インド、トルコなど	ステンレス鋼、耐熱鋼、めっき、磁石
チタン	中国、オーストラリア、ベトナム、モザンビークなど	軽量合金（建材、航空機体など）、光触媒、潤滑剤	レアアース（希土類）	中国、アメリカ合衆国、インドなど	磁石、小型モーター、レーザー装置、発光ダイオード（LED）
コバルト	コンゴ民主共和国、中国、カナダ、ロシア、オーストラリアなど	磁石、耐熱合金、リチウムイオン電池、触媒	リチウム	オーストラリア、チリなど	陶器・ガラスの添加剤、リチウムイオン電池
プラチナ（白金）	南アフリカ共和国、ロシア、カナダ、ジンバブエなど	宝飾品、触媒（排ガス浄化など）、磁石	タングステン	中国、ベトナム、ロシアなど	超硬合金・工具、特殊鋼
			モリブデン	中国、アメリカ合衆国、チリなど	特殊鋼、触媒、潤滑剤
マンガン	南アフリカ共和国、オーストラリア、中国など	乾電池の正極、特殊合金、磁性材料	バナジウム	中国、南アフリカ共和国、ロシアなど	特殊合金、触媒
			インジウム	中国、韓国、カナダなど	液晶、太陽電池

＋のガイド 産出地が偏在しているため、需要の急増や産出国での輸出規制などが生じると、安定確保が難しい。対策の一つとして、「都市鉱山」に潜在する資源を利用したリサイクルが進められている。

電力と原子力の利用

地理力＋プラス 水力発電が主要な電力源となっている国はどこだろうか。それらの国に共通する立地条件に着目し、特徴をまとめてみよう。→ 1 2

1 世界の電力消費量と異なる発電方法

電力は、おもに1次エネルギーを転換してつくり出される2次エネルギーである。電力消費量は急速にのびているが、国や地域によってその差は大きく、主要な発電方法も異なる。

Link p.325 ㉘ おもな国の発電量

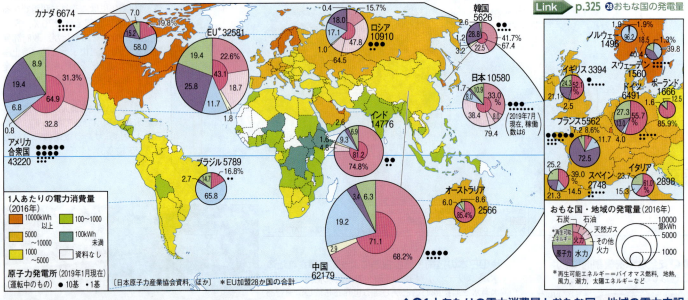

↑❶1人あたりの電力消費量とおもな国・地域の電力内訳

2 水力・火力・原子力発電所の特徴と立地

	水力発電	火力発電	原子力発電
おもな発電所	↓❷サンシヤダムの水力発電所（中国）	↓❸東京湾の火力発電所（神奈川県、横浜市）	↓❹原子力発電所（フランス、ロアール地方）
エネルギー源	大型ダムや斜面など、自然の落差を利用した水の落下エネルギーで発電機のタービンをまわす。	石炭、石油、天然ガスなどを燃やして水を沸とうさせ、水蒸気で発電機のタービンをまわす。	核分裂の熱で水を沸とうさせ、水蒸気で発電機のタービンをまわす。
立地条件	水量が豊富な河川の山間部でダム建設ができるところや水路を斜面の上部まで引けるところ。	燃料を得やすく消費地に近いところ。輸入燃料に依存する場合、都市近郊の臨海部。	冷却水が得られるところ。日本は海水を使うので臨海部。
供給の特徴	需要にあわせた柔軟な供給が可能。発電所が山間部にあるため長距離送電が必要。	大規模発電が可能で、供給の調整もしやすい。都市近郊の発電所は送電距離が短い。	安定的に大量の電力を供給可能。都市から離れた地域に多いため長距離送電が必要。
問題点	大規模なものは、ダム建設に伴う環境や生態系の破壊。渇水時には発電不能に。	燃焼に伴う二酸化炭素や大気汚染物質の排出。化石燃料の枯渇。	事故時の放射性物質放出による周辺地域への悪影響。使用済み燃料の高レベル廃棄物の処理。
日本での分布	↓❺水力発電所	↓❻火力発電所	↓❼原子力発電所

3 原子力発電の課題

❽レベル4以上の事故を起こしたおもな原子力施設

❾国際原子力事象評価尺度による事故レベル分類 レベル7が最も深刻な事故であり，レベル6は大事故，レベル5は広範囲へのリスクを伴う事故，レベル4は事業所外へのリスクを伴わない事故と定義される。

尺度以下	←──異常な事象──→	←──────事　故──────→
レベル0	レベル1 ・ レベル2 ・ レベル3	レベル4 ・ レベル5 ・ レベル6 ・ レベル7

サンローラン原発事故（1980年）─┐　　　　　　　　　　　　キシュテム事故　　　チェルノブイリ原発事故
東海村JCO臨界事故（1999年）──┘　　　　　　　　　　　　（1957年）　　　　　（1986年）
　　　　　　　　　　　　　ウィンズケール原子炉事故（1957年）　　　　　　　福島第一原発事故（2011年）
　　　　　　　　　　　　　スリーマイル島原発事故（1979年）

❿廃炉作業が進む福島第一原子力発電所（福島県，大熊町）　原子力発電所は大量の冷却水を必要とするため，日本では海岸沿いに立地している。福島第一原子力発電所は，2011年3月11日の大地震による大津波に襲われ，運転に必要な電力が喪失して制御不能になり，炉心溶融（メルトダウン）と水素爆発を起こした。現在は廃炉に向けた難しい作業が行われている。

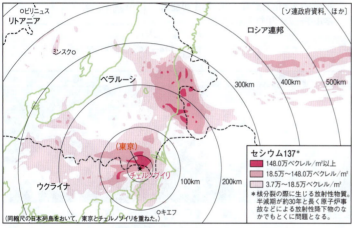

⓫チェルノブイリ原発事故による放射性セシウム汚染地域　チェルノブイリ原子力発電所は，電気系統の実験中に原子炉が制御不能となり炉心溶融を起こして爆発炎上した。放射性物質が広範囲に飛散し，チェルノブイリでは30年経った今でも，原発の半径30km以内は立ち入り禁止区域となっている。

⓬福島第一原子力発電所の事故による避難指示区域　福島第一原発の事故で飛散した放射性物質は，大気の流れに乗って北西方向へ流れた。そのため，原発から北西方向の市町村に放射性物質による汚染地域が広がり，避難指示区域も同じように分布する。避難指示区域は徐々に解除されてきているが，帰還困難区域の解除には時間を要している。

また，除染で取り除かれた放射性物質の処理も大きな問題になっている。

Link　p.82 ❷放射能汚染

4 原子力発電の利用国と今後

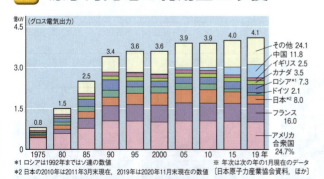

⓭おもな国の原子力発電所の設備容量の推移　1986年のチェルノブイリ原子力発電所の事故以降，先進国では原子力発電所の建設は頭打ちとなり，脱原発をうち出す国も増えた。一方，発展途上国では先進国から技術を取り入れ，原子力発電所の建設が増加した。先進国の企業もそれを商機として，積極的に活動している。

専門家ゼミ　原発問題にゆれるヨーロッパ

2011年3月の福島第一原発事故のニュースは，ヨーロッパの人々にとってショックだった。1986年のチェルノブイリ原発とほぼ同規模の事故が，原発先進国日本で起こったことに驚かされたのである。ドイツではそれまでの原発推進政策を180度転換させ，早くも2011年6月には，2022年までに国内の17基の原発すべての廃止を決定した。総電力の80％近くを原発でまかなってきた「原子力大国」フランスでも，反原発のデモが行われるようになり，原発を廃止して風力や太陽光による再生可能エネルギーに転換する政策に着手している。2020年に国内最古のフェッセンハイム原発が閉鎖されたのをはじめ，今後も各地の原発が廃止される予定である。ドイツに続いてスイスも原発の全廃を決めるなど，ヨーロッパでは脱原発の動きはますます加速している。

〔東京学芸大学　加賀美　雅弘〕

⓮原発に反対する人々（ドイツ，2011年4月）

＋のガイド　カナダ，ブラジル，ノルウェー，スウェーデンなどは，水力発電が中心である。いずれの国も水資源が豊富で，ダム建設に適した土地があるのが特徴である。

再生可能エネルギーと省エネルギー

地理力＋プラス 風力発電と地熱発電は，それぞれどのような条件のところに立地することが多いだろうか。特徴をまとめてみよう。→ 2

1 世界のエネルギー消費の変化
Link p.130〜131 エネルギー資源の利用

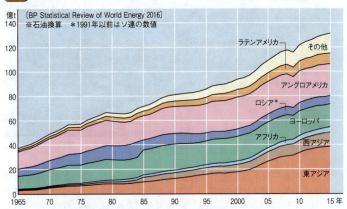

↑①**世界の地域別1次エネルギー消費量の推移** 世界の1次エネルギーの消費量は年を追うごとに大きくなっている。とくに東アジアの伸びが大きいのは，中国の経済成長によるところが大きい。

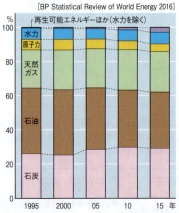

↑②**世界のエネルギー源別エネルギー消費量の推移** 今も主要なエネルギー源は**化石燃料**だが，**再生可能エネルギー**の利用も増えつつある。

用語 再生可能エネルギー 絶えず資源が補充されて枯渇することがなく，繰り返し利用可能なエネルギーのこと。水力，太陽光，風力，地熱など，化石燃料ではない自然の力を利用したものや，廃棄物を燃料とするもの，バイオマスエネルギーなどがあり，おもに電力源として利用される。発電時に汚染物質を排出せず環境への負荷が小さいエネルギー源として注目されている。一方，発電量が自然の状況に左右されるため電力を安定供給しづらい，設備投資が必要なわりに発電量が小さく発電コストが高い，などの問題もある。

2 再生可能エネルギーの利用
Link 巻頭1〜2 サステイナブルシティ構築への挑戦，p.144〜145 日本のエネルギー利用

	太陽光発電	風力発電	地熱発電
活用事例	↑③太陽光パネルを設置した橋(イギリス，ロンドン)	↑④伝統的な風車と風力発電用の風車(オランダ)	↑⑤八丁原地熱発電所(大分県，九重町)
エネルギー源	太陽光がシリコンなどでつくられた太陽電池にあたり発電。	風によって発電機を取りつけた風車がまわる力で発電。とてもシンプルな構造。	おもに地中深くの高温の水蒸気を利用し，タービンをまわして発電。
立地条件	太陽光のあたるところならばどこでもよい。建物の屋根や屋上，壁面，未利用地など。	年中安定した風が吹く場所がよい。面積はとらないので農地や牧場の一角など。	火山活動があり，マグマからの熱の噴出がみられるところ。
供給の特徴	発電と消費が同じ建物など，小規模分散型の供給がしやすく，地産地消に向く。	小型の風車はどこにでも立地するが，大型は市街地への立地は難しく，一定距離の送電が必要。	安定的な供給ができ，電力供給のベースとして使える。消費地までの送電が必要。
問題点	発電量が光の量に左右される。夜はもちろん，曇りや雨の日はほとんど発電できない。	発電量が風の強さに左右される。風が強すぎても安全確保のために止まってしまう。	適地を探すことが難しい。日本では国立公園内にあることも多く，環境保全の問題ともかかわる。
発電量が多い国 (2019年)	中国，アメリカ合衆国，日本，インド，ドイツ	中国，アメリカ合衆国，ドイツ，インド，イギリス	アメリカ合衆国，インドネシア，フィリピン，トルコ，ニュージーランド，イタリア

↑⑥**太陽熱発電**(アメリカ合衆国，モハーヴェ砂漠) 太陽の熱を反射板で集め，熱で発電するしくみ。蓄熱システムの進化などにより，モハーヴェ砂漠やスペインなどで実用化されている。広い敷地と強烈な日ざしが必要なため，雨が多く広い敷地が確保しにくい日本では，ほとんど導入が進んでいない。

↑⑦**小水力発電所**(山梨県，都留市) 大型ダムをつくるのではなく，地域にある川の流れを利用して発電する。太陽光や風力よりも変動が小さく，小規模分散型の地産地消エネルギーの好例で，山間部などで活躍している。

↑⑧**潮汐発電のしくみ** 潮汐発電は，潮の満ち引きで起こる海水の流れを利用してタービンをまわし，発電する方法である。このほか海洋のエネルギーを利用した発電には，波の上下動を利用する波力発電や，海洋表層の温水と深海の冷水の温度差を利用する海洋温度差発電などがある。

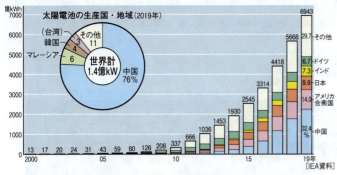

↑⑨**太陽光発電の生産量の推移と太陽電池の生産国・地域** 太陽光発電の開発は，日本が世界をリードし，かつては太陽光発電設備容量も太陽電池の生産量も1位であった。しかし現在は，太陽光発電の普及を本格的に目指した中国やアメリカ合衆国に太陽光発電の生産量で抜かれ，太陽電池の生産でも中国やマレーシアに抜かれている。

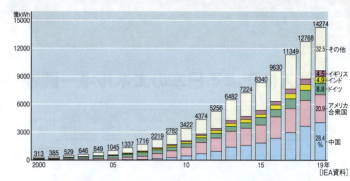

↑⑩**風力発電の生産量の推移** 風力発電は，太陽光発電に比べると技術的に簡単であり，導入も一足早く進んだため，風力発電の生産量は太陽光発電よりもかなり大きくなっている。広大な敷地に多数の風車を立てる型式が多く，中国やアメリカ合衆国の割合が高い。また，安定した偏西風を受けられる西ヨーロッパでも導入が進んでいる。

③ バイオマスエネルギーの普及

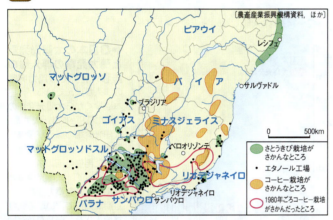

↑⑪**ブラジルにおけるバイオエタノールの生産** ブラジル高原南部のかつてのコーヒー畑を再開発して，広大なさとうきび畑にした。そのさとうきびからバイオエタノールをつくり，車の燃料の一部にしている。

Link ▶p.119 ③ブラジルの農業の変化

↑⑫**液体バイオ燃料の生産国**

→⑬**おもなバイオマスエネルギー**

用語 バイオマスエネルギー 生物資源から得られる有機物を利用した再生可能エネルギーのこと。さとうきびやとうもろこしなど糖分やでんぷんの多い植物を発酵させて得られるバイオエタノールが知られているが，バイオエタノールの増産が，原料となる農産物の価格高騰を招くなど社会問題となった。現在は，食料と競合しないセルロース系原料の実用化が期待されている。

④ ロスを減らすための工夫

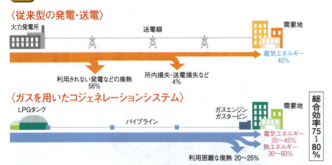

↑⑭エネルギーのロスを減らすコジェネレーションシステム

用語 コジェネレーションシステム 発電機で電力を生み出しつつ，その際に発生する廃熱を給湯や冷暖房に利用するしくみのこと。従来型の大規模発電では，投入したエネルギーの約60％が送電中などに失われていた。コジェネレーションシステムでは，失われるエネルギーを20〜25％に抑えることができる。

専門家ゼミ 再生可能エネルギー 固定価格買取制度（FIT）

固定価格買取制度（以下FIT）とは，政府が電力会社に対して，再生可能エネルギー（以下再エネ）から発電された電力を，長期に優遇した「固定」の価格で買い取ることを義務づけ，その費用を電気料金に上のせする制度である。安定した買取が保証され，事業への投資がしやすくなるため，再エネの普及をうながすとされる。

FITの代表的な導入国はドイツで，再エネ発電比率は，2000年の制度導入時の5％から2018年には37％超に拡大した。しかしドイツでは，太陽光発電の急速なコスト低下に合わせた買取価格の切り下げができずに，1世帯あたりの月額平均負担額は家庭の電気料金支出の2割をこえる20ユーロ（約2500円）に達している。

日本でも，福島第一原発事故後，再エネの拡大を求める声が高まり，2012年7月からFITが実施されている。しかし，太陽光の買取価格は欧州諸国に比べて2〜3倍割高に設定されているため，当初の想定を上まわる国民負担が生じている。再エネの普及はCO_2削減など多くの利点があるが，少ない費用で最大限の導入をはかる効率性の観点が重要である。例えば，年間導入量に上限を設け，入札により安い再エネから順に導入することで競争原理を活用するといった政策を実施する国もある。日本も入札制度が導入され，2017年度から開始された。

〔電力中央研究所 社会経済研究所 朝野 賢司〕

+のガイド 風力発電は，年中安定した風が吹く地域に立地することが多い。地熱発電は，ニュージーランドやイタリア，日本などの火山活動がある地域に立地する。

日本のエネルギー利用

地理力＋ 日本のエネルギー利用にはどのような課題があるか，資源や発電源に着目して考えてみよう。また，持続的なエネルギー利用に向けた取り組みをあげてみよう。→①②③⑥

1 輸入にたよる日本のエネルギー資源

Link p.195 ⑤貿易にたよる日本の産業，
p.325 ⑳㉓㉗日本の石炭・原油・液化天然ガス輸入先

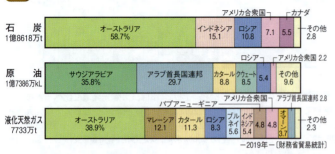

↑①日本のおもな資源の輸入先 石炭は，オーストラリアが輸入先の中心となっている。原油はサウジアラビアやアラブ首長国連邦など，西アジアからの輸入が多い。液化天然ガスは，オーストラリア，東南アジア，西アジア，ロシアなど多様な地域から輸入している。

↑②日本の1次エネルギー供給構成の推移 日本のエネルギー供給は1950年代までは石炭が中心であったが，1960年代に入ると石油の供給が急速に増えた。しかし，1973年の石油危機をきっかけに，エネルギー供給の多様化が進んだ。

2 電力供給の変化

Link p.140〜141 電力と原子力の利用, p.142〜143 再生可能エネルギーと省エネルギー

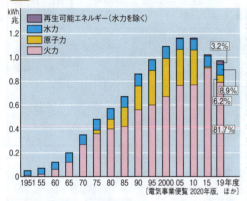

←③日本の発電源の推移 日本では，高度経済成長期（1955〜70年）に電力需要が急増し，水力発電から火力発電に転換した。1970年代以降は原子力発電の割合も増えた。しかし，2011年の福島第一原発の事故後，原子力発電所の多くが稼動を停止しており，今後の電力供給のあり方が問われている。

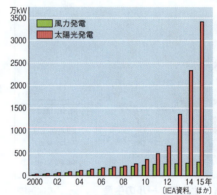

←④日本の太陽光発電と風力発電の導入量の推移 世界では風力発電の導入が進んでいるが，日本は早くから太陽光発電の利用に積極的であったため，太陽光発電のほうが設備容量が大きい。2012年に施行された再生可能エネルギー法によって，太陽光や風力発電の電力を電力会社が一定期間高値で買い取る制度が導入され，普及をあと押ししている。

3 効率的なエネルギーの利用

Link p.83 ③省エネルギーの取り組み

↑⑤発光ダイオード（LED）を利用した交通信号機 白熱電球を利用した信号機と比べて，西日による見間違いが生じにくいほか，消費電力が約6分の1，寿命が約8倍と省エネルギーである。そのため，全国的にLED信号機への交換が進んでいる。

用語 発光ダイオード（LED） 電圧を加えると発光する半導体素子のこと。LEDは基本的に単一色で，当初は赤色・黄緑色のみであったが，その後1990年代初めに，日本の科学者により青色LEDが発明された。光の三原色（赤・緑・青）を組み合わせることで，白色をはじめとする多様な色彩の光を発することが可能となり，LEDは照明としても活用されはじめた。白熱電球や蛍光灯と比較して寿命が長く，低発熱で消費電力が少ない省エネルギーの光源として注目されていることもあり，LED照明は急速な普及を続けている。

→⑥普及が進められるZEH（ネット・ゼロ・エネルギー・ハウス） ZEHとは，Net Zero Energy Houseの略称で，1年間で消費するエネルギーの量が正味（Net）でおおむねゼロ以下となる住宅のことである。窓や壁の断熱性を向上させるとともに，高効率空調やLED照明などを設置して省エネルギーを実現し，太陽光発電などの導入でエネルギーを創り出し，蓄電システムで電力の自給を目指す。日本では，2030年までに標準的な新築住宅でZEHを実現する普及目標が掲げられ，ハウスメーカー各社が積極的に取り組んでいる。

→⑦ハイブリッド車両の導入（宮城県）
従来の気動車は，ディーゼルエンジンのみを動力としている。この新型の気動車は，低速時は蓄電池，中高速時はディーゼルエンジンでモーターを駆動させるハイブリッド車両である。ブレーキ時にはモーターを発電機として利用し，発生した電力（回生電力）を蓄電池に充電して有効活用している。

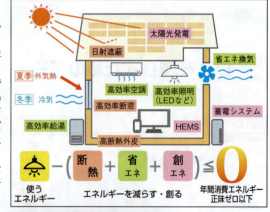

4 将来性が見込まれている水素エネルギー

Link ▶ p.83 ⑩水素燃料を補給する燃料電池車

　水素は、化石燃料、コークス炉などから出る副生ガス、バイオマス、自然エネルギーによる水の電気分解など、多様な原料から取り出すことができ、排出されるのは水のみであるため、将来のエネルギーとして期待が高まっている。
　2021年に開催された東京オリンピック・パラリンピックでは、新国立競技場の聖火台の燃料に、大会史上初めて水素が使われた。この水素は、メガソーラーを併設している福島県浪江町の施設で、太陽光由来の電力を用いて水を電気分解することで製造された。大会期間中には、聖火台以外にも、選手や大会関係者が乗る燃料電池車、選手村の定置型燃料電池システムの燃料としても供給された。

←⑧水素を取り出すことができる原料

↑⑨東京オリンピック・パラリンピックの選手村を走る燃料電池バス（東京都、中央区）　燃料の水素は圧縮水素トレーラーで福島県から運ばれた。

5 エネルギーの地産地消へ〜岩手県葛巻町の例

　岩手県葛巻町は、エネルギーの地産地消を目指し、クリーンエネルギーの取り組みを進め、町内電力消費量の約3.6倍もの電力を町内で発電している。高原の牧場には風車を建設し、風力発電を行っている。家畜の糞尿は、発酵させてバイオガス（メタン）を発生させ、電力や熱として利用し、プラント消化液は肥料として牧場や畑に還元している。木質バイオマスのガス化やペレットボイラー・ストーブの利用、太陽光発電なども積極的に導入し、全国有数のエネルギー先進自治体として注目を集めている。

←⑩高原に設置された風力発電所（岩手県、葛巻町、2021年）

↑⑪間伐材を用いたウッドチップ

→⑫木質バイオマスのガス化発電施設（岩手県、葛巻町、2021年）

6 エネルギー源の安定確保に向けた動き

Link ▶ p.226 ①日本の範囲

→⑬風力・地熱発電所と石油の備蓄基地　日本は、九州地方や東北地方の火山帯に地熱発電所が分布し、沿岸部や高原などに風力発電所が分布している。ここ10年ほどの間に再生可能エネルギーの利用が急速に増えてきたが、化石燃料への依存度もいまだ高いため、国家や企業プロジェクトとして石油や石油ガスの備蓄基地が建設されている。

こうした再生可能エネルギーがいっそう普及するには、外国と比べていまだに発電コストがやや高いことや、太陽光・風力発電など天候に左右される電力供給源に対する需給調整の必要性、さらに、地熱・風力発電所等は需要の多い大都市から離れているため送電コストがかかるなど、解決すべき問題も残っている。

―2018年3月末現在―
（風力・地熱発電所は2017年）
〔平成30年 石油資料、ほか〕

→⑭日本近海の海底資源　日本の経済水域の海底に大量の資源があることが確認されている。なかでも注目を集めているのがメタンハイドレートで、先ごろ試掘に成功したが、実用化には高度な技術や設備などが必要である。

←⑮メタンハイドレート
天然ガスの主成分であるメタンガスを含んだ氷状の物質で、「燃える氷」とよばれる。

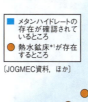

〔JOGMEC資料、ほか〕

＊1 海底火山の噴出口付近に存在する銅やレアメタルなどを多く含んだ鉱床。

工業の発達と分化

地理力＋プラス　産業革命以降，工業はどのように発達・分化してきたのだろうか。主導工業に着目してみていこう。→ 1 2 3 6

1 工業化の歩み

↓❶工業の発達の歴史

18世紀後半にイギリスで**産業革命**が始まり，大規模な資本が導入されて**手工業**から**工場制機械工業**へと工業化が進展した。19世紀にはフランス，ドイツ，アメリカ合衆国，ロシア，日本などの主要国でも急速に産業革命が進み，20世紀初頭には経済活動の中心が工業へと移行した。

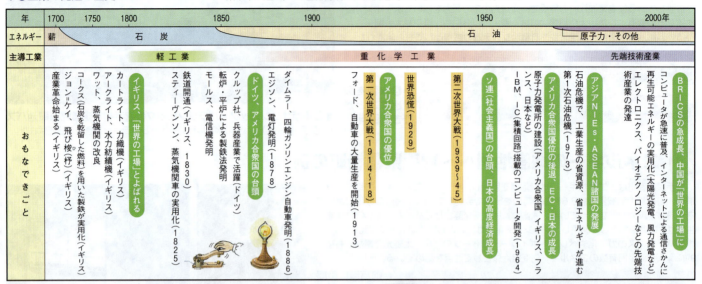

Link p.130〜131　❷エネルギーの生産と消費，p.157 世界の鉱工業地域

2 産業革命と工業化

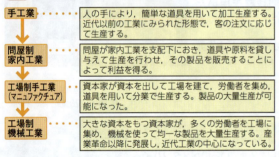

↑❷工業の形態

3 工業化と技術革新

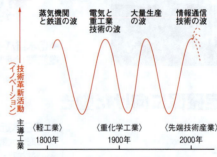

↑❸技術革新（イノベーション）の波動

新技術が続出し，経済構造が大きく変わってきたのは，産業革命以降と考えられている。産業革命につぐ大きな**技術革新（イノベーション）**は重工業技術の発達であり，19世紀後半のフランス，ドイツ，アメリカ合衆国で起こった。1930〜1950年には**大量生産方式**の発達がアメリカ合衆国で起こり，その後はヨーロッパや日本，韓国，さらに中国などにも広がった。長期的にとらえると，技術革新は「コンドラチェフの波」とよばれる40〜60年間隔の景気変動とも大きくかかわっており，現代は**情報通信技術（ICT）**の発達による波が起こっているとされる。

4 大量生産体制の確立

↓❹ベルトコンベア方式が初めて採用された自動車の生産ライン

（アメリカ合衆国）　20世紀初頭から生産が始まった自動車（T型フォード）の製造には，ベルトコンベア方式とよばれる新しい生産工程が導入された。流れ作業による効率的な大量生産によって価格も手ごろになり，自動車の大衆化が進んだ。自動車産業は20世紀のアメリカ合衆国を代表する産業になった。

コラム　第4次産業革命とは

第4次産業革命とは，18世紀末以降の第1次産業革命（石炭や蒸気を動力源とする工場での生産体制），20世紀初頭の第2次産業革命（電気と石油を動力源とする大量生産体制の確立），1970年代初頭からの第3次産業革命（産業用ロボットの普及による，いっそうのオートメーション化）につぐ，新たな生産革命のことをさす。具体的には，IoT（コンピュータ以外の多種多様な「モノ」がインターネットに接続され，相互に情報をやり取りすること），ビッグデータ（情報通信技術（ICT）の進歩によってインターネット上で収集，分析できるようになった膨大なデータ），AI（人工知能）といった技術革新によって，これまでの大量生産・画一的なサービス提供から，個々に応じた生産・サービスの提供が可能になったり，AIやロボットによる人間の労働の補助・代替が進んだりするなど，従来の生産工程が大きく変わり，産業の高度化をもたらす，とされている。

アメリカ合衆国やドイツなどでは，こうした新しい技術が積極的に活用されつつあるが，日本では，例えばIoTの導入についてはプライバシーの保護に関する不安などの理由もあって，十分な活用が進んでいないとされる。しかしながら，この新技術が進展することで，ものづくり分野での変化だけでなく，例えば健康・医療・公共サービスなどの分野での活用も期待されており，人々の働き方やライフスタイルの変化にも影響を与えるとみられている。

5 工業の分類　Link p.169 ④各地の伝統産業, p.178 ⑥伝統産業とその変化

↓❺工業の分類と産業構造変化のプロセス

一般に工業は，**軽工業**から始まり，**重化学工業**，**先端技術産業**へと発展する。先進国ではこの流れをたどってきたが，発展途上国では軽工業の段階にとどまっている国も多い。技術集約度と資本集約度が高いほど，製品の**付加価値**が高まる。

> **用語　付加価値**
> 「生産を通じて新しく生み出した価値」と定義される。具体的には，ある企業の総生産額から，その生産のために買い入れた原材料などの費用を引いた残りの額のことで，企業が生み出した純生産額を意味する。一般に，資本集約度や技術集約度の低い軽工業品は付加価値が低く，反対に先端技術製品は付加価値が高い傾向にある。地場産業では，匠の技が光る伝統的工芸品などで付加価値が高いものがある。

先端技術産業
最先端の高度な科学技術を用いる工業で，ハイテク産業ともよばれる。具体的には，エレクトロニクス，新素材，バイオテクノロジーなど。これらの製品は，情報通信など現代生活に欠かせない分野に利用されている。

太陽電池パネル工場（宮崎県，国富町）

重化学工業
大きな資本で大型装置を設置し，ある程度の技術力をもって，おもに生産活動に使われる比較的重量の重い製品をつくる工業を重工業とよぶ。具体的には，鉄鋼業・金属工業，産業機械をつくる機械工業などをさし，自動車や造船などの輸送用機械工業もこの分野に含める。さらに，石油化学工業など原料を化学的に処理して製造する化学工業と合わせて，重化学工業とよぶこともある。

鉄鋼業（韓国，インチョン）

造船業（千葉県，千葉市）

石油化学コンビナート（岡山県，倉敷市）

軽工業
おもに日常生活に使われる比較的重量の軽い製品をつくる工業である。大きな資本や高度な技術はあまり必要としないが，多くの労働力を必要とする。具体的には食品加工，繊維，皮革，印刷などがこれにあたる。

鶏肉加工工場（タイ）

> **コラム　主導工業と各国工業の変化**
> 産業構造のなかで，中軸となる工業の部門を**主導工業**（リーディングインダストリー）という。先進国では，19世紀は軽工業，20世紀の中ごろまでは重化学工業，1980年代以降は先端技術産業が中心である。このような主導工業の変化に伴って，産業構造のなかでの工業の比重も変化する。先進国では，1人あたりの国内総生産（GDP）が高まるにつれて，工業の比重が低くなる傾向がみられる。発展途上国では先進国とは逆に，経済発展に伴って第2次産業人口の比率が高くなる傾向にある。

（縦軸：技術集約度 低→高，横軸：資本集約度 低→高）

6 多国籍企業と国際分業

企業が成長していくと，生産の拡大を目的として工場が新たに建設される。国内だけでなく，海外にも工場や子会社など拠点を所有するようになると，**多国籍企業**とよばれる。規模が大きな企業では，企業内で機能分化（研究・開発，生産，販売，管理など）や，同一機能内部での分業（製品間分業，工程間分業など）が進む。

国の区分	製品間分業	工程間分業
先進国	先端技術製品 高付加価値製品	研究・開発（R&D），試作，知識集約化，高度加工・組み立て，資本集約的工程
工業化途上国（アジアNIEs，中国，ASEANなど）	標準化製品	生産技術開発 標準化した加工・組み立て（一部自動化・労働集約工程・資本集約工程）
工業化途上国（その他の国）	労働集約部品 標準化製品，低価格製品	労働集約的工程

↑❻**製品・工程でみた分業体制**　製品の内容や必要な技術によって生産国を振り分ける製品間分業では，先端技術製品や付加価値の高い製品を先進国で生産し，標準化製品や低価格製品を工業化途上国で生産するのが一般的である。生産工程を分ける工程間分業では，研究・開発を先進国で行い，生産や組み立てなどを工業化途上国で行う場合が多い。多国籍企業によるこうした機能分化は**国際分業**を進展させる。

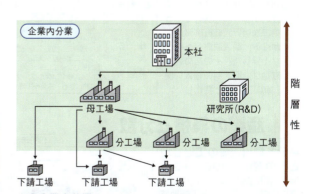

↑❼**企業内分業のしくみ**　企業内分業が進むと，階層性をもった組織がつくられる。製品の企画，販売などの全社的な管理は本社で行われ，研究・開発（R&D）は研究所，高度な加工・組み立てや資本集約的工程は母工場が担当する。母工場の下にはいくつかの分工場（製造工程の一部を分担する工場）があり，技術支援や相互の生産調整を行うなどの階層性がある。

Link p.155 ファブレス企業, p.191 ⑦東・東南アジアの多国間貿易

＋のガイド　綿工業など労働集約的な軽工業から，電気の利用や技術革新により自動車など資本集約的な重化学工業を経て，エレクトロニクスなど知識集約的な先端技術産業へと発達・分化している。

工業の立地と変化

地理力＋ 工場はどのようなところに立地するのだろうか。立地因子と立地条件に着目して考えてみよう。→ 1 2 6

1 工業の立地

↑❶立地因子と立地条件

↓❷立地に影響を与える工業原料

普遍原料	産地が限定されず、いたる所で入手が可能。
局地原料	産地が特定の場所に限られる。
純粋原料	製造過程を通じて、原料の重量が製品重量とあまり変わらない。
重量減損原料	製造過程で、製品の重量が原料に対して軽くなる。

工業では原料や材料を工場で加工して製品をつくり、市場で販売する。このため企業は原料供給と市場の両面を考慮し、生産にかかる費用をできるだけ節約できる場所に工場を建設しようとする。生産費のなかで、輸送費のように、立地場所により費用が異なり、立地決定に直接作用するものを**立地因子**という。生産費には労働費や地代、用水費、電力費などが含まれ、工業の種類によって重視される費目が異なる。これに対して、生産効率や労働者の生活などに有利・不利な影響を及ぼすものを**立地条件**という。企業は立地因子を第一に考え、そのうえで立地条件の影響も考慮して立地を決定する。

2 ウェーバーの工業立地論 Link 共通テスト対策(p.311)

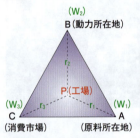

←❹アルフレッド＝ウェーバー（ドイツ、1868～1958年） 工業立地論の体系化に取り組んだ経済学者。工業の活動を立地因子の観点からとらえ、最も費用が節約できる場所に工業は立地すると考えた。兄のマックス＝ウェーバーも社会学者・経済学者として有名。

↑❸工業立地の考え方　工業生産で利潤を大きくするためには、生産に要する費用の節約が必要である。なかでも輸送費が最低になる地点に工場は立地する。この図で、原料、動力、製品の重量をそれぞれW_1, W_2, W_3とした時、$r_1W_1 + r_2W_2 + r_3W_3$の値が最小となるP点で、輸送費は最低となり、ここに工場が立地する。

→❺工業立地の例

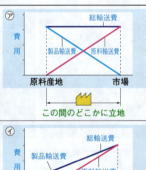

(ア) この間のどこかに立地

原料と製品の重量が同じなどの理由で輸送費が変わらない場合には、原料産地と市場の間のどこに工場が立地しても輸送費の総計は変わらないため、原料産地と市場の間で労働費が最も安くなる場所に立地を決定する。

(イ) 原料産地に立地

原料に対して製品の重量が軽い場合には、原料を運ぶよりも製品を運んだ方が輸送費は安くなる。そのため市場に立地するよりも、原料産地に立地した方が輸送費を節約できる。これに労働費の影響も加味して、立地を決定する。

3 工業の立地変化 Link p.151 ❸鉄鋼業の分布、p.168 ❷移り変わる工業地域

→❻おもな工業の立地変化

種類		工業地域・生産国の移動	移動の理由
繊維工業	羊毛	フランドル地方→ヨークシャー地方（イギリス：リーズ、ブラッドフォード）	14～15世紀の百年戦争で毛織物職人が移動
	綿	中国：シャンハイ、テンチン→チョンチョウ、シーチヤチョワン、チンタオ	消費地から綿花の産地へ（アメリカ合衆国の場合、南部の方が安い労働力が得られた点も大きな理由）
		アメリカ合衆国：ニューイングランド→アパラチア山脈東南部の滝線都市	
鉄鋼業		アメリカ合衆国：ピッツバーグ→シカゴ、ゲーリー、クリーヴランド　イギリス：バーミンガム、シェフィールド→カーディフ、ニューカッスル、ミドルズブラ　ドイツ：エッセン→ブレーメン　フランス：メス→ダンケルク、フォス　日本：北九州、釜石、室蘭→川崎、君津、倉敷	原料（鉄鉱石・石炭）産地から、消費地、海外からの原料輸入港付近へ

ヨーロッパの鉄鋼業は、当初はフランスのロレーヌ地方やドイツのルール地方のように、鉄鉱石や石炭が産出される内陸部に立地する「陸の工場」であった。第二次世界大戦後は資源の枯渇が進み、輸入原燃料への依存度が上昇した。そのため鉄鋼業の立地は、原燃料の輸入に便利な「海の工場」へと変化した。

4 産業の集積と分散

→❼多摩川流域の工場立地とその変化　東京の大田区と神奈川県川崎市にまたがった多摩川流域は、古くから工業地域として発展してきた。もともと大田区などでは電機工業が発達し、大手企業の本社や量産工場などが立地して、その周辺に金属製品などを加工する下請け企業が**集積**した。大手企業からの委託加工の水準が高く、もともとの職人気質もあり、大田区は高度な技術を有する機械系の産業集積地へと発展した。しかし、近年は大手企業の工場が地方や海外に移転・**分散**して、工業地域としては縮小の傾向にある。また、工場の跡地が再開発されて、研究所などのオフィスビルや高層マンションに建て替えられる土地利用の変化もみられる。

5 移転と再開発

↑❽印刷機械工場（上）とその跡地にできた商業施設・高層マンション（下）（神奈川県、川崎市、武蔵小杉駅周辺）　印刷機械工場が千葉県へ移転した跡地には、大型の複合商業施設や高層マンションが建設されて再開発が進められ、都心への利便性から人気の街となっている。

6 立地による工業のまとめ

Link ▶ p.159 ③「世界の工場」中国, p.177 ④おもな工業の分布, p.282 ④九州地方の工業, p.288 ③中部地方の工業, p.290 ④関東地方の工業

工場をどこに建てれば効率がよいか？ / 重視するポイント	分類／おもな工業の例	具体例
・原料の重さ＞製品の重さ ・原料産地が特定の場所に限定される	**(1) 原料指向型** 原料産地が特定の場所に限られており，加工すると製品の重量が原料よりも軽くなる工業の立地の型。鉱石を加工する鉄鋼業・セメント工業，木材を加工する製紙・パルプ工業，果汁を濃縮する果実加工などが例。 （例） ・鉄鋼：イギリスのミッドランド地方，ドイツのルール地方，中国のアンシャン(鞍山)など ・セメント：秩父市，宇部市など ・製紙・パルプ：富士市，苫小牧市など	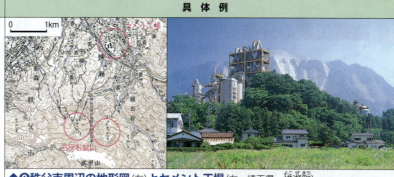 ↑❾秩父市周辺の地形図(左)とセメント工場(右，埼玉県，横瀬町)
・製品の重さ＞原料の重さ(水を除く) ・原料がどこでも入手可能 ・情報や流行に敏感	**(2) 市場指向型** 原料産地が限定されず，どこでも入手可能なものを原料とする工業の立地の型。清涼飲料水やビールの原料はほとんどが水で各地で得られるため，市場に近い立地が有利となる。また，情報や流行に左右されやすい分野も市場立地となる。 （例） ・清涼飲料水，ビール：首都圏，京阪神など ・印刷業：東京都，埼玉県，ニューヨークなど ・高級服飾品：パリ，ミラノなど	 ↑❿東京都周辺のビール工場の分布(左)とビール工場(右，神奈川県，横浜市)
・原料の重さと製品の重さがあまり変わらない ・安価な労働力 ・高度な技術力	**(3) 労働力指向型** 原料産地が特定の場所に限られているものの，加工しても製品の重量が原料とほとんど変わらない工業の立地の型。そのため，労働力が重要となる。繊維工業や電気製品の組み立てなど，多くの労働力を要する労働集約的工業や，高度な技術を要するものは，労働力指向型立地となる。 （例） ・繊維：中国，東南アジア，南アジアなど ・電気機械：中国，東南アジアなど ・伝統的工芸品：京都市，金沢市など	↑⓫中国のシェンチェン(深圳)の工業地域(左)と縫製工場(右)
・薄くて軽く，高付加価値の製品 ・海外からの原料輸入	**(4) 交通指向型** 原料や製品の輸送費を節約するために，交通の便利な場所に工場を立地する型。大きく**臨海指向型**と**臨空港指向型**とに二分される。鉄鋼業や石油化学工業などは海外からの原料輸入に便利な臨海指向型の立地となり，軽量で付加価値が高い半導体は臨空港指向型となる。 （例） 〔臨海指向型〕 ・石油化学：フランスのフォス，倉敷市，川崎市など 〔臨空港指向型〕 ・IC：九州など	 ↑⓬九州地方のIC工場の分布(左)とIC工場(右，熊本市)
・工場集積による効率化	**(5) 集積指向型** 関連工場が近接して立地することで，原料や中間財の輸送費を節約する「集積の利益」を求める立地の型。自動車産業でみられる。また工場集積により，道路が整備されたり電力が安価に供給されたりするなどの利益もある。 （例） ・自動車：愛知県，静岡県など	 ↑⓭中京工業地帯の産業分布(左)と自動車工場(右，愛知県，豊田市)

＋のガイド 輸送費や労働費などの立地因子と，交通の便や関連産業の集積などの立地条件を加味して，最も費用を節約できる場所に立地する。工業の種類によって重視される点が異なる。

繊維工業，化学工業，鉄鋼業

地理力＋ 石油化学工業が産油国よりも先進国に多く分布しているのはなぜだろうか。石油化学製品の用途に着目して考えてみよう。→ 2

1 繊維工業の分布

Link p.161～162 東南アジアの鉱工業, p.163～164 南アジアの鉱工業, p.327 ㉓〜㉘繊維工業の生産・輸出入

↓①繊維工業の分布

用語　繊維工業　綿花・羊毛などの天然繊維やナイロンなどの化学繊維を加工して，糸や織物を生産する工業。繊維原料から糸をつむぐ紡績業，糸から織物を製造する織物工業，織物から衣類などを製造する縫製（アパレル）業などがある。紡績業は原料が入手しやすい地域でさかんなことが多いが，織物工業や縫製業は労働費が安価な発展途上国でもさかん。

↓②おもな繊維製品の生産国・地域

綿織物* 1723万t (2014年)　中国 32.5% ／ インド 29.3 ／ パキスタン 18.9 ／ インドネシア 4.5 ／ ブラジル 3.7 ／ その他 11.1

化学繊維 6495万t (2016年)　中国 68.9% ／ インド 8.6 ／ アメリカ合衆国 3.1 ／ インドネシア 3.0 ／ (台湾) 2.9 ／ その他 13.5

*推計値〔繊維ハンドブック 2018〕

↓③衣類の輸出国・地域

輸出額 4934億ドル　中国 30.7% ／ バングラデシュ 6.7 ／ ベトナム 6.3 ／ ドイツ 5.3 ／ イタリア 5.0 ／ インド 3.5 ／ トルコ 3.3 ／ スペイン 3.1 ／ その他 36.1

－2019年－〔WTO資料〕

↑④ベトナムの縫製工場（ベトナム，ハノイ，2021年）
ベトナムでは，**ドイモイ（刷新）**とよばれる市場開放政策により，ヨーロッパ諸国や日本のような賃金の高い国から，衣料品の製造などの労働集約的な工業の生産拠点が移転し，工業化が進んだ。

コラム　私たちの生活を支える炭素繊維　Link p.21 ⑧⑨兵庫県南部地震

炭素繊維（カーボンファイバー）製品といえば，テニスラケットや釣ざお，ゴルフクラブを思いつく人も多いだろう。炭素繊維は，軽量で強度にすぐれていることから，現在，私たちの生活に欠かせないものになっており，その活用範囲は飛躍的に広がっている。例えば，炭素繊維を編み込んでできたシートは，橋脚や建物の耐震工事に活躍の場を広げている。炭素繊維シートを樹脂などで橋脚と一体化させると，鉄筋や鉄板で補強したのと同じような耐震効果があるため，兵庫県南部地震以降，各地の耐震工事で使用されている。また，ボーイング787型航空機の機体素材にも炭素繊維が採用されており，機体の軽量化と燃費の向上に貢献している。

↑⑤炭素繊維シートによる耐震補強　巻きつける，格子状に貼るなど，さまざまな工法が開発されている。

2 石油化学工業の分布

Link p.168 ❷石油化学コンビナート, p.171～173 アングロアメリカの鉱工業, p.177 ❾石油化学コンビナート, p.327 ㉙合成ゴムの生産

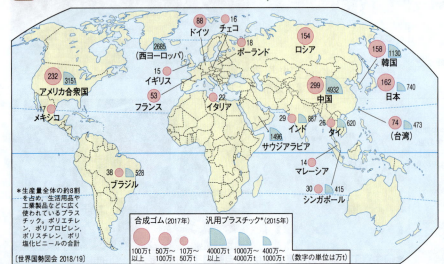

用語　化学工業　石油や石炭は高温などで処理すると化学変化を起こして，多種の原料を得ることができる。このような工業や，得られた原料を用いてさまざまな製品を生産する工業を**化学工業**といい，とくに石油を原料とするものを**石油化学工業**という。
　また，石油化学工業の立地形態は原油を搬入して蒸留し，ナフサや燃料など石油製品を製造して出荷するまで，それぞれの工場がパイプラインでつながった**石油化学コンビナート**となっている。

Link p.133 ❺石油化学製品の製造

←⑥合成ゴムと汎用プラスチックの生産国・地域
石油化学製品は幅広い工業原料として使われる中間財のため，石油化学工業は先進工業国で発達している。日本と同様に，多くの先進国も原料である原油を輸入に依存しているため，石油化学コンビナートの立地は海運に便利な沿岸部が中心となっている。石油化学工業の分布はアメリカ合衆国，西ヨーロッパ，東アジアが中心である。

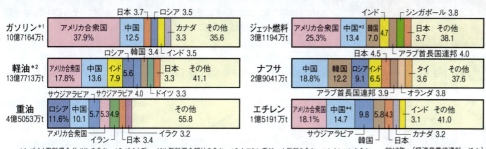

↑⑦おもな石油化学製品の生産国　コンビナートに運び込まれた原油は蒸留され，**精製**される。このとき成分の比重によって，**ナフサ**やガソリンなどの燃料，石油ガスなどに分離される。なかでもナフサは最も重要な製品で，化学繊維，合成ゴム，プラスチックなどの原料になる。

↑⑧石油化学コンビナート（アメリカ合衆国，ヒューストン）　石油資源に恵まれたメキシコ湾岸は石油化学工業がさかんで，ヒューストンなどには石油関連の企業が集まっている。

3 鉄鋼業の分布

Link　p.163 ⑧タタ・スチールの製鉄所，p.168 ❶ルール工業地域，p.172 ❸ピッツバーグの変化，p.177 ⑧製鉄所，p.327 ㉛㉜鉄鋼の生産量・消費量・輸出入

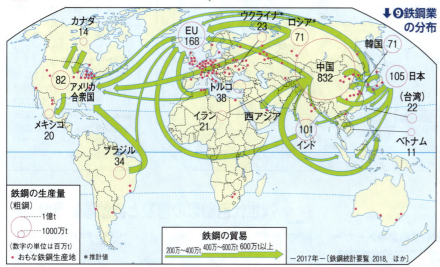

↓⑨鉄鋼業の分布

↑⑩中国大手鉄鋼メーカーの製鉄所（ホーペイ（河北）省，タンシャン（唐山））　タンシャンは，鉄鉱石産地に近接しているうえ，大市場のペキン（北京）や国際港のテンチン（天津）などに近いことから，鉄鋼業が発達してきた。一方で，中国では，大気汚染や過剰生産などの問題から，減産せざるをえない企業も増えている。

用語	鉄鋼業

鉄鉱石から鉄を取り出したり（**銑鉄**），加工して鋼をつくったり（**製鋼**）する工業。鋼材は建設や機械類の材料として欠かせないものであり，おもにアメリカ合衆国，EU諸国，ロシア，日本など先進工業国の基幹産業の一つとして発展してきた。近年，鉄鋼生産の中心は東アジアに移っており，21世紀に入ってからは，とくに中国の成長が著しい。日本の鉄鋼業は，自動車用の薄板など付加価値の高い高級鋼材において高い競争力を維持している。

原料単位(t)	年	1901	1930	1960	1970	2000	使用量が変化した理由
（製品1tあたり）使用量	石 炭	4.0	1.5	1.0	0.8	0.8	熱効率の向上
	鉄鉱石	2.0	1.6	1.6	1.6	1.5	高品位鉱石の使用

立地の変化：石炭産地に立地 → 鉄鉱石産地にも立地 → 先進国…輸入原料への依存による臨海・市場立地／発展途上国…原料産地に立地

↑⑪原料の使用量と鉄鋼業の立地変化　これまでの鉄鋼業は，製品よりも原料が重い重量減損原料のため原料産地に立地していたが，近年は表のように原料使用量の低下，国内原料の枯渇と高コスト，安価な輸入原料への依存などで消費地に近い臨海部に移った。日本では港湾部の大規模な埋立地に立地している。

Link　p.135 石炭，p.136 鉄鉱石，p.148 ❷立地に影響を与える工業原料

↑⑫おもな国の鉄鋼生産量の推移　第二次世界大戦前はアメリカ合衆国とドイツで生産量が多かったが，戦後，日本とソ連で生産量が増加した。近年，中国の過剰生産・過剰輸出が鉄鋼の国際価格の下落を招き，世界の鉄鋼業界に大きな影響を与えている。

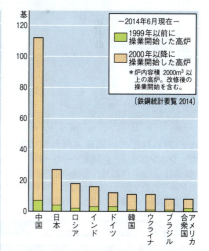

↑⑬おもな国の大型高炉数　高炉とは，鉄鉱石などの原料を投入して高温の銑鉄を取り出す炉のことで，鉄溶鉱炉ともよばれる。製鉄所において最も重要な生産設備で，最大級のものは高さ100m以上にもなる。
　2000年以降，中国の高炉の建設がきわだって多くなっている一方，日本の鉄鋼業は一時期，輸出不振などにより低迷した。しかし，大幅な合理化と業界再編で，近年は国際競争力が回復しつつある。

⊕のガイド　石油化学製品は幅広い工業原料として使われる中間財である。そのため，原料となる原油を輸入して加工し，最終製品の生産まで行える先進工業国に多く分布している。

自動車工業，造船業，航空機・宇宙産業

地理力＋プラス 世界の自動車工業，造船業，航空機産業の中心となっているのは，それぞれどのような地域，国々だろうか。分布図やグラフを参考にして考えてみよう。→ 1 4 6

1 自動車工業の分布

Link p.163 ②インドの自動車産業，p.168 ③自動車の一大生産地域，p.172 ⑤アメリカ合衆国の自動車産業，p.177 ⑫自動車組み立て工場，p.327 ㉞㉟自動車の生産・輸出入

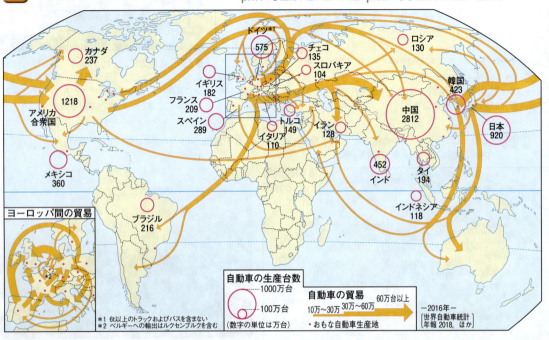

←①自動車工業の分布 自動車生産の中心は，ドイツを軸にしたヨーロッパ，アメリカ合衆国を軸にした北アメリカ，中国・日本を軸にした東アジアである。生産台数が世界一の中国は，外国の大手メーカーや合弁企業の割合が高く，生産された自動車の大半が国内向けに出荷されている。

用語　自動車産業
エンジンなどをつくる機械工業のほか，精密機械工業や織物工業，石油化学工業などさまざまな分野の技術が結びついた産業。近年はハイテク化が進んでいる。かつては技術力のある先進国が中心であったが，近年は先進国の自動車メーカーがアジアや南米諸国に進出し，それらの国の生産がのびている。なかでも中国の成長が著しい。

2 世界の自動車生産

Link p.179 ②自動車産業の海外進出，p.231 中国自動車産業の成長

↑②おもな国の自動車生産台数の推移　日本では高度経済成長期にモータリゼーションが進み，自動車メーカーも小型車を中心に世界市場へ進出した。1970年代以降，日本車は燃費や価格の面で国際競争力を高め，1980年には日本が生産台数でアメリカ合衆国を抜いた。2000年代に入ると，中国の生産台数が急増し，2009年以降は世界一を誇っている。近年は，韓国やインドなどの伸びもめだっている。

③世界のおもな自動車メーカー

順位	会社名	売上高(億ドル)	生産台数(万台)
1	フォルクスワーゲン	2685.7	987.2
2	トヨタ自動車	2477.0	1008.4
3	ダイムラー	1722.8	213.5
4	ゼネラル・モーターズ	1559.3	748.6
5	フォード	1440.8	639.6
6	ホンダ	1212.2	454.4
7	BMW	1066.5	228.0
8	日産自動車	1034.6	517.0
9	上汽汽車	1022.5	226.1
10	ヒュンダイ	847.7	798.8

―2015年―［FORTUNE資料，ほか］

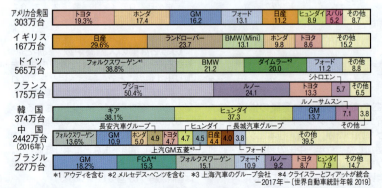

↑④おもな国のメーカー別乗用車生産の割合

3 次世代自動車の普及と自動運転車の開発

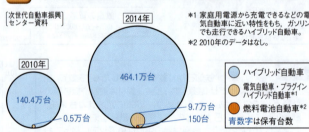

↑⑤日本における次世代自動車の普及　地球温暖化の原因の一つとされる二酸化炭素や窒素酸化物などの大気汚染物質の排出が少ない自動車は，次世代自動車とよばれ，ハイブリッド自動車や電気自動車，燃料電池自動車などが該当する。日本では，ハイブリッド自動車があいついで開発されて普及が進み，電気自動車も充電施設などが整備されつつある。次世代自動車の技術はこれまで日本が先行していたが，海外の自動車メーカーも開発に力を入れており，普及のために補助金や税の優遇といった支援をしている国もある。

↑⑥走行試験をするグーグル社の自動運転車（アメリカ合衆国）人工知能やセンサーを駆使した自動運転車の実用化に向けて，自動車メーカーだけでなく，グーグル社のようなICT企業も参入している。

4 造船業　Link ▶p.188 世界の水上交通，p.327 ❸船舶の生産

用語　造船業　基幹産業の一つで，鉄鋼業や機械工業などさまざまな分野が関連している。かつては日本が世界最大の造船国であり，ヨーロッパ諸国でも生産がさかんであった。現在では中国・韓国・日本の東アジア3国で世界の9割以上のシェアを占めている。

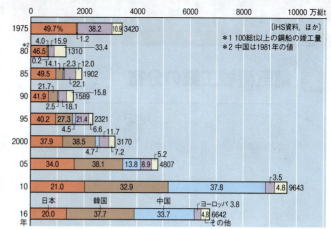

↑❽船舶生産*1の変化　韓国は造船所の近代化を進め，2000年代初めには日本を抜いて世界一の生産国となった。南部のウルサンにはヒュンダイの大規模な造船所がある。近年は中国も2009年に日本を追い抜いて世界第2位に，2010年には世界第1位になるなど，船舶の生産量を増やしている。

Link ▶p.160 朝鮮半島の鉱工業

↑❼ヒュンダイの造船所（韓国，ウルサン（蔚山））

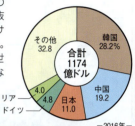

↑❾船舶の輸出国

5 航空機・宇宙産業　Link ▶p.156 国産旅客機の現状，p.172 ❹アメリカ合衆国の航空機産業

用語　航空機産業，宇宙産業　**航空機産業**は，精密で軽く，耐久性があることが製品に要求され，最も高度な産業の一つ。先端技術の発達したアメリカ合衆国と，フランスを中心としたEU諸国でさかん。現在では中・長距離の航空機のほとんどをアメリカ合衆国とフランスで組み立てている。
宇宙産業は，航空機産業の技術の上にさらに高度な知識と技術が集約された産業。国家の安全保障にかかわるため国営の場合が多く，ばくだいな資金が費やされる。アメリカ合衆国とロシアが世界をリードしてきた。

国名	生産額（億ドル）	GDP比率(%)	従業員数(万人)
アメリカ合衆国	2424	1.18	50.8
フランス	772	2.78	19.5
ドイツ	472	1.19	11.2
イギリス	467	1.65	15.3
カナダ	244	1.42	9.0
日本	198	0.40	3.6
イタリア	191	0.92	5.0

―2018年―〔日本航空宇宙工業会資料〕

↑❿おもな国の航空機・宇宙産業生産額

6 航空機製造の国際分業　Link ▶p.168 国際分業を進める航空機産業

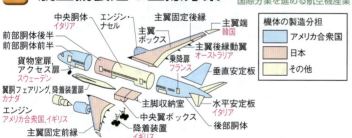

↑⓫ボーイング787型機の機体製造分担　世界各地でつくられた部品は，アメリカ合衆国の最終組み立て工場に運ばれて完成品に仕上げられる。

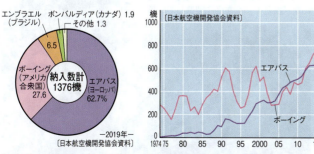

↑⓬ジェット機の納入割合　↑⓭航空機納入数の推移

専門家ゼミ　日本の宇宙技術を世界に

半世紀以上にわたりつちかってきた，日本の宇宙技術の海外へのビジネス展開が進んでいる。2011年，国や宇宙航空研究開発機構（JAXA）と企業が協力して，欧米との国際競争を勝ちぬき，トルコの通信衛星を受注した。2012年には，韓国の地球観測衛星を日本のH-ⅡAロケットでうち上げた。これは，日本初の商用うち上げである。通信・放送衛星や地球観測衛星，それらをロケットで軌道まで届けるうち上げサービス，衛星データの受信設備，さらに衛星などに組み込む部品やコンポーネント（機器）なども海外ビジネスの対象である。新興国向けには，これらに加えて，データ利用技術や，品質管理などにかかわる教育，政府開発援助（ODA）などのファイナンス支援を相手国の要望に合わせて提案することもある。国際市場では熾烈な戦いが繰り広げられている。科学技術立国日本の強みを生かし，今後シェアを拡大していくためには，トルコ通信衛星を受注したときのような国・宇宙機関・企業が連携した，オールジャパンの取り組みが必要である。

〔宇宙航空研究開発機構（JAXA）　服部 昭人〕

↑⓮国際宇宙ステーションに物資を運ぶ「こうのとり」5号機を搭載したロケットのうち上げ（鹿児島県，種子島）

のガイド　自動車工業はヨーロッパ・北アメリカ・東アジアが，航空機産業はフランスを中心としたEU諸国とアメリカ合衆国が生産の中心。造船業は中国・韓国・日本で世界生産のほとんどを占める。

電気機械工業，知識産業

地理力＋プラス 知識産業への転換の背景にはどのようなことがあるのだろうか。電気機械工業とのかかわりに着目して考えてみよう。→1246

1 電気機械工業の分布

Link p.327 ③⑦おもな工業製品の生産

↓①薄型テレビ，洗濯機，携帯電話の生産国

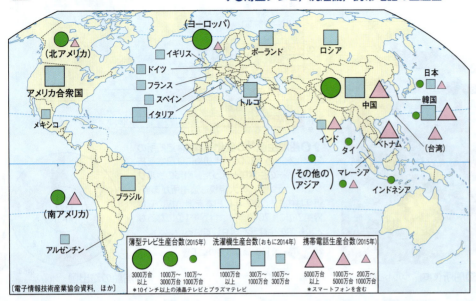

分野	おもな製品
電気機械 重電機器	発電機，変圧器，太陽光発電システム，車の電装品
電気機械 民生用電気機械	電子レンジ，エアコン，冷蔵庫，洗濯機，掃除機
電気機械 電球・電気照明器具	電球，蛍光灯，水銀灯
電気機械 電子応用装置	X線装置，VTR，ビデオカメラ，電子顕微鏡
電気機械 電気計測器	電気測定器，工業計器
電気機械 その他の電気機械	乾電池，太陽電池，磁気ディスク
情報通信 通信機器	電話機，ラジオ，テレビ，ステレオ，テープレコーダ
電子機器 電子計算機	コンピュータ，プリンタ
電子機器 電子部品	集積回路，半導体

↑②電気機械工業の分類

用語 電気機械工業 大きく産業用（重電）と民生用（家電）とに分けられる。冷蔵庫・洗濯機のような家電製品は，その地域の生活習慣に大きく影響を受けるため，現地生産化が進む傾向にある。とくに近年は，アジア各国の生活水準が向上して家電の普及率が高まっており，中国の生産量が増加している。

2 パソコンの生産国

1995年 5441万台: 日本11.1% ／（台湾）13.2 ／ シンガポール10.7 ／ 北アメリカ* 32.6 ／ ヨーロッパ26.6 ／ その他5.8

2005年 1億9433万台: 日本2.1% ／ 中国84.0 ／ ヨーロッパ2.7 ／ 台湾4.9 ／ その他6.3

2015年 2億7544万台: 日本1.3% ／ 中国98.2 ／ その他0.5

*アメリカ合衆国，カナダ，メキシコの計　〔電子情報技術産業協会資料，ほか〕

↑③パソコン生産国・地域の変化　パソコンの生産は，かつては日本，アメリカ合衆国やカナダなどの北米，台湾が多かったが，現在ではそのほとんどが中国となっている。パソコンは半導体部品のほか，ディスプレイやキーボードなど，さまざまな加工部品から構成されている。これらの部品は世界で標準化が進んでいるため，本体のメーカーが違っても部品をつくるメーカーは同じ場合が多い。

コラム　日本企業の戦略転換ー価格競争から価値創造競争へー

工業製品は生産量が多くなればなるほど製造コストが下がって価格を安くできる。一方で，中国や東南アジアではブランドにかかわらず，価格が安いほど売れる。そのため，生産量が日本をはるかに上まわる韓国や中国の製品に，日本製品が価格競争で負けるのは当然といえる。今後，日本の家電メーカーは，価格競争ではなく，スイスの高級時計のように付加価値で勝負することが求められている。

↑④店頭に並ぶ美的集団の洗濯機（中国）　美的集団(Midea Group)は，2016年に日本の大手メーカー東芝の白物家電*事業を買収した。
*生活に深く関連した家電製品をさす。冷蔵庫，洗濯機，エアコン，電子レンジなど。かつて，白色の製品が多かったことに由来。

3 おもな電気機械製品のメーカー

↓⑤おもな電気・電子・通信・事務機器メーカー

会社名	国名	総収入*（百万ドル）
アップル	アメリカ合衆国	215,639
サムスン電子	韓国	173,957
鴻海精密工業(Foxconn)	（台湾）	135,129
日立製作所	日本	84,558
華為技術(Huawei)	中国	78,511
ソニー	日本	70,170
パナソニック	日本	67,775
デル	アメリカ合衆国	64,806
正威集団(Amer)	中国	49,677
シスコシステムズ	アメリカ合衆国	49,247

*電気関係以外も含む　ー2016年ー〔FORTUNE資料〕

↓⑥おもな半導体メーカー

会社名	国名	売上高（億ドル）
インテル	アメリカ合衆国	540.9
サムスン電子	韓国	401.0
クアルコム	アメリカ合衆国	154.2
SKハイニックス	韓国	147.0
ブロードコム	アメリカ合衆国	132.2
マイクロン・テクノロジー	アメリカ合衆国	129.5
テキサス・インスツルメンツ	アメリカ合衆国	119.0
東芝	日本	99.2
NXP	オランダ	93.1
メディアテック	（台湾）	87.3

ー2016年ー〔ガートナー資料〕

↓⑦ホンハイ傘下の液晶テレビ工場（下，中国，フーナン（湖南）省）とアップル社のノートパソコンに搭載されたホンハイのハードディスクドライブ（上）　台湾に本社をおくホンハイ（鴻海）精密工業(Foxconn)は，電子機器を受託製造する**EMS**(Electronics Manufacturing Service, **エレクトロニクス受託製造サービス**)企業の世界最大手である。戦略的に自社ブランドの製品はもたず，ヒューレット・パッカード社のパソコン，アップル社のiPhoneやiPadなど，世界の有力メーカーの電子機器の多くを受託製造している。

4 知識産業に力を入れる国

用語　知識産業　発明や発見、技術、ノウハウなどを生み出す産業。かつて、生産は土地・労働力・資本の三要素から成り立つといわれてきたが、現代では知的創造活動が新しい製品を生み出すうえで欠かせないとされている。20世紀半ばまで世界最大の工業国であったアメリカ合衆国では、20世紀後半に産業構造が変化した。今後の持続的成長に向けて、知識産業の発展・推進が重要であるとの考え方のもとに多額の研究費を確保し、結果として大きな収入を得ている。

➡️⑧**国ごとのGDPに占める研究開発費の割合とおもな国の研究費**　先進国の多くでは、1970年代以降、脱工業社会に向けて産業構造が急速に変化しつつある。農業や鉱工業のような物財生産部門の国内生産に占める比率が減少し、知識・サービス生産部門の割合が著しく上昇している。また、情報化が進展して、知識や情報の価値が高まるとともに、ICT機器によるさまざまなネットワークが形成されてきている。

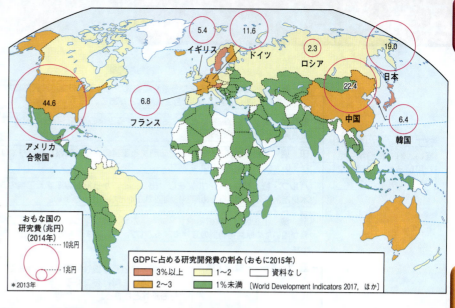

5 製造から研究・開発(R&D)へ　Link▶p.148 ④産業の集積と分散

1970年頃

現在

↑⑨**製造から研究・開発の拠点への変化**（東京都、大田区）　キヤノンはかつてこの場所に、カメラなどを製造する工場をもっていた。現在では、製造工場は地方や海外の関連会社に移管され、本社工場跡は次世代製品の研究・開発(R&D: Research and Development)部門や本社業務を行う部門の拠点となっている。近年、製造工場を地方や海外に移管し、都心部には本社機能や付加価値の高い研究施設などを残す動きが広がっている。

コラム　ファブレス企業

↓⑩**ファブレス企業のしくみ**

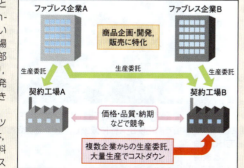

ファブレス(fabless)とは、fab(fabrication-facility、工場)をもたない(less)という意味。工場を所有せず、生産を外部に委託することにより、資金を商品の企画や開発に集中させることができるメリットがある。
変化が激しいスポーツ用品、アパレル、半導体、デジタル機器、清涼飲料の業界などにファブレス企業が多くみられる(ナイキ、アップルなど)。一方、ファブレス企業からの委託による生産を専門としている契約工場もある。近年は、製造技術水準も高く、多くの企業の製品をまとめて生産することでコストダウンをはかり、低コストでの生産を可能にしている契約工場も増えている。

Link▶p.147 ⑥多国籍企業と国際分業、p.178 スマートフォンに集まる日本の技術

6 技術貿易

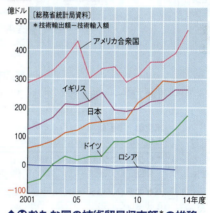

↑⑪**おもな国の技術貿易収支額*の推移**

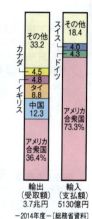

↑⑫**日本の技術貿易相手国**

用語　技術貿易　技術貿易とは、諸外国との間における特許権、ノウハウや技術指導などの提供または受け入れのこと。これらの技術は、科学技術に関する研究活動の成果でもあることから、技術貿易収支(技術輸出－技術輸入)は、その国の企業の技術力・産業競争力を把握する重要な指標の一つとなっている。

↓⑬**おもな国の知的財産使用料の受取額と支払額**

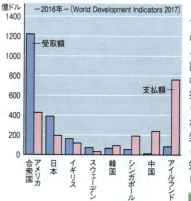

工業生産の変化として、特許権やライセンスの重要性が高まっていることがある。各国は、特許権を含めた**知的財産権**の保護とさらなる保有や拡大を積極的に進めており、国際競争が激しくなっている。1995年に発足した**世界貿易機関(WTO)**では、それらの知的財産権も重要項目としている。

Link▶p.191 ⑧貿易に関する国際機関

➕のガイド　電気機械工業は、中国を中心にアジアの国々でさかんになっているため、先進国のメーカーは新製品の開発・研究を行い、知的財産や技術貿易を担う知識産業へと転換しつつある。

工業 まとめ

	おもな工業	おもな生産地
軽工業 比較的重量が軽い，おもに日常生活で用いられる消費財をつくる工業	**繊維** 天然繊維や化学繊維から糸や織物をつくる工業の総称。天然繊維とは綿，絹，羊毛，麻などで，化学繊維には合成繊維などがある。	〔綿織物〕ムンバイ（インド），タシケント（ウズベキスタン）〔羊毛工業〕リーズ（イギリス），リール（フランス）〔絹織物〕ミラノ（イタリア）
	食料品 農産物や水産物などを食品に加工する工業の総称。製粉業・製糖業・缶詰工業・醸造業などの分野がある。	〔製粉〕ウィニペグ（カナダ），ミネアポリス（アメリカ合衆国），ハンブルク（ドイツ）〔ビール〕ミュンヘン（ドイツ），プルゼニュ（チェコ）〔ワイン〕ボルドー（フランス）
	印刷 書籍や雑誌，新聞などを印刷する工業の総称。情報が集まりやすく，消費者が多い大都市に立地する傾向が強い。	・パリ，ロンドン，ニューヨーク，東京
	パルプ・紙 植物からパルプを取り出し，そこから紙を製造する工業の総称。豊富な木材と水を必要とするため原料指向型の立地となることが多い。	・苫小牧市（北海道），富士市（静岡県），シトカ（アメリカ合衆国），ヴァンクーヴァー（カナダ），アルハンゲリスク（ロシア）
	窯業 土を焼いて陶磁器やセメント，ガラス，レンガなどをつくる工業。一般に原料が重いため原料指向型の立地になる。（ガラス工業は破損を避けるため市場立地）	〔陶磁器〕チントーチェン（中国），ストーク（イギリス），マイセン（ドイツ），瀬戸市（愛知県），多治見市（岐阜県），伊万里市（佐賀県）〔ガラス〕プラハ（チェコ）
など		
重化学工業 近代工業の基幹で，おもに産業活動の生産財や，耐久消費財をつくる工業	**重工業 — 金属工業 — 鉄鋼** 鉄鉱石を銑鉄に還元し，さらにこれを鋼鉄にして圧延して鋼材をつくる工業で，近代工業のなかで最も基幹とされる。	・バーミンガム（イギリス），エッセン，ドルトムント（ドイツ），アンシャン，パオシャン（中国），ダンケルク，メス（フランス），ポハン（韓国），千葉市，川崎市（神奈川県），堺市（大阪府）
	金属製品	
	機械工業 — 電気機械 発電機・変圧器などを製造する産業用（重電）と，冷蔵庫・洗濯機などを製造する民生用（家電）がある。	・門真市（大阪府），川崎市（神奈川県）
	輸送用機械 自動車，船舶，鉄道車両などを製造する工業。さまざまな分野の部品を組み立てるため，おもに先進工業国に立地。	〔自動車〕豊田市（愛知県），広島市，太田市（群馬県），デトロイト（アメリカ合衆国），ヴォルフスブルク（ドイツ），トリノ（イタリア）〔造船〕ハンブルク（ドイツ），マルセイユ（フランス），ロッテルダム（オランダ），ウルサン，プサン（韓国），長崎市，呉市（広島県）
	一般機械	
	化学工業 — 石油化学 石油・天然ガスを原料にプラスチック・合成繊維・肥料などを生産。広大な用地と用水に恵まれた臨海部におもに立地。	・ロッテルダム（オランダ），ヒューストン，ロサンゼルス（アメリカ合衆国），ウルサン（韓国），カオシュン（台湾），市原市（千葉県），四日市市（三重県），倉敷市（岡山県）
先端技術産業 高度な技術や知識を集約して新しい素材や製品を生み出す工業	**航空機・宇宙産業** 大資本と高度な先端技術を必要とする。軍需産業と結びついて発展してきたため，国家の支援が大きい。その一方で国を越えた分業も行われている。	〔航空機〕ロサンゼルス，シアトル，サンディエゴ（アメリカ合衆国），トゥールーズ（フランス），各務原市（岐阜県）〔宇宙〕ヒューストン，マイアミ（アメリカ合衆国）
	エレクトロニクス産業 IC（集積回路）やLSI（大規模集積回路）などの半導体やコンピュータを製造する先端的な工業部門。各種産業分野において不可欠なものとなっている。	・サンノゼ，ダラス，フォートワース，ボストン（アメリカ合衆国），スウォン（韓国），シンジュー（台湾）
	バイオテクノロジー 品種改良や遺伝子の組み換えなど，生物のもつさまざまな特性を利用して，生活に役立たせる技術。	
	情報通信技術（ICT）産業 携帯電話やインターネット関連機器・ソフトウェア・デジタル家電など，情報通信技術（ICT）に関連した製品を開発・製造する先端的な工業部門。	・シリコンヴァレー（サンノゼなど）（アメリカ合衆国），バンガロール（インド），シリコングレン（イギリス），タリン（エストニア）
など		

専門家ゼミ　国産旅客機の現状　Link p.153 5航空機・宇宙産業

　世界の航空機需要は，新興国の所得上昇や国際移動の増加に伴って拡大傾向にあった。しかし2020年の世界的な新型コロナウイルス感染症（COVID-19）の感染拡大に伴い，世界の航空需要が大幅に縮小した。日本の航空会社は国際線の運航がほとんどできず，国内線も70％以上の減便となった。そのため航空機の小型化，発注済の機材受け取りの引き延ばしを進めている。現在，民間旅客機産業は2大メーカー*による寡占市場であるものの，各社は生産の大規模減産，工場閉鎖を実施し，経営面でも赤字で従業員の削減を進めている。

　日本の航空機産業は戦後，YS-11型機（1965年）を開発したものの，販売の失敗から国産ジェット旅客機は長らく開発されなかった。近年はボーイング社の機体製造において大きな役割を果たしてきた。現在は787型機で35％，777X型機で21％の機体製造を担っている。この製造技術でつちかった技術は，50年ぶりの国産旅客機となるMSJ（Mitsubishi Space Jet，旧MRJ）やHonda Jetの基盤となっている。ところがMSJは6回の納入延期を重ね，新型コロナウイルスによる市場環境の変化もあり，開発が事実上，凍結された。一方Honda Jetは自動車メーカーが機体とエンジンを開発したビジネスジェット機で，燃費改善と機内空間の拡大をはかり，ビジネスジェット市場で2019年まで3年連続で納入機数が首位である。

　日本の航空機産業は海外メーカーの機体開発や製造パートナーの役割を果たしているため，海外メーカーの減産の影響を受け，生産量が低い水準になっている。海外メーカーの動向に左右されやすい日本の航空機産業は，新型コロナウイルスが収束し，世界の航空需要が回復するまで厳しい局面が続いていくだろう。今後，ポストコロナを見据えた航空機産業の立て直しが課題である。

＊ボーイング社（アメリカ合衆国），エアバス社（EUの国際共同会社）〔高崎経済大学　山本 匡毅〕

↑❶待機中の旅客機（東京国際（羽田）空港，2020年3月）　コロナ禍で航空便が大幅に減少し，駐機場で待機する航空機が増えた。

←❷ビジネスジェット市場で注目されている「Honda Jet」（2021年10月）

世界の鉱工業地域

近年，BRICSとよばれる新興工業国がめざましい急成長をとげているが，その急成長の理由は何だろうか。それぞれの国に共通する特徴に注目して考えてみよう。

1 おもな鉱工業地域

Link p.146～147 工業の発達と分化，p.159 ③「世界の工場」中国

→❸おもな国の製造業付加価値額とおもな鉱工業地域 近代工業はヨーロッパでおこり，20世紀初頭にはアメリカ合衆国が工業力を上昇させた。

第二次世界大戦後は日本が工業国として成長し，1980年代以降はアジアや中南米のNIEs（新興工業経済地域）諸国が発展した。

2000年代になると中国が急成長して，今や「世界の工場」とよばれている。

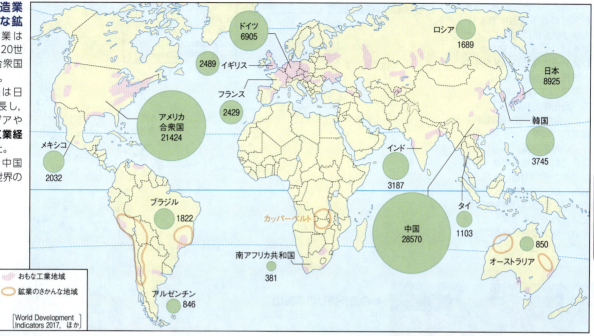

※国により工業分類は異なる　＊1 工業付加価値額　＊2 販売額　＊3 石油製品，ゴム製品，プラスチック製品を除く

↑❹おもな国の工業生産と内訳

2 急成長する新興工業国

Link p.159 ⑤台湾の工業，p.166 ②南アフリカ共和国の工業発展

各国の工業化には，成長期や成熟期などの段階がある。多くの先進国では脱工業社会への移行が進んだこともあって，生産指数の伸びは小幅にとどまる。ロシアは1991年のソ連解体後の経済混乱で生産指数が大きく低下した。その一方で，韓国，インドなどの新興工業国では急激な上昇がみられる。日本は1990年以降，産業の空洞化の影響で生産指数が低下した。その後，国内回帰などもあり徐々に回復してきたが，2008年のリーマンショックによる不況の影響で，近年は低迷している。

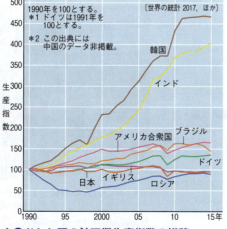

↑❺おもな国の鉱工業生産指数の推移

→❻南アフリカ共和国に進出したBMWの工場（プレトリア近郊）BRICS各国には，外国企業の進出があいつぎ，工業化が急速に進んでいる。

用語 NIEs（新興工業経済地域） 1970～80年代に急速な工業化と経済発展をとげた国と地域の総称。とくに韓国，シンガポール，台湾，ホンコン（香港）の四つの国・地域を，アジアNIEsという。各国の経済成長が一段落したこともあり，2000年代に入ってからは，NIEsという言葉はあまり使われなくなった。

用語 BRICS ブラジル（Brazil），ロシア（Russia），インド（India），中国（China），南アフリカ共和国（South Africa）の5か国の頭文字をあわせた総称。これらの国々は鉱産資源が豊富で，人口規模が大きいことなどが共通の特徴である。豊富な資源を利用した工業化を進めており，経済成長が著しい。

ブラジル，ロシア，インド，中国，南アフリカ共和国は，国土が広大で鉱産資源が豊富である。また人口が多いため，労働力が豊富で市場が大きく，急速に経済が成長している。

中国と周辺地域の鉱工業

地理力プラス なぜ中国は「世界の工場」とよばれるまでに工業が発展したのか、資源分布や国の政策に着目して考えてみよう。→ 1 2 3

1 鉱工業の分布

中国は、石炭や原油、鉄鉱石などの地下資源に恵まれ、先端技術産業に欠くことができないチタンやマンガン、**レアアース**など**レアメタル**の埋蔵量と産出量も多い。

政府の工業化政策もあって、重化学工業の発展が著しく、沿海部の都市や**経済特区・経済技術開発区**などを中心に多くの外国企業が進出している。これらの地域では、豊富な労働力を利用した生産と海外への輸出がさかんに行われており、中国は「**世界の工場**」とよばれるようになった。近年は、経済成長した国内市場への供給も拡大している。

Link p.135 石炭, p.136 鉄鉱石, p.137 非鉄金属, p.138〜139 レアメタル

↓①鉱工業の分布とおもな港の貨物取扱量

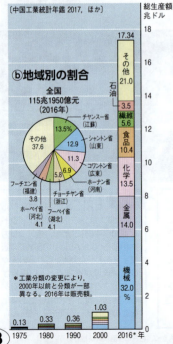

←②露天掘りの銅鉱山(中国,チヤンシー(江西)省,トーシン(徳興)) 早くから銅を産出していた鉱山で、1990年代以降に露天掘りを開始してからは、中国一の産出量を誇っている。

2 中国工業の成長

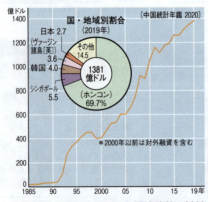

↓③工業生産額の変化と内訳
ⓐ工業分類別の変化
ⓑ地域別の割合

↓④外国からの投資額の推移と中国への投資国・地域

中国は1970年代末から、**経済改革・対外開放政策**を実施して外国からの投資を活用し、工業化をおし進めてきた。安価で豊富な労働力を背景に、2000年代になると生産力が飛躍的にのびた。チヤンスー(江蘇)省やコワントン(広東)省などの沿海部から経済成長が始まり、その後、内陸部へと拡大していった。

Link p.229 ④中国の歩み

用語 経済特区と経済技術開発区

経済特区：1979年に中国の対外開放政策の一環として設置された経済地域。外国の資本や技術を積極的に導入するため、進出する外国企業に税制上の優遇措置を実施した。全5か所設置されている。

経済技術開発区：1984年に指定された経済特区に準ずる経済開発地域。経済特区と異なり、国内企業にも開放されている。国家指定や省指定などがあり、国家級の経済技術開発区は200か所以上ある。

↑⑤多くの人々でにぎわうモーターショー(中国,シャンハイ(上海),2021年) 中国の自動車市場は拡大が見込まれているため、各国の自動車メーカーは中国に工場を進出させて、現地のニーズに合った自動車の開発と生産を進めている。写真のモーターショーでは、最新のハイブリッド車や電気自動車も展示された。

3 「世界の工場」中国　Link p.154 電気機械工業

―2015年―〔電子情報技術産業協会資料〕

↑⑥**中国が生産台数世界第1位のおもな製品**　組み立てなど，労働集約的な製造工程をもつ製品でシェアが高いが，液晶パネルや集積回路（IC）など技術的に高度な基幹部品も中国で生産されるようになった。

↑⑦**パソコンの組み立て工場**（中国，チョントゥー（成都））　チョントゥーの**経済技術開発区**は1990年代末に設立された。外国からの企業進出や投資を積極的に受け入れ，おもに先端技術産業に力を入れてきた。写真は早くに進出した台湾企業の電子機器工場で，パソコンなどの組み立てを行っている。

4 エネルギーの生産と消費

↓⑧**中国におけるおもなエネルギー資源の生産と消費**

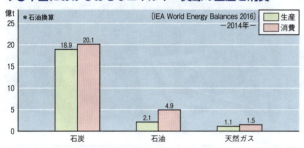

↓⑨**石炭を使っている工場**（中国，ヘイロンチヤン（黒竜江）省）
中国では，国内の産出量が圧倒的に多い石炭への依存度が高く，排煙は自動車の排ガスと混ざって深刻な大気汚染を引き起こしている。

Link p.81 ②中国の大気汚染

専門家ゼミ　中国の先端技術産業の行方
　中国は世界最高の演算速度をもつスーパーコンピュータや有人宇宙飛行など，世界の科学技術の先端を担いつつあるが，産業として最も成功した先端技術産業は移動通信である。この分野では中国の企業が世界のスマートフォン市場で大きなシェアをにぎっているほか，次世代の通信技術の開発においても世界をリードしている。中国産の安価なスマートフォンが発展途上国に普及し，人々の生活を変えている。民間用ドローン（無人飛行機）の分野でも，中国企業が世界市場の7割ほどを占めている。こうした新興の先端技術企業が集まっているシェンチェン（深圳）には，中国各地からアイディアをもとに起業しようとする人々が集まっている。〔東京大学　丸川 知雄〕

5 台湾の工業　Link p.154 ⑦ホンハイ傘下の液晶テレビ工場, p.157 NIEs（新興工業経済地域）

　台湾では，1980年代以降，半導体などの先端技術産業の育成や**輸出加工区**の整備が行われた。現在では，液晶パネルや集積回路（IC）などの輸出を積極的に行っている。

↓⑩台湾の鉱工業の分布　↓⑪台湾の輸出品目と輸出相手国・地域

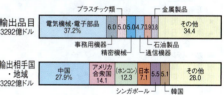

―2019年―〔中華民国財政部貿易統計資料，ほか〕

➡⑫**カオシュン（高雄）の輸出加工区**（台湾）

中国と周辺地域の鉱工業のまとめ

国・地域		特徴	おもな工業都市
中国	西部	2000年から実施されている**西部大開発**により，さまざまな分野での開発が行われており，東部との経済格差の是正がはかられている。タクラマカン砂漠では石油開発が進んでいる。	ウルムチ（繊維，石油精製），ユイメン（石油精製），パオトウ（鉄鋼），チョンチン（自動車，機械）
	中部	鉄鉱石などの地下資源に恵まれた地域で，それらを利用して鉄鋼業や金属，自動車などの機械工業がさかん。	ウーハン（製鉄，自動車），チャンシャー（電子機器）
	東部沿海	中国工業を主導する地域で，工業生産額は全体のおよそ6割を占めている。古くからの大都市や工業都市のほかに，近年急速に工業化が進んだ都市もこの地域に多い。外国企業の進出がさかん。	シャンハイ（自動車，機械），**シェンチェン**（電子機器），**テンチン，コワンチョウ**（自動車）
（台湾）		1980年代以降，北部のタイペイ（台北）近郊にハイテク部品を中心とする多くの企業が集積。南部のカオシュン（高雄）には石油コンビナートがあり，石油化学工業がさかん。	タイペイ（機械），**カオシュン**（石油精製），シンジュー（電子機器）
モンゴル		従来は食品加工業や繊維工業（羊毛）が鉱工業の中心であった。近年では南部を中心に，銅鉱や金鉱，石炭をはじめとするさまざまな鉱産資源の採掘が行われるようになっている。	ウランバートル（繊維，食品）

✚のガイド　中国では，石炭など豊富な鉱産資源を生かして工業が行われてきた。1970年代末の経済改革・対外開放政策以降，外国資本を導入し工業化が急速に進んだ。国内市場への供給も拡大している。

朝鮮半島の鉱工業

地理力＋ なぜ，韓国は「漢江の奇跡」とよばれる高度経済成長を達成できたのだろうか。韓国経済を支える財閥の存在に着目して，韓国の工業の特徴について考えてみよう。→ 1 2 3

1 鉱工業の分布

Link p.152 自動車工業, p.153 ④造船業, p.154 電気機械工業

韓国では1960年代から**輸出指向型**の工業化が進められ，鉄鋼や自動車，造船などの重化学工業が発展して「漢江の奇跡」とよばれる高度経済成長を達成した。現在では家電製品にも重点がおかれ，世界のトップブランドも生まれている。

↓①鉱工業の分布

〔Diercke Weltatlas 2008, ほか〕

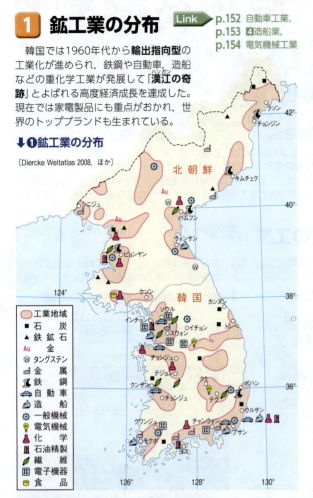

↓②ヒュンダイ自動車の生産工場（韓国，ウルサン（蔚山））

韓国の自動車生産台数は，世界でも上位である。最大手のヒュンダイ自動車をはじめとする韓国メーカーの自動車は，国内だけでなく，中国やインド，欧米など世界各国で販売されている。

←③おもな国の船舶輸出額の推移　韓国の船舶輸出は2015年現在，中国や日本を押さえて世界第1位を誇る。小型コンテナ船などの汎用船を得意とする中国に対抗して，韓国は掘削船やLNG（液化天然ガス）船などの高度な技術を要する船舶の生産に力を入れている。

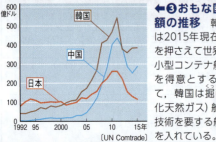

2 韓国の輸出の変化

↓④輸出品目と輸出相手国・地域の変化

輸出品目
1980年 181億ドル
衣類 16.3% | 13.3 機械類 | 12.2 繊維品 | 鉄鋼 9.1 | 船舶 6.8 | その他 42.3

2019年 5422億ドル
機械類 41.7% | 自動車 11.5 | 7.2 | 5.3 | 鉄鋼 4.8 | その他 29.5
石油製品 ／ プラスチック類

輸出相手国・地域
1980年 181億ドル
アメリカ合衆国 26.0% | 日本 16.8 | (ホンコン) 4.7 | その他 42.3
サウジアラビア 5.3 ／ 西ドイツ 4.9

2019年 5422億ドル
中国 25.1% | アメリカ合衆国 13.6 | 8.9 | 5.9 | 日本 5.2 | その他 41.3
ベトナム ／ (ホンコン)

〔UN Comtrade〕

3 電気・電子機器分野の成長

Link p.237 ⑧財閥

→⑤LGのテレビ生産工場（韓国，ソウル近郊）　かつて薄型テレビは日本企業が独占的に生産していた。しかし，**財閥**とよばれる企業グループが経済力を集中させて，良質で安価な製品の製造を進め，今では韓国企業がトップとなっている。

→⑥液晶パネル・半導体の世界シェア　電気・電子機器関連産業で，韓国のサムスン，LGなどは世界の上位を占めている。最近は，中国や台湾の企業も追いあげている。

液晶パネル* 1277億ドル *有機ELを含む
サムスン電子（韓国）22.9% | LGディスプレー（韓国）20.0 | BOE（中国）9.8 | 友達光電（台湾）8.7 | 群創光電（台湾）7.0 | 6.5 | 6.2 | その他 18.9
マイクロン・テクノロジー（アメリカ合衆国） ／ SKハイニックス（韓国） ／ クアルコム（アメリカ合衆国） ／ シャープ（日本） ／ ジャパンディスプレイ（日本）

半導体 4122億ドル
サムスン電子（韓国）14.2% | インテル（アメリカ合衆国）14.0 | 6.3 | 5.4 | 3.8 | 3.7 | その他 52.6
ブロードコム（アメリカ合衆国）
—2017年—〔日経業界地図 2019年版〕

4 コンテンツ産業

↑⑦韓国ドラマの撮影（スウォン（水原）近郊）

↓⑧韓国のコンテンツ産業輸出額の推移

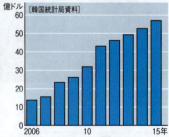

〔韓国統計局資料〕

韓国では**コンテンツ産業**の育成に力を入れており，ゲームやドラマ，映画，音楽などを海外に積極的に輸出している。

朝鮮半島の鉱工業のまとめ

国	特徴	おもな工業都市
韓 国	輸出指向の重工業化を進めた。近年は半導体などの先端技術産業や自動車産業などが大きく成長している。	ソウル（機械），プサン（金属，機械），**ウルサン**（自動車，造船，化学），ポハン（鉄鋼）
北朝鮮	重化学工業中心の工業化を進めてきたが，現在は停滞している。	ピョンヤン（機械），ウォンサン（造船，機械）

＋のガイド　韓国は国内市場が小さいため，1960年代から輸出指向型の工業化が進められた。現在は，技術革新で良質・安価な製品の製造が進み，韓国財閥企業の製品が世界の上位を占めるようになっている。

東南アジアの鉱工業

日系企業の進出がさかんな東南アジアの工業化の変遷について、輸出加工区と各国の輸出品の変化に着目して考えてみよう。→ 1 2 3

1 鉱工業の分布
Link p.134 天然ガス, p.154 電気機械工業

➡ ⑨東南アジアの鉱工業の分布とASEAN各国への直接投資

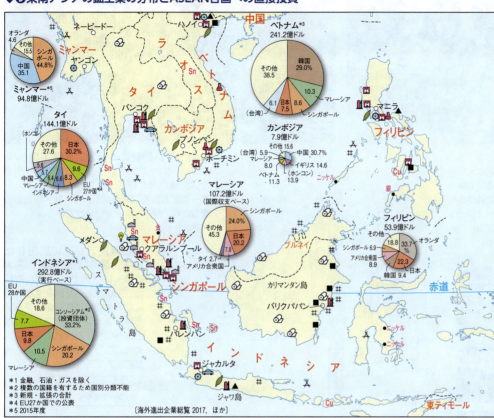

東南アジアは、植民地時代から一次産品の輸出が中心で、工業化は遅れていた。1970年代以降、各国は**輸出加工区**や工業団地を整備して外国からの投資を集め、工業化を進めている。近年は、安い労働力や工業用地を求めて先進国の企業が進出し、東南アジア全体が工業地域へと発展しつつある。

用語　輸出加工区　製品の輸出を条件に、輸入関税や法人税を減免するなどの優遇策をとって、外国企業を誘致する地区のこと。1970年代以降、東アジアや東南アジア各国で広く設置され、日本をはじめ各国の企業が多くの投資をしてきた。これにより東南アジア各国では工業製品の生産や輸出がさかんになり、輸入に依存してきた製品を国内で生産・加工する**輸入代替型**から、輸出を目的に製品を生産・加工する**輸出指向型**の工業へと転換した。

工業

2 工業化の進展

Link p.157 NIEs（新興工業経済地域），p.188 ❷世界のおもな港湾のコンテナ取扱量

➡ ⑩おもな国の1人あたりGDPの推移

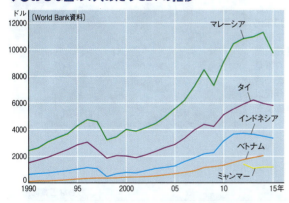

➡ ⑪シンガポール港のコンテナターミナル

シンガポールは独立後、工業地域を整備し工業化を進めるとともに港湾の整備を進め、貿易の拠点化をはかった。その結果、東南アジアでまっさきに経済成長をとげた。現在は、ICT産業や金融業への優遇策にも力を入れ、外国からの資金を集めて大規模な金融街がつくられている。

➡ ⑫おもな国の輸出品目の変化
以前は、東南アジアの多くの国が一次産品の輸出にたよる**モノカルチャー経済**だったが、近年、タイやマレーシアでは工業製品の輸出が主力となった。石油関連の産品への依存度が高かったインドネシアでも、近年は衣類や自動車などの工業生産が増えている。

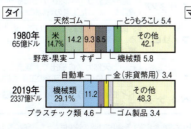
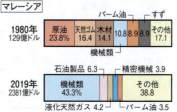
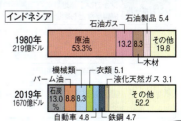

3 日本企業の東南アジアへの進出

Link p.179〜180 日本の工業の変化と海外進出

↑❶ホンダの自動車工場（タイ，バンコク近郊） タイは，多くの国から多様な工場を誘致している。とくに自動車産業の誘致には力が入れられ，ASEANの自動車生産の集積地として成長した。近年はASEAN域外への完成車の輸出も行っている。最近では，エコカーを製造する企業を税制面で優遇し，世界に対するエコカーの生産拠点として差別化し，発展しようとしている。

↑❷ヤマハ発動機の自動二輪車工場（フィリピン，サンパブロ近郊） フィリピンの都市部では交通渋滞が深刻化しているため，スクーターなどの自動二輪車が個人の移動手段として重宝され，需要も年々伸び続けている。

↑❸日本の衣料メーカー「ハニーズ」の縫製工場（ミャンマー，ヤンゴン近郊） ミャンマーでは近年，賃金水準が低いことなどにより，日本や中国，欧米などからの衣料品メーカーの企業進出が目立っている。

←❹東南アジアに進出した日本企業の数（製造業） 日本では，1980年代の半ばころから，工場が海外進出をするようになった。同じころ東南アジアでは，インフラを整備し，外国企業への各種優遇政策を行い始めた。こうして多くの日本企業が東南アジアへ進出した。

ミャンマー 71／タイ 853／ベトナム 772／ラオス 709／フィリピン 632／マレーシア 938／シンガポール 261／インドネシア
－2016年10月現在－〔外務省資料〕
日本からの進出企業　1ブロックあたり 50社

→❺日立のエアコン工場（マレーシア，クアラルンプール近郊） かつてのマレーシアは，すずや天然ゴムなどの一次産品の輸出に依存していたが，1980年代以降，関税などを優遇する**輸出加工区**を設置して，外国企業の家電組み立て工場などの誘致を進め，1990年代以降，急速な経済成長をとげている。

↓❺日本の進出企業（製造業）の月額賃金の比較

都市	ドル
横浜（日本）	2493
シンガポール（シンガポール）	1703
コワンチョウ（中国）	468
バンコク（タイ）	338
クアラルンプール（マレーシア）	321
ジャカルタ（インドネシア）	320
マニラ（フィリピン）	255
ホーチミン（ベトナム）	214
ビエンチャン（ラオス）	140
ヤンゴン（ミャンマー）	124

＊横浜（日本）以外は現地日系企業で調査。一般工職。－2016年－〔ジェトロ資料〕

東南アジアの鉱工業のまとめ

国	特徴	おもな工業都市	国	特徴	おもな工業都市
シンガポール	ジュロン工業地域の石油製品や電気機器のほか，医療製品なども製造されている。	シンガポール（化学，電機・電子）	インドネシア	石油や天然ガスへの依存からの脱却をめざし，豊富な資源を生かした工業の育成に力を入れている。	ジャカルタ（機械），パレンバン（石油精製），メダン（繊維）
マレーシア	日本や韓国を手本にした**ルックイースト政策**で，1980年代，急速に工業化をとげた。近年，外国資本の導入により電機・電子産業が急成長。	クアラルンプール（機械），ペナン（金属）	フィリピン	外国資本を積極的に導入して，近代化をはかっている。近年はICT産業が成長してきているが，**累積債務**が重くのしかかっている。	マニラ（機械）
タイ	豊かな農業資源を利用した食品加工業が中心だったが，近年は，外国資本を導入して電機や自動車の工場が集積している。日本からの投資が急増し，重要な輸出拠点になっている。	バンコク（自動車，繊維），サムットプラカーン（機械），アユタヤ近郊（自動車）	ブルネイ	石油と天然ガスの輸出で，経済をまかなっている。外国資本に依存し，自国の工業はない。	バンダルスリブガワン（石油精製）
			ベトナム	**ドイモイ（刷新）**とよばれる市場開放政策により，外国企業の進出を奨励している。	ハノイ（繊維，機械），ホーチミン（機械）

＋のガイド　各国ともかつては一次産品の輸出が中心であったが，1970年代以降は製品の輸出を条件に税金を軽減する輸出加工区の設置によって，外国企業の投資が進み，輸出指向型の機械工業が発展した。

南アジアの鉱工業

地理力＋ インドは現在，情報通信技術 (ICT) 産業を中心に著しい経済成長をとげている。なぜインドでICT産業が発展したのか，言語やインドの地理的位置に着目して考えてみよう。→ 1 3

1 鉱工業の分布

Link
p.150 **1** 繊維工業の分布，
p.151 **3** 鉄鋼業の分布，
p.245 **7** インドの経済発展と格差の拡大

インドでは，独立後に政府主導で自給自足型の工業化が進められたが，十分な成果が出なかった。1980年代から外国資本の導入が進み，1991年の経済自由化を経て，現在では**情報通信技術（ICT）産業**などを中心に著しい経済成長をとげている。**BRICS**の一国として注目される一方で，輸出品は今なお一次産品が主力である。

また，パキスタンやバングラデシュ，スリランカは繊維工業が中心であるが，ポストBRICSとしての可能性に注目が集まっている。

→ **7** 南アジアの鉱工業の分布

→ **8** タタ・スチールの製鉄所（インド，ジャムシェドプル）1907年，周辺で石炭と鉄鉱石を産出するジャムシェドプルに，タタ鉄鋼会社が製鉄所を建設したのが，インドの鉄鋼業の始まりである。

↑ **9** ICT企業インフォシスの本社（インド，ベンガルール）インフォシスは，1980年代にインドで創業され，現在は80をこえる国々でソフトウェアサービスやICTコンサルティングなどの事業を展開する多国籍企業。おもにアメリカ合衆国の企業へのICTサービスの提供によって成長した。工科大学出身の若い技術者などを多く抱え，社屋も大学のような雰囲気である。

→ **10** おもな国の輸出品目

2 インドの自動車産業

Link p.152 自動車工業，p.179 **2** 自動車産業の海外進出，p.327 **34 35** 自動車の生産・輸出入

→ **11** インドにおける自動車の生産と販売

1980年代に，インド政府は乗用車普及のため小型車の生産に力を入れ始めた。1983年に，日本のスズキとインドの国営企業のマルチ・ウドヨグ社との合弁で，マルチ・スズキが乗用車の生産を開始した。現在でも国内シェア1位を誇る。

↓ **14** マルチ・スズキの乗用車生産（インド，デリー）インドで生産された車は国内販売が主だが，メキシコやイギリスにも輸出しており，近年ではアフリカへの輸出が増えている。一方，拡大するインドの乗用車市場に対し，日本や韓国の企業があいついで進出するとともに，現地企業も低価格の小型車の販売を始めるなどして，競争が激化している。

→ **12** インドに進出する日本企業の売上の内訳

日系企業は，自動車などの製造業が売上額の多くを占めている。2011年に日本とインドとの間で**経済連携協定（EPA）**が締結されて以降は，ICT産業などさまざまな分野での進出が増えている。

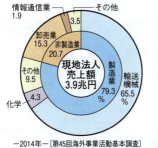

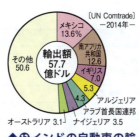

↑ **13** インドの自動車の輸出額と相手国の内訳

3 インドの情報通信技術(ICT)産業

Link p.172 6シリコンヴァレー

➡❶インドのICT関連産業の輸出額の推移と輸出先 インドでは，伝統的に理数系教育に力を入れていることや，イギリスの植民地だった歴史から英語が堪能な人が多いことなど，ソフトウェア開発向けの優秀な技術者を確保しやすい条件がそろっている。賃金の安さや政府のICT推進政策もあって，外国企業が多数インドに進出し，ICT関連産業が急速に発展した。

↑❷ソフトウェア開発会社のようす(インド，ベンガルール) ベンガルールはインドのICT産業の中心地であり，「インドのシリコンヴァレー」ともよばれる。国営の航空・宇宙・防衛企業が立地していたことが，ICT産業発展の土壌となった。

⬅❸時差を利用した仕事のやりとり 企業が自社の業務を社外に委託することをアウトソーシングといい，なかでも外国の企業に業務を委託することをオフショアリングという。インドは，世界最大のICT市場であるアメリカ合衆国との時差が約半日である利点を生かして，アメリカ合衆国が夜の間にソフトウェアの開発やデータ処理，コールセンター業務などを受託し，ICT関連産業を大きく発展させた。

コラム 世界各地で活躍するインド人

インドから外国へ移住したり，外国でビジネス展開したりしているインド系の人々(印僑)は，世界各地にいる。旧宗主国イギリスの植民地であった国に多くみられたが，近年では，中東への労働者や，先進国へICT技術者として渡るケースも多い。ICT技術者のなかには，アメリカ合衆国など先進国で技術を習得し，帰国後にベンチャー企業を立ち上げる人もいる。

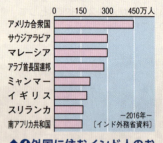

↑❹外国に住むインド人のおもな居住国

Link p.198 2世界各国の華僑と印僑

4 バングラデシュの衣料品生産

Link p.150 1繊維工業の分布, p.327 28衣類の輸出入

バングラデシュでは，安い労働力を強みとした衣料品の生産が重要な産業になっている。日本のユニクロをはじめ，世界の衣料品関連企業の多くがこの国に進出し，生産を行っている。政府の輸出振興政策もあり，バングラデシュの輸出額の8割(2015年)が衣類となっている。

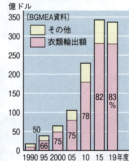

↑❻バングラデシュの総輸出額に占める衣類の割合 近年，中国の賃金水準が上昇したことにより，バングラデシュの国際競争力が向上している。

↑❺多くの女性が働く縫製工場(バングラデシュ，ダッカ)

5 パキスタンの製造業

↑❼サッカーボールの製造工場(パキスタン)
パキスタンは，手縫いサッカーボールの生産国として知られる。しかし，児童労働の問題があり，その解決のために，労働条件を満たして生産されたボールにフェアトレード認証ラベルを付ける取り組みもなされている。 Link p.192 2フェアトレード

南アジアの鉱工業のまとめ

国	特徴	おもな工業都市
インド	綿工業や鉄鋼業を中心に工業が発展した。経済の自由化政策で，自動車などの産業が成長。科学教育に力を入れていることを背景に，近年ではICT産業が急速にのびている。	デリー(自動車，機械)，チェンナイ(自動車)，**ムンバイ**(自動車，機械，繊維)，**ベンガルール**(電子，自動車)，ジャムシェドプル(製鉄)
パキスタン	伝統的な綿工業や衣料品に加え，近年では石油製品の生産も増えている。	ラホール(機械，繊維)，カラチ(製鉄，石油)
バングラデシュ	かつてはジュートが原料の繊維工業が主力。今では衣料品の縫製業がさかん。	ダッカ(繊維)，チッタゴン(製鉄，機械)
スリランカ	食品加工のほか，繊維・衣料品工業などがある。	コロンボ(繊維)

+のガイド インドは伝統的に理数系教育に力を入れており，またイギリスの植民地だったため英語に堪能な人が多い。さらに，アメリカ合衆国との時差を活用してICT産業が発展してきた。

西アジア・中央アジアの鉱工業

地理力プラス 西アジア・中央アジアは世界最大の原油埋蔵地域であるため、輸出品目にはほかの地域と異なる特徴がある。その特徴と課題について考えてみよう。→ 1 2 3

1 鉱工業の分布

↓❽鉱工業の分布とパイプライン　Link p.132～133 石油, p.249 ❼カスピ海周辺の資源, 自動車生産の拠点トルコ

西アジア・中央アジアは世界最大の原油埋蔵地域である。かつては欧米の**国際石油資本（メジャー）**に独占されていた石油の利権を, **石油輸出国機構（OPEC）**を結成することで産油国のものとし, ばくだいなオイルマネーを得た。産油国では, このオイルマネーを利用して工業化や産業の多角化に取り組んでいる。一方, 非産油国では, ほかの地下資源の活用など, 別の形の工業発展をめざしている。

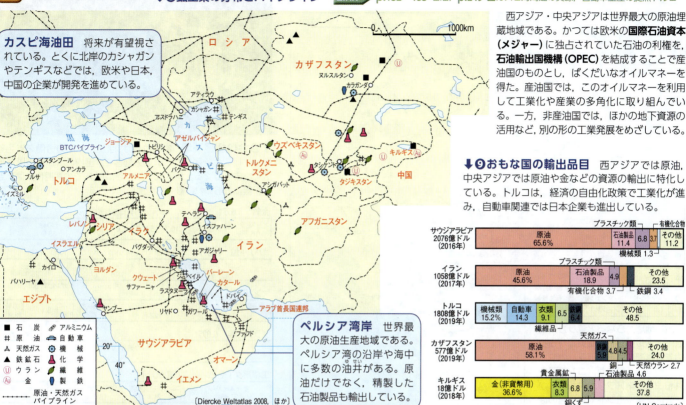

カスピ海油田 将来が有望視されている。とくに北岸のカシャガンやテンギスなどでは, 欧米や日本, 中国の企業が開発を進めている。

ペルシア湾岸 世界最大の原油生産地域である。ペルシア湾の沿岸や海中に多数の油井がある。原油だけでなく, 精製した石油製品も輸出している。

↓❾**おもな国の輸出品目** 西アジアでは原油, 中央アジアでは原油や金などの資源の輸出に特化している。トルコは, 経済の自由化政策で工業化が進み, 自動車関連では日本企業も進出している。

2 世界有数の産油地域

↑❿石油精製施設（サウジアラビア）

➡⓫**おもな国の輸出に占める石油の割合** 石油からの収入は各国の柱であるが, 産業の多角化が進められ, その割合は低下傾向にある。

Link p.249 ❻産油国の経済多角化への取り組み

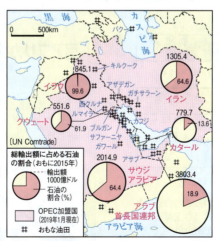

3 資源開発が進む中央アジア

中央アジアは, 原油や天然ガスなどの天然資源が豊富である。とくにカザフスタンは, 原油やウランのほか, **レアメタル**なども多く, 日本や中国, 欧米からの投資が増えている。

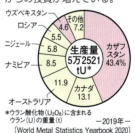

↑⓭**輸送用に加工されたウラン鉱**（カザフスタン）ウラン鉱石を細かく砕いて硫酸などで化学処理を行い, ウラン含有率を高めたものをイエローケーキとよぶ。

↑⓬ウランの生産国

Link p.319 ウランとイエローケーキ, p.325 ㉙ウラン埋蔵量・生産量

西アジア・中央アジアの鉱工業のまとめ

国	特徴	おもな工業都市	国	特徴	おもな工業都市
サウジアラビア	豊富な石油資源に恵まれ, オイルマネーを利用した**石油化学工業**がみられる。日系企業も進出している。	ジュベイル（石油精製, 化学）, ヤンブー（石油精製, 化学）	トルコ	日本や欧米諸国の投資のもとで, 自動車をはじめとする機械工業がみられる。	ブルサ（自動車）, イスタンブール（機械, 自動車）, イズミル（食品, 皮革, 化学）
イラン	原油の産出と輸出が経済で大きな位置を占めている。油田地帯では石油精製業などがみられる。	テヘラン（自動車, 石油精製）, イスファハーン（製鉄）	カザフスタン	原油の産出量が多く, それに依存する経済。ほかにもウラン, **レアメタル**のクロム, **レアアース**なども豊富で開発が進みつつある。	ヌルスルタン（金属, 食品, 製材）, カラガンダ（製鉄, 機械）

＋プラスのガイド 原油が主要な輸出品となっている国が多く, 産油国はばくだいなオイルマネーを得ている。近年では, 石油への依存を軽減するため, 新たな産業の開発や工業化が進められている。

アフリカの鉱工業

地理力＋プラス　アフリカの国々の輸出品目にはどのような特色があるだろうか。それによる問題点にも着目して考えてみよう。→1

1 鉱工業の分布

Link　p.132〜133 石油，p.137 非鉄金属，p.138〜139 レアメタル

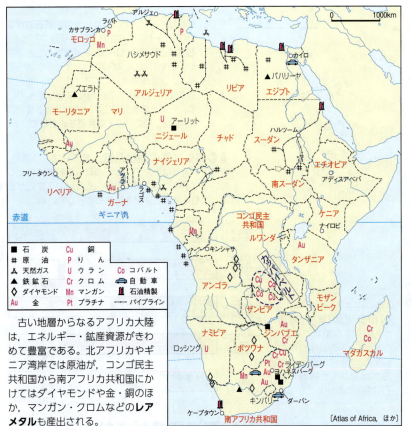

↑①アフリカの鉱工業の分布

古い地層からなるアフリカ大陸は，エネルギー・鉱産資源がきわめて豊富である。北アフリカやギニア湾岸では原油が，コンゴ民主共和国から南アフリカ共和国にかけてはダイヤモンドや金・銅のほか，マンガン・クロムなどの**レアメタル**も産出される。

↑②金の採掘現場（南アフリカ共和国）　鉱山の労働を支えるのは，低賃金で雇われている労働者で，国内のほか周辺国から広く集まってくる。地下3000mの狭い坑内での採掘作業は高温と粉塵におおわれ，厳しい労働環境である。

金鉱　5.6万t						
オーストラリア 16.3%	ロシア 14.3	10.7	5.4	5.4	5.0	4.3	その他 38.6

（南アフリカ共和国、ブラジル、アメリカ合衆国、ペルー、インドネシア）

コバルト鉱　710万t			
コンゴ民主共和国 47.9%	オーストラリア 15.5	7.0	その他 25.8

（キューバ、ザンビア 3.8）

マンガン鉱　6.2億t					
南アフリカ共和国 32.3%	ウクライナ 22.6	オーストラリア 14.7	インド 8.4	8.1	その他 13.9

（ブラジル）

プラチナ族　6.6万t	
南アフリカ共和国 95.5%	ロシア 1.7 その他 2.8

工業用ダイヤモンド　7.0億カラット				
オーストラリア 31.4%	コンゴ民主共和国 21.4	ボツワナ	10.0	その他 18.6

（南アフリカ共和国）

―2015年―［Mineral Commodity Summaries 2016］

↑③アフリカに豊富な資源の埋蔵量　アフリカ中部から南部にかけてはとくに金属資源が豊富で，**カッパーベルト**（コッパーベルトともいう）とよばれる銅の産出地域もある。

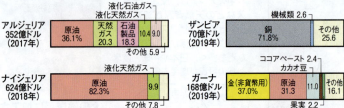

↑④おもな国の輸出品目　アフリカでは，社会資本の不足や技術力の低さなどの理由で，工業化が進まない国が多い。南アフリカ共和国のような工業国を除くと，鉱産資源など一次産品の輸出に依存する**モノカルチャー経済**が続いている。

Link　p.112 モノカルチャー経済

2 南アフリカ共和国の工業発展

Link　p.157 BRICS

←⑤南アフリカ共和国の自動車生産の推移　南アフリカ共和国では，政府の進める優遇政策により自動車産業が発展して，工業化を牽引している。日本やドイツ，アメリカ合衆国などの自動車メーカーが進出して生産を行っており，近年ではアフリカ諸国への輸出ものびている。

アフリカの鉱工業のまとめ

国	特徴	おもな工業都市	国	特徴	おもな工業都市・地域
ガーナ	金などの鉱産資源に恵まれている。アコソンボダムによる水力発電によってアルミニウムの精錬がさかん。	アクラ（食品，木材加工，繊維，アルミニウム精錬）	南アフリカ共和国	金や**レアメタル**が豊富である。工業化が進展しており，とくに自動車産業がさかん。外国資本の進出も進んでいる。	ヨハネスバーグ（製鉄），ケープタウン（化学，機械），ダーバン（自動車，化学）
ナイジェリア	原油の産出と輸出に依存する**モノカルチャー経済**の国。油田は海岸部のニジェールデルタ周辺にある。	ラゴス（機械，化学）	ザンビア	**カッパーベルト**で産出される銅に依存したモノカルチャー経済の国。産出された銅はベンゲラ鉄道やタンザン鉄道などで輸出される。	カッパーベルト州（銅精錬）

＋のガイド　アフリカには原油や銅などのエネルギー・鉱産資源が豊富で，特定の一次産品の輸出に依存するモノカルチャー経済の国が多く，国際価格の変動に経済が影響されやすい。

ヨーロッパの鉱工業

地理力＋プラス 産業革命をなしとげ，世界を牽引してきたヨーロッパの工業は，時代とともに移り変わってきた。ヨーロッパの工業地域の変化について，立地に着目して考えてみよう。→12

1 鉱工業の分布　Link p.148〜149 工業の立地と変化

↓⑥ヨーロッパの鉱工業の分布

重工業三角地帯 北フランスとルール炭田・ロレーヌ鉄山を結ぶ地域。第二次世界大戦後に西ヨーロッパの高度経済成長を支えた。

ヨーロッパでは18世紀後半から，石炭・鉄鉱石の産地と水運を基礎に，内陸部に綿工業や製鉄などの工業が発展し，世界に先がけて**産業革命**をとげた。その後，石油へのエネルギー転換や貿易の増大により，工業地域は臨海部へ移動した。近年は，安価な労働力を求めて東ヨーロッパへの進出もさかんである。

↑⑦**北海油田**（イギリス） 北海油田は，北海にある海底油田の総称。イギリスは，1960年以来の開発の結果，一時期原油の輸出国となった。近年では，原油の枯渇や価格低下などの要因により，生産量・輸出量ともに減少し，イギリスは原油の輸入国に逆戻りした。

青いバナナ イギリス南部からドイツ西部とフランス東部を経て北イタリアにいたる地域。多くの大都市と，発達した先端技術産業や交通網があり，ヨーロッパの経済や文化の中心となっている。名称は，地域を地図で見たときの形状と，EUのシンボル色である青に由来する。

第3のイタリア イタリア中部から北東部にかけての地域。中小企業が多く，職人による繊維・皮革・宝飾・家具・陶芸などの伝統工業が営まれている。サードイタリーともよばれる。

ヨーロッパのサンベルト スペインの中部からフランス南部を経てイタリア中部にいたる地中海沿岸地域。情報通信技術（ICT）産業や航空機生産など先端技術産業が集積している。

↓⑧**フィヨルドの湾奥にあるアルミニウム精錬工場**（ノルウェー，ヘイヤンゲル） 水資源が豊富なノルウェーでは，U字谷の斜面の高低差を利用した水力発電が行われている。その豊富な電力が工業でも活用されており，多くの電力を必要とするアルミニウム精錬がとくにさかんである。

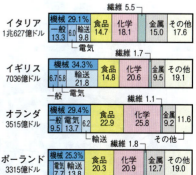

↑→⑨**EU全体とおもな国の工業生産額の内訳** ドイツやイギリスは機械工業のなかでも輸送用機械工業が発達しており，オランダは食品や石油化学工業がさかん。イタリアは繊維工業の比重が他国より大きい。

167

2 移り変わる工業地域　Link p.148　3工業の立地変化

ヨーロッパの工業は当初，原料立地のもとで資源がとれる内陸に発展した（陸の工場）。しかし第二次世界大戦後は，資源の枯渇や石油へのエネルギー転換，貿易網の拡大などにより，輸出入に便利な臨海部に工場が立地するようになった（海の工場）。

↑❶ルール工業地域（ドイツ，デュースブルク）　ルール地方は，石炭資源に恵まれ，国際河川ライン川の水運を利用できる場所に位置する。そのため，原料立地の工業地域として，19世紀以降重工業が発展してきた。現在にいたるまでヨーロッパ有数の工業地域であるが，石炭の枯渇や主要燃料が石油へと移行したことにより，その比重は低下している。現在では，環境重視の「緑と文化」の発信地として注目されている。

↑❷石油化学コンビナート（フランス，フォス）　地中海沿岸にあるフォスは臨海型の工業都市で，中東や北アフリカからの石油・天然ガスの輸入基地として，石油化学コンビナートが立地している。輸入された石油は，内陸部にパイプラインで送られる。

↑❸ユーロポート（オランダ，ロッテルダム）　ライン川の河口につくられたユーロポートは，EUの水運基地である。域内最大の貿易港であり，世界有数の規模を誇る。また，製油所や石油化学工場もつくられており，精製された石油はパイプラインで内陸の各都市に送られている。

専門家ゼミ　国際分業を進める航空機産業

　資金面や開発の複雑さゆえに，航空機生産は大企業が行っている。大型旅客機市場を寡占するエアバス社はヨーロッパの企業であり，どこか特定の国の企業ではない。欧州諸国は，アメリカ合衆国に対抗するため，仏独英西の4か国の共同で航空機生産を始めた。これがエアバス社の原点であり，そのため生産拠点は複数の国にある。

　エアバス社ではヨーロッパをまたいだ生産を行っている。スペインやイギリスで翼が生産され，胴体部分がドイツなどで生産され，航空機や船舶などで運ばれる。多くの最終組み立ては仏トゥールーズで行われるが，独ハンブルクにも組み立てラインがある。また，部品供給企業は世界中にあり，日本企業も材料部門を中心として，十数社が参加している。

　しかし，エアバス社が欧州企業であり続けるかは不確実だ。アメリカ合衆国・中国への組み立て拠点の進出が行われ，今後，中国での生産が強化されていくと予想されている。〔帝京大学　岡部遊志〕

↑❹エアバス社の国際分業

↑❺各部品の製造国

3 自動車の一大生産地域　Link p.152　自動車工業

　ヨーロッパには，ドイツのBMW，ダイムラー，フォルクスワーゲン，フランスのルノー，プジョー，イタリアのフィアットなど世界的な自動車メーカーがあり，各地に工場がみられる。1990年代以降，人件費が安い東ヨーロッパへの進出があいつぎ，ヨーロッパだけでなく，アメリカ合衆国，日本，韓国などの企業の工場も進出している。

↓❻BMWの自動車組み立て工場（ドイツ，ライプツィヒ）

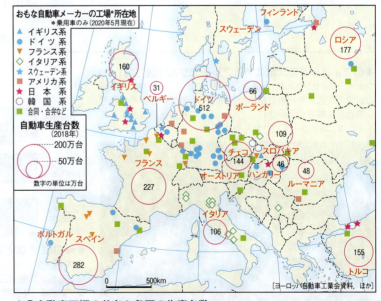

↑❼自動車工場の分布と各国の生産台数

4 各地の伝統産業

ヨーロッパでは，熟練した職人が手作業でつくるバッグ，靴，食器類などが伝統産業として大切にされている。高級ブランドとして世界中で知られているものも多い。

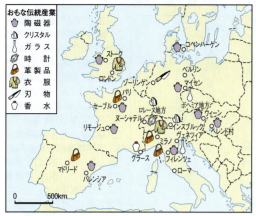
↑⑧各地のおもな伝統産業

↑⑨イタリアの工業都市と失業率　イタリアの経済地域は，工業が発展する豊かな北部と，農業が中心で貧しく，失業率も高い南部に分けられる。それとは別に，フィレンツェやボローニャなど中部から北東部には，皮革や織物，家具などの高級品を伝統的に生産する地域がある。こうした地域は，北部や南部とは区別して「第3のイタリア（サードイタリー）」とよばれる。

↑⑩フランスの高級ブランド「セリーヌ」の工場（イタリア，フィレンツェ近郊，2019年）

←⑪職人による時計づくり（スイス）　スイスでは，職人の技術力を生かした時計づくりがさかんである。写真はフランク・ミュラーの時計。

5 東ヨーロッパへの拡大　Link p.258 ⑤EU諸国における1か月あたりの最低賃金の比較

東ヨーロッパは，ヨーロッパの中でも労働賃金が安価なため，EU加盟をきっかけに外国企業が進出するようになった。EU域内への輸出には関税がかからないため，とくにヨーロッパ向けの製品をつくる企業の進出が多い。

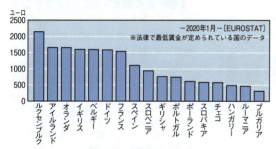
↑⑫おもな国の最低賃金（月額）

↑⑬おもな国に進出した日系企業数（製造業）の変化

↑⑭日本の空調機器メーカー，ダイキン工業のエアコン工場（チェコ，プルゼニュ）　EU各国で販売するための空調機器を製造している。

ヨーロッパの鉱工業のまとめ

国・地域	特徴	おもな工業都市
イギリス	産業革命発祥の地であり，一時は「世界の工場」とよばれた。しかし，2度の世界大戦を通じてその地位は低下し，アメリカ合衆国にとってかわられた。第二次世界大戦後は経済が停滞し，「英国病」ともいわれたが，北海油田の開発や先端技術産業の誘致により経済が復調していった。	**ロンドン**（自動車，機械），バーミンガム（自動車，機械），グラスゴー（電機・電子），ミドルズブラ（化学）
ベネルクス3国	ベルギーとルクセンブルクはともに鉄鋼業が発達している。また，ベルギー北部のフランドル地方は伝統的な羊毛工業地域である。オランダは乳製品の食品加工がさかんで，臨海部では大規模な**石油化学工業**がみられる。	**ロッテルダム**（石油精製），アムステルダム（ダイヤモンド研磨）
ドイツ	ルール炭田とライン川の水運で発達した**ルール工業地域**を柱に，ヨーロッパ最大の工業国として，自動車や医薬品，先端技術産業などの先進国となっている。しかし，旧東ドイツ地域では生産性などで遅れがみられる。	ドルトムント（鉄鋼），エッセン（鉄鋼），**ミュンヘン**（ビール，自動車，電子），**シュツットガルト**（自動車），**ヴォルフスブルク**（自動車）
フランス	古くから発達したリヨンの絹織物，ボルドーのワイン醸造などが現在もさかんである。工業の中心はパリだが，臨海部にも輸入原料に依存した鉄鋼業や石油化学工業が立地している。南部のトゥールーズにはエアバス社の航空機の組み立て工場がある。	**パリ**（自動車，電機），ダンケルク（鉄鋼），リール（繊維），リヨン（絹），**トゥールーズ**（航空機），フォス（石油精製，鉄鋼）
イタリア	資源に恵まれず工業の近代化もやや遅れたが，繊維や皮革などの伝統産業が高級ブランドとして成長した。ミラノ，トリノ，ジェノヴァを結ぶ三角地帯が工業の中心である。	ミラノ（電機），トリノ（自動車），タラント（鉄鋼）
北ヨーロッパ	豊富な森林資源に恵まれる北ヨーロッパ諸国では，伝統的にパルプ・製紙工業が発達している。近年は，情報通信技術（ICT）産業もさかんである。	イェーテボリ（自動車），ヘルシンキ（電機・電子）
東ヨーロッパ	社会主義時代には，ポーランド南部のシロンスク炭田やチェコ北西部のボヘミア炭田を中心に重工業が発達していた。冷戦終結後は経済成長が遅れていたが，2004年以降にEUに新規加盟した国々では，おもにEU諸国からの投資が急増している。	グダンスク（造船），ポズナン（電機），プラハ（ガラス），プルゼニュ（ビール），ブラチスラバ（自動車），ブダペスト（石油精製，電機）

＋のガイド　石炭・鉄鉱石の産地と水運を基礎に，製鉄などの工業がまず内陸部に発達した。その後，資源の枯渇やエネルギー転換，貿易網の拡大などにより，工業地域は利便性の高い臨海部へと移動した。

ロシアと周辺諸国の鉱工業

地理力＋プラス 計画経済のソ連時代と、ソ連解体後の市場経済下では、工業の特徴や輸出品目・輸出相手国はどのように変化したのだろうか。グラフに着目し、考えてみよう。→ 1 2

1 鉱工業の分布

Link p.132～133 石油, p.134 天然ガス, p.135 石炭

↓❶ロシアと周辺諸国の鉱工業の分布

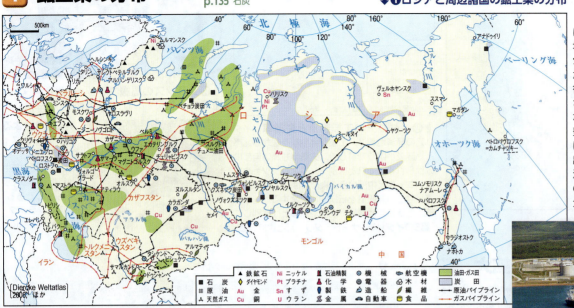

ソ連時代は**計画経済**の下に、原料や燃料の産地と工場とを結びつけた**コンビナート**が形成され、重工業がさかんであった。ソ連解体後はこれらの企業は民営化されたが、いまだに技術革新などが遅れがちである。一方、豊富なエネルギー・鉱産資源は、開発が進んで重要な輸出品となり、現在のロシア経済を牽引している。外国資本の導入にも積極的で、海外の企業も進出しはじめている。

↑❷液化天然ガス（LNG）のプラント（ロシア、樺太（サハリン））

ソ連時代は、おもに東ヨーロッパなどの社会主義国に工業製品を輸出していたが、ソ連解体後は、西ヨーロッパ諸国への輸出が急増した。とくに2000年以降は、外国資本の導入などにより原油の生産量が大幅にのび、輸出に占める割合も大きくなっている。原油や天然ガスなど、エネルギー資源の安定した生産と輸出が、近年のロシア経済の発展を支えている。

2 ロシアの貿易

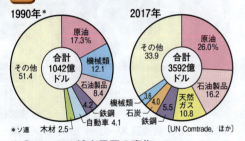
↑❸ロシアの輸出品目の変化

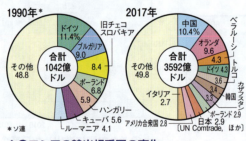
↑❹ロシアの輸出相手国の変化

3 自動車産業の成長

Link p.263 ⓬ロシア国内の乗用車販売台数の推移

外国企業の誘致政策により、サンクトペテルブルクやモスクワ、ウラジオストクなどの周辺に、日本・韓国・アメリカ合衆国などの自動車メーカーが進出している。国内の自動車販売台数も一時期急速にのびたが、近年は不安定な対外政治や、それに起因する通貨（ルーブル）の下落などで生産が落ち込んでおり、撤退する企業も現れている。

←❺日本のマツダとロシア企業の合弁工場（ロシア、ウラジオストク）

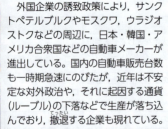

コラム　ロシアの航空宇宙産業

ロシアは、ソ連時代から冷戦で対立していたアメリカ合衆国と、宇宙開発や戦闘機開発で競い合い、航空宇宙産業を発展させてきた。冷戦が終結した現在では、旅客機開発に力を入れている。2016年には「MC-21」という新型旅客機が試作され、ボーイング社とエアバス社による寡占化が進む中型旅客機市場の切りくずしをめざしている。一方、宇宙開発では、アメリカ合衆国が2011年にスペースシャトル計画を終了させたため、今やロシアから多くの宇宙飛行士が宇宙に旅立つようになった。日本の大西卓哉宇宙飛行士も、2016年にロシアの宇宙船ソユーズで国際宇宙ステーションに向かい、長期滞在した。

→❻ロシアの宇宙船ソユーズに乗り込む、大西卓哉宇宙飛行士（カザフスタン）

ロシアと周辺諸国の鉱工業のまとめ

国	特徴	おもな工業都市	国	特徴	おもな工業都市
ロシア	石油や天然ガスなど豊富な資源に恵まれており、世界屈指の資源大国である。工業はソ連解体後のシステムの変化などで停滞していたが、2000年代に入ると回復傾向となった。	モスクワ（機械、電機）、サンクトペテルブルク（機械、食品）、ノヴォシビルスク（鉄鋼、機械）、ペルミ（石油精製、化学）、ウファ（石油精製、機械）	ウクライナ	ドネツの石炭やクリヴォイログの鉄鉱石を用いた鉄鋼業など重工業がさかん。	キエフ（機械、化学）、ハリコフ（機械）
			ベラルーシ	第二次世界大戦後に自動車産業や石油化学工業が発展した。	ミンスク（自動車、機械、金属）

＋プラスのガイド　ソ連時代は、コンビナートが形成され重工業が中心であった。解体後は、外国資本の導入などにより、豊富なエネルギー資源の生産量が大幅にのび、西ヨーロッパへの輸出も増大した。

アングロアメリカの鉱工業

> **地理力プラス** アメリカ合衆国は2015年現在, サウジアラビアと肩を並べる原油生産国となっている。近年, アメリカ合衆国の原油生産量が増加した理由を考えてみよう。→ 8

1 鉱工業の分布

Link p.132～133 石油, p.150～151 2石油化学工業の分布, p.152 自動車工業, p.153 5 6航空機産業, p.155 4知識産業

↑ 7 アングロアメリカの鉱工業の分布

鉱産資源が豊かなアングロアメリカでは, 五大湖周辺を中心に鉄鋼や自動車・機械などの重工業が発達したが, 1970年代以降, 原料の海外依存, 企業の**グローバル化**, **産業の空洞化**などにより衰退の傾向が強まった。一方, 北緯37度以南の**サンベルト**では, 石油化学工業や航空機・宇宙産業, コンピュータ産業など先端技術産業が発達した。

木材資源の豊富なカナダでは, パルプ・製紙工業, 木材工業などがさかんである。

↓ 8 **メサビ鉄山**（アメリカ合衆国, ミネソタ州）アパラチア炭田の石炭とともに, 五大湖周辺の鉄鋼業の発展を支えた。近年では, 中国での鉄鋼需要の高まりとともに, 採掘量が再び増加している。

2 アメリカ合衆国の工業地域と変化

アメリカ合衆国の工業は, 2度の世界大戦を経て五大湖周辺地域で重工業を中心に大きく発展した。その後, 北緯37度以南の**サンベルト**や太平洋沿岸部に先端技術産業が集積するようになると, 北部に比べて南部の経済力の上昇がめだつようになった。

↑ 9 1950年ころの工業地域

→ 10 **五大湖周辺の鉱工業** 五大湖周辺は, 鉄鋼業などの重工業でアメリカ合衆国の発展を支えてきた。しかし, 近年は競争力が低下しており, サンベルトに対し, **スノーベルト**（フロストベルト, ラストベルト）とよばれている。

↓ 12 2005年の工業地域

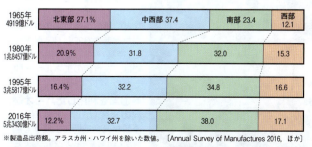

年	北東部	中西部	南部	西部
1965年 4919億ドル	27.1%	37.4	23.4	12.1
1980年 1兆8457億ドル	20.9%	31.8	32.0	15.3
1995年 3兆5817億ドル	16.4%	32.2	34.8	16.6
2016年 5兆3430億ドル	12.2%	32.7	38.0	17.1

※製造品出荷額。アラスカ州・ハワイ州を除いた数値。[Annual Survey of Manufactures 2016, ほか]

↑ 11 地域別工業生産額の変化　**Link** p.266 4 州別の経済格差

3 ピッツバーグの変化　Link p.151 ③鉄鋼業の分布

ピッツバーグは、かつては「鉄の都」とよばれ、アメリカ合衆国の鉄鋼業を代表する都市であった。しかし、産業の構造変化のなかで鉄鋼業が力を失い、人口が流出したため、衰退した。近年は先端機械産業を誘致したり、医療機関を充実させたりなどして再生を果たしたことで、注目を集めている。

↑①1980年の製鉄所（ピッツバーグ）　↑②2020年のピッツバーグ中心地

4 アメリカ合衆国の航空機産業

↑③ボーイング社の航空機組み立て工場（アメリカ合衆国、エヴァレット）　アメリカ合衆国の航空機産業は、巨額の軍事費と結びついた軍産複合体として発展し、今も世界をリードしている。　Link p.153 ⑤⑥航空機産業

5 アメリカ合衆国の自動車産業　Link p.152 ②世界の自動車生産、p.179 ②自動車産業の海外進出

かつてアメリカ合衆国は自動車生産で圧倒的なシェアをもっていたが、1980年代になると急成長した日本に抜かれ、近年では中国に大きく引き離されている。2009年以降、国内では代表的企業であるクライスラーやGM（ゼネラルモーターズ）の経営破綻が続いたが、現在は企業体制の見直しなどにより、業績は回復傾向にある。

| アメリカ合衆国 303万台 | トヨタ 19.3% | ホンダ 17.4 | GM 16.2 | フォード 13.1 | 日産 11.2 | ヒュンダイ 8.9 | スバル 5.2 | その他 8.7 |

—2017年—〔世界自動車統計年報 2019〕

↑④アメリカ合衆国国内のメーカー別乗用車生産割合　↑⑤フォードの自動車工場（ミシガン州）　↑⑥全製造業に占める自動車部品製造業就業者数の割合

6 シリコンヴァレー　Link p.164 ③インドの情報通信技術（ICT）産業

↓⑦シリコンヴァレーの地図

シリコンヴァレーにはスタンフォード大学などの研究機関と、**情報通信技術（ICT）**関連企業が数多く立地し、1950年代以降、産学協同により発展してきた。各国から技術者や研究者が集まっており、とくにICT企業の従業員は、インドや中国からのアジア系のほか、ヨーロッパ系が多い。

シリコンヴァレーの住民構成：アフリカ系 2.3、その他 5.0、ヒスパニック 24.7、アジア系 35.3％、ヨーロッパ系 32.7　総数 269万人　—2019年—〔Silicon Valley Indicators〕

↑⑧シリコンヴァレーの住民構成

↓⑨グーグル本社（シリコンヴァレー）

コラム　スタートアップ企業とそれを支えるもの

シリコンヴァレーの**技術革新（イノベーション）**を支えているのは、多くの**スタートアップ企業（新興企業）**である。スタートアップ企業とは、独創的な技術や高度な知識を基礎に起業し、それまでになかった革新的な新技術や新製品・新サービスを開発・商品化する企業のこと。スタートアップ企業には人的資源が重要であるため、研究機関がある大都市圏や産業の集積地に立地することが多い。

スタートアップ企業の資金調達先として、高成長が期待される新興企業に対して出資を行う投資会社であるベンチャーキャピタルがある。ベンチャーキャピタルは、投資とともに、より効率よく資金を回収するために、投資先のスタートアップ企業の業務に介入することもある。シリコンヴァレーに展開している企業の多くがベンチャーキャピタルから投資を受けているため、投資家たちへのアピールが重要になっている。　Link p.268 ⑥世界に影響を与えるアメリカ合衆国

7 次世代のエネルギー開発

アメリカ合衆国は、エネルギー自給率を高め、輸入石油への依存を軽減していく政策を進めている。とくに風力・太陽光などの**再生可能エネルギー**の利用が促進されており、最先端のICT産業を抱える西部の州などでは、次世代のエネルギー開発も進められている。

←⑩藻を利用したバイオ燃料の研究（カリフォルニア州）藻類が光合成時に生成する脂質がバイオ燃料の原料として注目されている。

8 シェール革命　Link p.134 天然ガス

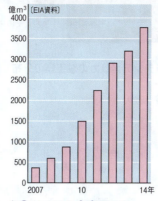

↑⑪シェールガスの分布

用語 シェールガスとシェールオイル　地下数千mのシェール（頁岩）というかたい岩盤のすきまに閉じ込められた天然ガスを**シェールガス**、原油を**シェールオイル**という。1億数千万年前のシダや藻などの植物の死骸が地下に堆積し、圧力がかかって温度が高くなり、化石燃料に変わったものと考えられている。

↑⑫アメリカ合衆国のシェールガス生産量の推移　近年の技術開発により、北米では膨大な量の**シェールガス**を取り出せるようになった（**シェール革命**）。一方、供給の増加による天然ガスや原油の価格の下落は、アメリカ合衆国を含む産油国の産業に悪影響を及ぼし、世界経済の低迷につながる可能性があるとも考えられている。

↑⑬シェールガスの採掘（模式図）

9 カナダの鉱工業　Link p.324 ⑭パルプの生産、p.327 ㉚紙・板紙の生産

カナダでは、ニッケルなどの鉱産資源を生かした金属工業、森林資源を生かしたパルプ・製紙工業、木材工業などがさかんである。また、西部のアルバータ州は原油やオイルサンドの埋蔵地域でもある。工業の中心は東部のオンタリオ州とケベック州で、アメリカ合衆国の五大湖沿岸と一体化した工業地域を形成しており、アメリカ合衆国資本の企業も多い。

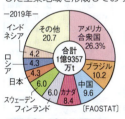

↑⑭パルプの生産国　森林の豊富なカナダは、世界有数のパルプ生産国である。

↓⑮パルプ工場（カナダ、サンダーベイ）

10 オイルサンド　Link p.132～133 石油

カナダでは、**オイルサンド**（原油を含んだ砂）からの原油精製が進んでいる。技術開発や2000年以降の原油価格高騰により生産量が増え、今やカナダの原油生産の大半を占めている。従来の露天掘りでは、森林破壊や廃棄土砂の大量発生などの問題が生じたため、環境負荷の少ない採掘方式が開発された。

↑⑯原油抽出設備（カナダ、アルバータ州）　高温・高圧の蒸気を地下深くのオイルサンド層に注入し、粘性の高い原油を採収している。

↓⑰蒸気から分離した原油（カナダ、アルバータ州）

アングロアメリカの鉱工業のまとめ

地域	特徴	おもな工業都市
ニューイングランド	アメリカ合衆国で最も古い工業地域で、伝統的な高級毛織物工業なども発達している。また、大学や研究所が多く立地し、先端技術産業をはじめ知識集約型の産業が集まっている。	ボストン（繊維、造船、電子）、プロヴィデンス（電子、石油関連）、ハートフォード（航空機、精密機械）
五大湖沿岸	五大湖を運河で結んだ水運と、**メサビ鉄山**、**アパラチア炭田**、周辺の農畜産物などの産物を利用している。アメリカ合衆国最大の工業地域であったが、古典的な業種からの転換が遅れて取り残された。最近は、先端技術産業の誘致などを進めている。	**ピッツバーグ**（鉄鋼）、クリーヴランド（鉄鋼、自動車）、ヤングズタウン（鉄鋼、重機械）、アクロン（タイヤ、ゴム）、デトロイト（自動車）、**シカゴ**（車両、農業機械）、ミルウォーキー（農業機械、ビール）
中部大西洋岸	**メガロポリス**の人口集中地域に形成され、大消費地を背景に大都市型の工業が発達している。大西洋に面していることから、臨海指向型の工業もみられる。	ニューヨーク（総合）、フィラデルフィア（非鉄金属）、ボルティモア（造船）、ノーフォーク（電子）
南部	メキシコ湾岸の石油を原料に石油化学工業が発達したが、最近は**シリコンプレーン**などに先端技術産業が立地している。NASAの基地があり、航空宇宙産業もみられる。	ヒューストン（石油精製、宇宙産業）、ニューオーリンズ（化学、宇宙産業）、**ダラス**（電子、航空機）、**アトランタ**（食品、航空機）、オーランド（電子）
中西部	豊かな農業地帯が周辺に広がり、食品加工・農業機械などの関連工業が発達している。工業地帯としてのまとまりには欠ける。	ミネアポリス（農業機械、製粉、食肉加工）、インディアナポリス（農業機械、食品）、カンザスシティ（自動車）、セントルイス（航空機、自動車）
太平洋岸	カリフォルニアの石油や豊富な水力による発電によって工業が発達した。第二次世界大戦後は、航空機産業も立地し、近年は**シリコンヴァレー**に代表されるように、コンピュータや半導体などの先端技術産業が発達している。	シアトル（航空機、木材、パルプ、造船）、ポートランド（パルプ）、**サンフランシスコ**（食品、造船）、**サンノゼ**（電子）、**ロサンゼルス**、サンディエゴ（航空機、電子）
カナダ	**オイルサンド**などの鉱産資源や森林資源に恵まれ、金属精錬やパルプ・製紙工業、木材工業などが発達している。アメリカ合衆国向けの工業製品が多い。	モントリオール（木材、製紙、造船）、エドモントン（機械、化学）、ヴァンクーヴァー（木材、製紙）、ケベック（造船、木材）

＋のガイド　「シェール革命」とよばれる新たな技術開発により、地下数千mのシェール（頁岩）というかたい岩盤のすきまに閉じ込められた、膨大な原油やガスを取り出せるようになったため。

ラテンアメリカの鉱工業

地理力プラス かつてラテンアメリカ諸国の経済は，一次産品を輸出するモノカルチャーが主であった。そのなかで近年，メキシコの輸出品が大きく変化したのはなぜか考えてみよう。→ 1 2

1 鉱工業の分布

ラテンアメリカは，ブラジルの鉄鉱石，チリの銅，メキシコの原油など，鉱産資源が豊富である。20世紀以降，**輸入代替型**の工業の発達と外国資本の導入により，地域開発と工業化が行われた。とくに工業化が進んだブラジルは，近年**BRICS**の一国として注目されている。しかし，依然として**モノカルチャー経済**を基盤としている国もある。また，**累積債務**や地域間の経済格差が深刻な問題となっている。

↓❶ラテンアメリカの鉱工業の分布

Link p.132～133 石油, p.136 鉄鉱石, p.137 非鉄金属, p.157 BRICS

↑❷油田（ベネズエラ，シウダーグアジャナ近郊） ベネズエラは，中南米最大の原油生産国である。産出量が減少傾向にあるマラカイボ湖周辺にかわり，オリノコタール（超重質油）が産出されるオリノコ川北岸地域の油田開発が進んでいる。

←❸ホンダの自動車組み立て工場（メキシコ，セラヤ） メキシコはアメリカ合衆国との国境沿いに設定したマキラドーラという保税輸出加工区の下で工業が発展した。北米自由貿易協定（NAFTA，2020年にUSMCAに移行）発足後はアメリカ合衆国向けの工場が多く進出し，この工場で生産される自動車も，多くがアメリカ合衆国に輸出されている。

→❹エンブラエル社の航空機（ブラジル，サンパウロ近郊） もともとはブラジルの国営企業だったが，1994年に民営化され，その後は小～中型機を得意とする世界的な航空機メーカーに成長した。

Link p.153 ⓬ジェット機の納入割合

2 輸出品の変化

↓❺おもな国の輸出品目の変化

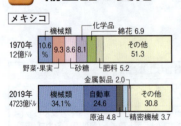
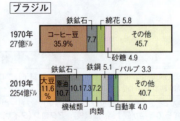
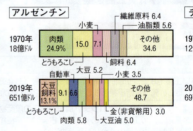
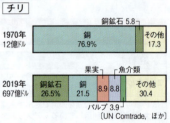

〔UN Comtrade, ほか〕

ラテンアメリカの鉱工業のまとめ

国	特徴	おもな工業都市
メキシコ	1960年代後半からアメリカ合衆国との国境沿いに設置された保税輸出加工区マキラドーラを中心に，輸出向け工業が発達し，電機や自動車の生産がさかん。1994年のNAFTA（現在はUSMCA）の結成によって域内貿易が自由化され，国外自動車メーカーの進出や投資が急増した。	メキシコシティと周辺（機械，自動車，石油精製），タンピコ（石油精製），ヌエボラレド（機械），メリダ（繊維）
ベネズエラ	原油の生産が多く，**OPEC**にも加盟している。そのほかに天然ガス，ボーキサイト，鉄鉱石，ニッケル鉱なども産出する。石油精製，製鉄，アルミニウム精錬もさかんである。	カラカス（自動車），マラカイボ（石油精製），プエルトラクルス（石油精製）
ブラジル	安価な労働力と豊富な鉱産資源により経済成長が著しく，**BRICS**の一国である。鉄鉱石や原油などの産出のほか，鉄鋼・自動車・航空機産業などの工業がさかんである。	サンパウロ（自動車，航空機），リオデジャネイロ（機械，自動車），サントス（化学），ヴィトリア（金属）
アルゼンチン	原油，銅，金，銀，リチウムなどの鉱産資源を産出するほか，自動車や機械類の生産も増えている。	ブエノスアイレス（石油精製，自動車），ロサリオ（鉄鋼）

プラスのガイド アメリカ合衆国との国境沿いにあるマキラドーラという保税輸出加工区の下で工業が発展した。さらにNAFTA結成により域内貿易が自由化され，自動車メーカーなどの進出が急増した。

オセアニアの鉱工業

地理力プラス オーストラリアは鉄鉱石と石炭の世界的産出国であるが、鉄鉱石と石炭のおもな産地は異なっている。おもな産地が異なるのはなぜか、地体構造に着目して考えてみよう。→**1**

1 鉱工業の分布

オーストラリアは鉱産資源に恵まれた国で、鉄鉱石や石炭、ボーキサイト、ウランなどを産出する。ボーキサイトを加工したアルミナの生産もさかんで、一次産品とともに主要な輸出品となっている。一方、ニュージーランドは鉱産資源の産出が少なく、工業は畜産物の加工品生産が主力である。

凡例：アルミ精錬／鉄鋼／機械／石油精製／電器・電子／食品／原油／天然ガス／石炭／鉄鉱石／Al ボーキサイト／Au 金／Ag 銀／Cu 銅／Pb 鉛／Zn 亜鉛／Ni ニッケル／Mn マンガン／Ti チタン／U ウラン／炭田／パイプライン／天然ガスパイプライン

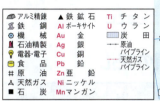
↑**6** オーストラリアとニュージーランドの鉱工業の分布

Link p.136 鉄鉱石

オーストラリアのピルバラ地区は、世界有数の鉄鉱石の産地である。産出された鉄鉱石は、港までの専用鉄道でポートヘッドランドやダンピアなどの積み出し港に運ばれ、専用船で日本をはじめ世界各国に輸出されている。

↑**7** 石炭の採掘（オーストラリア、ハンターヴァレー）

採掘　BHP提供
↑**8** 露天掘りで行われる鉄鉱石の採掘（オーストラリア、マウントホエールバック）

運搬　専用鉄道　BHP提供
↑**9** 専用鉄道で運搬される鉄鉱石（オーストラリア、マウントホエールバック）

輸出　専用船
↑**10** 専用船で輸出される鉄鉱石（オーストラリア、ポートヘッドランド）

2 オーストラリアの貿易

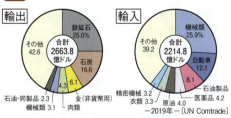

輸出 合計 2663.8億ドル：鉄鉱石 25.0、石炭 16.6、金(非貨幣用) 6.1、肉類 4.3、機械類 3.1、石油・同製品 2.3、その他 42.6

輸入 合計 2214.8億ドル：機械類 25.9、自動車 12.1、石油製品 8.1、医薬品 4.2、原油 4.0、精密機械 3.2、衣類 3.3、その他 39.2 －2019年－〔UN Comtrade〕

↑**11** オーストラリアの輸出入品目

オーストラリアの貿易の特徴は、鉄鉱石や石炭、金などの鉱産資源をおもに輸出し、機械類や自動車、石油製品、医薬品などの工業製品を輸入している点である。

3 深まるアジアとの結びつき

Link p.326 ❶❷❸ 鉄鉱石の生産・輸出入・輸入先

↑**12** オーストラリアの鉄鉱石輸出量と輸出先の推移（その他／韓国／日本／中国）

中国は世界有数の鉄鉱石生産国であるが、世界最大の鉄鉱石輸入国でもあり、その大部分をオーストラリアから輸入している。日本も、石炭・鉄鉱石の輸入の6割、天然ガスの輸入の4割をオーストラリアに依存している。

石炭 4.0億t：日本 27.8％、中国 23.4、韓国 12.8、インド 12.5、台湾 8.7、その他 14.8

液化天然ガス 7703万t：日本 39.7％、中国 36.8、韓国 10.2、その他 13.3

－2019年－〔Resources and Energy Quarterly〕
↑**13** オーストラリアの鉱産資源の輸出先

オセアニアの鉱工業のまとめ

国	特徴	おもな工業都市
オーストラリア	鉱産物や農産物の一次産品輸出が中心である。工業の多くは国内需要充足のためであるが、近年は機械類の輸出なども増えている。	ブリズベン（石油精製）、ニューカースル（アルミニウム精錬）、メルボルン（機械）、ワイアラ（鉄鋼）
ニュージーランド	畜産物の加工（乳製品、食肉、毛糸など）が主力である。また、豊富な水力発電の電力を生かし、アルミニウムの精錬も行われている。	オークランド（鉄鋼、食品）、クライストチャーチ（食品）、インヴァーカーギル（アルミニウム精錬）

プラスのガイド 先カンブリア時代に鉄鉱床が形成された安定陸塊に属する西部・中部では鉄鉱石が産出され、古生代に石炭層が形成された古期造山帯に属する東部では石炭が産出される。

175

日本の工業地域と工業分布

地理力プラス 日本ではさまざまな工業が発展しているが，工場立地はそれぞれ異なった特徴がある。どのような場所にどのような工場が立地しているか，地図を見比べて特徴をつかもう。→4

1 おもな工業地域　Link p.180 4産業の空洞化

日本の工業地域は，京浜・中京・阪神・北九州の各工業地帯が周辺に拡大し，現在では関東から九州北部にかけてのびている（**太平洋ベルト**）。高度経済成長期には，鉄鋼や石油化学などが主であったが，石油危機以降は自動車産業や先端技術産業がさかんになった。一方で，企業が低賃金の労働力を求めて工場を海外に移転させた結果，**産業の空洞化**が進んだ。近年は，国内で高度な技術をもつ新しい工場が増えている。

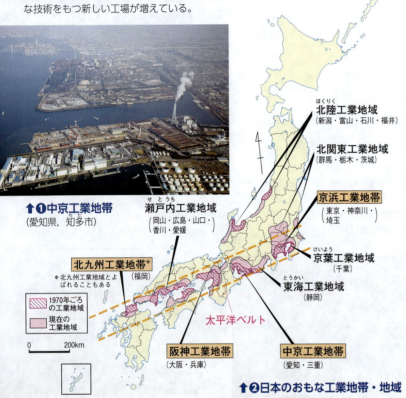

↑①中京工業地帯（愛知県，知多市）

↑②日本のおもな工業地帯・地域

2 工業地域の変化

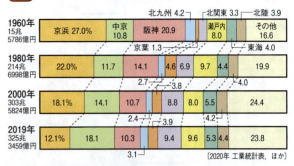

↑③地域別工業出荷額の割合の変化

3 工業出荷額の変化

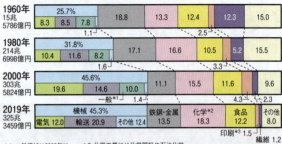

*1 一般機械は2008年に分類変更のため，削除。
*2 化学工業には化学肥料や石油化学製品，油脂製品，石けん・合成洗剤，化粧品などが含まれる。
*3 1960年，1980年は出版・印刷
〔2020年 工業統計表，ほか〕

↑④**工業出荷額の内訳と変化** かつては鉄鋼や金属工業など，「重厚長大」型の工業が中心で，石油危機以降は電気機械や輸送用機械が日本の工業を牽引してきた。近年は，半導体やエレクトロニクス部門など，高度な技術を生かして付加価値の高い製品を生み出す，「軽薄短小」型の工業分野も成長している。

Link p.282〜294 日本各地の工業出荷額の内訳

日本のおもな工業地域のまとめ

工業地域名	工業出荷額の割合 －2019年－〔2020年 工業統計表〕	特徴	おもな工業都市
中京工業地帯	58兆9550億円　機械68.6%（電気9.6，輸送49.9，その他9.1）　鉄鋼・金属9.5　化学11.5　食品4.7　繊維0.7　その他5.0	自動車を中心とする輸送用機械の生産が中心。伝統的な繊維工業や窯業もみられる。	豊田（自動車），四日市（石油化学），各務原（航空機），尾西（毛織物），瀬戸，多治見（陶器）
京浜工業地帯	39兆2458億円　機械43.4%（11.9，18.8，12.7）　10.6　20.6　13.3　11.6　0.5	重化学工業や機械工業を中心に，多様な業種の工業がみられる。研究開発（R&D）施設も多い。	川崎（鉄鋼，電子），横須賀（自動車），川口（鋳物），東京（印刷）
阪神工業地帯	33兆6597億円　機械37.9%（12.0，9.9，16.0）　20.9　20.6　11.1　8.2　1.3	重化学工業や機械工業がさかんだが，近年はその地位が低下している。	尼崎（鉄鋼，化学），門真（電機），泉大津（繊維）
瀬戸内工業地域	31兆1899億円　機械35.1%（5.0，19.9，10.2）　18.1　27.9　7.8　9.0　2.1	海運に恵まれて，石油化学工業や鉄鋼業がさかん。	倉敷（石油化学，繊維），新居浜（石油化学），広島（自動車），宇部（セメント，化学）
北関東工業地域	30兆7015億円　機械43.9%（11.1，18.4，14.4）　14.2　17.9　15.6　7.8　0.6	高速道路周辺に組み立て工場が立地して，内陸型の工業団地を形成している。	高崎（電機，IC），太田（自動車）
東海工業地域	17兆2749億円　機械51.3%（18.0，24.8，8.5）　7.7　16.7　13.7　9.9　0.7	京浜と中京にはさまれ交通の便がよい。自動車，オートバイ，楽器，紙などの生産がさかん。	浜松（楽器，オートバイ），富士（製紙），静岡（金属，缶詰）
北陸工業地域	14兆2904億円　機械39.7%（16.4，5.4，17.9）　16.9　17.6　9.7　12.1　4.0	機械工業以外にも繊維工業などの伝統的な地場産業がさかん。	富山（化学），黒部（アルミ），小松（機械），金沢（繊維）
京葉工業地域	12兆5846億円　機械12.7%（4.0，1.1，7.6）　21.3　42.8　16.1　6.9　0.2	重化学工業が中心。東京湾岸の埋立地に大規模な石油化学コンビナートや製鉄所が立地する。	千葉（鉄鋼），市原（石油化学），君津（鉄鋼）
北九州工業地帯	9兆9760億円　機械45.6%（5.2，33.6，6.8）　17.0　11.7　16.6　8.5　0.6	豊富な石炭資源を背景に鉄鋼業とともに発展したが，現在，日本の中での比重は低下。	北九州（鉄鋼，化学，電機），福岡（食品，電機），宮若，苅田（自動車）

4 おもな工業の分布 Link p.148〜149 工業の立地と変化

↘5 セメント工場 原料指向
セメント工業は石灰岩を主原料とするため、原料指向型の立地をとる。石灰岩が大量にとれる山口県、福岡県、埼玉県に多くみられる。沖縄県のサンゴ礁で形成された島にもみられるが、規模は小さい。
おもな都市：秩父、周南、宇部、北九州

↘6 パルプ・製紙工場 原料指向
製紙業は、原料の木材とともに大量の水が必要であることから、河川の近くに立地する。北海道や赤石山脈（南アルプス）のふもとの静岡県などにみられる。近年は原料輸入のため臨海部の立地も多い。
おもな都市：苫小牧、石巻、富士

↓7 パルプ・製紙工場（北海道、旭川市）
原料となる道内の木材を集荷しやすい地理的条件と、近くを流れる石狩川の良質な水を生かして、パルプや紙を製造している。

↘8 製鉄所 原料指向→臨海指向
鉄鋼業は、第二次世界大戦前は八幡（北九州）、室蘭、釜石などの原料指向型の立地が主だったが、戦後は原料輸入に便利で消費地に近い太平洋ベルトの臨海部に交通指向型の立地が進んだ。
おもな都市：室蘭、君津、川崎、北九州、大分

↘9 石油化学コンビナート 臨海指向
石油化学工業は、石油の輸入と製品の輸出に便利な臨海部に立地している。
おもな都市：鹿嶋・神栖、市原、四日市、倉敷（水島）

↓10 製鉄所と石油化学コンビナート（神奈川県、横浜市・川崎市）
鉄鋼業も石油化学工業も、現在の日本では臨海指向型の工業である。原料の輸入と製品の輸出はおもに船舶で行われるため、輸送に便利な臨海部に立地している。

↘11 IC工場 臨空港指向
IC（集積回路）は軽薄短小で高付加価値のため、比較的安価な労働力が得られ、輸送に便利な地方の空港や高速道路の近くに分布している。
おもな都市：千歳、鶴岡、川崎、大分、熊本・菊陽

↘12 自動車組み立て工場 集積指向
自動車産業は自動車メーカーを頂点に多層的な下請け関係を構築する。愛知県（トヨタ）、神奈川県（日産）、広島県（マツダ）など創業地に基盤をもち続けるほか、広い敷地と安価な労働力を求めて九州や北関東、東北にも進出している。
おもな都市：太田、横須賀、豊田、鈴鹿

↓13 名古屋港に並ぶ自動車と専用の運搬船（愛知県、名古屋市）
中京工業地帯の国内最大の工業出荷額を支えるのが自動車などの輸送用機械工業で、周辺には自動車の組み立て工場のほか、その部品工場が集積している。

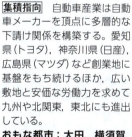

5 中小企業と大企業

日本の企業の99%が従業員300人未満で、大企業の多くはこれらの中小企業による下請けを前提に操業している。中小企業には食品や機械部品の工場が多く、安い外国製品との競合や後継者不足などから、廃業する事業所も増えている。一方、先端技術産業の分野において高い技術をもつ企業もあり、新たな中小企業像として注目されている。

※従業者300人未満の会社を中小企業とした。

事業所数 338238	中小企業 99.0%	大企業 1.0
従業者数 802.1万人	67.3%	32.7
*製造品出荷額 325.3兆円	47.4%	52.6

－2020年6月現在－ *2019年〔2020年 工業統計表〕

↑❶日本の製造業における中小企業と大企業の割合

↑❷中小企業が集まる地域（大阪府、東大阪市） 東大阪市周辺には、さまざまな分野の中小企業の工場が密集している。大阪は出荷額に占める中小企業の割合が全国平均に比べて高く、日本の製造業において重要な役割を果たしている。なかには、人工衛星の部品をつくるような高い技術をもつ工場も多数ある。

事業所数 30231	中小企業 99.5%	大企業 0.5
従業者数 47.5万人	78.2%	21.8
*製造品出荷額 17.3兆円	60.8%	39.2

－2020年6月現在－ *2019年〔2020年 工業統計表〕

↑❸大阪府の製造業における中小企業の割合

↑❹人工衛星の組み立て（大阪府、東大阪市）

コラム スマートフォンに集まる日本の技術　グローバルNIPPON

Link p.154 ❼ホンハイ傘下の液晶テレビ工場

今や私たちの生活に欠くことのできなくなったスマートフォン。なかでも日本で高いシェアを誇るiPhoneは、アメリカ合衆国の企業であるアップル社製である。しかし、その中をのぞいてみると、部品の多くは世界のさまざまな国で製造され、中国の契約工場などで組み立てられている。

日本からも液晶や半導体、センサーなど多くの部品が供給されており、パナソニックや京セラなどの有名企業だけでなく、中小企業も部品供給企業に名を連ねている。日本製電子部品の技術力の高さは世界的に評価されており、他のスマートフォンやパソコンなどにも欠かすことはできないという。直接目にふれないところで、日本の技術が世界の人々の日常生活を、縁の下の力持ちとして支えている。

↑❺新型iPhoneの発表会見（アメリカ合衆国、サンノゼ近郊）

↓❻アップル社の国・地域別生産委託先および部品供給工場数
アップル社の製品に供給されている部品の工場は、6割が中国と日本に集中している。各国の企業数には日本企業の現地法人の数も含まれており、電子部品における日本の技術力の高さがうかがえる。

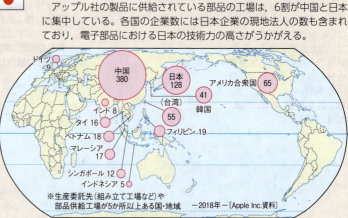

※生産委託先（組み立て工場など）や部品供給工場が5か所以上ある国・地域 －2018年－〔Apple Inc.資料〕

6 伝統産業とその変化

地場産業とは、地元資本による伝統的な工業で、そのほとんどが中小企業である。織物、陶磁器、和紙など、長い歴史をもった**伝統的工芸品**として残っているものも多い。伝統的工芸品は、職人の高い技術でつくられるものが多いが、その一方で最新の技術を導入して新しい製品づくりに挑戦したり、海外に販路を広げたりしている産地もある。

←❼海外の見本市に出展した「今治タオル」の展示ブース（イギリス、ロンドン）
愛媛県今治市は日本を代表するタオル生産の町である。高い技術を生かして2007年から「imabari towel」としてブランド化を進めており、海外の見本市にも出展している。

↑❽おもな地場産業と伝統的工芸品

日本の工業の変化と海外進出

地理力＋ 1980年代中ごろから，日本の製造業の海外移転が進み始めたが，移転の理由は時代によって異なっている。その変遷についてまとめてみよう。→124

1 海外に進出する製造業

Link p.162 3日本企業の東南アジアへの進出，共通テスト対策(p.314)

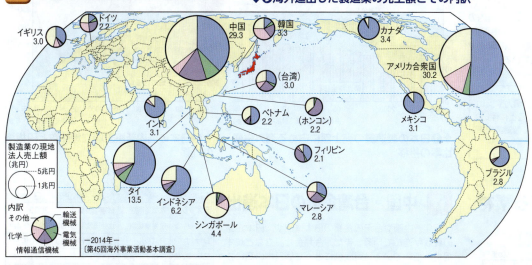

↓⑨海外進出した製造業の売上額とその内訳

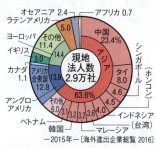

↑⑩日本企業の海外進出先
現在，多くの企業がアジア諸国に進出している。現地の物価や人件費が安いことに加え，多くの国が税制上の優遇措置を設けて外国企業の誘致を進めていることが，進出のおもな理由である。近年は日本への輸出用ではなく，現地向けの製品をつくる企業も増えている。

2 自動車産業の海外進出

Link p.152 自動車工業

日本の自動車の輸出をめぐって，1980年代にアメリカ合衆国やヨーロッパ諸国との間で深刻な**貿易摩擦**問題が起こった。そのため日本の自動車メーカーは輸出ではなく，現地法人を設立して現地生産を行う形態に切りかえていった。現在では，アメリカ合衆国やヨーロッパだけではなく，東南アジアや南米など世界各地に工場が進出している。

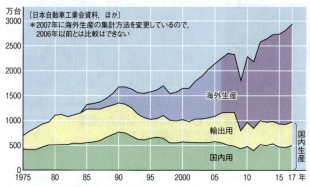

↑⑪日本の自動車生産の推移

↑⑫日本の自動車工場の進出先　日系自動車メーカーは，世界一の自動車市場である中国をはじめ，タイ，インドネシアなどアジアを中心に，組み立て工場を設置している。ブラジルやロシアなど，アジア以外の**BRICS**諸国への進出・規模拡大にも力を入れていて，最近ではメキシコに生産拠点を移す動きもみられる。

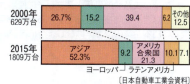

↑⑬日本の自動車メーカーの海外生産における地域別割合の変化

3 世界に広がる日本の鉄道

日本の高速鉄道はイギリスや台湾などに輸出され，世界中で活躍している。これらの高速鉄道プロジェクトでは，工業製品としての鉄道車両はもちろんのこと，運行システムや顧客サービスなどもセットで売り込んでいる。日本の高度な技術や安全性だけでなく，サービス面も含めた総合力で世界と勝負をし，各国と交渉を進めている。

↑⑭日立製作所がイギリスに設けた高速鉄道の車両工場（ダーリントン近郊）

→⑮各国・地域で進む鉄道プロジェクト

Link p.241 東南アジアに進出する日本の鉄道インフラ

4 産業の空洞化

Link p.176 1おもな工業地域

1980年代中ごろから、円高によって日本国内の生産費が相対的に上昇したことで、製造業の海外移転が進み始めた。1990年代には、国内産業の縮小が顕著になり、**産業の空洞化**が社会問題になった。その後、景気回復と近隣諸国の工業化を背景にして、国内の立地条件が見直され、付加価値の高い工業が国内に戻るようになったが、円高の傾向が続くと、製造業の海外移転が再び加速すると考えられている。

> **用語 産業の空洞化** 安価な労働力や安い用地などを求めて、企業が海外進出することに伴い、国内の産業が衰退していく現象。とくに製造業で顕著にみられることが多い。

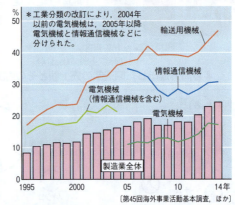

↑①日本の製造業の売上額に占める海外生産比率の推移

↑②日本の国内新設工場立地件数と円相場の推移

5 高いシェアを誇る素材・部品産業

品目	売上高	シェア
CVT（自動車用自動変速機）	7500億円	100%
液晶パネル用偏光板保護フイルム*	2837億円	100%
偏光板	4398億円	68%
シリコンウエハ	9200億円	66%
セラミックコンデンサ	4114億円	56%
高張力鋼（強度の高い鋼）	1.5兆円	46%

*2007年　　　—2013年— [NEDO資料]

↑③おもな素材・部品の世界生産に占める日本企業の割合と売上高　半導体に使われるシリコンウエハや液晶ディスプレイに使用される偏光板など、先端技術製品を支える部品や素材産業での日本企業のシェアはひじょうに高い。

6 中国・台湾企業の日本進出

近年、中国や台湾の企業の日本進出や、日本企業の買収が進んでいる。また、合弁会社設立など資本提携も増えている。買収側にとっては日本の高い技術を生かせる、日本企業にとっては資金が獲得できる、というメリットがたがいにある。しかし、技術流出によってこれまで日本がつちかってきた高度な知的財産が海外製品に容易に転用され、日本製品よりも安価で販売されてしまうという問題もはらんでいる。

日本企業	業種	中国・台湾企業	日付
ラオックス	家電量販店	蘇寧電器集団	2009年8月
オギハラ	自動車金型	比亜迪汽車（BYD）	2010年4月
レナウン	アパレル	山東如意科技集団	2010年7月
三洋電機	白物家電事業	ハイアール	2011年7月
シャープ	総合家電	ホンハイ（鴻海）精密工業	2016年8月

↑⑤中国・台湾企業の傘下に入ったおもな日本企業

↑④シャープの買収を発表するホンハイ（鴻海）精密工業の会長（大阪府、堺市）

Link p.154 ③おもな電気機械製品のメーカー

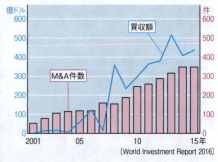

↑⑥中国の対外M&A（企業合併・買収）件数と買収額の推移

コラム 生物から学んだ先端技術 —生体模倣技術を製品へ—

山形県鶴岡市のベンチャー企業スパイバーが製作した「QMONOS」は、蜘蛛の糸を模倣した繊維素材である。蜘蛛の糸は、強度は鉄鋼の4倍、伸縮性はナイロンを上まわり、耐熱性は300℃をこえるという高性能。蜘蛛の糸の遺伝子配列を微生物に組み入れて、蜘蛛の糸と同様の性能をもつたんぱく質を生成させることで、人工合成蜘蛛糸の生産技術を開発した。短時間かつ低コストで製造でき、しかもたんぱく質繊維なので、化石燃料を使わず地球環境にもやさしいという。改良を加えて、炭素繊維なみの強度とゴムのような伸縮性をもたせ、自動車・飛行機や、人工血管などの医療用素材にも活用できると期待されている。

こうした生物の機能や構造を製品に応用する生体模倣技術は、新しい工業として注目されており、日本はこの分野で世界をリードしている。

←⑦合成蜘蛛糸を原料につくられたアウトドア用ジャケット（東京都）　南極などでの低温使用を想定したジャケットで、通常使われているポリエステルよりも伸縮性にすぐれ、かつ破れにくいという。

→⑧人工合成された蜘蛛糸

+のガイド　1990年代の初めごろまでは、おもに日本国内の生産費上昇のため、物価や人件費の安いアジアに製造業が進出した。近年では、新興国向けの現地生産を行う企業も増えている。

世界と日本の産業構成

地理力プラス 世界の産業別人口構成の三角グラフから、経済成長の変化と産業別人口構成の変化を読み取り、発展途上国と先進国の特徴を考えてみよう。→1

1 世界の産業別人口構成

経済の発展に伴い、**第1次産業**から**第2次産業**、**第3次産業**へと産業の中心が変化する。これを「**産業の高度化**」という。また、農業も機械化や省力化が進むため、第1次産業人口が減少する。第2次産業と第3次産業はおもに都市で営まれるため、これらの増加は、第1次産業人口を減少させ、都市人口率の上昇も招く。

第1次産業	農業、林業、漁業
第2次産業	鉱業、建設業、製造業 など
第3次産業	小売業、運輸業、サービス業、金融業、保険業、情報通信業、不動産業、観光業、医療・福祉、公務 など

←⑨**産業の分類** 今日では、第1次産業、第2次産業、第3次産業の3分類が広く利用されている。

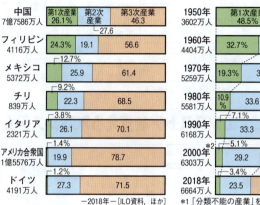

↑⑩おもな国の産業別人口構成

↑⑪日本の産業別人口構成の変化

*1「分類不能の産業」を含む 〔労働力調査、ほか〕
*2 産業分類改定により2000年以前とは接続しない

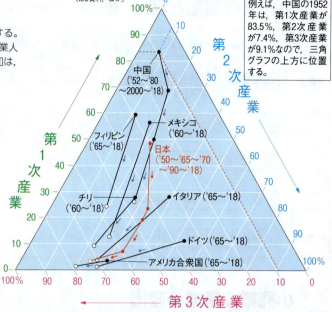

例えば、中国の1952年は、第1次産業が83.5%、第2次産業が7.4%、第3次産業が9.1%なので、三角グラフの上方に位置する。

↑⑫**おもな国の産業別人口構成の推移** この図は三角グラフとよばれ、各辺の値の合計が100%になる事象の表現に用いられる。産業別人口構成は、第1次産業～第3次産業に3分類するため、三角グラフを使うのが効果的である。日本の産業別人口構成の推移をみると、1950年には現在の発展途上国と同様の人口構成を示していたが、**高度経済成長**期の1965年以降、急速に左下方に移動し、第3次産業人口が多い先進国の人口構成となった。一般に、経済が成長すると「J」の字型の動きとなる。

2 都道府県ごとの産業別人口構成

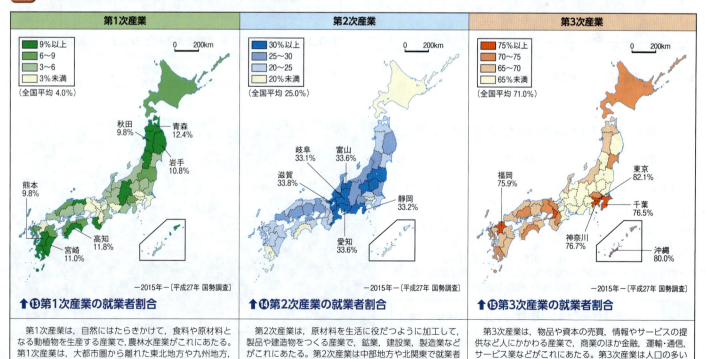

↑⑬第1次産業の就業者割合

↑⑭第2次産業の就業者割合

↑⑮第3次産業の就業者割合

第1次産業は、自然にはたらきかけて、食料や原材料となる動植物を生産する産業で、農林水産業がこれにあたる。第1次産業は、大都市圏から離れた東北地方や九州地方、四国地方で就業者の割合が高い。

第2次産業は、原材料を生活に役だつように加工して、製品や建造物をつくる産業で、鉱業、建設業、製造業などがこれにあたる。第2次産業は中部地方や北関東で就業者の割合がとくに高く、北海道や南関東、京阪神などでは低い。

第3次産業は、物品や資本の売買、情報やサービスの提供など人にかかわる産業で、商業のほか金融、運輸・通信、サービス業などがこれにあたる。第3次産業は人口の多い県とその周辺で割合が高い。また、観光業が中心の沖縄県でも割合が高い。

+のガイド 経済の成長とともに第1次から第2次、第3次へと産業構成が高度化している。発展途上国型だった国々は工業化(第2次産業化)が進み、先進工業国は第3次産業化が進んでいる。

第3次産業の発展

地理力＋ モータリゼーションによる社会生活の変化が日本の小売業に与えた影響について、地方都市における商店街の衰退と関連づけて考えてみよう。→ 1 2 4

1 小売業の業態と特徴 Link▶共通テスト対策(p.299)

↓❶小売業の業態と特徴

小売業の業態	立地環境別事業所数の割合	販売方式	取扱商品	売場面積	営業時間	事業所数	1事業所あたりの年間商品販売額	例
百貨店	駅周辺型53.4% 市街地型33.7 住宅地背景型6.7 ロードサイド型4.5 その他1.7	対面販売	衣食住全般の買い回り品が中心	大型店は3000m²以上（政令指定都市は6000m²以上）	夜間閉店	195店	252.4億円	伊勢丹、三越、高島屋、そごう、阪急、松坂屋など
総合スーパー	27.9% 15.5 19.7 34.9 2.0	セルフサービス	衣食住全般の最寄り品が中心	大型店は3000m²以上（政令指定都市は6000m²以上）	夜間閉店が多い	1,413店	42.6億円	イオン、イトーヨーカドー、西友など
専門スーパー	28.4% 14.4 29.3 25.4 2.5	セルフサービス	衣食住いずれかの最寄り品が中心	250m²以上	夜間閉店が多い	32,074店	7.0億円	ライフ、まいばすけっとなど
コンビニエンスストア	44.8% 15.9 28.7 8.4 2.2	セルフサービス	飲食料品が中心	30m²以上250m²未満	14時間以上（24時間営業がほとんど）	35,096店	1.8億円	セブンイレブン、ファミリーマート、ローソンなど
専門店	36.0% 23.2 28.1 9.6 3.1	対面販売	衣食住いずれかの商品に特化	—	夜間閉店	430,158店	1.0億円	商店街の衣料品店など

−2014年−〔平成26年 商業統計表〕

商業は、消費者に商品を販売する**小売業**と、生産者から仕入れた商品を小売業へ流通させる**卸売業**に分類される。

小売業が扱う商品には、食料品や日用品など、安価で消費者が近くの店舗で日常的に購入する**最寄り品**と、家具や電化製品、高級服など、高価で消費者が複数の店舗を比較・検討したうえで購入する**買い回り品**がある。

最寄り品を販売する店舗は住宅地の近くなどに分散して立地し、その**商圏**（商業施設が客を集める範囲）は比較的小さいが、買い回り品を販売する店舗は都心や郊外の幹線道路沿いに立地し、その商圏は大きい。

2 小売業の業態の変化

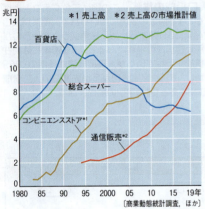

↑❷小売業の業態ごとの販売額の推移

1990年代からの景気低迷により、高級品を扱う百貨店は廃業や店舗の縮小が進み、百貨店の販売額を総合スーパーが上まわった。**コンビニエンスストア**は地域に密着した業務展開を行い、売上高をのばした。この背景には、単身世帯の増加や労働形態の多様化、**モータリゼーション**の進展など、日本人のライフスタイルの多様化が大きく関係している。近年はスマートフォンの普及により、インターネット通販が急速にのびている。

3 コンビニエンスストアを支えるPOSシステム

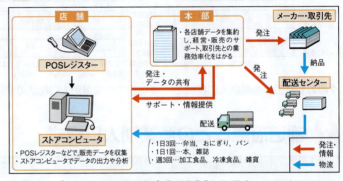

↑❸コンビニエンスストアを支えるPOSシステム 店舗が小さいコンビニエンスストアは、在庫をほとんどもたないにもかかわらず、約3000品目の商品が品切れすることなく並ぶ。こうした経営を可能にしているのが、販売されたと同時に補充を行う**POS**（販売時点情報管理）**システム**である。

4 モータリゼーションと郊外大型店

先進国のなかでも**モータリゼーション（車社会化）**が進展しているアメリカ合衆国では、1960年代から、都市郊外の幹線道路沿いに大規模な**ショッピングセンター**が数多く出現した。こうしたショッピングセンターには、車による来店を前提として大型駐車場が整備されている。

日本では、大規模小売店舗法（大店法）による規制の影響などもあり、1980年代の中ごろまで郊外への大型店の出店は少なく、その多くは駅周辺などの中心市街地に立地していた。しかし、1990年代に入って規制緩和が進むと、大型店の郊外化が急速に進んだ。これによって、郊外にアウトレットモールなどの大型商業施設が立地し、売上がのびた一方で、古くからの中心市街地にある商店街の衰退が問題となっている。

用語 モータリゼーション（車社会化） 自動車が単に輸送機関としてだけでなく、市民生活のなかに入りこんで、自動車への依存が高まる状態のこと。自動車の大衆への普及は高度な消費時代の象徴ともされている。通勤や買い物、旅行やレジャーなどのさまざまな場面で自動車が活用されるようになる。

↑❹アウトレットモールと広い駐車場（千葉県、木更津市）

Link▶p.187 ❷世界の陸上交通

5 通信販売と宅配便の需要拡大

Link p.186 世界の交通，p.189 情報化の進展

　電子商取引とは，**インターネット**などを通じて，商品やサービスを受注・発注・決済する取り引き形態のことである。インターネットの普及に伴い，ウェブサイト上での商品の売買が急速に増えている。こうした電子商取引には，時間や場所の制約を受けずに売買が可能となったり，出店や流通にかかるコストが削減されたりするなどのメリットがある一方で，消費者情報の保護や取り引きの安全性などの課題も残されている。

　このようなインターネットによる通信販売の利用が広がったことで，宅配便の需要も拡大している。比較的小さな荷物の戸口輸送を特徴とする宅配便のサービスは1970年代に始まり，高速道路の延伸とおもな窓口であるコンビニエンスストアの店舗数の増大に合わせるように，1980年代以降，取り扱い量が急増した。配送時間帯指定などのサービスにより，利便性が向上した一方で，宅配便会社の従業員の負担が増えるといった問題も生じている。

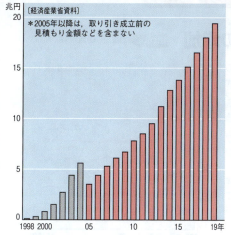
↑❺消費者向け電子商取引市場の推移

↑❻大手通信販売会社アマゾンの物流センター（神奈川県，川崎市）

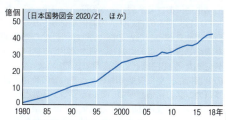
↑❼宅配便取り扱い量の推移

6 拡大するサービス業

Link p.189 情報化の進展，p.268 ❻世界に影響を与えるアメリカ合衆国

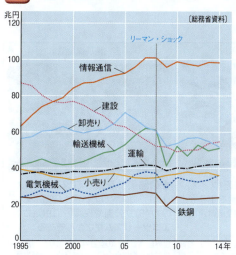
↑❽おもな産業の国内総生産額の推移

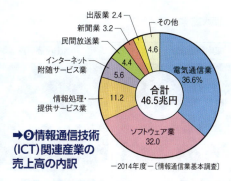
➡❾情報通信技術（ICT）関連産業の売上高の内訳

　サービス業のうち，とくに放送や通信，インターネットサービスなどを含む**情報通信技術（ICT）**に関連する産業が急激に進展している。パソコンやスマートフォンの普及により，ゲームや音楽，アニメやドラマ，映画などを制作・流通（配信）する**コンテンツ産業**の市場も拡大している。

↑❿世界最大のゲームの見本市で新作のゲームを体験する人々（アメリカ合衆国，ロサンゼルス）

コラム アジアに進出するジャパンブランド

　日本と距離的に近く，古くから文化的なつながりが深いアジア諸国では，電気機械や自動車，食料品などのさまざまな日本ブランドの商品が流通している。工業製品以外にも，小売業，サービス業などの第3次産業の進出も増加している。とくに近年は，成長の著しい中国やインド，東南アジア諸国への進出がめだつ。しかし，その背後では韓国や欧米の企業との市場争奪戦が激しさを増している。

↑⓫シャンハイ（上海）の百貨店にある資生堂の販売店（中国）　ファッションへの関心が高まっている中国では，はだの色や質感が近いこともあって，手ごろな値段で品質も高い日本の化粧品メーカーの商品が売れている。

↑⓬ポカリスエットの試飲キャンペーン（インドネシア）　ムスリムが多数を占めるインドネシアで，断食月（ラマダーン）期間の水分補給用として普及している。近年の健康志向の高まりによって，売り上げは急速にのびている。

↑⓭アジアに広がる日本の学習塾（インド，デリー）　子供の教育に関心が高いアジアに，公文などの日本の学習塾が次々と進出している。年間の学習スケジュールや目標をきめ細かく定めるなどのていねいな日本式の教え方に人気が集まっている。

＋のガイド　地方都市では過疎化や高齢化により商店街が衰退し，駐車場を備えた大型ショッピングセンターなどがモータリゼーションの進展とともに増加している。

余暇と観光業

地理力 ヨーロッパの余暇の過ごし方と日本の余暇の過ごし方を比較してまとめてみよう。
→1 2 3

1 労働時間の短縮と余暇の増加　Link p.255 ⑩地中海に面したリゾート

　日本では，労働生産性（労働の質）の向上や休日数の増加などにより，労働時間の短縮が進み，1990年代後半には，アメリカ合衆国などと同程度の水準にまで短縮された。また，こうした変化と連動するように，日常生活における余暇活動への関心も高まってきた。

　しかし，日本の有給休暇の消化率をみてみると，フランスやスペインなどの国々が1か月近くの有給休暇を取得できているのに対し，日本は平均支給日数の半分にあたる10日ほどしか取得できていない。この差の背景には，夏に長期休暇をとって余暇の時間を過ごす**バカンス**の習慣が根づいているフランスなどに比べ，日本では長期休暇をとる習慣があまり根づいていないということがある。日本では，正月や盆など，特定の休日に余暇活動が集中し，このことが交通機関や宿泊施設が混雑する一因となっている。

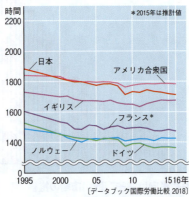

↑①おもな国の年間労働時間の推移

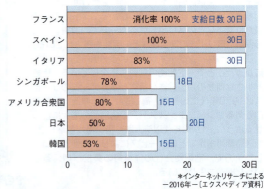

↑②おもな国の有給休暇消化率

2 観光地の類型　Link p.267 ⑤巨大都市ニューヨーク

温泉保養地型

↑③**温泉保養施設**（ハンガリー，ブダペスト）　ハンガリーの温泉は，チェスなどを楽しむ社交場としての役割ももっている。

温泉療養（湯治）を起源とし，大衆化により宿泊施設の大規模化が進んだ。近年は小規模施設の台頭も台頭。

日本：ブダペスト（ハンガリー），バーデンバーデン（ドイツ），湯布院（大分県），草津（群馬県），修善寺（静岡県），黒川（熊本県）　など

海浜保養地型

↑④**ワイキキビーチ**（アメリカ合衆国，ハワイ州）　19世紀末までは，ハワイ王朝の王族の保養地であった。

海水療養を起源とし，王族の避寒地として発達した。20世紀には大衆化し，各地にリゾートがつくられた。

日本：コートダジュール（フランス），ワイキキ（ハワイ），ゴールドコースト（オーストラリア），沖縄県，日南海岸（宮崎県）　など

山岳高原保養地型

↑⑤**アルプスの登山鉄道**（スイス）　雄大なアルプスの山岳地帯を走る登山鉄道。スイスを代表する観光資源にもなっている。

19世紀後半からスキーや登山のブームを背景に発達したが，現在も避暑地または通年型リゾートとして人気。

日本：インターラーケン（スイス），インスブルック（オーストリア），軽井沢（長野県），箱根（神奈川県），清里（山梨県）　など

自然環境保全型

↑⑥**熱帯林を楽しむツアー**（コスタリカ）　コスタリカは国土のおよそ4分の1が国立公園や保護区に指定され，**エコツーリズム**がさかんである。

世界自然遺産への登録などにより，自然に触れながら環境保全の意識を高め，地域振興にもつながる。

日本：グレートバリアリーフ（オーストラリア），コスタリカ，知床（北海道），白神山地（青森県・秋田県），小笠原諸島（東京都）　など

歴史文化遺産型

↑⑦**トレヴィの泉**（イタリア，ローマ）　ローマ神話の神々の像が配置された人工の噴水で18世紀に完成した。

寺社や歴史的町なみ，地域固有の伝統文化などを観光資源として，周辺に宿泊施設やサービスが集積。

日本：ローマ（イタリア），ロマンティック街道（ドイツ），ウィリアムズバーグ（アメリカ合衆国），京都府，奈良県　など

都市文化型

↑⑧**タイムズスクエア**（アメリカ合衆国，ニューヨーク）　ニューヨーク最大の繁華街。劇場やホテル，レストランなどが集中している。

大都市に集積する多様な文化，豊富な品ぞろえの専門店，テーマパークなどの観光資源が存在し，外国人観光客も多い。

日本：タイムズスクエア（アメリカ合衆国），パリ（フランス），東京ディズニーランド（千葉県），秋葉原（東京都）　など

地場産業型

↑⑨**ぶどう狩りを楽しむ家族**（山梨県，甲州市）　ぶどうの生産がさかんな甲州市には，ぶどう狩りが楽しめる観光農園も多い。

地域固有の農産物や産品を観光資源として集客。行政と連携して観光開発を進める事例が多い。

日本：小岩井農場（岩手県），甲州ぶどう（山梨県），讃岐うどん（香川県），関あじ・関さば（大分県）　など

メディア誘導型

↑⑩**撮影地を訪れる映画ファン**（イギリス，ロンドン）　映画『ハリー・ポッター』シリーズの撮影が行われたキングスクロス駅は映画ファンでにぎわう。

映画やテレビドラマのロケ地として知名度が高まる。観光振興のためにロケを政策的に誘致する自治体も多い。

日本：アニック城・キングスクロス駅（イギリス），ホビット村（ニュージーランド），富良野（北海道），尾道（広島県）　など

3 国際化する日本の観光

日本人の海外旅行者数は、所得の上昇とともに増え続けてきた。とくに1980年代後半以降は、円高による海外旅行の割安感が高まり、その数も大きく増えた。旅行先は、イベントや治安の影響で年ごとに変動する。ハワイやグアムを含むアメリカ合衆国が最も多いが、距離的に近い中国や韓国、台湾、タイ、シンガポール、ベトナムなどのアジア諸国も旅行先の上位となっている。

一方、訪日外国人数は、政府によるキャンペーンの効果などもあり、近年は中国や韓国、台湾、東南アジアなどからの旅行者数が大きくのびており、観光客の支出による経済効果が期待されている。**ムスリム**(イスラム教徒)の入国者数も増えており、礼拝場所の整備やハラールフードの提供など、旅行者を受け入れる国としての準備が急がれている。

Link p.187 ①世界の航空交通、共通テスト対策(p.314)

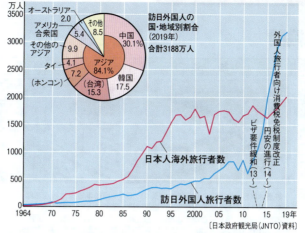
↑⑪日本人海外旅行者数と訪日外国人旅行者数の推移

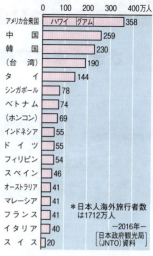
↑⑫日本人海外旅行者の渡航先

4 世界遺産　Link p.83 ⑭世界ジオパークの登録地

↑⑬日本の世界遺産

世界遺産条約とは、世界的にみて保存する価値がある自然や建造物などを、人類の遺産として世界の国々で保存しようとする条約で、自然遺産、文化遺産、複合遺産がある。世界遺産に登録された地域は、多くの観光客を集めるが、登録されたことにより、かえって自然が破壊されたり、建造物の破損が進んだりするなどの問題も発生している。

↑⑭おもな国の世界遺産の登録件数

↑⑮世界自然遺産の白神山地(青森県・秋田県)

↑⑯世界文化遺産の姫路城(兵庫県)

コラム　イスラーム圏からの観光客の誘致

格安航空会社(LCC) の運行増加などを背景として、日本を訪れる**ムスリム**の観光客が急増している。とくに経済成長が著しく中間層が増加している東南アジア諸国連合(ASEAN)からの観光客が多い。ASEANの人口のおよそ4割がムスリムであり、その大半はインドネシアとマレーシアの人々である。2013年に日本政府がタイとマレーシアからの短期観光ビザを免除したことも、この流れをあと押ししている。

ムスリムの観光客が増加している現状から、全日本空輸(ANA)では、インドネシア線などの東南アジア路線や北アメリカ路線を中心に特別機内食としてハラール食の提供が行われるようになった。また、成田国際空港などの主要国際空港では、礼拝室の拡充とムスリム向けレストランの整備が進められている。自治体における誘致の動きも活性化しつつあり、例えば、京都市では英語やアラビア語、マレーシア語などに対応したムスリムの観光客向けウェブページを開設している。ウェブページでは、京都市内からのメッカの方向が明示されているほか、ハラール認証を受けたレストランや礼拝室が整備されたホテルが紹介されている。最近では、ムスリムの観光客に対して日本の文化を発信し、日本産の牛肉や果物などの将来的な輸出拡大につなげようという動きもみられる。

Link p.217 ④食と宗教

↑⑰桜を楽しむムスリムの観光客(京都府)

+のガイド　ヨーロッパの余暇活動は長期滞在型で、海浜のリゾートなどでの保養が中心である。一方、日本は短期周遊型で、個人や団体で観光地をめぐる形態が中心である。

世界の交通

地理力＋プラス　日本とアメリカ合衆国の旅客輸送と貨物輸送それぞれの特色について、その理由も含めてまとめてみよう。→ 1 3

1 さまざまな交通機関

↓❶さまざまな交通機関とその特徴

航空機	鉄道	自動車	船舶

航空機は高速での長距離輸送が可能で、短時間での移動・運搬が可能である。さらに、大型化により輸送能力が向上した。高コストだが、高価で付加価値の高い製品や生鮮品の運搬に使われる。ただし、気象条件によって、離着陸が大幅に遅れる場合がある。	鉄道は旅客、貨物とも輸送能力が高く、安全な交通手段である。渋滞がなく、ほぼ時間どおり目的地に着くことができる。二酸化炭素の排出量も少なく環境にやさしい輸送手段である。ただし、鉄道の車両が移動できるのは軌道（線路）上に限られる。	自動車輸送は高速道路などのインフラの整備により、場所を問わず目的地に着くことができる。また、運び手・乗り手の自由な時間に出発できる。戸口から戸口までの一貫輸送も可能。ただし、交通渋滞の影響を受けやすく、定時性には欠ける。	船舶による貨物輸送は、一度に大量の人や物を遠くまで運べる。とくに、タンカーやコンテナ船の出現で、大型化と合理化が進んだ。働く人1人あたりの輸送量が大きいのも特徴である。ただし、ほかの交通機関と比較して、迅速性には欠ける。

↓❷さまざまな条件からみた各交通機関の長所と短所　今日の**旅客輸送**と**貨物輸送**における主要な交通機関としては、航空機、鉄道、自動車、船舶がある。輸送サービスの質や経済効率、そのほか外部条件などを比較するとそれぞれに長所と短所があり、目的に応じて使い分けられている。

◎とてもよい　○よい　※条件により異なる　△やや悪い　×悪い

	輸送サービスの質					経済効率			外部条件	
	安全性	定時性	迅速性	利便性	快適性	省力性	大量性	エネルギー効率	低公害性	土地利用効率
	人キロ*あたりの事故の少なさ	目的地の到着時刻に遅れない	目的地まで早く着ける	目的地まで便利に行ける	ゆったり移動を楽しめる	少ない運転要員で人や物を運べる	多くの人や物を運べる	動力を効率よく利用できる	環境条件を悪化させない	広い土地を必要としない
航空機	△	※	◎	×	△	※	△	×	※	※
鉄道	◎	◎	○	△	△	◎	◎	○	△	○
自動車	×	×	△	◎	◎	×	△	×	×	×
船舶	◎	△	×	×	○	○	◎	◎	○	○

*輸送した人数にそれぞれの輸送距離を乗じたもの　〔天野光三「運輸と経済」、ほか〕

2 航空貨物輸送と海上貨物輸送

Link p.194～195 日本の貿易

〔航空輸送〕（2018年度）　*医薬品などを含む
- 輸出計 23.5兆円：半導体など 16.4%／精密機械 9.7／化学品* 9.4／金属および同製品 3.2／事務用機器 2.1／その他 59.2
- 輸入計 22.2兆円：化学品* 16.7%／半導体など 11.1／精密機械 10.4／7.0／7.0／事務用機器／音響・映像機器 2.1／航空機・エンジン／その他 45.7

〔海上輸送〕（2019年）
- 輸出計 54.5兆円：機械類 33.1%／自動車 19.6／電気製品 9.3／5.6／その他 32.4／石炭・鉄鉱石 2.1・鉄鋼
- 輸入計 56.8兆円：原油 14.0%／液化ガス 8.6／4.5／その他 70.8

〔数字でみる航空2020、ほか〕

↑❸日本の航空貨物輸送と海上貨物輸送による輸出入品目　航空交通による貨物輸送は、電子機器・精密機械・貴金属など、比較的軽くて単価の高い工業製品や、鮮度が重視される生鮮食品などが中心である。そのため、空港周辺に工業団地ができるなど、産業の立地にも変化が現れる。船舶による海上交通は、一度に大量の貨物を運ぶことができるため、穀物や鉱産資源、機械類など重量がかさむ貨物の輸送に適している。

3 各国の主要な交通機関

Link p.183 ❺宅配便

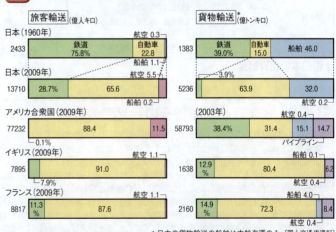

↑❹日本とおもな国の旅客輸送と貨物輸送の割合　旅客輸送は、通勤電車や新幹線の利用が多い日本で鉄道の割合が高い。貨物輸送は、アメリカ合衆国では穀物や鉱産資源の輸送需要が多く、大陸の東西間や内陸部の長距離輸送には海運が使えないので、鉄道の割合が相対的に大きい。日本の貨物輸送は自動車が中心であり、海運が利用できるので、鉄道の割合は小さい。

＋のガイド　新幹線や大都市の鉄道が発達した日本では、旅客輸送での鉄道の割合が大きい。国土が広いアメリカ合衆国では反対で、貨物輸送では鉄道の割合が日本よりも大きい。

世界の航空交通・陸上交通

地理力プラス 東アジアや東南アジアで、ハブ空港の新設が急増しているのは、なぜだろうか。→ 1

1 世界の航空交通

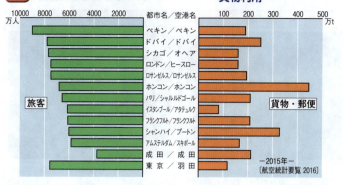

↑❺おもな空港の旅客・貨物利用

Link p.185 ❸国際化する日本の観光

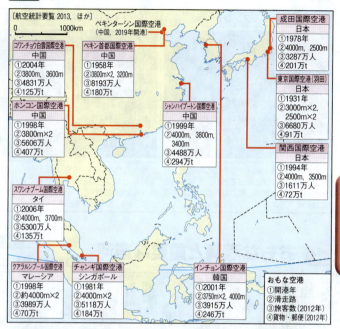

↑❼東アジア・東南アジアのおもな国際空港　航空輸送がさかんな今日、アジアの国々は巨大空港建設に力を注ぎ、各国の代表的な空港が、それぞれ**ハブ空港**化をめざして滑走路の整備や空港施設の改善を行っている。また、**格安航空会社（LCC）**の登場によって、アジア各国でも航空機による人の移動が活発化しており、LCCの受け入れ体制の整備が進められている。

用語　ハブ空港

自転車の車輪の軸（ハブ）からタイヤに向かってスポークがのびるように、各地からの航空路が集中し、乗客や貨物を目的地に中継する機能をもった拠点空港のこと。周辺での物流産業の活発化などによって、地域や国の経済活動にも有利にはたらく。

代表的なハブ空港には、ロンドンのヒースロー空港、アラブ首長国連邦のドバイ国際空港、シンガポールのチャンギ国際空港などがある。

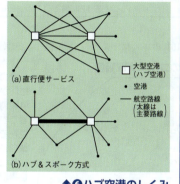

↑❻ハブ空港のしくみ

2 世界の陸上交通

Link p.182 ❹モータリゼーションと郊外大型店

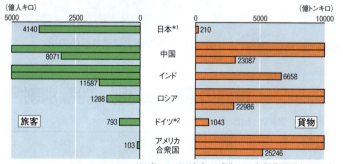

↑❽おもな国の鉄道輸送量　資源産出国は貨物輸送が中心で、産地と積み出し港を結ぶような長距離路線が多い。自動車社会のアメリカ合衆国では、鉄道輸送の大部分は貨物である。

↓❾鉄道の分類

大陸横断鉄道	都市間高速鉄道
↑❿シベリア鉄道(ロシア) ロシア国内を東西に横断。全長約9300km。	↑⓫高速鉄道ICE（ドイツ） 近隣諸国にも直通する。
開拓鉄道としての性格をもつ。	中距離の都市間を結ぶ鉄道。旅客輸送が多い。
シベリア鉄道、バム鉄道（ロシア）、ユニオンパシフィック鉄道（アメリカ合衆国）、トランスコンティネンタル鉄道（オーストラリア）など	TGV（フランス）、ICE（ドイツ）、HST（イギリス）、新幹線（日本）、KTX（韓国）など

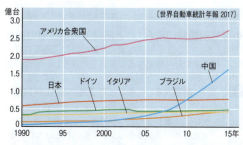

←⓬おもな国の自動車保有台数の推移　中国では、所得水準の向上などによって、自動車保有台数が急増している。これに伴い、高速道路の整備も進んでいる。

↑⓭ロサンゼルスの町なみと高速道路（アメリカ合衆国）　広大な国土のアメリカ合衆国では、航空路線と高速道路網が発達している。

＋のガイド ハブ空港が建設されると旅客や貨物の輸送量が著しく増大し、経済の発展に大きな影響を与えるため、とくに貨物輸送を重視し、物流施設の整備を行っている。

世界の水上交通

地理力プラス 船舶による貨物輸送はどのように発展しているだろうか。また、コンテナの取扱量の多い港湾や地域を調べ、その理由を考えてみよう。→ 1 2 3

1 おもな貨物船

Link p.153 ④造船業, p.195 日本の貿易を支えるコンテナ船

↓①おもな貨物船の種類

オイルタンカー	バルクキャリア（ばら積み乾貨物船）	LNG船	コンテナ船

石油をばら積み輸送するための油槽船。船倉が巨大なタンクになっており、大量の石油を運ぶことができる。長距離、かつ大量輸送には必要不可欠な輸送手段である。	梱包されていない穀物、鉱石、セメント、木材などのばら積み貨物を船倉に入れて輸送するための貨物船。今日では、世界の商船の約30%（2015年）を占めている。	液化天然ガスを積載するための大型タンクを搭載した船。産地で天然ガスを低温液化し、体積をおよそ600分の1に圧縮して輸送する。大きな低温断熱タンクを船体内に備えている。	貨物用コンテナを輸送する貨物船。国際間の貨物輸送の主要な輸送手段として、日用品、工業製品、精密機器、食品、木材などを運んでいる。

2 おもな港湾と重要な運河

Link p.161 ⑪シンガポール港, p.195 ⑥日本を支える貿易港, p.238 ❶シンガポール海峡

↓②世界のおもな港湾のコンテナ取扱量

貨物輸送用の船舶は、タンカーやコンテナの出現により大型化と合理化が進んだ。かつて大型の原油タンカーは、原油満載時には水深の浅いマラッカ海峡を通過できず、ロンボク海峡を迂回していた。現在では、船舶の改良によりマラッカ海峡を通過できるようになった。機械や食料などを積載するコンテナは、大きさが世界統一規格となっており、港湾での合理的な荷役作業を可能にしている。経済成長が著しいアジアを中心に、コンテナの取扱量は増加している。

世界計 101.8億t：原油・石油製品 27.4% ／ 鉄鉱石 11.7 ／ 石炭 11.6 ／ 穀物 3.8 ／ その他 45.5
―2013年―〔日本船主協会資料〕

↑③世界の海上荷動き量の内訳

コラム　スエズ運河とパナマ運河

1869年に完成したスエズ運河は、航路に起伏が少なく、地中海と紅海を水門なしで結ぶ水平式運河である。全長は約171km。これに対して、1914年に完成したパナマ運河は、途中の水門で運河の水位を上下させる閘門式運河で、全長は約82km。2016年には拡張工事が完了し、従来の3倍近い貨物量の大型船の通航が可能になった。

↓④スエズ運河（エジプト）　↓⑤パナマ運河（パナマ）

→⑥パナマ運河の構造

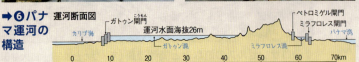

3 世界の商船の国別・船種別割合

世界計 12.1億総t

| パナマ 17.9% | リベリア 10.8 | マーシャル諸島 10.0 | 8.4（ホンコン） | シンガポール 6.7 | マルタ 5.3 | その他 40.9 |

| バルクキャリア 33.9% | オイルタンカー 20.1 | コンテナ船 17.8 | 旅客船・RORO船等 7.2 | 液化ガス船 5.1 | ケミカル船 5.1 | その他 10.8 |

―2015年末―〔SHIPPING NOW 2016/17〕

↑⑦国別の保有船腹量の割合（上）と船種別の船腹量の割合（下）　国別では、船舶にかかる税金が安く、乗組員の国籍要件などの規制がゆるいパナマやリベリアなどで保有船数が多い。運行経費の節減のために多くの国の船舶が籍を置いている。このような船舶を**便宜置籍船**とよび、置籍すると税金などで優遇する国を便宜置籍船国という。船種別では、鉱石や石炭、穀物など、一般貨物をばら積みするバルクキャリアが最も多く、ついで原油や石油を運ぶオイルタンカー、コンテナを専用に運搬するコンテナ船の順となっている。

情報化の進展

地理力 ブロードバンドや携帯電話が普及している地域はどこだろうか。また，その理由も考えてみよう。→❶❷❸

地理総合

1 インターネット網の拡大 Link p.183 ⑥拡大するサービス業

　インターネットは，開発当初は軍事目的の情報通信媒体であったが，1990年に商業利用が始まると急速に普及した。初期には開発国のアメリカ合衆国をはじめ，先進国や英語圏の国々を中心に普及し，日本では1993年に商業利用が開始された。2000年代に入ると，発展途上国も含めた世界全体で利用者数が増加し，2019年現在は，中国とインドがアメリカ合衆国を抜いて利用者数第1位，2位となっている。中国やインドは普及率が高くないことから，今後さらなる利用者数の増加が見込まれている。

➡❽インターネットの歴史と利用者数の推移

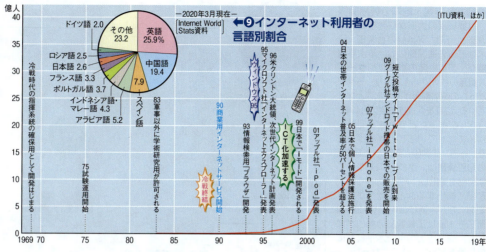

❾インターネット利用者の言語別割合

2 ブロードバンドの普及

　高速通信回線によるインターネット接続サービスであるブロードバンドは，インターネットの普及が早く進んだアメリカ合衆国やカナダ，ヨーロッパ，日本などで契約者数が多い。大容量データの送受信を可能にするブロードバンドの普及は，仕事や余暇のあり方にも影響を及ぼしつつある。しかし，導入には費用がかかるため，先進国と発展途上国の間で普及率に大きな差があり，このようなパソコンやインターネットを活用できる人とできない人との間に生じる格差を**情報格差（デジタルデバイド）**という。これが経済的格差を助長する一因とも考えられ，世代間による情報格差も問題視されている。

➡❿各国の100人あたりブロードバンド契約者数

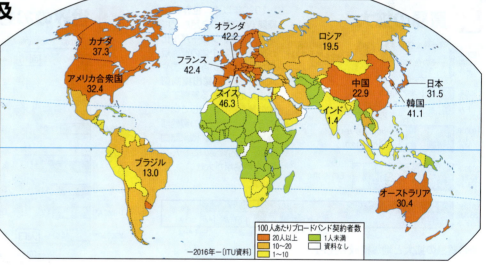

3 発展途上国での携帯電話の普及

　発展途上国では，農村地域を中心に固定電話が未整備の地域が多いが，電話線を敷設するよりも，携帯電話用の基地局を設置するほうが簡単で費用が安いため，アフリカやラテンアメリカ諸国へも携帯電話が普及しつつある。

↑⓫携帯電話を使用するマサイの女性（ケニア）

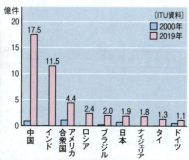

↑⓬おもな国の携帯電話契約数

コラム 「情報の生命線」海底光ファイバーケーブル

　現在，SNS（ソーシャルネットワーキングサービス）を利用して海外の友人とのやりとりを楽しんだり，海外のスポーツ中継を観戦したりするなどの海を越えた通信は，私たちの生活に身近なものになっている。このような国際通信には，人工衛星で電波を経由させる通信衛星と，海底に敷設した**光ファイバーケーブル**を利用する通信方法があり，現在ではインターネットやテレビ中継，国際電話のほとんどで海底光ファイバーケーブルが利用されている。

　直径0.2mm程度の太さの光ファイバーケーブルは，一度に大量の情報を送受信できる点に特長がある。現在では，技術革新によって通信衛星のおよそ1000倍の情報を一瞬でやりとりすることができる。また，雨や風などの天候の影響を受けにくい点も通信衛星よりも優位な点である。インターネットの急速な普及により，さらに膨大な量の通信インフラが求められており，世界的な海底光ファイバーケーブルの設置が続いている。

➡⓭海底ケーブルの断面　多数の電力線や光ファイバーケーブルで構成される。

➕のガイド　ブロードバンドは，日本をはじめとした先進国で普及している。一方，携帯電話は，低コストで導入できることから，近年は発展途上国でも普及が進んでいる。

拡大する貿易と貿易構造

地理力プラス 世界の貿易はどのようなことを背景に広がっているのだろうか。また、どのような国家間・地域間が活発化・拡大化しているのだろうか。→①②③

1 世界貿易の相互関係

Link p.193 ①拡大する経済連携

➡①おもな国・地域の貿易関係

世界貿易の大まかな動きをみてみると、EU、アメリカ合衆国、日本などの先進国間における**水平貿易**が、工業生産の高度化や**サービス貿易**の拡大で増えており、先進国どうしの貿易割合が高い水準となっている。これを促進する要因として、EUやUSMCAなどで地域貿易がさかんになっていることがあげられる。一方、先進国と発展途上国の間の**垂直貿易**は、かつてはEUから工業製品を輸出し、アフリカから一次産品を輸出するなどの動きが主体であったが、近年は中国やASEAN諸国を中心に工業製品の輸出が増加し、先進国との間で水平貿易に近い動きがめだつようになった。

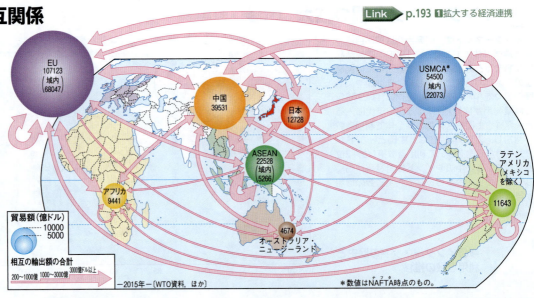

2 貿易の拡大

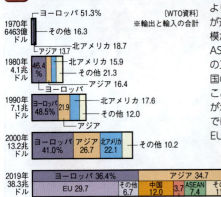

↑②貿易の拡大と地域構成の変化

1990年以降、**世界貿易機関(WTO)** の発足などにより、経済の**グローバル化**が進み、世界全体の貿易規模が拡大している。中国やASEANなど、**輸出指向型**の工業化を進める新興工業国の貿易額が増加していることから、アジアの貿易額が増大している。欧米諸国では、域内貿易のさかんなEUの貿易額が大きい。

3 世界のおもな経済圏

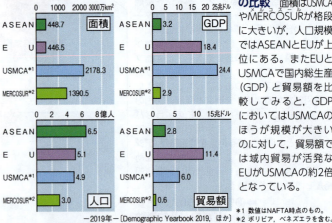

←③ASEAN、EU、USMCA、MERCOSURの比較 面積はUSMCAやMERCOSURが格段に大きいが、人口規模ではASEANとEUが上位にある。またEUとUSMCAで国内総生産(GDP)と貿易額を比較してみると、GDPにおいてはUSMCAのほうが規模が大きいのに対して、貿易額では域内貿易が活発なEUがUSMCAの約2倍となっている。

*1 数値はNAFTA時点のもの。
*2 ボリビア、ベネズエラを含む。

4 輸出額上位国の変化

世界輸出に占める日本のシェアは、企業による生産拠点の海外移転などで、伸び悩んでいる。一方、市場経済を導入して**輸出指向型**の工業化を進めた中国は、急増している。ドイツなどのEU諸国は、関税の撤廃などによる域内貿易の活発化を背景に、シェアをほぼ維持している。

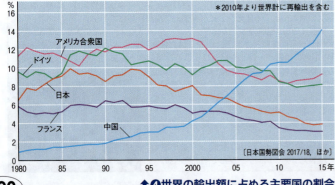

↑④世界の輸出額に占める主要国の割合

5 貿易への依存度

Link p.195 ⑤貿易にたよる日本の産業

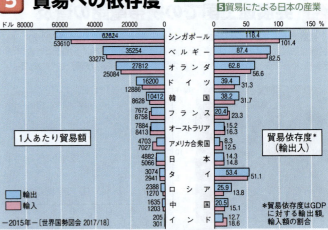

↑⑤おもな国の1人あたり貿易額と貿易依存度 貿易依存度は域内貿易のさかんなEUやアジアNIEsで高い。とくに国内市場の小さいシンガポールやベネルクス3国(ベルギー、オランダ、ルクセンブルク)は高水準にある。

*貿易依存度はGDPに対する輸出額、輸入額の割合

6 貿易の分類

↓❻おもな貿易の分類と特徴

貿易の分類		特　徴	貿易の分類		特　徴
品目による分類	工業国型	原料，燃料を輸入し，工業製品を輸出。近年は工業製品の輸入も多い。	さまざまな貿易	中継貿易	二国間貿易に第三国が仲立ちする貿易。第三国は貿易品通過で運賃や荷役などによる収入を得る。
	発展途上国型	工業製品を輸入し，食品，原料，燃料などの一次産品を輸出。		加工貿易	おもに国内資源の乏しい国が，ほかの国から原材料や半製品を輸入し，製品に加工して付加価値を高めたうえで輸出。
	大国型	国内資源が豊富で工業も発達し，原燃料，工業製品ともに輸出入。		三角貿易	A国がB国に対し輸入超過，B国がC国に対し輸入超過，C国がA国に対し輸入超過であるとき，これら三国が組んで貿易を行えば，三国とも輸出入の均衡がとれる。
	NIEs型	発展途上国型から工業国型への移行型。労働集約型の軽工業製品や電気機器，鉄鋼などの輸出が多い。近年は知識集約化が進む。			
国際分業からの分類	水平分業（水平貿易）	先進国間，あるいは先進国と工業化が進んだ発展途上国間で，たがいに工業製品を輸出入する。		バーター貿易	本来の意味は貨幣なしの物々交換。現在では，貿易総額が貿易当事国間で均衡するように取り決める。
	垂直分業（垂直貿易）	発展途上国が原料や燃料を輸出し，先進国が工業製品を輸出する。		フェアトレード	先進国が発展途上国の原料や製品を適正な価格で継続的に輸入する運動。貿易の上で立場の弱い途上国の環境保護や生産者の生活改善が目的。
貿易政策による分類	自由貿易政策	国家による貿易制限措置を削減・撤廃する政策。			
	保護貿易政策	国家が自国の産業を保護するために輸入品に高率の関税を課すなど，いろいろな制約を加える。			

7 東・東南アジアの多国間貿易

Link p.147 ❻多国籍企業と国際分業，p.241 ❻ASEAN

東・東南アジアでは，日本やアジアNIEsで生産された付加価値の高い中間財（部品や加工品）を，労働力の安価な中国やASEANで組み立て，最終財（最終製品）を日本や欧米に輸出する貿易が，標準的なモデルとなっている（図❼）。

近年は，日本企業の海外進出や現地企業の技術レベルの向上が進み，中国やASEANでも部品や素材の開発・生産が拡大するなど，部品を相互に供給し合う体制が発達し，多国間での工程分業がさらに高度化，複雑化している。電気機械製品などの中間財の貿易がとくにさかんであり，国境を越えた生産ネットワークが形成されている。こうしたアジアにおける経済的関係は，**自由貿易協定（FTA）**や**経済連携協定（EPA）**による域内関税の撤廃や投資ルールの整備，技術や人的交流の拡大に伴って，さらに強化されつつある。

↑❼東・東南アジアの多国間工程分業

↓❽東アジア地域を中心とした中間財・最終財の流れとその変化

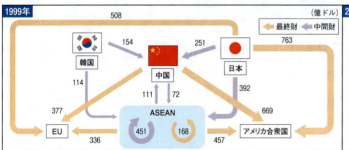

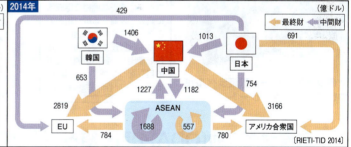

8 貿易に関する国際機関

↓❾おもな国際機関

機関	役割
世界貿易機関（WTO）	**関税と貿易に関する一般協定（GATT**：自由な世界貿易拡大のための貿易障害の排除を目的に1948年に発効）にかわり，1995年に発足。GATTが扱わなかった**サービス貿易**や**知的財産権**問題も扱う。**緊急輸入制限（セーフガード）**も認める。
国際通貨基金（IMF）	為替相場の安定化などを目的に，1945年設立。現在は，累積債務国の救済などに取り組む。
国際復興開発銀行（IBRD）	1945年，IMFとともに設立。世界銀行ともいう。当初は第二次世界大戦後の復興，現在は発展途上国の開発のための融資を行う。
国連貿易開発会議（UNCTAD）	1964年，世界貿易の先進国支配に対抗し，国連の直属機関として設立。発展途上国がグローバル経済から，より公平で効果的に利益を得られるよう支援するための活動を行う。

9 サービス貿易

↑❿サービス貿易の四つの種類　**サービス貿易**とは，金融・運輸・建設・情報通信といったサービス業の国際取り引きをいい，4種類がある。

＋のガイド　貿易の量や質は，国家や地域間の経済的・政治的結合関係を端的に表している。EUやUSMCAなど自由貿易が活発な地域は，貿易がさかんで，貿易依存度の高い国も多い。

貿易の地域差と国際協力

地理力＋プラス 世界の経済格差に対応するために、先進国はどのような取り組みを行っているのだろうか。→ 2 3 4

1 世界の経済格差

↓①1人あたりのGNI（国民総所得）

Link p.112 モノカルチャー経済，p.128 ①世界の飢餓の状況，p.198 ①国境を越える人口の移動

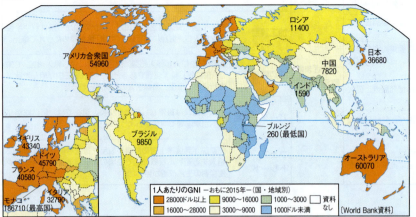

世界には大きな**経済格差**が存在する。日本やアメリカ合衆国、EU諸国のように、1人あたりの**国民総所得（GNI）**が1万ドルをこえる国がある一方、アフリカでは多くの国が1000ドルにも満たない。低所得国の多くは、長い植民地経済の影響や**モノカルチャー経済**から抜け出せず、内戦や国内紛争による政情不安もあり、経済的自立が遅れている。そのため栄養不足人口の割合も高く、保健医療や教育も十分ではない。

用語　南北問題と南南問題　先進工業国と発展途上国との格差とそこから派生するさまざまな問題を**南北問題**という。また、発展途上国のなかでも産油国などの資源保有国や経済成長の著しい新興国と、資源非保有国である最貧国との経済格差を**南南問題**ということもある。

2 フェアトレード

↓②フェアトレードのしくみ

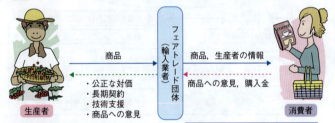

↑③フェアトレード認証ラベルがついているチョコレート

用語　フェアトレード　発展途上国の農産物や雑貨などを、適正な価格で継続的に購入・消費する取り組みのこと。低賃金労働を強いられがちな発展途上国で適切な雇用を創出し、貧困解消や経済的自立をうながすねらいがある。

Link 巻末1

3 経済協力の分類

〔財務省資料〕

政府資金	政府開発援助（ODA）	二国間	贈与	**無償資金協力** 返済義務を課さない資金供与
				技術協力 人材教育を目的とした援助
			政府貸付（有償資金協力） 低金利・長期返済の条件での貸し付け	
		多国間	**国際機関に対する拠出など** ユニセフ、アジア開発銀行などへの出資	
	その他の政府資金（OOF） …国際機関への融資など			
民間資金	直接投資…海外での工場設置などの資本輸出			
	国際機関に対する融資など			
民間の非営利組織（NPO）による贈与				

↑④**経済協力の分類**　**政府開発援助（ODA）**には、贈与とともに条件のゆるやかな貸付などがある。ODAの二国間援助のうち政府貸付は、日本の場合、円で貸し付けられることから円借款とよばれることもある。

一方、民間資金による経済協力は、利益をめざす民間企業・金融機関による発展途上国への資金の流れと、民間の非営利組織（NPO）による贈与がある。

4 政府開発援助（ODA）の取り組み

Link p.210 ③深刻なインフラ整備の遅れ

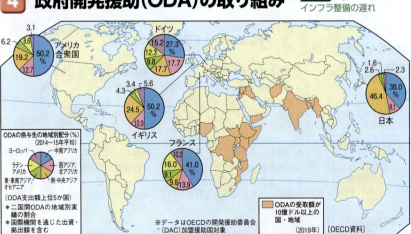

↑⑤ODAの受取額が多い国とおもなODA拠出国の供与先の地域別配分

↑⑥おもな国のODA拠出額とGNIに占める割合

日本のODA拠出額は1990年代を通じて世界第1位であったが、国内の厳しい財政状況で減少傾向にある。GNIに対する比率はヨーロッパ諸国に比べて低い。供与先はアジアが中心だが、アフリカへの供与も増加している。

＋のガイド　アフリカやアジアを中心にODAによる経済協力を行っている。また、市民レベルでは適正価格で農産物などを買うことで発展途上国の生活向上を助けるフェアトレードを行っている。

貿易の自由化と経済連携

地理力＋ 貿易の自由化や経済連携が活発化しているのはなぜだろうか。また、どのような課題があるのだろうか。→ 1 2

1 拡大する経済連携

Link p.190～191 拡大する貿易と貿易構造

❼世界のおもな経済連携 世界貿易の拡大とともにFTA、EPAのような多国間の経済連携が広がりをみせている。EUやUSMCAは、**国民総所得(GNI)** の規模が中国や日本など1国の規模よりもはるかに大きい。また、国どうしだけでなく、EUとMERCOSURなど地域機構どうしでの経済連携も進んでいる。

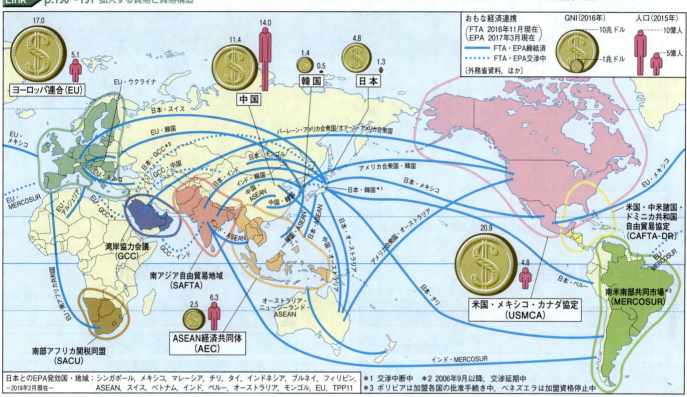

日本とのEPA発効国・地域：シンガポール、メキシコ、マレーシア、チリ、タイ、インドネシア、ブルネイ、フィリピン、ASEAN、スイス、ベトナム、インド、ペルー、オーストラリア、モンゴル、EU、TPP11
－2019年2月現在－
＊1 交渉中断中　＊2 2006年9月以降、交渉延期中
＊3 ボリビアは加盟各国の批准手続き中、ベネズエラは加盟資格停止中

2 世界で進むFTA（自由貿易協定）

	FTAの数[*1] (2016年11月現在)	FTA比率[*2] (2015年)	主要相手国・地域
日本	15	22.7%	ASEAN、インド、メキシコ、チリ、スイス、EU
インド	14	18.3%	ASEAN、日本、韓国、MERCOSUR、チリ
韓国	17	67.3%	アメリカ合衆国、EU、ASEAN、インド、中国
オーストラリア	12	70.6%	
EU	32	28.5%(EU域外) 73.8%(域内含む)	スイス、トルコ、ウクライナ、アルジェリア、南アフリカ共和国、メキシコ、アンデス共同体、韓国、日本
アメリカ合衆国	14	39.6%	USMCA、オーストラリア、韓国、チリ、中米諸国
中国	15	29.0%	(台湾)、韓国、ASEAN、オーストラリア、チリ、ペルー

←❽主要国・地域のFTAの状況 日本はアジアとの関係を深めており、とくに東南アジア各国とのFTA締結に力を入れている。
＊1 署名済みは含まず
＊2 FTA相手国との貿易額が貿易総額に占める割合のこと
〔ジェトロ資料、ほか〕

用語　自由貿易協定(FTA)と経済連携協定(EPA)

ともに自由貿易を推進するために、二国間あるいは地域間で交わす取り決めのこと。**FTAは財やサービスの貿易に対する関税や数量規制などの撤廃**を行い、**EPAはFTAよりも幅広い分野での連携**で、財・サービス貿易に加え、人材、知的財産権の保護、投資などの連携も含む。これらにより、労働力、資本、サービス、商品などの移動の自由を確保し、ルールや手続きの透明化、簡素化を進めることで、経済関係を強化することが可能となる。

専門家ゼミ　TPP加盟と私たちの生活への影響

環太平洋パートナーシップ(TPP)協定はEPAの一種であり、貿易や投資・人的移動のさらなる自由化をもたらす。期待できる利益は、(1)日本からの製品・農産物などの財やサービスの輸出が拡大し、国内経済の成長につながる、(2)加盟各国からの安価で多様な商品の輸入が増え、国民の消費と実質所得が改善される、(3)加盟各国の多面的な連携・協力を通じて、地域の安定と繁栄のための基盤が強化される、などである。また、21世紀のグローバル社会で、自由や民主主義、法の支配を共通の価値観とする国々が結束する意味も大きい。懸念は、農産物などの輸入自由化が進むと競争力の弱い日本の農業が打撃を受けることである。しかしTPP加盟は、日本の農業が抱える農業従事者の高齢化と後継者不足という課題を解決し、意欲ある専業農家が活躍できるしくみが確立される契機となることも期待されている。なお、アメリカ合衆国のTPP離脱表明(2017年1月)を受け、日本政府は11か国による早期発効を推進するに至った。＊
＊2018年12月に、参加11か国によるTPP11協定（環太平洋パートナーシップに関する包括的および先進的な協定）が発効した。〔東京国際大学名誉教授　高橋 宏〕

↑❾アジア太平洋地域の経済連携
→❿WTOとFTA・EPA、TPP11の違い

WTO 世界貿易機関
・160か国と3地域＋EU、加盟申請中など25か国・地域
・諸協定の統一的運用の確保
・新しい分野のルール策定
・紛争解決手続の強化
・諸協定の統一的運用の確保

FTA・EPA 自由貿易協定・経済連携協定
・FTA：二国間または多国間で行う物品・サービス貿易の自由化
・EPA：貿易以外に人の移動・投資・調達なども含む包括的な協定
・物品貿易はWTOのGATT24条で要件が定められている

TPP11
太平洋を取り巻く11か国間のEPA
・11か国で行う関税撤廃・ルール統一協定
・全品目の関税の撤廃が原則（一部品目は例外）
・さまざまな分野の制度・しくみを統一

＋のガイド 貿易の自由化が進むと、国内産業の市場が拡大し経済成長につながる。一方で、国外から安価な商品なども流入することで、国内産業の衰退につながる可能性もある。

日本の貿易

日本の貿易はどのように変化してきているだろうか。貿易品目や相手国に着目してみていこう。→ 1 2 3

1 日本の貿易の歩み

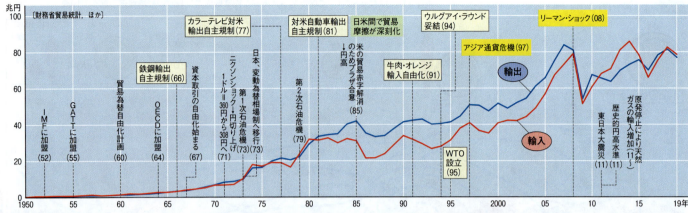

↑❶ 日本の輸出入額の推移　戦後の日本の貿易は、原料を輸入して製品を輸出する加工貿易であった。経済発展のなかで工業品の対米輸出が拡大し、アメリカ合衆国との貿易摩擦がたびたび生じた。1980年代以降は輸出超過となり、これを解消するため1985年にプラザ合意が成立し、円高が進んだ。

2 日本の貿易相手国の変化

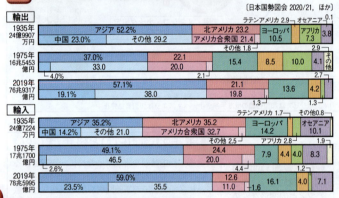

↑❷ 日本の輸出入相手国・地域の変化

3 日本の貿易品目の変化

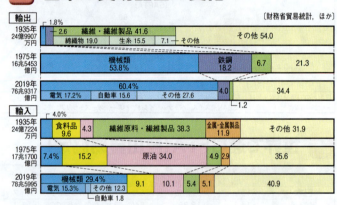

↑❸ 日本の輸出入品目の変化　戦前は繊維製品が輸出入の中心であった。戦後は鉄鋼や機械類が輸出の主体となり、輸入では原油の割合が高くなった。現在は、輸出は電気機械や自動車、輸入は機械類、食料品、原油が多い。

4 日本とおもな国・地域の貿易品目

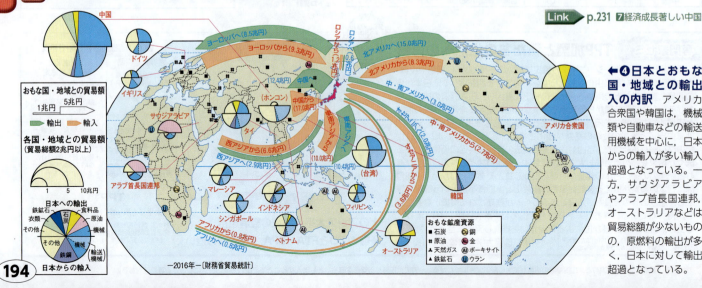

←❹ 日本とおもな国・地域との輸出入の内訳　アメリカ合衆国や韓国は、機械類や自動車などの輸送用機械を中心に、日本からの輸入が多い輸入超過となっている。一方、サウジアラビアやアラブ首長国連邦、オーストラリアなどは貿易総額が少ないものの、原燃料の輸出が多く、日本に対して輸出超過となっている。

5 貿易にたよる日本の産業

↓⑤国内供給に占める輸入資源・食料の割合　**↓⑥国内生産に占める輸出向け製品の割合**

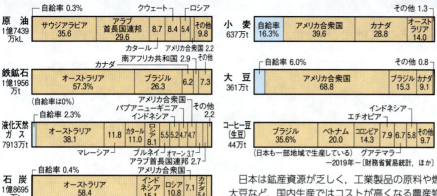
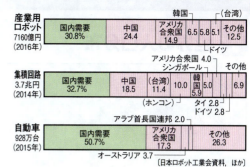

日本は鉱産資源が乏しく、工業製品の原料や燃料の多くを海外からの輸入に依存している。また、小麦や大豆など、国内生産ではコストが高くなる農産物の多くも、海外からの輸入に依存している。一方、国内で生産される工業製品には、輸出向けに生産されているものが多くあり、これらは海外市場の影響を受けやすい。

6 日本を支える貿易港　Link p.186 ②海上貨物輸送

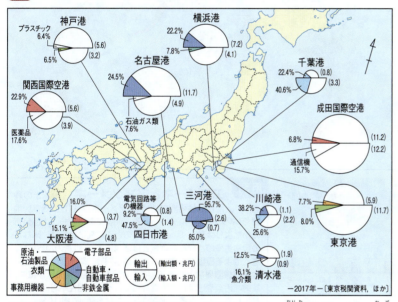

↑⑦おもな貿易港と輸出入品目の内訳　貿易額の合計では、成田（空港）、東京、名古屋、横浜の順となっている。名古屋・横浜・三河は自動車の輸出基地であるため、輸出がとくに多い。川崎や千葉など工業地帯に隣接する港は、原燃料を中心に輸入が多い。

7 日米貿易から日中貿易へ

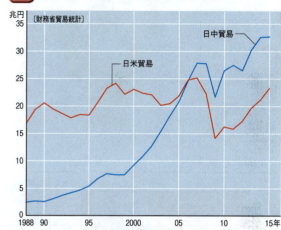

↑⑧日米貿易と日中貿易の貿易額の推移　日本の国別の貿易額は、2006年に対中貿易が対米貿易を上まわった。近年、日中貿易は急激に拡大しており、2000年から2015年にかけて輸出で4倍以上、輸入でも3倍以上増大した。その背景には、中国の安価で豊富な労働力を求めて、日本企業が生産拠点を移してきた歴史がある。その結果、中国から安価な製品が大量に輸入されるようになり、日本の対中貿易は、約6兆円の赤字となっている。

Link p.180 ④産業の空洞化

専門家ゼミ　日本の貿易を支えるコンテナ船　グローバルNIPPON

四方を海に囲まれた日本の貿易は、おもに港を通じた海上輸送が担っている。そのなかで、工業製品の輸出や、衣類などの生活物資、自動車部品の輸入などには、おもにコンテナが用いられる。コンテナは、スチールやアルミなどでつくられた箱形の輸送容器であり、さまざまな物を輸送することができる。コンテナのサイズは世界的に統一されているため、あらゆる国や地域で取り扱われている。

近年、中国をはじめとした世界各国の経済成長を背景に、世界の貿易量は増加を続けている。貿易量の増加に伴い、大量一括輸送による海上輸送コストの低減が求められ、コンテナ船の大型化が急速に進展している。1960年代後半に初めて日本に寄港したコンテナ船は、コンテナを約500個積載できる程度の船であったが、1990年代には約5000個積載できるコンテナ船が登場した。2017年には、日本の造船メーカーなどが建造した長さ約400m、横幅約60m、20,000個以上のコンテナを積載できる大型コンテナ船が就航し、さらに2020年現在では、約24,000個積載可能な大型船が就航している。このようなコンテナ船の大型化に対応するために、世界のおもな港では岸壁などの整備が行われており、日本でも京浜港、阪神港などで整備が進められている。

〔日本港湾協会〕

Link p.188 世界の水上交通

↓⑨東京港に並ぶコンテナとコンテナ船（東京都）

世界の人口

地理力プラス 多産多死型から多産少死型の人口爆発の状態に変化する要因，少産少死型から静止人口に変化する要因はどこにあるのだろうか。→ 4

1 世界の人口分布

①世界の人口密度 人口密度は，自然環境や社会・経済の形態など，地域的特徴を反映している。経済の発展した先進国や多くの人口を養うことができる稲作農業が発達した地域では人口密度が高い。

Link p.230 6 中国の抱える人口問題

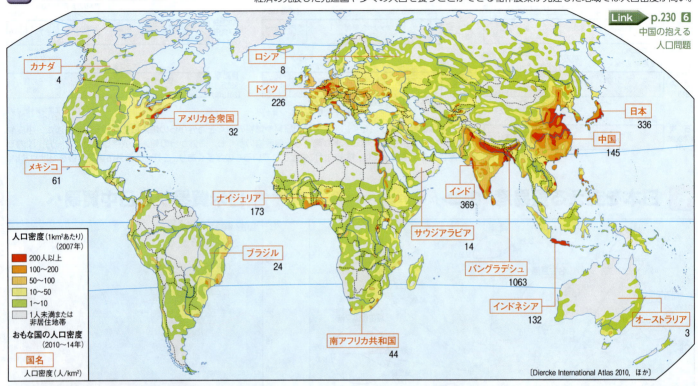

用語 エクメーネとアネクメーネ 地球上の陸地は，人間が居住可能な地域（**エクメーネ**）と居住できない地域（**アネクメーネ**）に分けられる。前者においても，人口分布のかたよりは激しく，人口密度のとくに高い地域は，米などの穀物生産のさかんな地域とほぼ対応する。両者の境界には，寒さによる**極限界**，標高による**高距限界**，降水量の少なさによる**乾燥限界**などがある。このような自然環境のほかにも，放射能汚染や感染症の影響などによって，居住不可能な地域が生じることもある。アネクメーネは全陸地の約10％。

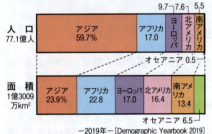

↑②地域別の人口と面積　↑③人口が多い国

2 世界の人口増加率

↓④世界の人口増加率

コラム 世界の人口予測

近年，世界の人口は毎年8000万以上のペースで増加を続け，現在では70億をこえている。しかし，人口増加のペースは一定ではなく，徐々に遅くなっている。

世界全体の人口増加のペースはこのまま低下し，今世紀末には人口が減少に向かうと考えられている。先進国のなかには，日本のようにすでに人口が減少し始めている国もある。ヨーロッパでは，このまま人口の減少が続けば今世紀の終わりには1億以上の人口減少に直面する。ロシアと中国に関する推測はさらに深刻で，今世紀末には現在の人口の半分程度になると予測されている。人口の急激な減少は，産業の衰退などのさまざまな影響をもたらすため，長期的な予測にもとづき対策を立てることが重要になる。

3 世界の人口爆発

産業革命以降，まず先進国で，その後は発展途上国でも**人口転換**が進み，**人口爆発**が拡大した。世界の人口が10億になるまでには，人類の誕生以降，数百万年かかったが，以後の約130年で倍の20億に達し，その後も増加は加速した。1980年代以降は，出生率が低下したため世界の人口増加率も下がった。

> **用語　人口爆発**　高い出生率が維持されたまま，医療や衛生状態の改善によって死亡率が低下し，人口が急増すること。20世紀後半の発展途上国，とくにアフリカで顕著にみられる。

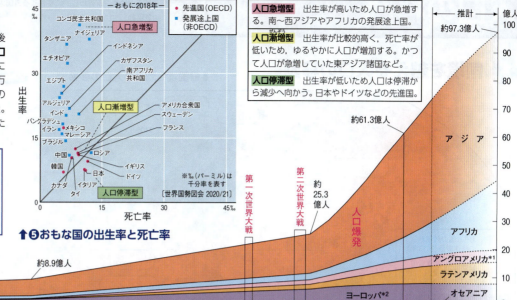

↑⑤おもな国の出生率と死亡率

↑⑥世界の人口の推移

4 人口の転換と人口ピラミッド

↓⑦人口転換のモデル

> **用語　人口転換**　死亡率，出生率が図⑦のように時間差を伴って低下すること。第2段階では，医療や衛生状態の改善によって死亡率がまず低下するが，死亡率の高い時代の慣例で多くの子供を望む人々が多いため，しばらくは高い出生率が維持される。そのため人口が急増し，**人口爆発**とよばれる状態になる。その後，家族計画の普及などによって出生率も低下し始める。

*14歳以下を**年少人口**，15～64歳を**生産年齢人口**，65歳以上を**老年人口**とよぶ。

↓⑧人口移動によってみられる人口ピラミッドの型

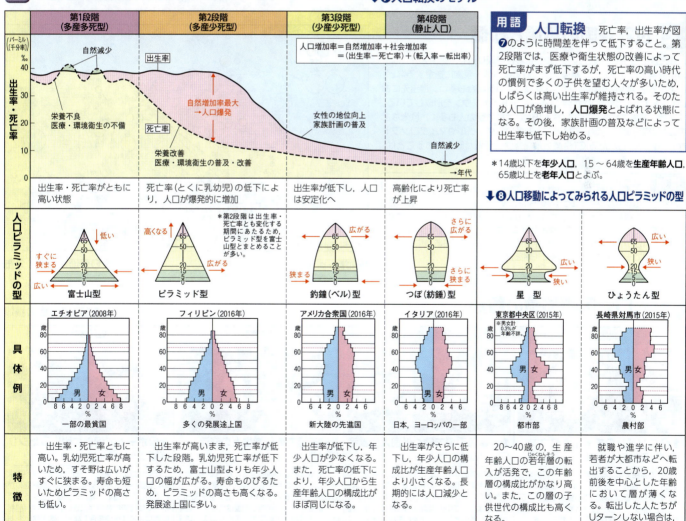

＋のガイド　栄養不足が解消し，医療や衛生状態が普及・改善すると，まず死亡率が減少する。その後，家族計画の普及や女性の地位が向上して出生率が低下すると少子化が進んでいく。

人口の移動

地理力＋プラス　ドイツやサウジアラビアに移住する外国人は，どのような国・地域から，どのような理由で移動しているだろうか。→13

1 国境を越える人口の移動

↓①国境を越える人口の移動

Link　p.192 ①世界の経済格差，
　　　p.258 ⑧EUの拡大と多文化との共生，
　　　p.266 ④アメリカ合衆国の人種・民族，
　　　p.276 ④移民の増加と多文化の共存

主な国と人口（2013年）
- アメリカ合衆国 4614万人
- ドイツ 1111万人
- ウクライナ 542万人
- ロシア 1105万人
- フランス 746万人
- スペイン 662万人
- イタリア 577万人
- インド 534万人
- アラブ首長国連邦 800万人
- サウジアラビア 1460万人
- オーストラリア 647万人

国名（人）：おもな国の外国からの移住者数（2013年）
→：外国からの移住者の受入国と出身国（2013年時点、80万人以上）

日本を100としたときの1人あたり国民総所得（おもに2016年）
- 100以上
- 50～100
- 20～50
- 5～20
- 0～5
- 資料なし

＊移住者には，国によって難民の数も含まれる〔World Bank資料〕

人口増加が著しい発展途上国から賃金水準の高い先進国などへ，労働を目的とする国際的な人口移動が増加している。北アフリカからヨーロッパなど，旧**植民地**から旧**宗主国**への移動がその典型である。近年は，南アジアから中東の産油国への出稼ぎ移住なども増加している。

2 世界各国の華僑と印僑

漢民族は戦争や内乱が起こるたびに移住を繰り返し，東南アジアなどの世界各地に進出した。**華僑**とよばれる彼らは，親族に送金するなど，いまなお出身地域と強い結びつきを保っている場合も多い。進出先においてもたがいに結びつきが強く，各国にチャイナタウンを形成している。

また，海外に移住したインド人（**印僑**）は高学歴の人も多く，欧米などの経済の第一線で活躍していることも多い。グーグルやマイクロソフトなど，世界の名だたるICT企業の最高経営責任者が印僑であることは，その好例である。Link p.268 ①グーグル社

用語　華僑と印僑　華僑は，中国から出稼ぎで海外に渡った人たちで，山がちなフーチエン（福建）省出身者が多い。このうち，移住先の国籍を取得した人を**華人**とよぶこともある。印僑は，インドから農場労働者などとして東南アジアやオセアニアなどに渡った人たちである。移住先はかつてのイギリス植民地が多く，イギリスの間接統治に寄与した。今日でも流通を中心に経済の一端を担っている。

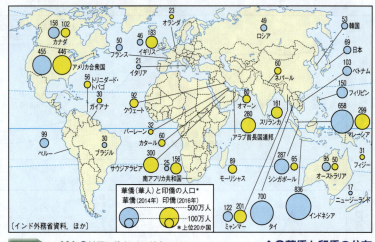

華僑（華人）と印僑の人口＊
華僑（2014年）　印僑（2016年）
○ 500万人
○ 100万人
＊上位20か国
〔インド外務省資料，ほか〕

↑②華僑と印僑の分布

Link p.164 ④外国に住むインド人，
　　　p.240 ⑤東南アジアの民族

3 人口の国際移動の種類

↓③人口移動の種類

定住移動	労働力移動	留学移動	難民移動
↑④ロンドンのチャイナタウン（イギリス）	↑⑤建設現場で働く外国人労働者（アラブ首長国連邦）	↑⑥茶室での留学生との交流（千葉県）	↑⑦ボートで国外に脱出したシリア難民（ギリシャ）
狭義の**移民**にあたる移動であり，目的地となる特定の国に定住する目的での移動である。単身もあるが，家族での移動が多い。アメリカ合衆国は，ヨーロッパやアジア，中南米などから多くの移民を受け入れている。Link p.272 ⑤日本とブラジルをつなぐ移民	経済事情のよい地域に居住して，労働により賃金を得る目的での移動である。近年は，先進国の企業からの転勤も多い。転勤による移動者は，滞在中の消費支出によって滞在国の経済に貢献する。受け入れ国は先進国や産油国が多い。Link p.249 ⑥産油国	目的地に特定の期間居住して，高等教育を受ける目的での移動である。全移動人口に占める割合は大きくはないが，留学生が送出国にもたらす技能や知識の影響は大きい。近年は，本国に戻らず留学先に永住する人も増えている。	紛争地域や飢餓地域から，安全や食料を求めた他国への移動である。政治的迫害をのがれての亡命も含む。難民の到着地となる国にとっては経済的負担が大きい。近年は，自然災害による「環境難民」などの難民移動もある。Link p.224 難民，p.259 難民の流入問題

198　＋プラスのガイド　ドイツはEU内でも賃金水準が高いため，トルコ系を中心に外国人労働者が多い。サウジアラビアは脱石油依存をめざしており，建設業にインド系の労働者を多く受け入れている。

発展途上国の人口問題

地理力＋ 発展途上国には，どのような人口問題があるのだろうか。→1 2 3

1 高い出生率と低い識字率

↓❽合計特殊出生率とおもな国の非識字率

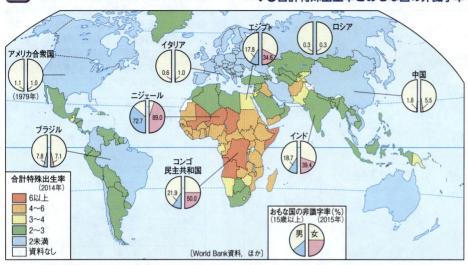

↑❾国連の支援で文字を学ぶ女性たち（ブルキナファソ）

女性の教育機会の増大や地位の向上は，結婚や出産，育児，保健などに対する理解を深めるので，出生率の低下に強くかかわっている。アフリカやアジアの発展途上国では，女性が教育を受けられないことが多く，いまだに字が読めない女性が多い地域もある。1994年にエジプトのカイロで開催された国際人口開発会議では，**リプロダクティブ・ヘルス／ライツ**（性と生殖に関する健康と権利）が提起され，この権利の尊重を促進する行動計画が採択された。

2 発展途上国に蔓延する感染症

↓❿HIV感染者数とおもな国・地域の平均寿命

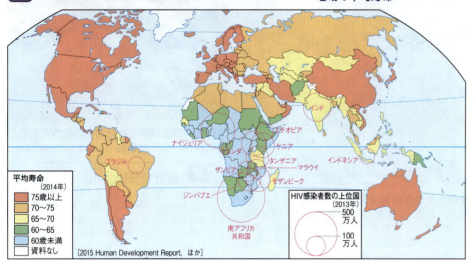

↑⓫HIVについて学ぶ若者（ザンビア）

先進国や経済発展の著しい中国，ブラジルなどでは平均寿命が比較的長いが，アフリカの多くの国では比較的短い。発展途上国で死亡率が高い原因としては，①乳幼児死亡率が高い，②民族紛争や内戦の犠牲者が多い，③HIV（ヒト免疫不全ウイルス）などの感染症の蔓延，などの理由がある。

3 児童労働

児童労働者数* 1億6796万人

地域別	アジア・太平洋 46.3％	サハラ以南のアフリカ 35.1	ラテンアメリカ 7.4	11.2

その他

産業別	農林水産業 58.6％	サービス業 32.3	工業 7.2	未特定 1.9

*5～17歳の労働者数　―2012年―〔ILO資料〕

↑⓬経済活動に従事している児童人口の割合

アジアやアフリカなどの発展途上国では，児童労働の多さが問題となっている。家庭の貧しさから働かざるをえない場合が多いが，これにより教育の機会が奪われる。結果として将来にわたって低賃金の職にしか就けず，貧困から抜け出すことができない。

コラム 「人間開発指数（HDI）」の向上への取り組み

国連開発計画（UNDP）は，毎年，本質的な人間の豊かさの指標となる人間開発指数（HDI）*を発表している。人間開発指数では，人間の真の意味での「豊かさ」とは，「健康で長生きすること」「知的欲求が満たされること」「一定水準の生活に必要な経済手段が確保できること」であるとされており，国家レベルの経済ばかりに注目しがちな世界の人々の目を，人間生活そのものに向けさせる役割を果たしている。　* Human Development Index

人間開発指数は，アフリカを中心とした発展途上国で値が低くなっており，これらの国に対してはさまざまな支援が行われている。例えば，国連世界食糧計画（WFP）では，学校で毎日健康的な給食を提供するプログラムを実施している。このプログラムによって，子供たちの通学頻度も高まり，教育水準も向上することが期待されている。

↑⓭学校給食プログラムで給食を食べる子供たち（モザンビーク）

＋のガイド 医療や衛生環境の未発達によるHIVを含む感染症患者の増加，内戦など社会不安による食料不足，農村から流入してくる人々の失業や都市のスラム化などの問題がある。

先進国の人口問題

地理力 ＋プラス　日本を含む先進国には，どのような人口問題があり，どのような対策が求められているのだろうか。→1 2

1 人口の高齢化

▼❶世界の老年人口の割合

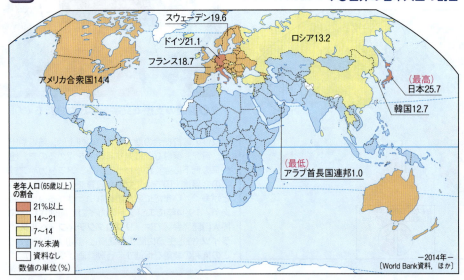

スウェーデン19.6
ドイツ21.1
ロシア13.2
フランス18.7
アメリカ合衆国14.4
（最高）日本25.7
韓国12.7
（最低）アラブ首長国連邦1.0

老年人口（65歳以上）の割合
- 21％以上
- 14～21
- 7～14
- 7％未満
- 資料なし

数値の単位（％）　─2014年─　〔World Bank資料，ほか〕

先進国では，**老年人口**の割合が高くなっている。一般に，全人口に占める老年人口の割合が7～14％の社会のことを**高齢化社会**といい，14％以上の社会のことを**高齢社会**という。図❷を見ると，フランスやスウェーデンは高齢化社会から高齢社会に長期間をかけて移行したのに対して，日本や韓国はわずか20年前後で高齢化が進行したことがわかる。

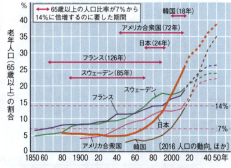

↑❷おもな国の老年人口の割合の推移

2 出生率の低下

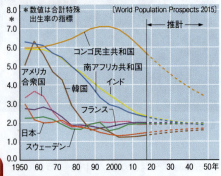

↑❸おもな国の合計特殊出生率の推移　多くの先進国は，**合計特殊出生率**が人口規模を維持する水準（約2.1）を下まわっており，高齢化と人口減少に直面している。先進国で合計特殊出生率が低い理由には，①晩婚・非婚化，②既婚女性の出産数の低下などがあげられ，とくに日本や韓国が低い。

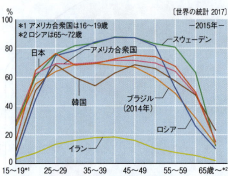

↑❹女性の年齢別労働人口の割合　日本や韓国は20～30歳代の子育て世代が働く割合が，欧米諸国と比べて低い。保育所や学童保育の整備が遅れていることや，育児休業などの制度を利用しにくい職場環境などがその理由と考えられる。また，イスラーム圏のイランは女性の就業率が著しく低い。

↑❺待機児童対策で神社の一角につくられた保育所（東京都）駐車場の土地を借りて整備された。

用語　合計特殊出生率　1人の女性が生涯に何人の子供を生むかを示す数値。15～49歳の各年齢の女性がその年に出産した子供の数の平均を足して算出する。合計特殊出生率が2.0のときに理論的には安定人口になるが，成人前に亡くなる人もいるので＋αが加わる。この値は先進国で低く，発展途上国では高くなる。

専門家ゼミ　福祉の国，スウェーデンの少子化対策

　スウェーデンでは，1960～70年代に女性の社会進出が急速に進んだ一方で，合計特殊出生率の低下がみられた。そのため，女性が働きやすい福祉施策と経済的保障を進めた結果，1980年代には女性の労働力率がさらに増加するとともに，合計特殊出生率の回復もみられた（図❸）。所得税や年金保険料を個人単位としたことも，女性の労働力を引き上げた一因とされる。出生率は1994年に2.14を記録し，その後いったん下がりはしたが，再び上昇し，2006年以降は1.85以上を維持している。
　もともと人口が少ないうえに早くから少子化が問題となっていたスウェーデンでは，誰もが仕事と家庭を両立できる社会の実現こそが最大の少子化対策として，制度の改革が重ねられてきた。現在，一人の子供につき両親合わせて480日の育児休業が取得可能で，そのうち最大2割までは，子供が4歳から12歳に達するまでの間に取得できる。休業期間も80％の所得が保障される。時間単位，月単位といった部分取得もでき，男女とも約8割が育児休業を利用している。父親の育児休業取得を増やすために，1995年に導入された父親限定日数は90日まで引き上げられ，総取得日数の3割（2019年）を父親が占めている。6歳未満の子供がいる男性の1日あたりの育児も含めた家事時間は3時間をこえ，男性が育児や家事をするのがあたりまえの社会になっている。
〔茨城大学　村山　朝子〕

↑❻ベビーカーを押す男性（スウェーデン）

＋プラスのガイド　先進国では，少子高齢化が進んでおり，社会保障費などの負担を軽減するために，若年層の労働力不足を解消し，女性も安心して出産や労働ができる社会の構築が必要とされている。

日本の人口問題

地理力：日本では，人口の減少と少子高齢化に対して，どのような対策が進められているのだろうか。→ 1 2

1 人口の減少と少子高齢化

日本の人口は明治時代以降，一貫して増加し続けてきたが，2010年に約1億2800万人でピークに達し，その後，人口は減少に転じている。出生数が減少して死亡数を下まわったからである。その一方で平均寿命がのびたことで**老年人口**の割合も増加し，**少子高齢化**が急速に進行した。少子高齢化が進行すると，**生産年齢人口**の割合は減少するため労働力不足の問題も生じる。そのため，外国人労働者を受け入れる制度づくりなどの取り組みが進められている。

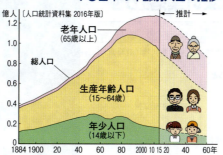
↓⑦日本の年齢別人口の推移

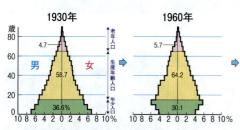
↑⑧日本の人口ピラミッドの変化

コラム　過疎地域での地域おこし

大都市圏に地方から労働力が流入して人口が集中する一方で，山間地域や離島は生産年齢人口が流出して**過疎**地域となっており，少子高齢化が深刻である。徳島県東部の山間にある神山町では，人口の減少や少子高齢化に歯止めをかけるため，さまざまな取り組みを進めてきた。インターネット環境の整備もその一つで，高速通信網の整備により，東京に本社をおく情報通信技術（ICT）関連企業を誘致することに成功している。

↑⑨古民家を改修したICT関連企業の職場（徳島県，神山町）

2 外国人の受け入れ

↓⑩国籍別在留外国人数の変化　1990年代以降，韓国・朝鮮籍の割合が減少し，中国や東南アジア出身者の割合が増えている。ブラジル人は日本からの移民の子孫が多い。　Link p.272 日系ブラジル人の教育問題

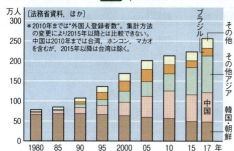

↑⑪人口1000人あたりの在留外国人数
日本は，日系人や研修生を除く，単純労働の外国人の居住を公式には認めていない。愛知県や静岡県などの自動車工場では日系人が多く働いている。

Link 共通テスト対策（p.306）　　Link p.193 貿易の自由化と経済連携

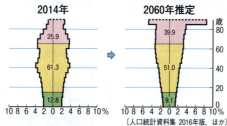

→⑫日本で働くフィリピン人の看護師助手（栃木県）　日本はEPAを結んだフィリピンやインドネシアから，看護師や介護士を受け入れている。しかし，言葉の壁もあり国家試験の合格率は低い。

3 都道府県別の人口の変化

《1950〜1970年》　東北や四国，九州地方では，第1次**ベビーブーム**世代などが中学や高校の卒業と同時に大都市に向かったため，人口減となったところが多い。一方，彼らが流入することとなった**太平洋ベルト**は，豊富な労働力を得て，高度経済成長を牽引した。

《1970〜1990年》　人口移動は沈静化したが，埼玉県や千葉県などでは引き続き人口が大幅に増えた。これは高度経済成長期に大都市に流入した人たちがその後郊外に住宅を得て，さらにその子供が生まれたことで，**社会増加**，**自然増加**がともに大きかったことによる。

《1990〜2014年》　地方において再び人口減少が始まった。大都市圏に生産年齢人口が集まる一方で，山間地域や離島などでは労働力が流出して**過疎**地域となるところもあり，**少子高齢化**が進んだ。なかには老年人口の割合が50％をこえる**限界集落**もあり，地域社会の維持が困難になっているため，緊急の対応が迫られている。

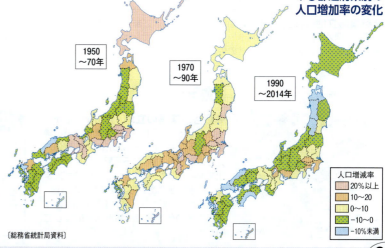
↓⑬都道府県別の人口増加率の変化

＋のガイド　外国人労働者を受け入れる制度づくりなどの取り組みが進められているほか，過疎地域では労働力を呼び込むための地域おこしが行われているところも多い。

201

集落の立地と起源

人々はどのようなところに集落を立地させてきたのだろうか。自然条件や社会条件とのかかわりをみていこう。→ 1 2

1 自然条件とかかわりの深い集落立地

立地	特徴	例
扇状地	水との関係では谷水のある**扇頂部**、伏流水が湧水となる**扇端部**に立地。交通条件などからは扇端部が有利。用水網などが整備されると、面積の広い**扇央**部にも立地。	百瀬川扇状地（滋賀県、高島市）
台地	地下水位が低いため、一般に村落の発達は遅れる。局地的な地下水「**宙水**」の上や、湧水帯のある台地の縁に立地。やがて深井戸を掘って台地上にも立地するようになる。**河岸段丘**の段丘面にも立地。	下総台地（千葉県）
山間部	水の得やすい河谷の河川周辺部、日あたりのよい南向きの緩斜面などに立地。	旧西祖谷山村（徳島県、三好市）
火山山ろく	すそ野の湧水帯に立地。	霧ヶ峰高原（長野県）
沖積平野の三角州・氾濫原	洪水を避けることのできる微高地で、比較的乾燥している**自然堤防**上に立地。やがて、洪水を避けることができる工夫をしたうえで、**後背湿地**にも立地。	石狩平野（北海道）越後平野（新潟県）
砂漠	水を求めて、**オアシス**（自然湧水・カナートなどによる引水）や**外来河川**沿いにオアシス集落が立地。	サカーカ（サウジアラビア）

↑1 集落立地の自然条件 近代以前において、水を確保することと災害を避けることは、生活を営むうえでの基本的な条件であった。古くから存在する集落は、そうした条件を満たす場所に立地しており、集落の立地と地形は密接に関係している。 Link p.24～27 河川がつくる地形、p.38～39 地形と地形図、別冊ワークp.9～11

↑2 木曽三川下流域の輪中 Link 別冊ワークp.18 20輪中集落

↑3 輪中のしくみ

↑4 母屋と水屋（岐阜県、海津市）

木曽三川の下流は、しばしば水害に見舞われる。そこで、居住地を区切る輪中堤を建設し、洪水への対策を行ってきた。この輪中堤に囲まれた地区を**輪中**という。集落は自然堤防上に立地しているため、洪水の被害にあいにくい。家屋には避難場所として石垣を基礎とした**水屋**が併設されていることも多い。

2 社会条件とかかわりの深い集落立地

形態		特徴	例
交通の要所	谷口集落	山地と平野の境界に位置し、物資の交換の要地として発達。	青梅、寄居、飯能
	落合集落	河川の合流点に位置し、支流からの物資の調達地として発達。	セントルイス（ミシシッピ川とミズーリ川）
	渡津集落	河川の渡し場や橋の両側などに位置し、物資の集積地として発達。	島田と金谷（大井川）、ミネアポリスとセントポール（ミシシッピ川）
防備を意識	丘上集落	外敵や野獣、風土病を避けるために、丘の上に立地。	ヨーロッパの地中海沿岸
産業のしやすさ	納屋集落	船や漁具などを納めておいた納屋が、次第に住居として使用されるようになり、集落を形成。	九十九里平野（千葉県） Link 別冊ワーク p.12 8海岸平野

↑5 集落立地の社会条件 集落の立地には、さまざまな社会条件も影響を及ぼす。例えば、海岸付近や河川・道路の合流部のような水陸の交通・物流に便利なところや、崖・丘の上などの外敵からの防御に有利なところなどに集落は立地する。

Link p.25 4扇状地

←6 谷口集落の立地 河川が山地から平地に出るところに立地する集落を**谷口集落**という。生産物の異なる山地と平野の境界である谷口（山地から平野に河川が流れ出す地点）には、両地域からの物資が集まり、市場町が発達した。関東地方の青梅・飯能・渋川・桐生などは、主要河川に沿う谷口集落の代表例で、都市へと成長していった。

3 村落の起源

↓7 村落の成立時期による分類

時代	集落		地域・地名	機能	特徴
古代			条、里、反、坪、面、番	開拓	条里制の区画に自然発生的に誕生した集落。
中世	荘園集落		本荘、領家、別所、給田	開拓	中世の荘園制とともに発達した集落。
		名田百姓村	太郎丸、三郎丸、五郎丸	開拓	開墾権を与えられた名主の屋敷を中心に発達。
		豪族屋敷村	根古屋（根小屋）、寄居、箕輪、土居	防衛	荘園領主である豪族の屋敷を中心に発達。
		隠田百姓村	五家荘（熊本県）、椎葉（宮崎県）、白川郷（岐阜県）、米良荘（宮崎県）	防衛	隔絶した山間部にある集落で、地租を納めない隠し田をもつ。落武者集落ともいわれる。
近世	新田集落		新田、新開、加納、出屋敷、高野、免、受	開拓	江戸時代に幕府の奨励によって開墾された計画的な集落。
近代	屯田兵村		兵村、札幌市琴似、江別市、旭川市など	開拓	明治時代に北海道の開拓と防衛を目的につくられた集落。碁盤目状の地割りが特徴。はじめは集村だったが、のちに散村も形成された。

Link p.293 try 村落の特徴、別冊ワークp.17 13屯田兵村

用語　条里制　646年の班田収授法の成立によって採用された土地区画制度。耕地を6町（約654m）間隔で正方形に区画した「里」（約43ha）に30～40戸が配置された。耕地を国家的に支配・管理することで、班田制度を補強する役割を果たした。条里制の区画は、現在も奈良盆地や近江盆地などで、格子状に直交する道路や水路網、四角形のため池、地名などに、そのなごりがみられる。

↑8 条里制の土地区画

集落は、水の得にくい扇状地などでは湧水地に立地し、水の得やすい低湿地では微高地に立地した。また、交通の要所などの人が集まる場所や外敵から防御しやすい場所にも立地した。

村落の形態と機能

地理力＋プラス　集村と散村のそれぞれの形態が生まれたのは、なぜだろうか。それぞれの種類や機能、成立要因をみていこう。→1 2

1 集村の形態と機能

↓⑨**集村の種類**　湧水や道路の周辺に自然発生的に成立した**集村**は、各農家が自分の農地を家の近くに所有できない、火災の際に延焼の危険性が高い、などの短所がある。しかし、田植えや稲刈りなどの共同作業、外敵からの共同防衛、領主による支配などには都合がよいため、成立時期が古い村落には集村が多い。

列状村

路村

←⑩**路村**（埼玉県、所沢市・三芳町（三富新田））　三富新田は、江戸時代に開拓された武蔵野の新田集落で、三芳町にある上富と所沢市にある中富・下富からなる。

主要道路や開拓地に沿って家屋が列状に建ち、短冊形の地割りに道路に面した住居－耕地－平地林と並んでいる。

新田集落，ヨーロッパの林地村　Link▶別冊ワークp.16 ⑰路村（新田集落）

街村

←⑪**街村**（三重県、亀山市（関宿））　東海道の宿場町として栄えた。ここには江戸時代後期から明治時代にかけて建てられた町家が200棟以上も現存している。

路村よりも街道など道路との結びつきが強く、商店や宿屋などが多い。耕地はないか、あっても少ない。

宿場町，市場町，門前町

塊村

←⑫**塊村**（奈良県、奈良盆地）　塊村の多くは、水の得やすい場所に自然発生的に成立したと考えられている。このような形態は、外敵からの防御の機能も果たしていた。

家屋が不規則に並び、かたまり状に集まっている。井戸や湧水のあるところに自然発生的に成立することが多い。

オアシス集落，環濠集落　Link▶別冊ワークp.16 ⑱塊村（条里制）

円村（環村）

←⑬**円村（環村）**（フランス、カルカソンヌ近郊）　フランス南部、スペイン国境に隣接する地中海沿岸地域には大小さまざまな円村がみられる。数戸の農家が中央の広場に向かって建てられている。

中央に教会や広場があり、これを囲むように家屋が円状に配列されている。家屋の外側には、放射状に耕地、牧草地、森林がある。　＊日本ではみられない形態

フランスやドイツ、ポーランドの伝統的農村　Link▶p.256 ❶村の中心にある教会，共通テスト対策(p.313)

2 散村の形態と機能

↓⑭**散村の種類**　家屋が1戸ごとに点在している**散村**は、家屋に隣接して農地が配置されているため、農作業の効率性が高い、火災の被害が少ない、などの長所がある。こうした散村形態が普及するには、共同防衛や共同作業の必要性が低いことが条件となる。

孤立荘宅

←⑮**散居村**（富山県、砺波平野）　砺波平野では、屋敷林に囲まれた農家が平野一面の水田地帯に50～150mの間隔で不規則に点在する。この集落は、おもに中世末から近世初頭にかけて形成された。

屋敷林に囲まれた農家が1戸ごとに独立して点在し、周囲には耕地が広がる。

砺波平野，出雲平野，十勝平野，北フランス　Link▶別冊ワークp.17 ⑲散村

タウンシップ

←⑯**タウンシップ制にもとづく農村**（アメリカ合衆国、ワシントン州）　タウンシップ制は、18世紀後半から19世紀前半にかけて実施された土地測量にもとづく土地区画制度で、アメリカ合衆国とカナダで実施された。

公有地の分割制度により、1農家につき800m四方の方形区画が割りあてられた。

アメリカ合衆国・カナダの農業地域　Link▶p.265 ❸アメリカ合衆国の歩み

＋のガイド　集村は、農業における共同作業や外敵・災害からの防衛面での必要性から生まれた。散村は、開拓政策により個人が広大な農地を確保するために生まれた。

都市の立地

地理力＋プラス　都市は、どのような場所に立地するのだろうか。都市の立地点とその要因・理由をみていこう。→ 1

1 都市の立地

アジア側　ボスポラス海峡　ヨーロッパ側

↑❶ボスポラス海峡をはさんで発達したイスタンブール（トルコ）　海峡に位置するイスタンブールは、その名を何度も変えた歴史的都市で、ヨーロッパとアジアの文化・交易の結節点である。

立地点	立地の要因		理由	代表的な都市
平野の中心	地域の中心		広大な平野を後背地として、商業・交通・政治などの中心地となって都市が発達。	パリ、ベルリン、モスクワ
境界	牧畜地域と農耕地域		物資の交易拠点となって都市が発達。	パオトウ（包頭）
	山地と平野			谷口集落（青梅、飯能）
交通の要地	海上交通	湾頭	海と陸との交易上の接点として都市が発達。湾頭・湾奥に立地。	サンクトペテルブルク、ボルティモア、東京、大阪、ベルゲン、気仙沼
		海峡	海上交通の要所として海峡をはさんで発達。	ジブラルタル、イスタンブール、函館、青森、ドーヴァー
		運河	水上交通の要所として運河の両端に発達。	スエズ、ポートサイド、コロン
	河川交通	河口	河川交通の要所となる河口部に発達。	ニューヨーク、ニューオーリンズ、モンテビデオ
		潮汐限界点	河川をさかのぼって航行できる限界のところに発達。	ロンドン、ハンブルク
		合流点	河川の合流するところに発達。	ベオグラード、セントルイス
		終航点	河川交通の終点となる地点に発達。	バーゼル、滝線都市（ワシントンD.C.）
	陸上交通	渡津	河川の両岸に発達。	ケンブリッジ、島田、金谷
		峠	人や物資の滞留点として発達。	トリノ、ミラノ、箱根、三島

↑❷都市の立地とその理由　都市は、商業・交通・政治などの中心として成長した集落である。とくに、海峡や河口など交通の要地には、人々が集まりやすく、交易都市から総合的な大都市に発達したものが多い。

用語　双子都市（ツインシティ）
河川の両岸にほぼ向かい合った二つの都市が発達して、一体的な都市圏を形成しているもの。大井川沿いの旧島田市と旧金谷町は、東海道の渡し場（渡津）として、川の両岸に川越えを管理する役所・旅籠・人足小屋などが集まり、発達した。

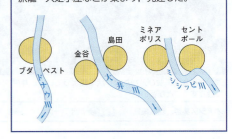

ブダペスト／ドナウ川　金谷　島田　大井川　ミネアポリス　セントポール　ミシシッピ川

2 滝線都市

ニューヨーク、フィラデルフィア、ボルティモア、ワシントンD.C.、リッチモンド、ローリー、コロンビア平野、オーガスタ、メーコン、タスカルーサ、コロンバス、メキシコ湾岸平野、アパラチア山脈、ピードモント台地、サヴァナ川、大西洋、滝線、滝線都市

↑❸アメリカ合衆国の滝線都市　ピードモント台地から大西洋岸平野に川が流れ落ちるところには滝や急流があり、この分布を地図上で結んだ線上に発達した都市を**滝線都市**とよぶ。交易・交通の要衝として都市が成立し、水車を利用した紡績業や製粉業など初期の工業も発達した。

3 名前からみる都市の立地

城（都市）	カッスル（castle〈英語〉） バラ（borough・burgh〈英語〉） ブルク（burg〈ドイツ語〉） ブール（bourg〈フランス語〉）	ニューカッスル（Newcastle〈イギリス〉） エディンバラ（Edinburgh〈イギリス〉） ハンブルク（Hamburg〈ドイツ〉） ストラスブール（Strasbourg〈フランス〉）
橋	ブリッジ（bridge〈英語〉） ブルック（bruck〈ドイツ語〉）	ケンブリッジ（Cambridge〈イギリス〉） インスブルック（Innsbruck〈オーストリア〉）
浅瀬（渡津）	フォード（ford〈英語〉） フルト（furt〈ドイツ語〉）	オックスフォード（Oxford〈イギリス〉） フランクフルト（Frankfurt〈ドイツ〉）
堤防	ダム（dam〈オランダ語〉）	アムステルダム（Amsterdam〈オランダ〉）
町・集落	タウン（town〈英語〉） ヴィル（ville〈フランス語〉） ウィッチ（wich〈英語〉） シュタット（stadt〈ドイツ語〉）	ジョージタウン（Georgetown〈アメリカ合衆国〉） アルベールヴィル（Albertville〈フランス〉） ノリッジ（Norwich〈イギリス〉） ダルムシュタット（Darmstadt〈ドイツ〉）

↑❹おもな都市名と由来　都市の名称には、その町の起源を示す言葉が入っていることがある。例えば、オランダのアムステルダムは、13世紀後半にアムステル川の河口近くにダム（堰）が設けられ、川の両岸が結ばれたことにより交易の中心として発達した都市である。このほかにも、とくにヨーロッパの都市は、城郭に囲まれて立地したため、城にかかわる名称が多い。

＋プラスのガイド　都市は、平野の中心や地域の境界、交通の要地に立地する。このような地域では、異なる産業や文化をもった人々が集まり、商業をはじめ政治、経済などが発達した。

都市の発達と機能

日本の城下町とヨーロッパの城塞都市を比較してみると，それぞれの特色にどのような違いがみられるだろうか。→1

1 都市の発達

	世界の歴史的都市	日本の歴史的都市
古代	・支配階級の出現により，宗教・政治・軍事の中心地として，古代国家の首都（ローマ，長安），地中海沿岸の**植民都市**（カルタゴ，アレクサンドリア），市街地を土塁，城壁，濠などで囲んだ**城塞都市（囲郭都市）**などの都市が発達。	・政治の中心地として，唐の長安をモデルに格子状道路網を備えた計画都市（平城京，平安京）を建設。
中世	・領主の居城や教会を中心とする**封建都市**（パリ）に加え，産業や交通の発達により経済力をもった**ハンザ同盟都市**（ハンブルク，ブレーメン，北イタリアの諸都市（ヴェネツィア，フィレンツェ）などの**自治都市**が成立。	・宗教権力の拡大を背景に，寺院や神社を中心とした**門前町**（高野山，長野），**鳥居前町**（伊勢，琴平）が発達し，浄土真宗の寺院を中心に防御施設をもつ**寺内町**（富田林，貝塚）も出現。 ・大陸との貿易により**港町**（堺，博多）が成長。
近世	・統一国家の誕生や中央集権化により首都（ロンドン，モスクワ）が成長。 ・大航海時代以降の貿易港として**商業都市**（リスボン，アムステルダム）も発達。 ・新大陸やアジアでは**植民都市**（マニラ，ムンバイ）が成立。	・城郭を中心に，武家町，町人町，寺町など身分・職種による町割で構成される**城下町**が各地に成立。 ・五街道の整備や参勤交代制により**宿場町**（三島，妻籠）が成長。 ・国内産業の発達と物流の増大を背景に，**港町**（大坂，敦賀）も発達。
近代	・産業革命以降，多くの**工業都市**（マンチェスター，エッセン）が成長。 ・先進国ではグローバル経済の中心，**世界都市**（ニューヨーク，ロンドン）が台頭。 ・発展途上国では**首位都市（プライメートシティ）**（メキシコシティ，バンコク）が出現。	・経済成長を背景に，各地で**工業都市**（豊田，北九州，長崎）が発達。 ・東京の世界都市化が進む一方，大都市圏の外郭には多くの**衛星都市**（多摩，春日井）が形成される。

↑⑤世界と日本の都市の発達史

↑⑥カルカソンヌの城塞都市（フランス）　ヨーロッパの城塞都市は歴史的に独立性が高く，市民階級が暮らす城壁で囲まれた都市と，その外側の農民が暮らす農村が明確に分けられている。

↑⑦松本城と市街地（長野県，松本市）　日本の城下町の堀は城を守るもので，武家屋敷をはさんで多重につくられることもある。寺町や町人町は堀の外側に広がる。

2 都市の形態

都市の形態は，市街地を区切る街路網の形状で分類される。自然発生的な都市では，街路網が不規則なことが多いが，計画的な都市では，街路網が整然としており法則性をもっている。

↑⑧**直交路型**の都市ペキン（北京）（中国）　直線の道路が直交する街路網で，中国の古代都市やこれをまねた奈良（平城京），京都（平安京）などでよくみられる型である。

↑⑨**放射環状路型**の都市キャンベラ（オーストラリア）　中心からの放射状道路と同心円の環状道路を組み合わせた街路網で，キャンベラやモスクワが代表例。

↑⑩**放射直交路型**の都市ワシントンD.C.（アメリカ合衆国）　直交する道路に，放射状道路を組み合わせた型。地割がしやすく，中心へのアクセスがよい。

↑⑪**迷路型**の都市テヘラン（イラン）　防御のために複雑な道路網や袋小路などを配置した型で，西アジアや北アフリカでみられる。日本の城下町もこれに該当する。

3 都市の種類と機能

分類		世界の歴史的都市
生産都市	鉱業都市	[金]ヨハネスバーグ、カルグーリー [銅]チュキカマタ、ビンガム、ビュート [鉄]イタビラ、ニューマン、カラジャス、クリヴォイログ、キルナ、トムプライス [鉛、亜鉛]飛騨(神岡)、マウントアイザ、セロデパスコ [ニッケル]サドバリ [石炭]タートン、カラガンダ、ノヴォクズネツク [石油]キルクーク、マラカイボ、バクー、ターチン、パレンバン、ダーラン
	工業都市	[鉄鋼]北九州、ウーハン、ゲーリー、アンシャン、エッセン、マグニトゴルスク [自動車]豊田、デトロイト、ヴォルフスブルク [造船]長崎、グラスゴー、ウルサン [綿工業]ムンバイ、タシケント [絹工業]桐生、福井、リヨン [製紙]苫小牧、富士、オタワ
	林産都市	能代、新宮、アルハンゲリスク、シトカ
	水産都市	釧路、焼津、アバディーン、キングストン、セントジョンズ、ベルゲン
交易都市	商業都市	大阪、ニューヨーク、ブエノスアイレス、シャンハイ、ロンドン
	交通都市	[鉄道]米原、鳥栖、ウィニペグ [港]横浜、神戸、シンガポール、パナマシティ、ホンコン [空港]千歳、アンカレジ、カラカス、カラチ
消費都市	政治都市	ワシントンD.C.、ブラジリア、キャンベラ
	軍事都市	横須賀、ポーツマス、ジブラルタル、ウラジオストク
	宗教都市	[キリスト教]エルサレム、バチカン(ローマ) [イスラーム]メッカ、メディナ、エルサレム [ヒンドゥー教]ヴァラナシ [仏教]ラサ、長野、成田 [神道]伊勢、出雲 [ユダヤ教]エルサレム [新宗教]天理、ソルトレークシティ
	住宅都市	[東京周辺]多摩、立川、所沢、越谷、船橋 [名古屋周辺]春日井、小牧 [大阪周辺]茨木、枚方、池田、豊中、芦屋、生駒 [ロンドン]レッチワース、ウェリンガーデンシティ
	学術都市	つくば、ケンブリッジ、オックスフォード、ライプツィヒ、ハイデルベルク、アカデムゴロドク、ボストン
	観光都市	奈良、京都、パリ、アテネ、ローマ、ヴェネツィア、ナポリ、ジュネーヴ、ペキン
	保養都市	[避暑]軽井沢、バンドン、シムラ、バギオ [避寒]マイアミ、ニース、ヤルタ、パームスプリングス [温泉]別府、草津、バーデンバーデン

↑①都市の機能による分類

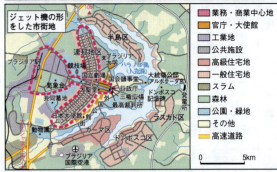

↑②政治都市ブラジリア(ブラジル) 内陸部開発の象徴として建設された計画都市で、1960年にリオデジャネイロから首都機能が移転された。人造湖のほとりにジェット機型の街路をもち、機首部の三権広場を囲むように、国会議事堂・最高裁判所・行政庁がある。

↑③学術都市つくば(茨城県) 東京都心の過密状態を改善するために、東京から北東約60kmに筑波研究学園都市が整備された。1970年代以降、大学や研究機関の移転が進み、これに伴い、住宅や商業施設も整備された。2005年に開通したつくばエクスプレスにより、都心へのアクセスも向上した。

Link p.290〜291 関東地方

4 都市の階層構造

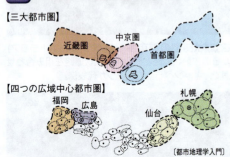

↑④都市の階層区分 都市には階層構造がある。東京には全国の中心機能があり、東日本の中心でもある(首都圏)。西日本の中心都市は大阪市であり(近畿圏)、日本を3分割すれば名古屋市が加わる(中京圏)。この下に、北海道の札幌市、東北の仙台市といった各地方の**広域中心都市**、さらにその下に県庁所在地クラスの都市と続く。

コラム クリスタラーの中心地理論

ドイツの地理学者クリスタラーは、南ドイツの都市分布から都市には階層性があるとともに、その分布は大小の六角形の組み合わせが合理的であると考えた。大都市は中間都市の機能を含むが、中間都市で済む用事のためにはあまり遠くまで行かないので、大都市の勢力圏の六つの頂点に中間都市を配置すれば合理的な配置になる。

↓⑤中心地が形成されるしくみ
● 大都市の中心地
● 中間都市の中心地
● 小都市の中心地

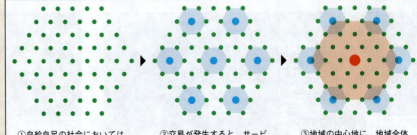

①自給自足の社会においては、都市は生まれない。それぞれの集落が独立している。
②交易が発生すると、サービスの拠点となる中間都市の中心地が分散的にできる。
③地域の中心地に、地域全体にサービスを供給する大都市の中心地ができる。

都市の内部構造

> **地理力** 都市の内部で地域分化が生じるのはなぜだろうか。地域分化の種類や特徴とともにみていこう。→ 1 2

1 都市の内部の地域分化

↓❻都市内部の地域分化と特徴

種類		特徴	東京	大阪
都心地域	①中心業務地区（CBD）	企業の本社や銀行の本店などが立地。高層ビルがめだつ。	丸の内 大手町	堂島 中之島
	②官公庁地区	政治や行政の中心。諸官庁の建物が並ぶ。	霞が関	大手前
	③都心商業地区	専門店や百貨店が集まる。再開発による大型商業施設もみられる。	銀座 秋葉原 六本木	梅田 船場 難波
副都心		鉄道のターミナルに位置し、商業・行政などの都心の機能を一部分担する。	新宿 渋谷 池袋	天王寺 京橋
工業地区		敷地に恵まれ、地価の安い港湾付近や郊外に工場が集まる。	川崎 市原	淀川河口
混合地区		住宅と工場・商店が混在。建物の密度が高く、零細企業が多い。	荒川 大田	西成
商業地区		鉄道の駅や郊外の幹線道路沿いに、商業施設や飲食店が集まる。	吉祥寺 国道16号沿い	十三 大阪外環状線沿い
住宅地区		交通の便や住環境がよい地区ほど高級化。鉄道沿線を中心に郊外へ拡大してきた。	世田谷	住吉
郊外団地・衛星都市		鉄道沿線に開発されたニュータウンなどにより、近郊農村が都市化した地域。	多摩 柏	千里 三田

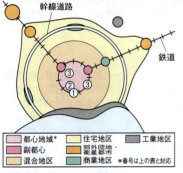

↑❼都市地域の内部分化

東京や大阪のような大都市では、内部の地域分化が進んでいる。都心にあたる地域には、大企業の本社などの業務中心機能が集中した**中心業務地区**（CBD＝Central Business District）があり、CBDに混在または隣接するかたちで都心商業地区もある。都心の周辺には、古くからの小規模な零細工場と住宅、商店が混在する混合地区があり、欧米の都市の**インナーシティ**と同様の問題をもつ地区もある。郊外の住宅地へのびる鉄道のターミナル駅には、**副都心**が形成される。

Link ▶ p.211 ❶インナーシティ問題

2 都市の内部構造

↓❽さまざまな都市構造　都市の内部は、社会的・経済的要因で機能分化して特色ある地区を生み出す。都市の地域構造モデルは、1925年にバージェスがシカゴを例に発表した同心円地帯理論が原点である。

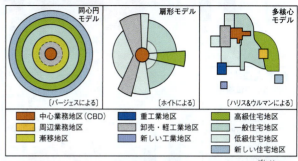

同心円モデル：中心業務地区の外側の卸売・軽工業地区、漸移地区には、流入した移民が集まって住む地区がみられる。ここでは成功者が郊外に移り住むと、発展から取り残され、スラム化が進む。アメリカ合衆国の都市では、郊外のほうが高級住宅地区になる。

扇形モデル：中心業務地区から卸売・軽工業地区が鉄道などの交通機関に沿って外側にのび、これに沿うように低級住宅地区ものびる。また、別の方向には高級住宅地区も外側にのびている。バージェスのモデルに、交通機関の要素を加えたモデル。

多核心モデル：中心業務地区のほかに複数の核心が発達し、この核心のまわりには関連する機能を担う地区が形成される。都市の末端には重工業の核心ができ、周りには低級住宅地区が広がる。高級住宅地区は、工業から離れたところにできる。

↑❾東京の中心業務地区（CBD）と官公庁地区（千代田区）

3 世界の都市景観

〔La Logique des Villes, ほか〕

Link ▶ p.212 ❸パリの再開発

←❿パリ、シカゴ、モスクワの**都市景観**　都市景観は、その都市の自然環境などを基礎的な条件として、長年にわたる人々の生活の積み重ねによって形成される。現代の都市景観からは、都市活動や市民生活を考察することができる。

パリ：中心部では、景観や土地利用の観点から中・低層の歴史的建造物が保全されており、周辺部には、高層ビルが並ぶ副都心が形成されている。

シカゴ：中心部には中心業務地区をなす高層ビルが並び、郊外には一戸建ての住宅地域が広がる。

モスクワ：中心部は城壁で囲まれた政府機関を核として、中・低層の建物が広がる。郊外に向かうにつれて住宅団地が高層化していく。

＋のガイド　都市が拡大すると、都市の中心からの距離や鉄道・幹線道路の有無によって、工業地区や住宅地区など、その地域に適した合理的な土地利用がされるように地域分化が進む。

都市への集中

地理力プラス 都市への人口集中は地域によって要因が異なる。日本やヨーロッパなどの先進国と，南北アメリカやオーストラリアなどの新大陸について，それぞれの要因を考えよう。→1 2

1 世界の都市人口率

↓①世界各国の都市人口率とおもな国の都市人口率の変化

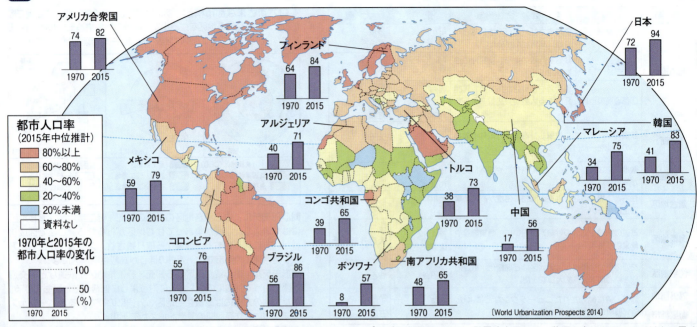

都市人口率が高いのは，アメリカ合衆国やヨーロッパなどの先進国である。発展途上国では，移民の多いラテンアメリカで早くから都市人口率が上がり，農民が多かったアジアでも工業化とともに上昇している。近年はアフリカでも都市への人口流入が著しい。

2 都市人口の増加とその要因

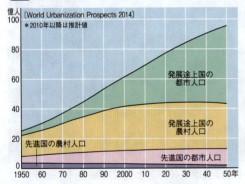

↑②世界の都市人口・農村人口の推移

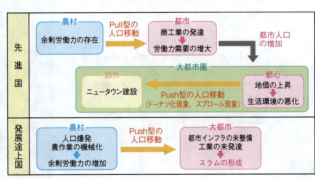

↑③都市人口が増加する要因

先進国の都市化は，産業革命や経済成長に伴う都市での労働需要の増加に対して，周辺の農村から労働力が供給されるというPull型の人口移動によるものであった。

一方，発展途上国では，**人口爆発**が起きた農村の余剰労働力が，産業が未成熟で労働需要の少ない都市へ流入するというPush型の人口移動により，都市化が進んだ。

3 メガロポリス（巨帯都市）

Link p.267 ⑤巨大都市ニューヨーク

↑④東海道メガロポリス　↑⑤アメリカ合衆国のメガロポリス

都市化が進んで**メトロポリス（巨大都市）**に成長すると，隣接する都市が連続した都市群の状態となる**コナーベーション（連接都市）**が一般的にみられる。さらに，近接したいくつかの大都市が相互に機能的な連携を深め，帯状に連なった地域のことを**メガロポリス（巨帯都市）**という。1957年に地理学者ゴットマンが命名した。アメリカ合衆国北東部（ボストン～ワシントンD.C.間）や，東海道メガロポリス（東京～神戸間）が代表例。

用語 コナーベーション（連接都市） 発生が異なる隣接した二つ以上の都市の市街地が，拡大して一つにつながった都市域のことで，土地利用的な視点による。代表例はドイツのルール地方で，デュースブルクからエッセン，ドルトムントにいたる地域は，工業の発達で市街地がつながっている。東京を中心に埼玉県南部，千葉県西部，神奈川県北部の地域も，東京の市街地の拡大で一つにつながっている。

発展途上国の都市・居住問題

地理力＋ 発展途上国の人々が都市に流入する社会的背景は何だろうか。また、どのような都市問題が発生しているのだろうか。→p208❷, ❶❷

1 スラムの拡大

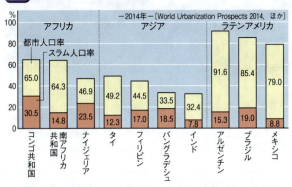

↑❻**おもな国の都市人口率とスラム人口率** 発展途上国では、都市人口が急増するとともに、都市の中での**スラム**（生活環境の劣悪な不良住宅街）に住む人が増えている。近年では、とくにサハラ以南のアフリカ諸国で、スラム人口の増加が著しい。

↑❼**劣悪な居住環境のスラム**（バングラデシュ, ダッカ） スラムでは、無秩序なごみの廃棄などによる劣悪な衛生環境や高い犯罪率、**ストリートチルドレン**の存在などが問題となっている。

↑❽**ビル街とファベーラ**（ブラジル, サンパウロ） **ファベーラ**とは南米の大都市にみられる**スラム**のこと。山の斜面や河川敷などに形成され、あり合わせの材料でつくられた小屋などが密集する。ブラジルではリオデジャネイロにも大規模なファベーラが存在する。

←❾**サンパウロの市街地の拡大**

Link p.273 ❼貧困層が集まるファベーラ

用語 インフォーマルセクター
小売業やサービス業、製造業のうち、正式な契約や社会保障のない労働のこと。靴みがきや露天商、自転車タクシーの運転手、廃品回収業者など、さまざまな仕事がある。一般に収入は低く、税金は納めていない。とくに発展途上国の大都市やその周辺でみられる。

2 首位都市（プライメートシティ）の肥大化

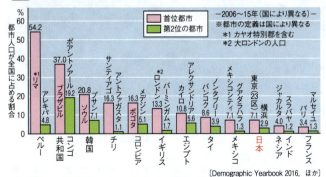

↑❿**おもな国の首位都市と第2位の都市の都市人口**

政治や経済など、国の中枢的機能が集中し、人口が突出して多い都市を**首位都市（プライメートシティ）**とよぶ。とくに発展途上国の首位都市は、ほかの地域との経済格差が大きいことから、職を求める人々の流入が著しく、国内の総人口に占める人口比率が高まっている。発展途上国の大都市では、貧困のために家庭の保護を受けられない**ストリートチルドレン**とよばれる子供たちや、**ホームレス**とよばれる住居のない人々が、路上や空き地などで生活していることが社会問題化している。

コラム オリンピックを利用した都市整備

2016年にオリンピック・パラリンピックが開催されたリオデジャネイロでは、この大会をきっかけにインフラなどの整備を進め、市民生活をより快適で安全なものにすることも目標とされてきた。大会のために建設・改修されたスポーツ施設は引き続き国際大会などで活用され、トップアスリートの強化に役立てられている。また大会後には、これまでスポーツやレジャーを楽しむ機会に恵まれなかった市民にも、これらの施設の一部が開放されている。

リオデジャネイロは、巨大な人口を抱えるうえに多くの観光客が訪れるため、近年は交通渋滞に悩まされてきた。そのため地下鉄やライトレール（LRT）などの公共交通機関がオリンピック・パラリンピックに合わせて整備されたことは、とりわけ市民に歓迎されている。

←⓫**オリンピックのために整備されたライトレール**（ブラジル, リオデジャネイロ）

3 深刻なインフラ整備の遅れ

発展途上国では，産油国など裕福な国を除いて，急増する人口にみあうだけの経済力がなく，道路や水道など生活基盤となる**インフラ（インフラストラクチャー）**の整備が遅れている。国民は貧困のため多産となり，**人口爆発**の対策に国家の経済は追われて経済成長できず，貧困から脱出できない悪循環がある。

▼❶おもな国の道路舗装率（上）と安全な飲料水を利用できる人の割合（下）

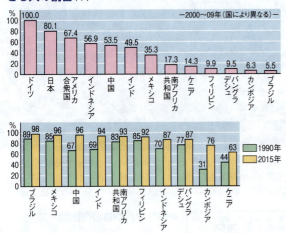

↑❷日本の政府開発援助（ODA）で建てられた橋（カンボジア） 発展途上国に対しては，日本を含む先進国が経済面や技術面で援助し，インフラの整備に協力している。

用語 インフラ（インフラストラクチャー） 産業や生活の基盤として整備される施設のこと。インフラはインフラストラクチャー（infrastructure）の略。狭義には，道路・鉄道・上下水道・送電網・港湾・ダムや，電話・インターネットなどの通信施設など産業の基盤となる施設をさす。広義には，学校・病院・公園・福祉施設などの生活の基盤となる施設も含める。インフラの整備状況は，都市の発展と関連する。

Link ▶ p.192 ❹政府開発援助（ODA）の取り組み，p.199 発展途上国の人口問題，p.253 ❼アフリカの貿易と中国とのつながり

4 メキシコシティの環境問題と対策

メキシコシティは，周囲を高い山で囲まれた盆地にあるため，空気が拡散しにくい構造になっている。これに加えて人口が急増したことで，**スラム**が郊外の山の斜面にまで拡大している。道路などの都市基盤の整備が追いつかず，街が自動車の排ガスによるスモッグにおおわれる日が多い。

↑❸メキシコシティの中心部

↑❺スモッグにおおわれた都市（メキシコ，メキシコシティ）

Link ▶ p.81 ❶世界の大気汚染

↑❹交通渋滞とバス専用レーン（メキシコ，メキシコシティ） 郊外に市街地が拡大しているため，都心への道路は通勤時には大渋滞になる。そこで，自動車の流入を減らし，公共交通機関の利用を促すために，渋滞のないバス専用レーンを設けている。

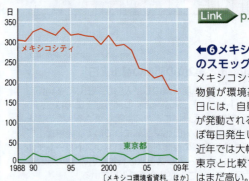

←❻メキシコシティと東京都のスモッグ発生日数の推移
メキシコシティでは，大気汚染物質が環境基準値を上まわった日には，自動車の使用規制などが発動される。1990年代にはほぼ毎日発生していたスモッグは，近年では大幅に減少しているが，東京と比較すると空気の汚染度はまだ高い。

先進国の都市・居住問題

地理力 先進国の都市内部で発生するインナーシティ問題とは、どのような問題だろうか。問題の背景にも着目しながら考えていこう。→12

1 インナーシティ問題

[Diercke Weltatlas 2008、ほか]

Link ▶ p.266 4アメリカ合衆国の人種・民族、
　　　 p.267 ハーレムの再開発

←⑦**ロサンゼルスの人種・民族分布** アメリカ合衆国の大都市では、経済的に成功した人は、郊外に庭付き一戸建て住宅を求め、ハイウェイを車で通勤する傾向がある。一方、古くからの都市内部(インナーシティ*)では、移民が人種・民族ごとに集まる地区などに貧困層が滞留し、スラム化が進んだ。ロサンゼルスのインナーシティは、アフリカ系からヒスパニックに人口構成の中心が移っている。

＊インナーシティは、バージェスの同心円モデルでは、漸移地区にあたる。

Link ▶ p.207 ②都市の内部構造

↓⑧ロサンゼルス中心部で暮らすホームレス

用語 インナーシティ問題とジェントリフィケーション

先進国の大都市では、早くから市街地化された都心周辺地区で建物の老朽化が進んだ。その結果、富裕層が郊外へ流出し、家賃の下がった住宅に貧困層や移民、外国人労働者が流入したことにより、**スラム**が形成された。スラムを抱えた大都市では治安の悪化、失業者の増加、商店街の衰退、税収の減少などの**インナーシティ問題**が生じている。

これに対して、近年ではスラムを一掃してオフィスや高層住宅を新たに建設する**再開発**が進んでいる。再開発が進んだ市街地では、その立地の便利さなどから富裕層が流入する**ジェントリフィケーション**(gentrification)とよばれる現象がみられる。

2 ロンドンの都市問題と再開発

ロンドンは産業革命以来、工業が発達して急速に大都市化した。都市化により、人口の過密やテムズ川の汚染などの都市問題も発生した。これらの問題を解決するために、1944年に**大ロンドン計画**が発表され、郊外にいくつもの**ニュータウン**が建設された。それにより、ロンドンの人口は1960年までに80万ほど減少し、当初の目的は達成された。しかし、その後のさらなる人口減少により、近年は都心部やインナーシティの再開発が課題となっている。テムズ川沿いのドックランズでは、古い港湾地区の再開発を進め、現在では現代的な街なみに生まれ変わっている。この結果、比較的裕福な人が流入する**ジェントリフィケーション**の現象もみられる。しかし、地価の高騰が進んで、そこで暮らしていた貧困層が追い出されるという問題も生じている。

↑⑨1988年(上)と2011年(下)のドックランズ(イギリス、ロンドン)

↑⑩**ロンドン周辺図** 19世紀末に、都市計画家ハワードは、大都市の近郊に職場と居住地とが近接した**職住近接**の田園都市を新しく建設するという**田園都市構想**を提唱した。この考えをもとに、1944年、既成市街地の開発を制限し、郊外にグリーンベルト(緑地帯)を設け、その外側に**ニュータウン**を建設して人口や産業の誘致をはかる**大ロンドン計画**が発表された。

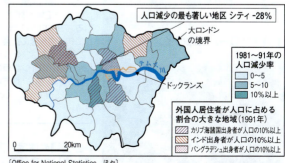

[Office for National Statistics、ほか]

↑⑪インナーシティの人口減少と外国人居住者の割合

3 歴史的景観を保全するパリの再開発

↑①パリ中心部からみたラ・デファンス地区(フランス，パリ) パリ中心部では景観保全や伝統的な建築物の保護のため，建物の高さなどに規制がある。そのため，規制のない西部のラ・デファンス地区に大型施設や超高層ビルが集積している。

↑②パリ中心部の再開発地域と保全地域

凡例：再開発地域／行政地域／商業地域／公園・緑地／高速道路／保全地域／学術地域／鉄道・工業地域／住宅地・その他

←③歴史的建造物を生かしたマレ地区(フランス，パリ) フランス革命前の古い建物や石畳を保全しながら利用することによって，古くからの景観を生かした再開発が行われた。

パリでは，第二次世界大戦後の住宅難や経済成長に伴って，オフィスや住宅の需要が増加した。それによって，郊外のラ・デファンス地区で大規模な**再開発**が進む一方，都心部では歴史的な建物の取りこわしも問題化した。これに対して，1962年に世界初の歴史的環境の保全制度となるマルロー法が制定され，マレ地区など歴史的環境の保全地区では，建物の修復作業が進められた。また2014年には，駅の跡地や旧公共浴場，中世に建てられた建物などの今後の利用方法を公募するなど，官民一体となった大規模な再開発計画も進められている。

Link p.207 ③世界の都市景観

4 都市の再開発の型

↓④都市の再開発の型

	一掃型（クリアランス型）	歴史的景観・建築物の修復・保全型	ウォーターフロント開発
世界	シドニー：港湾貨物ヤード ピッツバーグ：工業地・倉庫地区 ムンバイ：都心部のスラム地区 パリ：メーヌ・モンパルナス地区，地下鉄・国鉄駅跡地	パリ：マレ地区 シンガポール：チャイナタウン ＊そのほか，ヨーロッパの都市の多くで，歴史的建造物を生かした街づくりが進められている。	ロンドン：ドックランズ トロント：インナーハーバー地区
日本	恵比寿ガーデンプレイス(8.3ha)：ビール工場跡地，ほか 梅田北ヤード(うめきた)(24ha)：駅跡地，ほか 神戸ハーバーランド(25ha)：工業地・倉庫地区	京都：三条通り周辺 横浜：馬車道通り周辺 ＊城下町や宿場町などの景観保全を目的とする。	みなとみらい21(186ha)：ランドマークタワーなど 幕張新都心(522ha)：幕張メッセなど 臨海副都心(448ha)：東京テレポートタウンなど

5 スプロール現象

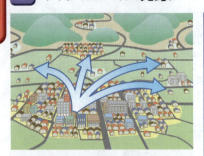

↑⑤スプロール現象のイメージ

←⑥工場や住宅が混在する農地とさいたま新都心(埼玉県)

用語 スプロール現象
市街地の拡大が無秩序に進行し，郊外の農地や緑地が虫食い状に開発されていく現象。経済成長に伴って，大都市圏の中心部はしだいにオフィスや官公庁などの中心業務機能に特化するが，地価の高騰に耐えられない住宅や工場が郊外へと移動する。ヨーロッパでは鉄道の発展に伴って急速に進展した。スプロール現象は，学校や道路，下水道などのインフラの計画的な整備を阻害し，地方自治体の財政を圧迫する要因となっている。

6 ドーナツ化現象から都心回帰へ

←⑦東京周辺の市区町村別人口増加率 1990年代半ばからの都心部でのマンションの大量供給や**職住近接**型を志向する若年層の増加によって，都心やその近隣での人口増加率が高くなっており，企業や大学などの都心回帰もみられる。その一方で郊外は人口が減少し，高齢化が進んでいる。

凡例：10％以上／5～10／0～5／0％未満(減少) ―2010～15年― 〔平成27年 国勢調査〕

Link 共通テスト対策(p.314)

用語 ドーナツ化現象 大都市中心部の居住人口が地価の高騰や生活環境の悪化などのために減少し，周辺部の人口が増大して人口分布がドーナツ状になる現象。日本では高度経済成長期以降，大都市圏でドーナツ化現象が顕著になった。近年は，大都市中心部の再開発によって，人口の都心回帰現象がみられるようになった。

のガイド 古くからの都市内部では，建物の老朽化などによって住環境が悪化する。企業も移転して自治体が財政難となるため，福祉・医療などの公共サービスの質も低下する。

日本の都市・居住問題

地理⊕プラス 日本のニュータウンが抱える問題について、イギリスのニュータウンとの違いなどにも着目してみていこう。→12

1 都市圏への集中と拡大

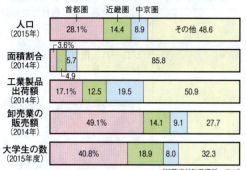

人口（2015年）：首都圏 28.1%、近畿圏 14.4、中京圏 8.9、その他 48.6
面積割合（2014年）：3.6%、5.7、4.9、85.8
工業製品出荷額（2014年）：17.1%、12.5、19.5、50.9
卸売業の販売額（2014年）：49.1%、14.1、9.1、27.7
大学生の数（2015年度）：40.8%、18.9、8.0、32.3
〔総務省統計局資料、ほか〕

↑⑧三大都市圏への集中 首都圏（東京圏）、近畿圏（大阪圏）、中京圏（名古屋圏）の三大都市圏に日本の人口の半数以上が集中している。過剰な集中により、住宅・交通・ごみ処理などの問題が発生している。また、近年は大都市圏と地方圏の地域格差も問題視されている。情報通信技術の発達や地方分権の進展により、**三大都市圏**から地方への機能の分散も進みつつある。

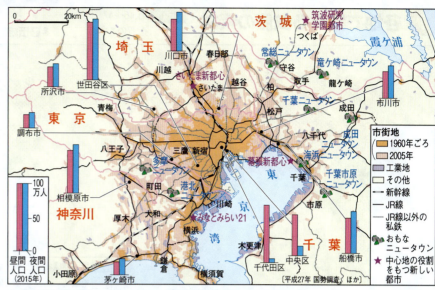

↑⑨東京大都市圏の拡大とおもな都市の昼夜間人口 通勤流動などにより、1日の間で時間帯による人口の増減がある。昼間人口は、都心の勤務地では多くなり、郊外の住宅地では少なくなる。逆に夜間人口は、都心で少なく、郊外の住宅地で多い。**Link** 共通テスト対策（p.314）

↓⑩三大都市圏に転入する人口の地方別の割合

首都圏 合計48.7万人：北海道地方6.2%、東北地方13.5、関東地方13.9、中部地方24.4、近畿地方19.7、中国地方5.7、四国地方2.7、九州地方13.9
中京圏 合計12.3万人：北海道地方3.1%、東北地方3.8、関東地方32.8、中部地方17.3、近畿地方23.2、中国地方、四国地方2.3、九州地方12.7、4.8
近畿圏 合計20.4万人：北海道地方2.2%、東北地方2.7、関東地方31.9、中部地方16.3、近畿地方13.6、中国地方12.4、四国地方7.4、九州地方13.5
—2015年—〔総務省統計局資料〕

2 ニュータウンの高齢化

日本の**ニュータウン**建設は、大都市圏の人口が急増した1960年代に始まる。住宅公団や阪急・小田急などの鉄道会社が開発主体となった大規模な住宅地開発が、郊外地域で次々と進められていった。日本のニュータウンは、大ロンドン計画で整備されたイギリスのニュータウンのように**職住近接**をめざしたのではなく、居住者が都心部まで通勤する**職住分離**型となっている。

開発時に同世代がいっせいに入居したニュータウンは、人口構造にゆがみが生じているため、**少子高齢化**が急速に進み、地域コミュニティの希薄化や小中学校の統廃合などの問題が表面化している。

名称	入居開始年	総面積(ha)	計画人口(万人)	構成する市町村
千里	1962	1160	15.0	豊中市、吹田市
泉北	1967	1557	18.0	堺市、和泉市
高蔵寺	1968	702	8.0	春日井市
多摩	1971	2885	28.6	八王子市、町田市、多摩市、稲城市
千葉	1979	1933	14.3	白井市、船橋市、印西市
港北	1983	2530	22.0	横浜市

↑⑪日本のおもな大規模ニュータウン 大規模ニュータウンの建設は、1960〜80年代前半に集中している。ニュータウンの造成に伴って鉄道の新駅やバス路線、道路などが新設されることが多い。**Link** p.287 try ニュータウンの特徴

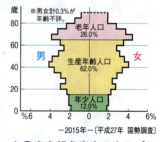

↑⑫東京都多摩市の人口ピラミッド 多摩ニュータウンの入居が始まった時代に移り住んだ世代とその子供の世代にあたる人口が多い。
老年人口26.0%、生産年齢人口62.0%、年少人口12.0%
※男女計0.3%が年齢不詳。
—2015年—〔平成27年 国勢調査〕

3 ウォーターフロントの開発

↑⑬ユニバーサル・スタジオ・ジャパン周辺（大阪府、2020年）工場跡地をテーマパークに再開発した。

日本における**ウォーターフロント開発**は、1960年代の神戸市のポートアイランド開発から始まり、1980年代以降、大規模埋立地の造成による開発が数多く実施された。その後、横浜市のみなとみらい21地区のように、利用の少なくなった工業用地を商業施設や住宅などに転用する例もみられるようになった。

4 旧国鉄駅跡地の再開発

↑⑭1997年（左）**と2012年**（右）**の汐留地区周辺**（東京都）

「汐留シオサイト」は、旧国鉄（現在のJR）の汐留駅の跡地を利用して開発され、オフィスや飲食店などからなる。旧国鉄の駅跡地としては、品川操車場跡地を再開発した「品川インターシティ」や「品川グランドコモンズ」、旧梅田貨物駅跡地の再開発が進められる「うめきた」などがある。

⊕ のガイド 職住近接型のイギリスのニュータウンと異なり、日本のニュータウンは職住分離型であるため、通勤ラッシュや交通渋滞などの問題が生じており、近年は少子高齢化の問題も抱えている。

世界各地の衣服

地理力＋プラス　衣服の素材は，気候・風土・生活習慣などによって地域的に異なる。伝統的な衣服の素材として綿が用いられている地域の気候や風土には，どのような特徴があるだろうか。→ 1 2

1 各地で異なる衣服の素材

Link p.46〜47 世界の気候区分

↓❶伝統的な衣服の素材の分布

伝統的な衣服は，地元で得やすい素材を使い，地域の気候・風土・生活習慣に合わせたものが多い。伝統的衣装が正装として残される場合も多い一方で，**グローバル化**やファストファッションの普及により衣服の画一化が進みつつある。

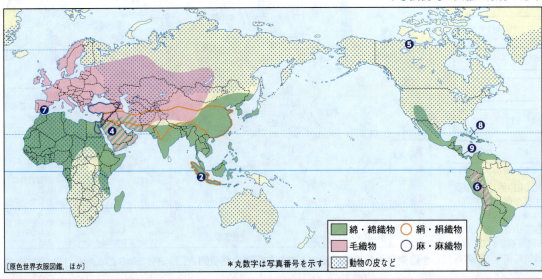

[原色世界衣服図鑑，ほか]

凡例：
- 綿・綿織物
- 毛織物
- 動物の皮など
- 絹・絹織物
- 麻・麻織物

＊丸数字は写真番号を示す

↑❷伝統衣装を着る女性とジーンズをはく若者（インドネシア）

素材	綿・綿織物	毛織物	絹・絹織物	麻・麻織物	動物の皮など
特徴	通気性，吸湿性がよく，高温湿潤な地域に向く。綿織物は古代から利用され，綿生産も広い地域に普及。	じょうぶで加工しやすく保温・吸湿性にすぐれる。寒帯・温帯・熱帯を問わず，実用着，装身用，保温用に広く利用。	中国東部からシルクロードを経て西ヨーロッパに伝わり，各地に養蚕も普及。着心地，光沢，染色性がよく，高級衣料に利用。	人類最古の織物。吸湿性がよく，高温湿潤な地域に向く。製糸に手間がかかるため，徐々に綿・毛織物に移行。	寒冷地域，乾燥気候での防寒に向く。遊牧や狩猟で得た獣皮革をそのまま，または裁断・縫製して利用。

↑❸おもな衣類の素材と特徴

2 風土の影響を受ける衣服

↑❹乾燥地に暮らすベドウィンの民族衣装（サウジアラビア）乾燥地では，日中の暑さや直射日光，砂ぼこりから身を守るために，頭をおおう布と長袖の服を着用して肌の露出をできるだけ減らしている。

↑❺寒冷地に暮らすイヌイットの民族衣装（カナダ）狩猟で得たアザラシやカリブーの毛皮でつくったコート，ブーツなどを身につけ，厳しい寒さから身を守っている。

↑❻アンデスの高地に暮らす人々の民族衣装（ペルー）高地のアンデスでは平地よりも紫外線が強いため，そこに暮らす人々は帽子や頭巾をかぶっている。また，昼と夜とで日較差が大きいため，肩かけをまとい，重ね着をしている。

3 歴史（旧宗主国）の影響を受ける衣服

旧宗主国

民族衣装のなかには，歴史的背景の影響を受けているものもある。15世紀後半にスペインが進出した中央・南アメリカ諸国では，旧宗主国のスペインの影響を受けた民族衣装がみられる。

旧植民地

↑❼スペイン南西部の民族衣装　　↑❽キューバの民族衣装　　↑❾コスタリカの民族衣装

＋プラスのガイド　綿を素材とした伝統的な衣服は，東南アジアや南アジア，北アフリカなどにみられる。綿は通気性・吸湿性がよいため，高温湿潤な地域を中心に用いられてきた。

世界各地の住居

地理力プラス 世界の住居には、さまざまな材料がある。日干しれんがが材料として用いられている地域の気候や風土の特徴について考えよう。→ 1 2

1 さまざまな住居の材料   Link p.46〜47 世界の気候区分

伝統的な家屋も、衣服と同様に、地域にある材料を組み合わせて建てられることが多い。各地の気候・風土に対応するとともに、生業や社会組織にあったさまざまな様式がみられる。生活スタイルの変化やコンクリートの普及により、伝統的な家屋が減少しており、これらを残すために観光資源として保存・活用するところもある。

↓⑩住居のおもな材料の分布

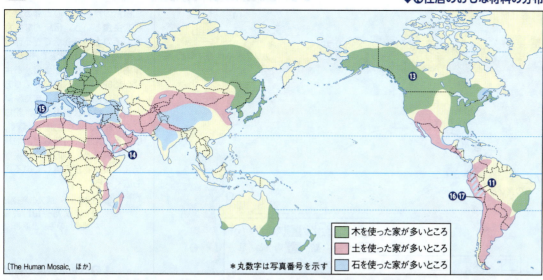

[The Human Mosaic, ほか]

凡例：
- 木を使った家が多いところ
- 土を使った家が多いところ
- 石を使った家が多いところ

＊丸数字は写真番号を示す

↑⑪日干しれんがづくり（ペルー）

材料	木	土	石
特徴	その土地の樹種や木の豊富さに応じてさまざまな工法がみられる。木は丸太、板などに加工される。総木造りもあれば、石・土・草・竹、やしの葉などと組み合わせる例もある。	土は保温性・断熱性の高い身近な素材で、木や石の得にくい地域や少雨地域に多い。地下掘削、土積み、**日干しれんが**積みなどの工法があり、雨季のある地域では屋根材の工夫がみられる。	凝灰岩や石灰岩などの加工しやすい石がとれる地域には、切石積みの家屋が多い。木材など、ほかの材料と石材の入手のしやすさに応じて、純粋な石積みに木・石を組み合わせる工法も用いられる。

↑⑫おもな住居の材料と特徴

2 材料からみたさまざまな住居   Link p.55 ②地中海性気候区、p.247 ②乾燥した気候

↑⑬木でつくられた家（カナダ）　森林の多い北ヨーロッパや、ロシアから日本にかけての地域、カナダやアメリカ合衆国では、木造の住宅が多い。

↑⑭日干しれんがでつくられた家（イエメン）　乾燥した地域では、土でつくった日干しれんがを積み上げた家がみられる。保温性、断熱性が高い。

↑⑮石でつくられた家（スペイン）　夏に暑く、日ざしが強い地中海沿岸では、陽光を反射させる厚い白壁と小窓で、家の中を涼しく保っている。

コラム　浮島での生活 −ペルーのチチカカ湖−

アンデス山中、標高3812mにあるチチカカ湖では、トトラとよばれるヨシ(アシ)に似た水草を水面上に積み重ねて浮島をつくり、トトラでふいた家をその上に建てて生活している人々がいる。漁に用いる船や移動用のボート、そのほか生活のあらゆる場面でトトラが使われている。近年は太陽光発電が導入され、島でも電灯やラジカセが使えるようになったほか、観光客相手にトトラでつくった民芸品を売るなど、伝統的な生活を守りつつ、新たな生活スタイルを見いだしている。

↑⑯太陽光パネルを設置している家
→⑰トトラ(水草)でつくられた島と家

プラスのガイド　日干しれんがで建てられた住居は、砂漠が広がる北アフリカから中央アジア、標高が高く樹木が少ない中央・南アメリカの高山地域などにみられる。両地域とも日ざしが強く乾燥している。

多様な食文化

> 地理力＋プラス　国や地域によって，食べる肉の種類が異なるのはなぜだろうか。自然環境や宗教に着目して考えよう。→ 3 4

1 世界各地の主食

↓❶おもな主食の材料の分布

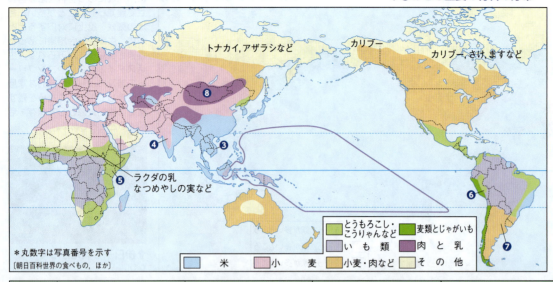

日常の食事の中心となる食べ物を**主食**という。伝統的な主食は，その土地で栽培できる作物とその加工・調理法で決まる。作物は気温，水分，土壌，および自給的・商業的農業のあり方と密接な関係がある。また，調理法は，粒のまま食べる，粉にひく，練る，炊く，焼く，蒸す，ゆでる，発酵の有無など，地域により異なる。外国人や移民が伝えた食べ物が定着している例も広くみられる。

Link　p.86～87 農業の発達と分類，p.98～101 おもな農産物の生産と流通

↓❷おもな主食の特徴

材料	米	小麦	とうもろこし	いも類	肉と乳
特徴	モンスーンアジアの主食で粒食が一般的。インド以西ではピラフのように味付けすることが多い。	ステップ地帯に起源。冷涼な地域では大麦，ライ麦，オート麦も栽培。粉状にしてパンやめん類に加工する。	新大陸原産。つぶがゆや粉を練った平焼きパンに加工。アフリカでは粉にして雑穀同様に食べる。	各地の根栽型農耕と関連。有毒の品種は毒抜きしてでんぷんを利用。無毒の品種は熱してそのまま食べるか，餅に加工する。	多くの牧畜民はおもに乳製品（チーズ，バター，ヨーグルト）を利用。北極圏ではトナカイやアザラシなどの肉を主食とする。

2 おもな食べ物とその調理法　Link　p.315～317 世界の農産物，p.318 世界の家畜

↑❸米でつくられたフォー（ベトナム）　米粉からつくっためんは東南アジアで広く食べられており，ベトナムではフォーとよばれる。街角では，めんに牛肉や鶏肉，野菜などをのせて出す屋台がよく見られる。

↑❹小麦でつくられたナンとカレー（インド）　ナンは南アジアでみられるパンの一つ。小麦粉と水をこねて薄い円形にのばして焼いたものをチャパティ，発酵させて窯で焼いたものをナンとよぶ。

↑❺ウガリを食べるようす（ケニア）　ウガリはアフリカ東部や南部の伝統食で，キャッサバやとうもろこしの粉を湯でこねてから蒸し焼きにしたもの。だんご状，かゆ状などのバリエーションがある。

↑❻じゃがいもの保存食チューニョづくり（ペルー）　アンデスに暮らす人々は，じゃがいもやとうもろこしを主食とする。じゃがいもはチューニョとよばれる保存食にすることが多い。

↑❼アサード（アルゼンチン）　アサードは，アルゼンチンやウルグアイの焼肉料理で，肉のかたまりを炭火で焼き，塩で味付けしたもの。19世紀後半にガウチョの食文化が都市に伝播して生まれた。

↑❽乳を温めるようす（モンゴル）　穀物生産に不向きな乾燥地域が広がるモンゴル高原では，遊牧民が家畜（羊・ヤギなど）から得られる肉や乳製品（生乳，チーズ，バターなど）を主食としている。

3 肉類の消費

Link p.101 ７牛の分布と牛肉の生産, p.129 オリジナルカロリーで食肉の生産を考える

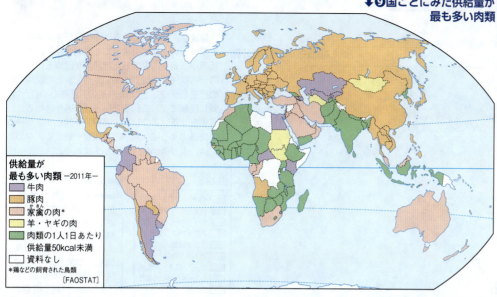
↓⑨国ごとにみた供給量が最も多い肉類

供給量が最も多い肉類 —2011年—
- 牛肉
- 豚肉
- 家禽の肉*
- 羊・ヤギの肉
- 肉類の1人1日あたり供給量50kcal未満
- 資料なし
*鶏などの飼育された鳥類
〔FAOSTAT〕

↑⑩ブラジルの肉料理シュラスコ（ブラジル）　牛肉や豚肉，鶏肉を鉄串に刺し，粗塩の岩塩をふってから炭火でじっくり焼きあげる料理である。

肉類の消費は自然環境の違いのほか，文化や宗教などの影響も強く受ける。また，生産には多量の飼料が必要とされるため，消費量は経済水準とのかかわりが強い。所得の低いアフリカ諸国では，肉類の供給量が1人1日あたり50kcal未満の国が多い。

4 食と宗教

宗教によっては，特定の肉を食べることを禁じている例が少なくない。宗教上の戒律を守ることは，信仰の証になるため，熱心な信者ほど食のタブーを意識しながら生活している。多文化主義の浸透した地域では，食のタブーに配慮した食事を選べるようになってきている。

宗　教	食べてはいけないもの
イスラーム	豚肉，豚脂などを含む製品，血，酒，処理の作法が守られなかった肉
ヒンドゥー教	牛肉，牛脂などを含む製品（人によっては肉類全般，卵などを食べない）
ユダヤ教	豚肉，馬肉，うろこのない魚介類（うなぎ，いか，たこ，貝類，甲殻類など），処理の作法が守られなかった獣肉
仏教	肉，卵，魚介類全般
キリスト教	馬肉（曜日によって肉類を禁ずる宗派もある）

↑⑪おもな宗教における食のタブー
地域によってタブーとする範囲には差がある。例えば，ベトナムや台湾などの大乗仏教が発達した地域の僧侶は肉類を食べないが，タイなどの上座仏教の発達した地域では肉類を食べることは禁じられていない。

用語　ハラールとハラーム　イスラームでは，法律（イスラーム法）のもとで食べられるものを**ハラール**，食べることを禁止されているものを**ハラーム**という。ハラールの食品のみを口にすることは神の教えに忠実に従うこと，すなわち信仰そのものである。食肉の調製にも厳格な作法があり，食べてもよい動物でも処理の作法が守られていない肉はハラームとなり，食べてはいけない。加工品も，原材料にハラールの成分でないものが含まれていると，食べてはいけないものとなる。

←⑫ハラールの表示を掲げているファストフード店（イギリス）
ハラールフードは，豚肉，酒，血液，肉食動物以外のもので，神の名のもとに食用の処理をほどこされた食品をさす。

Link p.185 イスラーム圏からの観光客の誘致，p.220〜221 世界の宗教，p.248 ５ムスリムの生活

専門家ゼミ　ユネスコ無形文化遺産に登録された「和食」

2013年12月，「和食；日本人の伝統的な食文化」がユネスコの無形文化遺産に登録された。無形文化遺産とは，伝統的な音楽や舞踊，工芸技術，社会的慣習などの無形の文化であり，その土地の歴史，文化，生活風習と密接に結びついたものが登録の対象である。食に関する分野では，「フランスの美食術」，「地中海料理」，「メキシコの伝統料理」，「トルコのケシケキ料理」などが社会的慣習として登録されている。

日本政府は，食の多様化などにより日本の伝統的な食文化が徐々に失われつつあるなかで，これを保護し，次世代へ継承するために，ユネスコ無形文化遺産に登録申請を行った。無形文化遺産に登録された「和食」とは，特定の料理や食材ではなく，「日本人の食に関する社会的慣習」である。「和食」は，①多様で新鮮な食材とそのもち味の尊重，②健康的な食生活を支える栄養バランス，③自然の美しさや季節のうつろいの表現，④正月など年中行事との密接なかかわりという特徴をもつ日本人の伝統的な食文化と整理されている。「和食」文化を次世代に継承するため，国民一人ひとりがそれぞれの立場で「和食」の保護・継承に取り組み続けていくことが重要である。
〔農林水産省〕

↓⑬食卓を囲む家族

のガイド　家畜によって飼育に適した気温や降水量が異なる。また，イスラームでは豚肉，ヒンドゥー教では牛肉を食べることが禁じられているなど宗教の影響も受ける。

世界の民族・言語

地理力プラス 世界にはさまざまな言語が存在し、その分布も一様ではない。アフリカにおいて、英語やフランス語を公用語とする国と、アラビア語を公用語とする国の特徴について考えよう。→ 1 2

1 世界の言語 Link p.243 ④多言語の国インド

↓❶おもな言語の分布

言語は、社会集団における相互伝達の手段として用いられ、文字によっても表現される。同一の起源から派生、発達した言語群を**語族**といい、その分布は民族の成立や移動、他民族との関係などの歴史を反映している。共通の言語をもつことは、同じ**民族**に属しているという連帯感を強めるはたらきをする。アフリカ・アジア語族とイスラームの関係のように、言語と宗教が一致する人々の間には、より強い民族意識が生まれる。

用語 民族 言語、宗教、生活様式などの共通した文化的指標により、構成員がたがいに伝統的に結ばれているという意識をもつ集団。とくに、共通の言語をもっていることは同じ民族であるという意識を強めている。

↓❷おもな言語の分類　＊他の民族（語族）に囲まれた地域を**民族島**とよぶ。

語族	おもな言語
インド・ヨーロッパ語族	**ゲルマン語派**（ドイツ語・英語など）、**ラテン語派**（フランス語・イタリア語・スペイン語など）、**スラブ語派**（ロシア語・ポーランド語など）、インド・イラン語派（ペルシア語など）など
シナ・チベット諸語	**中国語**、チベット語、ビルマ語、タイ語など
アフリカ・アジア語族	ヘブライ語、エチオピア語、**アラビア語**など
ウラル語族	フィンランド語*、ハンガリー語*など
アルタイ諸語	モンゴル語、トルコ語など
オーストロネシア語族	インドネシア語、マレー語、ポリネシア語、タガログ語など
ニジェール・コルドファン諸語	バントゥー諸語、ヨルバ語など
その他	**日本語**、韓国・朝鮮語、インディアン・インディオ諸語など

↓❸言語が似ているヨーロッパの国々

2 世界の公用語

公用語とは、国や州などで、公の場において用いることが定められている言語をいう。1国家1公用語の国が多いが、ベルギーやスイス、カナダのように、複数の公用語を設けている国もある。

Link p.251 ③奴隷貿易と植民地の歴史

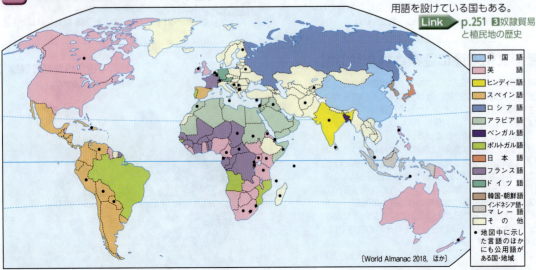

↑❹公用語の分布　アジアやアフリカ、ラテンアメリカにおける旧植民地国家では、公用語として旧**宗主国**の言語が使われていたり、最も使用する者の多い民族の言語が使われていたりする。

用語 母語と母国語 母語とは、生まれて最初に習い覚えた言語のこと。他方、母国語とは、話者が国籍をもつ国で、公用語とされている言語のことである。母語と母国語は必ずしも一致しない。

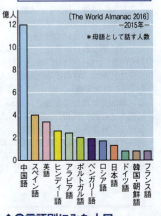

↑❺言語別にみた人口

218

3 四つの公用語をもつスイス

↑**❻スイスの言語分布**

←**❼ラテン語の公式国名が書かれているスイスの切手** スイスは、北部・中部のドイツ語、西部のフランス語、南部のイタリア語、山がちな南東部のロマンシュ語の4言語が公用語になっている。なお、切手や貨幣には、ラテン語での公式国名「ヘルヴェティア」が表記されている。

Link ▶ p.256 ❺ヨーロッパの言語と民族

コラム 各国で異なる国民の資格

国民とは、国家の構成員のことで、その国の国籍をもつ者をさし、**国籍**とは特定の国家に所属する個人の身分をいう。したがって、国籍が正式な国民としての証明とみなされる。国籍の取得は、基本的には出生に伴う。その取得原則は、親の国籍によって決定される血統主義と、生まれた国の国籍を取得する生地主義に大別される。また、両方の要素が混在している国もあり、植民地支配や移民受け入れ政策など、各国の歴史を反映している場合が多い。日本は血統主義国である。

アメリカ合衆国 非正規滞在・短期滞在・旅行を問わず、出生時にアメリカ合衆国に滞在していることが条件。アメリカ合衆国籍の飛行機や船舶に乗り合わせていた場合でも有効。

オーストラリア 親のどちらかがオーストラリア国民であることが条件。永住権取得者の子は、出生時にオーストラリアに滞在していれば国籍を取得できる。

日本 出生時の滞在場所とは関係なく、親のどちらかが日本国民であることが条件。

ドイツ 出生時の滞在場所とは関係なく、親のどちらかがドイツ国民であることが条件。ただし移民の子供は、出生時にドイツに滞在していれば23歳までに国籍の選択ができる。

フランス 出生時の滞在場所とは関係なく、親のどちらかがフランス国民であることが条件。ただし、2世代にわたってフランスに滞在した移民の子供（三世）は、出生時にフランスに滞在していれば国籍を取得できる。

4 世界の人種

→**❾古典的人種分類による人種の特徴**

人種	特徴	分布
コーカソイド（西ユーラシア人）	白・褐色の皮膚、金髪・黒・波状毛・直毛、中～高の身長	ヨーロッパ人（ゲルマン、ラテン、スラブ）、アラブ人、インド人など
モンゴロイド（東ユーラシア人）	黄・銅色の皮膚、黒く太い直毛、中～低の身長	中国人、日本人、インドネシア人、イヌイット、インディオ、ミクロネシア人、ポリネシア人など
ネグロイド（アフリカ人）	黒色の皮膚、黒色の巻毛・縮状毛、広く低い鼻、厚い唇	スーダンニグロ、バンツーニグロ、ムブティ（ピグミー）など
オーストラロイド（サフール人）	濃色の皮膚、黒色の波状毛・巻毛、低い鼻	オーストラリア先住民（アボリジニー）など

人種とは、人類を骨格・皮膚・毛髪などの外見の特徴によって分けた区分である。アフリカで誕生した現生人類は、数万年かけて世界に分布を広げ、環境に適応することによって多様な特徴を獲得した。しかし、外見の特徴と遺伝子の特徴は必ずしも一致するわけではなく、現在では科学的な有効性が否定されている。

↑**❽古典的人種分類にもとづく人種の分布と移動**

コラム 強い民族意識でまとまるバスク人

ヨーロッパのほとんどの国や地域では、インド・ヨーロッパ語族の言語が話されているが、なかには、ハンガリーなどのようにインド・ヨーロッパ語族とは異なる起源をもつ言語が話されている地域もある。このような地域を**民族島**とよぶ。

ピレネー山脈をはさみ、スペインとフランスの両国にまたがるバスク地方も民族島の一つである。バスク地方に暮らす人々はバスク人とよばれ、およそ200万人いる。バスク人は独自の言語をもち、独特の文化をはぐくんできた歴史により、強い民族意識でまとまっている。ここでは道路標識や看板などもバスク語が優先され、ついでスペイン語、英語が表記されている。地元に本拠を置くサッカーチーム、アスレチック・ビルバオの存在もバスク人の民族的な連帯感を強めるのに大きな役割を果たしてきた。アスレチック・ビルバオの選手はバスク地方出身者などに限られており、レアル・マドリードやFCバルセロナといった強豪チームとの試合は、さながら「バスク人vsスペイン中央政府」「バスク人vsカタルーニャ人」の様相を呈する。言語や文化、サッカーなどさまざまな面でまとまるバスク人は、その歴史の深まりとともに、ますます結束を強めている。

Link ▶ p.224～225 世界の民族・領土問題

↑**❿バスク人のみで構成されるスペインのサッカーチーム、アスレチック・ビルバオの選手たち**（スペイン）

＋のガイド 英語やフランス語を公用語とする国の多くは、かつてイギリスやフランスの植民地であった国であり、宗主国の言語が公用語になった。アラビア語を公用語とする国はイスラームを信仰する国に多い。

世界の宗教

地理力＋プラス　ラテンアメリカには，どのような宗教が分布しているだろうか。また，その宗教が分布する理由を考えてみよう。→12

1 宗教分布と伝播　Link p.240 4東南アジアの宗教

キリスト教は，ユダヤ教を基礎とし，イエスによって始められた宗教で，ヨーロッパから南北アメリカに広まった。イスラームは7世紀に預言者ムハンマドによって始められ，北アフリカから西アジア，インドネシアにかけて広まった。仏教は紀元前5世紀ごろインドでガウタマ＝シッダールタ（ブッダ）がおこし，その後，東アジアや東南アジアに広まった。

↓❶宗教の分布と各地への伝播

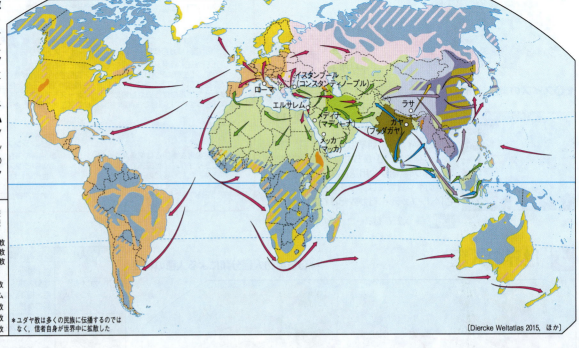

＊ユダヤ教は多くの民族に伝播するのではなく，信者自身が世界中に拡散した

〔Diercke Weltatlas 2015，ほか〕

2 宗教別の人口

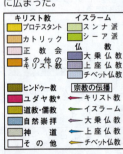

↑❷宗教別の人口割合

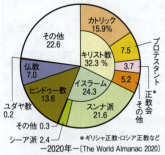

↑❸おもな宗教の地域別割合

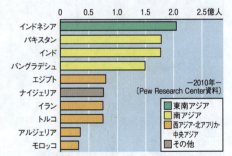

↑❹ムスリム（イスラム教徒）の多い国

イスラームは西アジアを中心に広まっているが，ムスリムの数では人口の多いインドネシアが一番多い。インドはヒンドゥー教徒が多数を占める国であるが，ムスリム人口でも世界で3番目に多い国である。

3 アジアのおもな民族宗教

シク教	ゾロアスター教	チベット仏教
 ↑❺シク教徒（インド）Link p.244 ❶	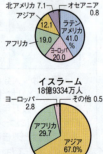 ↑❻神殿での礼拝のようす（イラン）	 ↑❼チベット仏教徒の礼拝（中国，チベット自治区）
インド，パンジャブ州を中心に分布	イラン，ムンバイ（インド）に分布	チベット自治区（中国），モンゴル，ブータンに分布
16世紀初めに創設された。多神教のヒンドゥー教に対し一神教的な性格をもち，カーストによる階層性も否定。ターバンを着用。	紀元前6世紀ごろ，ペルシャの預言者ゾロアスターが始めた宗教。祭壇の聖火を神の象徴とするので，拝火教ともいわれる。	大乗仏教と土着の宗教が融合して発達したもの。信者は祈りの言葉を唱えながら，経文が入った円筒（マニ車）をまわし，五体投地を繰り返す。

用語　世界宗教と民族宗教　世界宗教は三大宗教であるキリスト教，イスラーム，仏教のように広い地域で信仰されていて，複数の民族に受け入れられている宗教。一方，ヒンドゥー教やユダヤ教，シク教，チベット仏教のように特定の国や民族に信者が限られている宗教を民族宗教という。

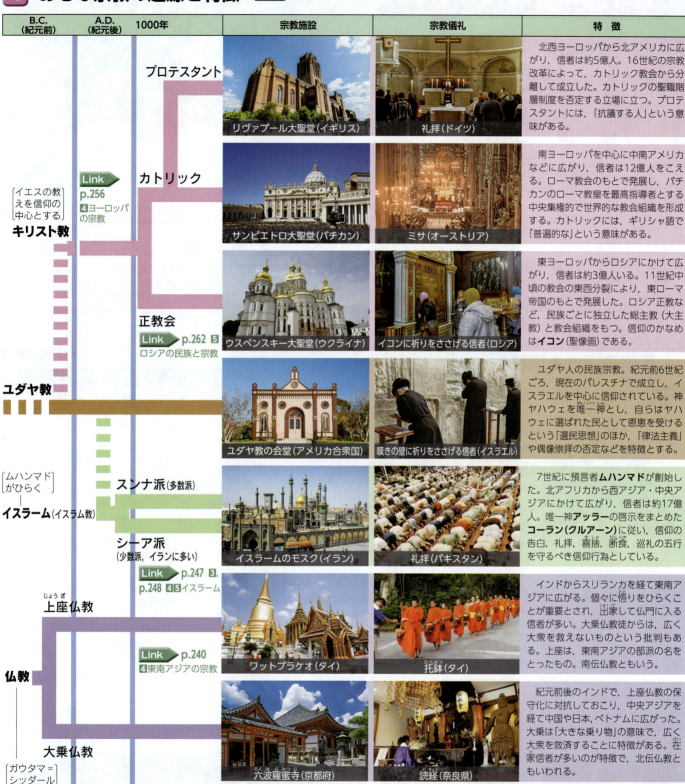

4 おもな宗教の起源と特徴

現代世界の国家と結びつき

山岳国境と河川国境の特徴について，隔離性と交流性に着目しながら考えよう。→②

1 国家とは何か

分類		特徴	おもな国
政治による分類	共和国	主権が国民にあり，国民が元首や政治を行う代表者を選出する国。	アメリカ合衆国，フランス，イタリア，中国，韓国など
	君主国	単独の首長により統治される国。その制度の違いにより，立憲君主制など，いくつかに分類される。	サウジアラビア，イギリス，ベルギー，タイ，ブータン，オランダなど
組織による分類	単一国家	一つの国家機関（政府）のもとに統治されている国。世界の多くの国がこれに属する。	日本，シンガポールなど多数
	連邦国家	自治的な政府をもついくつかの州が集まって，中央政府のもとに一国家を組織している国。	アメリカ合衆国，ドイツ，カナダ，オーストラリア，ロシアなど

↑❶**国家の分類** 国家は**領域**，**国民**，**主権**の3要素からなる。組織によって**単一国家**と**連邦国家**に分けられるが，日本のような単一国家の場合でも，地域ごとに自治体などを設けることがほとんどである。しかし，政治的・行政的権限は限定されているため，**中央集権国家**としての性格が強い。これに対し，連邦国家を構成する州は，司法権や立法権など強い権限をもっている。

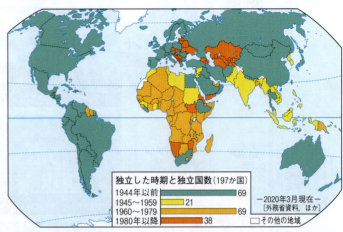

↑❷**独立国数の変化** 現在，世界の独立国は190をこえている。第二次世界大戦後にアジアやアフリカの植民地があいついで独立を果たし，とくに1960年はアフリカで17の国が独立したことから「**アフリカの年**」とよばれた。近年もコソボ（2008年），南スーダン（2011年）など，独立国は増え続けている。

2 国家の領域と国境

Link p.226 日本の範囲

↓❸領土・領海・領空と国境の種類

＊基線から24海里までの範囲で設定できる。警察，関税，衛生などに関して一定の権限をもつ。

用語 排他的経済水域（EEZ） 漁をしたり，鉱産資源の調査や開発をしたりする権利が，沿岸の国に認められている海域のこと。ほかの国は，船の航行は認められているが，海洋資源を勝手に開発することはできない。排他的経済水域は，領海の外側で，基線から200海里（≒約370km）までの海域とされている。

主権の及ぶ範囲である**領域**は，**領土**と沿岸から一定の距離（日本では12海里≒22km）までの**領海**，その上空の**領空**からなる。領域内でも国際河川，国際海峡では，他国籍船の航行が認められる。

↓❹国境の種類

分類		特徴	例
自然的国境	山岳	山脈の分水嶺などを利用。隔離性はあるが，交流性には欠ける。ただし，アルプス山脈では，峠越えの交通が発達した。	ヒマラヤ山脈（ネパールと中国），スカンディナヴィア山脈（ノルウェーとスウェーデン）
	河川・湖沼	古くから国境として利用されてきたが，河道が変化するため，国境紛争の原因となりやすい。湖沼も大きなものは海洋に準じ，国境として利用されることが多い。	五大湖（カナダとアメリカ合衆国），ライン川（フランスとドイツ），ドナウ川（スロバキアとハンガリー）
	海洋	隔離性・交流性ともにすぐれている。	日本，フィリピン，イギリス
	砂漠	隔離性が低く明確な境界が引きにくかったが，近年の鉱産資源開発の影響により，国境線が確定されてきた。	ルブアルハリ砂漠（サウジアラビアとイエメン）
人為的国境	数理的国境	経線・緯線に沿って直線的に定められた国境。新大陸，旧植民地に多い。	リビアとエジプトの東経25度線，カナダとアメリカ合衆国の北緯49度線

↓❺**かつて紛争があった中国とベトナムの国境** 1980年代，中国とベトナムの間には，国境をめぐって大規模な軍事衝突が発生した（中越国境紛争）。しかし，その後は良好な関係が築かれ，現在では簡単に行き来することができるようになっている。

↓❻**アメリカ合衆国とメキシコの国境** 両国の国境は東西約3100kmと長大で，毎年延べ3億5000万人が往来しているといわれる。とくに，メキシコ側からは毎年100万人以上がアメリカ合衆国に不法に入国しているとされる。ティファナは人口約140万の大都市で，自由貿易協定締結以降，アメリカ合衆国などから工場が進出し栄えている。

3 国際連合

↓7 国際連合の組織図

- 信託統治理事会
- 安全保障理事会（常任理事国 米・英・仏・中・ロ / 非常任理事国 10か国）
- 総会
- 経済社会理事会
- 国際司法裁判所
- 事務局

国連貿易開発会議（UNCTAD）
国連環境計画（UNEP）
国連児童基金（UNICEF）
国連難民高等弁務官事務所（UNHCR）
世界食糧計画（WFP）
国連大学（UNU）
国連開発計画（UNDP）など

機能委員会
地域経済委員会

関連機関
世界貿易機関（WTO）
国際原子力機関（IAEA）

専門機関
国際労働機関（ILO）
国連食糧農業機関（FAO）
国連教育科学文化機関（UNESCO）
世界保健機関（WHO）
国際復興開発銀行（IBRD）（世界銀行）
国際通貨基金（IMF）など

※実線は直接報告の関係を、破線は非従属の関係を示す。

→8 国連総会（アメリカ合衆国、ニューヨーク）

1945年に51か国で発足した国際連合は、現在193か国が加盟。国際社会の平和と安全を維持し、国際協力を進めるうえで重要な役割を果たしてきた。総会、安全保障理事会、経済社会理事会など六つの主要機関と多くの専門機関からなる。本部はニューヨーク。

4 国連の関連機関・専門組織

－2021年10月現在－

機関名（略称）	加盟国	目的・活動など	機関名（略称）	加盟国	目的・活動など
国連貿易開発会議（UNCTAD）本部：ジュネーヴ	195か国 設立：1964年	発展途上国の経済開発の促進と、南北問題に代表される世界的な経済格差の是正が目的。	国際原子力機関（IAEA）本部：ウィーン	172か国 設立：1957年	原子力の平和的利用を促進すること、原子力が軍事的利用に転用されることを防止することが目的。
国連環境計画（UNEP）本部：ナイロビ	193か国（すべての国連加盟国）設立：1972年	国連のさまざまな機関の環境に関する活動の調整。2012年の「リオ+20」において、その役割が強化された。	国際労働機関（ILO）本部：ジュネーヴ	187か国 設立：1919年	労働条件の世界的な改善を目的とした機関。男女の平等な雇用や児童労働の撲滅などをはかる。
国連児童基金（UNICEF）本部：ニューヨーク	195か国と1地域（子どもの権利条約締結国）設立：1946年	子供の生命が守られ、成長できるように、暴力・貧困・差別などの過酷な状況から守ることが目的。	国連食糧農業機関（FAO）本部：ローマ	194か国＋EU、2準加盟 設立：1945年	人々の栄養を確保し生活水準を向上させること、また、農業生産性や農民の生活条件を向上させることが目的。
世界貿易機関（WTO）本部：ジュネーヴ	160か国と3地域＋EU、25準加盟 設立：1995年	関税など貿易の障壁となる規制を軽減させ、加盟国の貿易促進をはかる。GATTの発展機関として誕生。	国連教育科学文化機関（UNESCO）本部：パリ	193か国、11準加盟 設立：1946年	世界遺産の登録と保護、エコパークによる生態系の保全と持続可能な利活用の推進。

↑9 国連のおもな関連機関・専門機関

5 国家間の結びつき

Link ▶ p.241 **6** ASEAN, p.257 **6 7** EU, p.273 **9** アングロアメリカ、ラテンアメリカの地域経済統合, p.276 **5** 環太平洋地域の結びつき

－2021年10月現在－

機関名（略称）	加盟国	目的・活動など	機関名（略称）	加盟国	目的・活動など
ヨーロッパ連合（EU）本部：ブリュッセル	27か国 設立：1993年	1967年に発足したヨーロッパ共同体（EC）が1993年に発展的に改組した。加盟国の政治、経済・通貨統合をはかり、世界的にも大きな経済圏を形成。	南米南部共同市場（MERCOSUR）事務局：モンテビデオ	6か国*と6準加盟 設立：1991年	域内の貿易の自由化と関税同盟の設定、政治統合が目的だが、実質的な統合は難航中。*ボリビアは加盟各国の批准手続き中、ベネズエラは加盟資格停止中。
ヨーロッパ自由貿易連合（EFTA）本部：ジュネーヴ	4か国 設立：1960年	もともと欧州経済共同体（EEC）に対抗して設立。1994年の欧州経済領域（EEA）協定発効後はEU市場に参加。経済関係の拡大をはかる。	南米諸国連合（UNASUR）事務局：キト	12か国 設立：2008年	南アメリカ諸国の政治、経済、安全保障面での協力を強め、南アメリカ諸国の統合をめざす。
東南アジア諸国連合（ASEAN）事務局：ジャカルタ	10か国 設立：1967年	東南アジアの安全保障を目的として設立。現在では経済、政治の面においても協力体制を強めている。	独立国家共同体（CIS）本部：ミンスク	9か国と1準加盟、1参加国 設立：1991年	ソ連に属していた国々が集まって構成。おもに経済、外交、防衛の面での協力が目的。
湾岸協力会議（GCC）本部：リヤド	6か国 設立：1981年	加盟国の経済、安全保障の協力のために設立。関税同盟を発足させるなど経済面での協力関係を強めている。	経済協力開発機構（OECD）本部：パリ	37か国 設立：1961年	経済成長、貿易の自由化、発展途上国の支援に貢献することを目的とした先進国による組織。
南アジア地域協力連合（SAARC）本部：カトマンズ	8か国 設立：1985年	南アジア諸国の生活、福祉の向上を推進させ、経済、社会、文化を発展させることが目的。2006年に南アジア自由貿易圏が発足。	北大西洋条約機構（NATO）本部：ブリュッセル	30か国 設立：1949年	東西冷戦時代に、ソ連の脅威に対抗するための共同防衛組織として設立。現在は加盟国の安全保障、テロ対策などに取り組む。
アフリカ連合（AU）本部：アディスアベバ	54か国*と1地域 設立：2002年	安全保障や経済面での協力を促し、アフリカの統合をはかる。また、域内の紛争や政治問題などの撲滅をめざす。*スーダンは資格停止中。	アジア太平洋経済協力（APEC）事務局：シンガポール	19か国と2地域 設立：1989年	環太平洋地域の政府間の経済協力を推進することが目的。年に一度の首脳会議のほかに、各分野の担当大臣会議を開催。
米国・メキシコ・カナダ協定（USMCA）	3か国 設立：2020年	アメリカ合衆国・メキシコ・カナダの自由貿易協定。1994年に発効した北米自由貿易協定（NAFTA）は、USMCAの発効により効力を失った。	石油輸出国機構（OPEC）事務局：ウィーン	13か国 設立：1960年	石油生産国の利益を確保するために設立。国際石油市場における価格の決定に影響力をもつ。
イギリス連邦（別称：コモンウェルス）	54か国 成立：1931年	イギリスと旧イギリス植民地から独立したオーストラリアやニュージーランド、カナダなどの国々が対等の立場で構成する友好・協力関係を基盤としたゆるやかな国家連合体。	アラブ石油輸出国機構（OAPEC）本部：クウェート	11か国* 設立：1968年	アラブ諸国の産油国が、石油産業を中心に経済活動の協力を強めるために設立。サウジアラビア、クウェート、リビアの3か国により結成された。*チュニジアは資格停止中。

↑10 おもな国家間の結びつき　経済や安全保障などの面で協力体制を敷いている地域協力機構が増えている。

＋のガイド　山脈の分水嶺を利用した国境は隔離性は高いが交流性は低い。一方、河川を利用した国境は、隔離性は低いが交流性は高い。河川国境は、河道の変化が紛争の原因になることもある。

世界の民族・領土問題

地理力+ 紛争が多発しているのは，世界のどのような国や地域だろうか。民族や宗教，言語の分布と関連させながらその特徴について考えてみよう。→■

1 世界の紛争地域

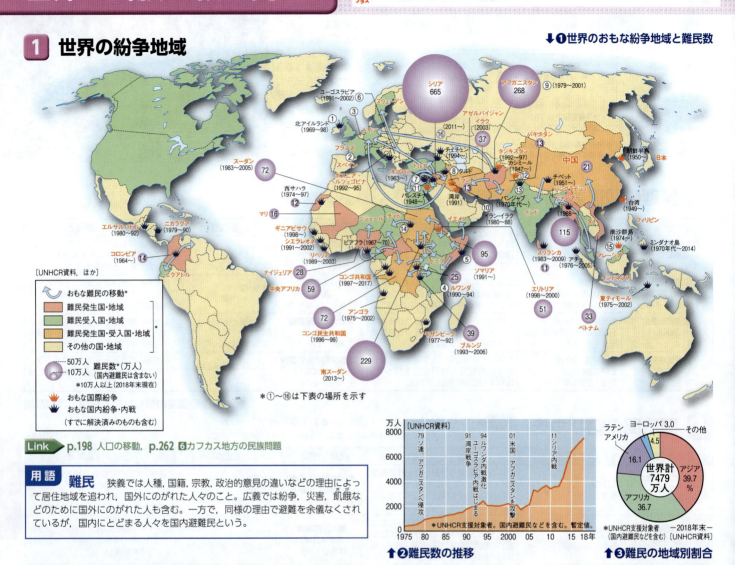

❶世界のおもな紛争地域と難民数

❷難民数の推移

❸難民の地域別割合

用語 難民 狭義では人種，国籍，宗教，政治的意見の違いなどの理由によって居住地域を追われ，国外にのがれた人々のこと。広義では紛争，災害，飢餓などのために国外にのがれた人も含む。一方で，同様の理由で避難を余儀なくされているが，国内にとどまる人々を国内避難民という。

Link p.198 人口の移動，p.262 ❻カフカス地方の民族問題

❹世界のおもな紛争地域とその状況

	紛争地域	状況		紛争地域	状況
①	北アイルランド紛争 (1969〜98年)	イギリスの北アイルランド支配をめぐるカトリック系住民とプロテスタント系住民の対立から発展した武力紛争。1998年に和平合意。2007年には自治政府が成立。	⑨	アフガニスタン内戦 (1979〜2001年)	1989年のソ連軍の完全撤退後も内戦が継続。武装勢力のタリバンと北部の反政府勢力の戦闘が，米英軍の介入に発展した。
②	バスク民族主義運動	スペインとフランスの国境地帯に居住する少数民族バスク人の独立要求運動。1979年にバスク自治州が成立し，大幅な自治権が認められている。 Link p.219 強い民族意識でまとまるバスク人	⑩	イラン・イラク戦争 (1980〜1988年)	シャトルアラブ川の領有に端を発した二国間の戦争。一方でイラン革命の影響力を阻止したい周辺諸国のおもわくもあり，長期化した。
③	ベルギーの言語紛争	オランダ語を使用する北部のフラマン系の人々と，フランス語を使用する南部のワロン系の人々との対立。 Link p.256 ❸ベルギー	⑪	パレスチナ問題 (1948年〜)	パレスチナに建国したユダヤ人国家イスラエルと，追放されたパレスチナ人およびそれを支援するアラブ諸国との対立・抗争。
④	ルワンダ内戦 (1990〜94年)	植民地政策に端を発する少数派ツチ人と多数派フツ人の主導権争いが招いた内戦。大量虐殺や深刻な難民問題が発生。現在では復興が著しい。	⑫	カシミール問題 (1947年〜)	旧カシミール藩王国領の領有をめぐるインド・パキスタン間の国際紛争。一部地域は中国が実効支配している。 Link p.244 ❺南アジアの民族問題
⑤	ソマリア内戦 (1991年〜)	多くの民族が集まった国であるソマリアは，民族同士が互いの利権をめぐって争い，無政府状態が続いている。	⑬	シク教徒独立問題 (1970年代〜)	シク教徒が多いインドのパンジャブ州で，急進派がシク独立国設立を求める反中央政府闘争を展開した。
⑥	ユーゴスラビアの民族紛争 (1991〜2002年)	戦後，多民族国家のユーゴスラビア連邦として統一されていたが，1991年にスロベニアとクロアチアが分離・独立を主張し内戦に。民族対立と内戦が連鎖的に広がり大量の犠牲者を出した。	⑭	ダールフール紛争 (2003年〜)	スーダン西部のダールフール地方で勃発した地元反政府武装力と，スーダン軍および政府側民兵（ジャンジャウィード）の間の武力紛争。
⑦	キプロス問題 (1963年〜)	多数派ギリシャ系住民と少数派トルコ系住民との対立から内戦状態に。1983年，トルコ系住民側は北キプロスとして一方的に独立を宣言したがトルコのみが承認。現在は再統一への交渉が進められている。	⑮	南沙群島（スプラトリ諸島）問題 (1974年〜)	南シナ海にある島や岩礁について，中国，ベトナム，フィリピン，ブルネイ，マレーシアなどが領有を主張。資源問題がからむ。
⑧	クルド民族紛争	トルコ，イラク，イラン，シリアなどにまたがる山岳地域に生活する，3000万人ともいわれる国家をもたないクルド民族の民族統一・独立運動。	⑯	シリア内戦 (2011年〜)	一党支配に対する反政府デモに反政府勢力や一部武装勢力なども参加して，暴力的衝突に発展。外国が反体制派を支持するなど紛争は広がり，多くの難民が流出。停戦合意されるも混乱続く。

2 南沙群島（スプラトリ諸島）の領有問題

南シナ海南部に位置する南沙群島（スプラトリ諸島）は，中国，ベトナム，フィリピン，ブルネイ，マレーシアなどが領有権を主張している。従来から防衛上の重要海域であったが，海底油田やガス田の存在が明らかになって以降，よりいっそう緊張が高まっている。とくに中国が強硬な姿勢で人工島の建設をおし進め，実効支配を強めてきたことがほかの国々とのみぞを深める原因になった。2016年には，国際仲裁判所が南シナ海の領有に関する中国の主張を否定する判決を下したが，これに対して中国は強く反発している。

年	おもな動き
1992	中国が周辺海域の権益を主張する領海法を独自に制定 冷戦終結を受けて，アメリカ軍がフィリピンから撤退
1995	フィリピンが領有権を主張するミスチーフ礁を中国が占拠
2002	中国とASEANが紛争防止のための行動宣言を採択
2012	南シナ海で中国とフィリピンの船がにらみ合い
2013	フィリピンが国連海洋法条約に基づき中国との仲裁を提起
2014	中国が南沙群島（スプラトリ諸島）の岩礁の埋め立てを本格化
2015	アメリカ合衆国が南シナ海を通過する「航行の自由作戦」を実施
2016	中国が南沙群島（スプラトリ諸島）の人工島の滑走路で試験飛行 国際仲裁判所が南シナ海の領有に関する中国の主張を否定する判決を下す

↑❺南沙群島（スプラトリ諸島）の領有をめぐるおもな動き

↑❻中国による埋め立てが進められたヒューズ礁　満潮時に水没するおそれがあるところとされて，領海や排他的経済水域に関する中国の主張は否定された。

↑❼国際仲裁判所の判決に抗議する人々（中国，2016年）

↑❽南沙群島（スプラトリ諸島）をめぐる周辺諸国の主張

3 パレスチナ問題

現在のイスラエルとヨルダン川西岸などの地域はパレスチナとよばれ，長い間，ユダヤ人と多数を占めるアラブ人が共存してきた。しかし，ユダヤ人によってイスラエルが建国されると，パレスチナに多くのユダヤ人が移住するようになり，アラブ人の居住地や耕地を強制収用して開拓を始めた。先住民のアラブ人がこれに強く反発し，パレスチナ問題が発生した。

Link　p.247 ⓫西アジア・中央アジアの歩み

↑❾イスラエルとパレスチナ暫定自治区の間に建設された分離壁

↑❿エルサレム旧市街　エルサレムはユダヤ教・キリスト教・イスラームの聖地であり，さまざまな宗教施設が集まっている。

↓⓫イスラエルの建国とパレスチナ

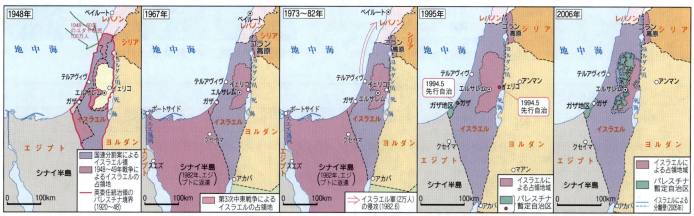

1947年の国連のパレスチナ分割案に対し，48年にイスラエルが建国宣言を出すと周辺のアラブ諸国は反発し，第1次中東戦争が起きた。

1967年の第3次中東戦争でイスラエルはシナイ半島，ガザ地区，ヨルダン川西岸，ゴラン高原などを占領し入植した。

エジプトとシリアがイスラエルに侵攻したことで（第4次中東戦争），原油価格が高騰し第1次石油危機が起きた。

1993年のパレスチナ暫定自治協定をもとに，94年にガザ地区にパレスチナ暫定自治区がつくられ，翌年には暫定自治政府が組織された。

イスラエルはヨルダン川西岸地域を囲む分離壁を一方的に建設している。また過激派のテロがあいつぐなど，対立が続いている。

日本の領土をめぐる動き

地理力 日本の排他的経済水域は世界有数の面積を誇る。日本における排他的経済水域の重要性を考えよう。→■

1 日本の範囲

日本の**領土**は約38万km²で、世界で60位前後の国土面積である。しかし、**排他的経済水域**を含めた面積で比べると、世界の上位10か国に入るといわれる。これらの水域には豊富な漁業資源のほか、天然ガスやマンガンなどの鉱産資源の埋蔵が期待され、資源の乏しい日本にとってはきわめて重要な水域である。

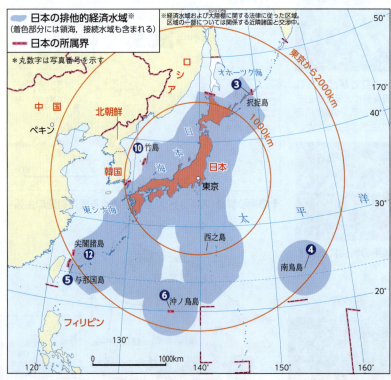

↑❶日本の排他的経済水域の範囲と東西南北の端

↑❸日本の北端、択捉島（北海道）

↑❹日本の東端、南鳥島（東京都）

↑❺日本の西端、与那国島（沖縄県）

↑❻日本の南端、沖ノ鳥島（東小島）（東京都）

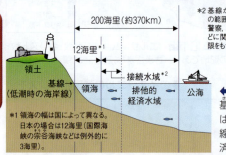

←❷日本の領海と排他的経済水域
基線（低潮時の海岸線）から12海里までは**領海**である。また領海の外側で、基線から200海里までの海域が排他的経済水域である。（1海里＝約1852m）

Link p.222
2 国家の領域と国境

コラム 沖ノ鳥島は「島」か「岩」か

日本政府は、日本の南端に位置する沖ノ鳥島を年間維持費およそ2億円をかけて、波の侵食から保護している。これは、日本は沖ノ鳥島を中心に40万km²の排他的経済水域を設定しており、沖ノ鳥島が「島」ではなく「岩」と認定されると、この水域の権利が奪われてしまうためである。
国連海洋法条約では「島」について、「自然に形成された陸地であって、満潮時にも水面上にあるもの。」と定められている。また、「岩」については、「人間の居住または独自の経済的生活を維持できない場合は岩である。」と定められている。沖ノ鳥島は満潮時にも水没せず、周辺では気象観測や漁業などの経済活動も行われているため、国際社会には「島」であると認められてきた。しかし、沖ノ鳥島での経済活動が不十分であるとして、中国などからは「沖ノ鳥島は岩ではないか」という批判も受けている。現在も沖ノ鳥島やその周辺では、気象観測や漁業などの活動が続けられている。

	島	経済活動ができない岩	低潮高地（高潮時に水没）	人工島
領海	○	○	原則として×	×
排他的経済水域	○	×	×	×

↑❼領海や排他的経済水域を設定できる「島」・「岩」の考え方

2 北方領土をめぐる動き

　北方領土（択捉島，国後島，色丹島，歯舞群島）は，国際的に日本の領土として認められているが，第二次世界大戦終結直後に，ソ連が北方四島のすべてを占領した。当時，四島には日本人が約1万7000人住んでいたが，ソ連は翌年に四島を一方的に自国領に編入し，1949年までにすべての日本人を強制退去させた。以来，ソ連そしてロシアの占領状態が続いている。1956年の日ソ共同宣言で，ソ連と日本の国交が回復した後に，歯舞，色丹の二島を日本に引き渡すことで合意したが，冷戦の影響もあり，その後は話し合いが進展しなかった。

　日本政府は，四島は日本固有の領土であり，サンフランシスコ平和条約で放棄した千島列島には含まれていないという根拠にもとづき返還を求めているが，ロシアは，北方領土は千島列島の一部であると考えており，自国領だという姿勢を貫いている。2010年には，メドベージェフ大統領（当時）が国後島を訪問し，実効支配を強化する姿勢をうち出しており，返還交渉は難航している。

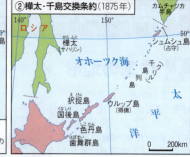

↑⑧北方領土周辺の変遷

←⑨色丹島の水産加工工場（北海道）　北方四島は総面積5036km^{2}で千葉県とほぼ同じ大きさがあり，周辺には豊かな漁場がある。北方四島の主要産業は漁業・水産加工業であり，工場ではロシア人労働者が働いている。北方四島からの商品の移入は日本では認められておらず，ロシアに送られている。

3 竹島をめぐる動き

↓⑩竹島で監視にあたる韓国警備隊

年次	日本	韓国
遅くとも17世紀半ば	竹島の領有権を確立	
1905年	島根県に編入することを閣議決定	
1951年	サンフランシスコ平和条約締結→日本は「済州島，巨文島および鬱陵島を含む朝鮮」を放棄→竹島は含まれない	
1952年		「李承晩ライン」を設定し，竹島の領有を宣言
1954，62年	国際司法裁判所への共同付託を提案→韓国拒否	
1965年	日韓基本条約を調印←領有権問題は棚上げ	
1998年		竹島に有人灯台を設置
2012年		李明博大統領（当時）が竹島を訪問
	国際司法裁判所への共同付託を提案→韓国拒否	

—2018年8月現在—

↑⑪竹島をめぐる経緯

　竹島は17世紀半ばから日本が領土とし，1905年に明治政府が国際法に従って正式に領有した日本の領土である。しかし，韓国が1954年に武力による実効支配を行い，現在も警備隊員を常駐させ宿舎や監視所を設置するなど，不法占拠を続けている。2012年には，李明博大統領（当時）が竹島に上陸，これに対し日本政府は抗議した。

4 尖閣諸島をめぐる動き

↓⑫尖閣諸島

年次	日本	中国・台湾
1884年ごろ	民間人が魚釣島を探検　以降，羽毛の採取や漁業に従事	
1895年1月	尖閣諸島を日本の領土に編入することを閣議決定	
1946年	連合国軍総司令部が訓令。尖閣諸島はアメリカ合衆国の直接管理下に	
1952年	サンフランシスコ平和条約発効→引き続き尖閣諸島はアメリカ合衆国の施政下に	
1969年	尖閣諸島周辺海域に石油埋蔵の可能性を指摘	
1971年		台湾，中国が領有権をそれぞれ主張
1972年	尖閣諸島の施政権が日本へ返還される	
1992年		尖閣諸島を中国領とした領海法を制定
2002年	政府が魚釣島，北小島，南小島を民間人から賃借	
2010年9月	尖閣諸島周辺の領海内で中国漁船が海上保安庁の巡視船に衝突	
2012年4月	石原東京都知事（当時）が尖閣諸島の購入を表明	
2012年7月	政府が国有化方針を表明	
2012年8月	ホンコンの活動家らが尖閣諸島に上陸←逮捕，強制送還	
2012年9月	国有化決定	国有化に反対する大規模デモ発生
2018年1月	中国海軍の艦艇が尖閣諸島の接続水域に入ったため，日本政府が抗議	

—2018年8月現在—

↑⑬尖閣諸島をめぐる経緯

　尖閣諸島は1895年に沖縄県に編入された日本固有の領土であり，他国との間に解決すべき領有権問題は存在しない。しかし，1969年に周辺海域に石油などの地下資源が埋蔵されている可能性が出て以来，中国が領有権を主張するようになった。2012年には日本政府の国有化決定に対して中国の各都市で大規模な反日デモが発生し，日系工場や商店などが襲撃された。

＋のガイド　日本の排他的経済水域は，安定した漁業資源の確保の面でも重要である。また，天然ガスやレアメタルなどのさまざまな鉱産資源の埋蔵が期待されている。

中国と周辺諸国・地域

Link 地形…p.32~33, 気候…p.54~57, 農業…p.104~105, 鉱工業…p.158~159, 民族・宗教…p.218~221, 環境問題…p.81

1 中国の地形

中国の地形は西高東低で, 標高3000m以上の山脈や高原, 砂漠が広がる西部, 標高1000m~3000m級の高原や盆地が広がる中央部, 大河の下流域で平野が広がる東部に三分される。

➡①**黄河**(シャンシー(山西)省) 中流域のホワンツー(黄土)高原から流れ込む黄土により水は茶色く濁っているが, 運ばれる土砂が肥沃な耕地を支え, 四大文明の一つである黄河文明をはぐくんだ。

↓②中国の自然環境

西部の高山・砂漠地帯 テンシャン(天山)山脈やクンルン山脈, チベット高原などの高度3000m以上の高山地帯と, タクラマカン砂漠・ゴビ砂漠などがある。

東北部 西と東に標高1000m~2000m級の山脈がはしり, その間に大平原が広がる。開発が進み中国の穀倉地帯となった。亜寒帯気候で冬の寒さが厳しい。

中央部の高原地帯 黄河の流域に広がるホワンツー(黄土)高原, 華北と華中とを分けるチンリン(秦嶺)山脈, 長江の上流域で四方を山地に囲まれたスーチョワン(四川)盆地などがある。

東部の平野地帯 標高1000m未満の地域で, 長江や黄河流域を中心に大小の平野が連なる。中国の人口の半分以上が集中し, 大農業地帯ともなっている。

↑③ A－B 間の断面図

*丸数字は写真番号を示す

↓④**防砂用の植林が行われるタクラマカン砂漠**(シンチヤンウイグル自治区) タクラマカン砂漠は中国の西域にあり, 四方を山地・山脈に囲まれ, きわめて乾燥した地域である。砂丘が移動するのを防ぐ植林事業が進んでいる。

↓⑤**水田が広がる長江下流域**(アンホイ(安徽)省, トンリン(銅陵)) 長江中~下流域に広がる「長江中下流平原」では, 降水と温暖な気候により農業がさかんである。張りめぐらされた水路は, 灌漑などに利用されている。

2 中国の気候 Link p.104 ①中国の農業分布

中国の気候は，熱帯から亜寒帯（冷帯），乾燥帯まで多様である。降水量は西部で少なく，東部は年降水量1000mmの線を境として，北部は寒冷・乾燥，南部は温暖・湿潤と大まかに分けられる。

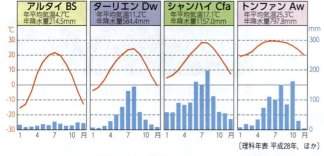

↑⑥おもな都市の気温と降水量 ［理科年表 平成28年，ほか］

↓⑦気候区分からみた中国

↑⑧ハイナン（海南）島の果物市場（4月） 年間を通して温暖なため，マンゴーなど熱帯作物の栽培がさかんで，市場にはたくさんの果物が並ぶ。またこの島では，国家プロジェクトでビーチリゾートの開発がなされている。

↑⑨凍結したソンホワ川（松花江）（ハルビン（哈爾浜）） 大陸性気候で夏と冬の気温差が大きく，1月の平均気温は−18.6℃ときわめて寒い。降雪がほとんどなく，川は凍てつくため「氷の町」と称される。夏は暑く雨も多い。

3 風土に応じた伝統料理

↓⑩おもな中国料理 中国は国土が広く，また多民族国家であるため，その地域特有の食材や調理法が発達した。とくに下の4種は中国の四大料理として知られる。

北京料理

かつての清朝の宮廷料理の特徴を受け継いだものが主だが，餃子などの小麦粉を使った料理も多い。

上海料理

長江と東シナ海でとれる豊富な魚介類が使われ，砂糖やしょうゆ，酒で甘からく味つけすることが多い。

広東料理

温暖な地域のため，野菜や海産物などの食材が豊かで，魚の蒸しものなど，薄味に特色がある。

四川料理

盆地で湿度が高いため，発汗をうながすマーボー豆腐のようなからい料理が多くなったといわれる。

4 中国の歩み

中華人民共和国成立以降，**社会主義**政策による国づくりが進められ，政府が経済を統制する**計画経済**制度が導入されてきた。しかし，徐々に経済が停滞したため，1970年代末に**市場経済**が導入された。 Link p.158 ②中国工業の成長

↓⑪中国の歩み

年	事 項	社会主義政策
1937	日中戦争起こる	
1949	中華人民共和国成立，台湾国民政府（中華民国政府）成立	
1953	5か年計画始まる（計画経済）	
1954	中華人民共和国憲法制定	
1958	人民公社の始まり（集団化による大躍進運動）	強化
1960	ソ連と対立，ソ連技術援助うち切り（大躍進運動の失敗で集団化を緩和）	緩和
1966	文化大革命（〜76）	強化
1971	台湾にかわって国連代表権を獲得	
1972	米中共同声明，日中国交正常化	
1976	毛沢東死去	
1978	新憲法制定，四つの現代化（農業，工業，国防，科学技術）	
1982	人民公社の廃止	緩和
1989	天安門事件	強化
1993	憲法改正で社会主義市場経済をめざす	緩和
1997	ホンコン返還（イギリスから）	
1999	マカオ返還（ポルトガルから）	
2001	世界貿易機関（WTO）加盟	緩和
2008	ペキンオリンピック開催	
2010	シャンハイ万博開催　GDPが世界第2位となる	

コラム 国家体制を表す国旗

1949年に制定された国旗は「五星紅旗」と称され，共産主義と革命のシンボルである赤色を基調とし，黄色で光明を表している。また五つの星は，大きな星が中国共産党を，小さな星は労働者，農民，知識人，愛国的資本家を示している。

用語 経済改革・対外開放政策

1970年代末に採用した**市場経済**へのゆるやかな移行をはかる政策のこと。農村では，集団農業から農家が自由に経営できるようにし，**経済特区**などを中心にした地域では，外国資本を導入するなど市場経済を取り入れた。改革開放政策ともいう。

5 中国の民族

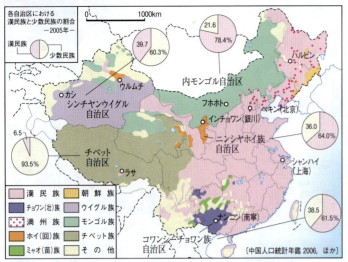

↓❶中国の民族分布

中国は，人口の9割を占める**漢民族**と，55の少数民族からなる多民族国家である。人口規模の大きい民族を中心に，五つの民族自治区が設けられている。

Link ▶ p.198
❷華僑と印僑

↑❸羊の丸焼きを切るウイグルの人々（シンチヤンウイグル自治区）　北西部の乾燥地域に住む**ウイグル族**は，**イスラーム**を信仰しているため豚肉を食べず，もっぱら羊の肉を食べる。

↓❷中国の民族構成

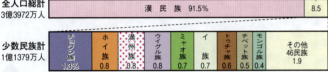

専門家ゼミ　中国の少数民族政策

中国の総人口の約8.5%を占める少数民族に対する特別な政策を，中国では民族区域自治制度とよんでいる。チベットなど五つの自治区以外にも，自治州や自治県という下位の行政区域の民族自治が実施されている。自治州はチーリン(吉林)省に属する延辺朝鮮族自治州など30があり，自治県(内モンゴルでは自治旗)は120を数える。これらの合計155の民族自治区域には少数民族人口の71%が暮らしている。国家の政策としては，全民族の平等，民族文化の尊重などがうたわれ，産児制限や大学入試・就職での優遇策が行われているが，現実には民族間の経済格差や民族言語・特定宗教の制限など，深刻な問題がある。
〔滋賀短期大学学長　秋山 元秀〕

6 中国の抱える人口問題

Link ▶ p.196〜197
世界の人口

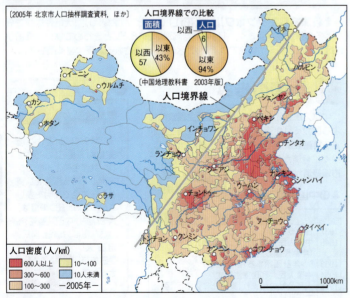

←❺中国の人口動態の推移

1979年以降，人口抑制政策により，人口の増加は一応鈍化した。一方で，急速な**高齢化**など新たな問題が生じている。

↑❹中国の人口分布　東北地方と南西部を結んだ線の東西で中国の人口分布をみると，5割弱の面積の東部沿海部に，人口の約9割が集中している。中国の経済発展で，内陸部から沿海部の都市に出稼ぎに行く人が多かったが，近年は内陸部の経済成長で，帰郷して事業をおこす人も増えている。

↑❻中国の人口ピラミッドの変化　1960年代までは出産が奨励され，その結果人口が急増した。そのため，人口抑制政策を強力におし進めて出生率は低下したが，若年層の割合が低下し，高齢化が急速に進むという問題が浮上してきた。

用語　一人っ子政策

一人っ子には優遇措置があり，第2子をもうけると罰則，罰金が課せられるという政策。1970年代末からこの政策がすすめられた結果，出生率は下がったが，戸籍をもたない子供（黒孩子）の出現や，高齢化の速度が増すという問題が発生した。2002年，2013年と産児制限の緩和策が講じられたが，労働力不足や高齢化問題がよりいっそう顕著になった。このため2016年には2人まで，2021年には3人まで子供をもつことが認められるようになった。

←❼子供の結婚相手を探す親（ペキン）　子供が1人しかいないため，親たちのなかには子供の進路だけでなく，結婚相手探しにも熱心に取り組む人たちがいる。これを商機ととらえたビジネスも出てきた。

7 経済成長著しい中国

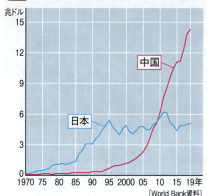

↑⑧ 中国と日本の国内総生産(GDP)の推移　経済改革・対外開放政策の導入以降、経済は急速な成長をとげ、中国のGDPは2010年ごろには日本を抜き、アメリカ合衆国に次いで世界第2位に躍進した。

Link p.190〜191 拡大する貿易と貿易構造, p.194〜195 日本の貿易

→⑩ 中国の貿易相手国・地域　すべての地域において、中国の輸出入総額は急速に増加しており、中国経済の影響力がうかがえる。とくにASEANやアフリカなどとの貿易は、今後も大幅に増加すると考えられている。

↓⑪ 中国の輸出入品目と輸出入相手国・地域の変化　輸出の中心は、一次産品と軽工業品から、機械など付加価値の高い製品に変容した。輸入品の中心も機械であるが、原油の比率も上昇している。

　貿易相手国・地域をみていくと、かつては日本やホンコンが上位だったが、現在はアメリカ合衆国が多くなっている。

↑⑨ シャンハイ(上海)の町なみ　シャンハイは、経済規模で中国最大の都市である。とくに、ホワンプー川(黄浦江)対岸のプートン(浦東)新区には、高層ビルがいくつも建設され、中国の商業や金融の一大中心地となっている。

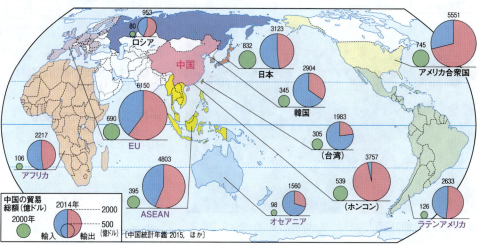

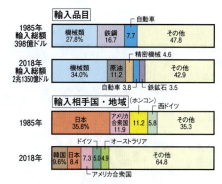

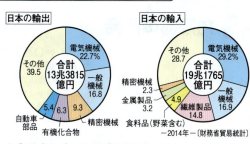

↑⑫ 日本と中国との貿易品目　日本の輸入は、かつては食料品や衣類などが多かったが、現在では、輸出入ともに電気機械(ICなど)や一般機械が多くなった。

コラム　中国自動車産業の成長

先進国での自動車の生産・販売が落ち込むなか、中国の自動車産業は急拡大している。2009年に販売台数でアメリカ合衆国を、生産台数で日本を追い抜き、中国の自動車産業は世界最大の規模を誇るようになった。中国の自動車会社は、多くが外国企業との合弁企業である。中国の地場企業としては奇瑞汽車(Chery)や吉利汽車(Geely)、外国企業ではフォルクスワーゲン(ドイツ)やGM(アメリカ合衆国)、ヒュンダイ(韓国)、トヨタ(日本)などがあり、世界の有名自動車メーカーのほとんどが中国で生産している。車が売れる背景には、自動車購入税の減額や、農村の住民に対する小型自動車購入の支援策がある。その結果、自動車保有台数は人口100人あたりおよそ15台になったが、アメリカ合衆国では100人あたり約80台、ヨーロッパや日本では100人あたり約60台なので、自動車の需要にはまだ拡大の余地がある。

Link p.152 ②世界の自動車生産

→⑬ 中国国内の自動車販売台数と普及率の推移

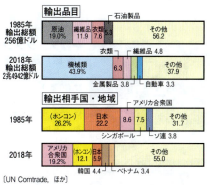

8 変わる生活と国内の経済格差

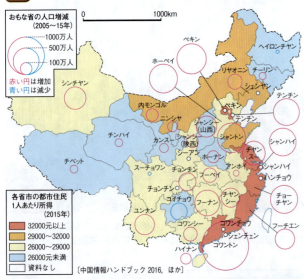

❶省別の人口増加と1人あたりの所得 中国の経済は、沿海部の都市に外国資本を導入し、工業化を進めたことで成長した。自然環境が厳しく、人口の少ない内陸部は、経済成長から取り残されている。

↑❷シャンハイ(上海)ディズニーランドで楽しむ入場者 中国では2005年のホンコン(香港)についで、2016年にシャンハイディズニーランドが開園した。このような余暇・娯楽施設に人気が集まっている。

Link ▶ p.104 三農問題,
p.185 ⓫日本人海外旅行者数と訪日外国人旅行者数の推移

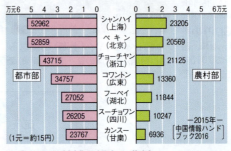

↑❹おもな地域の都市と農村の1人あたりの年収

➡❺1人あたりの旅行支出 中国政府は戸籍を農業戸籍(農村戸籍)と非農業戸籍(都市戸籍)に分け、農村から都市への移住を制限してきた。これにより都市と農村の格差が生じた。都市の人々は、余暇を楽しむこともできるが、農村の人々は、働き盛りの世代が**出稼ぎ**に行き生活を支えている。

↑❸春節で故郷に帰る人々(チョーチヤン(浙江)省、ハンチョウ(杭州)駅)

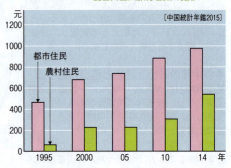

9 内陸部の開発

←❻西部大開発の計画 **西部大開発**は、内陸部の開発を促進し、格差解消をめざして2000年から開始された。インフラの整備が中心である。長江流域の水を北部に送る「南水北調」、チベットを鉄道でつなぐ「青蔵鉄道」、西部の天然ガスや電気を東部に送る「西気東輸」「西電東送」の四大プロジェクトが中心である。

←❼チンツァン(青蔵)鉄道(チベット自治区、ラサ(拉薩)) シーニン(西寧)とラサを結ぶ鉄道で、高山を走るため、客室には酸素などの設備もある。ペキンなどの大都市からも直通列車が走るようになり、観光開発や物流の促進が期待されている。

コラム 中国の新たな経済構想

かつての陸と海のシルクロードを中心に、巨大な経済圏の構築をめざす中国の構想が、「一帯一路」である。関係国に対してインフラ整備や融資を行い、市場の拡大や直接投資の促進をはかるのが目的である。そのために重要な役割を果たすのが、中国主導で2015年に発足したアジア向けの国際開発金融機関、アジアインフラ投資銀行(AIIB)で、インフラ整備における金融支援を担うものと期待されている。この構想には、経済連携の側面と同時に、中国の政治的影響力を強化するおもわくもある。

↑❽「一帯一路」構想のイメージ図

↑❾アジアインフラ投資銀行(AIIB)の年次総会 57か国が創設メンバーとして加わっている。

10 ホンコンとマカオ

ホンコンは1997年にイギリスから，マカオは1999年にポルトガルから，中国に返還された。**一国二制度**が採用されているため，両地域とも特別行政区として，社会主義国家の中国のなかにあって資本主義体制が維持されている。ホンコンはアジアの金融の拠点として，マカオは観光地として経済発展している。

> **用語　一国二制度**
> 一つの国家のなかに社会主義と資本主義の二つの経済体制が共存することを認める制度。ホンコンとマカオに適用されている。返還後50年という期限つきで，外交と国防を除く高度な自治権と言論，出版，結社の自由などが認められている。

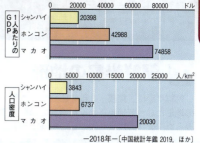

↑⑪シャンハイ，ホンコン，マカオの比較

↑⑩ホンコン中心部　2階建てバスや旧総督官邸などの建物にイギリス統治時代のおもかげが残る。1km²あたり6700人もの人が住んでいる計算になるほど人口密度が高く，中心部には高層ビルや高層マンションが立ち並んでいる。

> **コラム　ホンコンにおける中国政府との対立**
> ホンコンは，一国二制度によって高度な自治権をもつことが保障されているが，返還後20年がたち，近年は統治に対して中国政府からの圧力が増してきている。これに対して，制度の遵守と選挙による代表者の選出を求める動きがでている。
>
> →⑫ホンコンの民主化を求める人々のデモ（ホンコン）

11 周辺地域 台湾　Link▶p.159 ⑤台湾の工業

第二次世界大戦後，中国の共産党との内戦に敗れた国民党が台湾へのがれ，長く一党独裁体制を続けてきた。中国本土とは異なる資本主義体制のもと，1960～70年代にかけて輸出指向型の工業基地として飛躍をとげた。1971年に中国が国連に加盟し，台湾は外交的に孤立したが（2021年1月末現在，外交関係がある国は15か国），中国本土や日本との経済的な結びつきは強まっている。

→⑬台湾の貿易相手国・地域　研究開発拠点などの整備の効果が上がり，世界各地との貿易が増えている。中国とは政治的な対立があるものの，企業の進出や投資などのつながりが深い。

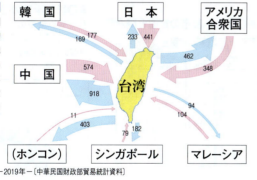

↑⑭台湾高速鉄道（台湾，タイジョン（台中），2018年）　タイペイ（台北）とカオシュン（高雄）を結ぶ高速鉄道で，日本の新幹線の車両と技術が使われているが，当初はヨーロッパの技術での建設が進行したため，いくつかのシステムにそのなごりがある。

12 周辺国 モンゴル　Link▶p.53 ③ステップ気候区，p.88 定住化する遊牧民

←⑮都市化が進むウランバートル（モンゴル）　モンゴルでは，1992年に社会主義を放棄し，市場経済に移行した。その結果，急速に経済成長が進み，首都ウランバートルには人口が集中した。移住した人々は，最初は伝統的な**ゲル**に住んでいたが，土地が少なくなり，新たに建設されたマンションなどに移り住むようになった。しかし，郊外には定住者のゲルが立ち並んでいる地域もある。

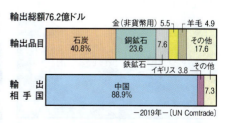

↑⑯モンゴルの輸出品目と輸出相手国　モンゴルの主要産業は，遊牧による伝統的な牧畜業から鉱工業になりつつある。とくに，豊かな鉱産資源を中国に輸出し，経済成長を続けている。

朝鮮半島

Link 地形…p.29, 気候…p.54〜59, 農業…p.106, 鉱工業…p.160, 民族・宗教…p.218〜221, 貿易…p.190〜193

1 朝鮮半島の地形

朝鮮半島は，東部・北部に山地が，西部・南部に平野が分布し，東高西低の地形となっている。とくに南部の海岸には，入り組んだ**リアス海岸**が広くみられ，天然の良港を生かして漁港から発展した都市が多い。

↑①凍結したハン川（漢江）（韓国，ソウル）

↑②A－B間の断面図

↑③朝鮮半島の自然環境

テベク山脈 北朝鮮からプサン付近まで1000m級の山々が続くテベク山脈は，朝鮮半島東部を縦断する。西側は緩斜面を形成している一方，東側は急斜面で平野も少ない。

南西部の平野と海岸 黄海に面した西側は新生代以降に侵食が進み，平野が多く農地に適している。南西部には**リアス海岸**もみられる。

チェジュ島 韓国の最南端に位置し，近海を暖流の対馬海流が流れているために1年を通して温暖で，柑橘類の栽培やリゾート産業がさかん。

2 冬の寒さが厳しい朝鮮半島の気候

朝鮮半島の南部は，**季節風（モンスーン）**の影響により，夏は蒸し暑く，冬は寒冷である。北部は大陸性の亜寒帯気候で，夏は涼しく，冬は厳しい寒さとなる。

↑⑥オンドルのしくみ　**オンドル**は朝鮮半島の床下暖房で，昔は台所のかまどで発生した煙を床下に通し，床を暖めていた。現在では，温水床暖房が一般的である。

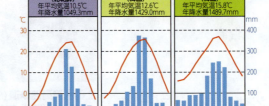
↓④おもな都市の気温と降水量
〔理科年表 平成28年，ほか〕

←⑦冬の初めの風物詩，**キムジャン**（韓国，ソウル）　韓国の伝統的食文化のキムチは，もとは新鮮な野菜が手に入らない厳寒期に備えるための保存食だった。冬が近づくと，市場に大量の白菜が並び，キムチを大勢で漬けるキムジャンが各地で行われる。

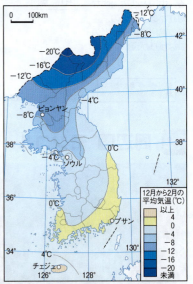
↓⑤朝鮮半島の冬の気温　北緯36度付近にある東京の12〜2月の平均気温は約6.2℃（2016年）であるのに対し，ほぼ同緯度の朝鮮半島は0℃を下まわる地域がほとんどである。

3 分断された朝鮮半島

1945年の日本の敗戦により、朝鮮半島はアメリカ合衆国とソ連が南北に分割して占領することになり、1948年に南側は資本主義体制の**大韓民国（韓国）**、北側は社会主義体制の**朝鮮民主主義人民共和国（北朝鮮）**として独立した。
1950年には両国で朝鮮戦争が勃発し、1953年に休戦協定が調印されたものの、北緯38度付近に引かれた軍事境界線（停戦ライン）を境として、現在も緊張状態が続いている。

➡️⑧パンムンジョム（板門店）とソウルの位置

⬆️⑨分断の象徴、パンムンジョム（板門店）　朝鮮戦争の休戦協定がここで調印された。現在でも、北朝鮮と国連（韓国）による共同警備が行われている。

韓国		北朝鮮
10.0万km²	面積	12.1万km²
5124万人	人口	2459万人
1兆4144億ドル	国民総所得（GNI）	318億ドル
2万7600ドル	1人あたりGNI	1301ドル
4954.2億ドル	輸出総額	43.6億ドル
4061.8億ドル	輸入総額	55.9億ドル
62.5万人	兵員数	128.0万人
5529億kWh	発電量	137億kWh
176万t	石炭生産量	2496万t
6858万t	粗鋼生産量	125万t
585万t	穀物生産量	522万t
1093万部	日刊新聞発行部数	450万部
6130万件	携帯電話契約数	361万件

―おもに2016年―〔Demographic Yearbook 2016, ほか〕

⬆️⑩韓国・北朝鮮の1人あたりGDPの推移　⬆️⑪韓国と北朝鮮の比較

⬆️⑫兵役に就くために集められた若者たち（韓国）　韓国の男子は、満18歳で徴兵検査対象者となり、30歳の誕生日を迎えるまでに軍隊に入って国防の義務を遂行する「兵役」（服務期間は21～24か月）に就くことが課せられている。

4 緊迫が続く北朝鮮情勢

北朝鮮は、2011年末の金正日総書記の死去により、金正恩氏を頂点とする体制に移行したが、依然として経済は不安定な状態にあるとみられている。その一方で、弾道ミサイルの発射や核実験を繰り返すなどの強硬姿勢をみせており、とくに弾道ミサイルは、発射実験が行われるたびに日本近海へ着弾していることが確認されている。このため、日本をはじめ韓国やアメリカ合衆国、さらには最大の支援国であった中国も、同国に対して批判を強めている。

⬆️⑬ミサイル発射のニュースを知らせる街頭のモニター（東京都、2017年8月）

⬆️⑭世界最大規模のマスゲームイベント、アリラン祭（北朝鮮、ピョンヤン（平壌））　北朝鮮で毎年行われるアリラン祭は、民謡アリランにのせ、総勢10万人ほどの人々によって整然と行われる。外国人向けのチケットは8000～3万円程度で、観光による外貨獲得政策の一つとなっている。

コラム　3年で終わった「平壌時間」

北朝鮮は、植民地統治からの解放後70年となる2015年8月15日午前0時より、日本と韓国の標準時よりも30分遅らせる「平壌時間」を導入した。それまで北朝鮮は、韓国とともに日本と同じ東経135度を基準とする標準時を用いてきたが、例えば平壌は東経約125度に位置しており、日本と同じ標準時にすると、同緯度の日本の地域と比べて日の出・日の入りが40分近く遅くなる状況があった。植民地支配のなごりの払拭をはかった「平壌時間」の導入であったが、南北朝鮮の関係改善に向けた「象徴的な動き」の一環として、2018年5月に標準時を30分早め、日本・韓国と同じ標準時に戻した。これによって「平壌時間」はわずか3年足らずで終了することとなった。

➡️⑮ピョンヤン駅の時計の時刻に腕時計の時刻を合わせる北朝鮮の男性（2018年5月5日）

⬆️⑯高層マンションが立ち並ぶ北朝鮮の首都ピョンヤン（平壌）のようす

5 ソウルへの一極集中

Link p.106 ③韓国の農業・農村が抱える課題

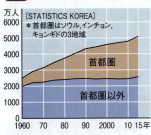

←❶韓国の人口の推移　ソウルは韓国語で「都」を意味する。朝鮮戦争以降，ソウルへの人口の一極集中が進み，市街地が急速に拡大した。国民の約2人に1人が首都圏に住んでいる。

↓❷高層マンションが立ち並ぶソウル　人口集中により土地と住宅の価格が高いため，多くの人が一戸建てではなく集合住宅に住んでいる。

コラム　熾烈な学歴・受験社会

↑❸遅刻しそうな受験生を送る警察官（ソウル）

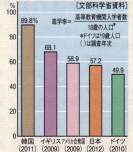

↑❹おもな国の高等教育進学率

朝鮮王朝時代に「科挙」という国家試験があり，特権階級の「両班」の子弟がこれを受けて合格すると身分の高い役人に出世できた，という歴史をもつ韓国では，昔から子供の教育熱が高く，熾烈な学歴社会となっている。国際的にみても韓国の高等教育進学率はきわめて高く，大学に進学するには，国立，私立関係なく「大学修学能力試験」（日本のセンター試験に似ている）を受験する必要がある。受験生は年少のころから塾に通い，保護者は子供に世界一ともいわれるほどの教育費をかける。海外志向も強いことから，親とともにアメリカ合衆国やカナダ，オーストラリアなどの英語圏の国に留学する小中学生も珍しくない。

6 生活のなかの伝統文化・宗教

→❺ハングル　ハングルは，母音と子音を組み合わせた表音文字で，15世紀に考案された。韓国では政府がハングルを使うことを推進したため，現在，漢字はほとんど使われなくなっている。

↑❻ソウルの繁華街ミョンドン（明洞）（韓国）　ハングルの看板が見られる。

↑❼お盆の前に民族衣装を着て伝統的なお辞儀の仕方を学ぶ子供たち（韓国，プサン（釜山））　儒教にもとづく倫理観が生活のなかに浸透している韓国では，先祖をまつるお盆の行事や墓参り，両親や年長者を敬う心などが大切にされている。

→❽韓国の民族衣装　伝統的な民族衣装は現在，結婚式などの特別な行事のときのみに着るものとなっている。短いジャケット風のチョゴリとよばれる上着を着て，女性はチマ（スカート）を，男性はパジ（ズボン）をはく。

↑❾韓国の宗教別人口割合　儒教は生活のなかの倫理や道徳に近く，宗教としてはキリスト教を信仰する人が最も多い。

↑❿教会が街のあちこちに見られるソウルの町なみ（韓国）　韓国では，キリスト教の精神にもとづいた寄付やボランティアなどがさかんである。

コラム　結婚してはならない相手がいた？

韓国で用いられる姓は日本に比べて極端に少なく，約280ほどである。なかでも，金（キム），李（イ），朴（パク），崔（チェ），鄭（チョン）の五大姓で50％以上を占めている。結婚しても夫婦は別姓で，それぞれ父方の姓を受け継ぐ。姓は「本貫」といわれる祖先の発祥地により細分化される。かつては同じ姓で同じ土地の生まれ（同姓同本）の男女は結婚できないという法律が規定されていたが，自由な恋愛，結婚を法律の力だけで禁止することはできないということから1997年に違憲とされた。

←⓫韓国における名字の割合

7 日本と韓国の文化交流　Link p.160 4コンテンツ産業

⑫ハングルに翻訳された日本の漫画　韓国では，書店に行くと翻訳された日本の漫画がずらりと並び，テレビをつければ日本のアニメが流れている。年配者と比べて歴史的なこだわりが少ない韓国の若者の多くは，日本のポップカルチャーを広く受け入れている。

⑬韓国の化粧品やK-POPアイドルのグッズを売る店（東京都，新宿区）　東京の新大久保には，韓国から来た人々が多く住むコリアタウンが形成されていて，韓国料理店や韓国食材店，韓流関連商品を扱う店が軒を連ねている。

↓⑭韓国における日本文化開放政策　韓国では自国文化の保護，そして歴史的背景を理由に，日本の漫画や映画，音楽などの大衆文化の流入に対する規制が長年にわたり法律で行われてきた。しかし，1998年の日韓共同宣言以降は，段階的に規制を緩和している。

[第1次開放]　1998年10月発表
- 映画　4大国際映画祭受賞作の劇場上映
- 出版　日本語の漫画出版物の出版

[第2次開放]　1999年9月発表
- 映画　約70の国際映画祭受賞作の上映
- 歌謡　2000席以下の施設での日本語による公演

[第3次開放]　2000年6月発表
- 映画　18歳未満鑑賞不可作品を除く上映
- 歌謡　公演は全面開放（ただし日本語による歌唱CDの販売は不可）
- アニメーション　国際映画祭受賞作の劇場上映
- 放送　報道，スポーツ，ドキュメンタリー番組の放送
- ゲーム　パソコン用・事業用ソフト日本語版の輸入

[第4次開放]　2003年9月発表
- 音楽　日本語の歌詞のCD販売解禁
- 映画　劇場用アニメ以外の全作品上映解禁
- ゲーム　家庭用テレビゲームソフトの販売解禁

8 韓国社会に大きな影響力をもつ財閥　Link p.160 朝鮮半島の鉱工業

韓国では，政府の支援を得ながら事業を拡大してきた**財閥**が，1970年代以降の急速な経済成長を支えてきた。これらの財閥は，1997年の**アジア通貨危機**によって再編が進められたが，今なお韓国の経済界に大きな影響力をもっている。現在，韓国の10大財閥の売上高は，国内総生産（GDP）の6割以上もの規模になっている。しかし，財閥関係者と政府との癒着や，非財閥企業との賃金格差，若者の就職難などが社会問題になっている。

➡⑮10大財閥の売上高が韓国のGDPに占める割合

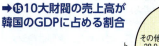
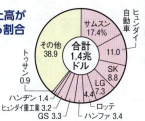

＊10大財閥については図⑰を参照
－2016年4月時点－
〔韓国公正取引委員会資料，ほか〕

↑⑯ロッテワールド（韓国，ソウル）　創業者が在日韓国人1世であるロッテグループは，日本と韓国を拠点として，菓子製造のほか，写真の遊園地やホテル，百貨店など，さまざまな事業を展開している。

↓⑰韓国の10大財閥とその事業分野

財閥名	系列会社	総資産額（兆ウォン）	おもな事業分野
サムスン（三星）	59	348.2	電機，重工，生命保険
ヒュンダイ（現代）自動車	51	209.7	自動車，製鉄，車両
SK	86	160.8	通信，エネルギー，化学
LG	67	105.8	電気，化学，化粧品
ロッテ	93	103.3	食品，小売り，ホテル
GS	69	60.3	エネルギー，小売り，建設
ハンファ（韓火）	57	54.7	化学，素材，機械
ヒュンダイ（現代）重工業	26	53.5	造船，機械，エネルギー
ハンジン（韓進）	38	37.0	航空，物流，観光
トゥサン（斗山）	25	32.4	重工，建設，通信

＊10大財閥とは韓国公正取引委員会が公表している資産額上位企業集団のなかで，現・元公営企業を除いた上位10グループをさす。
－2016年4月時点－〔韓国公正取引委員会資料，ほか〕

9 輸出依存度が高い韓国の経済　Link p.106 2輸出指向の農産物生産

あらゆる産業において輸出依存度が高い韓国は，輸出が低迷すると，経済も伸び悩む傾向がある。現在の韓国の総輸出額はGDPの4割を占めており，輸出相手国をみてみると，中国が第1位で約4分の1を占めている。このため，中国経済が金融不況や不動産バブルの崩壊などにより減速すると，韓国の経済も大きな影響を受けることになる。とくに電子部品分野では，対中輸出が大きな割合を占めているので，中国市場の動向がそのまま韓国の電子部品分野の景気に直結する。

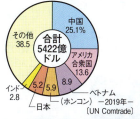

↑⑲韓国の輸出相手国・地域

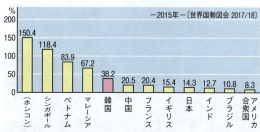

↑⑱おもな国・地域の輸出依存度　GDPに占める総輸出額の割合。

↑⑳韓国の電機メーカー，サムスンのテレビを見る買い物客（中国，ナントン）

←㉑ヨーロッパでも多くのファンを集めるK-POPのコンサート（イギリス，ロンドン）　韓国の音楽業界も海外に市場を求めている。

東南アジア

Link　地形…p.18～19, 気候…p.43, 48～50, 農業…p.88～90, 96, 107～108, 鉱工業…p.161～162, 民族・宗教…p.218～221, 自然災害…p.67～69, 環境問題…p.78～79

1 半島や島々からなる地形

➡ ❶マリーナベイ・サンズから見たシンガポール海峡（シンガポール）　シンガポール海峡は，マラッカ海峡の東の入り口にあたる。両海峡は太平洋とインド洋を結ぶ重要な航路の一つとして，古くからヨーロッパと東アジアを結ぶ多くの船舶が行き来してきた。

⬇ ❷東南アジアの自然環境

東南アジアは，インドシナ半島を中心とする大陸部と，マレー半島と赤道をはさんで広がる島々からなる島嶼部に分けられる。**新期造山帯の環太平洋造山帯**と**アルプス＝ヒマラヤ造山帯**の二つが接するため，地震や火山活動が活発な地域となっている。

⬆ ❸A－B間の断面図

インドシナ半島　インドシナ半島はインドと中国にはさまれている地理的特徴から名づけられた。東側は南シナ海，西側はインド洋に面している。メコン川，チャオプラヤ川などの大河川が流れて，**三角州（デルタ）**などの**沖積平野**を形成しており，昔から稲作がさかんな地域である。

島嶼部　インドネシア，マレーシア，フィリピン，シンガポール，ブルネイ，東ティモールが該当し，世界最多の25000以上の島嶼を抱えている。**新期造山帯**に属し，プレートの**狭まる境界**に位置しているため，インドネシアやフィリピンでは**火山**や**地震**が多い。

＊丸数字は写真番号を示す

⬇ ❹タイの水上マーケット（バンコク）　チャオプラヤ川の下流に位置するバンコクは昔から水上交通が発達し，水上マーケットは市場として人々の生活を支えてきた。観光地化しているところも多い。

⬇ ❺大規模な噴火を起こしたブルサン山（フィリピン，ルソン島南部）　フィリピンには写真のブルサン山をはじめ，ピナトゥボ山やマヨン山など，活発な活動を続ける火山が多く，しばしば大噴火を起こして甚大な被害をもたらしている。

238

2 季節風の影響を受ける気候

→6 トンレサップ湖の雨季と乾季（カンボジア）

トンレサップ湖は、雨季になるとメコン川の水流が逆流して増水し、天然の洪水調整池の役割を果たしている（写真左）。雨季と乾季の最大水位差は10m以上にもなり、乾季には水が引いて湖が縮小する（写真右）。

雨季（9月）　乾季（3月）

↓7 気候区分からみた東南アジア

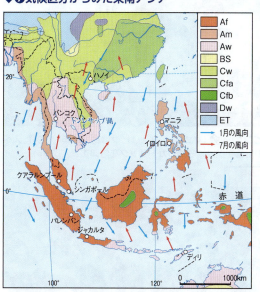

東南アジアの気候は、「**熱帯雨林気候（Af）と弱い乾季のある熱帯雨林気候（Am）**の地域」と「**サバナ気候（Aw）と温暖冬季少雨気候（Cw）**の地域」に分かれる。前者では一年中高温で、かつ降水量も多い。多種類の熱帯性植物がうっそうと茂り、毎日午後からは強風を伴う激しい雨（**スコール**）が降る。後者では、海洋と大陸の比熱の相違から発生する**季節風（モンスーン）**の影響で乾季と雨季がみられる。

Link p.43 3季節風（モンスーン）

↓8 おもな都市の気温と降水量

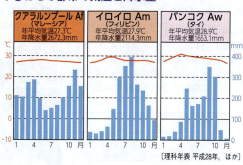

［理科年表 平成28年、ほか］

↑9 乾季のトンレサップ湖と高床式住居（カンボジア、1月）　雨季の湖の水位上昇に対応した高さの高床になっていて、家の出入りには はしご状の階段を使う。

3 今も残る植民地時代の影響

Link p.255 3植民地支配の歴史

→11 東南アジア各国の歩み

第二次世界大戦以前の東南アジアは、タイ以外の国はすべて欧米諸国の植民地支配を受けていた。1945年の終戦後、各国は次々に独立したが、言語や宗教、生活、文化などには、現在も旧宗主国の影響が色濃く残っている。

	1930年	日本占領 50	70	90	2000
ミャンマー	イギリス領	37 インドから分離	48 独立 ビルマ連邦	89 ミャンマー	
タイ	シャム	39 タイ王国	70 クメール共和国	76 民主カンプチア	
カンボジア		53 独立 カンボジア王国		79 カンボジア人民共和国	93 カンボジア王国
ベトナム	フランス領	45 独立	54 北ベトナム 54 南ベトナム	76 南北統一	
ラオス		53 独立 ラオス王国		75 ラオス人民民主共和国	
マレーシア	イギリス領	マラヤ連邦	57 独立	63 マレーシア	
シンガポール		59 自治領	65 分離独立（シンガポール）		
インドネシア	オランダ領	45 独立	インドネシア共和国	02 独立	
東ティモール	ポルトガル領		インドネシアによる実効支配		
ブルネイ	イギリス領			84 独立	
フィリピン	アメリカ領	46 独立	フィリピン共和国		

↑10 1941年の東南アジア

←12 ベトナムの街かどで売られるフランスパン（ニャチャン）

→13 イギリス統治時代のおもかげを残すホテル（シンガポール）　東南アジア各地には、かつての植民地時代の おもかげ を残す建物や文化が残っている。写真のラッフルズホテル（1887年開業）はイギリス様式の雰囲気を残す、シンガポールの歴史的建造物である。

239

4 東南アジアの宗教 Link p.220～221 世界の宗教

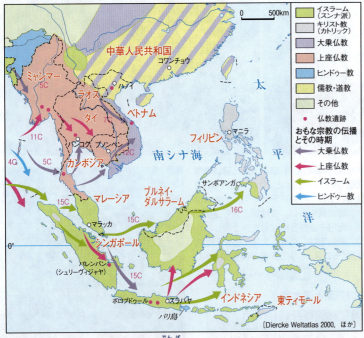

↑①東南アジアの宗教の分布と伝播　仏教は，5世紀以降にインドやスリランカから伝わり，現在はおもにミャンマーやタイなどの大陸部の国で信仰されている。イスラームは，13世紀以降，海の交易ルートを通じてムスリム商人によってもたらされ，インドネシアやフィリピンの南部など，おもに島嶼部で信仰されている。

➡④おもな国の宗教割合　古くから文化の交易路であった東南アジアでは，各国でさまざまな宗教が信仰されている。

マレーシア	イスラーム 61.3%	仏教 19.8	キリスト教 9.2	6.3	3.4
タイ	仏教 94.6%	イスラーム・キリスト教 1.0	4.3	その他 0.1
フィリピン	キリスト教 91.8%	イスラーム 6.0
シンガポール	仏教 33.3%	キリスト教 18.3	イスラーム 14.3	5.1	その他 29.0

〔CIA World Factbook, ほか〕

↑②寺院で祈りをささげる人々（ミャンマー）　ミャンマーでは戒律のゆるやかな大乗仏教ではなく，戒律を重んじる上座仏教が信仰されている。

↑③フィリピンの教会（マニラ）　フィリピンは約300年間続いたスペイン統治時代の影響を受け，今でもカトリックを信仰する人が多い。

↑⑤モスクでの金曜礼拝のようす（インドネシア）　インドネシアは世界最大のムスリム（イスラム教徒）人口を抱えている。
Link p.248 ⑤ムスリムの生活

5 東南アジアの民族 Link p.198 ②華僑と印僑

↓⑥多様な民族が暮らすマレーシアの街かど（クアラルンプール）

↓⑦マレーシアの民族別月平均収入の変化

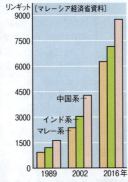

←⑨マレーシアの民族構成　多民族国家のマレーシアでは，独立後，経済的に豊かな中国系住民とマレー系住民との民族対立が続いたため，マレー系住民を優遇するブミプトラ政策が行われてきたが，経済格差の解消は進んでいない。

インド系 6.4／その他 10.4／中国系 21.4／マレー系 61.8%／総人口 3100万人 －2015年－〔マレーシア統計局〕

←⑩シンガポールの民族構成　シンガポールは華人が多数を占めていたため，1965年にマレー系が多数派のマレーシアから分離・独立した。

その他 2.7／インド系 9.0／マレー系 13.5／中国系 74.8%／総人口 499万人 －2007年－〔TIME Almanac 2010〕

↑⑧東南アジア各国の中国系住民

用語　華人と華僑　華人とは，中国から移民としてやってきた人々の子孫で，居住地の国籍をもつ中国系の人々。中国のフーチエン（福建）省などの沿岸地域にルーツをもつ人々が多い。華僑は，中国からの移民で，中国籍をもつ人々のことである。

6 ASEANの結成と発展

Link p.191 7 東・東南アジアの多国間貿易

東南アジア諸国連合(ASEAN)は，インドシナ半島の共産主義勢力に対抗するため，1967年にインドネシア，マレーシア，フィリピン，シンガポール，タイの5か国で結成された。その後，ベトナム戦争やカンボジア内戦が終結してインドシナ半島が政治的に安定すると，反共産主義を掲げる政治同盟から経済的協力をめざす地域共同体へと変質し，東南アジア全域へ加盟国を増やしていった。

経済面では1993年に**ASEAN自由貿易地域(AFTA)**が発足し，2010年までに原加盟5か国にブルネイを加えた6か国で域内関税がほぼ撤廃された。さらに2015年12月には，**ASEAN経済共同体(AEC)**が新たに発足し，AFTAおよびATIGA (ASEAN Trade in Goods Agreement，ASEAN物品貿易協定，2010年発効) による貿易自由化の動きが前進し，10か国全体において2018年1月1日に域内関税が原則すべて撤廃された。

⬇️⑫ASEANの歩み

⬆️⑪新型コロナウイルス感染症(COVID-19)の拡大のためオンラインで開催されたASEAN首脳会議（ベトナム，ハノイ，2020年）

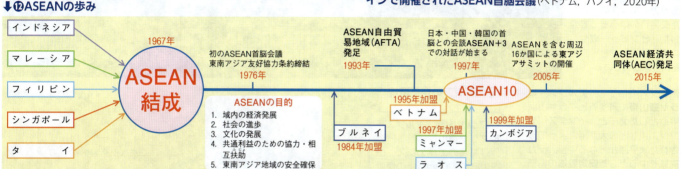

用語 ASEAN経済共同体(AEC)

AECは，ASEAN Economic Communityの略で，ASEAN加盟10か国を統合して一つの経済共同体となることをめざしている。ただし，通貨や域外関税までも共通にし，労働力の移動を自由化したEUとは異なり，AECでは通貨と域外関税については各国の裁量にゆだね，労働者の移動は一部に限っている。またASEANは，経済共同体であるAECを中心として，政治・安全保障共同体(APSC)，社会・文化共同体(ASCC)を加えた三つの共同体から構成されるASEAN共同体の実現もめざしている。

⬆️⑬1970年を基準としたおもな国・地域のGDPの推移

➡️⑭ASEAN各国の1人あたりGNI（国民総所得）

⬅️⑮ASEANを取り巻く経済的なつながり ASEANの域内人口はEUを上まわる6億以上で，域内では物の移動だけでなく，労働者の移動も活発化している。

Link p.190 3 世界のおもな経済圏

コラム 東南アジアに進出する日本の鉄道インフラ

2016年8月，タイの首都バンコクで高架鉄道のパープルラインが新しく開業した。バンコクでは，深刻な交通渋滞が社会問題となっており，1990年代後半から都市鉄道の整備が進められてきた。ドイツ企業が車両や信号システムなどを担当した既存の路線に加えて，新たにパープルラインが開通したことにより，人口増加が進む郊外地域と都心部との移動がスムーズになることが期待されている。

このパープルラインの開業は，日本企業の丸紅・東芝・JR東日本の企業連合が，欧米企業を抑え，車両製造から線路・信号などの地上設備の保守まで一括受注したことにより実現した。これは，日本政府が成長戦略の一つとする「パッケージ型インフラ輸出」の実例でもあるため，国内外で注目を集めている。都市鉄道が十分に整備されていない東南アジアの都市では，車両や信号などの納入だけでなく，鉄道の運営や保守などのノウハウも求められているため，日本の進んだ鉄道システムには各国から期待が寄せられている。

⬆️⑯JR東日本が製造した車両が走るパープルライン（タイ，バンコク，2016年）

Link p.179 3 世界に広がる日本の鉄道

南アジア

Link　地形…p.16, 20, 26, 気候…p.55, 農業…p.89〜90, 95, 98, 109, 鉱工業…p.163〜164, 民族・宗教…p.218〜221

1 三つに分けられる地形

➡①ヒマラヤ山脈とカトマンズ（ネパール）　急峻なヒマラヤ山脈は古くからインドとチベットをへだててきたが、人々はそこに交易路をつくりあげてきた。山脈の南ろくにあるネパールの首都カトマンズは、こうした交易路の中心として発達した。ヒンドゥー教や仏教の建造物群は、世界文化遺産に登録されている。

南アジアの地形は、**アルプス＝ヒマラヤ造山帯**に属するヒマラヤ山脈を中心とした北部と、インダス川やガンジス川などの大河川によって形成された大平原からなる中部、デカン高原を中心とした**安定陸塊**の南部の大きく三つに分けられる。

➡②南アジアの自然環境

ヒマラヤ山脈　**アルプス＝ヒマラヤ造山帯**に属し、世界最高峰のエヴェレスト山を中心に8000m以上の急峻な山々がみられる。

ヒンドスタン平原　ガンジス川が形成した広大な**沖積平野**。肥沃な土壌のため、稲作を中心とした重要な穀倉地帯で、人口も集中している。

デカン高原　インド半島の大半を占める。古い溶岩台地である北西部には、玄武岩が風化してできた**レグール**が分布しており、重要な綿花の栽培地帯になっている。

Link　p.65 ②レグール

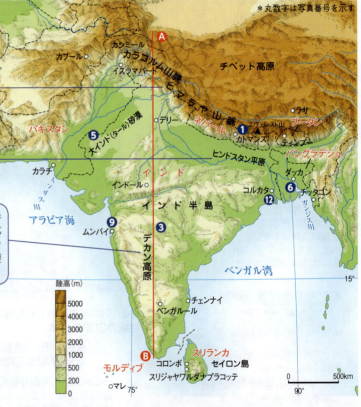

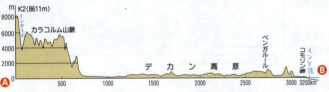

↑③デカン高原のため池（インド）　乾季の水不足に備えた ため池が点在する。

↓④Ⓐ－Ⓑ間の断面図

↓⑤大インド（タール）砂漠（インド、ジャイサルメール）　インド西部は**亜熱帯高圧帯（中緯度高圧帯）**の影響を受けて、乾燥地域となっている。

↓⑥洪水によって冠水したダッカ（バングラデシュ）　ガンジス川などが形成した**大デルタ**地帯に位置するため、**雨季**になると大雨によって町がしばしば冠水する。

2 降水量の差が大きい気候   Link p.43 ③季節風(モンスーン), p.109 ①南アジアの農業分布

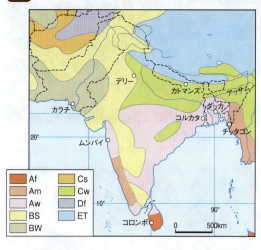

←⑦**気候区分からみた南アジア**　南アジアの**季節風(モンスーン)**は，夏は南西から吹き，冬は北東から吹く。夏の季節風はインド洋からの湿った風で，山脈や丘陵を越える際に多量の降水をもたらす。茶の産地として知られるアッサム地方など，ヒマラヤ山脈の山ろくに世界有数の多雨地域があるのも，この影響である。

↓⑧おもな都市の気温と降水量

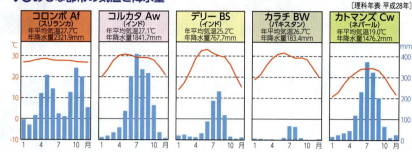

[理科年表 平成28年]

3 南アジア諸国の独立の歴史

南アジアの国々は，19世紀後半から20世紀前半にかけて，イギリスの植民地支配を受けたが，1947年にヒンドゥー教徒の多いインドと，ムスリムの多いパキスタンに分かれて独立した。その後，インドをはさんで東西に国土が分かれていたパキスタンは，1971年に東パキスタンがバングラデシュとして再度の独立を果たした。一方，仏教徒が多いセイロンは，1948年にイギリスから独立し，1972年に国名をスリランカに改称した。

↓⑩南アジアの歩み　　　Link p.255 ③植民地支配の歴史

年	事　項
1498	ヴァスコ=ダ=ガマが海路でインドに到達ーヨーロッパ人の進出始まる
1854	イギリス人によりアッサム地方で茶の栽培始まる
1877	イギリスのヴィクトリア女王，インド皇帝への即位を宣言
1930年代	ガンジーにより独立運動が全国的に広がる
1947	インド連邦・パキスタン独立，カシミールの帰属をめぐってインド・パキスタン戦争起こる
1948	セイロン独立
1962	インド・中国国境紛争
1971	バングラデシュ独立
1972	セイロン，スリランカに改称
1991	インド，新経済政策導入ー経済自由化でICT産業など急速に発展

↑⑨イギリス植民地時代のおもかげが残る駅舎(インド，ムンバイ)

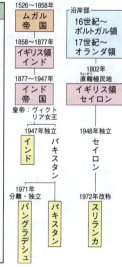

4 多言語の国インド   Link p.218 ①世界の言語

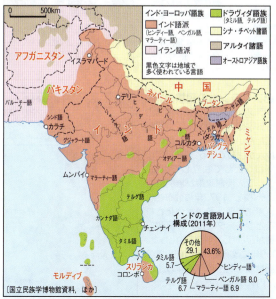

←⑪**南アジアの言語分布とインドの言語別人口構成**　数千年間の民族移動のなごりで，南アジアの言語分布はひじょうに複雑である。中央アジアにいたアーリア人が進出してきたインド北部・中部ではインド・ヨーロッパ系の言語が話され，アーリア人によって追いやられたインドの先住民が定着した南部ではドラヴィダ系の言語がおもに話されている。インドの言語のなかでは，連邦公用語であるヒンディー語を話す人口が最も多く，少数民族の言語や方言などを含めると数百から数千の言語があるといわれ，英語は準公用語である。また，22の指定言語が憲法で決められている。州の境界と言語分布の境界が重なることが多いのは，インド政府が言語分布にもとづいて州を再編してきたからである。

→⑫**さまざまな言語で発行されている新聞や雑誌**(インド，コルカタ)　英語をはじめ，ヒンディー語やベンガル語などで発行されている。

5 各国で異なる宗教　Link p.220〜221 世界の宗教

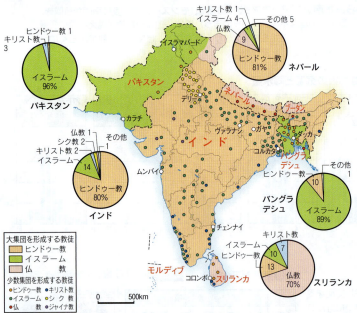
↑❶南アジアの宗教分布　〔CIA World Factbook，ほか〕

象の頭をしたガネーシャ神
↑❷インドのヒンドゥー教徒の祭り　ヒンドゥー教は多神教で，シヴァ，ヴィシュヌ，ブラフマーの三大神のほかにも，さまざまな神をあがめている。

↑❸イスラームが国教のパキスタン　モスクで祈るムスリムの女性たち。

↑❹スリランカの仏教僧　出家した若者たちが托鉢を行うようす。

用語　カースト制

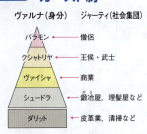
↑❺ヴァルナ（身分）とジャーティ（社会集団）

カースト制とは，生まれながらに属する職業ごとの社会集団（ジャーティ）と，上下の身分関係（ヴァルナ）が結合した世襲的な身分制度である。ジャーティは特定の職業に従事することが多く，地域社会はジャーティ間の分業によって成り立ってきた。社会生活や儀礼の場で，下位カーストは上位カーストから差別を受けてきたが，現在ではカーストによる身分差別は憲法で禁止されている。ICT産業をはじめ，従来のカーストにとらわれない職業も増えており，下位カーストでも教育の機会に恵まれれば高収入の仕事につけるチャンスが広がるなど，慣習も変化してきている。

6 南アジアの民族問題　Link p.224 ❶世界の紛争地域

↑❻カシミール地方の宗教分布

↑❼カシミール問題の構造

コラム　インドとパキスタンの国旗

多宗教国家であるインドの国旗は，ヒンドゥー教を表すオレンジ，イスラームを表す緑，両者の和解と平和を表す白，仏教のシンボル「法輪」で構成されている。一方，パキスタンの国旗はイスラームを表す緑，平和と少数派のムスリムでない人々を表す白，中央部の星は光明と知識，月は進歩と未来を表す。

➡❽スリランカの民族分布
スリランカには，人口の7割を占める仏教徒のシンハラ人と，2割に満たないヒンドゥー教徒のタミル人が住んでいる。1948年にセイロンとして独立して以降，シンハラ人優遇政策が展開された。その後，1972年に公布された新憲法で優遇政策が強化されたことから，タミル人の反政府運動が起こり，内戦が激化した。2009年に政府軍が反政府組織の支配地域を制圧し，20年以上続いた内戦がようやく終結した。

―2001年―〔Statistical Abstract 2009〕

イギリスからの独立のため，ともに戦ってきたヒンドゥー教徒とムスリムは，1947年にインドとパキスタンに分離して独立した。このときカシミール地方では，住民の8割を占めるムスリムの反対を押しきって，ヒンドゥー教徒の藩王がインドへの帰属を決めたため，インドとパキスタンの間で紛争となった。カシミールの帰属をめぐっては2度，全体では3度の戦争といくつもの争乱が続いた。1998年には，インド，パキスタンがあいついで核実験を行い，世界に衝撃を与えた。また，カシミール地方東部のアクサイチンは，中国によって実効支配されており，その帰属をめぐって中国とインドの対立も続いている。

7 インドの経済発展と格差の拡大

Link p.163〜164 南アジアの鉱工業

❾**インドの1人あたり州内純生産額** デリーやムンバイ，ベンガルールなど，ICT産業や自動車産業が発達している都市を有する州の生産額が高い。インドの急速な経済発展の裏には，農業が主体の州と，鉱工業が発達した州との地域間格差が拡大しているという実態もみられる。

❿**家電売り場で電子レンジを見る家族**（インド）現在，インドには約2億人の中間層が存在するといわれており，彼らの購買力が上がってきていることから，さまざまな家電製品の売り上げがのびている。

⓫**デリーのスラム**（インド，2021年）大都市の急速な人口増加に住宅や下水道などの都市基盤の整備が追いつかないため，鉄道や河川沿いの土地に貧しい人々が暮らす**スラム**が拡大している。

➡⓭**開通した高架鉄道**（インド，ムンバイ）金融・商業の中心地ムンバイは，交通インフラの整備が遅れ，道路の渋滞や在来鉄道の混雑が問題となっていた。2014年6月に新たに高架鉄道が開通すると，半年で乗客数は5000万人にも達した。地下鉄の建設など，さらなる都市交通の整備が進められている。

⓬**インドへの投資国と投資額の推移** 2005年以降，投資額が急増し，シンガポールやアメリカ合衆国など，ICT技術大国からの投資がめだっている。

コラム 南アジアの貧困層を救うマイクロファイナンス

BRICSの一つとされるインドを筆頭に，衣料品の縫製業が発達するバングラデシュなど，近年，南アジアの国々は都市部を中心に急速な経済成長をとげている。一方で，農村部などは依然として多くの貧困層を抱えている。こうしたなか，1980年代から貧困層を対象に**マイクロファイナンス**という金融サービスが行われるようになり，貧困からの脱出に役だっている。マイクロファイナンスとは，貧しい人々に小口の融資や貯蓄などの金融サービスを提供することで，融資を受けた人々は少額融資をもとに零細事業を運営し，自立した生活をめざす。マイクロファイナンスの先がけとしてバングラデシュのグラミン銀行が知られているが，現在ではNGOや政府など，さまざまな機関がマイクロファイナンスを行っている。

インドでは，金融サービスから隔絶された農村部の人々に銀行口座の開設をうながす「国民皆口座」運動が2014年から政府主導で行われている。銀行のない農村には，「マイクロATM」とよばれる携帯端末をもった銀行員が巡回し，指紋認証機能を使って本人確認を行うことにより，お金の受け渡しなどを行う。貧困層の大多数を占める農民にも口座をもってもらい，低金利の少額融資などを行うことにより，農民の生活を向上させる取り組みが国をあげて始まっている。

Link p.164 ❹バングラデシュの衣料品生産

➡⓮**マイクロファイナンスのしくみ**（当初のバングラデシュのグラミン銀行の場合*）「グラミン」という名称は「村」を表すベンガル語gramに由来し，その名のとおり，グラミン銀行はおもに農村部の貧困層を対象にした小口融資を行っている。

*現在はグループ連帯保証制度は行っていない。

融資を受ける

開業した編み物業者

- 融資を受けるとき，土地などの担保が必要ない
- 少ない金額でも融資を認める

- 5人のグループをつくる
- 返済できないメンバーがいれば，他のメンバーが負担する（連帯責任制）

⬇⓰**銀行員が持参した「マイクロATM」で指紋認証を行う農民**（インド，ラクナウ郊外）

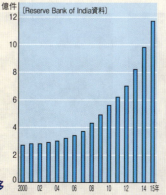

➡⓯**インドの銀行貯蓄口座数の推移**

西アジア・中央アジア

| Link | 地形…p.30〜31，気候…p.51〜53，農業…p.90，110，鉱工業…p.165，民族・宗教…p.218〜221，224〜225，環境問題…p.80 |

1 砂漠と高原が広がる地形

➡①オアシスに広がる なつめやし畑（オマーン） オマーンは乾燥地域で農地は少なく，石油や天然ガスの採掘と精製がおもな産業となっている。砂漠の中で貴重な水が得られる**オアシス**では，なつめやし などを栽培している。

Link ▶ p.317 なつめやし

⬇②オアシスの中の水場（オマーン） 洗濯や水浴びにも使われる。

アラビア半島の大部分は**安定陸塊**であり，この北側に**アルプス＝ヒマラヤ造山帯**に属するアナトリア高原・カフカス山脈・イラン高原が連なる。多くの地域が乾燥気候であるためルブアルハリ砂漠などの砂漠やステップが広がり，カスピ海やアラル海，死海などの**塩湖**も多く存在する。**内陸河川**のアムダリア川・シルダリア川や，**外来河川**であるティグリス川・ユーフラテス川，点在する**オアシス**などが乾燥地域をうるおしている。

➡③西アジア・中央アジアの自然環境

⬇④A－B間の断面図

カザフステップ カザフスタン西部の**準平原**。ソ連時代に穀物生産地域として開発されたが，アラル海の縮小や砂漠化が問題となっている。

Link ▶ p.80 縮小するアラル海

カスピ海 37.4万km²の面積をもつ世界最大の湖。ヴォルガ川などの大河が流入するが，流出する川はなく**塩湖**となっている。沿岸では石油・天然ガスの採掘がさかん。

ルブアルハリ砂漠 アラビア半島南部の3分の1を占める世界最大級の**砂砂漠**。

⬇⑤死海で湖水浴をする人々（イスラエル） 死海の湖面は，地上で最も低い海面下400mに位置する。塩分濃度は23〜30％で，通常の海水（3.5％）と比べるとかなり高く，人が浮き輪なしでも浮かぶことができる。

⬇⑥カフカス山脈とふもとの村（ジョージア） けわしいカフカス山脈はアジアとヨーロッパをへだててきたが，ジョージアは古くから東西の文明の影響を受けてきた。国土の大部分は山がちだが，気候は温暖で，ワインの生産などで知られる。

2 乾燥した気候

←7 気候区分からみた西アジア・中央アジア 乾燥帯が広範囲にわたるが、アナトリア高原からカフカス山脈、イラン高原やテンシャン（天山）山脈北ろくには地中海性気候区や温暖湿潤気候区などの温帯がみられる。標高の高いところには亜寒帯（冷帯）も分布する。

凡例: Aw / BS / BW / Cs / Cfa / Cfb / Df / ET

↑8 日干しれんがづくり（イエメン）乾燥帯のため木材が得にくく、土からつくったれんがが建材として多用される。

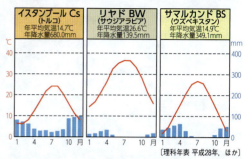

→9 おもな都市の気温と降水量 [理科年表 平成28年, ほか]

3 西アジア・中央アジアの言語と民族

Link → p.220～221 世界の宗教, p.225 3 パレスチナ問題

→10 西アジア・中央アジアの言語とおもな国のムスリム（イスラーム教徒）の割合 この地域は、アラビア語、ペルシア語、トルコ語の三つの言語によって民族や文化を分けることができる。**イスラーム**はアラビア語で書かれている**コーラン（クルアーン）**を聖典としている宗教であるが、アラビア語圏だけでなく、ペルシア語圏、トルコ語圏にも多くの信者がいる。

↓11 西アジア・中央アジアの歩み

年	事項
7～10世紀末	イスラーム伝播
1869	スエズ運河開通
1901	イギリス、イラン南部の石油採掘権獲得
1945	アラブ連盟結成
1948	イスラエルが建国宣言 第1次中東戦争（パレスチナ難民流出）
1951	イラン、石油の国有化宣言
1956	第2次中東戦争（スエズ戦争～57）
1960	石油輸出国機構（OPEC）発足
1967	第3次中東戦争
1968	アラブ石油輸出国機構（OAPEC）発足
1973	第4次中東戦争
1979	イラン革命 ソ連、アフガニスタン侵攻
1980	イラン・イラク戦争（～88）
1991	湾岸戦争 ソ連解体により、中央アジア諸国独立
2001	アメリカ合衆国で同時多発テロ発生 アメリカ合衆国、アフガニスタン攻撃
2003	イラク戦争
2006	イラクで新政府発足
2011	シリアで内戦始まる

↓12 三つの言語とムスリムの伝統的な服装の違い

言語	アラビア語（アフリカ・アジア語族）	ペルシア語（インド・イラン語派）	トルコ語（アルタイ諸語）
特徴	28文字からなり、右から左へ読む。アラビア半島および北アフリカ諸国の公用語。イスラームの聖典**コーラン（クルアーン）**に使用。	アラビア文字に4字加えた32文字からなる。アフガニスタンや中央アジアにも普及。8～9世紀からアラビア文字を使用。	トルコから、中央アジアやシベリアなどに分布。アラビア語やペルシア語起源の言葉が多い。文法は日本語と似ている。トルコでは1928年以降ラテン文字を使用。
特徴	衣類の上からアバヤとよばれる黒色の長いローブを着用し、目と手足の先以外のすべても黒い布でおおう。	顔だけを出して体全体をおおう、チャドルとよばれる半円形の布を身につけて外出する。	色とりどりの服装がみられる。ヒジャーブというスカーフのような布で頭髪を隠している。
服装	サウジアラビア	イラン	ウズベキスタン

コラム　イスラームの色、アラブの色

イスラーム諸国は、星と三日月を国旗のシンボルデザインにしている国が多い。伝承では、イスラームの開祖ムハンマドは白・黒2色の旗を用いたという。また、緑は10～12世紀に北アフリカに勢力をもった王朝が、赤はオスマン王朝が採用し、いずれもイスラームに欠かせない色となった。20世紀前半、オスマン帝国の崩壊に際し、アラブの解放と団結の象徴として、赤・白・黒・緑の4色を組み合わせたアラブ反乱旗が考案された。現在もこの4色を基調とした旗が、アラブ諸国で採用されている。

イスラームの色: モロッコ*, サウジアラビア, タジキスタン

アラブの色: エジプト*, イラク, シリア, アルジェリア*, トルクメニスタン, アフガニスタン, ヨルダン, イエメン, アラブ首長国連邦

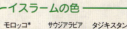

*はアフリカの国

4 イスラームの世界

アブラージュ・アル・ベイト・タワーズ
カーバ神殿

←❶巡礼者であふれる聖モスク（サウジアラビア，メッカ，2016年） 五行の一つである巡礼は，イスラーム暦の12月に行われ，毎年巡礼月になると，世界中から200万人をこえる巡礼者が聖地メッカに集まる。聖モスクの中庭にあるのは，イスラームで最高の聖地とされるカーバ神殿。奥にそびえ立つアブラージュ・アル・ベイト・タワーズは，七つの超高層ビルからなる複合施設で，一番高いホテル棟の高さは601mあり，巨大な時計台の上部は展望台，さらにその上は純金の三日月を掲げたミナレット（尖塔）になっている。

↑❷多くの巡礼者を運ぶためにつくられた高架鉄道メッカ・メトロ（サウジアラビア）

➡❸六信五行 ムスリムが信じる六つの信仰箇条を六信といい，守るべき五つの信仰行為を五行という。いずれもコーラン（クルアーン）の中で取り扱われ，イスラームの根幹をなしている。

六信		
①神（アッラー）	唯一絶対神，全知全能
②天使（マラーイカ）	神と人間の中間的存在（仲介者）
③啓典（キターブ）	アッラーの啓示（コーランが最後にして最良の啓典）
④預言者（ナビー）	アッラーの言葉を預かる者（モーセ，イエス，ムハンマドなど）
⑤来世（アーヒラ）	最後の審判をうける
⑥予定（カダル）	人間の行為はすべて神の定めである

五行		
①信仰の告白（シャハーダ）	礼拝のたびに唱える
②礼拝（サラート）	1日5回（夜明け・正午・午後・日没・夜半）メッカのカーバ神殿に向かって行う
③喜捨（ザカート）	困窮者救済などのための一種の財産税
④断食（サウム）	ラマダーン月，日の出から日没までの飲食の禁止
⑤巡礼（ハッジ）	一生に一度は巡礼月の7〜13日にメッカに巡礼する

用語 イスラーム復興運動 20世紀になると中東諸国では，国内に多くの貧困層を生み出す一方で，一部の人々に富が集中するなどの不平等をもたらす西欧型の国づくりへの疑問があらわれた。そのなかで，ムスリムが従うべきイスラームの道徳によって，社会や国家を公正なものにしようとする，政教一致の国家建設をめざす**イスラーム復興運動**が活発になった。ムスリムの一部には，過激派組織ISIL（IS，「イスラム国」ともいう）のように，欧米世界と武力や暴力で戦おうとする過激な集団もみられるが，「イスラーム復興運動＝テロ」ではない。

5 ムスリムの生活 Link p.217 ❹食と宗教，p.240 ❺モスクでの金曜礼拝のようす

←❹モスクの前で日没を待つ人々（トルコ，イスタンブール） イスラーム暦の第9の月は断食月（ラマダーン）であり，日中の飲食が禁じられる。日没が近づくと，モスクの前の広場などに家族で集まり，日が沈むといっせいに食事を始める光景がよくみられる。

➡❺イスラームカレンダー イスラーム暦は太陰暦を使用しているため，1年が西暦（太陽暦）より11日前後短い。休日はモスクに礼拝に行く金曜日である。

↓❻ムスリムの決まりごと

食事に左手を使わない　豚肉は食べない　アルコールは飲まない　女性ははだを見せない

➡❼食にみるハラールとハラームの例 ムスリムには，ハラール（イスラームの教えで許されている事象）とハラーム（禁止されている事象）があり，食べ物についてもハラールのものしか口にしない。

	ハラール ○	ハラーム ×
陸上動物	鶏，牛，羊など（ただし，自然の状態で育成され，イスラーム法に沿った食肉処理がされているもの）	・豚 ・人間に有害なもの，不快感を与えるものなど ・鶏，牛，羊であっても，イスラーム法で不浄とされるもの*を含んだえさで継続的に飼育されたもの
水生動物	天然の魚，えびなど（ただし，自然な状態で育成されたもの）	・人間に有毒であるもの ・イスラーム法で不浄とされるものを含んだえさで継続的に養殖されたもの
植物	無農薬野菜，天然きのこ，こしょう，ピーナツなど（ただし，自然の状態で栽培されたもの）	・遺伝子組み換えをした植物 ・人間に有毒なもの ・人間に不快感を与えるもの ・無農薬野菜であっても，イスラーム法で不浄とされる肥料を用いて栽培されたもの
飲み物	天然水，果汁100%のオレンジジュースなど（人体に有害でないもの）	アルコール入り飲料

*死肉，血液，遺伝子組み換えの物質，豚由来成分の物質など。〔ジャパンハラールコープ資料〕

6 産油国の経済多角化への取り組み

ペルシア湾岸の産油国は，ばくだいなオイルマネーをもとに，石油に依存した経済からの脱却をめざしている。とくにアラブ首長国連邦は，アブダビ首長国以外ではほとんど石油がとれないため，いち早く石油依存からの脱却をめざした。ヨーロッパへの航空機の乗り継ぎ拠点として知られるドバイは，外国企業の誘致や国際金融センターの設置，リゾート島の建設などの観光開発を進め，国際色豊かな近代都市となっている。一方で，これらの産油国では労働力が不足し，建設現場など多くの産業分野において，出稼ぎに来た外国人労働者が多数雇用されている。

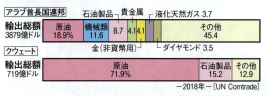

↑⑧湾岸諸国の輸出品目　アラブ首長国連邦は，近隣諸国への家電製品などの再輸出拠点であるため，原油の割合が低い。

↑⑨ペルシア湾につくられた人工島パーム・ジュメイラ（アラブ首長国連邦，ドバイ）　リゾート島として売り出され，高級ホテルや別荘が立ち並んでいる。島内を移動するモノレールや地下トンネルなどの建設に日本企業も参入している。

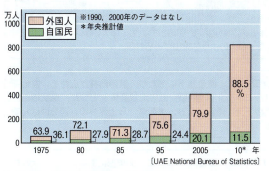

↑⑩アラブ首長国連邦の人口の推移　総人口は年々増加しているが，増加分のほとんどは外国人労働者とその家族で，自国民が総人口に占める割合は低下の一途をたどっている。

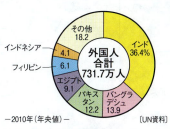

↑⑪アラブ首長国連邦に住む外国人の出身国　インドやバングラデシュなど南アジア出身者が6割以上を占めている。

↑⑫世界最大級の屋内スキー場「スキー・ドバイ」（アラブ首長国連邦）　西アジア初の屋内スキー場で，巨大なショッピングモールの中にある。

7 カスピ海周辺の資源とそれをめぐる国々の動向

カスピ海沿岸は，バクー油田をはじめ，豊富な原油や天然ガスに恵まれているため，沿岸諸国の間で資源の争奪戦が繰り広げられている。20世紀初頭から掘削が始められた沿岸部の油田はほぼ枯渇しているため，現在はカスピ海の海底油田での掘削をめぐって各国がしのぎを削っている。バクー（Baku）からジョージアのトビリシ（T'bilisi），トルコのジェイハン（Ceyhan）を結ぶ**BTCパイプライン**は，原油の供給をロシアに依存したくないヨーロッパ諸国にとって重要な輸送ルートとなっている。

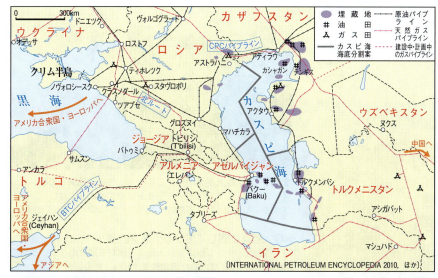

↑⑬カスピ海周辺のエネルギー資源の開発

コラム　自動車生産の拠点になりつつあるトルコ

トルコはかつて，じゅうたんに代表される軽工業がさかんな国であった。しかし現在は，外国資本を積極的に誘致する産業振興政策の下，重工業への転換が進められている。こうしたなか，急成長しているのが自動車産業である。EUと関税同盟を結んでいてヨーロッパ市場に地理的に近いこと，若年人口が多く豊富で安い労働力があることなどから，ルノー（フランス）やフィアット（イタリア），フォルクスワーゲン（ドイツ），フォード（アメリカ合衆国），トヨタ（日本），ヒュンダイ（韓国）など，世界の名だたる自動車メーカーがトルコに進出している。トルコ国内で生産される年間約150万台（2016年）のうち，77％が輸出にふり向けられており，トルコは今や世界の自動車生産拠点の一つに成長している。

➡⑭トルコに進出したトヨタ自動車の組み立て工場（サカルヤ）

アフリカ

| Link | 地形…p.17, 22〜23, 26, 気候…p.41, 43, 48〜52, 農業…p.88〜90, 111〜112, 鉱工業…p.166, 民族・宗教…p.218〜221, その他…p.80, 128, 199 |

1 台地状の大陸

Link ▶ p.13
3 大陸別の高度分布

アフリカ大陸は200m未満の低地が10％に満たず，標高200〜1000mが70％近くを占める台地状の大陸で，アフリカ楯状地などの**安定陸塊**が広く分布している。低地は沿岸部の狭い範囲に限られており，海岸付近まで台地や高原がせまっているため，河川の流れは下流域で急になる。東部には南北に**大地溝帯**があり，さけ目に水が流入して形成されたタンガニーカ湖やマラウイ湖などの**地溝湖**，キリマンジャロ山やキリニャガ（ケニア）山などの**火山**もみられる。

➡**①ヴィクトリア滝**（ジンバブエ）　ジンバブエとザンビアの国境を流れるザンベジ川にあり，北米のナイアガラ滝，南米のイグアス滝とともに世界三大瀑布の一つとされる。

↓**②アフリカの自然環境**

*丸数字は写真番号を示す

アフリカ大地溝帯　紅海からアフリカ大陸東部のエチオピア高原を経てザンベジ川にいたる高地を，南北に縦断する**地溝帯**。マントル対流が地殻を押し上げ東西に広げており，周囲にはキリマンジャロ山のような**火山**がみられる。

コンゴ盆地　赤道直下にあたり，**熱帯雨林**が広がる。盆地を流れるコンゴ川は世界第2位の流域面積をもつが，**卓状地**地形のため下流に急流があり，大西洋から上流への水運をはばんでいる。

キリマンジャロ山　タンザニア北東部にあるアフリカ大陸最高峰（5895m）の**火山**。ほぼ赤道直下に位置しているが，山頂には**氷河**が存在する。

サハラ砂漠　**安定陸塊**の上に広がる世界最大の**砂漠**（約900万km²）で，「サハラ」はアラビア語で「荒れた土地」を意味する。砂砂漠のイメージが強いが，ほとんどの範囲が岩石砂漠・礫砂漠である。人々の生活の場は**オアシス**や**外来河川**であるナイル川沿いにみられる。

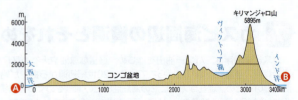

↑**③Ⓐ−Ⓑ間の断面図**

Link ▶ p.17　3 広がる境界

↑**④アフリカ大地溝帯**（ケニア）　崖の左側が**地溝**である。大地溝帯はケニアやエチオピアの国土を二分するようにはしり，東西が急峻な崖となっているため，交通の大きな障害となっている。

←**⑤大西洋に面して広がるナミブ砂漠**（ナミビア，ウォルヴィスベイ近郊）　ナミブ砂漠は，大西洋を流れる寒流のベンゲラ海流の影響を受けて形成された**海岸砂漠**の典型である。

Link ▶ p.52　砂漠の成因

2 アフリカの気候 Link p.41 ④降水量の季節変動と植生

アフリカ大陸の気候は赤道を中心に南北に対称で、赤道付近は熱帯、南北の回帰線付近は乾燥帯、南北端の西岸は温帯の地中海性気候である。赤道付近でも、標高の高い地域では、温帯気候や常春の高山気候となる。

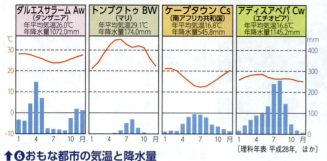
↑❻おもな都市の気温と降水量

↑❼コンゴ盆地の熱帯雨林（コンゴ民主共和国） コンゴ盆地は、南米のアマゾン川流域につぐ熱帯雨林地帯となっており、自給的な**焼畑農業**などが行われている。

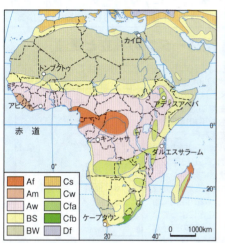
↑❽気候区分からみたアフリカ

↑❾バオバブ（マダガスカル） 南緯20度に位置するマダガスカル島の東側は南東貿易風が卓越し、熱帯雨林気候がみられる。一方、10〜4月の夏にインド洋から吹く季節風の影響を受ける西側の北部は、雨季と乾季があるサバナ気候となる。写真のバオバブは、サバナ気候で特徴的な樹木で、太い幹に水分を蓄えることにより乾燥に強く、樹皮や実は生活に利用される。

↑❿練りがゆをつくる女性（ニジェール） 乾燥したステップ地帯では、ひえ・もろこし（ソルガム）などが主食となっている。これらの雑穀を粉にし、湯を入れてこねることで、練りがゆをつくる。

3 奴隷貿易と植民地の歴史 Link p.255 ③植民地支配の歴史

アフリカ大陸は、15世紀から進出したヨーロッパ諸国によって、20世紀初めにはほとんどが植民地となった。イギリスは縦断政策にもとづきナイル川流域とアフリカ南部の両側から進出し、フランスは横断政策を進めてサハラ砂漠やマダガスカルをその植民地とした。第二次世界大戦後、ヨーロッパ諸国の撤退に伴いアフリカ諸国はようやく独立を果たした。17か国がいっせいに独立した1960年は「アフリカの年」とよばれる。

用語 奴隷貿易 ヨーロッパ諸国の奴隷商人が、ギニア湾などの西アフリカから人々を連行して南北アメリカ大陸に送り込む人身売買を行った。奴隷として送り込まれた人々は、新大陸でおもに大農園や鉱山の労働力として酷使された。奴隷貿易によって1000万人以上の住民が連行されたことにより、アフリカの人口は激減し、その後の経済発展の遅れの一因となった。

→⓭大西洋三角貿易

↑⓫アフリカの独立国

年	事項
15世紀	ヨーロッパ列強の進出
16〜19世紀	奴隷貿易
1847	リベリア独立（アメリカの政策）
19世紀末	ヨーロッパ列強によるアフリカ分割
1910	南アフリカ連邦独立
1948	南アフリカ、人種隔離政策（アパルトヘイト）導入
1955	アジア・アフリカ会議（バンドン）
1960	ナイジェリアほか17か国独立「アフリカの年」
1963	アフリカ統一機構（OAU）成立
1967	ナイジェリア内戦（ビアフラ戦争、〜70）
1970	アスワンハイダム完成 サヘルに大干ばつ発生
1970〜80年代	食料危機と難民の発生
1991	アパルトヘイト関連法の廃止
1993年頃〜	各地で内戦が多発
2002	アフリカ連合（AU）発足
2010	南アフリカ共和国でサッカーワールドカップ開催
2011	南スーダン共和国独立

↑⓬アフリカの歩み

↑⓮フランスパンが売られる街かど（コートジボワール） かつてフランスの植民地だった国々では、フランス語の使用など、植民地時代の影響が今なおみられる。

4 アフリカの生活・文化　Link p.218 ❷世界の公用語

❶ジェンネのモスク（マリ）　1300年ごろに建設されたモスクは、骨組みをやし材で組み、日干しれんがを積み上げて泥で固めることでつくられており、年に一度修復が行われる。

↑❷太鼓の演奏に合わせて踊る女性（ブルキナファソ）　太鼓は、祝い事などの際に演奏されるほか、音の高低の組み合わせで楽器言葉をつくり出し、遠くにいる人との通信手段としても使われた。

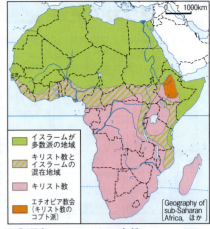

↑❸現在のアフリカの宗教　アフリカ北部ではイスラームが、ギニア湾沿岸部から南部にかけてはキリスト教がおもに信仰されている。

凡例：イスラームが多数派の地域／キリスト教とイスラームの混在地域／キリスト教／エチオピア教会（キリスト教のコプト派）
〔Geography of sub-Saharan Africa、ほか〕

➡❹言語分布と内戦　アフリカには、2000以上の言語・民族が存在するといわれている。植民地化の際、ヨーロッパ諸国は民族分布と関係なく勢力圏を定め、独立時にはその区分が国境線となった。その結果、独立後の国々では多くの民族で国家を運営せざるを得なくなったことにより、主導権争いが激化し、各地で民族紛争が多発している。

凡例：アフリカ・アジア語族／オーストロネシア語族／ナイル・サハラ諸語／インド・ヨーロッパ語族／ニジェール・コルドファン諸語／コイサン語族／●おもな紛争地域

主な紛争：西サハラ紛争（1974〜1997）／チャド内戦（1966〜1989）／スーダン内戦（1983〜2005）／シエラレオネ内戦（1991〜2002）／ダールフール紛争（2003〜）／リベリア内戦（1989〜2003）／ビアフラ戦争（1967〜1970）／南スーダン内戦（2013〜）／ソマリア内戦（1991〜）／ルワンダ内戦（1990〜1994）／ブルンジ内戦（1993〜2006）／コンゴ（ザイール）内戦（1996〜1999）／アンゴラ内戦（1975〜2002）／ジンバブエ内戦（1980〜1988）／ナミビア独立運動（1967〜1990）／モザンビーク内戦（1977〜1992）
〔国立民族学博物館資料、ほか〕

専門家ゼミ　南スーダンの独立と課題

南スーダン共和国は、20年以上にわたる内戦を経て、2011年7月に独立した世界で一番新しい国家*である。石油だけでなく、ほかの地下資源や農業の開発でも高い潜在力をもち、国連と国際社会も平和構築と復興のために多大な支援を行ってきた。しかし、この新国家は、指導層内部の権力闘争をきっかけに、2013年12月から事実上の内戦状態におちいった。内戦は6年以上にわたって継続し、2度の和平合意を経て2020年2月に暫定政府が樹立されたことによってようやく終結した。和平合意の完全な実施、復興と平和構築等、課題は山積している。〔大阪大学　栗本英世〕

↑❺油田とパイプラインの位置

*2015年5月に、日本政府はオセアニア州のニウエを国家承認。

5 南アフリカ共和国の変化　Link p.166 ❷南アフリカ共和国の工業発展

南アフリカ共和国はアフリカ大陸南端に位置し、大西洋からインド洋へ出る航路の重要な地点であった。同国の内陸部で金やダイヤモンドが発見されると、入植したヨーロッパ人によって、先住民の人々が鉱山などの労働者として働かされた。そのなかで1948年に**人種隔離政策（アパルトヘイト）**が導入され、約40年後に廃止されるまでさまざまな人種差別が続いた。近年は、豊富な鉱物資源を生かした工業化の進展により、経済成長を続けているが、教育や経済における白人と黒人の格差は今なお解消していない。

用語　人種隔離政策（アパルトヘイト）

南アフリカ共和国において、少数派の白人が、黒人やカラード（混血）、インド系などの住民に対して、居住地や職業などあらゆる領域で区別した**人種隔離政策**のことを**アパルトヘイト**という。そもそも「アパルトヘイト」とは、現地のアフリカーンス語で「隔離」を意味する言葉であった。アパルトヘイトを支えてきた各種法律は、黒人の抵抗運動や国連の勧告などにより1991年までに撤廃された。

↑↓❻アパルトヘイト時代の観客席（上）**と2010年のサッカーワールドカップでの観客席**（下）

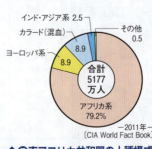

↑❼南アフリカ共和国の人種構成
アフリカ系 79.2%／ヨーロッパ系 8.9／カラード（混血）8.9／インド・アジア系 2.5／その他 0.5　合計 5177万人　―2011年―〔CIA World Fact Book〕

コラム　南アフリカ共和国の国旗

1994年まで　→　1995年から

かつての国旗は、イギリス、オレンジ自由国、トランスヴァール共和国の国旗をデザインに含み、ヨーロッパ色が強かった。1994年に行われた全人種が参加する選挙で、ネルソン・マンデラが黒人初の大統領に就任し、現在の多人種共存社会を示すデザインに変更された。

6 アラブの春 Link p.259 難民の流入問題

「アラブの春」が起こった背景として，長期独裁政権による一部の特権階級への富の集中，一般民衆との所得格差や，若者の失業率の高さなど，国政への民衆の不満や怒りがあった。チュニジアやエジプトでは民衆による大規模なデモが頻発して大統領を退陣に追い込み，リビアでは政府軍と反体制派との武力衝突を経て政権が交代した。しかし，現在でも不安定な政治情勢が続いている。

用語 アラブの春 2011年初頭からアラブ諸国で起こった反政府デモを中心とする民主化運動。2011年1月にはチュニジアでベンアリ政権が崩壊し，同年2月にはエジプトのムバラク政権が，8月にはリビアのカダフィ政権も崩壊し，周辺国にも影響が及んだ。これら一連の政治変動は，1968年当時のチェコスロバキアで起きた「プラハの春」とよばれる民主化運動になぞらえて，「アラブの春」とよばれた。

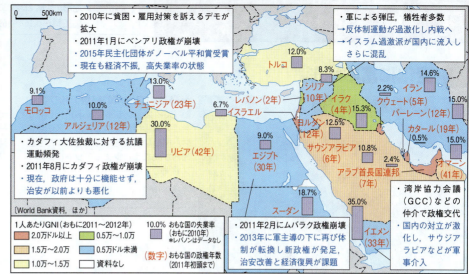

↑⑧「アラブの春」が起こったころの1人あたりGNIと失業率，政権年数

7 アフリカの貿易と中国とのつながり

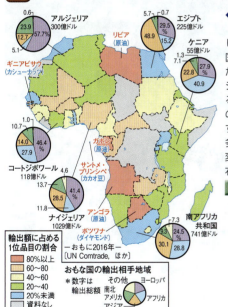

←⑨アフリカ諸国の輸出
アフリカ諸国の貿易相手国としては，従来，旧宗主国やEU諸国，アメリカ合衆国などが多かったが，最近では中国などアジア諸国との貿易が増加している。しかし，一国の経済が特定の一次産品の生産や輸出に依存する**モノカルチャー経済**の国が多いため，生産量や国際価格の変動により，国全体の経済が左右されやすい。

Link p.112 モノカルチャー経済

→⑩中国企業が建設した高速道路の竣工式（エチオピア，アディスアベバ）
高速道路の建設には，現地で雇用されたエチオピア人労働者とともに，多くの中国人労働者もたずさわった。

→⑪中国のアフリカでのインフラ建設請負額の推移と対外援助額の地域別割合 中国の対外援助はアフリカが第1位で，その多くが資金援助を行い，インフラ建設などを中国企業が請け負うというものである。インフラ建設請負額の約半分がアンゴラなどの産油国になっているように，資源輸入に必要な港湾や道路などを，対外援助という形で中国が開発している。

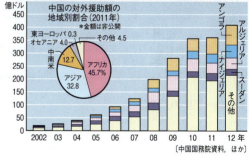

コラム 支え合う日本とアフリカ グローバルNIPPON

日本にとってアフリカは，カカオ豆やレアメタルなどの貴重な資源の輸入相手地域である。しかし，現在でもアフリカの多くの国々は，貧困や内戦などの問題を抱えている。そうした状況の改善をめざし，日本の政府や企業，**非政府組織（NGO）**などがアフリカに渡り，保健医療や教育，農業分野などで，さまざまな協力体制をしいている。
例えばウガンダでは，慢性的な食料不足の状況を改善するため，病気や乾燥に強いアフリカ稲と高収量のアジア稲を交雑した新品種ネリカ米の栽培指導に，日本政府から派遣された専門家が活躍している。タンザニアでは，日本の化学メーカーである住友化学が，現地企業と合弁会社を設立して，熱帯地域で蚊が媒介するマラリアを予防するための蚊帳の生産に取り組んでいる。サハラ以南のアフリカで多くの犠牲者を出しているマラリアの予防は，アフリカの国々の悲願であるとともに，日本によるさまざまな支援は現地の雇用創出にも一役買っている。

↑⑫新品種ネリカ米の栽培（ウガンダ）

↑⑬住友化学が防虫技術を無償供与した蚊帳の生産工場（タンザニア，アルーシャ近郊）

Link p.112 ⑥日本のバラの輸入先

ヨーロッパ

| Link | 地形…p.17, 22, 29, 30～31, 気候…p.43, 45, 54～56, 農業…p.91～93, 113～114, 鉱工業…p.167～169, 民族・宗教…p.218～221, 都市問題…p.211～212 |

1 変化に富む地形

マッターホルン山(4478m)

←❶ヨーロッパの屋根アルプス山脈 (スイス，ツェルマット) 4000mをこえる山岳が連なるアルプス山脈には，美しい景色を求めて世界中から観光客が訪れる。ツェルマットはアルプス観光の拠点の一つ。

ヨーロッパの北部は山がちで針葉樹林が広がる。かつて氷河におおわれていた時期があったため，スカンディナヴィア半島には**フィヨルド**などの氷河地形も見られる。中央部にはフランス平原や北ドイツ平原が広がり，ライン川をはじめとする多くの**国際河川**が流れる。南部には，**新期造山帯**に属するアルプス山脈やピレネー山脈などの急峻な山脈が分布し，しばしば地震も起こる。

北ヨーロッパ スカンディナヴィア山脈をはさんで，西のノルウェーでは海岸に**フィヨルド**が続く。東のスウェーデンやフィンランドは湖沼が多く，なかには**氷河湖**もある。

アルプス山脈 新期造山帯の**アルプス=ヒマラヤ造山帯**の地域にある山脈で，ヨーロッパ中央部を東西に横断している。**山岳氷河**，**カール**，**U字谷**なども見られる。

用語 国際河川 複数の国の領土もしくは国境を流れる河川のこと。条約によりどの国の船舶でも自由に航行できる。ライン川やドナウ川などがその代表例。

↓❸ A－B間の断面図

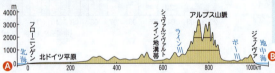

↑❷ヨーロッパの自然環境

↓❹ソグネフィヨルド (ノルウェー) 氷河の侵食作用で形成された**U字谷**に海水が浸入してできた**フィヨルド**は，ノルウェーやアイスランドなどに見られる。絶壁に囲まれ，平地に乏しいが，夏の観光地として人気が高い。

↓❺低地の運河と風車 (オランダ) 土地が低平なオランダでは，湿地や干潟を堤防で囲み，風車などを使って排水することで国土と農地を広げてきた。この干拓地 (**ポルダー**) が国土の4分の1を占める。

2 高緯度でも温暖な気候 Link p.55 ②地中海性気候区, p.56 ④西岸海洋性気候区

❻おもな都市の気温と降水量

➡❼ヨーロッパの気候の成因　暖流の**北大西洋海流**が沖合いを流れ, 上空を**偏西風**が吹くために, ヨーロッパの冬は緯度のわりに温暖で, 気温の年較差が小さくなる。冬の平均気温は西ほど高く, 東の内陸に向かうほど低くなる。
Link p.45 ④西岸気候と東岸気候

➡❾羊の放牧（イギリス）　年中安定した降水のあるイギリスは, 国土の半分近くが牧場・牧草地である。とくにペニン山脈東側のヨークシャー地方では, 伝統的に牧羊が営まれ, 羊毛工業で栄えた都市も多い。

➡❿地中海に面したリゾート（フランス, ニース）　地中海沿岸の夏は晴天が続く。**バカンス**の時期になると, 明るい陽光を求めて, おもにヨーロッパ北部からの観光客が集まり, 日光浴などを楽しむ。
Link p.184〜185 余暇と観光業

↑❽気候区分からみたヨーロッパ　南部の地中海沿岸は, 夏に亜熱帯高圧帯におおわれ, 高温乾燥となる**地中海性気候区**（Cs）である。アルプス山脈を越えると年中平均的な降雨があり, 温暖な**西岸海洋性気候区**（Cfb）となる。北部と東部は**タイガ**の広がる**亜寒帯（冷帯）湿潤気候区**（Df）。

3 植民地支配の歴史 Link p.239 ③植民地時代の影響, p.243 ③南アジアの歴史, p.251 ③植民地の歴史, p.275 ③オセアニアの歴史

15世紀以降, ヨーロッパ諸国は世界各地に**植民地**を広げた。産業革命以降, これらの植民地を工業原料や**商品作物**の供給基地とし, 文化的な影響も与えた。20世紀に植民地の多くは独立を果たしたが, 現在でも旧**宗主国**との間には経済的依存や, ODA供与などで深い関係がある。

↑⓫ヨーロッパ諸国が植民地にした地域　イギリスは現在の英語圏以外にも, インド, エジプト, 南アフリカ共和国を結んだ地域を植民地支配し, 原料を安価で手に入れ, これが産業革命の原動力となった。フランスはおもにアフリカ北西部を支配し, この地域では今でもフランス語が使われるなど, その影響が色濃く残っている。

年	事　項
15世紀〜	大航海時代, 世界各地に植民地建設
18世紀後半	イギリスで産業革命始まる
1914	第一次世界大戦（〜1918）
1939	第二次世界大戦（〜1945）
1946	チャーチル「鉄のカーテン」演説
1948	ソ連によるベルリン封鎖
1949	経済相互援助会議（COMECON）成立 北大西洋条約機構（NATO）成立 ドイツ, 東西に分裂
1955	ワルシャワ条約機構（WTO）成立
1967	ヨーロッパ共同体（EC）発足
1980	ポーランドで非共産党政権が誕生
1989	東欧革命, ベルリンの壁崩壊
1990	東西ドイツ統一
1991	ユーゴスラビア内戦（〜92）, 5か国に分離 ソ連解体, 独立国家共同体（CIS）誕生
1993	ヨーロッパ連合（EU）発足

↑⓬ヨーロッパの歩み

4 ヨーロッパの宗教

Link ▶ p.221 ④おもな宗教の起源と特徴，共通テスト対策(p.313)

↑①村の中心にある教会（ドイツ，ネルトリンゲン）　中世ヨーロッパの都市は教会を中心に形成された。教会の前には広場があり，市場などが開かれる。

コラム　キリスト教と国旗

十字形のデザインは，十字軍の遠征時に味方軍の旗印としてキリスト教の十字を用いたことにはじまる。とくにデンマーク国旗は周辺のスカンディナヴィア諸国がならったことから「スカンディナヴィアクロス」の名称が生まれた。ほかにもキリスト教にちなんだ国旗をもつ国は，ヨーロッパに多くみられる。

デンマーク　ノルウェー
スイス　ギリシャ

↓②ヨーロッパの宗教分布　ドイツに注目すると，北部はプロテスタントが多く，南部はカトリックが多いことがわかる。そのためドイツでは，全国共通の祝祭日のほかに，カトリックが多い州だけが休日となる祝祭日や，プロテスタントが多い州だけの祝祭日もある。北ヨーロッパはプロテスタント，南ヨーロッパはカトリック，東ヨーロッパは正教会が多い。

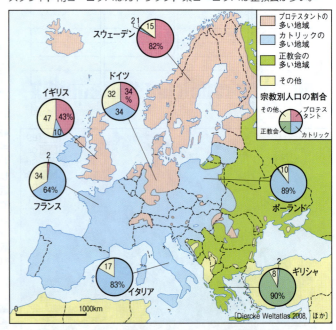

5 ヨーロッパの言語と民族

Link ▶ p.219 ③四つの公用語をもつスイス

←③ベルギーの言語分布と民族別人口構成

ベルギーでは，オランダ語，フランス語，ドイツ語の3言語が公用語となっている。オランダ語を使用する北部のフラマン系の人々と，フランス語を使用する南部のワロン系の人々の間で，言語や自治をめぐる対立が続いている。

↓⑤ヨーロッパの少数民族ⓐサーミⓑバスク人　Link ▶ p.219 バスク人

ⓐスカンディナヴィア半島北部のラップランドには，**サーミ**とよばれる遊牧民が暮らしている。国境にとらわれることなく，トナカイの遊牧をしながら伝統的な生活を営んできたが，現在は定住する人も多い。

ⓑ**バスク人**はヨーロッパの先住民族で，ビスケー湾に面したピレネー山脈周辺のバスク地方に居住し，独特のバスク語を話す。写真は，スペインからのバスク地方の分離・独立を訴える人々。

↓④ヨーロッパの言語分布

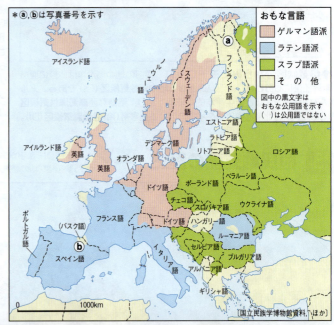

6 ヨーロッパ連合（EU）の発展

ヨーロッパの統合は、2度の大戦に対する反省や、アメリカ合衆国とソ連（現ロシア）の台頭への対抗などを背景に進んだ。狭い地域に多くの国がひしめくヨーロッパでは、国境を越えるたびにかかる関税の解消が経済発展のための課題であったことも、経済的統合を進める要因となった。

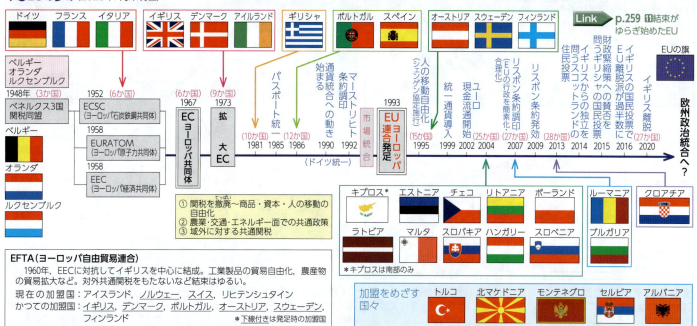

↓❻EUの歩み（2020年7月末現在）

Link p.259 ⓫結束がゆらぎ始めたEU

EFTA（ヨーロッパ自由貿易連合）
1960年、EECに対抗してイギリスを中心に結成。工業製品の貿易自由化、農産物の貿易拡大など。対外共通関税をもたないなど結束はゆるい。
現在の加盟国：アイスランド、ノルウェー、スイス、リヒテンシュタイン
かつての加盟国：イギリス、デンマーク、ポルトガル、オーストリア、スウェーデン、フィンランド
＊下線付きは発足時の加盟国

7 EUのしくみと取り組み　Link p.223 ❺国家間の結びつき

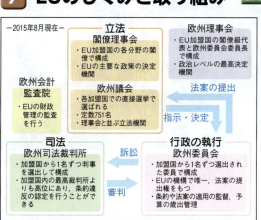

←❼EUのしくみ
EUを国に例えると、閣僚理事会は国会に、欧州委員会は内閣にあたる。欧州議会は閣僚理事会と共同で法案制定を担う。欧州理事会はEUの政治的指針を決定する機関で、理事会の議長はEUの「大統領」にあたる。

↓❽ユーロ紙幣と硬貨　Link p.258 ❶拡大するEU加盟国

硬貨　　紙幣
裏側のデザインは国ごとに異なるが、共通して使える。

裏側のデザイン

ドイツ／国章である鷲のマーク
フランス／フランス革命の標語「自由・平等・博愛」の文字
イタリア／16世紀の芸術家レオナルド＝ダ＝ビンチの作品
オーストリア／18世紀の音楽家モーツァルトの顔
スペイン／かつてのスペイン国王の顔

国境の通過が自由で関税もない
他国の銀行へ預金が自由
ユーロ導入国どうしでは、両替せずに買い物ができる
他国の大学の授業を受けても卒業資格がとれる
仕事の資格が共通で、他国でも働くことができる

↑❾EU加盟国でできること　1993年に市場が統合され、物・資本・サービスの移動が国境に関係なく自由にできるようになった。国を越えた大学教育の試みは、1980年代に始まったエラスムス計画（大学生移動のためのEU行動計画）により、若者を欧州市民として育成することをめざしている。

←❿シェンゲン協定の実施国　シェンゲン協定とは、協定実施国の国民とこれらの国に合法的に入国した域外国民が、その域内においてパスポート等の提示なしで自由に移動できる協定のこと。2020年2月現在、実施国はアイルランドなどを除くEU加盟22か国に、EU非加盟のノルウェー、アイスランド、スイス、リヒテンシュタインを加えた計26か国である。

↑⓫アルプスを貫くゴタルドベーストンネルの開通（スイス、2016年）　世界最長（57.1km）となるトンネルの開通により、シェンゲン協定実施国であるスイスとイタリア間の移動がますます便利になった。

257

8 EUの拡大と多文化との共生

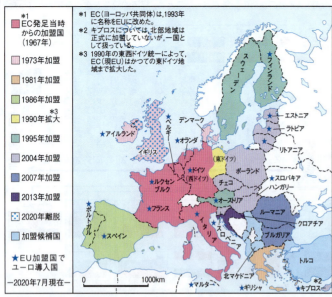

↑❶拡大するEU加盟国 EUは、発足時から拡大路線が続いている。2004年には、東ヨーロッパ諸国やバルト3国など10か国が一度に加盟し、その傾向がいっそう強まった。 Link p.257 ❽ユーロ紙幣と硬貨

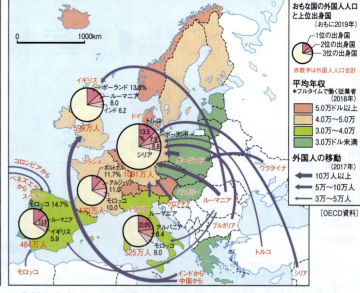

↑❷外国人人口とその移動 ヨーロッパ各国は、戦後の復興のために多くの外国人を労働者として迎え入れ、その後、定住した外国人が家族を呼び寄せたため移民の数は増加した。平均年収の多い国に、より多くの外国人が移動している。

↑❸買い物客が多い通りを歩くアフリカ系の若者(フランス、パリ) フランスには、旧植民地から移り住んだアフリカ系の人々が多く住んでいる。

↑❹ケバブを売るトルコ人(ドイツ、ドルトムント) トルコ人労働者を多く迎え入れてきたドイツでは、トルコ料理のケバブが軽食として根づいている。

9 広がる経済格差 Link p.169 ❺東ヨーロッパへの拡大

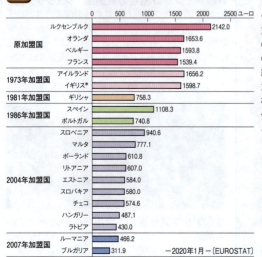

←❺EU諸国における1か月あたりの最低賃金の比較 ルクセンブルクの最低賃金はブルガリアの約7倍に達しており、あとから加盟した国ほど経済規模が小さく、所得の水準が低いことが問題になっている。

→❻広がる経済格差 EU域内の経済格差は以前から問題となっていたが、EUの拡大によってさらに広がった。1人あたりの国民総所得(GNI)をみると、あとから加盟した東ヨーロッパ諸国などの水準が低いことがわかる。

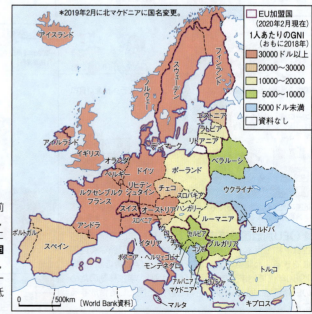

10 域内貿易の拡大

↓⑦おもな国の貿易相手国・地域の変化 域内関税の撤廃と東ヨーロッパ諸国のEU加盟による市場の拡大に伴って、EU各国の貿易相手は域内中心になっている。ポーランドやハンガリーなど旧社会主義国であっても、ロシア（ソ連）との貿易は激減した。また、各国とも貿易総額の伸びが著しい。

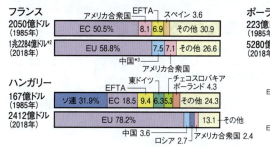

イギリス
2106億ドル（1985年）：EC 46.1%／アメリカ合衆国 13.3／EFTA 11.0／日本 3.1／その他 26.5
1兆1587億ドル（2018年）：EU 50.5%／アメリカ合衆国 10.8／7.3／その他 28.4／スイス 3.0／中国

ドイツ*1
3409億ドル（1985年）：EC 48.0%／EFTA 14.2／アメリカ合衆国 8.8／日本 2.9／その他 26.1
2兆8429億ドル（2018年）：EU 58.2%／8.3／7.4／その他 23.5／中国／アメリカ合衆国／ロシア 2.6

フランス
2050億ドル（1985年）：EC 50.5%／アメリカ合衆国 8.1／EFTA 6.9／スペイン 3.6／その他 30.9
1兆2284億ドル*2（2018年）：EU 58.8%／7.5／7.1／その他 26.6／中国*3／アメリカ合衆国

ハンガリー
167億ドル（1985年）：ソ連 31.9%／EC 18.5／EFTA 9.4／6.3／5.3／その他 24.3／東ドイツ／チェコスロバキア／ポーランド 4.3
2412億ドル（2018年）：EU 78.2%／13.1／その他／中国 3.6／ロシア 2.7／アメリカ合衆国 2.4

ポーランド
223億ドル（1985年）：ソ連 27.1%／EC 20.6／EFTA 7.6／その他 34.9／チェコスロバキア 5.0／東ドイツ 4.8
5280億ドル（2018年）：EU 69.2%／16.5／中国 6.3／ロシア 5.2／その他／アメリカ合衆国 2.8

EC（1985年）：ベルギー、ルクセンブルク、オランダ、ドイツ、フランス、イタリア、イギリス、アイルランド、デンマーク、ギリシャの10か国
EU（2018年）：EU加盟28か国

*1 ドイツの1985年（上段）は西ドイツ
*2 再輸出を含む
*3 ホンコンを含む

〔ジェトロ世界貿易投資報告 2019年版、ほか〕

11 結束がゆらぎ始めたEU

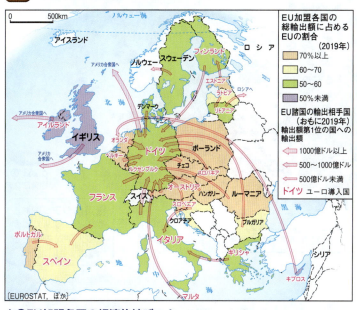

↑⑧EU加盟各国の経済的結びつき　経済的な結びつきは国によって異なるが、加盟国の中でもイギリスは輸出額に占めるEUの割合が低かった。イギリスのEU離脱後、共通政策への不満が他の国にも広がり、EUの結束がゆらいでいる。

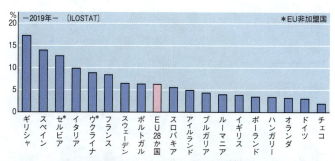

↑⑨おもな国の失業率（15歳以上）　2009年に深刻な財政赤字状態にあることが判明したギリシャや、財政赤字を抱えたスペインなどで失業率が高い。一方、EUへの多額の拠出金負担が加盟各国の重荷になっている。

➡⑩イギリスのEU離脱決定を祝う人々（イギリス、2020年）　離脱派が過半数を占めた2016年の国民投票の結果を受け、2020年1月31日、イギリスはEUを離脱した。

コラム　EUをゆるがす難民の流入問題　Link p.253 ⑥アラブの春

2011年に起きた「アラブの春」以降、中東や北アフリカの国々から、弾圧や迫害をのがれてヨーロッパに流入する**難民**が増えている。とくに2015年には、内戦が長期化したシリアからの難民が急増した。
これらの難民は、地中海やバルカン半島を経由して、EU諸国の中でも難民の受け入れに比較的寛容なドイツなどをめざす。少子高齢化が進むドイツは、若年層の多い移民の受け入れは労働力確保につながるとの考えから、積極的に移民を受け入れる政策をとってきた。しかし、住居や医療、教育など、さまざまな支援が必要となる難民の受け入れに関しては、EU各国で対応が異なっている。難民流入の最前線になっているイタリアやギリシャ、ハンガリーなどでは国境管理が限界に達しているため、EU加盟各国が難民の受け入れに関する負担を分け合い、協力して取り組むことが課題となっている。

↓⑫地中海でイタリア海軍に救助されるアフリカからの難民（2014年）

↑⑪国境線を越えてトルコに入るシリア難民（トルコ、2015年）

⬅⑬ヨーロッパに向かうシリア難民のおもなルート　当初は地中海経由でイタリアやギリシャをめざす難民が多かったが、遭難事故や高額な手数料を請求する密航業者が増えて海上警備が強化されたため、トルコを横断してバルカン半島を北上する難民が激増した。

ロシアと周辺諸国

Link 地形…p.22〜23, 気候…p.45, 46, 53, 58〜60, 農業…p.115, 鉱工業…p.170, 民族・宗教…p.218〜221

1 アジアとヨーロッパにまたがる広大な国土

ウラル山脈 東経60度に沿って位置し, ヨーロッパとアジアの境界となる山脈。**古期造山帯**に属する低くなだらかな山脈で, 鉱産資源に恵まれている。

東ヨーロッパ平原 ウラル山脈の西側に広がる大平原。なだらかな丘陵地が多く, 河川交通が発達している。都市と人口, 産業が集中している。

世界最大の国土面積を有するロシアは, ウラル山脈を境に西が**ヨーロッパロシア**, 東が**シベリア**と**極東ロシア**に分かれる。ウラル山脈の西にはヴォルガ川がカスピ海に向かって南流し, 東にはオビ川, エニセイ川, レナ川などが北極海に向かって北流する。

↓❶ロシアと周辺諸国の自然環境

シベリア ウラル山脈より東側に広がる地域（極東ロシアを除く）。西側は低地, 東側は高原となっている。大陸性気候で冬の寒さが厳しいため, 人口は南部に集中する。

極東ロシア おおよそバイカル湖の東側から太平洋にいたる地域。

Link p.263 ⓬ 極東ロシア

↓❷ Ⓐ-Ⓑ 間の断面図

➡❸**バイカル湖**（ロシア） 面積が琵琶湖の約47倍にも及ぶ三日月形の湖で, 断層運動によって形成された。最大水深は世界一の1741mにもなる。最低気温が−20℃前後まで下がる冬は, 凍結した湖面でホッケーを楽しんだり, 車を運転したりすることができる。

⬅❹**ウラル山脈**（ロシア） 長さは2500kmに及ぶが, 侵食が進んでいるため, 平均標高は1000m程度と低い。シベリア鉄道もトンネルなしで山脈を越えていく。

2 冷涼な気候

↑⑤北極海沿岸に広がるツンドラ地帯の冬（左）と夏（右）（ロシア，ヤマル半島） ロシアの北極海沿岸は**ツンドラ気候区**に属しており，冬は雪と氷におおわれる。短い夏には凍土の表面がとけて，コケ類や短草が育つ。農業はできないので，トナカイを飼育する遊牧民などが暮らしている。

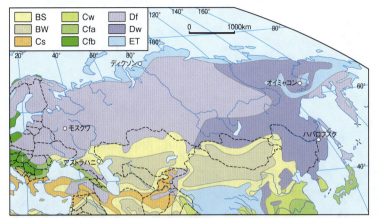

↑⑥気候区分からみたロシアと周辺諸国 ロシアの気候はほとんどが針葉樹の**タイガ**が広がる冷涼な**亜寒帯（冷帯）**である。北部には**ツンドラ**地帯の**寒帯**が，南部にはステップ気候区なども存在する。冬の寒さは厳しく，シベリアの東部へ向かうほど過酷なものとなる。極東ロシアのオイミャコンでは人が常住する場所での世界最低気温（－67.8℃，1933年）が記録された。シベリアの東部は大陸性の気候で，冬の降水量が少なく，日本のように大量の雪が降ることはない。

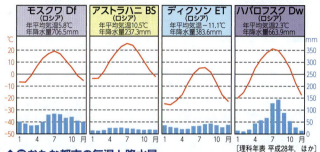

↑⑦おもな都市の気温と降水量

→⑧高床の集合住宅（ロシア，ヤクーツク） **永久凍土**に室内の暖房の熱が伝わると，凍土がとけて建物が傾くおそれがあるため，床を地面から離した高床式にしている。

Link p.58 ④
永久凍土の分布

3 ソ連からロシアへ

→⑨ソ連の解体 ソビエト社会主義共和国連邦（ソ連）は，世界初の社会主義国家として1922年に誕生した。第二次世界大戦後，アメリカ合衆国と肩を並べる大国となったが，経済改革の失敗などから，1991年に解体した。

年	事 項
1917	**ロシア革命**（帝政崩壊，ソビエト政権樹立）
1922	**ソビエト社会主義共和国連邦（ソ連）成立**
1928	5か年計画開始（農業集団化，重工業強化）
1940	バルト3国を併合
1949	経済相互援助会議（COMECON）発足
1955	ワルシャワ条約機構発足
1979	アフガニスタンに軍事介入
1980	モスクワオリンピック開催（日・米など不参加）
1985	ゴルバチョフが書記長就任
1986	チェルノブイリ原発事故，**ペレストロイカ（改革）とグラスノスチ（情報公開）**を断行
1987	INF（中距離核戦力）全廃条約に調印
1989	アフガニスタンから撤退完了，冷戦終結宣言
1991	COMECON，ワルシャワ条約機構解散，ソ連共産党解散，**バルト3国**独立，旧ソ連構成国との間に**独立国家共同体（CIS）**を創設→**ソ連解体**
1992	価格自由化政策→物価高騰
1994	チェチェン紛争へ軍事介入開始
1997	サミット（主要国首脳会議）に正式参加
1998	金融危機により通貨（ルーブル）切り下げ
2006	議長国としてサミット初開催
2014	ソチオリンピック開催 ウクライナに侵攻

↑⑩ロシアの歩み

ロシア連邦　独立国家共同体
ソ連から独立した国　（CIS）加盟国
＊1 トルクメニスタンはCIS準加盟国，ウクライナは参加国
＊2 ジョージアは2009年8月に脱退

→⑪モスクワ市民の生活の変化（ロシア） 流通が整わなかったソ連時代は物不足が慢性化し，買い物には行列がつきものであった。現在は街に物があふれ，大規模なスーパーマーケットも珍しくなくなっている。

ソ連時代（1991年9月）

現在（2015年）

動画 check

コラム　ソ連とロシアの国旗

社会主義国のソ連の国旗は，赤色は革命で流した血を，鎌は農民を，ハンマーは労働者を，星印は共産党を意味するといわれる。現在のロシアの国旗は，帝政ロシア時代の国旗に戻り，白・青・赤の3色で構成されている。白は高貴と率直を，青は名誉と純潔性を，赤は愛と勇気を表し，ベラルーシ人，ウクライナ人，ロシア人のスラブ3民族の共生をうたっている。

4 ロシアと周辺諸国の民族

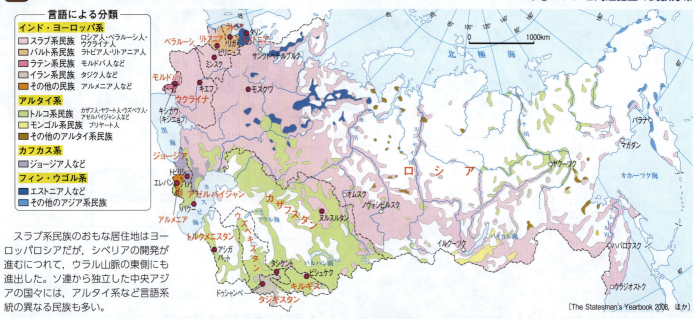

↓❶ロシアと周辺諸国の民族分布

言語による分類
- **インド・ヨーロッパ系**
  - スラブ系民族　ロシア人・ベラルーシ人・ウクライナ人
  - バルト系民族　ラトビア人・リトアニア人
  - ラテン系民族　モルドバ人など
  - イラン系民族　タジク人など
  - その他の民族　アルメニア人など
- **アルタイ系**
  - トルコ系民族　カザフ人・ヤクート人・ウズベク人・アゼルバイジャン人など
  - モンゴル系民族　ブリヤート人
  - その他のアルタイ系民族
- **カフカス系**
  - ジョージア人など
- **フィン・ウゴル系**
  - エストニア人など
  - その他のアジア系民族

スラブ系民族のおもな居住地はヨーロッパロシアだが、シベリアの開発が進むにつれて、ウラル山脈の東側にも進出した。ソ連から独立した中央アジアの国々には、アルタイ系など言語系統の異なる民族も多い。

〔The Statesman's Yearbook 2008, ほか〕

5 ロシアの民族と宗教

↑❷ヨーロッパ系のロシア人

↑❸アジア系のブリヤート人

↑❺たまねぎ形のドームが特徴的なハリストス復活大聖堂（血の上の救世主教会）（ロシア，サンクトペテルブルク）　ロシアでは、キリスト教の一つである**ロシア正教**の信者が多く、7000万人以上が信仰している。

↓❻教会で祈りをささげる女性（ロシア，モスクワ）　正教会の教会では聖像はあまり用いられず、さまざまな聖人が描かれた**イコン**とよばれる聖像画に向かって祈りをささげる。

ロシア人 77.7%	タタール人 3.7　チュヴァシ人 1.0 その他 14.1 ウクライナ系 1.4　チェチェン人 1.0 バシキール人 1.1　〔CIA World Factbook〕

↑❹ロシアの民族構成

6 カフカス地方の民族問題

黒海とカスピ海にはさまれたカフカス地方には、複数の民族が国境をまたいで分布している。ソ連解体後、分断されていた民族による分離・独立要求が高まり、紛争や対立が数多く発生している。

➡❽ロシア軍との戦闘で破壊されたグロズヌイの街（チェチェン共和国，2000年）

↑➡❼カフカス地方の民族分布と紛争

紛争地域	状況
チェチェン紛争	ロシアからの独立をめざして紛争が勃発。さらにその後、独立派勢力とロシア残留派勢力との紛争に発展した。
ナゴルノ・カラバフ紛争	ナゴルノ・カラバフ自治州のアルメニア人が、イスラーム支配下のアゼルバイジャンからの独立とアルメニアへの帰属を要求。
グルジア紛争	グルジア（2015年より国名の呼称をジョージアに変更）内の自治州の独立問題。同国の南オセチア自治州侵攻に対し、ロシアが介入。ロシアは南オセチア自治州の独立を認めるも、EU諸国などは認めていない。

7 ロシアの経済成長

↑⑨ロシアの1人あたりGDPと経済成長率の推移

↑⑩高層ビルが林立するモスクワの再開発地区 (ロシア) 市場経済が軌道にのった大都市では、再開発が進められ、近代的な高層ビルが次々と建設されている。

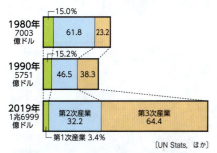

↑⑪ロシアの国内総生産(GDP)の変化
1980年代後半から90年代にかけて行われた市場経済への転換後は、サービス業などの第3次産業の割合がのびている。

専門家ゼミ　市場経済の導入と経済成長

　21世紀に入り、ロシアの経済は急成長し、国民1人あたりの国内総生産(GDP)は一時1万ドルをこえ、先進国の水準に近づいた。しかし、これまでの経済成長はもっぱら、ロシアの主力輸出品である原油および天然ガスの価格高騰の賜物だった。国内の乗用車販売台数をみても、人気は外国車に集中し、純国産車は衰退の一途をたどっている。貧富の格差や、もてる地域ともたざる地域の格差など、ロシア経済の問題は山積しており、石油価格下落やウクライナ情勢を受けた欧米による制裁によって、2014～15年には経済危機におちいった。〔ロシアNIS経済研究所　服部 倫卓〕

Link　p.170 ロシアと周辺諸国の鉱工業

↑⑫ロシア国内の乗用車販売台数の推移

8 ロシアと周辺諸国との結びつき

↑⑬極東ロシアの資源と貿易相手国

➡⑭ロシアと周辺諸国の貿易　ロシアの周辺諸国は、ソ連解体後もロシアとの結びつきが強く、ロシアが輸出入ともに最大の相手国となっている。

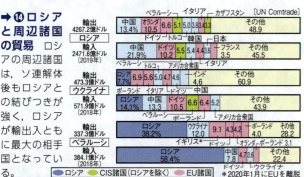

コラム　混迷が続くウクライナ情勢

　ウクライナは、国の東西で民族性が異なる特徴がある。西部はヨーロッパの影響を強く受けてきたカトリックが多く、一方の東部は、ソ連時代を経て現在にいたる歴史的経緯から、ロシア正教を信仰するロシア人が多い。
　2014年2月に親ロシア政権が倒れ、親ヨーロッパ派が政権を掌握した。これに反発した東部の親ロシア派住民が、市役所や空港を武装占拠したことに端を発するウクライナ問題は、同年3月にロシアがクリム（クリミア）半島に侵攻して、この地域を一方的に併合するという事態にまで発展した（国際的には未承認）。その後もロシアは、ウクライナからの独立やロシアへの編入を求める東部の親ロシア派武装勢力への支援を続けており、5000人以上が死亡する紛争に発展している。

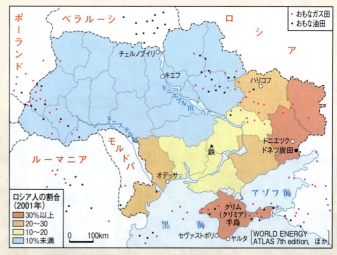

↑⑮ウクライナに住むロシア人の地域別割合　ロシア人は東部に多く居住し、鉱産資源の分布にも東部と西部でかたよりがみられる。

アングロアメリカ

Link 地形…p.22〜23, 26, 気候…p.43, 54, 58〜59, 農業…p.116〜117, 鉱工業…p.171〜173, 民族・宗教…p.218〜221, 環境問題…p.81

1 東西で異なる地形

➡❶グランドキャニオン
（アメリカ合衆国，アリゾナ州）
先カンブリア時代〜古生代の地層からなるコロラド高原がコロラド川によって侵食され，幅6〜29km，深さ1600mの大規模な峡谷となっている。世界で最も雄大な侵食地形といわれ，多くの観光客が訪れる。

北アメリカ大陸の西部には急峻なロッキー山脈が，東部にはなだらかなアパラチア山脈が南北にはしる。大陸中央部には**グレートプレーンズ**や中央平原が広がっており，五大湖周辺からカナダ東部にかけては氷河地形もみられる。メキシコ湾に向かって南流するミシシッピ川は，河口に広大な**三角州（デルタ）**を形成している。

カナダ 西部はロッキー山脈，東部はハドソン湾を中心に**カナダ楯状地**が広がる。

北アメリカ大陸西部 急峻なロッキー山脈を中心とした山岳地帯。海岸沿いと河川流域にわずかに平野がみられる。

北アメリカ大陸中央部・東部 ロッキー山脈の東側に，**グレートプレーンズ**や**プレーリー**などの平原が広がる。東部には**古期造山帯**のアパラチア山脈がはしり，五大湖以北は**氷河湖**が多数分布している。

➡❷アングロアメリカの自然環境

⬆❸A－B間の断面図

➡❹ミシシッピ川の河口に広がる三角州（デルタ） ミシシッピ川は河道の蛇行が多く，たびたび大洪水を引き起こしてきた。 Link p.26 ❸

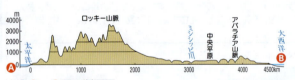

➡❺プレーリー 肥沃なプレーリー土が堆積しているため，世界有数の農業地帯となっている。写真はサウスダコタ州にある国立公園の風景。 Link p.53 ❸BS

バイソン

プレーリードッグ

264

2 各地で異なる多様な気候 Link p.69 ❻❼トルネード

↓❼おもな都市の気温と降水量

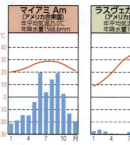
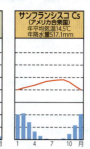
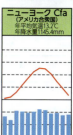
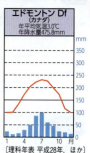

[理科年表 平成28年, ほか]

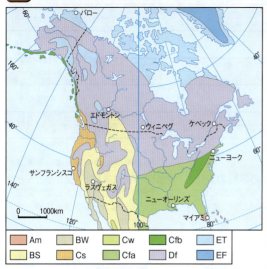

↑❻気候区分からみたアングロアメリカ 熱帯から寒帯まですべての気候帯がみられる。アメリカ合衆国の南東部では**ハリケーン**, グレートプレーンズではトルネード（竜巻）が発生し, 大規模な被害を受けることもある。五大湖周辺以北は, 冬にしばしばブリザードに襲われる。

↑❽クリスマスシーズンのケベック（左, カナダ）とマイアミ（右, アメリカ合衆国） 亜寒帯（冷帯）のケベックと熱帯のマイアミでは, 同じ季節でも気温に大きな差がある。

3 アメリカ合衆国の歩み Link p.203 ⓰タウンシップ制にもとづく農村

↓❾アメリカ合衆国の地名の由来

（①〜⑨の州名）
①メーン ②マサチューセッツ
③ニューヨーク ④コネティカット
⑤ペンシルヴェニア
⑥ウェストヴァージニア ⑦デラウェア
⑧ノースカロライナ ⑨サウスカロライナ

建国13州
旧スペイン領
旧フランス領　　先住民・移民に由来する地名
旧イギリス領　　　先住民　　　フランス
旧メキシコ領　　　スペイン　　　イギリス

[アメリカ地名語源辞典, ほか]

↓❿フロンティアの移動とおもな大陸横断鉄道

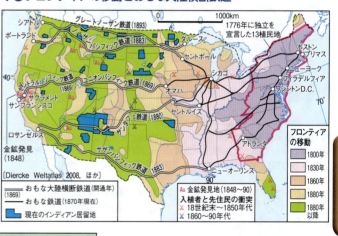

[Diercke Weltatlas 2008, ほか]

おもな大陸横断鉄道（開通年）
おもな鉄道（1870年現在）
現在のインディアン居留地

フロンティアの移動
1800年 / 1830年 / 1860年 / 1880年 / 1880年以降

Au 金鉱発見地（1848〜90）
入植者と先住民の衝突
× 18世紀末〜1850年代
× 1860〜90年代

北アメリカ大陸へのヨーロッパ系移民の入植は, 東海岸から始まった。そこから西部へ領土拡大（西漸運動）を進め, **開拓前線（フロンティア）**は西へと移動した。その開拓を促進するため, 公有地を測量・分割する**タウンシップ制**を導入した。これにより農家の入植は進んだものの, **ネイティブアメリカン**はミシシッピ川以西へ移住を強いられていった。

←⓫タウンシップ制によってくぎられた土地（アメリカ合衆国, アイダホ州） 1農家につき160エーカー（約65ha）が割りあてられた。

➡⓬アメリカ合衆国の歩み

年	事　項
17世紀初	フランス, イギリス, オランダなどによる東海岸北部の植民地化が始まる
1620	メイフラワー号で清教徒がボストン近郊に入植
1775	独立戦争（〜83）
1776	アメリカ合衆国独立宣言
1830	インディアン強制移住法
1861	南北戦争（〜65）
1863	奴隷解放宣言
1867	ロシアよりアラスカ購入
1869	大陸横断鉄道開通
1898	ハワイ併合
1929	世界恐慌
1964	公民権法成立
1965	ベトナム戦争（〜75）
1969	米の有人宇宙船（アポロ11号）, 月に着陸
1979	米・中国交正常化
1989	東西冷戦終結
2001	ニューヨークなどで同時多発テロ発生
2003	イラク戦争
2009	初のアフリカ系アメリカ人大統領就任

コラム 国旗にみるアメリカ合衆国の変遷

「星条旗」とよばれる国旗は, 独立宣言の翌年1777年にイギリス国旗の配色を取り入れて作成された。当初は州が増えるたびに帯と星の数を増やしていたが, 1818年に帯を13本に固定し, 白い星は州の数に応じて横に配列することを決めた。現在の国旗は, 1959年にハワイが50番目の州に昇格したことを受けて, 1960年に定められたものである。

1777年
1795年時
1960年以降

4 アメリカ合衆国の人種・民族

↓❶アメリカ合衆国の人種・民族構成

合計
3.2億人 ヨーロッパ系 72.6% / ネイティブアメリカン 0.8 / アジア系 / アフリカ系 12.7 / 5.4 / その他 8.5
※総人口のうち、17.8%がヒスパニックである
―2016年―〔U.S. Census Bureau, ほか〕

> **用語　人種・民族のサラダボウルとワスプ**　アメリカ合衆国は、ヨーロッパ系、ヒスパニック、アフリカ系、アジア系などの多数の人種・民族が、それぞれの特色を失わずに共存している社会であるため、「人種・民族の**サラダボウル**」といわれる。このような多民族社会の中で多数派を占めるのは、**ワスプ**（WASP：白人・アングロサクソン・プロテスタント系の人々）とよばれる人々で、この国の政治・経済・文化の発展に大きな役割を果たしてきた。

1841～1860年　431万人：ヨーロッパ 93.9％（アイルランド 39.3％／ドイツ 32.2／イギリス 16.0／その他 6.4）／南北アメリカ 3.2／アジア 1.0／その他 1.9

1901～1920年　1453万人：ヨーロッパ 68.8％（イタリア 21.7／スカンディナヴィア諸国 6.0／イギリス 4.9／アイルランド 3.3／ドイツ 3.3／その他 29.6）／ロシア・バルカン諸国 17.3／南北アメリカ 10.4（メキシコ 1.8／カナダ 6.3／その他 2.3）／アジア 3.0／その他 0.5

1991～2010年　1958万人：ヨーロッパ 11.3％（ロシア 1.4／イギリス 1.5／ウクライナ 1.5／その他 8.3）／南北アメリカ 45.8（メキシコ 20.1／西インド諸島 10.4／その他 15.3）／アジア 34.5（中国 5.6／フィリピン 5.3／インド 3.7／ベトナム／韓国 2.0／その他 12.3）／その他 7.0

〔Statistical Abstract of the United States 2018, ほか〕

↑❷アメリカ合衆国への移民の変化　19世紀半ばに流入した移民のほとんどはアイルランドやドイツ、イギリスなどのヨーロッパ出身者であったが、しだいにヨーロッパの他地域からの出身者が増えていった。20世紀末にはラテンアメリカやアジア出身者が多数を占めるようになった。

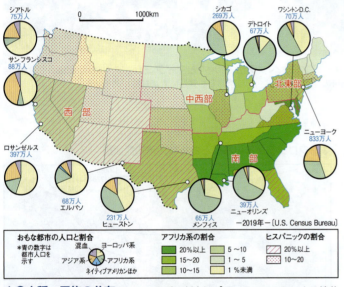

↑❸人種・民族の分布　アフリカ系の割合は**プランテーション**による綿花栽培がさかんであった南部諸州で高く、**ヒスパニック**（スペイン語を話すラテンアメリカ系）の割合はカリフォルニア州などのメキシコ国境付近で高い。

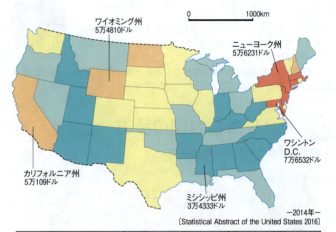

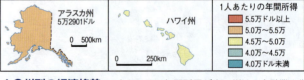

↑❹州別の経済格差　1人あたりの年間所得が高い州は、金融業や先端技術産業、行政機関などが集積する北東部に集中している。また、西海岸のカリフォルニア州でも高い。そのほか、石炭や天然ガス、ウランなどの資源が豊富な内陸のワイオミング州、油田や金鉱山を有するアラスカ州などでも所得水準が高い。

Link p.171～173 アングロアメリカの鉱工業、共通テスト対策(p.310)

←❺工芸品や雑貨などを売るネイティブアメリカン（アメリカ合衆国、ニューメキシコ州）
1830年のインディアン強制移住法で、多くの先住民は故郷を追われ、ミシシッピ川以西への移住を強要された。居留地とよばれる地域はこのような歴史のなごりで、工芸品や雑貨をみやげ物として売っている姿もみられる。

←❻ほうれん草の収穫作業を行うヒスパニック（アメリカ合衆国、カリフォルニア州）
アメリカ合衆国では、収穫作業などの農作業、工場での単純作業といった低賃金の労働は、その多くをヒスパニックの人々が担っている。

Link p.116 ❸カリフォルニア州の農業

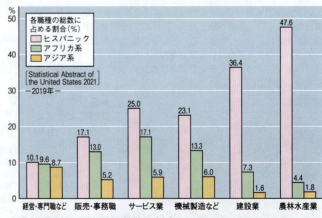

↑❼職業別民間被雇用者数の割合　アフリカ系とヒスパニックの社会的地位は向上しつつあるが、農林水産業や建設業などの従事者が多く、経営・専門職の従事者は少ないなど、いまだに労働格差がみられる。

5 巨大都市ニューヨーク

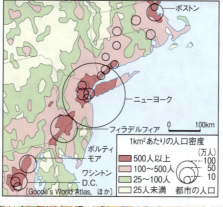

❾高層ビルが立ち並ぶマンハッタン島（アメリカ合衆国，ニューヨーク）アメリカ合衆国最大の都市であるニューヨークは，経済・商業活動の中心地であり，マンハッタン島には摩天楼とよばれる超高層ビルが林立する。

Link ▶ p.184 ❽タイムズスクエア

←❿メガロポリスの形成 大西洋沿岸では，ニューヨークを中心にボストンからワシントンD.C.まで，周辺の**衛星都市**を含めて各都市が関係をもちながら帯状に連なり，全長約700kmに及ぶ都市群（**メガロポリス**）を形成している。

Link ▶ p.208 ❸メガロポリス（巨帯都市）

↑❽民族による住み分け ニューヨークには多様な移民が暮らしており，イタリア人街や中国人街，ユダヤ人街など，移民の出身地域ごとの**住み分け（セグリゲーション）** が顕著にみられる。セグリゲーションは，ロサンゼルスなどの他の大都市でもみられ，独自の文化が保持されている。

↑⓫イタリア人街（リトルイタリー）（ニューヨーク）イタリア系移民の子孫たちが集まって暮らしており，イタリア料理店やカフェなどが多い。

↑⓬中国人街（チャイナタウン）（ニューヨーク）中国語の看板があふれ，アジア系の人々が行き交う。 Link ▶ p.198 ❷世界各国の華僑

↑⓭ユダヤ人街（ニューヨーク）写真はダイヤモンドストリートとよばれる通りで，ユダヤ人の正装である黒ずくめの服を着た男性の姿が見られる。

コラム　ハーレムの再開発　Link ▶ p.211 ❶インナーシティ問題

　1920年ごろ，ビルの過剰建設によりハーレムの地価が暴落，家賃が下落したため，南部から来た貧しいアフリカ系の人々が住みつき，現在のハーレムが形成された。ハーレムはブラックカルチャーの発信地や，**公民権運動**の中心となった。しかし，経済的には最底辺におかれたままで治安も悪化し，**スラム**化が進んだ。このような現象を**インナーシティ問題**という。
　その後，**再開発**が進められ，オフィスや高層住宅の建設が進んでいる。改良された住宅にエリート層が入居することで家賃も上昇し，都心部への人口回帰につながっている。このような現象は**ジェントリフィケーション**とよばれる。その一方で，追い出された貧困層が**ホームレス**になるなどの問題も起きている。

➡⓮アフリカ系文化の象徴的存在であるハーレムのアポロ・シアター（ニューヨーク）

6 世界に影響を与えるアメリカ合衆国

➡❶**本社近くの野外会場で開催されたグーグル社の開発者向けイベント**（アメリカ合衆国，サンフランシスコ近郊） インターネットの検索サイトや携帯端末向けOSのAndroidで知られるグーグル社は，毎年このようなイベントの場で新しい商品やサービスを発表している。発表のようすは，インターネットで世界中に配信される。

↑❷**客でにぎわうアップルストア**（アラブ首長国連邦，ドバイ） アメリカ合衆国では，マイクロソフトやアップル，グーグルなど，多くのICT企業が生まれ，これらの企業で開発された情報技術の多くが世界標準となっている。

Link p.172
❻シリコンヴァレー

➡❸**おもな国・地域のスマートフォンの普及率と携帯端末のOS別割合** 携帯端末のOS（基本ソフト）は，アメリカ企業が開発したAndroid（グーグル社），iOS（アップル社），Windows Phone（マイクロソフト社）の三つで，世界の8割以上を占めている。

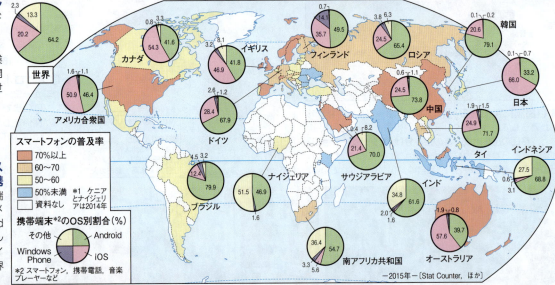

⬅❹**中国に進出したスターバックス**（アモイ（厦門）） スターバックスは，アメリカ合衆国のワシントン州シアトルで開業したコーヒーチェーン店で，世界約80か国に展開している。中国には，1999年にペキンに第1号店が進出した。

➡❺**国のGDPと比較したおもな企業の売上高** 世界中に事業を展開する多国籍企業のなかには，一国の国内総生産（GDP）を上まわる売上高をもつ企業もある。売上高の上位には石油や天然ガスなどの企業が多いが，コンピュータソフト関連企業の成長も著しい。

	0	2000	4000	6000億ドル
スウェーデンのGDP				5510
ウォルマート・ストアーズ（小売）				5144 （アメリカ合衆国）
SINOPEC（石油）			4146	（中国）
ロイヤル・ダッチ・シェル（石油）			3966	（オランダ）
CNPC（石油・天然ガス）			3930	（中国）
ステートグリッド（電力配送）			3871	（中国）
トヨタ自動車（自動車）		2726		（日本）
アップル（コンピュータ）		2656		（アメリカ合衆国）
マイクロソフト（コンピュータ）	1104			（アメリカ合衆国）
スリランカのGDP	889			

―2018年― [FORTUNE資料，ほか]

コラム 大人気，日米共同開発ゲーム「ポケモンGO」

2016年7月に日本でも配信が始まったスマートフォン向けゲーム「ポケモンGO」は，アメリカ合衆国などに続いて，日本でも爆発的な人気となった。「ポケモンGO」は，アメリカ合衆国のICT企業ナイアンティック社と日本のゲーム機器メーカー任天堂が共同開発したゲームで，スマートフォンのGPS機能を使って現在地情報を取得し，ゲーム上に反映するため，位置情報ゲームとよばれている。そもそもGPSはアメリカ合衆国で開発された**全球測位衛星システム（GNSS）**であり，スマートフォンの世界的な普及とともにGPS機能もグローバルスタンダードとなっていた。また，ポケットモンスターは1990年代から，日本生まれのキャラクターとして，ゲームやテレビアニメで世界的な人気を得ていた。このため，普及が進んだGPS機能と知名度がある日本のキャラクターがタッグを組んだ「ポケモンGO」は，配信開始とともに世界的な社会現象となった。

Link p.4 ❷GNSS

➡❻**渋谷のスクランブル交差点前で「ポケモンGO」を楽しむ若者**（東京都，2016年7月）

7 軍事大国アメリカ合衆国

➡❼第二次世界大戦後のアメリカ合衆国の軍事介入
アメリカ合衆国は，第二次世界大戦後，西側諸国の盟主として世界をリードし，東西冷戦が終結した1990年代以降も，国際的な安全保障や外交に大きな影響力をもち続けている。戦略上重要な軍事拠点を中心に世界各地に軍事力を展開し，地域紛争だけでなくテロに対しても軍事介入している。

➡❽沖縄県のアメリカ軍基地（嘉手納町）1972年，沖縄は日本に返還されたが，米軍基地はいまだ撤去されず，東アジアにおける重要な軍事拠点となっている。

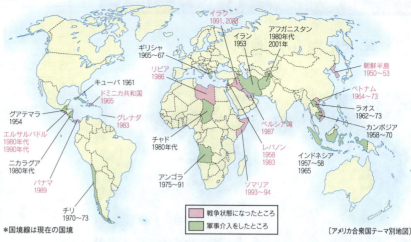

8 カナダの自然と社会

⬇❾南部にかたよるカナダの人口 高緯度に位置するカナダは，冬の寒さが厳しく，人口は気候が比較的おだやかな南部に集中している。経済的にみてもアメリカ合衆国との結びつきが強いことから，都市の多くはアメリカ合衆国との国境近くに立地し，カナダの人口の9割が，国境から250km以内に居住している。

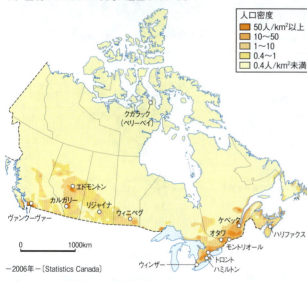

↑❿雄大なカナディアンロッキー（カナダ，バンフ国立公園） 国土の大部分が北緯49度以北に位置するカナダには，亜寒帯湿潤気候やツンドラ気候の下，森林・山岳地帯や数千の湖沼など，雄大な自然が広がる。ロッキー山脈北部にあるカナディアンロッキーには3000m級の山々が連なり，景勝地として多くの観光客を引きつけている。

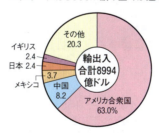
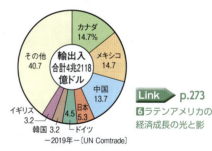

↑⓬カナダの貿易相手国 **↑⓭アメリカ合衆国の貿易相手国**

⬇⓫州によって異なる言語構成 カナダ全体では，英語系住民が6割，フランス語系住民が2割である。最も人口の多いオンタリオ州では英語系が多いのに対し，第2の州であるケベック州ではフランス語系が多い。

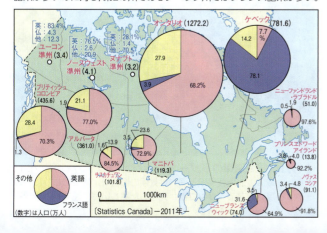

➡⓮フランス語の道路標識（カナダ，ケベック州）
フランス語系住民が8割を占めるケベック州では，フランス語を単一の公用語としているため，道路標識もフランス語表記になっている。英語と併記する場合も，フランス語，英語の順に表記される。

ラテンアメリカ

Link 地形…p.23, 30〜31, 気候…p.50, 61, 農業…p.87, 93, 101, 118〜119, 鉱工業…p.136〜137, 143, 174, 民族・宗教…p.218〜221, 環境問題…p.78〜79

1 起伏に富んだ地形

ラテンアメリカは，メキシコ，中央アメリカ，西インド諸島，南アメリカ大陸から構成される広大な地域である。赤道をまたいで南北に広がり，カリブ海周辺には多くの島々がある。南アメリカ大陸の太平洋側には，世界最長の山脈であるアンデス山脈がはしり，中央部から大西洋岸にかけてはギアナ高地やブラジル高原などの台地と，アマゾン盆地が広がる。アマゾン川などの大河川は，これらの山脈や台地から流れ出し，広大な範囲から水を集めて大西洋に注ぐ。

アマゾン川 アマゾン川は世界最大の流域面積（705万km^2）をもつ，世界第2位の長さ（6516km）の河川。その流域に広がる**セルバ**は，世界最大の熱帯林である。

↑❶ギアナ高地のアンヘル滝（ベネズエラ）
ギアナ楯状地とよばれる**安定陸塊**で，先カンブリア時代の地質からなり，テーブル状の山が多く散在する。エンゼルフォールともよばれるアンヘル滝は，その落差によって途中で水が拡散してしまい，滝つぼがないことで有名である。

Link p.22〜23 造山帯と安定陸塊, p.118 ❶ラテンアメリカの農業地域

アンデス山脈 海洋プレートが南アメリカ大陸の下に沈み込むことにより形成された，南北約7500kmにわたる世界最長の褶曲山地。沈み込むところにはペルー海溝やチリ海溝があり，アコンカグア山（6959m）が最高峰。**火山・地震**災害の多発地帯である。

パンパ アルゼンチンの温帯に属する地域には，肥沃な草原の**パンパ**が広がっており，パンパは国土の25%を占める。年降水量550mm線を境に，東側の**湿潤パンパ**では牛の飼育や小麦の生産が行われ，西側の**乾燥パンパ**では牛や羊を放牧している。

＊丸数字は写真番号を示す

↑❷Ⓐ－Ⓑ間の断面図

↑❸ラテンアメリカの自然環境

↓❹ペリト・モレノ氷河（アルゼンチン，ロスグラシアレス国立公園） アルゼンチンとチリにまたがるパタゴニアの山岳地帯には，南極，グリーンランドにつぐ規模の**氷河**がみられる。これらの氷河は，太平洋からの湿った風がアンデス山脈にぶつかって降る雪によって形成されたもので，ペリト・モレノ氷河は幅5km，深さ700mにも及ぶ。

↑❺カリブ海沿岸のリゾート（メキシコ，カンクン） カリブ海に面した地域は，北東貿易風と海洋性気候の影響で，熱帯のわりにしのぎやすい暑さである。**サンゴ礁**が発達した美しい海に囲まれ，世界有数のリゾートとなっている。

2 南北と標高で異なる気候

Link p.49 ❷熱帯雨林気候区, p.50 ❹サバナ気候区

←❻気候区分からみたラテンアメリカ 陸地が南北に長く広がるラテンアメリカには，熱帯から寒帯まで多様な気候が分布する。とくに熱帯雨林気候区とサバナ気候区が広い面積を占める。

↑❼セルバを流れるアマゾン川(ブラジル, アマゾナス州) アマゾン川は，流域に暮らす人々の重要な交通路にもなっている。

↑❽ステップが広がるパタゴニア(アルゼンチン) アンデス山脈や南極から吹く冷たい強風がつねに吹いている。

↓❾おもな都市の気温と降水量

| マナオス Af (ブラジル) 年平均気温27.0℃ 年降水量2323.6mm | メキシコシティ Cw (メキシコ) 年平均気温16.7℃ 年降水量1190.0mm | ブエノスアイレス Cfa (アルゼンチン) 年平均気温17.8℃ 年降水量1272.8mm | ラパス H* (ボリビア) 年平均気温8.5℃ 年降水量816.5mm |

*ケッペンの気候区分では分類されていないため，ほかの気候区分と重複している。 [理科年表 平成28年, ほか]

3 古代文明と奴隷貿易の歴史　Link p.251 奴隷貿易, p.255 ❸植民地支配の歴史

15世紀末から海外に進出したスペインとポルトガルは，トルデシリャス条約を締結して，「新大陸」での領土の取り分を決めた。その結果，アメリカ大陸では西経45度線付近を境界として，西側がスペイン，東側がポルトガルに属することになり，両国の植民地がつくられていった。植民地時代のラテンアメリカでは，白人が経営する農場や鉱山などで，先住民やアフリカから連れてこられた黒人が奴隷労働力として使われた。スペインとポルトガルを中心とするラテンアメリカの植民地支配は19世紀初頭まで続き，現在の国家や言語の違いを生む要因となった。

↓❿ラテンアメリカの旧宗主国と奴隷の移動

↓⓫ラテンアメリカの歩み

年	事項
前10世紀	メキシコにオルメカ文明，ペルーにチャビン文化おこる
1世紀	メキシコにテオティワカン文明，ペルーにナスカ文化などがおこる
4世紀	メキシコにマヤ文明栄える
14世紀半ば	メキシコにアステカ王国成立
15世紀半ば	ペルーにインカ帝国成立
1492	コロンブスが西インド諸島に到達
1494	トルデシリャス条約により，スペインとポルトガルの植民地分界線設定
16世紀前半	スペイン，ポルトガルの入植
	アステカ帝国・インカ帝国滅亡
17世紀	小アンティル諸島へイギリス入植
19世紀前半	各国で独立運動
19世紀末	日本からの移住始まる
1914	パナマ運河開通
1959	カストロによるキューバ革命
1973	ピノチェトによるチリ軍部クーデター
1995	南米南部共同市場(MERCOSUR)発足
1999	パナマ運河返還
2002	アルゼンチン経済危機
2016	リオデジャネイロで南米初のオリンピック開催

↑⓬チチェンイッツァ(メキシコ) ユカタン半島にあるマヤ文明の遺跡。マヤ人は高度な天文学の知識を有し，神殿の段数や階段の数でマヤ暦(18か月・365日)を表したことから，写真の神殿は「暦のピラミッド」ともよばれている。

➡⓭マチュピチュ(ペルー) アンデス山中にあるインカ帝国の遺跡。標高2280mの山頂にあり，山すそからはその存在を確認できないため，「空中都市」ともいわれている。

➡⓮アフリカからの奴隷船の内部 黒人奴隷は，物置棚のような狭い空間につめ込まれて，新大陸へ連れていかれた。何か月にもわたる過酷な船旅で，病気や虐待などにより命を落とす者も多かった。

4 地域によって異なる人種・民族

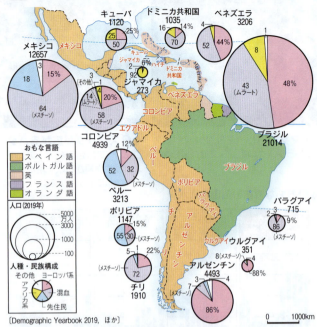

↑❶ラテンアメリカのおもな言語と人種構成　ラテンアメリカの人種構成は多様で、歴史や自然環境を反映した地域性がみられる。古代文明が栄えたアンデス地域には、**先住民**や**メスチーソ**が多い。また、さとうきびプランテーションの労働力として、アフリカ人奴隷が導入されたブラジル北東部やハイチ、ジャマイカにはアフリカ系の人々が多い。一方、先住民がほとんど居住せず、プランテーションもなかったウルグアイ、アルゼンチンなどにはヨーロッパ系が多い。多様な人種構成だが、人種間の差別・偏見は比較的少なく、公用語は植民地時代の宗主国の影響がめだつ。

←❷サッカーのブラジル代表の選手たち　多人種・多民族からなるブラジルでは、代表選手もヨーロッパ系やアフリカ系など、さまざまな人種で構成されている。

←❸サッカーのアルゼンチン代表の選手たち　アルゼンチンの人々はほとんどがヨーロッパ系で、代表選手もおもにヨーロッパ系の人々によって構成されている。

用語　メスチーソ

先住民とヨーロッパ系(白人)の混血を**メスチーソ**という。ヨーロッパ系とアフリカ系(黒人)の混血をさすムラートの呼称は、現在では一般に使われなくなっている。

(現在では混血どうしの混血も誕生しており、この図で表現した以上に複雑になっている)

5 日本とブラジルをつなぐ移民

↑❹ブラジルの日本人街(サンパウロ)　サンパウロのリベルダーデ地区には、日本の商品を売る店や日本語の看板などが見られる。

➡❺ブラジルへの日本人移民数の推移　1908年から日本は移民政策を始めた。1920〜30年代にかけて移民の数は増え続け、現地に日本人の村ができた。

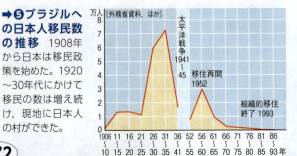

コラム　日系ブラジル人の教育問題　グローバルNIPPON

1990年に日本の「出入国管理及び難民認定法」が改正され、日系人(三世まで)には活動制限のない在留資格が認められるようになった。ブラジルでも「デカセギ」といわれるほど日本への出稼ぎが増え、2018年現在約20万人の日系ブラジル人が日本に居住している。自動車関連工場の多い愛知県豊田市や静岡県浜松市、群馬県大泉町などには、工場で働く日系ブラジル人が数多く住んでいる。これらの自治体では、労働者が増えたことに伴い、学校でも、日系ブラジル人の児童・生徒が多くなった。そのような学校では、日本語の授業やポルトガル語のガイドブックの作成など、懸命な取り組みが行われているが、まだまだ不就学や中途退学の問題は絶えない。ブラジルと日本の相互理解を深めるためにも、今後の教育対策が重要である。

↑❻日本の工場で働く日系ブラジル人(静岡県、浜松市)

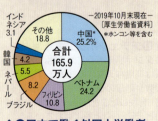

↑❼日本で働く外国人労働者の国籍

←❽外国人学校に通う日系ブラジル人の子供たち(愛知県、豊田市)

6 ラテンアメリカの経済成長の光と影

用語　対外債務　外国からの借金のこと。ラテンアメリカの場合, 各国が経済の自立・多角化をめざして, 外国資本の導入による工業化を進めたが, 借金の返済計画を考慮せずに経済政策が行われてきたため, 対外債務がふくれて**累積債務**となり, 財政に大きな影響を与えている。

Link　p.193　1 拡大する経済連携,
　　　　p.223　5 国家間の結びつき

↓❾アングロアメリカ, ラテンアメリカの地域経済統合

米国・メキシコ・カナダ協定 (USMCA)
2020年に設立。アメリカ合衆国, カナダ, メキシコの自由貿易協定。(前身のNAFTAは1994年設立)

中米統合機構 (SICA)
1991年に発足。中央アメリカ8か国で構成され, 域内自由貿易, 関税同盟設立などの経済統合をめざしている。

アンデス共同体 (CAN)
1996年に設立。2003年から加盟4か国で身分証の提示のみ(パスポート不要)で域内移動が自由化され, 2006年には域内関税も撤廃された。

南米南部共同市場 (MERCOSUR)
1995年にブラジルとアルゼンチンが中心となって発足。将来の政治統合までも視野に入れている。チリなど6か国が準加盟。
＊ボリビアは加盟各国の批准手続き中, ベネズエラは加盟資格停止中。

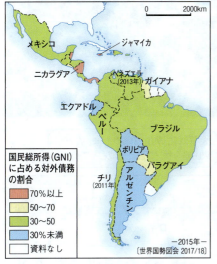

↑❿ラテンアメリカ各国の対外債務　経済発展をめざし外国資本を導入して工業化を進めたが, 世界経済の変動や経済政策の行きづまりによって, 累積した債務の返済が進んでいない。

↑⓫スーパーマーケットに並ぶ人々 (ベネズエラ, 2015年)　ベネズエラでは, 原油価格の低迷などによって経済が混乱し, 生活必需品が買えなくなる事態がたびたび起きている。

7 貧困層が集まるファベーラ

ラテンアメリカ各国では, 出生率が高い農村で過剰となった人口が都市に移動してきたため, 都市人口が急増している。しかし, 都市では慢性的な住宅不足の状態が続いているため, 貧困層は岩山の斜面や河川敷などを不法に占拠して粗末な建物をつくり, 密集して生活している。そのようにしてできた**スラム**はファベーラとよばれ, 学校に行けず, 物乞いや物売りをする**ストリートチルドレン**とよばれる子供も多い。彼らは保健衛生, 福祉などの行政サービスを十分に受けられず, 義務教育すら終えられない。ブラジルのリオデジャネイロにあるファベーラの少年たちの多くは, プロサッカー選手となって貧困から抜け出すことを夢みている。

Link　p.209　1 スラムの拡大

コラム　半世紀ぶりにアメリカ合衆国と国交を回復したキューバ

アメリカ合衆国とキューバは1959年のキューバ革命後, 61年に国交を断絶して以来, 半世紀もの間, 敵対してきた。しかし, 2014年以降に続けられてきた国交正常化交渉の末, 2015年7月, 両国は54年ぶりに国交を回復することとなった。

キューバは, ラテンアメリカで唯一の社会主義国であるが, 観光産業など一部の経済の自由化が進められている。2015年のアメリカ合衆国との国交回復が, 観光産業の活性化のさらなるあと押しとなって, キューバを訪れる外国人旅行者は急増している。

市民生活においても, 以前はインターネットの接続が限られていたが, 2015年7月以降, 国営の通信会社によるWi-Fiスポットの設置が進んでいる。広場や公園などのWi-Fiスポットには, 国外にいる家族や友人とインターネット電話やSNSで連絡をとろうとする市民が大勢集まる。Wi-Fiにつなぐにはパスワードを1時間約200円で買う必要があるが, 人気がありすぎてつながりにくいのが問題となっている。

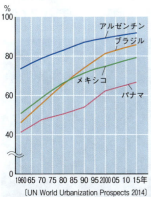

↓⓬ラテンアメリカ各国の都市人口率の推移

↓⓭ファベーラでサッカーをする子供たち (ブラジル, リオデジャネイロ)

→⓮市民に人気のWi-Fiスポット (キューバ, ハバナ)

オセアニア

Link　地形…p.23, 30〜33, 気候…p.44, 農牧業…p.97, 101, 120, 鉱工業…p.175, 民族・宗教…p.218〜221, 環境問題…p.76

1 オーストラリア大陸と太平洋の島々

オセアニアは、北はハワイ諸島から、東はラパヌイ（イースター）島、南はニュージーランド、西はオーストラリア大陸でくぎられる広大な地域で、その約95％は海洋で占められている。

太平洋に浮かぶ島々は、ほとんどが**火山島**であったり、**サンゴ礁**で形成されていたりする。オセアニア最大の陸地であるオーストラリア大陸は、**安定陸塊**が大部分を占めるが、東部には**古期造山帯**に属するグレートディヴァイディング山脈がはしる。ニュージーランドは、**環太平洋造山帯**に属し、**地震**が多い。

➡❶世界遺産のロックアイランド（パラオ）
サンゴ礁が隆起してできた400以上の島々で、ダイビングスポットとして人気を集めている。

↓❷オセアニアの自然環境

内陸部　降水量が少ないグレートヴィクトリア砂漠などの砂漠や高原、盆地などが広がっている。

＊丸数字は写真番号を示す

太平洋に浮かぶ島々　ほとんどが火山島やサンゴ礁で形成されている。

↑❸オセアニアの範囲

ニュージーランド　**環太平洋造山帯**に属し、急峻な山脈がはしる。北島は**火山**が多く、南島は南西部に氷河の侵食を受けた**フィヨルド**が発達している。

沿岸部　東部には**古期造山帯**に属するグレートディヴァイディング山脈がはしる。東部・南西部には海岸平野が広がり、大都市の多くがこの地域に集中している。

←❹Ⓐ－Ⓑ間の断面図

Link p.32
❼グレートバリアリーフ

↓❺ウルル（エアーズロック）（オーストラリア）　オーストラリア楯状地にあり、侵食から取り残された世界最大級の一枚岩。先住民**アボリジニー**にとっては、昔から大切にあがめられてきた聖地でもある。

↓❻氷河地形のミルフォードサウンド（ニュージーランド）　南島の南西部にあるミルフォードサウンドには、氷河の侵食によって形成された**U字谷**や**フィヨルド**がみられる。世界遺産にも登録されていて、同国有数の観光地となっている。

2 オーストラリアとニュージーランドの気候

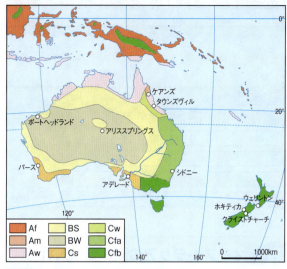

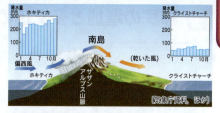

←❼気候区分からみたオセアニア
パプアニューギニアの大部分とオーストラリア北部は熱帯，オーストラリア東部と南部，ニュージーランドは温帯であるが，オーストラリア大陸の約3分の2は乾燥帯である。

↑❾偏西風の影響を受けるニュージーランド 年間を通して偏西風が吹く南島では，風上にあたる山脈の西側で降水量が多く，風下にあたる東側で少ない。

↓❽おもな都市の気温と降水量

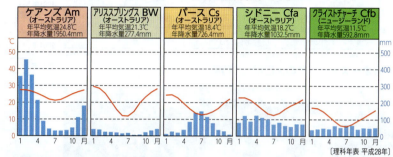

〔理科年表 平成28年〕

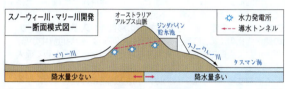

↑❿スノーウィーマウンテンズ計画 スノーウィー山地はオーストラリアアルプス山脈の中心部にある。この山地はスノーウィー川とマリー川水系の分水界で，マリー川は西側を，スノーウィー川は東側を下って海に注いでいる。政府は雨の少ない内陸部へ融雪水を導くため，トンネルと貯水ダムを建設した(1949～74年)。これにより，小麦地帯の灌漑システムに水を供給することが可能となった。

→⓫沿岸部の温帯地域に集中するオーストラリアの人口 内陸部は雨がほとんど降らない乾燥した地域であるため，人口は沿岸部の温帯地域に集中している。人口密度がきわめて低い内陸部では，通学が困難な子供のために50年以上前から通信による教育が行われ，「スクール・オブ・ジ・エア」とよばれている。

→⓬「スクール・オブ・ジ・エア」のスタジオで授業を配信するようす（アリススプリングス）

3 オセアニアの歴史

↑⓭イギリス植民地時代のなごりを残す駅舎（オーストラリア，メルボルン） 1788年にシドニー付近へイギリス人が入植して以来，オーストラリアは沿岸部から植民地開発が行われた。

コラム イギリス連邦の国々

オーストラリアをはじめ，オセアニアの国々はイギリスの植民地であった国が多い。そのため，国旗にイギリス国旗であるユニオンジャックが取り入れられている。しかし，イギリスとの結びつきが弱まるにつれ，国旗を見直そうとする動きもある。

コラム 変わる先住民の生活

オーストラリアの先住民**アボリジニー**は，狩猟・採集生活をおくり，文字はもたないものの，絵画・彫刻などに特色がある独自の文化をはぐくんできた。しかし，ヨーロッパ人の入植後は迫害されて人口が激減した。その後，政府の保護政策が始まると，1930年代以降，人口は増加に転じ，生活水準の向上とともに文化の保存と発展を進める政策も行われてきている。保護政策の下，雇用の機会均等が促進され，サービス業や製造業などに就く人も増えているが，十分な教育や訓練を受けていないため失業率は高く，多くが失業手当や福祉手当で生活している。また，観光収入を得るために先住民の伝統的な儀式を行うなど，「文化の保護」と「近代化」という二つの流れに影響された生活をおくる人々も少なくない。

一方，ニュージーランドの先住民**マオリ**も，ヨーロッパ人の入植後，戦争や伝染病により人口が激減したが，現在では増加に転じている。国の議会にマオリの議席が確保され，マオリ語が公用語とされるなど，文化の保存を進める政策も行われている。

↓⓮アボリジニーとマオリの人口の変化

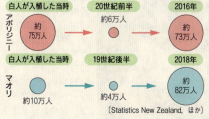

〔Statistics New Zealand，ほか〕

→⓯国立公園を案内するアボリジニー（オーストラリア，クインズランド州）

4 移民の増加と多文化の共存

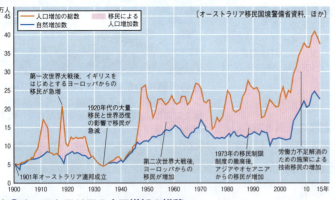

↑❶オーストラリアの人口増加の推移

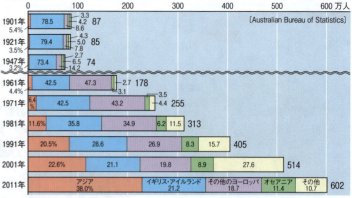

↓❷オーストラリアへの移民の出生地の変化　1901年に独立したのち、しばらくはイギリスからの移民が大半を占めていた。しかし、1970年代に白豪主義が撤廃され、**多文化主義**を進めたことにより、アジア系の移民が増加している。

↑❸多様な民族が行きかうブリズベンの街かど(オーストラリア)

専門家ゼミ　オーストラリアの難民受け入れ

オーストラリアは、生活向上を求めて自由意思で越境する移民や外国人労働者、難民を積極的に受け入れる移民国家である。近年は、鉱産資源の需要増加によって好景気が続き、労働者が不足しているため、年平均で14万～15万人(人道的見地からの難民約1万人を含む)の移住者が入国している。アジア諸国との関係強化のため、白豪主義を撤廃した同国は、今や世界中から、移民や難民が差別なく入国できる多文化共生国家となった。難民として流入してくる人々はアジア系が多く、なかには密航業者の用意した船でボートピープルとして到着する者もいる。政府は、不法入国者には厳しく対応するが、英語力不足の移民や難民が貧困におちいり、社会不安のもとにならぬよう、多文化主義にもとづく生活支援体制を整備し、社会問題の発生を防いでいる。

〔慶應義塾大学名誉教授　関根 政美〕

5 環太平洋地域の結びつき　Link　p.193 ❷世界で進むFTA(自由貿易協定)、p.223 ❺国家間の結びつき

→❹サッカーワールドカップのアジア地区最終予選に出場するオーストラリア　オーストラリアは地理的にはオセアニアに属するが、サッカー代表チームの強化やワールドカップの出場権を求めて、2006年にアジアサッカー連盟に転籍した。2022年に開催されるワールドカップカタール大会の最終予選もアジア地区で戦った。(2021年10月12日オーストラリア対日本)

←❻観光客を歓迎する島の人々(フィジー)　太平洋諸島の国々は人口が少なく、経済規模も小さい。かつて産業の中心は農業や漁業だったが、現在では美しい海を資源とする観光産業が重要な産業になっている。フィジーでも観光客向けのホテルなどリゾート開発が進み、オーストラリアやアジア諸国から多くの観光客が訪れている。

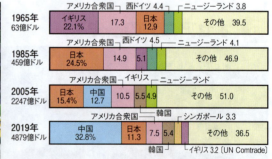

↑❺変化するオーストラリアの貿易相手国

貿易相手国は、かつては旧宗主国のイギリスが中心だった。1970年代から日本やアメリカ合衆国との関係が深まり、さらに1989年にオーストラリアが**アジア太平洋経済協力(APEC)**を提唱してからは、東アジア・東南アジア各国との貿易が拡大した。

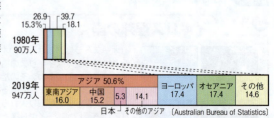

↑❼オーストラリアを訪れる観光客の変化　国外から訪れる観光客は大幅に増加している。とくに、地理的に近いアジアからの旅行者の増加が顕著である。

主要国要覧

共通テスト：センター試験を含めた出題の頻度を★，★★，★★★で表示。
DATA：おもに2019年

日本国
- 首都　東京
- 共通テスト：★★★
- 面積：378（千km²）
- 人口：12,626（万人）
- 人口密度：334（人/km²）

▶おもな都市
東京…同国中心で首都圏形成。大阪…西日本中心で近畿圏形成。名古屋…中日本中心で中京圏形成。札幌，仙台，広島，福岡…広域中心都市。

▶ここがポイント
プレート境界にあり火山列島，地震多発。工業国だが産業の空洞化が進む。和食やアニメなど日本文化が世界に広まる。少子高齢化で人口減。

アラブ首長国連邦
- 首都　アブダビ
- 共通テスト：★★
- 面積：71（千km²）
- 人口：936（万人）
- 人口密度：132（人/km²）

▶おもな都市
ドバイ…豊富な資金をもとに急速に成長。西アジアの金融・交通の中心。

▶ここがポイント
ペルシア湾岸の7首長国の連邦。全土が砂漠。原油輸出で得た外貨で食料を輸入，カロリー摂取量が多い。洋上リゾートや超高層ビルなど，観光開発が進み，貴金属取引も多い。非石油部門での経済発展をめざす。

イスラエル国
- 首都　エルサレム*
- 共通テスト：★
- 面積：22（千km²）
- 人口：905（万人）
- 人口密度：410（人/km²）

*国際的な承認は得ていない。

▶おもな都市
エルサレム…旧市街はユダヤ教・キリスト教・イスラームの聖地。

▶ここがポイント
パレスチナに戻ったユダヤ人（ヘブライ人）が第二次世界大戦後建国。パレスチナ人（ここに古くから暮らすアラブ人）が難民に。ユダヤ教は，選民思想の民族宗教で，うろこのない魚介類（たこ・いかなど）が禁忌。

イラン・イスラム共和国
- 首都　テヘラン
- 共通テスト：★★
- 面積：1,629（千km²）
- 人口：8,307（万人）
- 人口密度：51（人/km²）

▶おもな都市
テヘラン…歴史的な首都で，政治・商業・文化の中心。東京と同緯度。

▶ここがポイント
砂漠が多く，地下水路カナートを利用したオアシス農業で小麦や果実を栽培。ペルシア人が中心，世界のイスラームの中では少数派のシーア派が政権をにぎっている。伝統的な産油国でペルシア湾岸に油田をもつ。

インド
- 首都　デリー
- 共通テスト：★★★
- 面積：3,287（千km²）
- 人口：131,224（万人）
- 人口密度：399（人/km²）

▶おもな都市
デリー…ニューデリー行政区は計画的に建設され，首都機能が集中。それ以外の旧市街では，交通渋滞などの都市問題が発生。コルカタ…農産物の集散地で貿易港，東部の中心都市。都心地区の建物密度が高く，都市問題多発。ハイデラバード，ベンガルール…ICT産業で急成長，「インドのシリコンヴァレー」とよばれる。

ムンバイ…同国最大の貿易港をもち，綿工業など軽工業が発展。かつてはイギリスの植民地支配の拠点。

▶ここがポイント
西部は大インド砂漠。パンジャブ地方では小麦。デカン高原ではレグールで綿花栽培。夏の南西モンスーンが吹き込み，年降水量1000mm以上で稲作。アッサム地方は多雨で茶。ヒンドゥー教の聖地ヴァラナシでは，巡礼者がガンジス川で沐浴。カースト制のなごりで北部に貧困層が多いが，国全体として経済成長，BRICSの一角。パキスタン・中国とカシミール問題。

インドネシア共和国
- 首都　ジャカルタ
- 共通テスト：★★★
- 面積：1,911（千km²）
- 人口：26,691（万人）
- 人口密度：140（人/km²）

▶おもな都市
ジャカルタ…首位都市で交通渋滞が激しい。日本企業が多く進出。

▶ここがポイント
大小1万以上の弧状列島で，火山や地震が多い。人口は世界第4位。ムスリムが多いが，バリ島はヒンドゥー教で観光地化。油やしや天然ゴムのプランテーション農業がさかん。石油など鉱産資源が豊富。

カンボジア王国
- 首都　プノンペン
- 共通テスト：★
- 面積：181（千km²）
- 人口：1,528（万人）
- 人口密度：84（人/km²）

▶おもな都市
プノンペン…メコン川沿いにあり，周囲には稲作地帯が広がる。

▶ここがポイント
多くがクメール人で，上座仏教を信仰。90年代の内戦終結後，経済立て直しをはかり縫製業が成長，衣類輸出が増加。寺院遺跡をめぐる観光産業もさかんで，国旗には，世界遺産のアンコールワットが描かれる。

サウジアラビア王国
- 首都　リヤド
- 共通テスト：★★
- 面積：2,207（千km²）
- 人口：3,421（万人）
- 人口密度：16（人/km²）

▶おもな都市
リヤド…内陸都市で政治・経済の中心。メッカ…イスラームの聖地。

▶ここがポイント
アラビア半島の大部分を占める。ほぼ全域が砂漠。ベドウィンが遊牧。オアシスでなつめやしを栽培。センタービボット灌漑で地下水枯渇のおそれ。原油産出の上位を争う。サウード家の王国。OPECの穏健派で親米。

シンガポール共和国
- 首都　シンガポール
- 共通テスト：★★★
- 面積：0.7（千km²）
- 人口：570（万人）
- 人口密度：7,867（人/km²）

▶おもな都市
シンガポール…中継貿易で発展，アジア有数の国際空港・国際港湾をもつ。都心部には高層ビルが並ぶ。

▶ここがポイント
1965年マレーシアから離脱，都市国家。華人が多く，中国語・英語・マレー語・タミル語が公用語。金融・観光収入も多く，1人あたりGNIは産油国を除くとアジアで第1位。

スリランカ民主社会主義共和国
- 首都　スリジャヤワルダナプラコッテ
- 共通テスト：★★
- 面積：66（千km²）
- 人口：2,180（万人）
- 人口密度：332（人/km²）

▶おもな都市
コロンボ…1985年まで首都，経済の中心。首都機能は，郊外のスリジャヤワルダナプラコッテに移転。

▶ここがポイント
セイロン島が領土。多数派の仏教徒シンハラ人と少数派のヒンドゥー教徒タミル人の内戦は2009年終結。茶の産地として有名。近年は，繊維工業が成長し，衣類が重要な輸出品に。

タイ王国
- 首都　バンコク
- 共通テスト：★★★
- 面積：513（千km²）
- 人口：6,637（万人）
- 人口密度：129（人/km²）

▶おもな都市
バンコク…水上マーケットや仏教寺院が観光地。首位都市で郊外に多数の工業団地，なかには輸出加工区も。

▶ここがポイント
インドシナ半島中央部にあり，植民地化されず緩衝国。モンスーンでチャオプラヤ川デルタが洪水になる。浮稲を栽培。米の輸出国。日系企業進出も多く工業製品輸出増加。

中華人民共和国
- 首都　ペキン
- 共通テスト：★★★
- 面積：9,601（千km²）
- 人口：142,949（万人）
- 人口密度：149（人/km²）

DATAの数値にはホンコン，マカオ，台湾を含む。

▶おもな都市
ペキン（北京）…歴史的都市で方形の直交型街路をもつ。PM2.5による大気汚染など都市問題が課題。シャンハイ（上海）…中国最大の港湾・商工業都市。プートン（浦東）新区の開発が進み中心地に。シェンチェン（深圳）…ホンコン隣接の経済特区，ホンコン資本が入り経済急成長。チョントウー（成都）…スーチョワン（四川）省の州都。四川料理が有名。テンチン（天津）…ペキンの外港で華北最大の貿易港。

▶ここがポイント
チンリン＝ホワイ線が年降水量1000mmの境界で，北部の黄河流域では畑作（小麦），南部の長江流域では稲作。内陸タクラマカン砂漠では油田開発が進む。多民族国家で，漢民族中心，チョワン族・ホイ族・ウイグル族・モンゴル族など少数民族は民族自治区形成。チベット高原のチベット族はチベット仏教（ラマ教）信仰。分離・独立運動がさかんだが，中心都市ラサには西部大開発でチンツァン（青蔵）鉄道が開通，漢民族も増加。1979年以降，経済改革・対外開放政策で市場経済化。農業の生産責任制や農村工業の郷鎮企業が牽引。沿海部の経済特区や経済技術開発区中心に21世紀に入り工業急成長，「世界の工場」に。沿海部と内陸部の経済格差が大。GDPはアメリカ合衆国につぎ第2位，BRICSの一角。「一帯一路」構想で対外進出。近年は一人っ子政策による産児制限を緩和。1997年，ホンコン（香港）がイギリスから返還。1971年，国連代表入れ替えで台湾は中国の一部扱いに。

大韓民国
DATA		
首都	ソウル	共通テスト：★★★
面積	100（千km²）	
人口	5,133（万人）	
人口密度	512（人/km²）	

▶おもな都市
ソウル…同国の政治・経済・文化の中心地。外資系企業が多く進出。1960年代以降の工業化に伴い人口が集中。大規模な都市計画にもとづき住宅地の整備が進んだ。インチョン（仁川）…国際空港があるソウルの玄関口。プサン（釜山）…韓国第2の大都市。同国最大の港湾都市で，日本へ定期船が就航。

▶ここがポイント
東に山地，西に平野の地形。伝統的な暖房設備は台所のかまどからの煙を床下に導くオンドル。保存食として，野菜をとうがらしなどで漬け込んだキムチ。朝鮮半島では，15世紀から独自の表音文字ハングルを使用。1970年代に農村の生活環境の近代化と所得増大を目的としたセマウル運動。60年代後半から，政府主導で財閥による重化学工業化が急速に進展し，「漢江の奇跡」とよばれ，アジアNIEsの一角に。北緯38度付近に引かれた軍事境界線をはさんで北朝鮮と対峙。

トルコ共和国
DATA		
首都	アンカラ	共通テスト：★★
面積	784（千km²）	
人口	8,237（万人）	
人口密度	105（人/km²）	

▶おもな都市
イスタンブール…アジアとヨーロッパの文明の接点にあり，交易で発達。

▶ここがポイント
小アジアと，ヨーロッパとして扱われる海峡の西側地区からなる。トルコ人はムスリムが多いが，これまでは親欧米で，EU加盟をめざしてきた。キプロス問題でギリシャと対立，東部ではクルド人問題を抱える。

ネパール連邦民主共和国
DATA		
首都	カトマンズ	共通テスト：★
面積	147（千km²）	
人口	2,961（万人）	
人口密度	201（人/km²）	

▶おもな都市
カトマンズ…標高1400m付近にあり，1年を通して温暖な気候。

▶ここがポイント
ヒマラヤ山脈の南斜面がおもな国土。世界最高峰エヴェレスト（チョモランマ）をようする北部山岳地帯では，トレッキングがさかん。国民の多くはヒンドゥー教徒。海外への出稼ぎも多く，在日ネパール人が急増。

パキスタン・イスラム共和国
DATA		
首都	イスラマバード	共通テスト：★★
面積	796（千km²）	
人口	20,777（万人）	
人口密度	261（人/km²）	

▶おもな都市
カラチ…BW気候で夏にやや雨。旧首都で人口第1位，経済の中心。

▶ここがポイント
インダス川流域を占める国。インド・ヨーロッパ語族のウルドゥー語が国語，英語が公用語。ムスリムが多い。1947年，英領インドより独立。71年東側のバングラデシュが分離。カシミール問題でインドと対立。

バングラデシュ人民共和国
DATA		
首都	ダッカ	共通テスト：★★
面積	148（千km²）	
人口	16,650（万人）	
人口密度	1,122（人/km²）	

▶おもな都市
ダッカ…政治・経済・文化の中心地。麻袋などジュート工業や衣類縫製業が発達。

▶ここがポイント
国土はガンジス川，ブラマプトラ川のデルタにあり，近年は洪水や海岸侵食に悩む。多くは，ベンガル語を話すムスリムで，1971年にパキスタンから分離独立。低賃金を武器にした，安価な衣類が主要輸出品。

フィリピン共和国
DATA		
首都	マニラ	共通テスト：★★★
面積	300（千km²）	
人口	10,728（万人）	
人口密度	358（人/km²）	

▶おもな都市
マニラ…流入人口があふれ，スラム化した地区に貧困層が暮らす。

▶ここがポイント
環太平洋造山帯で火山が多く地熱発電も。世界遺産の棚田，緑の革命の原点の国際稲研究所がある。スペイン支配下でカトリックに。ムスリムの分離・独立運動も。産油国への出稼ぎも多い。南沙群島では中国と対立。

ベトナム社会主義共和国
DATA		
首都	ハノイ	共通テスト：★★
面積	331（千km²）	
人口	9,620（万人）	
人口密度	290（人/km²）	

▶おもな都市
ハノイ…統一前の北ベトナムの首都，経済中心のホーチミンにつぐ人口。

▶ここがポイント
インドシナ半島東部にある。メコン川のデルタで稲作，米を輸出。中国経由で大乗仏教。フランス統治時代の影響も。1986年からドイモイ（刷新）で外国資本を受け入れ，工業が成長。近年コーヒー生産が急成長。

マレーシア
DATA		
首都	クアラルンプール	共通テスト：★★★
面積	331（千km²）	
人口	3,258（万人）	
人口密度	99（人/km²）	

▶おもな都市
クアラルンプール…ICT産業誘致のため郊外にサイバージャヤを建設。

▶ここがポイント
天然ゴムから油やしへ転作。すず鉱の産出国から，外国企業の進出で電気機械工業中心に。経済面で優位な少数派の中国系住民に対し，多数派のマレー系住民を優遇するブミプトラ政策。サバ，サラワク州の熱帯林破壊。

ミャンマー連邦共和国
DATA		
首都	ネーピードー	共通テスト：★
面積	677（千km²）	
人口	5,434（万人）	
人口密度	80（人/km²）	

▶おもな都市
ヤンゴン…旧首都，2006年ネーピードーに遷都。人口第1位で経済の中心。

▶ここがポイント
軍事政権が続き経済開発が遅れる。近年，民主化が進み，外国資本の進出が活発化していたが，2021年に軍によるクーデターが発生し，政治社会情勢が混乱している。イスラム系少数民族ロヒンギャが難民となっている。

モンゴル国
DATA		
首都	ウランバートル	共通テスト：★★
面積	1,564（千km²）	
人口	326（万人）	
人口密度	2（人/km²）	

▶おもな都市
ウランバートル…首都で唯一の大都市。郊外には移住者のゲルが広がる。

▶ここがポイント
モンゴル高原に，草たけの短い草原ステップが広がる。モンゴル族がチベット仏教を信仰。遊牧民の定住化が進む。伝統的な料理は，チーズなどの乳製品や羊肉のスープ，野菜はあまり食べない。馬乳酒もつくられる。

アルジェリア民主人民共和国
DATA		
首都	アルジェ	共通テスト：★★
面積	2,382（千km²）	
人口	4,341（万人）	
人口密度	18（人/km²）	

▶おもな都市
アルジェ…旧宗主国フランスが統治の中心としてフランス風都市づくり。

▶ここがポイント
サハラ砂漠北部で多くがBW気候，アトラス山脈から地中海側はCs。公用語はアラビア語だが，フランス語が普及しフランスへの移民も多い。宗教はイスラーム。輸出品は原油・天然ガス。マグレブ3国の一つ。

エジプト・アラブ共和国
DATA		
首都	カイロ	共通テスト：★★
面積	1,002（千km²）	
人口	9,890（万人）	
人口密度	99（人/km²）	

▶おもな都市
カイロ…円弧状三角州の頂点に立地。人口最大で，政治・経済の中心。

▶ここがポイント
全土が砂漠。ナイル川流域のみ灌漑で農耕。アスワンハイダムなどで流量調整，塩害や海岸侵食も。国民の多くはアラブ人で，ムスリム。原油輸出のほか，観光収入，スエズ運河使用料も。国境は人為的国境で直線。

エチオピア連邦民主共和国
DATA		
首都	アディスアベバ	共通テスト：★★
面積	1,104（千km²）	
人口	9,853（万人）	
人口密度	89（人/km²）	

▶おもな都市
アディスアベバ…標高2400m付近で温暖な気候。アフリカ連合（AU）本部。

▶ここがポイント
国土の多くが高原。南北にアフリカ大地溝帯。アフリカで唯一植民地化されず古来の王国。宗教はキリスト教コプト派。コーヒーの原産地で一次産品輸出に依存。国民の生活水準は低く，カロリー摂取量も少ない。

ケニア共和国
DATA		
首都	ナイロビ	共通テスト：★★
面積	592（千km²）	
人口	4,756（万人）	
人口密度	80（人/km²）	

▶おもな都市
ナイロビ…高原にあり，コーヒーなどの商品作物の集散地として発展。

▶ここがポイント
国境地帯タンザニア側にアフリカ最高峰キリマンジャロ，ふもとにサバナが広がる。旧イギリス領，白人入植地（ホワイト・ハイランド）で，茶のプランテーション経営。国語はスワヒリ語，公用語は英語とスワヒリ語。

コートジボワール共和国
DATA		
首都	ヤムスクロ	共通テスト：★
面積	322（千km²）	
人口	2,582（万人）	
人口密度	80（人/km²）	

▶おもな都市
アビジャン…1983年，首都は内陸に遷都。同国最大で実質的首都機能。

▶ここがポイント
ギニア湾沿岸でAw気候。旧フランス領で，公用語はフランス語。国名は同語で「象牙海岸」の意。隣国ガーナとともに，カカオや原油などの一次産品を輸出して，穀物など食料を輸入するアフリカ諸国の典型例。

コンゴ民主共和国

首都	キンシャサ	共通テスト：★
面積	2,345(千km²)	
人口	7,624(万人)	
人口密度	33(人/km²)	

▶おもな都市
キンシャサ…アフリカ有数の大都市，コンゴ川の水運で繁栄。
▶ここがポイント
赤道直下でAf気候，南北にAw。コンゴ盆地には熱帯雨林が広がる。南部のダイヤモンドや銅，レアメタルなど鉱産資源に恵まれるが，長引いた内戦で国民は疲弊，生活水準は低く，栄養不良が問題となっている。

スーダン共和国

首都	ハルツーム	共通テスト：★
面積	1,847(千km²)	
人口	4,020(万人)	
人口密度	22(人/km²)	

▶おもな都市
ハルツーム…白ナイル川と青ナイル川の合流点に立地。政治・経済の中心。
▶ここがポイント
北部はサハラ砂漠，南部はサヘルでBS気候。北部アラブ系と南部非アラブ系が対立，2011年に南部が南スーダンとして独立。西部では，ダールフール紛争で難民が増加，栄養状態悪化。中国が油田開発などを支援。

ナイジェリア連邦共和国

首都	アブジャ	共通テスト：★★
面積	924(千km²)	
人口	19,339(万人)	
人口密度	209(人/km²)	

▶おもな都市
ラゴス…アフリカ有数の大都市。爆発的な人口流入でスラムが増加。
▶ここがポイント
アフリカ最大の人口。旧英領で公用語は英語。多民族国家で，民族間のビアフラ戦争後，対立緩和を目的に州を細分化，首都をラゴスから内陸のアブジャに移転。ニジェール川デルタに油田，アフリカ最大の産油国。

南アフリカ共和国

首都	プレトリア	共通テスト：★★
面積	1,221(千km²)	
人口	5,877(万人)	
人口密度	48(人/km²)	

▶おもな都市
ヨハネスバーグ…金鉱とともに発展。ケープタウン…Cs気候で地中海式農業。海上交通の要地。
▶ここがポイント
かつてオランダ・イギリスが植民地化。白人が経済支配。アパルトヘイト廃止後の1994年，初の黒人大統領誕生。レアメタルやダイヤモンドなどの鉱物資源豊富。BRICSの一角。

モロッコ王国

首都	ラバト	共通テスト：★★
面積	447(千km²)	
人口	3,558(万人)	
人口密度	80(人/km²)	

▶おもな都市
カサブランカ…同国最大で経済の中心，観光地。複雑に入り組んだ街路。
▶ここがポイント
アトラス山脈以北はCs気候。宗教はイスラーム。水不要のタジン鍋，粒状パスタのクスクスなどの料理。旧フランス保護領で同国との関係が深い。ジブラルタル海峡をはさんでスペインと隣接。マグレブ3国の一つ。

アイルランド

首都	ダブリン	共通テスト：★★
面積	70(千km²)	
人口	490(万人)	
人口密度	70(人/km²)	

▶おもな都市
ダブリン…首都で人口が集中，都市問題に。政治・経済・文化の拠点。
▶ここがポイント
国土は，アイルランド島のうちイギリスに所属する北アイルランドを除く範囲。ヨーロッパの先住民ケルト人が暮らし，カトリックを信仰。アメリカ企業の進出などで経済が急成長したが，知的財産使用料は多い。

イタリア共和国

首都	ローマ	共通テスト：★★★
面積	302(千km²)	
人口	6,042(万人)	
人口密度	200(人/km²)	

▶おもな都市
ローマ…ローマ時代の古代遺跡が多い観光都市。市内にバチカン市国。タラント…国内の南北格差是正目的で南部に開発された鉄鋼業都市。
▶ここがポイント
Cs気候とテラロッサ土壌で地中海式農業。ポー川流域では稲作。工業三角地帯の北部，農業の南部に対し，第3のイタリアは伝統工業の中部。

ウクライナ

首都	キエフ	共通テスト：★★
面積	604(千km²)	
人口	4,215(万人)	
人口密度	70(人/km²)	

▶おもな都市
キエフ…ドニエプル川の河港として発展。古都でキリスト教聖地の一つ。
▶ここがポイント
黒海北岸にあり，ロシアにのびる黒土地帯で小麦栽培。ウクライナ人は，ウクライナ正教を信仰。ドニエプル地域が工業中心。ソ連時代のチェルノブイリ原発事故処理が課題。クリミアをめぐりロシアと対立。

オーストリア共和国

首都	ウィーン	共通テスト：★
面積	84(千km²)	
人口	885(万人)	
人口密度	106(人/km²)	

▶おもな都市
ウィーン…ドナウ川右岸の歴史・観光都市，音楽の都。国際機関も多い。
▶ここがポイント
国民はゲルマン系が多く，公用語はドイツ語，宗教はカトリック。19世紀，ハプスブルク家がオーストリア＝ハンガリー帝国を形成。第二次世界大戦後の占領を経て1955年独立，永世中立国となる。観光収入が多い。

オランダ王国

首都	アムステルダム	共通テスト：★★
面積	42(千km²)	
人口	1,728(万人)	
人口密度	416(人/km²)	

▶おもな都市
アムステルダム…ハンザ同盟都市の歴史をもち，交易都市として発展。
▶ここがポイント
風車で海水を排水，ポルダーとよばれる干拓地造成。ゲルマン系オランダ人がおもだが，多文化主義政策で多様な人種・民族。チューリップ栽培など園芸農業。ライン川支流河口のユーロポートは欧州最大の貿易港。

ギリシャ共和国

首都	アテネ	共通テスト：★★
面積	132(千km²)	
人口	1,072(万人)	
人口密度	81(人/km²)	

▶おもな都市
アテネ…古代から発展した都市。アクロポリスなどに，観光客が多い。
▶ここがポイント
バルカン半島南端と多数の島からなり，おもにCs気候。ギリシャ人がギリシャ語を使い，ギリシャ正教を信仰。古代文明の遺跡が多数あり観光収入が多い。経済は停滞しており，EU内では低所得国，海外移民も多い。

スイス連邦

首都	ベルン	共通テスト：★★
面積	41(千km²)	
人口	851(万人)	
人口密度	206(人/km²)	

▶おもな都市
ジュネーヴ…国際機関本部が多い。
▶ここがポイント
アルプス山脈の氷河は，温暖化で後退。フェーンは，アルプス越えの乾燥高温の南風。北側ドイツ語圏が多数派。西側フランス語圏，南側イタリア語圏。夏は高原のアルプで放牧する移牧。金融や観光収入が多い。永世中立国。EUには非加盟。

グレートブリテン及び北アイルランド連合王国（イギリス）

首都	ロンドン	共通テスト：★★★
面積	242(千km²)	
人口	6,679(万人)	
人口密度	275(人/km²)	

▶おもな都市
ロンドン…テムズ川沿いのシティがCBDでヨーロッパ金融の中心地。交通問題解消のためロードプライシング制度を導入。バーミンガム…ミッドランドの鉄鉱石と石炭をもとに発達した鉄鋼業都市。「ブラックカントリー（黒郷）」とよばれた。
▶ここがポイント
テムズ川河口は，エスチュアリ。グ

グレートブリテン島中央を南北にペニン山脈がはしり，西側の湿潤を生かし綿工業，東側の乾燥を生かし羊毛工業が発達。気候はCfb。北アイルランドではイギリス国教会とカトリックの住民対立。スコットランドでは分離・独立運動。北海油田の枯渇が問題。ロンドンは都市計画発祥の地，郊外にグリーンベルト，その外側にニュータウンを配置。インナーシティ問題解消のためドックランズ再開発，ジェントリフィケーションがみられる。立憲君主制の王国。2016年の国民投票でEU離脱派が過半数をとり，2020年正式に離脱。

スウェーデン王国

首都	ストックホルム	共通テスト：★★
面積	439(千km²)	
人口	1,023(万人)	
人口密度	23(人/km²)	

▶おもな都市
ストックホルム…バルト海沿いの北欧最大の都市。先端技術産業が発達。
▶ここがポイント
ゲルマン系スウェーデン人は，おもにプロテスタントを信仰。北部にサーミ。社会保障制度を充実させ，合計特殊出生率が回復。豊富な森林資源でパルプ工業，良質な鉄鉱石を輸出。EU加盟だが，ユーロは導入せず。

スペイン王国

首都	マドリード	共通テスト：★★★
面積	506(千km²)	
人口	4,693(万人)	
人口密度	93(人/km²)	

▶おもな都市
マドリード…イベリア半島内陸部，乾燥高原メセタ上にある中心都市。
▶ここがポイント
西岸のリアスバハス海岸は，リアス海岸の由来。スペイン語はラテン系で，植民地であった中南米に広がる。再生可能エネルギー普及に力を入れる。経済力のあるバスクやカタルーニャでは分離・独立運動。

279

デンマーク王国
首都 コペンハーゲン　**共通テスト:** ★★

DATA
- 面積: 43(千km²)
- 人口: 581(万人)
- 人口密度: 135(人/km²)

▶おもな都市
コペンハーゲン…本土でなく島にあり首都としては珍しい。文化の中心。

▶ここがポイント
ユーラン半島とシェラン島などの島々からなる。高福祉国家で男女平等が進む。農業協同組合制度で酪農が発達、豚肉輸出も多い。風力発電の割合が高い。EU加盟だが、ユーロは導入せず。グリーンランドを領有。

ドイツ連邦共和国
首都 ベルリン　**共通テスト:** ★★★

DATA
- 面積: 358(千km²)
- 人口: 8,301(万人)
- 人口密度: 232(人/km²)

▶おもな都市
ベルリン…第二次世界大戦後、東西に分割されたが、1989年ベルリンの壁崩壊後、統一ドイツの首都に。象徴は、ブランデンブルク門。フライブルク…シュヴァルツヴァルト南部の囲郭都市。酸性雨対策で、中心部の路面電車(LRT)優先やパークアンドライドなどを導入、環境首都とよばれる。フランクフルト…ヨーロッパ航空交通の中心地。EUの経済的中心でもあり中央銀行が置かれる。

▶ここがポイント
ライン川や運河の水運が発達。気候は多くがCfb。小国分立の歴史から、首都機能は分散的に配置。連邦制の共和国。国民はゲルマン系。多くはプロテスタント、南部はカトリック。ルール工業地域は、青いバナナの中心的存在。自動車や化学工業が特徴。原子力発電廃止を決め、再生可能エネルギーの割合が上昇中。高速鉄道ICEが各地を結ぶ。中東や北アフリカからの難民を多く受け入れている。

ノルウェー王国
首都 オスロ　**共通テスト:** ★★

DATA
- 面積: 324(千km²)
- 人口: 532(万人)
- 人口密度: 16(人/km²)

▶おもな都市
オスロ…北緯60度にある最大都市。

▶ここがポイント
スカンディナヴィア半島西岸にフィヨルドが発達。高緯度だが沿岸部は温暖。もともと水産国であるが、北海油田の原油・天然ガスが輸出の過半を占めて、大幅な貿易黒字。一人あたりのGNIは、スイスと並び世界有数。国民が支持せずEU非加盟。

ハンガリー
首都 ブダペスト　**共通テスト:** ★

DATA
- 面積: 93(千km²)
- 人口: 977(万人)
- 人口密度: 105(人/km²)

▶おもな都市
ブダペスト…ドナウ川の右岸ブダは政治・文化、左岸ペストは商工業。

▶ここがポイント
中央をドナウ川が流れ、プスタとよばれる草原は、穀倉地帯。アジア系ハンガリー(マジャール)人が暮らす民族島、カトリックが多い。旧東欧8か国の一つ。外資導入により経済発展。貿易はEU依存度が高い。

フィンランド共和国
首都 ヘルシンキ　**共通テスト:** ★

DATA
- 面積: 338(千km²)
- 人口: 554(万人)
- 人口密度: 16(人/km²)

▶おもな都市
ヘルシンキ…同国で唯一都市圏を形成する首位都市で、先端的取り組み。

▶ここがポイント
氷床の重さで陥没した土地に海水が入ったボスニア湾に向かって、多数の河川が流れ込み、細い氷河湖が並ぶ。アジア系のフィン語で「スオミ(湖沼の国)」とよぶ。研究開発費をつぎ込み先端技術産業を育成。

フランス共和国
首都 パリ　**共通テスト:** ★★★

DATA
- 面積: 641(千km²)
- 人口: 6,702(万人)
- 人口密度: 105(人/km²)

▶おもな都市
パリ…セーヌ川のシテ島から発達した同国の中心都市。旧市街は歴史的建造物を保全し、高層建築は西側ラ・デファンス地区に多い。エッフェル塔がランドマークで観光客も多い。北アフリカなどからの移民でインナーシティ問題がある。トゥールーズ…世界から集められたエアバス社の航空機部品の組み立て工場で有名。マルセイユ…ローヌ川河口の港湾都市。石油化学などの工業も発達。

▶ここがポイント
パリ盆地はケスタ地形。大西洋河口はエスチュアリ。地中海沿岸はCs気候で、夏の保養地。ほかにアルプス以外はCfb。フランス語はラテン系で、宗教はカトリックが多い。EU最大の小麦生産国で自給率が高い。エネルギー資源をもたず電力の多くを原子力発電に依存。人口や産業・文化は、首都パリへ一極集中の傾向。フランス革命以降共和制国家。EU原加盟国。高速鉄道TGVが各地を結ぶ。

ベルギー王国
首都 ブリュッセル　**共通テスト:** ★★

DATA
- 面積: 31(千km²)
- 人口: 1,145(万人)
- 人口密度: 375(人/km²)

▶おもな都市
ブリュッセル…EUやNATOの本部が置かれる国際都市。2言語併記。

▶ここがポイント
北部がゲルマン系のオランダ語(フラマン語)、南部がラテン系のフランス語(ワロン語)。これらの言語圏と首都圏との連邦制。宗教はカトリック。北部フランドル地方は伝統的毛織物。南部は石炭による工業が発達。

ポーランド共和国
首都 ワルシャワ　**共通テスト:** ★★

DATA
- 面積: 313(千km²)
- 人口: 3,797(万人)
- 人口密度: 121(人/km²)

▶おもな都市
ワルシャワ…歴史地区は世界文化遺産。文化科学宮殿がランドマーク。

▶ここがポイント
バルト海に面し、平原が多い。スラブ系ポーランド人が、カトリックを信仰。ライ麦から黒パンや蒸留酒がつくられる。南部では石炭や銀など鉱産資源が豊富で重工業が発達。近年、安定成長。旧東欧8か国の一つ。

ロシア連邦
首都 モスクワ　**共通テスト:** ★★★

DATA
- 面積: 17,098(千km²)
- 人口: 14,400(万人)
- 人口密度: 8(人/km²)

▶おもな都市
モスクワ…人口第1位、政治・経済・文化の中心で交通の要地。クレムリン宮殿がランドマーク。サンクトペテルブルク…帝政ロシア時代の首都、貿易港。人口第2位。ウラジオストク…日本海に面した港湾都市、シベリア鉄道の起点、交通の要地。

▶ここがポイント
世界最大の国土面積。古期造山帯に属するウラル山脈から西がヨーロッパロシア、東がシベリアと極東ロシア。北極海沿岸がET気候でツンドラの植生。Df・Dw気候区では針葉樹林タイガが広がる。肥沃な黒土地帯では小麦栽培。宗教はロシア正教。ソ連解体で15に分裂、多くの領土をロシア連邦が継承、バルト3国とジョージアを除く11か国でCIS(独立国家共同体)を形成した。多民族国家で国内や周辺諸国に民族問題。原油・天然ガスなど豊富な鉱産資源を輸出。サハリンでは、日本も参加して油田・ガス田開発。BRICSの一角。

ポルトガル共和国
首都 リスボン　**共通テスト:** ★★

DATA
- 面積: 92(千km²)
- 人口: 1,027(万人)
- 人口密度: 111(人/km²)

▶おもな都市
リスボン…フェニキア人の交易都市が原点。大西洋航路の港湾都市。

▶ここがポイント
イベリア半島西端。ラテン系ポルトガル人は、カトリックを信仰。オリーブやコルクがしを生産。水産業もさかん。自動車などを輸出。観光収入も重要。ポルトガル語を母語とするブラジルからの移民が多い。

アメリカ合衆国
首都 ワシントンD.C.　**共通テスト:** ★★★

DATA
- 面積: 9,834(千km²)
- 人口: 32,824(万人)
- 人口密度: 33(人/km²)

▶おもな都市
ニューヨーク…マンハッタン島に摩天楼がそびえ、人口第1位の商工業都市、港湾機能も。ボストン…伝統的都市だが電子工業も発展。シカゴ…人口第3位で農産物の集散地、農業機械工業も。デトロイト…自動車工業で発達したが斜陽化。ピッツバーグ…鉄鋼都市として発達、先端技術産業で巻き返し。シアトル…森林資源が豊富、航空機産業も。サンフランシスコ…Cs気候、貿易港で急坂の市電が有名な観光都市。ロサンゼルス…人口第2位で油田により発展、ハリウッドの映画産業も。ニューオーリンズ…フランス人がつくった都市。ミシシッピ川河口の穀物輸出港。ヒューストン…メキシコ湾岸油田の石油化学工業、航空宇宙産業も発達。

▶ここがポイント
メキシコ湾岸は、しばしばハリケーンに襲われる。西側の新期造山帯に属するロッキー山脈と東側の古期造山帯に属するアパラチア山脈の間にグレートプレーンズとプレーリーがはさまれ農業地帯。タウンシップ制で中西部開拓、現代はセンターピボットが広がるがオガララ帯水層の枯渇が問題。工業は、北緯37度以南のサンベルトで成長。シリコンヴァレーの先端技術産業。アラスカ州とハワイ州を含む50州からなる連邦国家。大西洋岸の大都市の列をメガロポリスとよぶ。労働力としてヒスパニックがメキシコなどから流入、アフリカ系よりも多くなった。ロサンゼルスのヒスパニック街、ニューヨークのチャイナタウンなどインナーシティ問題が課題。

カナダ
首都 オタワ　**共通テスト:** ★★★
- 面積: 9,985(千km²)
- 人口: 3,758(万人)
- 人口密度: 4(人/km²)

▶おもな都市
モントリオール…セントローレンス海路の起点で、経済の中心地。トロントにつぎ人口第2位。ヴァンクーヴァー…良港で大陸横断鉄道起点。

▶ここがポイント
北極海側でイヌイットが魚やカリブーなどを狩猟。国民の多くがイギリス系、ケベック州でフランス系が分離・独立運動。多文化主義政策。

キューバ共和国
首都 ハバナ　**共通テスト:** ★
- 面積: 110(千km²)
- 人口: 1,120(万人)
- 人口密度: 102(人/km²)

▶おもな都市
ハバナ…フロリダ半島側に面し、カリブ海地域で最大の港湾都市。

▶ここがポイント
公用語はスペイン語、宗教はカトリック。1959年キューバ革命で社会主義化、アメリカ合衆国系企業の大規模さとうきび農園国営化。対米関係は悪化したが、2015年国交回復。観光に注力。2016年カストロ没。

メキシコ合衆国
首都 メキシコシティ　**共通テスト:** ★★★
- 面積: 1,964(千km²)
- 人口: 12,657(万人)
- 人口密度: 64(人/km²)

▶おもな都市
メキシコシティ…同国では突出した首位都市。農村から大量の人口が流入し、郊外にスラムが拡大。高地の盆地で大気汚染が問題。

▶ここがポイント
鉱産資源に恵まれ銀の生産世界一。米・加と3国で結んだUSMCA(2020年NAFTAから移行)で、アメリカ合衆国に自動車などを輸出、工業成長。

アルゼンチン共和国
首都 ブエノスアイレス　**共通テスト:** ★★
- 面積: 2,780(千km²)
- 人口: 4,493(万人)
- 人口密度: 16(人/km²)

▶おもな都市
ブエノスアイレス…ラプラタ川の河口に位置し、政治・経済の中心。

▶ここがポイント
白人が多い。公用語はスペイン語、宗教はカトリック。海側の湿潤パンパはCfa気候で穀物農業と牧牛、内陸の乾燥パンパがBSで羊の放牧。大農場をエスタンシア、牧童をガウチョとよぶ。MERCOSURに加盟。

エクアドル共和国
首都 キト　**共通テスト:** ★
- 面積: 257(千km²)
- 人口: 1,726(万人)
- 人口密度: 67(人/km²)

▶おもな都市
キト…標高2800m付近の高山都市。赤道直下でも気温の変化がなく十数℃。

▶ここがポイント
公用語はスペイン語、宗教はカトリック。メスチーソが過半数。モノカルチャー経済でバナナ輸出量は世界一だが、流通はアグリビジネスに支配されている。油田が開発され、現在は原油輸出が中心。

コロンビア共和国
首都 ボゴタ　**共通テスト:** ★
- 面積: 1,142(千km²)
- 人口: 4,939(万人)
- 人口密度: 43(人/km²)

▶おもな都市
ボゴタ…アンデス山脈の2600m付近に位置し、H気候で気温変化が小さい。

▶ここがポイント
西側がアンデス山脈、北東がリャノ、南東がアマゾン。コロンブスにちなんだ国名。公用語はスペイン語、宗教はカトリック。メスチーソが5割。コーヒー輸出のほか、油田が開発され、現在は原油輸出が中心。

ブラジル連邦共和国
首都 ブラジリア　**共通テスト:** ★★★
- 面積: 8,516(千km²)
- 人口: 21,014(万人)
- 人口密度: 25(人/km²)

▶おもな都市
サンパウロ…人口第1位の商工業都市。外港サントスからコーヒー輸出。ブラジリア…内陸開発をめざした計画的な首都。飛行機型の街路網。リオデジャネイロ…1960年まで首都、カーニバルで有名。スラムやストリートチルドレンの問題も。マナオス…天然ゴムの集散地で発展、自由貿易地域に指定され工業も成長。

▶ここがポイント
アマゾン川上流域はAf気候、下流域はAm。アマゾンの熱帯林をセルバとよぶ。鉱山開発や牧場化で周辺部から破壊が進む。ブラジル高原はAw。白人のほかメスチーソ、アフリカ系も多い。公用語はポルトガル語。テラローシャ土壌でコーヒー豆の生産は世界一。さとうきびの生産も世界一で、バイオエタノールの原料。大豆や鶏肉生産も多い。カラジャスなど鉄鉱石が豊富で南米最大の工業国。海底油田開発が進み産油国に。MERCOSURに加盟、BRICSの一角。日系人が出稼ぎで日本に。

チリ共和国
首都 サンティアゴ　**共通テスト:** ★★
- 面積: 756(千km²)
- 人口: 1,910(万人)
- 人口密度: 25(人/km²)

▶おもな都市
サンティアゴ…国会はバルパライソに。

▶ここがポイント
アンデス山脈西側の南北約4000kmに及ぶ細長い国。チリ海溝に沿って地震が多発、津波は日本にも。公用語はスペイン語、宗教はカトリック。メスチーソが7割。中部はCs気候でぶどう栽培、ワイン生産。養殖さけを輸出。銅鉱の生産・輸出は世界一。

ベネズエラ・ボリバル共和国
首都 カラカス　**共通テスト:** ★
- 面積: 930(千km²)
- 人口: 3,206(万人)
- 人口密度: 34(人/km²)

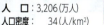

▶おもな都市
カラカス…スペイン人が建設、先住民の名をつけた。政治・経済の中心。

▶ここがポイント
中央にリャノ、マラカイボ湖は油田地帯。おもな公用語はスペイン語、宗教はカトリック。メスチーソが6割。輸出の大半が原油と石油製品で、近年の価格下落に苦しむ。OPEC加盟国。MERCOSURの加盟資格停止中。

ペルー共和国
首都 リマ　**共通テスト:** ★★
- 面積: 1,285(千km²)
- 人口: 3,213(万人)
- 人口密度: 25(人/km²)

▶おもな都市
リマ…海岸砂漠に位置し、赤道が近い割には、ペルー海流の影響で低温。

▶ここがポイント
先住民が半数を占め、アンデス山中では、じゃがいも栽培やリャマ・アルパカ飼育。ペルー海流に乗ったアンチョビ漁は、エルニーニョ現象で不漁に。インカ帝国の首都クスコや空中都市マチュピチュが観光地。

ボリビア多民族国
首都 ラパス　**共通テスト:** ★
- 面積: 1,099(千km²)
- 人口: 1,147(万人)
- 人口密度: 10(人/km²)

▶おもな都市
ラパス…標高4000m付近に位置し、標高が高いほど貧困層の地区になる。

▶ここがポイント
アンデス山脈の山中に標高約4000mの高原が広がる。ウユニ塩原の観光とリチウム資源が注目される。おもな公用語はスペイン語、宗教はカトリック。先住民が過半数。MERCOSUR加盟(各国の批准手続中)。

オーストラリア連邦
首都 キャンベラ　**共通テスト:** ★★★
- 面積: 7,692(千km²)
- 人口: 2,536(万人)
- 人口密度: 3(人/km²)

▶おもな都市
シドニー…人口第1位、経済・文化の中心。オペラハウスが有名。メルボルン…人口第2位、シドニーとの間に、首都として計画都市キャンベラがつくられた。ブリズベン…人口第3位、東部の輸出港。パース…Cs気候、鉱山開発で発展。

▶ここがポイント
東部に古期造山帯のグレートディヴァイディング山脈。内陸部は砂漠、その辺縁にはBS。北部はAw、東部はCfa、南東部はCfb、南西部はCs。森林火災が問題に。クインズランド州沿岸のグレートバリアリーフは、世界一の堡礁。グレートアーテジアン(大鑽井)盆地では掘り抜き井戸を利用して羊毛用スペイン原産メリノ種を放牧。マウントホエールバックの鉄など西部は鉱産資源豊富。ウルル周辺は、先住民アボリジニーの聖地。タスマニア島の先住民タスマニア人は絶滅。白豪主義を1970年代に廃止、多文化主義政策に変更、アジア系が増加。

ニュージーランド
首都 ウェリントン　**共通テスト:** ★★
- 面積: 268(千km²)
- 人口: 491(万人)
- 人口密度: 18(人/km²)

▶おもな都市
オークランド…北島北部の同国最大の都市。旧首都で入植の拠点だった。

▶ここがポイント
環太平洋造山帯で北島に火山があり、地熱発電も。南島にはフィヨルドがある。1840年、先住民マオリとワイタンギ条約締結、イギリス植民地に。北島は降水が多く牧牛、南島は少ない毛・肉兼用のコリデール種の牧羊。

パプアニューギニア独立国
首都 ポートモレスビー　**共通テスト:** ★
- 面積: 463(千km²)
- 人口: 815(万人)
- 人口密度: 18(人/km²)

▶おもな都市
ポートモレスビー…南部パプア湾岸の同国最大の都市で、貿易港。

▶ここがポイント
ニューギニア島の東半分に位置し、北側のニューギニアと南側のパプアが一つになって独立した。気候は内陸の高地を除き熱帯で、熱帯林を木材として輸出。プラチナや銅、油やしからのパーム油も輸出品。

九州地方

Link 地形…p.21, 33, 71, 気候…p.72～73, 防災…p.75, 農業…p.121～123, 水産業…p.127, 鉱工業…p.176～178, 人口…p.181, 201

1 自然環境
Q1 九州地方は、なぜ夏に降水量が多いのだろうか。

←❶**桜島**（鹿児島県）

九州地方中央部には阿蘇山の巨大なカルデラがあり、その南には九州山地のけわしい山々がつらなる。雲仙岳（普賢岳）や霧島山、桜島などの活火山も多い。

←❷**各地の気温と降水量** 暖流の黒潮と対馬海流が流れているため、冬でも比較的温暖である。夏は南の太平洋上から湿った季節風が吹くため多くの雨が降り、台風の接近・上陸数も多い。

2 アジアとの結びつき
Q2 成田国際空港と比較し、福岡空港を利用する外国人の特徴は何か。

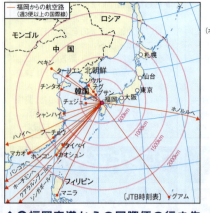

↑❸**福岡空港からの国際便の行き先**（2020年4月現在）

↑❹**福岡空港と成田国際空港を利用する訪日外国人割合**

シャンハイ、ソウル、タイペイといった東アジアの大都市に近い福岡県は、これらの国・地域から多数の訪問者を迎える。とくにプサンとの間には高速船も運航され、週末を利用して韓国から訪れる人も多い。

3 農業
Q3 九州地方の南北における農業の違いを説明しよう。

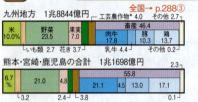

↑❺**農業産出額の内訳** 九州地方の農業産出額は全国の2割ほどを占めており、「食料基地」となっている。九州北部は稲作が中心で、なかでも筑紫平野では稲作と麦作などの二毛作が行われている。南部はトマトなどの畑作に加え、とくに畜産がさかん。

4 工業
Q4 1960年と2019年の工業出荷額のグラフを比較して、変化した点をあげてみよう。

→❻**工業出荷額の内訳の変化** かつては筑豊炭田と中国からの輸入鉄鉱石を背景とした北九州工業地帯の鉄鋼業がさかんであった。1970年代以降はIC（集積回路）の工場が多数立地し「シリコンアイランド」ともよばれたが、現在はIC関連工場のアジア移転が進んでいる。一方、臨海部に自動車工場が立地し、中国やアメリカ合衆国に輸出している。

Link p.149 ❻立地による工業のまとめ

↑❼**自動車関連工場とIC工場の分布**

九州地方 各県まとめ表

県	DATA（2021年1月1日現在）	県庁所在地	おもな特徴	おもな産業
福岡県	面積:4,987(km²), 人口:512.4(万人), 人口密度:1,028(人/km²)	福岡市(156.2万人)	福岡市は九州の中心都市。東アジアなどとの定期航空路や韓国との定期航路で日本の玄関的役割。	農業では稲作のほか野菜、花卉、いちごなどの近郊農業。八女茶も有名。北九州市は八幡製鉄所以来の鉄鋼都市だが近年人口が減少。
佐賀県	面積:2,441(km²), 人口:81.8(万人), 人口密度:335(人/km²)	佐賀市(23.1万人)	耕地率・耕地利用率が高い。水田のクリーク（水路網）が整備されている。古くから大陸と交流。	筑紫平野の二毛作（夏の稲作と冬の麦作）、野菜栽培など。日本海側ではあじ・さばが水揚げされ、有明海ではのりの養殖が有名。
長崎県	面積:4,131(km²), 人口:133.6(万人), 人口密度:323(人/km²)	長崎市(41.1万人)	外国交易で伝来した中国や西洋の文化が、祭りや建物に残り観光地化。原爆投下から復興。	傾斜地を利用したみかん、びわなどの果樹栽培。さば・あじなどの水揚げや真珠の養殖も有名。長崎市や佐世保市では造船業。
熊本県	面積:7,409(km²), 人口:175.8(万人), 人口密度:237(人/km²)	熊本市(73.2万人)	熊本市は城下町から発展。2016年に震度7の熊本地震が発生、復興に向けて取り組み中。	農業従事者比率が高い。熊本平野のトマト、すいかや八代平野のい草栽培。阿蘇山の畜産（肥後のあか牛）。カルデラ周辺の観光。
大分県	面積:6,341(km²), 人口:114.1(万人), 人口密度:180(人/km²)	大分市(47.8万人)	山がちで過疎地面積割合3位。くじゅう連山での地熱発電。温泉源泉数・湧出量が全国一。	畜産で「豊後牛」、水産業で「関あじ・関さば」などのブランド化を進める。大分市の石油化学工業。別府、湯布院の観光業。
宮崎県	面積:7,735(km²), 人口:108.7(万人), 人口密度:141(人/km²)	宮崎市(40.2万人)	温暖な気候からプロ野球のキャンプ地や日南海岸の南国リゾート化。"神話の里"高千穂。	宮崎平野の施設園芸農業（ピーマン、きゅうりなど）。畜産県で鶏のほかにも牛、豚の飼育頭数も多い。マンゴー生産で有名に。
鹿児島県	面積:9,187(km²), 人口:161.7(万人), 人口密度:176(人/km²)	鹿児島市(60.1万人)	西に薩摩半島、東に大隅半島。桜島からの火山灰。世界自然遺産の屋久島、奄美大島、徳之島。	シラス台地のさつまいも栽培と焼酎製造。宮崎とともに畜産県。かごしま黒豚など豚肉の生産は全国一を誇る。奄美名産の大島紬。
沖縄県	面積:2,283(km²), 人口:148.5(万人), 人口密度:651(人/km²)	那覇市(32.0万人)	出生率が高く死亡率が低いため人口の自然増加率が高い。沖縄島北部と西表島は世界自然遺産。	パイナップル、さとうきび、マンゴー、菊などの農業や、畜産。第3次産業は観光業を中心としつつ情報通信産業も近年成長。

Qの解答
Q1 南の太平洋上から吹く湿った季節風が多雨をもたらすほか、台風の接近も多いから。 Q2 成田国際空港と比べて距離が近い韓国や台湾から訪れる人の割合が高い。
Q3 北部は稲作、南部は畑作や畜産がさかん。 Q4 2019年にはかつて栄えた産業部門の鉄鋼・金属の割合が下がり、かわって輸送を中心とする機械工業の割合が上がった。

5 地図でまとめる九州地方

筑紫平野
・二毛作
―夏は稲，冬はビール用大麦，いちごの栽培

沖縄
・暖かい気候をいかした園芸農業
―菊，野菜などを航空機で出荷
・アメリカ軍用地
―沖縄島の面積の約15％(2016年末)
・第3次産業が中心
―従事者80.0％(2015年)
・観光業
―サンゴ礁などの自然

有田・伊万里
・陶磁器の産地

有明海
・干満の差が大きく干潟が広がる
―遠浅の海でのりの養殖
・江戸時代から干拓して農地に

雲仙岳(普賢岳)
・1991年に大噴火
―火砕流で大災害

屋久島
・世界自然遺産に登録
―屋久杉をはじめ，多様な植生

⬆︎⑧阿蘇山(熊本県)
世界最大級のカルデラをもつ。東西約18km，南北約25kmの広さがある。

北九州工業地帯
・1901年に官営の八幡製鐵所が創業
筑豊炭田の石炭と中国産鉄鉱石が結びつく
・1990年代から，自動車工業が中心に

宮崎平野
・施設園芸
―ピーマン，きゅうりなどを冬に出荷

シラス台地
・火山灰でできた台地
・干ばつの被害を受けやすい。南九州ではダムをつくり，灌漑
・さつまいも，茶の栽培
・肉牛，ぶた，ブロイラーの飼育

⬅︎⑨シラスの分布 水を通しやすく崩れやすい。稲作には不向きなため，畑作や畜産が行われている。

九州地方 地域調査にtry 🔍 日本有数の温泉地・湯布院
（大分県由布市湯布院町）

大分県の湯布院温泉は周囲を由布岳・立石山・飛岳などに囲まれた盆地に位置し，湯量が豊富で静かな温泉郷となっていることから「別府の奥座敷」ともよばれ，年間を通して多くの観光客が訪れている。この地域について，地形図を用いて調べてみよう。

問 地形図から読み取れる内容として述べた下の文のうち，正しい内容には○を，誤っている内容には×を記入しよう。
1. 山の斜面は果樹栽培に使われている。（ ）
2. 「ゆふいん」駅の西側には，田が広がっている。（ ）
3. 「由布院温泉」の周囲に噴火口が多数存在している。（ ）

火山地形の特徴
●火山はひとたび噴火すると生活に大きな支障が出るが，景観の美しさから国立公園に指定されていたり，周辺の温泉とともに観光・保養地となっていたりする。
●シラスなどの火山噴出物は透水性が良く水に乏しいため，山の斜面は耕地よりも森林，放牧地になっている。

Link p.19 ⑤火山の災害と恩恵，p.71 ③火山災害

解答 1. × 2. ○ 3. ×

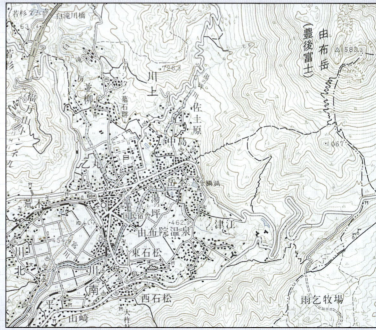

⬆︎⑩湯布院(由布院)温泉の地形図　[1:50,000「別府」平成8年修正]

中国・四国地方

Link 地形…p.26, 28, 気候…p.72〜73, 防災…p.74, 農業…p.121, 水産業…p.127, 鉱工業…p.176〜178, 人口…p.181, 201

1 自然環境
Q1 高松市と高知市の夏の降水量の違いを説明しよう。

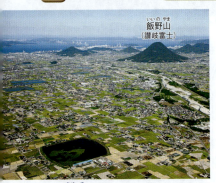
↑❶**讃岐平野のため池**（香川県，丸亀市）降水量が少ない瀬戸内では，古くから水を確保するための工夫がなされてきた。香川県には讃岐平野を中心に大小1万以上のため池があり，その多くは農業用水として利用されている。

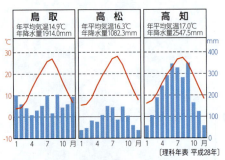
↑❷**各地の気温と降水量** 山陰の冬は北西からの季節風の影響で積雪が多い。瀬戸内は冬と夏の季節風が中国山地・四国山地にさえぎられるので晴天の日が多く，降水量が少ない。南四国は黒潮の影響で温暖であり，太平洋上から吹く季節風や台風が多くの雨をもたらす。

2 結びつき
Q2 高松市から3時間で行ける範囲が拡大したのはなぜか。

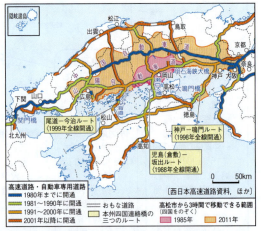
↑❸**高速道路網の発達と高松市から3時間以内で移動できる範囲の変化** 本州四国連絡橋の開通により，四国や瀬戸内海の島々と本州との移動時間が大幅に短縮された。

3 農業
Q3 高知平野の施設園芸農業ではどのような工夫が行われているだろうか。
Link p.102 ②商業的農業

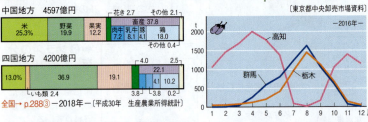
↑❹**農業産出額の内訳**（左）**と東京市場でのなすの入荷先**（右） 平野の少ない瀬戸内では，丘陵地の斜面を利用した果樹栽培がさかんである。愛媛県の みかん などのかんきつ類，岡山県の桃，ぶどう が代表例である。一方，高知平野では温暖な気候をいかした施設園芸農業がさかんで，なす やピーマンなどの野菜を促成栽培し，ほかの生産地と出荷時期をずらすことで高値での販売を可能にしている。

4 工業
Q4 瀬戸内工業地域ではなぜ鉄鋼業や石油化学工業などの重化学工業が多く立地しているのだろうか。

→❺**工業出荷額の内訳** 海運の便のよい瀬戸内では，臨海部に鉄鋼業や石油化学工業，造船業，自動車工業などの重化学工業が多く立地し，瀬戸内工業地域を形成している。これらには，かつての塩田の跡地や，遠浅の海岸の埋立地も利用されている。ほかにも，原料指向型工業である山口県のセメントや愛媛県のパルプ・紙なども有名。

Link p.149 ⑥立地による工業のまとめ

中国・四国地方 各県まとめ表

県	DATA（2021年1月1日現在）	県庁所在地	おもな特徴	おもな産業
鳥取県	面積：3,507(km²)，人口：55.6(万人) 人口密度：159(人/km²)	鳥取市 (18.5万人)	47都道府県で最少人口，市の数も最少の4つ。鳥取砂丘，水木しげるロードの観光。	果樹栽培がさかんで二十世紀梨が有名。砂地での野菜栽培と山間部での畜産もさかん。境港(境港市)は全国有数の水揚げ量を誇る漁港。
島根県	面積：6,708(km²)，人口：67.2(万人) 人口密度：100(人/km²)	松江市 (20.0万人)	人口は出雲平野や宍道湖周辺に集中。過疎地面積割合は全国2位，65歳以上人口割合は全国3位。	出雲平野の稲作，山間部の肉牛の飼育。しじみ水揚げ全国1位。たたら製鉄の伝統製鋼業。出雲大社，世界遺産の石見銀山の観光業。
岡山県	面積：7,114(km²)，人口：189.3(万人) 人口密度：266(人/km²)	岡山市 (70.8万人)	岡山・倉敷が二大都市。四国と本州を結ぶ瀬戸大橋がある。岡山の後楽園，倉敷美観地区の観光。	岡山平野では稲作が中心で，丘陵地では ぶどう や桃の栽培もさかん。倉敷は重化学工業のほか，学生服・ジーンズの一大産地。
広島県	面積：8,479(km²)，人口：281.2(万人) 人口密度：332(人/km²)	広島市 (119.4万人)	太田川デルタに発達した広島市は原爆投下から復興，中国・四国地方の中心都市に。	広島の自動車，呉の造船など，中国地方で工業出荷額が最多。瀬戸内海では かき の養殖がさかん。厳島神社などの観光地が有名。
山口県	面積：6,113(km²)，人口：135.6(万人) 人口密度：222(人/km²)	山口市 (19.0万人)	下関市が最大都市で関門海峡の橋・トンネル，プサンとの関釜フェリーと，交通の要地。	高級魚ふぐの水揚げが多い。周南・宇部などを中心に石油化学工業がさかん。カルスト地形の秋吉台や萩などの観光地。
徳島県	面積：4,147(km²)，人口：73.5(万人) 人口密度：177(人/km²)	徳島市 (25.2万人)	本四連絡橋で淡路島や神戸市とつながり交通量増加。夏の阿波おどりや鳴門のうず潮の観光。	徳島原産の すだち の生産は全国一。京阪神に出荷する れんこん・花卉の栽培もさかん。工業ではLEDなど先端技術産業が発達。
香川県	面積：1,877(km²)，人口：97.3(万人) 人口密度：519(人/km²)	高松市 (42.6万人)	47都道府県中面積が最少。高松は四国地方の政治・経済の中心。小豆島・金刀比羅宮の観光。	少雨のため小麦栽培や製塩がさかんで，讃岐うどんが有名。小豆島が有名なオリーブの生産は全国1位。工業は化学・造船などがさかん。
愛媛県	面積：5,676(km²)，人口：135.6(万人) 人口密度：239(人/km²)	松山市 (50.9万人)	しまなみ海道で尾道市とつながる。松山市は四国地方で人口最大。道後温泉の観光開発で成功。	いよかん・みかん などの かんきつ類の大産地。まだい・真珠の養殖生産量全国1位。工業は今治タオルが有名で化学・造船もさかん。
高知県	面積：7,104(km²)，人口：70.1(万人) 人口密度：99(人/km²)	高知市 (32.5万人)	第1次産業人口比，65歳以上人口割合が全国2位。土佐藩城下町の高知市に人口が集中。	高知平野では野菜の促成栽培がさかんで，なす・にら・しょうが の生産は日本一。室戸などを基地に かつお の一本釣りがさかん。

Qの解答 Q1 高松市は四国山地に季節風がさえぎられて晴天の日が多い。高知市は南東からの季節風と，さらに台風の影響で多くの雨が降る。Q2 瀬戸大橋や山陽自動車道などの開通があったから。Q3 温暖な気候をいかし，ビニールハウスなどで促成栽培を行って出荷時期をずらしている。Q4 瀬戸内海の水運を利用して，海外から大量の鉄鉱石や原油を輸入したり，重い工業製品を輸送したりするのに便利だから。

5 地図でまとめる中国・四国地方

⑥地域区分

鳥取砂丘
・かんがい設備の導入で農地に
・らっきょう・すいかの栽培がさかん

↑⑦瀬戸内海と来島海峡大橋（愛媛県，今治市）

本州四国連絡橋
・三つのルート
  神戸－鳴門
  児島－坂出
  尾道－今治

中国山地
・なだらかな山が多い（火山である大山などを除く）
・高原での肉牛飼育や酪農

秋吉台
・日本最大のカルスト地形
  －宇部など周辺にセメント工業が発達

瀬戸内海
・船を使った交通網
  →自動車輸送に変化
・かき，のりの養殖がさかん

四国山地
・けわしい山が多い
・吉野川や四万十川が深い谷を形成

瀬戸内工業地域
・海運を利用した工業
・石油化学，製鉄，造船など

讃岐平野
・暖かく，降水量が少ない
・農業用水のためのため池

高知平野
・ビニールハウスによる促成栽培
・なす，きゅうりなどを京浜や阪神に供給

室戸岬
・海岸段丘が発達

←⑧A－B間の断面図と季節風

中国・四国地方
地域調査にtry　城下町のなごりがある松江市
（島根県松江市）

　宍道湖に面し，川や水路が流れる水の都・松江市。その市内の低い丘陵上に位置する松江城は，今から約400年前の1611年に築城され，全国に現存する12天守のうちの一つである。2015年には国宝に指定された。明治時代にこの地に赴任したラフカディオ＝ハーン（小泉八雲）の旧居も残るこの地域を，地形図を用いて調べてみよう。

問 地形図から読み取れる内容として述べた下の文章中の下線部①～④のうちから，**適当でないもの**を一つ選ぼう。

　かつての政治の中心地である①松江城のすぐ南側に，現在の官庁街が広がっている。②松江城を取り囲む内堀は埋め立てられ，県道となっている。城の防衛拠点でもあった③寺院は，大橋の南側に多く分布している。④城下町の道路には，実戦に備えた鉤型路・丁字路・袋小路が今も残る。

城下町の特徴
・丁字型・L字型道路，袋小路や，城下町周辺の寺院は，かつての城の防衛の一翼を担っていた。
・上級家臣が住んでいた殿町，母衣町や，商人が住んでいた茶町，芋町，足軽が住んでいた雑賀町など，地名にもなごりがみられる。

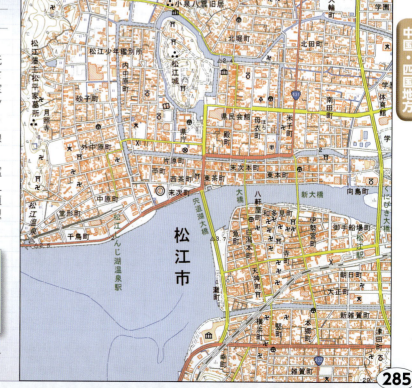

→⑨松江市中心部の地形図

〔1：25,000「松江北」平成30年7月調製〕

解答　②

近畿地方

Link 地形…p.21, 29, 気候…p.72〜73, 防災…p.74, 農業…p.121, 林業…p.125, 水産業…p.127, 鉱工業…p.176〜178, 観光業…p.185, 人口…p.181, 201, 村落・都市…p.203, 213

1 自然環境
Q1 近畿地方の北部・中央部・南部の地形の特徴を説明しよう。

←❶**吉野山と桜**（奈良県，吉野町） 近畿地方北部は中国山地から丹波高地にかけてのなだらかな山地が続く。南部にはけわしい紀伊山地があり，吉野山は桜の名勝となっている。中央部は低地で，京都盆地や奈良盆地，大阪平野などが広がり，古くから歴史の舞台となってきた。

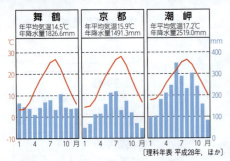

←❷**各地の気温と降水量** 近畿地方は北部・中央部・南部で特色が異なる。北部は，冬は北西からの季節風の影響で雪が多い。中央部は盆地を中心に夏は暑さが厳しく，冬は冷え込む。降水量が少ないのでため池などの灌漑施設が整えられている。南部は黒潮の影響で冬でも温暖。夏は南東からの季節風の影響で降水量が多い。

2 都市と人口
Q2 人口が増加している地域はどのようなところか。

↑❸**京阪神の市町村別人口増加率と通勤・通学者数** 京都，大阪，神戸を中心に広がる京阪神大都市圏は，東京大都市圏についで人口が集中している。大阪市中心部での人口増加が著しく，さらに，大阪市を中心にして鉄道や道路が周辺にのび，沿線の人口も増加している。大阪市に向かう通勤・通学者は広い範囲に及んでおり，一方で京都市，神戸市へは近隣地域から向かう人が多い。

3 農業
Q3 近畿地方の農業の特徴を全国と比較して説明しよう。

近畿地方 4787億円
米 26.8%／野菜 23.8／工芸農作物 1.4／果実 19.7／畜産 20.7（肉牛 6.1／乳牛 4.9／鶏 8.8）／その他 3.9
花き 3.7／その他 0.9
—2018年—〔平成30年 生産農業所得統計〕
全国→ p.288③

↑❹**農業産出額の内訳** 米の生産は兵庫や滋賀で多い。大阪や京都などでは野菜や花卉などの近郊農業がさかんで，とくに京都では伝統野菜の賀茂なすや九条ねぎが京野菜としてブランド化されている。一方，海岸近くまで山地がせまり，年間を通じて温暖，多雨である紀伊半島では，山の斜面や丘陵地でみかんやうめ，かきが栽培されている。

4 工業
Q4 大阪府の工業の特徴は何か。

阪神工業地帯（大阪，兵庫）
33兆6597億円（2019年）
機械 37.9%（電気 12.0／輸送 9.9／その他 16.0）／鉄鋼・金属 20.9／化学 20.6／食品 11.1／木材・パルプ 3.3／印刷 1.8／繊維 1.3／その他 3.1

大阪と愛知の工業比較
事業所数順位	事業所数（2020年6月現在）	従業者数	製造品出荷額（2019年）
1位 大阪	30231	47万5394人	17兆2701億円
2位 愛知	26739	87万2011人	48兆1864億円

全国→ p.176④　〔2020年 工業統計表〕

↑❺**工業出荷額の内訳と大阪・愛知の工業比較** 明治時代以降，繊維工業や重化学工業があいついで発達した。しかし，しだいに地位が下がり，現在は出荷額で中京，京浜工業地帯に次ぐ。中小工場が多いことも特徴。

→❻**東大阪市の製造業事業所** 東大阪市には中小企業の工場が数多く集まっている。生活用品から自転車，スポーツ用具，ねじ など独特な地場産業が発達している。

事業所総数 5954
1〜4人 48.6%／5〜29人 44.7／30〜299人 6.5／300人以上 0.2
—2016年—〔東大阪市資料〕

↓❼**おもな工業製品**

清酒[*1] 全国4099億円：兵庫 21.6%／京都 13.0／新潟 11.2／山口 4.4／秋田 4.2／その他 45.6

自転車[*2] 全国2964億円：大阪 71.3%／埼玉 8.5／その他 20.2

野球・ソフトボール用具 全国89億円：大阪 21.7%／兵庫 16.9／奈良 4.8／富山 4.4／埼玉 3.7／その他 48.5

*1にごり酒を含む　*2部品を含む　—2019年—〔2020年 工業統計表〕

近畿地方 各府県まとめ表

府県	DATA（2021年1月1日現在）	県庁所在地	おもな特徴	おもな産業
三重県	面積:5,774(km²), 人口:180.0(万人), 人口密度:312(人/km²)	津市(27.6万人)	北部は名古屋大都市圏に含まれ，「東海地方」に区分されることもある。江戸時代から伊勢神宮参拝。	ブランド牛の松阪牛，志摩半島の伊勢えび，英虞湾の真珠。工業は四日市の石油化学，鈴鹿の自動車，亀山の電子部品など。
滋賀県	面積:4,017(km²), 人口:141.8(万人), 人口密度:353(人/km²)	大津市(34.4万人)	琵琶湖は，京都・大阪の水源，汚染問題を克服。交通の要地で，大阪圏のベッドタウン化。	近江米・近江牛のブランド化。歴史の舞台を活かした観光業。名神高速道路沿いには電気・輸送機械，食品などの工場が集積。
京都府	面積:4,612(km²), 人口:253.0(万人), 人口密度:549(人/km²)	京都市(140.0万人)	京都市は府の人口の過半数が集中する学術都市。世界文化遺産の寺社も多く，世界的な観光地。	京野菜や宇治茶の生産が有名。西陣織・京友禅などの地場産業やゲーム機などの先端技術産業がさかん。観光業も重要な産業の一つ。
大阪府	面積:1,905(km²), 人口:883.9(万人), 人口密度:4,639(人/km²)	大阪市(273.9万人)	大阪市は西日本の中心都市で政令指定都市の中で人口密度最大。面積が小さく昼夜間人口比率が高い。	農業は近郊農業が中心。阪神工業地帯の中核だが出荷額は停滞。製造業事業所数は全国1位。東大阪市の町工場など中小企業が多い。
兵庫県	面積:8,401(km²), 人口:552.3(万人), 人口密度:658(人/km²)	神戸市(152.6万人)	神戸市は貿易港。阪神淡路大震災で被害。明石市に標準時子午線（東経135度）が通る。県北は豪雪地帯。	淡路島のたまねぎ栽培などの近郊農業。鉄鋼・化学などの工業がさかんで，神戸・西宮・尼崎と臨海工業都市が並ぶ。灘区の清酒。
奈良県	面積:3,691(km²), 人口:134.4(万人), 人口密度:364(人/km²)	奈良市(35.4万人)	大阪のベッドタウン化。昼夜間人口比率は大阪圏で最も低い。奈良市は古都で社寺の観光。	南部の吉野すぎなど，林業がさかん。大和郡山市は金魚の養殖が有名。書道具・茶道具などの伝統工芸と観光業も重要な産業。
和歌山県	面積:4,725(km²), 人口:94.4(万人), 人口密度:200(人/km²)	和歌山市(36.5万人)	人口は北部に集中，大阪のベッドタウン化。高野山・熊野古道・那智滝などの観光。	山間の斜面を利用したうめ・かき・みかんの生産が全国一。すぎなどの林業もさかん。北部の臨海部は阪神工業地帯に接し，鉄鋼業など。

Qの解答
Q1 北部は丹波高地などなだらかな山地が続き，南部にはけわしい紀伊山地がはしる。南北の山地にはさまれた中央部には盆地や平野が広がる。Q2 大阪市中心部と大阪市・京都市・神戸市に鉄道や道路での交通アクセスがよい周辺部。Q3 米や果実の割合が高い。これは，播磨平野や近江盆地では米づくりが，紀伊半島ではみかんなどの果樹栽培がさかんなためである。Q4 事業所数は全国一だが中小企業が多く，東大阪市などの内陸部に町工場が集積していて，自転車やスポーツ用具などさまざまな製品を製造している。

5 地図でまとめる近畿地方

関西文化学術研究都市
・京都，大阪，奈良にまたがる
・大学や研究施設が立地

➡❽日本一大きい湖 琵琶湖(滋賀県)

阪神工業地帯
・鉄鋼や化学工業の割合が高い
・中小工場が多い。先端技術にも取り組む

大阪湾周辺部
・ポートアイランド，六甲アイランド，関西国際空港，神戸空港
　―埋め立てでつくられた人工島

淡路島
・明石海峡大橋・大鳴門橋の開通で本州・四国とつながる
・温暖な気候をいかした近郊農業(たまねぎ，カーネーションなど)

紀ノ川，有田川流域
・みかんなどの果樹栽培
　―山の斜面や丘陵

紀伊山地
・吉野すぎ，尾鷲ひのきなどの林業
　―降水量の多さをいかす
・「紀伊山地の霊場と参詣道」は世界文化遺産

琵琶湖
・京阪神の生活・工業用水
・かつては産業・家庭排水で汚染
　―りん入り洗剤使用禁止で改善
・ラムサール条約に登録

志摩半島
・リアス海岸
・真珠やのりの養殖

↑❾地方別の文化財数*
*国宝を含む重要文化財数
―2020年12月1日現在―
〔文化庁資料〕

合計 1万3317件
京都 16.5%
近畿 45.9%
奈良 10.0
滋賀 6.2
三重 13.2
その他近畿 ―
関東 27.3
中部 10.5
中国・四国 8.2
九州 4.4
東北 3.3
北海道 0.4

近畿地方
地域調査に try 　郊外に誕生した大規模ニュータウン
（大阪府阪南市：阪南スカイタウン）

　大阪府の南部に位置する阪南市は，北に大阪湾をのぞみ，南に和泉山脈がはしる，緑豊かな街である。大阪市や堺市へのアクセスがよいことから，1980年代後半から大規模ニュータウンとして開発が進められた。この地域について，地形図を用いて調べてみよう。

➡❿阪南スカイタウンの新旧地形図

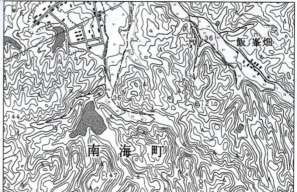

問　新旧地形図の比較から読み取れる内容として述べた下の文章中の下線部①〜④のうちから，**適当でないもの**をすべて選ぼう。

　阪南スカイタウンの①「桃の木台」地区は丘陵地を切り開いてつくられた。②標高100mをこえる高台に位置している。地形図のほぼ中央に見える谷戸は昔から③果樹園として使われており，現在は一部に貯水池もつくられている。開発された土地がある一方で，④「桃の木台」地区の北にある神社は，ニュータウン建設前と変わらない位置に存在している。

📎 **ニュータウンの特徴**
● ニュータウンは大都市周辺に計画的に造成された郊外住宅地。丘陵地を平らに削って台地面をつくっていることが多いので，地名に「台」「丘(岡)」などとつくところもある。
● 家族世帯が居住しやすいように保育施設や学校，公園などが整備され，さらに大規模になると，ニュータウン内にスーパーマーケットや役場の出張所などが設けられているところもある。
● 一方で，例えば寺院・神社や墓地など移転が難しいものについては，開発計画域から外れていることが多い。

解答　②・③

Link ➡ p.213 日本の都市・居住問題

中部地方

Link 地形…p.24〜26, 31, 70〜71, 気候…p.57, 72〜73, 防災…p.74, 農業…p.121, 食料問題…p.129, 鉱工業…p.176〜178, 人口…p.181, 201, 村落・都市…p.202〜206

1 自然環境

Q1 中部地方の北陸・中央高地・東海の三つの地域について、地形と降水量の違いを説明しよう。

←❶北アルプスとチューリップ畑（富山県朝日町） 中部地方中央部には日本アルプスとよばれる3000m級の山脈が連なり、そこから流れ出る富士川や天竜川、木曽川などは太平洋へ、信濃川、黒部川などは日本海へ注いでいる。これらの河川が土砂を運び堆積させることで、上流部には盆地を、下流部には平野をつくってきた。

←❷各地の気温と降水量 中部地方は北陸・中央高地・東海で特色が異なる。北陸は、冬は北西からの季節風により雪が非常に多い。中央高地は内陸で標高も高いので、夏と冬、昼と夜の気温差が大きく、盆地は降水量が少ない。東海は夏に降水量が多く、冬は比較的温暖である。

2 農業

Q2 中部地方を三つの地域〈北陸（新潟）・中央高地（長野）・東海（愛知）〉に分けて、農業の特色を述べよう。

↓❸農業産出額の内訳

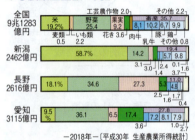

三地域それぞれで、自然環境をいかした農作物をつくっている。豊富な雪どけ水を得られる北陸は日本有数の稲作地域であり、中央高地はかつては養蚕がさかんであったが、現在は果樹や野菜の栽培がさかんになっている。

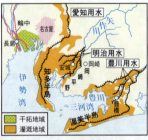

←❹愛知県の灌漑地域 渥美半島は大きな河川がなく、台地や砂丘が多かったため水不足に悩まされていた。しかし、豊川用水などの灌漑工事が行われたことで、今では温暖な気候をいかし、大都市向けの野菜や花卉などを栽培する園芸農業がさかんである。

3 工業

Q3 中部地方を三つの地域〈北陸（富山）・中央高地（長野）・東海（愛知）〉に分けて、工業の特色を述べよう。

↓❺工業出荷額の内訳

北陸では農家の副業から金属加工技術が発達した。富山県では水力発電所から供給される電力を利用してアルミニウム精錬・加工がさかんになり、現在ではサッシなど建具の加工業が発達している。東海は全国有数の輸送機械生産地であるほか、岐阜県南部や愛知県西部には航空宇宙産業の工場も立地している。

長野県の諏訪盆地では、戦後、清涼な環境を求めて時計などの精密機械工業が立地した。その後、高速道路が開通して輸送の便がよくなると、電子部品やプリンタなどの電気機械工業が進出し発達してきた。

↓❻諏訪盆地の工業生産の変化

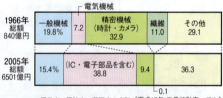

県	DATA（2021年1月1日現在）	県庁所在地	おもな特徴	おもな産業
新潟県	面積:12,584(km²), 人口:221.3(万人), 人口密度:176(人/km²)	新潟市(78.4万人)	新潟市は人口が多く、政令指定都市。山間地や盆地は豪雪地帯で冬はスキー客が多い。	越後平野は全国有数の穀倉地帯。米の収穫量全国一。米を原料とする餅、米菓、清酒生産も多い。燕・三条の金属加工などの地場産業。
富山県	面積:4,248(km²), 人口:104.7(万人), 人口密度:247(人/km²)	富山市(41.4万人)	人口は富山・砺波平野に集中。砺波の散村、立山黒部アルペンルート、五箇山合掌造集落。	水田率や米の生産割合が高い。砺波平野のチューリップ栽培。アルミニウム精錬、医薬品の製造。第2次産業人口比が全国2位。
石川県	面積:4,186(km²), 人口:113.2(万人), 人口密度:271(人/km²)	金沢市(45.1万人)	金沢市は加賀百万石の城下町として発展、北陸3県の政治・経済の中心。兼六園の観光。	稲作のほか加賀野菜などの生産がさかん。能登半島のぶり漁も有名。加賀友禅、金箔、輪島塗、九谷焼などの伝統工芸品生産。
福井県	面積:4,191(km²), 人口:77.4(万人), 人口密度:185(人/km²)	福井市(26.1万人)	原子力発電所が集まる若狭湾沿岸は関西への電力供給地。世帯あたり自動車保有台数が多い。	稲作がさかんで、越前がに・さばなどの漁業もさかん。伝統工芸品の羽二重や漆器の生産。鯖江の眼鏡フレーム生産は全国一。
山梨県	面積:4,465(km²), 人口:82.1(万人), 人口密度:184(人/km²)	甲府市(18.7万人)	盆地の治水に信玄堤。世界文化遺産の富士山一帯の観光。甲府市は武田氏の城下町。	扇状地斜面で ぶどう・もも の果樹栽培。ワインやミネラルウォーター、貴金属装身具の生産地。精密機械、電子・電気機械工業もさかん。
長野県	面積:13,562(km²), 人口:207.2(万人), 人口密度:153(人/km²)	長野市(37.4万人)	平均寿命の高さは全国有数。日本アルプス登山や高原避暑地などの観光。長野市は善光寺の門前町。	りんご生産全国2位。野辺山原のレタスなど高原野菜の栽培。寒天、みそが特産。諏訪盆地では精密機械・電気機械工業が発達。
岐阜県	面積:10,621(km²), 人口:201.6(万人), 人口密度:190(人/km²)	岐阜市(40.7万人)	木曽三川下流域は水害が多く、輪中で防災。南部は名古屋大都市圏のベッドタウン化。	飛騨牛などの畜産や林業がさかん。岐阜・大垣ではアパレルなど繊維、各務原では航空機・自動車工業が発達。
静岡県	面積:7,777(km²), 人口:368.6(万人), 人口密度:474(人/km²)	静岡市(69.4万人)	東海道新幹線・東名高速道路は東海道メガロポリスの大動脈。伊豆の温泉、富士山の観光。	茶の生産全国一、台地斜面で栽培。まぐろ・かつお漁獲量全国一で焼津港が代表。浜松市では楽器・二輪車、富士市では製紙業。
愛知県	面積:5,173(km²), 人口:755.8(万人), 人口密度:1,461(人/km²)	名古屋市(230.0万人)	名古屋市は東京・大阪につぐ中心都市で、名古屋大都市圏を形成。名古屋港は輸出額日本一。	野菜や花卉栽培がさかん、菊の生産は日本一。自動車工業の豊田市があり、第2次産業人口比が高く、工業出荷額は日本一。

Q の解答 Q1 北陸は日本海に面した地域で、沿岸地域には平野が広がり、北西からの季節風の影響で雪が非常に多い。中央高地は山に囲まれた盆地が多く、内陸のため夏と冬、昼と夜の気温差が大きく、盆地は降水量が少ない。東海は太平洋に面した地域で、木曽川下流には濃尾平野が広がり、夏は降水量が多く冬は比較的温暖。Q2 北陸は稲作が中心で、中央高地は果樹、野菜栽培、東海は野菜や花卉などの園芸農業がさかん。Q3 北陸は鉄鋼・金属、化学工業が、中央高地は精密機械から現在は電気機械工業が発展している。東海は輸送機械工業の割合がとくに高い。

4 地図でまとめる中部地方

←⑦冬の白川郷（岐阜県，白川村）

北陸工業地域
- 機械，化学，アルミ加工業
  ―水力発電の電力を利用

→⑧夏の上高地（長野県）

日本アルプス
- 北アルプス―飛驒山脈
- 中央アルプス―木曽山脈
- 南アルプス―赤石山脈

諏訪盆地
- 製糸業→時計・カメラなどの精密機械工業→ICなどの電気機械工業

甲府盆地，長野盆地
- 扇状地での果物栽培
  ―りんご，ぶどう，桃
  ―かつては桑畑だった

越後平野 Link p.121 ⑪
- 世界でも豪雪地域の一つ
- 米の単作地域
  ―銘柄米「こしひかり」
  ―豊富な雪どけ水を利用

輪中 Link p.202 ②
- 木曽川・長良川・揖斐川下流
  ―集落の外側を高い堤防で囲む

中京工業地帯
- 豊田市などの自動車産業，伊勢湾沿岸の製鉄業，石油化学工業が発達

渥美半島
- 菊の抑制栽培（電照栽培を行い成長を遅らせる）
- 温室を用いた施設園芸農業（メロンなど）
- 温暖な気候をいかした野菜の露地栽培（キャベツなど）

磐田原，牧ノ原
- 台地での茶の栽培

野辺山原
- 夏の涼しい気候をいかした高原野菜の産地

→⑨輸送機械工業の出荷額

合計 68.1兆円
愛知 39.2%
静岡 6.3
神奈川 5.5
福岡 4.9
群馬 4.9
広島 4.8
三重 4.0
埼玉 3.6
その他 26.8
―2019年―〔2020年 工業統計表〕

東海工業地域
- 浜松のオートバイ・自動車産業，楽器産業
- 富士山ろくの製紙・パルプ
  ―豊富な水資源をいかす
- 東名高速道路沿いの先端技術産業
  ―交通の便をいかす

中部地方 地域調査にtry 🔍 茶の産地・磐田原（静岡県磐田市）

静岡県西部を流れる天竜川の下流に広がる磐田原。この台地はもともと天竜川の氾濫原であったが，隆起や侵食によって現在のような地形となった。この地域について，地形図を用いて調べてみよう。

問 地形図から読み取れる内容として述べた下の文のうち，正しい文を**すべて**選ぼう。

①台地の上は，茶畑や果樹園となっており，古墳や遺跡もみられる。
②台地の下は，田や畑，住宅地となっている。
③「銚子塚古墳」と，Ａの道路付近の標高差は，約50mである。
④台地の斜面は針葉樹林や広葉樹林となっている。

→⑩磐田原の地形図

📎 **台地の特徴**
- 台地上は水の便が良くないが，台地のふもとは水が得やすいので土地利用が大きく異なる。
- 台地の上と下で高低差が大きい場合，それらをつなぐ道路が曲線を描いていることがある。

Link p.27 ⑨台地の利用

解答 ①・②・④

[1 : 25,000「笠井」平成30年7月調製]

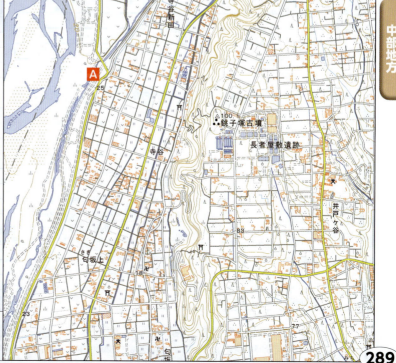

関東地方

Link 地形…p.27〜28, 気候…p.72〜73, 防災…p.74〜75, 農業…p.121〜123, 鉱工業…p.176〜178, 第3次産業…p.181〜183, 人口…p.200〜201, 都市…p.212〜213

1 自然環境
Q1 北関東など内陸部で、冬に降水量が比較的少ないのはなぜか。

←①住宅や畑が広がる関東平野（千葉県柏市） 関東平野は日本で最も広い平野である。大量の火山灰が積もってできた赤土（関東ローム）に覆われた台地と、日本最大の流域面積をもつ利根川や、多摩川など多くの川沿いにできた低地が広がっている。

←②各地の気温と降水量 北関東などの内陸部は夏と冬の気温差が大きく、比較的降水量が少ない。とくに冬は北西からの季節風が越後山脈などにぶつかり雪を降らせたあと、乾いた風となって関東平野に吹き下ろすため晴天の日が多い。南関東の海沿いの地域は、黒潮の影響で冬でも温暖である。

2 人口・都市
Q2 東京周辺の人口増減について、人口が増加した地域に着目し変化を述べよう。

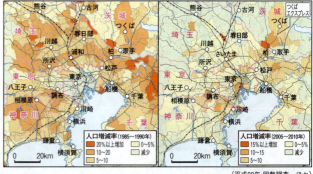

↑③東京周辺の市町村別人口増加率の比較 1985〜1990年は東京都心に住む人は減り、郊外の鉄道網が発達している地域を中心に郊外化が進み、人口が増加した。一方、2005〜2010年では人口の都心回帰が進み、東京中心部の人口が増加した反面、郊外では人口減少地域が広がっている。他方で、つくばエクスプレスなどの新しい鉄道が敷かれた地域では、人口が増加している。

Link ▶ p.206 ③学術都市つくば、共通テスト対策(p.314)

3 農業
Q3 関東地方の農業について、「人口」「都市」という用語を用いて特色を述べよう。

Link 共通テスト対策(p.300)

↓④農業産出額の内訳

関東地方 1兆6787億円
米 17.2% / 野菜 38.0 / 畜産 30.6 / 花き 4.1 / その他 3.3
いも類 3.2 / 果実 3.6 / 乳牛 7.7 / 豚 9.8 / 鶏 8.8 / 肉牛 4.1 / その他 0.2

全国→ p.288③ ―2018年―〔平成30年 生産農業所得統計〕

↓⑤おもな農産物生産の県別割合

大消費地に隣接する東京周辺では、日もちのしない ねぎ や はくさい などの野菜を中心とした近郊農業が、早くから発達した。

キャベツ 147万t
群馬 18.7% / 愛知 / 千葉 7.5 / 茨城 5.2 / 鹿児島 4.8 / 4.4 / その他 34.0
長野

はくさい 87万t
茨城 26.6% / 長野 26.0 / 群馬 3.4 / 埼玉 2.6 / 鹿児島 2.6 / その他 33.3
北海道 2.9 / 大分 2.6

ピーマン 15万t
茨城 23.3% / 宮崎 18.9 / 高知 9.5 / 鹿児島 8.9 / 5.4 / その他 34.0
岩手

きゅうり 55万t
宮崎 11.5% / 群馬 10.8 / 埼玉 8.3 / 福島 7.0 / 千葉 5.3 / 4.5 / 4.5 / その他 48.1
茨城

ねぎ 47万t
千葉 13.8% / 埼玉 12.2 / 4.5 / 4.4 / その他 53.9
群馬 / 北海道

レタス 58万t
長野 34.2% / 茨城 14.9 / 群馬 8.9 / 6.2 / 5.2 / その他 30.6
兵庫

ほうれんそう 22万t
埼玉 11.0% / 群馬 9.3 / 千葉 8.6 / 茨城 7.4 / 宮崎 5.3 / 4.3 / その他 40.3
福岡 / 岐阜 / 神奈川 3.7 / 栃木 2.7

いちご 17万t
栃木 15.4% / 福岡 10.1 / 熊本 7.6 / 長崎 6.7 / 静岡 6.5 / 愛知 4.9 / 佐賀 4.0 / その他 33.2
茨城 / 千葉

関東地方の県 ―2019年―〔農林水産省資料〕

4 工業
Q4 京浜工業地帯の工業の特色について、人口の多い大都市ゆえにさかんである工業は何か、説明しよう。

⑥工業出荷額の内訳

京浜工業地帯（東京・神奈川・埼玉） 39兆2458億円
電気 11.9 / 機械 43.4% / 輸送 18.8 / その他 12.7 / 鉄鋼・金属 10.6 / 化学 20.6 / 食品 13.3 / 4.3 / その他 7.8
印刷

京葉工業地域（千葉） 12兆5846億円
12.7% / 4.0 / 7.6 / 21.3 / 42.8 / 16.1 / 6.2
1.1 / 0.9 / 0.9

北関東工業地域（群馬・栃木・茨城） 30兆7015億円
11.1 / 43.9% / 18.4 / 14.4 / 14.2 / 17.9 / 15.6 / 7.5

全国→ p.176④ ―2019年―〔2020年 工業統計表〕

↑⑥工業出荷額の内訳 京浜工業地帯は日本有数の工業地帯で、重化学工業や機械工業がさかんであるほか、都心周辺には、集中する情報に対応した印刷業や、近郊には市場指向型の飲料などの食品工業が立地している。東京湾岸の埋立地などには火力発電所や製鉄所が立地し、鉄鋼業や石油化学工業がさかんな千葉県の臨海部は京葉工業地域とよばれる。一方、北関東では、高速道路に近い内陸部の広い土地に工業団地が整備され、自動車関連や電気機械の工場が集積している。

Link ▶ p.149 ⑥立地による工業のまとめ

関東地方 各都県まとめ表

都県	DATA（2021年1月1日現在）	県庁所在地	おもな特徴	おもな産業
茨城県	面積：6,097(km²), 人口：290.7（万人）, 人口密度：477（人/km²）	水戸市（27.1万人）	水戸市は偕楽園の梅が有名。つくば市は研究学園都市で、人口あたり研究機関数全国一。	販売農家数全国1位。野菜の近郊農業が中心。霞ヶ浦の れんこん。日立市は電気機械工業。鹿島臨海工業地域は石油化学工業・鉄鋼業が集積。
栃木県	面積：6,408(km²), 人口：195.5（万人）, 人口密度：305（人/km²）	宇都宮市（52.1万人）	世界遺産の日光東照宮、避暑地としての那須、温泉地の鬼怒川、足尾銅山跡などの観光。	いちご・かんぴょう生産全国一。交通網沿いに電気機械や自動車工場。医療機器・カメラ用レンズの出荷は全国有数。
群馬県	面積：6,362(km²), 人口：195.8（万人）, 人口密度：308（人/km²）	前橋市（33.5万人）	前橋市は行政の、高崎市は商業の中心。草津など温泉も多い。富岡製糸場は世界文化遺産。	養蚕で繊維工業が発達。嬬恋の高原キャベツや下仁田の こんにゃく が有名。太田・大泉の自動車工場はブラジルからの労働者も多い。
埼玉県	面積：3,798(km²), 人口：739.3（万人）, 人口密度：1,947（人/km²）	さいたま市（132.4万人）	東京都心に伸びる鉄道沿線沿いに宅地開発が進み人口が流入。昼夜間人口比が全国一低い。	平野部の稲作と近郊農業がさかん。狭山茶は特産品。川口の鋳物や岩槻（さいたま市）の人形などの伝統産業。幹線道路沿いに工業団地が立地。
千葉県	面積：5,158(km²), 人口：632.2（万人）, 人口密度：1,226（人/km²）	千葉市（97.4万人）	北部は東京のベッドタウン化。成田国際空港は輸入額全国一の貿易港。浦安の東京ディズニーリゾート。	比較的温暖な気候をいかした野菜・花卉栽培がさかん。落花生・かぶ・しょうゆの製造も有名。京葉工業地域での鉄鋼・石油化学工業。
東京都	面積：2,194(km²), 人口：1,384.3（万人）, 人口密度：6,310（人/km²）	東京(23区)（957.2万人）	行政機関や大企業の本社、大学が集中。人口増加率・第3次産業人口比が全国一。東京大都市圏を形成。	耕地面積は全国最小。都心部には情報関連産業（印刷、ソフトウェア、情報処理など）が集積。大田区などには高度な技術を有する中小工場。
神奈川県	面積：2,416(km²), 人口：922.0（万人）, 人口密度：3,816（人/km²）	横浜市（375.9万人）	横浜市は人口全国一（東京23区を除く）。他都県への従業・通学者数全国一。箱根・鎌倉観光。	野菜、花卉栽培がさかん。三浦だいこんは特産。臨海部が京浜工業地帯の中心。重化学工業・機械工業中心に製造業出荷額全国2位。

Qの解答 **Q1** 北西からの湿った季節風は越後山脈などにぶつかり雪を降らせるので、山を越えて吹き込む風は乾燥しているから。 **Q2** 1985〜1990年では郊外の人口増加率が高かったが、2005〜2010年では都心と、郊外でも都心へのアクセスのよくなった地域で人口が増加し、郊外では全体的に減少地域が増えている。 **Q3** 東京を中心に多くの人口を抱える大都市に近いことから、野菜や花卉などを栽培・出荷する近郊農業が発達している。 **Q4** 多くの人口を抱える東京には新聞社や出版社が多いため都心周辺で印刷業がさかんである。

5 地図でまとめる関東地方

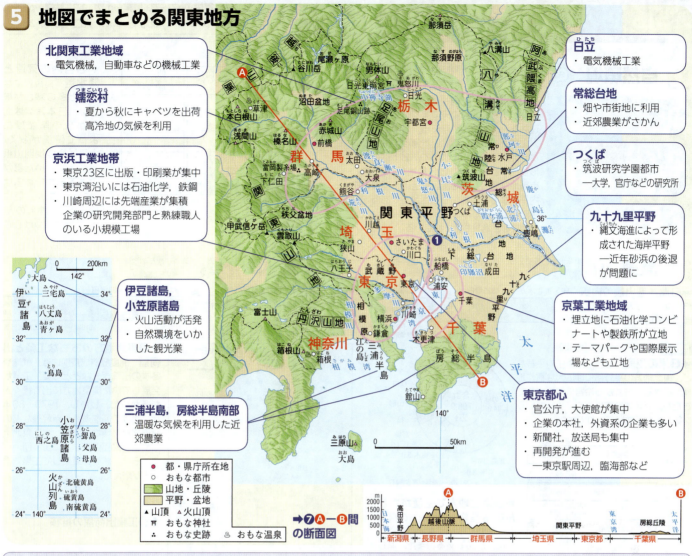

北関東工業地域
・電気機械,自動車などの機械工業

嬬恋村
・夏から秋にキャベツを出荷 高冷地の気候を利用

京浜工業地帯
・東京23区に出版・印刷業が集中
・東京湾沿いには石油化学,鉄鋼
・川崎周辺には先端産業が集積 企業の研究開発部門と熟練職人のいる小規模工場

伊豆諸島,小笠原諸島
・火山活動が活発
・自然環境をいかした観光業

三浦半島,房総半島南部
・温暖な気候を利用した近郊農業

日立
・電気機械工業

常総台地
・畑や市街地に利用
・近郊農業がさかん

つくば
・筑波研究学園都市 一大学,官庁などの研究所

九十九里平野
・縄文海進によって形成された海岸平野 一近年砂浜の後退が問題に

京葉工業地域
・埋立地に石油化学コンビナートや製鉄所が立地
・テーマパークや国際展示場なども立地

東京都心
・官公庁,大使館が集中
・企業の本社,外資系の企業も多い
・新聞社,放送局も集中
・再開発が進む 一東京駅周辺,臨海部など

→⑦ A—B間の断面図

関東地方
地域調査に try 🔍 波の力がつないだ島・江の島(神奈川県藤沢市)

片瀬海岸から相模湾に向かって突き出した江の島。島内には江島神社を始め複数の史跡や観光名所があり,年間を通して多くの観光客が訪れる。この地域について,地形図を用いて調べてみよう。

問 地形図から読み取れる内容について述べている下の先生と生徒の会話文を読み,空欄ア・イに入れるのに最も適する用語を,①～⑤のうちからそれぞれ一つずつ選ぼう。

先生「江の島は最高地点が60mほどの小島ですね。江の島と片瀬海岸には,ある特有の地形の特徴が見られますが,それは何でしょうか。」
生徒「片瀬海岸に流れ出る境川が運んできた土砂が,沿岸流によって海岸と江の島との間に堆積して,(ア)を形成しています」
先生「島の南岸は,どのような地形ですか」
生徒「波の力によって岩石海岸が侵食されてできた(イ)が見えます」

①ラグーン(潟湖) ②エスチュアリ ③海食崖 ④砂嘴 ⑤トンボロ(陸繋砂州)

陸繋砂州・陸繋島の特徴
●沿岸流によって運ばれてきた土砂が堆積して砂州が形成され,さらに近くの島と陸をつなぐほど発達したものをトンボロ(陸繋砂州)という。江の島は陸繋島。
●陸繋島の沖側には,波の侵食作用による海食崖・海食台が見られることもある。海食台は海面下で波の侵食を受けた面で,沖側に向かってゆるやかに傾斜している。その後隆起して離水し,地上に現れると,岩盤が露出するようになる。

解答 ア:⑤ イ:③ **Link** p.28～29 海岸の地形

↓⑧ 江の島の地形図

[1:25,000「江の島」平成30年7月調製]

東北地方

Link 地形…p.19～20, 70～71, 気候…p.72～73, 農業…p.121, 123, 林業…p.125, 水産業…p.127, 鉱工業…p.176～178, 観光業…p.185, 人口…p.181, 201

1 自然環境

Q1 東北地方の地形と気候の特徴について、奥羽山脈をキーワードに説明しよう。

田植えの時期を告げる「種まきじいさん」

→**①鳥海山と庄内平野**（山形県、酒田市、5月）　東北地方は中央に奥羽山脈が南北に連なる。八甲田山や鳥海山、磐梯山などの火山が点在している。日本海と太平洋に向かって流れる河川によって、北上盆地や山形盆地、郡山盆地などの盆地がつくられ、市街地が発展してきた。最上川下流部の庄内平野などでは稲作もがさかんである。太平洋側の三陸海岸は長いリアス海岸が続き、養殖業など漁業も営まれている。

←**②各地の気温と降水量**　高緯度になるほど冬の寒さが厳しい。日本海側は北西からの季節風によって降雪が多く、太平洋側は奥羽山脈を越えて乾いた風が吹き下ろすため雪は少ない。また、夏には冷たい北東風のやませが吹きつけることもある。

〔秋田 年平均気温11.7℃ 年降水量1686.2mm／盛岡 年平均気温10.2℃ 年降水量1266.0mm／仙台 年平均気温12.4℃ 年降水量1254.1mm〕〔理科年表 平成28年、ほか〕

Link　p.73 やませ

2 農業

Q2 東北地方の農業について、冷涼な気候に着目して特色を述べよう。

→**③農業産出額の内訳**　稲作のほか、りんごやさくらんぼなどの果樹栽培もさかん。

東北地方 1兆4325億円　米32.3% 野菜18.7 果実14.1 畜産31.0（肉牛7.3 乳用4.9 豚6.8 鶏11.7 その他0.3） 花き1.8 その他2.1

全国→p.288③　－2018年－〔平成30年 生産農業所得統計〕

Link　共通テスト対策(p.300)

→**④米の生産**　仙台平野や庄内平野など、東北地方の平野部には広大な稲作地域が広がる。古くから冷害に悩まされてきたが、近年は冷害に強く、よりおいしい銘柄米が多数開発されてきた。

合計798.9万t　新潟7.8 北海道6.5 秋田5.0 山形4.6 福島4.6 宮城（）茨城4.5 栃木3.9 千葉3.8 青森3.4 岩手3.6 その他44.8

－2015年－〔農林水産省資料〕

りんご 70.2万t	青森58.4% 長野18.2 岩手6.5 秋田3.3 山形 福島3.3 その他4.5	
さくらんぼ 1.6万t	山形73.9% 北海道9.3 その他16.8	
西洋なし 2.9万t	山形65.4% 新潟7.4 青森6.7 その他15.3 長野5.2	
ごぼう 13.7万t	青森37.6% 茨城9.9 北海道9.1 宮崎7.8 その他35.6	
にんにく 2.1万t	青森66.8% 北海道3.8 その他25.8 香川3.6 その他3.6	
ホップ* 276t	岩手45.7% 秋田29.3 山形16.3 青森4.7	

－2019年－ *は2015年〔農林水産省資料、ほか〕

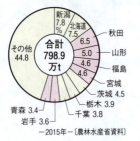

←**⑤東北地方で生産がさかんな農産物**　東北地方の扇状地ではさくらんぼなどの果樹栽培がさかんである。また、涼しい気候をいかしてりんごの生産量も多い。寒さに強いそばや小麦が広く栽培されてきたが、太平洋側ではごぼうやにんにくなど、やませによる夏の低温の影響を受けにくい根菜類も栽培されている。三陸海岸には漁港が点在し、養殖業もさかん。

3 工業

Q3 東北地方で工業がさかんな地域にはどのような特徴があるか、説明しよう。

→**⑥工業出荷額の内訳**　機械工業の中でも電気機械の占める割合が比較的高い。

東北地方 18兆2438億円　機械46.0%（電気21.9 輸送10.8 その他13.3） 鉄鋼・金属11.5 化学13.5 食品15.1 木材・パルプ5.9 その他8.0

全国→p.176④　－2019年－〔2020年 工業統計表〕

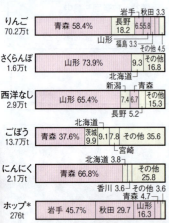

〔平成24年 工業統計表、ほか〕　0　50km

→**⑦東北地方のおもな工業と出荷額**　高度経済成長期には、就職や冬季の出稼ぎ先などとして、工業が発展していた関東地方に出て行く人も多かった。しかし、1970～80年代にかけて高速道路や新幹線などの交通網が整備されると、岩手県北上市や福島県郡山市などに工業団地がつくられ、農業と兼業して工場で働く人が増えた。

↓**⑧工業出荷額の推移**

〔2020年 工業統計表、ほか〕

東北地方 各県まとめ表

県	DATA(2021年1月1日現在)	県庁所在地	おもな特徴	おもな産業
青森県	面積:9,646(km²)、人口:126.0(万人) 人口密度:131(人/km²)	青森市 (27.8万人)	弘前市は城下町でねぶたまつり、青森市は北海道との交通要地でねぶた祭、三内丸山遺跡。	りんご・にんにく・ごぼう生産は全国一。ほかの根菜も多い。第1次産業人口比全国一。陸奥湾の養殖ほたて。伝統工芸の津軽塗。
岩手県	面積:15,275(km²)、人口:122.1(万人) 人口密度:80(人/km²)	盛岡市 (28.6万人)	面積全国2位。盛岡市など北上盆地に都市が並ぶ。平泉の中尊寺金色堂は世界文化遺産。	北上盆地の稲作、ブランド牛の前沢牛。三陸海岸の養殖わかめ。高速道路の整備により電気機械・自動車などの工場進出が進む。
宮城県	面積:7,282(km²)、人口:228.2(万人) 人口密度:313(人/km²)	仙台市 (106.5万人)	仙台市は伊達氏の城下町で、東北最大の中心都市、業務機能が集中する。仙台七夕まつり。	仙台平野は全国有数の米の産地。気仙沼・石巻は漁港で水産加工がさかん。第3次産業人口比は東北一。松島の観光業。
秋田県	面積:11,638(km²)、人口:97.1(万人) 人口密度:83(人/km²)	秋田市 (30.5万人)	人口減少率と65歳以上人口割合が全国一。田沢湖は日本で最も深い湖(423.4m)。	秋田平野や干拓地の大潟村をはじめ稲作がさかん。秋田すぎ、はたはた漁。工業は電子部品。秋田竿燈まつりなどの観光業。
山形県	面積:9,323(km²)、人口:107.0(万人) 人口密度:115(人/km²)	山形市 (24.3万人)	最上川沿いの都市が経済の中心。三世代同居率が全国1位。山形花笠まつり、蔵王の樹氷観光。	庄内平野は稲作。さくらんぼ・西洋なしの生産は全国一。ブランド牛の米沢牛。電子部品のほかに天童の将棋駒など伝統産業。
福島県	面積:13,784(km²)、人口:186.2(万人) 人口密度:135(人/km²)	福島市 (27.5万人)	東から西に浜通り・中通り・会津の3地域区分。中通りは経済の中心。会津の猪苗代観光。	会津・郡山盆地では稲作、福島盆地では桃などの果樹栽培がさかん。製造業出荷額は東北一で、情報通信機械生産が多い。

Qの解答　Q1 東北地方の中央部にはしる奥羽山脈から流れ出る河川によって、西に横手盆地、山形盆地、庄内平野を形成し、東に北上盆地、仙台平野を形成している。奥羽山脈よりも西の日本海側は冬の降雪が多く、東の太平洋側は乾いた風が吹き下ろすため雪は少ない。Q2 冷害にたびたび見舞われるが、銘柄米の開発が進み、米の生産量が多い。ほかにも、涼しい気候を生かしたりんご栽培、寒さに強い小麦やそばの栽培のほか、根菜類やホップの生産もさかんである。Q3 東北自動車道をはじめ、常磐自動車道、磐越自動車道、八戸自動車道などの高速道路や、東北・山形・秋田新幹線などといった交通網が整備され、労働力となる人口の多い都市部での出荷額が高い。

4 地図でまとめる東北地方

↓⑨ A-B間の断面図

津軽平野
・りんご栽培がさかん。全国の生産量の約半分を占める

白神山地
・屋久島とともに，日本初の世界自然遺産（1993年）
・ぶなの原生林が広がる

八郎潟
・1950～60年代に干拓で農地に
・機械化による大規模稲作
→減反政策実施後は，量より質の米づくりに移行

庄内平野
・最上川などの下流に広がる沖積平野。雪どけ水を利用した庄内米の栽培

十和田湖，田沢湖
・カルデラに水がたまってできた湖

北部の太平洋沿岸 Link p.73 ⑬
・やませ
―初夏にふく北東の冷たい風，冷害をもたらす
→「ひとめぼれ」など耐寒品種を開発

三陸海岸
・リアス海岸
―かきなどの養殖
―気仙沼，女川などの漁港
―2011年の東北地方太平洋沖地震で津波による被害

山形盆地，福島盆地
・果樹栽培
―山麓や丘陵の斜面，扇状地などを利用
―山形のさくらんぼ，福島の桃など

↑⑩ 青森ねぶた祭（青森市）

↑⑪ 東北地方の伝統的工芸品

東北地方
地域調査にtry 地名や土地利用に歴史を残す村落
（秋田県横手市）

秋田県横手市の十文字地区は，横手盆地の南部に位置する，米とさくらんぼ，りんごが名産のまちである。この地域を，地形図を用いて調べてみよう。

問 生徒A～Eが読み取った内容のうち，適当でないものをすべて選ぼう。

①生徒A：「三軒開」や「麻当開」は，開墾権を与えられた名主の屋敷を中心に発達した名田百姓村だろう。
②生徒B：「仁井田」は，豪族の屋敷を中心に発達した豪族屋敷村だろう。
③生徒C：「十文字新田」や「十五野新田」は，その名のとおり新田開発によってできた集落だろう。
④生徒D：「八兵ェ丁」は，北日本の開拓と防衛を目的として設置された屯田兵村だろう。
⑤生徒E：「じゅうもんじ」駅や「十文字IC」は，台地の上に位置している。水はけがよいところを選んだのだろう。

村落（名田百姓村・豪族屋敷村・新田集落）の特徴
●名田百姓村：中世に開墾権を与えられた名主の屋敷を中心に発達。太郎丸・五郎丸・三郎丸などの地名が残る。
●豪族屋敷村：中世に豪族の屋敷を中心に発達。防御を意識しており，眺めのよい段丘崖・丘陵上や，台地の末端部に位置することもある。関東では館，根古屋（根小屋），莫輪，寄居，中国・四国では山下，土居，九州では垣，麓などの地名に名残がある。
●新田集落：近世に江戸幕府の奨励によって開墾された。新田・新開などの地名が残る。

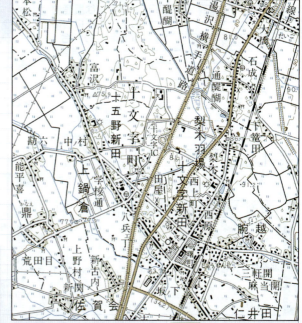

↑⑫ 横手市十文字地区の地形図 Link p.202 ③村落の起源

解答 ①・②・④・⑤

293

北海道地方

Link 地形…p.25, 28, 気候…p.72～73, 環境問題…p.83, 農業…p.121, 水産業…p.127, 鉱工業…p.176～178, 人口…p.181, 201

1 自然環境

Q1 北海道地方の気候の特徴を、日本海側・内陸部・太平洋側に分けて説明しよう。

←❶有珠山と火山の噴火でできた洞爺湖（壮瞥町） 北海道の面積は日本の総面積の約5分の1を占める。中央部には標高2000mをこえる石狩山地がそびえ、その南側には日高山脈が、北側には北見山地が南北に連なる。有珠山や十勝岳などの火山は噴火によって災害を引き起こしてきたが、温泉の恵みももたらしている。東部の十勝平野や根釧台地には火山灰が厚く積もり、畑作や酪農に利用されている。

Link p.83 ⑮洞爺湖有珠山ジオパーク

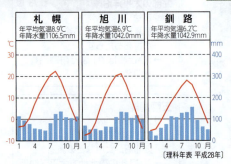

←❷各地の気温と降水量 亜寒帯（冷帯）に属するため冬の寒さが厳しい。日本海側は北西の季節風の影響で降雪量が多い。内陸部はとくに冬の冷えこみが厳しく、気温が－20℃以下になることもある。太平洋側の夏は季節風が寒流の親潮によって冷やされるため濃霧が発生しやすく、気温が上がりにくい。

2 歴史

Q2 地名の由来となった二つの観点について、それぞれ具体的な地名をあげながらまとめよう。

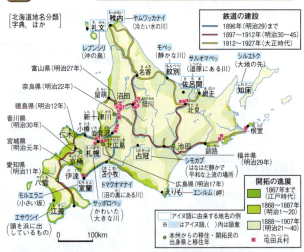

↑❸北海道の開拓と地名の由来 北海道には、独自の言語や文化をもつアイヌの人々が古くから住んでいた。現在の地名にも、札幌や稚内などのようにアイヌ語に由来するものが多く残る。そのほか、伊達（宮城県・仙台藩の伊達氏）や北広島（広島県）など、明治時代以降に本州から移住してきた開拓民の出身地に由来する地名もみられる。

3 農業・水産業・工業

Q3 北海道地方で最もさかんな工業について、農業・水産業とのつながりをふまえて説明しよう。

↑❹農業産出額の内訳

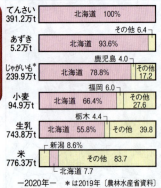

❺おもな農産物の全国生産に占める北海道の割合
十勝平野や北見盆地は日本有数の畑作地帯で、農家1戸あたり耕地面積が広く、輪作も行われている。東部の根釧台地とその周辺では酪農がさかん。石狩平野は土地改良の結果、米の一大生産地となった。

↑❻北海道のおもな水産物 かつてはカムチャツカ半島近海まで出かける北洋漁業を行っていたが、近年は、近海の豊かな漁場での沿岸漁業・沖合漁業のほか、ほたて貝やこんぶの養殖業、さけの栽培漁業がさかんに行われている。

Link p.127 ❹日本の水産業とその変化

↑❼工業出荷額の内訳 室蘭はかつて石狩炭田と鉄鉱石を利用した製鉄業によって「鉄の町」とよばれた。ほかにも苫小牧市は豊富な森林資源を利用したパルプ・製紙業がさかん。こうした中で、工業出荷額割合の1位を占めているのは食品工業であり、新鮮な海産物を缶詰などに加工する水産加工工場が、函館、小樽、釧路、根室など各地に立地している。さらに、じゃがいもやてんさい、あずき、生乳などを用いた食品加工も行われており、みやげ物としても人気を博している。

北海道地方 まとめ表

道	DATA（2021年1月1日現在）	県庁所在地	おもな特徴	おもな産業
北海道	面積:83,424(km²), 人口:522.8(万人), 人口密度:63(人/km²)	札幌市 (196.1万人)	九州の約2倍の面積があり、47都道府県の中で最大。大雪山や有珠山などの火山、世界自然遺産の知床半島など、雄大な自然に恵まれている。石狩平野、上川盆地、十勝平野などの平地が経済活動の中心。札幌市は北海道の中心都市で、さっぽろ雪まつりには外国人観光客が多数訪れる。ほかに旭川、函館など。古くから北海道に住んでいたアイヌの人々の伝統文化もみられる。	広大な農地が広がり農業産出額全国1位。米の耐寒性品種の導入が進み、石狩平野は全国有数の米の産地に。ゆめぴりかやななつぼしなどのブランド米も成長。十勝平野や北見盆地は畑作地帯で、小麦・大豆・じゃがいも・たまねぎなど生産量全国1位の農産物も多い。酪農もさかんで生乳生産は全国1位。さけ・さんま・かにをはじめとして漁獲量も全国1位で、ほたて貝やこんぶの養殖もさかん。工業は、炭田を背景とした鉄鋼業、森林資源による製紙業が早くから発達。農水産物を原料とした食品加工業も成長している。

Q の解答 Q1 日本海側の冬は北西からの季節風の影響で、太平洋側よりも雪が多く降る。内陸部は冷えこみが厳しく、とくに冬は寒くなる。太平洋側は夏でも寒流の親潮の影響で濃霧が発生しやすく、気温もあまり上がらない。 Q2 一つ目がアイヌ語に由来した地名で、「札幌」や「稚内」などに残る。もう一つが開拓移民に由来する地名で、「伊達」や「北広島」などに残る。 Q3 北海道地方は食品工業の工業出荷額が最も高く、道内各地で生産されたじゃがいもやてんさい、あずき、生乳などを加工したり、水産物を缶詰などに加工したりしている。

4 地図でまとめる北海道地方

オホーツク海沿岸
・冬は乾いた季節風のため冷えこみが厳しい
・2〜3月ごろに流氷
・かに・さけなどの漁業, ほたての養殖

←⑨知床五湖（斜里町）

知床半島
・世界自然遺産に登録

北方領土
・日本固有の領土だが, 1945年, ソ連が占拠 その後ロシアに引き継がれる 日本は返還を求め続けている

↑⑧北海道の気候

石狩平野
・泥炭地に「客土」（農業に適した土を他地域から運び込むこと）をほどこし, 水田地帯に
・かつて, 石狩炭田が存在

釧路, 根室
・かつて北洋漁業の基地 ─排他的経済水域の実施後は規制
・水産加工など

根釧台地
・大規模な酪農
・台地上は火山灰, 低温
・1973年〜新酪農村

↓⑩十勝平野（芽室町）

十勝平野
・広い経営面積と機械化農業 ─農家1戸あたり約35ha 全国平均の約20倍
・じゃがいも・小麦・てんさい・とうもろこし・あずき・大豆を栽培

札幌
・北海道地方の中心都市 ─北海道開拓使の本府が起源 ─格子状の街並み

苫小牧
・海の玄関 ─貨物の船舶輸送

北海道地方 地域調査にtry　海岸砂丘が発達したサロベツ原野（北海道幌延町）

北海道北部の幌延町は, 北緯45度線上に位置する町である。幌延とは, アイヌ語の「ポロ」「ヌプ」が転化したもので, 『大平原』を意味する。冷涼な気候をいかして, 酪農が基幹産業である。この地域について, 地形図を用いて調べてみよう。

問　地形図から読み取れる内容として述べた下の文章中の下線部①〜④のうち, 適当でないものをすべて選ぼう。

幌延町の海岸部では, 海岸線と平行に浜堤と低湿地が交互に続いている。この一帯では, ①浜堤の高さはおおむね5〜15mで, ②海岸侵食を防ぐために針葉樹の防砂林が全面に分布している。③海岸沿いには風力発電用の風車が一列に並んでいる。日本海から吹く風を利用して発電している。④風車は, 浜堤と浜堤の間の低地に並んでいる。

海岸平野の特徴
●砂浜海岸の離水海岸では海岸平野が広がり, 海岸線に沿って浜堤が列をなすことが多い。浜堤の上に集落が立地することもある。

解答　②・④

↑⑪幌延町のサロベツ原野の地形図　[1：25,000「浜里」平成30年調製]

大学入学共通テストNAVI

大学入学共通テスト・試行調査・参考問題（一部改変あり）などと，本書オリジナルの想定問題を掲載している。実際に解いてみて，解き方を身につけよう。

1 大学入学共通テストとは

「大学入学共通テスト」は，次の基本的な考え方により作問されている。まず，この方針をしっかり押さえよう。
○大学入試センター試験における問題評価・改善の蓄積を生かしつつ，共通テストで問いたい力を明確にした問題作成。
○高等学校教育の成果として身につけた，大学教育の基礎力となる知識・技能や思考力，判断力，表現力を問う問題作成。
○「どのように学ぶか」を踏まえた問題の場面設定。
　　　　　　　　　　　　　　（※令和3年度大学入学者選抜に係る大学入学共通テスト問題作成方針より）

2 共通テストの傾向と対策

(1) 全体の傾向と出題形式

「大学入学共通テスト〈地理〉」の問題作成の方針としては，「地理に関わる事象を多面的・多角的に考察する過程を重視する。地理的な見方や考え方を働かせて，地理に関わる事象の意味や意義，特色や相互の関連を多面的・多角的に考察したり，地理的な諸課題の解決に向けて構想したりする力を求める。問題の作成にあたっては，思考の過程に重きを置きながら，地域をさまざまなスケールからとらえる問題や，地理的な諸事象に対して知識を基に推論したり，資料を基に検証したりする問題，系統地理と地誌の両分野を関連付けた問題などを含めて検討する。（※同上より）」とある。

これを具体的な出題からみていくと，まず，右の図❶にあるように，これまでのセンター試験〈地理〉では，他教科と比較して多種多様な図表が出題されてきたが，共通テストでもこの傾向は継承される。また，出題分野も図❷のようにセンター試験の傾向を継承しつつ，まんべんなく出題されるであろう。共通テストでは，比較地誌の出題がなくなり大問数が6問から5問に減ったが，複雑な問題が増えたため全体のボリュームは変わっていない。

共通テストは，センター試験と比べて出題形式が大きく変わっている。まず，資料については，1問について複数の資料が用いられ，これらを関連付けて読み解く問題が増えた。さらに，図表だけでなく会話文などの文章資料が増え，文章から状況を読み解く文章読解力が求められている。これまでのセンター試験よりも，資料の読み取りが複雑化し，問われていることを正しく読み取るために時間がかかる。これらは，課題探究活動を想定して出題されており，これまで以上に情報の収集力・読解力・発信力を問う，課題解決型の設問が増えると考えられる。

細かな出題形式としては，設問間で内容が関連する連動問題（例えば(1)での正解・不正解が(2)に影響するなど），図表の項目と凡例の両方が隠される問題など，解くために2段階の思考が求められる問題，選択肢が組合せで8択や9択になる解答方式が新型の問題，同じ選択肢を繰り返し選べる選択肢重複問題など，これまでのセンター試験にはなかった出題形式が見られるようになった。

(2) 対策

まず，図表を読み解き，頭の中で地理的な知識と関係・しくみをつなぎ合わせて，地理的な見方・考え方ができるような学習をしよう。この点では，過去のセンター試験は，練習問題として最適なので，新しい問題を中心に過去問対策をしよう。一方，右ページのp.297以降の問題例や共通テストの第2日程問題，試行調査の問題（大学入試センターのウェブサイトでダウンロードできる）などを解き，上述の新たな出題形式にも慣れておこう。特に，文章を読んで，その内容や示された状況を的確に読み取る文章読解力を高めておこう。

高校の学習指導要領が変わり，2022年度から新科目「地理総合」の教科書が登場する。地理では，これまで以上に地理的な見方・考え方や地理的な技能（情報を収集する技能，情報を読み取る技能，情報をまとめる技能）の習得が求められている。また，地理に限らず，全体として一斉講義型授業から課題解決型学習への転換が進められようとしている。このような変化を，試験問題として表したものが共通テストの出題形式である。情報収集力，情報読解力，情報発信力を高めるには，課題探究活動を実際にやってみることが大切である。

出題の内容的には，新しい必修科目「地理総合」では，「GIS」「グローバル化」「持続可能な社会」「防災」がキーワードであり，センター試験でもこの視点に立った出題が増えてきていたので，要チェックである。特に，GISの活用，SDGsの理解，災害時の対応などは，普段から心がけて認識を深めておきたい。

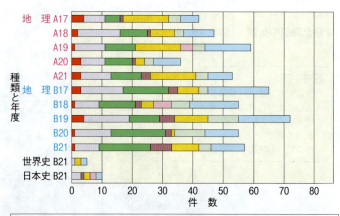

↑❶センター試験および共通テスト〈地理〉における図表類の出題傾向（選択肢の図や写真なども単独に数えた場合）

	2017 本試	2018 本試	2019 本試	2020 本試	2021 本試	本書の対応ページ 各ページから関連したリンクページへ
様々な地図と地理的技能						
地図と地理情報						4-11
地図の活用と地域調査（地域調査出題地域）	◎ 壱岐島	◎ 高山市	◎ 宮崎市	◎ 甲府盆地	◎ 宮津市	11, 36-39, 282-295, 別冊6-7, 8-19
現代世界の系統地理的考察						
自然環境	◎	◎	◎	◎	◎	
地形	○	○	○	○	○	12-35, 70, 別冊20, 31
気候	○	○	○	○	○	40-66, 72, 別冊21
自然災害・防災	○	○	○	○	○	67-69, 71, 73-75, 別冊18-19
環境問題		○	○		○	76-85
資源，産業	◎	◎	◎	◎	◎	
農業，林業，水産業	○	○	○	○	○	86-127, 315-318, 320-324
食料問題						128-129
エネルギー・鉱産資源	○		○	○		130-138, 319, 325-326
資源・エネルギー問題		○				139-145
工業	○	○	○	○	○	146-180, 327
第3次産業，観光		○	○	○	○	182-185
交通・通信						186-189
貿易と経済圏				○	○	190-195
人口，都市・村落					◎	
人口・人口問題						181, 196-201
村落・都市	○	○	○	○		202-208
都市・居住問題						209-213
生活文化，民族・宗教						
生活文化，衣食住		○	○			214-217
民族と宗教			○	○		218-221
国家，民族，領土問題				○		222-227
現代世界の地誌的考察						
現代世界の諸地域						277-281
アジア	●	●		●▲		228-249, 別冊22-24
アフリカ						250-253, 別冊25
ヨーロッパ	▲▲	▲▲▲	●			254-259, 別冊26
ロシアと周辺諸国			▲▲			260-263, 別冊27
アングロアメリカ					●	264-269, 別冊28
ラテンアメリカ				▲		270-273, 別冊29
オセアニア				●		274-276, 別冊30

◎大問のテーマ　●大問の地誌問題で取り上げられた地域（▲地域比較）
○小問のテーマ・地域

↑❷〈地理B〉出題分野別一覧と本書対応ページ　2020年まではセンター試験での出題分野，2021年は大学入学共通テストの出題分野を示す。

3 共通テストの典型例

ここでは，共通テストで問われる問題の形式や問われる力について解説している。2021年度に実施された共通テストを中心に，どのような問題が出題されたのか，確認しよう。

地理総合

文章読解力と探究活動

探究活動
気候

地理の授業で世界の気候と自然災害について学んだコハルさんのクラスは，気候の成り立ちやその変動の影響について各班で探究することにした。世界の気候と自然災害に関する次の問い（**問1〜3**）に答えよ。

問1 各地の雨温図の特徴に影響を与える気候因子を確認するために，コハルさんの班は，仮想的な大陸と等高線および地点**ア〜カ**が描かれた右の**資料1**を先生から渡された。これらの地点から2地点を選択して雨温図を比較するとき，海からの距離による影響の違いが強く現れ，それ以外の気候因子の影響ができるだけ現れない組合せとして最も適当なものを，下の①〜④のうちから一つ選べ。

① アとイ　② イとウ　③ エとオ　④ オとカ

問2 コハルさんの班は，ある地点DとEの二つの雨温図が描かれた右の**資料2**を先生から渡されて，雨温図に示された気候の特徴とその原因となる大気大循環について話し合った。下の会話文中の空欄**サ**と**シ**に当てはまる語の正しい組合せを，右の①〜④のうちから一つ選べ。

コハル「地図帳で調べてみると，地点DとEはどちらも沿岸にあり，地点Eは地点Dからほぼ真南に約800km離れているようだね」
イズミ「最暖月や最多雨月は，それぞれ両地点で現れる時期がほぼ同じだね」
ミツハ「地点DとEが位置する緯度帯では，降水量が多い時期の雨は，主に（　**サ**　）という気圧帯の影響を強く受けていることを授業で習ったよ」
コウ「月降水量30mm以上の月が続く期間に注目すると，地点Eの方が地点Dよりも（　**シ**　）のは，この気圧帯の移動を反映していると考えられるね」

問3 コハルさんたちはまとめとして，気候変動などに関連した世界各地の自然災害の原因について，各班で調べてカードに書き出した。右の**a〜d**は，タカシさんの班とコハルさんの班のカードであり，次の会話文は，その内容について意見交換したときのものである。会話文中の空欄**タ**には**a**と**b**のいずれか，空欄**チ**には**c**と**d**のいずれか，空欄**ツ**には下の文**G**と**H**のいずれかが当てはまる。空欄**タ**と**チ**のそれぞれに当てはまるカードと，空欄**ツ**に当てはまる文との組合せとして最も適当なものを，右の①〜⑧のうちから一つ選べ。

タカシ「自然災害には複数の原因があり，"災害のきっかけ"と"災害に対する弱さ"に分けられそうだよ」
コハル「なるほど。そうすると，"災害に対する弱さ"に対応するのは，タイの洪水についてはカード（　**タ**　），東アフリカの大干ばつについてはカード（　**チ**　）だね」
タカシ「被害を軽減するためには，"災害に対する弱さ"への対策を講じるとともに，"災害のきっかけ"が起こる状況を事前に知っておく必要がありそうだね」
コハル「タイの洪水については，例えばタイの雨季に降水量が多かった事例と（　**ツ**　）事例とで周辺の気圧配置や気流などを比較すると，タイでの"災害のきっかけ"を考えるヒントが得られそうだよ」

（　**ツ**　）に当てはまる文
G 雨季に降水量が少なかった
H 乾季に降水量が多かった

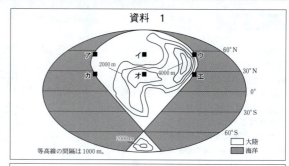

資料1
等高線の間隔は1000m。
□大陸　■海洋

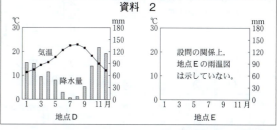

資料2
　　地点D　　　　　　　地点E
　　　　　　　　　　　設問の関係上，地点Eの雨温図は示していない。

気象庁の資料により作成。

	①	②	③	④
サ	亜寒帯低圧帯（高緯度低圧帯）	亜寒帯低圧帯（高緯度低圧帯）	熱帯収束帯（赤道低圧帯）	熱帯収束帯（赤道低圧帯）
シ	長い	短い	長い	短い

カード
【タカシさんの班が調べた災害】タイで雨季に起こった大洪水

a 河川上流域での森林減少による水源涵養機能の喪失
b 低緯度地域で発生した熱帯低気圧の襲来

【コハルさんの班が調べた災害】東アフリカで飢饉をもたらした大干ばつ

c 貯水・給水施設の不足や内戦に伴う農地の荒廃
d ラニーニャ現象を一因とした大気の循環の変化

	①	②	③	④	⑤	⑥	⑦	⑧
タ	a	a	a	a	b	b	b	b
チ	c	c	d	d	c	c	d	d
ツ	G	H	G	H	G	H	G	H

（2021年度共通テスト「地理B」第1日程第1問問1〜3）

共通テスト対策

出題のポイント

探究活動を想定した複数の資料を比較して読み解く問題である。問2では，これまでであれば，図として示されていたことが，生徒たちの会話文となっている。このタイプの問題は，文章の内容を正しく読み取り，これを図として想定できるかがポイントとなる。問題用紙の余白に図をメモ書きしながら解いていこう。

解説と解答

問1 問題文で求められているのが「海からの距離による影響の違いが強く現れ，それ以外の気候因子の影響ができるだけ現れない組合せ」なので，海からの距離に差があり，緯度や標高の違いがない場所を選べばよい。　　**正解：①**

問2 まず，地点Dは雨温図から，北半球の地中海性気候（Cs）で中緯度と判定する。会話文中から，地点Eはこれより800km南で最暖月や最多雨月が同じなので，メモ書きした地図のDの下にEを書き，Dと似たような雨温図を想定する。DとEの緯度帯で降水量が多いとあるので，亜熱帯低圧帯が選択される。月降水量30mm以上の月が続く期間は，南ほど亜寒帯低圧帯の季節的移動の影響が小さいので，Eの方が短いと判断する。　　**正解：②**

問3 会話文から，"災害に対する弱さ"と"災害のきっかけ"なので，森林減少や農地の荒廃は"弱さ"。熱帯低気圧の襲来や大気の循環の変化は"きっかけ"と読み取る。タイの大洪水は雨季に起こっているので，雨季の降水量の多少の事例比較で"きっかけ"を考えるヒントが得られる。　　**正解：①**

複数資料問題・連動問題

複数資料問題
交通・通信
村落・都市

問1 急速に経済発展した台湾のタイペイ(台北)では，交通網の再編成が政策上の課題になっている。下の**図1**は，タイペイのバス専用レーンの分布を設置時期別に示したものであり，**図2**は，地下鉄路線とバス路線の長さの推移について，1998年の値を100とした指数で示したものである。**図1**と**図2**に関連することがらについて述べた下の文章中の下線部**x**と**y**の正誤の組合せとして正しいものを，下の①～④のうちから一つ選べ。

タイペイの従来の都心部はタイペイ駅周辺であり，市役所周辺にも副都心が計画的に整備された。都心部・副都心の周辺におけるバス専用レーンは，主に**x 都心部・副都心と郊外を結ぶ道路から順に整備されてきた。**
市民の移動にかかる環境負荷が小さい都市交通体系への再編が求められるようになり，2000年代半ば以降，**y 大量輸送の可能な地下鉄路線が拡充してきた。**

バス専用レーンの設置時期
― 1989～1995年 ― 主要道路
‥‥ 1996～2005年
― 2006～2017年

タイペイ市の資料などにより作成。
図 1

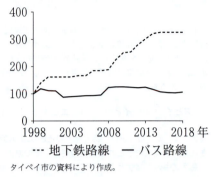

タイペイ市の資料により作成。
図 2

	①	②	③	④
x	正	正	誤	誤
y	正	誤	正	誤

(2021年度共通テスト「地理B」第1日程第3問問6)

連動問題
アングロアメリカ

問2(1) 図3中の**ア～エ**の地点と矢印のうち，1950年の人口分布の重心と2010年の重心への移動方向を示したものとして最も適当なものを，次の①～④のうちから一つ選べ。

① ア ② イ ③ ウ ④ エ

(2) (1)で示された，1950年から2010年にかけての重心の移動が生じた要因として最も適当なものを，次の①～④のうちから一つ選べ。

① 安価な労働力を指向した工場の進出と先端技術産業の成長
② 製鉄業や自動車産業の成長と雇用の増加
③ 大陸横断鉄道の開通と開拓の進展
④ 農村部から大都市圏の大規模な人口の移動

(2021年度共通テスト「地理B」第1日程第4問問1)

U.S. Census Bureauの資料などにより作成。
図 3

出題のポイント
上段の「複数資料問題」は，地図や写真・表・グラフ，さらに文章など，複数の資料を比較して解く問題である。ここでは，地図とグラフの読み解きが正誤で問われている。与えられた資料をていねいに見比べて，それぞれの特徴や傾向を読み取り，組み合わせて考えることがポイントとなる。
下段の「連動問題」は，前問の答えが次の問題の答えに連動する出題方法である。センター試験では，これまで出題されてこなかった方式である。前問で答えを間違えてしまうと，次の問題の答えも連動して間違えてしまう。このタイプの問題は，前問で答えを導き出す前に，連動している問題をよく読み比べ，セットで答えを導き出すことがポイントとなる。

解説と解答
問1 図1で，バス専用レーンは郊外とではなく，都心部と副都心とを結ぶ道路から整備が始まっていることが読み取れるため，下線部xは誤り。図2では，折れ線の凡例から下線部yが正しいことはすぐに読み取れるが，凡例がなかったとしても，図1で2006年以降はバス専用レーンが1本しか増えていないことから，図2で2008年以降伸びているのは地下鉄と推測することもできる。また，文章中の「環境負荷が小さい都市交通体系」もヒントになる。　　**正解：③**
問2 この問題を解くためには，まず，人口分布の重心とは何かの知識が必要となる。人口重心とは，人口の1人1人が同じ重さをもつと仮定して，その地域内の人口が，全体として平衡を保つことのできる点(総務省統計局より)のことで，人口分布の変化によってその重心は移動する。この問題は，アメリカ合衆国の工業などの主要産業が，北東岸や五大湖沿岸から太平洋岸やメキシコ湾岸に移っているという知識とつなぎ合わせることができれば，(1)の方向イと(2)の要因①が連動して選択できる。逆に，製鉄業や自動車産業の成長が五大湖沿岸で進んでいると考えて要因②を選んでしまうと，人口重心の移動方向はエとなり連動して間違えてしまう。　　**正解：(1)② (2)①**

2段階思考問題

第3次産業

問1 右の**図1**は、日本のいくつかの商業形態の店舗数について、立地する地区の特徴別の割合を示したものであり、**X~Z**は、大型総合スーパー*、コンビニエンスストア、百貨店のいずれかである。また、図1中の凡例**マ**と**ミ**は、住宅街とロードサイド**のいずれかである。コンビニエンスストアとロードサイドとの正しい組合せを、下の①~⑥のうちから一つ選べ。

*衣食住にわたる各種商品を販売し、売場面積3,000m²以上（特別区及び政令指定都市は6,000m²以上）のもの。
**国道など主要道路の沿線。

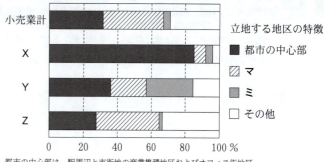

都市の中心部は、駅周辺と市街地の商業集積地区およびオフィス街地区。
統計年次は2014年。商業統計表により作成。

図　1

	①	②	③	④	⑤	⑥
コンビニエンスストア	X	X	Y	Y	Z	Z
ロードサイド	マ	ミ	マ	ミ	マ	ミ

（2021年度共通テスト「地理B」第1日程第2問問6）

貿易

問2 2国間で行われる貿易は、各国の資源や産業構造の影響を受ける。右の**表1**は、いくつかの国について、1人当たりGDP（国内総生産）と輸出依存度*をもとに4つに分類したものであり、**J~L**は、シンガポール、ベトナム、カナダのいずれかである。また、下の**タ~ツ**は、日本が**J~L**のいずれかの国から輸入する主要な品目である。**J~L**と**タ~ツ**との正しい組合わせを、下の①~⑥のうちから一つ選べ。

*輸出額をGDPで割った値。

表　1

		輸出依存度	
		50％未満	50％以上
1人当たりGDP	2万ドル未満	インドネシア	J
	2万ドル以上	K	L

統計年次は2016年。『世界国勢図会』により作成。

タ 機械類（集積回路など）や医薬品
チ 機械類（電気機器など）や衣類
ツ 石炭や肉類

	①	②	③	④	⑤	⑥
J	タ	タ	チ	チ	ツ	ツ
K	チ	ツ	タ	ツ	タ	チ
L	ツ	チ	ツ	タ	チ	タ

（2021年度共通テスト「地理B」第2日程第2問問5）

出題のポイント
これまでのセンター試験は、与えられた図表の項目か凡例のどちらかが隠されている問題であった。共通テストでは、図表の項目と凡例ともに一部が隠され、これを両方見ながら段階を踏んで解いていく問題や、図表の隠された部分をまず解き、次に解いた答えについて選択肢が用意されているといった、2段階の思考を必要とする出題がみられる。図表類に解いたメモを書き込みながら、パズルを解くようにステップを踏んで考えて行くことがポイントとなる。

解説と解答
問1 この問題を解くには、百貨店は都市の中心部に立地する割合が高い、大型総合スーパーは都市の中心部のほかにロードサイド型の大型ショッピングセンターにも出店していることが多い、コンビニエンスストアは住宅街をはじめさまざまな所に立地している、という基礎的な知識が必要である。

この知識から、まずはじめに、都市の中心部が80％以上を占めるXが百貨店と判断できる。したがって、残るYとZが大型総合スーパーとコンビニエンスストア、マとミが住宅街かロードサイドとなるが、これを両方の特徴を鑑みて、組み合わせて考える必要がある。Yはミの割合が高く、マの割合もある程度ある。Zはマの割合が高く、ミは極めて少ない。この両面から考えると、大型総合スーパーはYでロードサイドのミに多く、コンビニエンスストアはZで住宅街のマに多いと判断できる。　　**正解：⑥**

問2 まず、この問題を解くには、シンガポールは小国であるが経済が発展した都市国家、カナダは先進国でありつつも広大な国土をもつ国、ベトナムは経済成長中の発展途上国で前述の2つの国よりは1人当たりGDPは低い、という知識が必要である。この知識から判断すると、1人当たりGDPが2万ドル以上で、輸出依存度が50％以上のLがシンガポール、50％未満のKがカナダ、2万ドル未満のJがベトナムと判断できるため、表内に国名をメモしておこう。ここまでが、従来のセンター試験であったが、この問題では第1段階となる。

次に、第2段階として、日本がこの3つの国から輸入する主要な品目をつなぎ合わせる。タは機械類でもより先端的な集積回路などと医薬品となっていることから先端産業が発達した工業国、チは組み立て加工や縫製などに労働力が必要な電気機器などや衣類となっていることから工業化が進みつつある発展途上国、ツは天然資源や農産物に恵まれた一次産品輸出国と判断する。したがって、広大な領域をもつことから天然資源や農産物の輸出が多いカナダがツとなり、先端産業が発達したシンガポールはタ、発展途上国のベトナムはチとなり、答えが完成する。　　**正解：④**

新型解答方式問題

農業

問1 農業の立地には市場からの距離に加え様々な要因が作用する。次の**図1**中の**サ〜ス**は、米、野菜、果樹のいずれかについて、東日本の14都県における、東京からの距離と農地面積当たり収益の推計値*を示したものである。また、**図2**中の**D〜F**は、田、畑、樹園地のいずれかについて、その14都県の農地面積の構成比を指数で示したものである。野菜と畑との正しい組合せを、下の①〜⑨のうちから一つ選べ。

*農地面積当たり収益は、作物別農業産出額を田、畑、樹園地の面積で割った値。

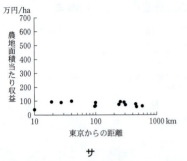
サ

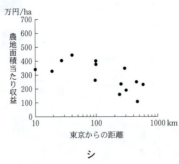
シ

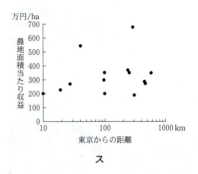
ス

東京からの距離は各県庁所在地までの直線距離で、東京都は10kmとした。
野菜の産出額は野菜・豆・いもの合計。
統計年次は2017年。『生産農業所得統計』などにより作成。

図 1

	①	②	③	④	⑤	⑥	⑦	⑧	⑨
野菜	サ	サ	サ	シ	シ	シ	ス	ス	ス
畑	D	E	F	D	E	F	D	E	F

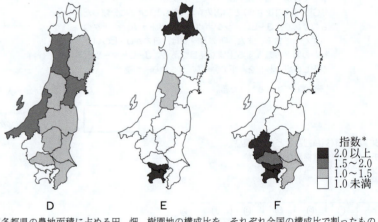

*各都県の農地面積に占める田、畑、樹園地の構成比を、それぞれ全国の構成比で割ったもの。
統計年次は2017年。『作物統計調査』により作成。

図 2

(2021年度共通テスト「地理B」第2日程第2問問3)

出題のポイント

　この問題では、東日本の14都県における「東京からの距離」と「農地面積当たり収益」の相関関係を示した散布図と、農地面積の構成比を指数で示した階級区分図という2つの資料について、それぞれ米・野菜・果樹と、田・畑・樹園地という3つの品目および種類のデータがあるため、その1つずつを選んで組み合わせる選択肢は、3×3で9つになる。従前のセンター試験においては、組み合わせを考えて解答する問題の選択肢は4つまたは6つであったので、9つも選択肢がある問題は、新型の解答方式の問題と言える。選択肢が増えたということは、誤答の可能性も増えるということなので、解くための時間もかかる。選択肢が多いからといってあせることなく、実質的な問題数が増えたと考えて、コツコツと、かつスピーディーに解いていくことがポイントとなる。
　p.304問1の試行調査の問題、p.309問2の共通テスト「地理総合」サンプル問題、さらに本書オリジナルの想定問題であるp.302問1において、文章中の下線部が3か所あり、それぞれの正誤を問う問題の選択肢が8つある例を掲載しているので、選択肢が多い新型の解答方式の問題例として参照されたい。

解説と解答

問1 この問題では、各農業の立地の特色と都道府県別の農業の特徴をおおまかに把握しておく必要がある。高等学校では、日本地理はあまり扱わないので、中学校までに学習した内容や普段の生活で身につけた教養を活用しよう。
　図1では、「東京からの距離」と「農地面積当たり収益」の相関関係が示されているが、ここでは一つの点がどの県のデータであるのかということはあまり考えずに、想定される作物の「農地面積当たり収益」が東京から近い所と遠い所でどのような傾向をみせるのかということをとらえるべく、3つのグラフを比較しよう。サは、農地面積当たり収益が14都県のほとんどで100万円/ha前後と3つ作物のなかでは低く、東京からの距離による差異が少ないので、市場からの距離に価格が左右されにくい米と判断する。一方、スは、14都県間で大きな差異がある。野菜と果実では、果実の方が品目による価格差が大きく、さくらんぼなどの高級品も多いと考えて、スは果実と判断する。残るシは、サよりも比較的収益が高い傾向にあるが、東京の近県では高い収益を見せている点の分布が、東京からの距離が離れるにつれて下降傾向にあることに着目しよう。典型的な園芸農業である野菜栽培は、大消費地の近郊では高付加価値の作物がつくられるが、消費地から離れると収益性が下がっていく傾向にある。
　図2は、東日本14都県の田・畑・樹園地の農地面積指数である。ここは、中学校までに学んだ内容や生活上の教養で考えよう。Dは新潟県や秋田県の色が濃いので田、Eは青森県や山形県の色が比較的濃いので樹園地、Fは東京とその周辺の県の色が濃いので畑と判断できる。

正解：⑥

選択肢重複問題・情報収集力

選択肢重複問題
地形

地理の授業で，世界の代表的な山を教材に取りあげて，世界の自然環境やその変化を考えることにした。次の図1と図2を見て，下の問いに答えよ。

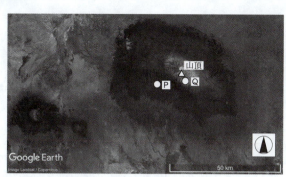

図1

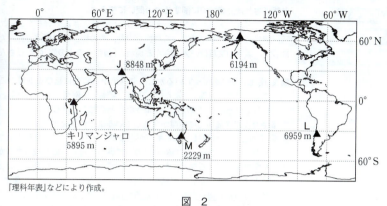

図2

問1　次の先生と生徒たちの会話文中の空欄マとミに当てはまる正しい数字を，下の①～④のうちから一つずつ選べ。ただし，同じものを繰り返し選んでもよい。

先　生「学校の休みを利用して，図1に示したアフリカ大陸最高峰のキリマンジャロに登ってきました。キリマンジャロは，標高が5895mで，山頂付近には小規模な氷河がある火山です。図2はキリマンジャロと，ユーラシア，北アメリカ，南アメリカ，オーストラリアの各大陸における最高峰の山J～Mの位置と標高を示しています。図1や図2からどのようなことが考えられるでしょうか」
アズサ「現在の変動帯に位置している山は，山J～Mの中で（　マ　）つあります」
チヒロ「氷河が分布している山は，山J～Mの中で（　ミ　）つあります」
先　生「なるほど。みなさん様々な視点から山をとらえることができていますね」

① 1　② 2　③ 3　④ 4

（2021年度共通テスト「地理B」第1日程第1問問4）

情報収集力
探究活動
気候

問2　自然環境の特徴について検討するためには，目的に応じて適切な方法を選択することが重要である。「今年の夏季は例年に比べて暑かった」ということを，世界の様々な地点において客観的に検討するための方法として最も適当なものを，次の①～④のうちから一つ選べ。

① 「猛暑日」（最高気温35℃以上の日）という指標を用い，検討対象地点の猛暑日数平年値（30年間の平均値）と今年の猛暑日数とを比較する。
② 検討対象地点とその周辺にある気象観測所の今年の夏季の気温データを収集し，気温の分布図を作成する。
③ 検討対象地点における夏季の平均気温平年値（30年間の平均値）を求め，今年の夏季の平均気温と比較する。
④ 検討対象地点付近で，通行する人に聞き取り調査し，今年の夏季の気温についての考えを聞く。

（2018年試行調査「地理B」第1問問4）

出題のポイント

　上段の「選択肢重複問題」は，同じ選択肢を繰り返し選んでもよいという新型の出題形式である。ただし，数字が1, 2, 3, 4のように並んでいる選択肢では，2問分の選択肢をまとめて示してあるだけなので，特に構えて取り組む必要はない。一方の答えに気をとられずに，淡々と解くことがポイントとなる。
　下段の「情報収集力」を問う問題は，共通テストにおいては，課題探究活動を問題上で再現し，情報収集力があるかないかを問われることがあることを示す例である。普段から実際に課題探究活動を行い，自分が主張したいことを裏づけるには，どのようなデータが必要で，それはどのように調べればよいのかを考えて，情報を収集する体験をしておくことがポイントとなる。

解説と解答

問1　この問題では，地殻変動が活発で巨大山脈や火山などが分布する変動帯が世界のどのあたりの位置にあるのか，世界の山岳氷河がどのような場所に分布しているのか，という知識が必要である。会話文中に，図1のキリマンジャロについての説明があるが，図1の画像そのものは，この問題には直接関係していない。ただし，図2中のキリマンジャロの位置がほぼ赤道直下にあることや，会話文中の「キリマンジャロは，標高5895mで，山頂付近には小規模な氷河がある火山です。」の部分は，問題を解くためのヒントとなる。マの解答として求められている「現在の変動帯」とは，地理Aや地理Bの教科書では，新期造山帯として記載されていたプレート境界のことである。J・K・Lが新期造山帯で，Mが地理Aや地理Bの教科書でいう古期造山帯である。図2からキリマンジャロよりも標高が高く，かつ高緯度のJ・K・Lでは氷河が存在すると考えよう。Mは，図2から他の3つより標高が低いことが読み取れれば，Mに氷河がないことも推測できる。
正解：マ③　ミ③

問2　この問題では，問題文に「今年の夏季は例年に比べて暑かった」とあるので，今年と例年を比較できるデータが必要ということになる。②は今年の夏季の気温データだけでの検討なので例年との比較ができず，④は人への聞き取り調査なので客観的な検討ができない。したがって，今年と例年とを比較できるデータの選択肢は①と③になる。①の「猛暑日」の比較は，例えば日本国内だけなら正解になりえるが，問題文の後半に「世界の様々な地点において客観的に検討するための方法として最も適当なもの」とあるので，そもそも最高気温が35℃に満たず，「猛暑日」という指標のデータがない地点（例えば高緯度の地域や標高が高い地域にあるために気候が冷涼な場所）も世界には多いのではないかと推測し，①が外れ，正解は③となる。
正解：③

4 共通テストで想定される問題

この見開きでは，共通テストの出題傾向をもとにして作成した，本書オリジナルの想定問題を掲載する。実際に解いてみることで，共通テストの特徴をとらえよう。

複数資料問題

探究活動／地域調査／自然災害・防災

自然災害と地形図読図に関する次の問いに答えよ。

太郎さんは，南海トラフで巨大地震の発生が懸念されているニュースを見て，この地域での巨大地震について調べてみた。調べていくうちに，江戸時代末期の地震で津波から村民を守り，その後，広村堤防を作った濱口梧陵という人物に関心を持ち，現地（広川町）に調査に出かけることにした。以下の文章は，太郎さんと現地の「稲むらの火の館」の館長さんとの会話文である。この会話文を参考に，次の問いに答えよ。

館長「南海トラフを知っているかな。駿河湾から南西に延びる海溝のことだ。これに沿って，過去に何回も巨大地震が起きている。震源域を大きく分けると，**図1**のように，東海，東南海，南海に分けられる。**表1**は東海，東南海，南海について，1600年以降に発生した巨大地震を示している。この表からどのようなことが読み取れるかな。」

太郎「**a**なんだか周期的に地震が発生しているように見えます。」

館長「そうだね，地震はエネルギーがたまるとそれが一気に解放されて起こるんだね。安政南海地震の時には，この広村に津波が押し寄せた。しかし，それを稲むら（稲の束）の火で導いて村人の命を救ったのが，濱口梧陵さんだ。彼は，「広」集落の西側にある現在の中学校の元となる学校を開設するなど，村のために活躍した名士だ。梧陵さんは，津波で大きな被害が出た村を救うために，私財を投げ打って広村堤防を村人につくらせた。この結果，村人には仕事ができ，「広」の集落に沿って堤防が残ったんだ。**b**鳥瞰写真は1955年頃に撮られたものだが，どの方角から撮ったものか分かるかな。海岸線のカーブや右奥の小山との位置関係をよく見て，君の持っている地形図と照らし合わせてみよう。海岸線に沿って黒い帯が見えるが，これが広村堤防があるところだ。この場所は，たびたび津波に襲われている。しかし，**c**1946年の昭和南海地震の時には，この堤防が大きな役割を果たしたんだ。地形図を見ながらいろいろ巡ってみるとよいね。」

太郎「はい。それでは，まず**d**濱口梧陵さんのお墓にお参りして，その後，地形図を持って巡ってみたいと思います。」

図1 南海トラフの巨大地震の想定震源域

表1 1600年以降に南海トラフで発生した巨大地震

地震発生日(西暦)	名称	マグニチュード	南海	東南海	東海
1605年 2月 3日	慶長地震	7.9	○	○	○
1707年10月28日	宝永地震	8.6	○	○	○
1854年12月23日	安政東海地震	8.4		○	○
1854年12月24日	安政南海地震	8.4	○		
1944年12月 7日	昭和東南海地震	7.9		○	
1946年12月21日	昭和南海地震	8.0	○		

［理科年表 平成25年，ほか］

問1 下線部**a**について，次の文章は，太郎さんが**表1**から読み取った内容を述べたものである。この文章の下線部ア～ウについて，内容の正誤の組み合わせとして**正しいもの**を，右の①～⑧のうちから一つ選べ。

南海トラフで発生した巨大地震について，マグニチュードを基準とすれば，**ア**地震としての規模が一番大きかったのは宝永地震である。震源域を見るとこれらの地震は連動して発生しているように読め，**イ**表中で3つの震源域が短い期間に連動して動いたと考えられる地震は2回ある。地震は，およそ100年あるいは150年の周期で発生しているが，**ウ**東海の震源域では，近年150年以上巨大地震が発生していない。

	①	②	③	④	⑤	⑥	⑦	⑧
ア	正	正	正	正	誤	誤	誤	誤
イ	正	正	誤	誤	正	正	誤	誤
ウ	正	誤	正	誤	正	誤	正	誤

問2 下線部**b**について，鳥瞰写真が撮られた方角として，**最も近いもの**を次の①～④のうちから一つ選べ。
① 東側から西に向かって撮った　② 西側から東に向かって撮った　③ 南側から北に向かって撮った　④ 北側から南に向かって撮った

問3 下線部**c**について，太郎さんは，地形図を見て1946年の昭和南海地震の津波被害について推測をした。彼の推測が**明らかに誤っているもの**を，次の①～④のうちから一つ選べ。
① 「広」集落の北側を流れる川の右岸の集落は，津波の被害を受けただろう。
② 灯台のある防波堤や埋立地が，津波の勢いを弱くする効果をもたらしただろう。
③ 広村堤防のおかげで，堤防沿いの古くからある集落は，津波の直撃を免れただろう。
④ 広村堤防から回り込んだ津波で，堤防の南西側の中学校では被害が大きかっただろう。

問4 下線部**d**について，太郎さんは，濱口梧陵墓をスタートして，徒歩で，写真を撮りながら**写真1→2→3**の順で地形図中の**a**，**b**，**c**を巡った。地形図中の矢印(→)が写真を撮った方向である。太郎さんが巡った順として正しいものを，次の①～⑥のうちから一つ選べ。
① a→b→c　② a→c→b　③ b→a→c　④ b→c→a　⑤ c→a→b　⑥ c→b→a

問5 太郎さんが，地形図の地点Xにいた時に，巨大地震に遭遇した。どのように避難するのが一番安全であると考えられるか，最も適当なものを，次の①～④のうちから一つ選べ。
① 道路を北西に進み，広村堤防を越えて右折し，郵便局の先にある町役場に逃げる。
② 道路を北西に進み，広村堤防を越えて左折し，橋を渡って老人ホーム前の広場に逃げる。
③ 道路を北に進み，右折して鉄道の上を渡り，太い道路に左折して入り，周囲より高い橋の上に逃げる。
④ 道路を南東に進み，途中で右折，変電所の近くを通り，神社の裏山に逃げる。

鳥瞰写真（1955年頃）

濱口梧陵墓

写真1

写真2

写真3

地形図　〔電子地形図25000「湯浅」令和3年8月調製を一部加工〕

↑広川町における安政南海・昭和南海地震津波の浸水域

出題のポイント
会話文と表・写真・地形図を総合的に読み解く問題である。このような複合的な読み解き問題が，共通テストでは出題されるので，対策が不可欠である。当該の資料だけに着目するのではなく，会話文をしっかり読んで，掲載された資料を総合的に読み取って関連づける解き方を身につけておこう。

解説と解答
問1 表の○に着目すると短期間に3つの震源域が連動した地震は2回だが，地震発生日を見ると安政東海地震と安政南海地震は1日違いなので連動したと考えられる。資料を隅々までしっかり見よう。　正解：③

問2 写真の左側に湾が見え，その斜め奥に海岸の防風林と思われる木々の黒い帯が見えるので，これが海岸線と分かる。さらに右奥の小山は，地形図中の「名島」の等高線が密な部分と判断する。　正解：②

問3 昭和南海地震が発生したのは1946年。鳥瞰写真が撮影されたのは1955年頃で，この時に埋立地はまだできていない。地形図だけでなく，複数の資料を総合的に読み解く習慣をつけよう。　正解：②

問4 写真から読み取った景観の特徴と撮影した向きを，地形図の広村堤防の文字や盛土部，太い道路，神社の地図記号と等高線の入り方などの読み取りとつなぎ合わせて考え，解いていく。

問5 津波の危険性がある場合は，なるべく海岸から離れ，とにかく高い所に逃げる。濱口梧陵は，稲むら（積み上げられた稲の束）に火を放ち，村人を神社の高台に導いた。右の図で，2つの津波の浸水域の違いを比較してみよう。②と③は，安政南海地震の津波浸水域にある。　正解：④

5 出題資料タイプ別実践問題

ここからは，共通テスト・試行調査・参考問題などで出題された問題を，資料のタイプ別に紹介する。実際に解いてみることで，それぞれの資料を読み解き，考察する力を身につけよう。

複数資料

地図の活用／地域調査／自然災害・防災

問1 焼津市の防災施設を見て防災について関心をもったサクラさんは，静岡県中部で防災に関する地域調査を行い，地理の先生に報告した。次の**図1**は静岡県中部のある地域の地形図（左）と，同範囲の地形分類図（右）である。下のサクラさんと先生との会話文中の下線部サ〜スの正誤の組合せとして正しいものを，下の①〜⑧のうちから一つ選べ。

先　生「興味深い調査をしてきましたね。図1や，サクラさんが調べたことをもとに，この地域の防災上の注意事項を考えてみましょう。たとえばK地点は地形から見て，建物を建てるときには液状化の対策が必要かもしれないですね。他の地点についてはどう思いますか？」

サクラ「はい，まずこの地区のハザードマップを見たところ，この図の範囲内に洪水の危険性がある箇所は描かれていませんでした。M地点付近は谷で土石流の危険性があると描かれており，<u>サ 主に土砂災害の危険性があるので砂防ダムなどの対策が必要</u>だと思いました。ハザードマップでL地点付近は急傾斜地崩壊危険箇所となっていました。L地点付近に30年前から住んでいるという方から話を聞いたのですが，このあたりで洪水を経験したことはないそうです。しかし，地形分類図も参考にすると，L地点付近では，<u>シ 土砂災害とともに洪水にも注意が必要</u>だと思います。N地点付近では，下の**写真1**のように，川の水面からは少し高く，道路より低い所が駐車場やテニスコートになっていました。N地点付近では<u>ス 洪水の危険性があり，大雨の際には近づかないほうがいい</u>と思いました」

先　生「みなさんはどう思いますか？」

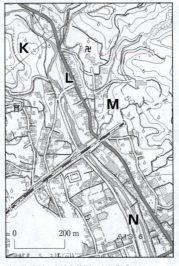 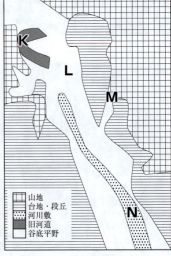

地理院地図，土地条件図により作成。
地形分類図は小面積のものを一部省略してある。

図　1

写真　1

	①	②	③	④	⑤	⑥	⑦	⑧
サ	正	正	正	正	誤	誤	誤	誤
シ	正	正	誤	誤	正	正	誤	誤
ス	正	誤	正	誤	正	誤	正	誤

問2 静岡県中部での地域調査を終えて，日本全体の自然災害や防災に関心をもったサクラさんは，教科書や資料集に挙げられている日本の自然災害や防災対策の概要を整理し，プレゼンテーション用の資料を作成した。次の**図2**はサクラさんがそのまとめとして作成したものである。日本の自然災害と防災対策をまとめた文として**適当でないもの**を，図2中の①〜④のうちから一つ選べ。

(2017年度試行調査「地理B」第5問問5・6)

日本の自然災害と防災対策のまとめ

① 日本列島はもともと地震や大雨などが多く，自然災害を受けやすい場所に位置している。

② 機械を用いた高度な土木工事が困難だった時代には，霞堤など，自然災害をもたらす現象をある程度受け入れる防災対策も行われた。

③ 現代では様々な防災対策が進んでいるが，地形からみて自然災害の危険性がある場所へ住宅地が拡大しているところもある。

④ 同規模の地震・大雨などの現象が発生すれば，時代や地域にかかわらず被害の大きさは同程度である。

図　2

出題のポイント

問1は，地形図と地形分類図，さらに景観写真を見比べて問題を解く問題である。地形図の等高線や川の位置を参考に，地形分類図と対比させて，その場所の様子が頭に思い浮かべられるかがポイントとなる。さらに，地図からは読み取れない部分は，場所の特徴を把握するための情報が写真によって補われている。景観写真については，自分で写真を撮る時に，何を写り込ませたいのか，それがよく分かるアングルはどこか，といったことを意識しながら撮るようにすると，写真読解のトレーニングになるであろう。

解説と解答

問1 会話文中に「M地点付近は谷で土石流の危険性がある」とあるのでサは正しい。L地点は，ハザードマップや住民の聞き取りで洪水の危険性はないように読めるが，地形図で川は蛇行してL地点に向かっており，地形分類図でK地点に旧河道があることから，豪雨時にL地点に向かって川が氾濫する危険性があると読み取ることができる。よって，シも正しい。ハザードマップは想定であり，自然災害は想定を超えることがあることを認識しておこう。スは写真から正しいことが読み取れる。　　正解：①

問2 体裁はプレゼンテーションになっているが，内容的には従来からの4択問題である。被害の規模は時代や地域によって違いがあるので，④が不適当と分かる。　　正解：④

複数資料

気候 右の**図1**を見て，また下の先生と生徒の会話文を読み，下の問い（**問1～2**）に答えよ。

先 生 「**図1**は熱帯収束帯が形成される範囲を示しています。熱帯収束帯では積乱雲が次々と発生していて，赤道低圧帯とも呼ばれます」
生 徒 「どうして熱帯収束帯では積乱雲が発生するのですか？」
先 生 「赤道付近では南北からの風が収束していて，また太陽からのエネルギーを多く受けることから，激しい対流活動や上昇気流が生じているためです」
生 徒 「赤道付近が熱帯雨林気候（Af）になるのは，熱帯収束帯の影響なのですね」
先 生 「その通りです。熱帯雨林気候だけでなく，その他の熱帯地域や周辺地域の気候も熱帯収束帯に影響を受けています」

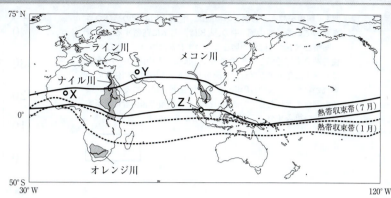

河川周辺に示された範囲は，当該河川の流域を示す。
吉良(1983)などにより作成。

図　1

問1 右の**表1**中の①～④は**図1**中のオレンジ川，ナイル川，メコン川，ライン川のいずれかの河川の河口付近における年流出高*と，流量が最大になる月を示したものである。ナイル川に該当するものを，**表1**中の①～④のうちから一つ選べ。

*1年間の河川総流出量を流域面積で除し，水深に換算したもの。

表　1

	年流出高(mm)	流量が最大になる月
①	618	9 月
②	436	1 月
③	14	7 月
④	9	3 月

Global Runoff Data Centre, University of New Hampshireの資料により作成。

問2 次の**写真1**中のア～ウは，**図1**中のX～Zのいずれかの地点の景観を撮影したものである。ア～ウとX～Zとの正しい組合せを，下の①～⑥のうちから一つ選べ。

ア

イ

ウ

写真　1

	①	②	③	④	⑤	⑥
ア	X	X	Y	Y	Z	Z
イ	Y	Z	X	Z	X	Y
ウ	Z	Y	Z	X	Y	X

(2017年度試行調査「地理B」第1問問1・3・4〔一部改変〕)

出題のポイント

この問題は，会話文と地図，写真を読み比べながら解く問題である。写真判読をする際に，地図中の地点X～Zの位置と，会話文から読み取れる情報をつなぎあわせて正解を導き出せるかがポイントとなる。また，センター試験では久しく出題されなかったケッペンの気候区分記号が（Af）と，（　）付きにせよ登場したことは注目に値する。

解説と解答

問1 ナイル川は流域面積は広いが，乾燥地域を流れる外来河川（→p.31）なので河口部の流量は少ないと考え，③か④と判断する。③と④を比較すると，③の方が年流出高が大きいため川の規模が大きく，また，流量最大月が7月となっているのは，源流部が北半球のサバナ気候区で夏に降水が多く，それが流量に反映されていると考え，③と判断する。ただし，ナイル川はアスワンハイダムなどで流量がコントロールされているので，流量最大月の情報はあまりヒントにならない。参考までに，アスワンでの流量最大月は9月である。　　正解：③

問2 写真の特徴から，アは砂漠，イは熱帯雨林，ウはサバナと読み取る。写真だけに着目するとアはサハラ砂漠と判断しがちである。しかし，Xは地図中では熱帯収束帯（7月）の範囲にあり，会話文から熱帯収束帯では降水があることが読み取れる。この結果，Xは夏(7月)に降水があり，冬(1月)には降水があまりないと判断してウを選択する。残りは，熱帯収束帯の影響が届かないYがアとなり，赤道付近にあるZがイとなる。　　正解：④

複数資料

人口

問1 国境を越えた労働力の移動は，世界の地域間の結びつきを強めている。右の**図1**中の**J**と**K**は，日本に在留するブラジル国籍とベトナム国籍の居住者のいずれかについて，全国の居住者数の推移を示したものである。また，下の**図2**中の**M**と**N**は，日本に在留するブラジル国籍とベトナム国籍の居住者のいずれかについて，2018年の全国の居住者数に占める都道府県別の割合を示したものである。ベトナム国籍の居住者に該当する正しい組合せを，下の①～④のうちから一つ選べ。

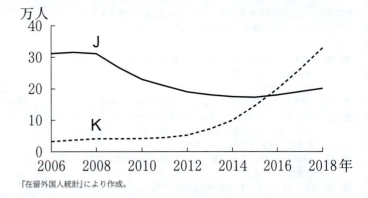

図 1

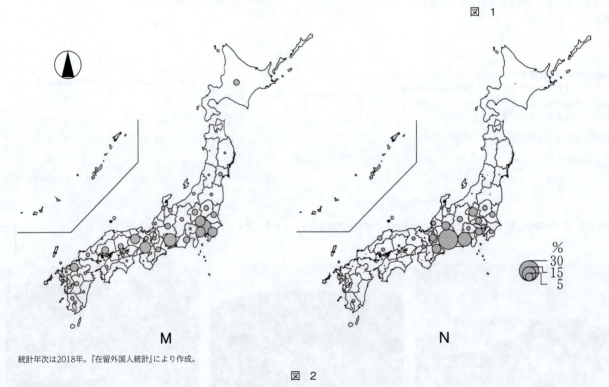

図 2

	①	②	③	④
全国の居住者数の推移	J	J	K	K
都道府県別の割合	M	N	M	N

(2021年度共通テスト「地理A」第1日程第4問問3)

出題のポイント

この問題は，グラフと統計地図を見ながら解く問題である。日本に在留するブラジル国籍とベトナム国籍の居住者について，グラフは折れ線で，全国の総居住者数の推移を示している。一方，統計地図は，円を用いた図形表現図で，全国の居住者数に占める都道府県別の割合を示している。在留ブラジル人と在留ベトナム人という同じテーマを，グラフと統計地図の2種類の資料で扱ってはいるが，特に2つを見比べて解く問題ではない。このような問題は，単純に2問分の内容が合わさった出題と考えればよいだろう。ブラジル国籍とベトナム国籍の人々がいつごろ，どのような目的で日本にやってきたのか，ということについての知識があるかどうかがポイントとなる。

解説と解答

問1 図1については，以下のように考えよう。現在，日本に在住するブラジル国籍の人々の多くは，かつてブラジルに移住した日本人移民の2世や3世とその家族である。日系人が日本に定住して仕事に就くことができるようになった1990年代から，ブラジルから来日する日系人が増加したが，2008年のリーマン・ショックで経済が落ち込み，さらに2011年の東日本大震災や原子力発電所事故をきっかけに帰国する人が増えた。ベトナム国籍の人々は，技能実習制度で来日して，報酬を得ながら技能を身に付けている人が多い。2010年代後半から急増し，2020年末には中国に次いで第2位の人数となった。この傾向から，ベトナム国籍は，グラフではKとなる。

図2については，以下のように考えよう。ブラジル国籍の人々の多くは，自動車工場などの製造業で働いており，これらの工場が集積する愛知県や静岡県，群馬県などに住んでいる。一方，ベトナム国籍の人々は，工場に限らず多方面で活動しているため全国に広がっており，留学生も多いので大都市のある首都圏や近畿圏，中京圏に多く住んでいる。したがって，ベトナム国籍は，統計地図ではMとなる。

正解：③

複数資料

地域調査
国土像

問1 シノさんたちは，下の**図1**に示された人口約5,000人の日本のある自治体における近年の地域課題について考えるために，GISソフトを用いて下の**図2**のようないくつかの地図を作成して話し合った。下の会話文中の空欄**カ**と**キ**に当てはまる**図1**中の地点**A～D**の正しい組合せを，下の①～④のうちから一つ選べ。

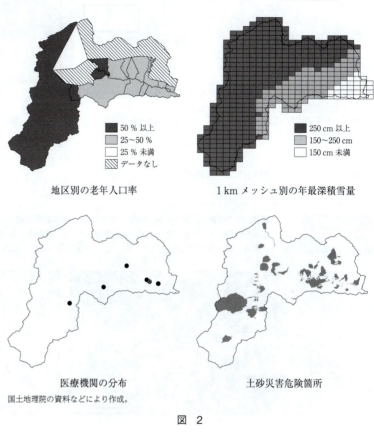

図 1

図 2

シノ 「地点（ カ ）は山間部で，年最深積雪量も250cm以上とずいぶん多いね。ここでは冬場の除雪が大変なのではないかな」

ケン 「他の地点と比べて医療機関が近くにないのも心配だね。高齢者に対する冬場の除雪や通院の支援はどうなっているのかな」

シノ 「地点（ キ ）は標高も低くて積雪量もあまり多くなく，高齢者の割合もそれほど高くないから，問題はないのかな」

ケン 「でも，この地点は土砂災害危険箇所に指定されているよ。住宅も密集しているし，日ごろからの情報収集や避難訓練は欠かせないよね」

シノ 「なるほど。GISを使っていろいろな仮説が立てられたね。実際の状況については現地に行って確認しないといけないね」

	①	②	③	④
カ	A	A	B	B
キ	C	D	C	D

(2018年度参考問題「地理A」問題例1問2)

出題のポイント

この問題は，土地の標高や河川・湖の位置，集落（建物）の分布などの地域の概要を把握するための一般図（図1）と，GISソフトを用いて作成した統計地図などの主題図（図2）を見比べながら，会話文にあてはまる地点を見つける問題である。図1から対象地域の概況を把握し，図2の4つの地図と照らし合わせて，A～Dの各地点がどのような特徴をもった場所なのかを判断できるかがポイントとなる。各図の読み取りをしながら，会話文で説明されている場所の特徴に合致する地点を絞り込んでいこう。

解説と解答

問1 まず，（カ）については，会話文に「地点（カ）は山間部で，年最深積雪量も250cm以上」，「医療機関が近くにない」とあるので，これにあてはまる地点を図2から探す。図2の1kmメッシュ別の年最深積雪量の図から，250cm以上のAとBが残る。次に，医療機関の分布の図においてAとBの違いを判断すると，Bから北東に数kmの所に医療機関があることが分かるので，医療機関が近くにないのはAと判断できる。次に（キ）については，会話文に「地点（キ）は標高も低くて積雪量もあまり多くなく，高齢者の割合もそれほど高くない」とあるので，1kmメッシュ別の年最深積雪量の図と地区別の老年人口率の図から，CとDが候補と考える。そして会話文中に，「この地点は土砂災害危険箇所に指定されている」という地点（キ）についてのさらなる情報が示されていることから，土砂災害危険箇所の図で灰色の部分が多数見られるDが候補となる。また，「住宅も密集している」という会話文中の情報から，図1の一般図で建物の分布状況を見ると，CよりもDの方が建物が密集しているので，やはり地点（キ）の場所の条件に当てはまるのはDであると確認できる。

ここまで，ステップを踏んで場所の特徴の判別方法について解説してきたが，この問題は，4択の選択肢を先に見れば，（カ）についてはAかB，（キ）についてはCかDの選択肢しかないことが最初に分かる。問題に取り組む際には，まず全体にさっと目を通すと，すべての選択肢を詳細に検証するロスタイムを減らすことができる。また，地点（カ）の「高齢者に対する冬場の除雪や通院の支援はどうなっているのかな」の部分を読むと，B地点では老年人口率が50％以上と高く，A地点では25％未満と低いので，B地点が（カ）に当てはまるようにも読める。この部分で悩んだ人は，文章をしっかり読んで，図をしっかり読み取っていると評価したい。しかし，この会話文は，各人の発言「 」内の前半が事実についてのコメント，後半が事実に対して考察したこと，という構造になっているので，設問には直接係わらないことになる。

正解：②

地形図

地形図読図 **問1** 右の**図1**は，ある地域の2万5千分の1地形図（原寸，一部改変）を示したものである。**図1**から読み取れることがらについて述べた文として下線部が最も適当なものを，下の①〜④のうちから一つ選べ。

① 河川**ア**は，地点**a**から地点**k**に向かって流れている。
② 河川**b**付近には，砂防ダムがある。
③ 地点**c**と地点**d**の間の長さは地図上で25mmであり，地点**c**から地点**d**までの地表面上の距離は625mである。
④ 地点**e**から地点**f**の道路の勾配よりも，地点**g**から地点**h**の道路の勾配の方が緩やかである。

(2021年度共通テスト「地理A」第2日程第1問問1)

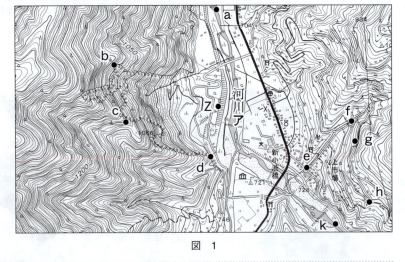

図 1

地形図読図
自然災害・防災

問2 次の**図2**は，ある地域で危惧されている災害の範囲を地形図上に示したものであり，**図2**中の**カ〜ク**は，河川が氾濫した際の水深1m以上の浸水，急傾斜地の崩壊，津波による水深1m以上の浸水のいずれかである。災害をもたらす現象名と**カ〜ク**との正しい組合せを，下の①〜⑥のうちから一つ選べ。

	河川が氾濫した際の水深1m以上の浸水	急傾斜地の崩壊	津波による水深1m以上の浸水
①	カ	キ	ク
②	カ	ク	キ
③	キ	カ	ク
④	キ	ク	カ
⑤	ク	カ	キ
⑥	ク	キ	カ

自治体の資料などにより作成。地形図は地理院地図を用いた。

図 2

(2017年度試行調査「地理B」第1問問6)

出題のポイント
　地形図の問題は，等高線が読めて，尾根や谷など地形を立体的にイメージできるかがポイントとなる。さまざまな地図記号も，問題を読み解く重要な鍵となるので把握しておこう。

解説と解答
問1 典型的な地形図の読み取り問題。①地点kの北西や河川アに堰の地図記号（⟛）が見られる。この記号は破線部側が上流なので，河川アはkからaに向かって流れている。②谷に堰の記号が見られるときは砂防ダムの可能性が高いが，b付近に堰の記号はない。③25mmの25000倍は625mとなるが，これは水平距離で，横軸に水平距離(x)，縦軸に標高差(y)をとった三角形の斜辺(z)がおよその地表面上の距離となる。すなわち，等高線の読み取りから，地点c-d間の標高差(y)を350mとして，三平方の定理($x^2 + y^2 = z^2$, $z = \sqrt{x^2 + y^2}$)で計算すると，地表面上の距離にあたる斜辺(z)は約716mになる。④gからhの道路は等高線に沿っているので，これが正しい。　**正解：④**

問2 防災に関する地形図の読み取りは，地形を立体的にイメージできることが重要である。等高線の入り方から，クの地図で斜線の凡例で示された範囲が，崩壊の危険性がある急傾斜地と判断する。この地形図からは，微地形や詳細な標高は読み取れないので，河川が氾濫した場合は海岸部まで浸水の影響が出ることは少ないと考えて，大浜海岸に斜線の凡例が入っているカの地図を津波による浸水の範囲と判断する。　**正解：④**

地図

GISの活用 / 交通・通信

問1 右の**図1**は，ある地域の**x駅**から**y駅**まで移動するときに，GIS（地理情報システム）を用いて検索したいくつかの経路を示したものであり，**J～L**は，一般道のみを利用する経路，高速道路を利用する経路，鉄道を利用する経路のいずれかである。また，右の**表1**は，経路の長さと，平日の異なる時間帯の出発を想定した所要時間*の検索結果を経路ごとに示したものである。経路と**J～L**との正しい組合せを，下の①～⑥のうちから一つ選べ。

*鉄道を利用する経路は，快速列車を利用するものとし，所要時間はx駅での待ち時間を含まない最短乗車時間。

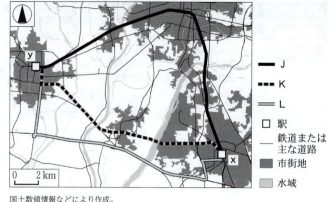

図 1

	①	②	③	④	⑤	⑥
一般道のみを利用する経路	J	J	K	K	L	L
高速道路を利用する経路	K	L	J	L	J	K
鉄道を利用する経路	L	K	L	J	K	J

表 1

	経路の長さ(km)	x駅からy駅までの所要時間(分)	
		午前8時頃出発	午後2時頃出発
J	26.9	21	21
K	20.1	53	47
L	26.1	37	36

Googleマップにより作成。

(2021年度共通テスト「地理A」第1日程第1問問3)

自然災害・防災

高校生のナツさんは，授業と課外活動を通じて，自然災害に対する備えと復興のあり方についての防災学習をすすめた。この防災学習に関する下の問いに答えよ。

問2 ナツさんは，被災地では自然災害の再来に備えた復興が重要であることを授業で学んだ。右の**図2**は，ある地域の復興の様子を示したものである。**図2**に関連することがらについて述べた下の文章中の下線部**サ～ス**の正誤の組合せとして正しいものを，右の①～⑧のうちから一つ選べ。

この集落では，明治29年の津波で被害を受けた後，防波堤を築くだけでなく，**サ集落を標高の高い場所へと移動させたことで**，昭和8年の津波では被害を受けなかった。こうした居住地の高台移転は，津波対策として**シ東日本大震災で津波の被害を受けた地域の復興でも実施されている**。高台移転は，津波の被害から逃れられるメリットがある一方で，**ス職住分離がすすんで漁業従事者の負担が増加する**などのデメリットがある。

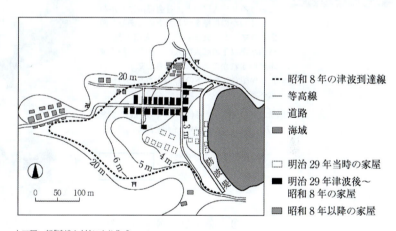

山口彌一郎『津浪と村』により作成。

図 2

	①	②	③	④	⑤	⑥	⑦	⑧
サ	正	正	正	正	誤	誤	誤	誤
シ	正	正	誤	誤	正	正	誤	誤
ス	正	誤	正	誤	正	誤	正	誤

(2021年公表共通テスト「地理総合」サンプル問題第2問問3)

出題のポイント

GISは，新科目「地理総合」で重点的に取り扱われており，しくみを理解するとともに課題探究のプレゼンテーションなどで使いこなせることが求められている。ただ，結果として示された地図は，これまでも出題されてきたようなものであり，特に構えて取り組む必要はない。地図問題では，その地図で示されていることから，出題意図に合わせた特徴が読み取れるかがポイントとなる。

解説と解答

問1 地図の読み取りから，KとLは途中で直角に曲がる箇所があるので，鉄道ではない。Lは，Kよりも遠回りだが，直線的な道を走り，図の西端の曲がり角ではループのように見える。次に表を見てみると，Jは所要時間が短く時間帯の差がない。KはLより経路が短いが時間がかかることが読み取れる。こうして地図と表という2種類の資料から読み取った結果をつなぎあわせて考えれば，Jが鉄道で，Kが一般道，Lが高速道路と判断できる。　　正解：④

問2 地図から明治29年当時，明治29年～昭和8年，昭和8年以降で，集落の家屋が移動していることが読み取れる。昭和8年の津波到達線を見ると，20mの等高線に近い，海岸から300m以上離れた比較的標高の高い地域まで到達している。昭和8年までの家屋は，この津波到達線の範囲内に含まれており，津波の被害を受けたと推測される。そして，この昭和8年の津波以降，さらに高い場所へと集落の家屋を移動させたことが読み取れる。このため海岸からは遠くなり，漁業従事者の負担は増加したと考えられる。　　正解：⑤

統計地図

地図の活用
GISの活用
探究活動

問1 GISを利用して統計地図を作成する際には，統計データの種類や性質によって適当な地図の表現方法を選択する必要がある。右の**図1**は，ある県における人口を，異なる方法によって統計地図として表現したものである。人口を表現した統計地図として**適当でないもの**を，**図1**中の①〜④のうちから一つ選べ。

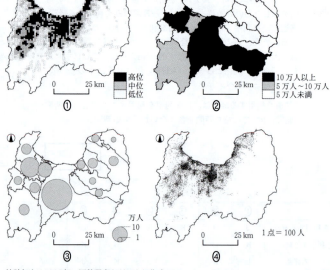

図 1

統計年次は2015年。国勢調査などにより作成。

(2021年度共通テスト「地理A」第1日程第1問問4)

アングロアメリカ

問2 右の**図2**は，アメリカ合衆国の各州*における都市人口率と，社会経済にかかわるいくつかの指標を示したものであり，**図2**中の**マ〜ム**は外国生まれの人口の割合，貧困水準以下の収入の人口の割合，持ち家率のいずれかである。指標名と**マ〜ム**との正しい組合せを，下の①〜⑥のうちから一つ選べ。

*コロンビア特別区(ワシントンD.C.)を含み，アラスカ州とハワイ州を除く。

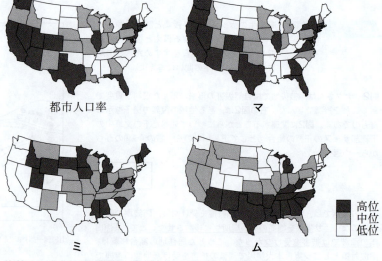

統計年次は，都市人口率が2010年，外国生まれの人口の割合，貧困水準以下の収入の人口の割合，持ち家率が2016年。U.S. Census Bureauの資料などにより作成。

図 2

	①	②	③	④	⑤	⑥
外国生まれの人口の割合	マ	マ	ミ	ミ	ム	ム
貧困水準以下の収入の人口の割合	ミ	ム	マ	ム	マ	ミ
持ち家率	ム	ミ	ム	マ	ミ	マ

(2021年度共通テスト「地理B」第1日程第4問問5)

出題のポイント

統計地図の活用は，内容を読み取れることが当然必要であるが，課題探究活動や，社会に出てからプレゼンテーション資料を作成する際などにも必要になる技能である。自分が主張したいことを，正しい手法で，伝わりやすく表現できるかどうかがポイントとなる。世界地図レベルでドットマップなどの分布を示す統計地図を作成する場合は正積図法を用いる，面的な連続性の無いデータには等値線図は使えないなど，地図化する統計資料の性質によって，適切な統計地図の種類も異なることに留意したい。

解説と解答

問1 人口の分布を，ドットで示したものが④である。これを，同一面積当たりの人口密度の表現に変換し，密度の高低を高位〜低位の3区分で表現したものが①である。これらは実際の人口分布を正しく表している。これに対し，市町村単位の人口を示したものが②と③になる。③の図形表現図では，中央に位置する自治体(実際には富山市)が，面積も大きく，円の大きさから人口も多いことが分かる。しかし，②の階級区分図になると，実際には④のように海岸沿いに人口が集中しているのに対して，富山市全体が黒く塗られていて内陸部まで全面的に人口が多く分布しているように見えてしまう。このように，統計数値の実数(絶対値)を地図で示す際には，本来は相対値(1km当たりや1人当たりなど)を示すための階級区分図は適さない。　　　　　　　　　　　　　　　　　正解：②

問2 マは，太平洋岸からメキシコ国境沿いの州，フロリダ半島，大都市が多い大西洋岸で割合が高いので，外国生まれの人口の割合と判断。ミは，大都市が少ない内陸部やロッキー山脈がある州で割合が高いので，持ち家率と判断。ムは，アフリカ系やヒスパニックなどが多い南部の州で割合が高いので，貧困水準以下の収入の人口の割合と判断する。　　　　　　　　　　　　　　　　　正解：②

模式図

工業

問1 工場は，原料や製品の輸送費が小さくなる地点に理論上は立地するとされている。右の**図1**は，原料産地から工場までの原料の輸送費と，市場で販売する製品の輸送費を示した仮想の地域であり，下の条件を満たす。また，**図1**中の①〜④の地点は，工場の建設候補地を示したものである。総輸送費が最小となる地点を，**図1**中の①〜④のうちから一つ選べ。

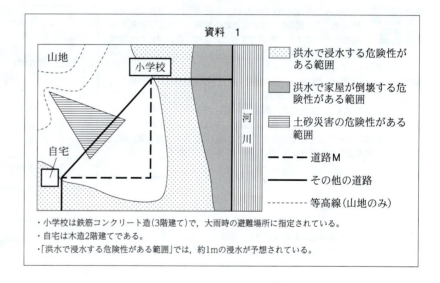

図 1

条件
・使用する原料は1種類であり，原料産地から工場まで原料を輸送し，工場で生産した製品を市場まで輸送する。
・総輸送費は，製品1単位当たりの原料の輸送費と製品の輸送費の合計である。
・輸送費は距離に比例して増加し，距離当たり輸送費について，原料は製品の2倍の費用がかかる。
・市場や原料産地にも工場を建設できる。

(2021年度共通テスト「地理B」第1日程第2問問3)

自然災害・防災

問2 右の**資料1**はある地区の大雨による災害に関する資料や現地の観察結果を整理したものである。この地区の大雨による災害における避難のあり方について述べた文として最も適当なものを，下の①〜④のうちから一つ選べ。

① 自宅から小学校へは道路Mを通って避難する際には，液状化による道路の損壊や陥没に注意しなければならない。
② 自宅で，すでに床上まで浸水していることに気がついた場合，自宅を出て小学校に避難しなければならない。
③ 自宅は崖崩れによる被害の可能性が高いので，大雨の際には必ず小学校に避難しなければならない。
④ 小学校では，避難する部屋を2階以上にするといった工夫をしなければならない。

資料 1

・小学校は鉄筋コンクリート造(3階建て)で，大雨時の避難場所に指定されている。
・自宅は木造2階建てである。
・「洪水で浸水する危険性がある範囲」では，約1mの浸水が予想されている。

(2021年度共通テスト「地理A」第2日程第1問問5)

出題のポイント

模式図は，伝えたい内容を，目立つように分かりやすく表現した図である。制作者(出題者)の意図が読み取れるかどうかがポイントとなる。課題探究活動のなかで，自分で模式図をつくってみるとよいだろう。ケッペンの仮想大陸(→p.46)，チューネンの「孤立国」モデル(→p.91)，ウェーバーの工業立地論(→p.148)，バージェスの都市の同心円モデル(→p.207)など，地理の教科書や資料集に載っている代表的な模式図は，しっかり押さえておこう。

解説と解答

問1 工業立地の典型的な問題である。模式図と見比べながら，箇条書きで示された条件をしっかり読み込もう。条件の中の「距離当たり輸送費について，原料は製品の2倍の費用がかかる。」の一文がポイントとなる。この条件から，できるだけ原料を運ばない方がよいことが分かり，立地による工業分類における「原料指向型工業」の工場であることが類推できる。きちんと計算すると，④は，原料輸送費0円＋製品輸送費2万円で製品1単位当たりの総輸送費は2万円。①は，原料輸送費4万円＋製品輸送費0円で総輸送費4万円。②は，原料輸送費2万円＋製品輸送費1万円で総輸送費3万円。③は，原料輸送費3万円＋製品輸送費2万円で総輸送費は5万円になる。　　**正解：④**

問2 実際に避難することを想定した防災の問題である。新科目「地理総合」は，実生活で役立つ科目として期待されており，今後，このような出題は増えると考えられる。避難をする時には，的確な情報を集めて，それを総合的に検討して，判断を下さなければならない。①は，「液状化」は地震によってもたらされる被害であるのに対し，今回は問題文で「大雨による災害」という条件が示されているので，あてはまらない。②は，自宅がすでに床上まで浸水している状況は，周囲の浸水深が1mか，場合によってはそれ以上の可能性があり，この中を歩いて避難することは危険であるため不適当。自宅の2階あるいは，状況によっては屋根の上に逃げることになろう。③は，資料の地図によると，自宅は土砂災害の危険性がある範囲には含まれていないが，扇状地の扇端部付近にあるため，大規模な土石流が起これば被害を受ける可能性はある。ただ，既に大雨が降り続いている状況では，小学校まで避難する途中に土石流が起こって，これに巻き込まれる危険性がある。大雨による災害の危険性がある時は，大雨が降る前など早めに小学校に避難しておくことが考えられる。③の文の「高いので」を「あるので」に，「必ず」を「早めに情報を得て」と書き換えれば，正解の一つとなる。④は，小学校は，約1mの浸水が予想されている範囲にあるので，2階以上に避難するのは基本である。　　**正解：④**

鳥瞰図・断面図

鳥瞰図　地形

問1　現在では世界各地の自然環境を考察するために，GIS（地理情報システム）が積極的に使われている。次の**図1**は，世界のある海岸地方の衛星データからGISで作成した地図である。また，**図2**は，**図1**中の矢印の視点からの地形景観を3D化したものであり，**図2**の右の文章は，この地域の海岸地形の形成過程についてまとめたものである。文章中の空欄**ア**と**イ**に当てはまる語の正しい組合せを，下の①～④のうちから一つ選べ。

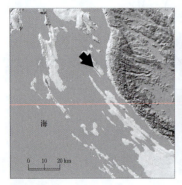

JAXAの資料により作成。
図 1

高さは強調して表現してある。Google Earthにより作成。
図 2

図1では，海岸線とほぼ（　**ア**　）して，細長い島々が配列している様子が読み取れる。これは，海岸線と同じ向きの稜線をもった地形が沈水し，稜線の一部が沈水から取り残されて島ができたことを示している。すなわち，**図2**にみられる海岸付近の山地と島に挟まれた海域は，雨水や河川など主に（　**イ**　）営力により形成された谷に，海水が侵入してできたものと考えられる。

	①	②	③	④
ア	直交	直交	平行	平行
イ	外的	内的	外的	内的

（2018年度試行調査「地理B」第1問問1）

断面図　地形

マキさんたちは，2005～2014年に報告された土砂災害発生地点を，右の**図3**のようにまとめ，世界で発生している土砂災害についてクラスで探究することになった。世界の土砂災害と人間活動に関する下の問いに答えよ。

問2　マキさんたちは，**図3**から「土砂災害を発生させる要因は山脈の地形的特徴にあるのではないか」という仮説を立て，世界の山脈について調べることにした。右の**図4**中の**ア**と**イ**は，**図3**中の線D**と**Eのいずれかに沿った地形断面である。また，下の文G**と**Hは，**図3**中の線D**と**Eのいずれかが横断する山脈について述べたものである。**図3**中の線Dに該当する図と文の組合わせとして最も適当なものを，下の①～④のうちから一つ選べ。

・土砂災害発生地点
Froude and Petley(2018)により作成。
図 3

G　海洋プレートが沈み込む変動帯にあり，火山が多い。
H　大陸プレートどうしが衝突する変動帯にあり，褶曲や断層が多い。

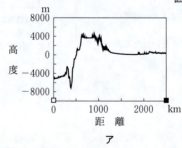
ア

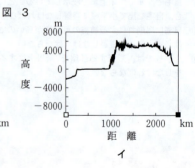
イ

NOAAの資料により作成。
図 4

	①	②	③	④
図	ア	ア	イ	イ
文	G	H	G	H

（2021年度共通テスト「地理B」第2日程第1問問1）

出題のポイント

　鳥瞰図や断面図の読み取りでは，おおまかな地形の特徴についてとらえ，立体的なイメージが浮かべられるかがポイントとなる。地理院地図のウェブサイトでは，ツールの3D機能を使って鳥瞰図をつくることができる。同じく，ツールの断面図機能では，日本と世界の地形断面図も描けるので，自分でいろいろ試してみるとよい。本書の世界地誌ページ（p.228～276）において，各地域の冒頭ページに地図とともに掲載してあるような，世界の諸地域の典型的な断面図の特徴は，しっかり押さえておこう。ヒマラヤやアンデスなどの世界の巨大山脈，海溝や海嶺などの断面図は，よく出題されるので要チェックである。

解説と解答

問1　図1では，海岸線に平行して，細長く島が並んでいることが読み取れる。これを矢印の視点から3D化して鳥観図として見ると，図2のような地形景観になる。地図の場所は，アドリア海に面したクロアチアのダルマチア地方の海岸で，海岸線に対して平行に連なる山地が沈水して細長い島々が形成された。リアス海岸と同じく沈水海岸の一種であるが，海岸線に対して山地が垂直的に連なるリアス海岸に対し，海岸線に対して山地が平行に連なるという違いがあるので，ダルマチア（式）海岸とよばれることもある。　　　　正解：③

問2　図3から，Dはヒマラヤ山脈，Eはアンデス山脈と把握する。図4では，高度がマイナス，すなわち海底地形も描かれていることに注意しよう。アの断面図は，海溝があって高い山，その次が平地と読み取れるので，チリ海溝からアンデス山脈，ブラジルの線Eと判断する。一方，イの断面図は，海岸から平地が続いたあとで高山地帯が続くので，バングラデシュからヒマラヤ山脈，チベット高原の線Dと判断する。線Dに沿った地域は，6000万年前はインド亜大陸としてユーラシア大陸と分かれていたインド半島が，大陸プレートにのって同じく大陸プレートであるユーラシアプレートと衝突し，褶曲や断層の多い大山脈と高原を形成している地域であるため，適当な文はHとなる。　正解：④

関係図・写真

関係図
環境問題

問1 地球的課題の一つである砂漠化は，複雑なメカニズムで起こると考えられている。右の**図1**は，砂漠化のメカニズムとその影響を示した模式図であり，下の文**サ**と**シ**のいずれかは，**図1**中のPの状況に関することがらを述べたものである。また，図1中の空欄**X**と**Y**には，塩類の集積と土壌侵食の増加のいずれかが当てはまる。Pの状況に関することがらを述べた文と空欄**X**に当てはまる語句との組合せとして最も適当なものを，下の①～④のうちから一つ選べ。

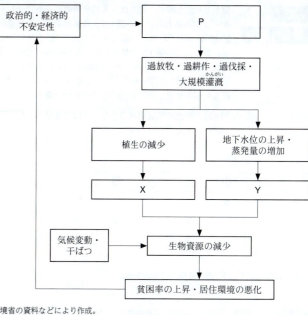

図 1

サ 家族計画の推進による人口構造の変化
シ 市場経済の拡大による資源需要の増加

	①	②	③	④
P	サ	サ	シ	シ
X	塩類の集積	土壌侵食の増加	塩類の集積	土壌侵食の増加

（2021年度共通テスト「地理A」第1日程第4問問5）

写真
村落・都市

問2 右の**写真1**はある集落の景観を撮影したものである。下の文**カ**と**キ**のいずれかは，**写真1**のような形態の集落が分布する地域について述べたものであり，文**a**と**b**のいずれかは，このような形態の利点を説明したものである。**写真1**のような形態の集落に該当する文の組合せとして最も適当なものを，下の①～④のうちから一つ選べ。

写真 1

分布する地域
カ 開発の歴史が新しく，村落が計画的につくられた地域
キ 平野部で農業生産性が高く，外敵への備えが必要であった地域

形態の利点
a 各農家の近くに耕地が集まっており，耕作や収穫の利便性が高い。
b 教会や広場があり，農業や社会生活などで共同作業を行いやすい。

	①	②	③	④
分布する地域	カ	カ	キ	キ
形態の利点	a	b	a	b

（2021年度共通テスト「地理B」第2日程第3問問3）

出題のポイント

上段の「関係図」の出題については，事象のプロセスをカードと矢印でつなぐように並べたフローチャート（流れ図）が代表例である。このタイプの問題を解くには，筋道を立てて論理的な考え方ができるかがポイントとなる。実際の課題探究活動などを進めるうえで，キーワードをメモしたカードを並べ替えて事象の関連についてのフローをつくったり，フローチャートを描きながら仮説を検証することでの考察を深めていったりする経験を積んでおくとよい。フローチャートを構築する技能は，社会に出ても大いに役立つ。

下段の空中写真の読み取りは，センター試験の時代から頻出の問題である。写真に写り込んでいる内容から，出題者の意図を読み取れるかがポイントとなる。日頃から，地図のウェブサイトで閲覧できる空中写真を見て，何が読み取れるのかトレーニングし，経験を積んでおこう。また，何が読み取れるのかという視点をもって，教科書や資料集に掲載されている写真を見るようにしよう。

解説と解答

問1 選択肢の**サ**「家族計画の推進による人口構造の変化」は，人口抑制政策による成果を示すことが多い。したがって，フローチャートの 政治的・経済的 不安定性 → P → 過放牧・過耕作・過伐採・大規模灌漑 という流れのなかで，Pの状況に当てはまるのは，選択肢の**シ**「市場経済の拡大による資源需要の増加」が適当と判断する。大規模灌漑の農場などでは，シが当てはまるが，サヘルの過放牧などでは，人口増加などの影響が大きい。

次に，植生の減少 → X → 生物資源の減少，地下水位の上昇・蒸発量の増加 → Y → 生物資源の減少 という2通りのフローにおいては，植生が減少したことで生じる問題は，地表が裸地となって土壌侵食が進む問題であるので，Xは「土壌侵食の増加」であると判断する。もう一方のフローの地下水位の上昇や蒸発量の増加によって生じる問題は，毛細管現象による塩類の集積なので，Yは「塩類の集積」になる。

正解：④

問2 空中写真から，円形の集落の中心に大きな建物や広場があることが読み取れる。村の中心に広場をつくって教会などを設け，広場を取り囲むように家屋を配置することで外敵への防御の機能も果たしたヨーロッパの円村（環村）の写真であることが判断できれば，分布する地域はキで，形態の利点はbであると判断できる。カとaの組み合わせは，アメリカ合衆国のタウンシップ制や北海道の屯田兵村をイメージしていると思われる。

正解：④

表・グラフ

表 村落・都市

問1 大都市圏の内部では、人口分布の時系列変化に一定のパターンがみられる。右の**図1**は、島嶼部を除く東京都における2010年の市区町村と1925年の人口密集地*を示したものである。また、右の**表1**中の**サ～ス**は、**図1**中の**A～C**のいずれかの市区町村における1925～1930年、1965～1970年、2005～2010年の人口増加率を示したものである。**A～C**と**サ～ス**との正しい組合せを、下の①～⑥のうちから一つ選べ。

*1925年時点の市区町村のうち、人口密度が4,000人/km²以上のもの。

	①	②	③	④	⑤	⑥
A	サ	サ	シ	シ	ス	ス
B	シ	ス	サ	ス	サ	シ
C	ス	シ	ス	サ	シ	サ

(2021年度共通テスト「地理B」第1日程第3問問4)

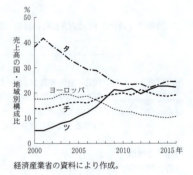

図 1

表 1
(単位：%)

	1925～1930年	1965～1970年	2005～2010年
サ	103.9	3.0	4.0
シ	6.3	-18.9	24.8
ス	2.6	65.3	1.2

国勢調により作成。

グラフ 工業

問2 日本の企業は、経済のグローバル化に伴い、海外への直接投資を積極的に増やしてきた。右の**図2**は、日系海外現地法人の売上高のうち、製造業の売上高について主な国・地域別の構成比の推移を示したものであり、**タ～ツ**は、ASEAN*、アメリカ合衆国、中国**のいずれかである。国・地域名と**タ～ツ**との正しい組合せを、下の①～⑥のうちから一つ選べ。

*インドネシア、タイ、フィリピン、マレーシアの4か国の値。
**台湾、ホンコン、マカオを含まない。

	①	②	③	④	⑤	⑥
ASEAN	タ	タ	チ	チ	ツ	ツ
アメリカ合衆国	チ	ツ	タ	ツ	タ	チ
中国	ツ	チ	ツ	タ	チ	タ

(2021年度共通テスト「地理B」第1日程第2問問5)

図 2

グラフ 観光

問3 右の**図3**は、ある3か国の2017年における訪日観光客数と、1人当たり旅行消費額およびその内訳を示したものであり、**マ～ム**は、アメリカ合衆国、韓国、中国*のいずれかである。また、**図3**中の凡例**P**と**Q**は、買い物代と宿泊費のいずれかである。アメリカ合衆国と買い物代との正しい組合せを、下の①～⑥のうちから一つ選べ。

*台湾、ホンコン、マカオを含まない。

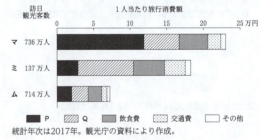

	①	②	③	④	⑤	⑥
アメリカ合衆国	マ	マ	ミ	ミ	ム	ム
買い物代	P	Q	P	Q	P	Q

(2021年度共通テスト「地理B」第2日程第2問問6)

図 3

出題のポイント

表の出題は、共通テストばかりでなく国公立大学の二次試験や私立大学の入試問題で頻出である。表には、グラフや統計地図の基となる数値が並んでいる。表問題の解き方は、値の大きいものについて、表中に丸印や下線を書き込むなどして、表の視覚化・見える化をすることがポイントとなる。

グラフは、視覚的に見やすく加工することで、傾向や特徴が伝わるようにつくられている。制作者(出題者)の意図が読み取れるかがポイントとなる。

解説と解答

問1 図1中の1925年の人口密集地からAが都市中心部で、Cに向かって郊外になることが読み取れる。表から、サは1925～30年に人口急増、シは1965～70年に人口減少して2005～2010年は人口増加、スは1965～70年に人口増加と読み取れる。図1中の1925年の人口密集地の外縁にあたるBで1925年以降に市街地の拡大が進んで人口が急増したと考えサはB、高度経済成長期にあたる1960年代にドーナツ化現象によって人口増加が生じたスがC、同時期に人口減少が起こったシがAと判断し、2005年以降は人口の都心回帰が進んでいることも読み取れる。日本の人口と都市に関わる問題は頻出なので、動向を押さえておこう。　　　　　　　　　　　　　　　　　　　　　　　　　　　　　　　　正解：③

問2 2010年までの傾向で判断する。割合が低下しているタがアメリカ合衆国、割合が急増しているツがこの10年で工業化が急速に進んだ中国と判断し、残りのチがASEANとなる。　　　　　　　　　　　　　　　　　　　　　正解：③

問3 マは、訪日観光客数も旅行消費額も多いことから中国と判断する。ミは観光客数は少ないが消費額は多い、ムは観光客数は多いが消費額が少ない。この比較で、ミがアメリカ合衆国、ムが韓国と判断する。中国が高いPが買い物代、アメリカ合衆国が高いQが宿泊費と考えると、つじつまが合う。　　　正解：③

写真資料① 世界の農産物

Link ▶ p.86 ❶農業の起源と伝播, p.92 ❸混合農業, p.216 ❷おもな食べ物とその調理法

稲

インディカ種
ジャポニカ種

原産地はまだ特定されていないが、長江中・下流域説が有力。生育期に高温多雨な気候を好む。粒が細長くねばりけが弱いインディカ種が主として熱帯で、短粒でねばりけが強いジャポニカ種が日本・朝鮮半島・中国北部で栽培される。日本酒の多くは酒造用に改良された米からつくられる。 Link ▶ p.98 ジャポニカ種とインディカ種　日本酒

小麦

原産地は西アジア周辺。生育期に冷涼多湿、成熟期に温暖で乾燥する気候を好む。草たけ80〜100cm程度。稲より低温・少雨でも生育可能で、温帯では冬小麦、亜寒帯では春小麦と、1年を通して世界のどこかで栽培されている。 食パン
Link ▶ p.99 ⓫小麦カレンダー

大麦

原産地は西アジア周辺。チベットなどでは粉にしてだんご状に加工し、主食としている。先進国では飼料用、ビール醸造用に利用。日本では麦茶などに利用されるが、栽培は減少傾向。 ビール　麦茶

ライ麦

カフカス〜中央アジアにかけてが原産地とされ、小麦畑・大麦畑の雑草から作物化された。小麦より耐寒性にすぐれ、酸性土壌もきらわないため、東ヨーロッパやロシアで栽培がさかん。生産量の3分の1は配合飼料の原料で、黒パンやウォッカの原料にもなる。

こうりゃん

もろこしなどとともにソルガムと総称される。原産地は熱帯アフリカのエチオピア地域と考えられる。干ばつに強く、酸性土壌に適する主食代用品。先進国では飼料用として栽培。アメリカ合衆国やメキシコが主産地。
Link ▶ p.320 ⓭もろこし(ソルガム)の生産

とうもろこし

原産地は中南米とされる。生育期に高温多湿な気候を好む。小麦・米につぐ穀類として重要。胚芽は油分を含むため、植物油やバイオエタノールの原料としても利用される。飼料としての利用も多い。
Link ▶ p.117 ❻とうもろこし生産とバイオエタノール需要

大豆

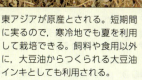

東アジアが原産とされる。短期間に実るので、寒冷地でも夏を利用して栽培できる。飼料や食用以外に、大豆油からつくられる大豆油インキとしても利用される。 大豆油インキ

さとうきび

イネ科で、原産地は熱帯アジア〜太平洋の島々。草たけ2〜4m、直径3〜4cmの茎を刈り、汁をしぼり、煮つめて砂糖を精製する。製糖用作物としては最も重要。ブラジルでは、さとうきびを発酵させてアルコールを精製し、自動車燃料として利用している。
Link ▶ p.143 ❸

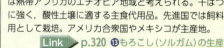

じゃがいも

原産地はアンデス山脈中のチチカカ湖周辺。16世紀にスペイン人によってヨーロッパなどにもたらされた。生育期間が短く寒さに強いので、亜寒帯や高冷地から亜熱帯まで広く栽培される。料理の幅も広いので重宝される。 Link ▶p.118 ❸じゃがいもの収穫

タロいも

熱帯アジアを原産地とし、高温多湿な土地を好む。モンスーンアジアの温帯にも分布。日本の さといも もこの一種である。オセアニアの島々や熱帯アフリカ（ギニア湾沿岸）では主食の一つとなっていたが、食生活の洋風化によって減少傾向にある。 Link ▶p.321 ⓱

ヤムいも

日本の やまいも に似ている。東南アジア、オセアニアの島々、アフリカ西岸の国々で栽培。焼畑で栽培される場合が多い。野生種の多くは有毒で、食用には手間をかけて毒抜きをする必要がある。 Link ▶p.321 ⓲ヤムいもの生産

キャッサバ

Link ▶p.89 ❸焼畑農業

原産地はブラジルとされる。熱帯地方で広く栽培されている。根からでんぷん（タピオカ）を採取し、食用に加工したり、飼料として利用したりする。品種によっては毒素（青酸）があるため、このようなキャッサバは、天日で乾燥させることで毒素（青酸）を除いてから利用する。

オリーブ

原産地は地中海沿岸。乾燥に強く、ほかの樹木が生育困難な岩石が多い土地でも生育可能。樹高20〜30mにもなる。楕円形で2cmほどの実は40〜60％の油分を含み、採油される。実は酢漬けなどにして食用にもなる。 Link ▶p.55 ❺オリーブ畑

こしょう

原産地はインド南部。多年生つる植物で9m前後に生育するため、支柱にはわせて栽培する。直径7mmほどの球形の実を乾燥させると、香辛料である こしょう となる。インドやインドネシアなどで栽培。収穫時期や乾燥のさせ方などにより、黒・白・青・赤こしょうがある。

てんさい

地中海東部から中央アジアにかけてが原産地。砂糖大根、ビートともいう。かぶより大きい。品種改良により20％以上の糖分を含み、冷温帯地域の製糖用作物として重要。混合農業地域では輪作用に栽培。葉と しぼりかす は飼料となる。 Link ▶p.92 ❸てんさいの収穫

コーヒー

原産地はエチオピア高原のカッファ（Kaffa）地方。常緑樹で樹高3〜5m。栽培適地は、開花後乾季となる熱帯高地で、排水良好な緩斜面。幼樹は日射や風に弱く、保護するため「母の木」を植える。 Link ▶p.95 ❻❾❿，p.107 ❸ベトナムの農業の多角化

茶

天然木は7〜8mに達するが、栽培種は1m程度にせん定する。日本茶の原産地はチベット〜中国ユンナン（雲南）省。年中高温多雨で排水良好な丘陵地が栽培適地。発酵させると紅茶、半発酵でウーロン茶になる。 Link ▶p.55 茶の種類ができるわけ，p.95 ❾❿

カカオ
原産地は熱帯アメリカ低地。赤道を中心に南北緯10度以内の低地で栽培。常緑樹で樹高4～10mになる。高温多雨で無風帯、排水良好な土壌を好む。果実の中の種子を取り出し、乾燥させてから出荷する。
Link ▶ p.95 ❻❾❿おもな商品作物

ジュート（黄麻）
原産地は熱帯アジア。高温多湿な気候と肥沃土を好み、低湿地で栽培される。草たけ3～5m。茎の表皮から繊維をとり、包装用粗布袋（ガンニー袋）、じゅうたんの裏打ち布などに加工する。
Link ▶ p.109 ❿ジュートの収穫とジュートからつくられた麻袋

綿花
原産地はインド北西部、中南米など数か所存在する。年間の無霜期間が200日以上、比較的高温で開花後は乾燥していることなどの栽培条件が必要。種子に密生する綿毛から繊維をとり、種子は採油原料となる。
Link ▶ p.100 ❻綿花の生産

天然ゴム（パラゴム）
原産地はアマゾン川流域。樹高17～35m。年中高温多雨で暴風雨のない低地で、深い砂質土が栽培適地。1本の木から年に5kgのゴム液が採取でき、自動車のタイヤなどに利用される。合成ゴムの増加で生産が停滞していたが、近年、中国の自動車生産の増加で需要が増えている。
Link ▶ p.95 ❾❿ p.108 ❹

コルクがし
原産地は地中海沿岸。常緑樹で寿命は80～150年といわれ、樹高20mにもなる。20年目くらいの木の樹皮からコルク層が採取でき、その後9年ごとに採取可能。びんの栓、サンダル底などに利用される。スペインやポルトガル、アルジェリアなどで栽培されている。

サイザル麻（ヘネケン麻）
原産地はメキシコのユカタン半島。高温で乾燥した気候を好む多年生の多肉植物。高さ約7m。葉の長さ1～2m。葉から繊維がとれ、ロープや敷物に加工される。世界生産の半分以上がブラジルで生産される。
Link ▶ p.323 ⓴サイザル麻の生産

油やし
原産地は西アフリカの熱帯雨林帯。樹高が10～20mで、葉の付け根に5cmくらいの果実を1000個あまりも集めた房状の実をつける。果実は油分に富み、パーム油がとれる。これは洗剤やマーガリンの原料となるが、近年バイオディーゼルの原料としても注目されている。
Link ▶ p.95 ❼❾ p.108 ❹

ココやし
原産地はオセアニア説が有力。年中高温な熱帯低地を好み、樹高20～30mに生育。頂部に集まる葉は5～7mに及ぶ。果実の胚乳を乾燥させたものをコプラといい、コプラ油をとったり、細かくおろして洋菓子に使う。
Link ▶ p.322 ❶コプラ油の生産

なつめやし
原産地はメソポタミア周辺。樹高約30mに生長し、高温少雨の乾燥気候に適応する。果実（デーツ）は甘く、菓子の材料、ドライフルーツなどとして食されるほか、酒もつくられる。幹や葉は現地の建築用にも利用される。
Link ▶ p.322 ❸なつめやしの生産

写真資料② 世界の家畜

Link p.88 2遊牧, p.216 2おもな食べ物とその調理法

肉牛

夏には毛が短く、冬に長くなるフランス原産のシャロレーや、どんな気候の土地でも飼育可能なイギリス原産のヘレフォードなどがいる。日本では、小型の日本在来の牛にブラウンスイス（スイス原産）やショートホーン（イギリス原産）を交配して改良した黒毛和種が代表的。

豚

ヨークシャー　バークシャー

ヨークシャー：イギリスのヨークシャー地方が原産地。性質はおとなしく1回に生まれる子の数が多い。
バークシャー：イギリスのバークシャー地方が原産地。強健で成長が速く、肉質もよい。

Link p.101 8豚の分布と豚肉の生産

羊

メリノ種　コリデール種

オーストラリアでおもに飼育されるメリノ種は毛用種の王座を占める品種であり、羊毛量が多く高品質で飼育しやすい。食肉用にはコリデール種やロムニー種が有名で、おもにニュージーランドで飼育されているが、ロムニー種の毛はカーペット用としても有名。

乳牛

ホルスタイン　ジャージー

ホルスタイン：オランダ原産で、乳牛として最も多く飼育されている品種。品種改良によって、乳量は牛のなかで最多を誇り、年間4.5～6tにもなる。
ジャージー：イギリス原産で、ホルスタインの次に多い。年間3～4tの乳を出す。

Link p.92 4酪農

ヤギ

アイベックス　ザーネン

寒さに強く、やせた土地にも強いので、牛などを飼いにくい山地や荒れ地で飼われる。地域によって体形に大きな差があり、同一種と見えないこともある。乳・毛皮・肉用としてのほかに、アンゴラ種やカシミール種のように毛を目的として飼育することもある。

ラクダ

ひとこぶ　ふたこぶ

（アフリカ、西アジアに多い）　（中央アジアに多い）

砂塵を防ぐ鼻や目、荒れ地にも強い分厚い足裏をもち、粗食に耐え、数日に1度の飲水で生きることができるため、古くから砂漠地帯で飼育されてきた。高温で乾燥した気候に耐える ひとこぶラクダ と、低温で乾燥した気候に耐える ふたこぶラクダ とがいる。

ヤク

牛の一種。チベット、ヒマラヤ山脈など、標高6000mくらいの冷涼な気候に適応する。地衣類やコケ類が食料で、多くは家畜として飼育され、運搬のほか乳はバターに、肉は食用に、毛は織物に、糞は燃料にと余すところなく利用されている。野生のヤクは国際保護動物になっている。

トナカイ

北極周辺のツンドラ地帯で飼育され、カナダではカリブーとよばれる。コケ類・地衣類などを食料とし、北極海沿岸からタイガまで遊牧が行われる。乗用・運搬用にそりを引かせるとともに、肉・乳は食用に、皮はテント・衣服用に利用する。

リャマ　アルパカ

（体高106～120cm）リャマ　アルパカ（体高90cm以下）

ともにラクダ科できわめて近い関係にあり、両者の雑種もできやすいのでアンデスの地元の人でも見分けにくいといわれる。リャマは力が強く、荷役用のほか食用や採毛用としても重要な家畜である。アルパカはリャマより小型で、上質の毛をとるために飼育されている。

写真資料③ 世界の鉱産物

 Link p.137 非鉄金属, p.138～139 レアメタル

鉄

鉄分を50～60％含む暗赤色の磁鉄鉱・赤鉄鉱や，鉄分を20～50％含む褐色の褐鉄鉱などがある。このうち，赤鉄鉱は製鉄用として使用される。このほか，燐を含むミネット鉱はトーマス法によって製鉄される。
Link p.136 鉄鉱石

銅

銅は，展延性や熱伝導にすぐれているので，多種多様な工業で利用され，多くの合金がつくられている。銅鉱石は酸化物や硫化物として採掘されるので，鉄分や硫黄分を取り除いたあと精錬してできる。

ボーキサイト
ボーキサイトから取り出したアルミナと氷晶石（溶剤）を入れた電解槽で電気分解によってアルミニウムを得る。軽くて腐食に強く電気伝導にすぐれるので，軽合金やジュラルミンなど多くの合金に利用されている。

金

比重が大きく，熱や酸・アルカリにも強い。また，展性にすぐれ，厚さ1ミクロン未満にまで引きのばせる。多くは合金にして利用される。
Link p.166 ❷金の採掘現場

ダイヤモンド

炭素からなる無色透明かクリーム色，赤色の鉱物で，鉱物のなかでは最もかたい。装飾用のほか，研磨や金属・ガラスの切断などに利用される。

金属シリコン（ケイ素）
石英を主成分とする珪石や珪砂を精錬してつくられる半金属。半導体やジェットエンジンなどに利用されている。金属シリコンの製造には膨大な電力が必要なため，比較的電力が安い中国などがおもな生産国。

ウランとイエローケーキ

花崗岩質の岩石中などに含まれている。取り出されたウラン鉱は，精錬されてイエローケーキになり，さらに濃縮工場で濃縮ウランになる。これが原子力発電に利用される。
Link p.165 ⓭ウラン鉱

石炭

炭素が含まれる量によって，無煙炭（80％以上），瀝青炭（80～50％），褐炭（50～30％）に分けられる。このうち，瀝青炭は最も生産量が多く，製鉄用コークスや燃料として利用される。
Link p.135 石炭

原油

Link p.132 石油
地殻変動などの圧力や熱によって，地質時代の動植物から生じた炭化水素が水成岩にたまったもので，今日最も多く利用されるエネルギー源である。ガソリン・灯油・軽油・重油・ナフサに精製して利用される。

ニッケル

光沢があり耐食性が高いため装飾用のめっきに用いられることが多い。また，チタンと1：1の合金は，形状記憶合金として広く用いられている。50円硬貨・100円硬貨は，銅とニッケルの合金（白銅）である。

チタン

耐食性・耐熱性・軽量性にすぐれている。形状記憶合金のほか，生体親和性が高いことから，人工歯根（デンタルインプラント）や人工関節，ピアスなどにも利用されている。

クロム

光沢がありかたく，耐食性があることからめっきとして利用されることが多い。また，鉄（50％以上）とニッケルとクロム（10.5％以上）の合金はステンレス鋼とよばれ，厨房設備や鉄道車両などに広く利用される。

統計資料① 農林水産業

①米（もみ）の生産（万t）

国　名	1990	2018	%
世　界	51,857	76,284	100
中　国	18,933	21,213	27.8
イ ン ド	11,152	17,472	22.9
インドネシア	4,518	5,920	7.8
バングラデシュ	2,678	5,442	7.1
ベ ト ナ ム	1,923	4,405	5.8
タ イ	1,719	3,235	4.2
ミャンマー	1,397	2,757	3.6
フィリピン	989	1,907	2.5
ブ ラ ジ ル	742	1,181	1.5
カンボジア	250	1,089	1.4

日本1,061　　（FAOSTAT）

②米の輸出入（万t）

輸出国	1990	2018	%	輸入国	1990	2018	%
世　界	1,241	4,680	100	世　界	1,209	4,638	100
イ ン ド	51	1,158	24.7	中　国	6	339	7.3
タ イ	401	1,107	23.7	インドネシア	5	225	4.9
ベトナム	162	608	13.0	ナイジェリア	22	185	4.0
パキスタン	74	391	8.4	フィリピン	59	176	3.8
アメリカ合衆国	243	271	5.8	ベ ナ ン	13	168	3.6
中　国	33	208	4.4	イ ラ ン	56	161	3.5
ミャンマー	25	162	3.5	コートジボワール	34	150	3.2
ブラジル	0.1	121	2.6	セネガル	39	128	2.8
ウルグアイ	29	80	1.7	サウジアラビア	28	128	2.8
イタリア	57	71	1.5	南アフリカ共和国	30	107	2.3

日本5（輸出）　67（輸入）　　（FAOSTAT）

③米の生産量上位国の1haあたり収量（2018年）

国　名	t/ha
世 界 平 均	4.68
アメリカ合衆国	8.62
韓　国	7.04
中　国①	7.03
日　本	6.62
ブ ラ ジ ル	6.31
ベ ト ナ ム	5.82
インドネシア	5.19
バングラデシュ	4.74
フィリピン	3.97
イ ン ド	3.88

①ホンコン，マカオを除く　（FAOSTAT）

④小麦の生産（万t）

国　名	1990	2018	%
世　界	59,133	73,405	100
中　国	9,823	13,144	17.9
イ ン ド	4,985	9,970	13.6
ロ シ ア	①10,189	7,214	9.8
アメリカ合衆国	7,429	5,129	7.0
フ ラ ン ス	3,335	3,580	4.9
カ ナ ダ	3,210	3,177	4.3
パキスタン	1,432	2,508	3.4
ウクライナ	—	2,465	3.4
オーストラリア	1,507	2,094	2.9
ド イ ツ	1,524	2,026	2.8

日本76　①ソ連　（FAOSTAT）

⑤小麦の輸出入（万t）

輸出国	1990	2018	%	輸入国	1990	2018	%
世　界	10,824	21,170	100	世　界	10,503	20,189	100
ロ シ ア	①109	4,434	20.9	インドネシア	177	1,018	5.0
カ ナ ダ	1,817	2,326	11.0	エ ジ プ ト	644	934	4.6
アメリカ合衆国	2,875	2,289	10.8	アルジェリア	360	842	4.2
フ ラ ン ス	1,934	1,934	9.1	イ タ リ ア	471	748	3.7
ウクライナ	—	1,680	7.9	ブ ラ ジ ル	196	731	3.6
アルゼンチン	604	1,256	5.9	フィリピン	160	686	3.4
オーストラリア	1,163	1,240	5.9	オ ラ ン ダ	325	658	3.3
カザフスタン	—	940	4.4	ス ペ イ ン	70	625	3.1
ド イ ツ	283	653	3.1	ト ル コ	219	580	2.9
ルーマニア	0	589	2.8	日　本	547	566	2.8

日本23（輸出）　①ソ連　（FAOSTAT）

⑥小麦の生産量上位国の1haあたり収量（2018年）

国　名	t/ha
世 界 平 均	3.42
イ ギ リ ス	7.75
フ ラ ン ス	6.84
ド イ ツ	6.67
中　国①	5.42
ウクライナ	3.72
イ ン ド	3.37
カ ナ ダ	3.22
アメリカ合衆国	3.20
アルゼンチン	3.18
パキスタン	2.85

日本3.61　①ホンコン，マカオを除く　（FAOSTAT）

⑦大麦の生産（万t）

国　名	1990	2018	%
世　界	17,807	14,175	100
ロ シ ア	①5,254	1,699	12.0
フ ラ ン ス	1,000	1,119	7.9
ド イ ツ	1,399	958	6.8
オーストラリア	411	925	6.5
ス ペ イ ン	938	913	6.4
カ ナ ダ	1,344	838	5.9
ウクライナ	—	735	5.2
ト ル コ	730	700	4.9
イ ギ リ ス	790	651	4.6
アルゼンチン	33	506	3.6

日本17　①ソ連　（FAOSTAT）

⑧ライ麦の生産（万t）

国　名	1990	2018	%
世　界	3,819	1,127	100
ド イ ツ	399	220	19.5
ポーランド	604	217	19.2
ロ シ ア	①2,218	192	17.0
中　国	120	104	9.3
ベラルーシ	—	50	4.5
デンマーク	55	48	4.3
ウクライナ	—	39	3.5
ス ペ イ ン	27	39	3.4
ト ル コ	24	32	2.8
カ ナ ダ	60	24	2.1

①ソ連　（FAOSTAT）

⑨えん麦の生産（万t）

国　名	1990	2018	%
世　界	3,992	2,305	100
ロ シ ア	①1,555	472	20.5
カ ナ ダ	269	344	14.9
ス ペ イ ン	51	149	6.5
オーストラリア	153	123	5.3
ポーランド	212	117	5.1
中　国	89	100	4.4
ブ ラ ジ ル	18	90	3.9
イ ギ リ ス	53	85	3.7
フィンランド	166	82	3.5
アメリカ合衆国	519	81	3.5

日本0.03　①ソ連　（FAOSTAT）

⑩きび・ひえ・あわの生産（万t）

国　名	1990	2018	%
世　界	3,000	3,102	100
イ ン ド	1,042	1,164	37.5
ニジェール	177	386	12.4
ス ー ダ ン	①11	265	8.5
ナイジェリア	514	224	7.2
マ リ	74	184	5.9
中　国	458	157	5.0
ブルキナファソ	45	119	3.8
エチオピア	②15	98	3.2
チ ャ ド	17	76	2.4
セネガル	50	57	1.9

日本0.02　①南スーダンを含む　②エリトリアを含む　（FAOSTAT）

⑪とうもろこしの生産（万t）

国　名	1990	2018	%
世　界	48,362	114,769	100
アメリカ合衆国	20,153	39,245	34.2
中　国	9,682	25,717	22.4
ブ ラ ジ ル	2,135	8,229	7.2
アルゼンチン	540	4,346	3.8
ウクライナ	—	3,580	3.1
インドネシア	673	3,025	2.6
イ ン ド	896	2,782	2.4
メ キ シ コ	1,464	2,717	2.4
ルーマニア	681	1,866	1.6
カ ナ ダ	707	1,388	1.2

日本0.02　（FAOSTAT）

⑫とうもろこしの輸出入（万t）

輸出国	1990	2018	%	輸入国	1990	2018	%
世　界	7,204	17,365	100	世　界	7,351	16,969	100
アメリカ合衆国	5,217	7,007	40.4	メ キ シ コ	410	1,710	10.1
ブ ラ ジ ル	0.01	2,357	13.6	日　本	1,601	1,582	9.3
アルゼンチン	300	2,318	13.3	ベ ト ナ ム	0.2	1,038	6.1
ウクライナ	—	2,144	12.3	韓　国	616	1,017	6.0
フ ラ ン ス	719	497	2.9	ス ペ イ ン	181	951	5.6
ロ シ ア	①32	478	2.8	イ ラ ン	94	898	5.3
ルーマニア	0.03	461	2.7	エ ジ プ ト	190	746	4.4
ハンガリー	16	239	1.4	オ ラ ン ダ	201	603	3.6
南アフリカ共和国	200	220	1.3	イ タ リ ア	114	576	3.4
カ ナ ダ	12	215	1.2	コロンビア	3	541	3.2

日本0.01（輸出）　①ソ連　（FAOSTAT）

⑬もろこし（ソルガム）の生産（万t）

国　名	1990	2018	%
世　界	5,681	5,934	100
アメリカ合衆国	1,456	927	15.6
ナイジェリア	419	686	11.6
ス ー ダ ン	①118	495	8.3
エチオピア	②97	493	8.3
イ ン ド	1,168	480	8.1
メ キ シ コ	598	453	7.6
ブ ラ ジ ル	24	227	3.8
中　国	568	219	3.7
ニジェール	28	210	3.5
ブルキナファソ	75	193	3.3

①南スーダンを含む　②エリトリアを含む　（FAOSTAT）

⑭大豆の生産（万t）

国　名	1990	2018	%
世　界	10,846	34,871	100
アメリカ合衆国	5,242	12,366	35.5
ブ ラ ジ ル	1,990	11,789	33.8
アルゼンチン	1,070	3,779	10.8
中　国	1,100	1,419	4.1
イ ン ド	260	1,379	4.0
パラグアイ	179	1,105	3.2
カ ナ ダ	126	727	2.1
ウクライナ	—	446	1.3
ロ シ ア	①88	403	1.2
ボ リ ビ ア	23	294	0.8

日本21　①ソ連　（FAOSTAT）

⑮大豆の輸出入（万t）

輸出国	1990	2018	%	輸入国	1990	2018	%
世　界	2,588	15,259	100	世　界	2,633	15,180	100
ブ ラ ジ ル	408	8,361	54.8	中　国	0.1	8,806	58.0
アメリカ合衆国	1,547	4,642	30.4	アルゼンチン	0.004	644	4.2
パラグアイ	141	603	4.0	メ キ シ コ	90	518	3.4
カ ナ ダ	17	550	3.6	オ ラ ン ダ	412	428	2.8
アルゼンチン	321	354	2.3	ド イ ツ	272	365	2.4
ウクライナ	—	224	1.5	ス ペ イ ン	262	340	2.2
ウルグアイ	3	136	0.9	日　本	468	324	2.1
オ ラ ン ダ	29	98	0.6	タ イ	0.002	272	1.8
ロ シ ア	—	96	0.6	ト ル コ	0.2	266	1.8
ベ ル ギ ー	①3	28	0.2	（台 湾）	199	263	1.7

日本0.01（輸出）　①ルクセンブルクを含む　（FAOSTAT）

⑯じゃがいもの生産（万t）

国　名	1990	2018	%
世　界	26,683	36,825	100
中　国	3,200	9,026	24.5
イ ン ド	1,477	4,853	13.2
ウクライナ	—	2,250	6.1
ロ シ ア	①6,361	2,239	6.1
アメリカ合衆国	1,824	2,061	5.6
バングラデシュ	107	974	2.6
ド イ ツ	1,447	892	2.4
フ ラ ン ス	475	787	2.1
ポーランド	3,631	748	2.0
オ ラ ン ダ	704	603	1.6

日本226　①ソ連　（FAOSTAT）

⑰タロいもの生産 (万t)

国　名	1990	2018	％
世　界	503	1,064	100
ナイジェリア	73	330	31.0
中　国	110	191	18.0
カメルーン	75	190	17.9
ガ ー ナ	82	146	13.7
パプアニューギニア	22	27	2.6
マダガスカル	11	23	2.2
ル ワ ン ダ	8	22	2.1
日　本	32	14	1.3
中央アフリカ	5	14	1.3
エ ジ プ ト	10	12	1.1

〔FAOSTAT〕

⑱ヤムいもの生産 (万t)

国　名	1990	2018	％
世　界	2,178	7,258	100
ナイジェリア	1,362	4,753	65.5
ガ ー ナ	88	786	10.8
コートジボワール	318	725	10.0
ベ ナ ン	105	294	4.1
エチオピア	① 26	136	1.9
ト ー ゴ	39	86	1.2
カ メ ル ー ン	9	67	0.9
中央アフリカ	23	51	0.7
チ ャ ド	24	48	0.7
ハ イ チ	17	42	0.6

①エリトリアを含む　〔FAOSTAT〕

⑲キャッサバの生産 (万t)

国　名	1990	2018	％
世　界	15,238	27,781	100
ナイジェリア	1,904	5,948	21.4
タ　イ	2,070	3,168	11.4
コンゴ民主共和国	1,872	2,995	10.8
ガ ー ナ	272	2,085	7.5
ブ ラ ジ ル	2,432	1,764	6.4
インドネシア	1,583	1,612	5.8
ベ ト ナ ム	228	985	3.5
ア ン ゴ ラ	160	866	3.1
モザンビーク	459	853	3.1
カンボジア	6	765	2.8

〔FAOSTAT〕

⑳てんさいの生産 (万t)

国　名	1990	2018	％
世　界	30,919	27,549	100
ロ シ ア	①8,298	4,207	15.3
フ ラ ン ス	3,175	3,958	14.4
アメリカ合衆国	2,496	3,007	10.9
ド イ ツ	3,037	2,619	9.5
ト ル コ	1,399	1,890	6.9
ポーランド	1,672	1,430	5.2
ウクライナ	－	1,397	5.1
中　国	1,452	1,208	4.4
エ ジ プ ト	57	1,122	4.1
イ ギ リ ス	790	762	2.8

日本361　①ソ連　〔FAOSTAT〕

㉑さとうきびの生産 (万t)

国　名	1990	2018	％
世　界	105,300	190,702	100
ブ ラ ジ ル	26,267	74,683	39.2
イ ン ド	22,557	37,690	19.8
中　国	5,762	10,810	5.7
タ　イ	3,356	10,436	5.5
パキスタン	3,549	6,717	3.5
メ キ シ コ	3,992	5,684	3.0
コロンビア	2,779	3,628	1.9
グアテマラ	960	3,557	1.9
オーストラリア	2,437	3,351	1.8
アメリカ合衆国	2,552	3,134	1.6

日本122　〔FAOSTAT〕

㉒砂糖 (粗糖) の生産 (万t)

国　名	1990	2018	％
世　界	11,172	18,217	100
イ ン ド	1,258	3,431	18.8
ブ ラ ジ ル	794	2,800	15.4
タ　イ	351	1,544	8.5
中　国	688	1,139	6.3
アメリカ合衆国	634	851	4.7
メ キ シ コ	328	714	3.9
ロ シ ア	① 943	627	3.4
フ ラ ン ス	474	580	3.2
パキスタン	202	546	3.0
オーストラリア	368	461	2.5

日本73　①ソ連　〔FAOSTAT〕

㉓砂糖の輸出入 (粗糖換算) (万t)

輸 出 国	1990	2018	％	輸 入 国	1990	2018	％
世　界	2,962	6,605	100	世　界	2,931	6,422	100
ブ ラ ジ ル	159	2,158	32.7	インドネシア	30	505	7.9
タ　イ	243	865	13.1	中　国	115	305	4.7
オーストラリア	285	360	5.5	アメリカ合衆国	185	292	4.5
フ ラ ン ス	282	352	5.3	アルジェリア	76	232	3.6
イ ン ド	3	275	4.2	マレーシア	81	207	3.2
ド イ ツ	139	194	2.9	バングラデシュ	10	193	3.0
グアテマラ	40	166	2.5	韓　国	110	192	3.0
メ キ シ コ	0.5	143	2.2	イ ン ド	1	184	2.9
パキスタン	1	136	2.1	イ タ リ ア	21	174	2.7
ベ ル ギ ー	① 74	130	2.0	アラブ首長国連邦	28	166	2.6

日本0.2(輸出)　119(輸入)　①ルクセンブルクを含む　〔FAOSTAT〕

㉔茶の生産 (千t)

国　名	1990	2018	％
世　界	2,525	6,338	100
中　国	540	2,610	41.2
イ ン ド	688	1,345	21.2
ケ ニ ア	197	493	7.8
スリランカ	233	304	4.8
ト ル コ	123	270	4.3
ベ ト ナ ム	32	270	4.3
インドネシア	156	141	2.2
イ ラ ン	37	109	1.7
ミャンマー	15	109	1.7
日　本	90	83	1.3

〔FAOSTAT〕

㉕茶の輸出入 (千t)

輸 出 国	1990	2018	％	輸 入 国	1990	2018	％
世　界	1,228	2,136	100	世　界	1,231	1,910	100
ケ ニ ア	166	501	23.4	パキスタン	108	204	10.7
中　国	195	372	17.4	ロ シ ア	① 256	164	8.6
スリランカ	216	300	14.0	イ ギ リ ス	178	126	6.6
イ ン ド	198	262	12.3	アメリカ合衆国	77	119	6.2
ベ ト ナ ム	16	77	3.6	アラブ首長国連邦	18	109	5.7
アルゼンチン	46	73	3.4	アフガニスタン	13	81	4.2
ウ ガ ン ダ	5	70	3.3	エ ジ プ ト	70	80	4.2
アラブ首長国連邦	7	67	3.2	モ ロ ッ コ	29	76	4.0
インドネシア	111	49	2.3	中　国	6	55	2.9
マ ラ ウ イ	41	42	2.0	ド イ ツ	24	51	2.7

日本5(輸出)　31(輸入)　①ソ連　〔FAOSTAT〕

㉖葉たばこの生産 (千t)

国　名	1990	2018	％
世　界	7,138	6,095	100
中　国	2,627	2,241	36.8
ブ ラ ジ ル	445	762	12.5
イ ン ド	552	750	12.3
アメリカ合衆国	738	242	4.0
インドネシア	156	181	3.0
ジンバブエ	130	132	2.2
ザンビア	4	116	1.9
タンザニア	16	107	1.8
パキスタン	68	107	1.8
アルゼンチン	68	104	1.7

日本17　〔FAOSTAT〕

㉗コーヒー豆 (生豆) の生産 (千t)

国　名	1990	2018	％
世　界	6,063	10,303	100
ブ ラ ジ ル	1,465	3,557	34.5
ベ ト ナ ム	92	1,616	15.7
インドネシア	413	722	7.0
コロンビア	845	721	7.0
ホンジュラス	120	481	4.7
エチオピア	① 204	470	4.6
ペ ル ー	81	370	3.6
イ ン ド	118	327	3.2
グアテマラ	202	246	2.4
ウ ガ ン ダ	129	211	2.0

①エリトリアを含む　〔FAOSTAT〕

㉘コーヒー豆* の輸出入 (千t)

*生豆と炒豆の合算値

輸 出 国	1990	2018	％	輸 入 国	1990	2018	％
世　界	5,043	8,967	100	世　界	4,884	9,239	100
ブ ラ ジ ル	853	1,829	20.4	アメリカ合衆国	1,186	1,582	17.1
ベ ト ナ ム	90	1,646	18.4	ド イ ツ	835	1,207	13.1
コロンビア	811	723	8.1	イ タ リ ア	307	624	6.8
ド イ ツ	141	590	6.6	パキスタン	0.03	501	5.4
ホンジュラス	106	432	4.8	日　本	294	410	4.4
インドネシア	422	280	3.1	フ ラ ン ス	349	391	4.2
ペ ル ー	68	261	2.9	ベ ル ギ ー	① 135	323	3.5
ベ ル ギ ー	① 41	254	2.8	ス ペ イ ン	178	320	3.5
ウ ガ ン ダ	141	252	2.8	オ ラ ン ダ	191	278	3.0
エチオピア	② 64	241	2.7	カ ナ ダ	121	262	2.8

日本3(輸出)　①ルクセンブルクを含む　②エリトリアを含む　〔FAOSTAT〕

㉙ひまわりの種子の生産 (万t)

国　名	1990	2018	％
世　界	2,271	5,196	100
ウクライナ	－	1,417	27.3
ロ シ ア	① 640	1,276	24.6
アルゼンチン	390	354	6.8
ルーマニア	56	306	5.9
中　国	134	255	4.9

①ソ連　〔FAOSTAT〕

㉚なたねの生産 (万t)

国　名	1990	2018	％
世　界	2,443	7,500	100
カ ナ ダ	327	2,034	27.1
中　国	696	1,328	17.7
イ ン ド	413	843	11.2
フ ラ ン ス	198	495	6.6
オーストラリア	10	389	5.2

日本0.3　〔FAOSTAT〕

㉛カカオ豆の生産 (千t)

国　名	1990	2018	％
世　界	2,532	5,252	100
コートジボワール	808	1,964	37.4
ガ ー ナ	293	948	18.0
インドネシア	142	594	11.3
ナイジェリア	244	333	6.3
カ メ ル ー ン	115	308	5.9
ブ ラ ジ ル	256	239	4.6
エクアドル	97	235	4.5
ペ ル ー	15	135	2.6
ドミニカ共和国	43	85	1.6
コロンビア	56	53	1.0

〔FAOSTAT〕

㉜カカオ豆の輸出入 (千t)

輸 出 国	1990	2018	％	輸 入 国	1990	2018	％
世　界	1,896	4,140	100	世　界	1,766	4,090	100
コートジボワール	676	1,526	36.9	オ ラ ン ダ	314	1,157	28.3
ガ ー ナ	249	844	20.4	ド イ ツ	297	470	11.5
ナイジェリア	148	295	7.1	アメリカ合衆国	337	415	10.2
エクアドル	68	294	7.1	マレーシア	0.1	345	8.4
オ ラ ン ダ	18	238	5.7	インドネシア	0.001	239	5.9
カ メ ル ー ン	104	236	5.7	ベ ル ギ ー	① 57	234	5.7
ベ ル ギ ー	① 1	189	4.6	フ ラ ン ス	67	156	3.8
マレーシア	163	156	3.8	イ ギ リ ス	150	114	2.8
ドミニカ共和国	46	63	1.5	カ ナ ダ	23	100	2.5
ペ ル ー	0	62	1.5	ス ペ イ ン	43	100	2.4

日本0.1(輸出)　59(輸入)　①ルクセンブルクを含む　〔FAOSTAT〕

㉝ごまの生産 (千t)

国　名	1990	2018	％
世　界	2,379	6,016	100
ス ー ダ ン	① 80	981	16.3
ミャンマー	207	769	12.8
イ ン ド	835	746	12.4
ナイジェリア	44	573	9.5
タンザニア	29	561	9.3

日本0.01　①南スーダンを含む　〔FAOSTAT〕

統計資料

321

統計資料① 農林水産業

①コプラ油*の生産 (千t)

国 名	1990	2018	%
世 界	3,350	3,278	100
フィリピン	1,463	1,341	40.9
インドネシア	760	880	26.9
タ イ	288	320	9.8
ベトナム	120	167	5.1
メキシコ	126	131	4.0
バングラデシュ	22	63	1.9
スリランカ	75	55	1.7
マレーシア	32	40	1.2
モザンビーク	38	30	0.9
タ イ	43	29	0.9

*ココやしから採取した油　〔FAOSTAT〕

②パーム油*の生産 (万t)

国 名	1990	2018	%
世 界	1,145	7,147	100
インドネシア	241	4,057	56.8
マレーシア	609	1,952	27.3
タ イ	23	278	3.9
コロンビア	25	165	2.3
ナイジェリア	73	113	1.6
グアテマラ	1	88	1.2
ホンジュラス	8	65	0.9
パプアニューギニア	15	65	0.9
エクアドル	15	56	0.8
コートジボワール	25	45	0.6

*油やしから採取した油　〔FAOSTAT〕

③なつめやしの生産 (千t)

国 名	1990	2018	%
世 界	3,431	8,527	100
エジプト	542	1,562	18.3
サウジアラビア	528	1,303	15.3
イラン	516	1,204	14.1
アルジェリア	206	1,095	12.8
イラク	545	615	7.2
パキスタン	287	472	5.5
スーダン	① 110	441	5.2
オマーン	120	369	4.3
アラブ首長国連邦	141	345	4.0
チュニジア	81	241	2.8

①南スーダンを含む　〔FAOSTAT〕

④落花生の生産 (万t)

国 名	1990	2018	%
世 界	2,309	4,595	100
中 国	637	1,733	37.7
イ ン ド	751	670	14.6
ナイジェリア	117	289	6.3
スーダン	① 12	288	6.3
アメリカ合衆国	163	248	5.4
ミャンマー	46	160	3.5
タンザニア	6	94	2.0
アルゼンチン	23	92	2.0
チャド	11	89	1.9
セネガル	70	85	1.8

日本2　①南スーダンを含む　〔FAOSTAT〕

⑤バナナの生産 (万t)

国 名	1990	2018	%
世 界	4,994	11,574	100
イ ン ド	715	3,081	26.6
中 国	146	1,122	9.7
インドネシア	241	726	6.3
ブラジル	573	675	5.8
エクアドル	305	651	5.6
フィリピン	354	614	5.3
グアテマラ	45	403	3.5
コロンビア	124	371	3.2
アンゴラ	27	349	3.0
タンザニア	16	347	3.0

〔FAOSTAT〕

⑥バナナの輸出入 (万t)

輸出国	1990	2018	%	輸入国	1990	2018	%
世 界	903	2,422	100	世 界	888	2,244	100
エクアドル	216	655	27.1	アメリカ合衆国	310	478	21.3
フィリピン	84	339	14.0	中 国	1	162	7.2
コスタリカ	143	248	10.3	ロ シ ア	② 7	156	6.9
グアテマラ	36	236	9.7	ベルギー	① 18	133	5.9
コロンビア	115	175	7.2	ド イ ツ	123	126	5.6
ベルギー	① 1	116	4.8	オランダ	14	107	4.8
オランダ	4	80	3.3	イギリス	47	102	4.6
ホンジュラス	78	63	2.6	日 本	76	100	4.5
アメリカ合衆国	34	58	2.4	イタリア	43	78	3.5
メキシコ	15	55	2.3	フランス	50	72	3.2

①ルクセンブルクを含む　②ソ連　〔FAOSTAT〕

⑦オリーブの生産 (千t)

国 名	1990	2018	%
世 界	9,024	21,561	100
スペイン	3,369	9,820	45.5
イタリア	913	1,877	8.7
モロッコ	396	1,561	7.2
トルコ	1,100	1,500	7.0
ギリシャ	1,004	1,079	5.0
シリア	461	895	4.2
アルジェリア	178	861	4.0
チュニジア	825	821	3.8
エジプト	42	768	3.6
ポルトガル	198	740	3.4

〔FAOSTAT〕

⑧オレンジ類の生産 (万t)

国 名	1990	2018	%
世 界	6,225	10,993	100
中 国	442	2,814	25.6
ブラジル	1,818	1,771	16.1
イ ン ド	201	837	7.6
アメリカ合衆国	735	564	5.1
スペイン	418	562	5.1
メキシコ	230	525	4.8
エジプト	183	431	3.9
トルコ	108	355	3.2
インドネシア	25	251	2.3
イラン	183	235	2.1

日本81　〔FAOSTAT〕

⑨オレンジ類の輸出入 (万t)

輸出国	1990	2018	%	輸入国	1990	2018	%
世 界	568	1,323	100	世 界	585	1,258	100
スペイン	199	290	21.9	ロ シ ア	① 29	131	10.4
エジプト	14	172	13.0	ド イ ツ	110	84	6.6
南アフリカ共和国	31	154	11.6	中 国	1	83	6.6
トルコ	20	119	9.0	フランス	92	82	6.5
中 国	7	92	7.0	オランダ	52	79	6.3
モロッコ	47	68	5.2	アメリカ合衆国	3	56	4.5
アメリカ合衆国	54	54	4.1	イギリス	53	55	4.4
オランダ	13	46	3.5	サウジアラビア	1	53	4.2
ギリシャ	26	42	3.2	カ ナ ダ	25	49	3.9
パキスタン	2	40	3.0	カ ナ ダ	28	34	2.7

日本0.1(輸出) 10(輸入)　①ソ連　〔FAOSTAT〕

⑩グレープフルーツの生産 (千t)

国 名	1990	2018	%
世 界	4,149	9,375	100
中 国	85	4,966	53.0
ベトナム	80	658	7.0
アメリカ合衆国	1,794	559	6.0
メキシコ	107	460	4.9
南アフリカ共和国	101	445	4.8
イ ン ド	80	258	2.7
トルコ	33	250	2.7
スーダン	① 45	234	2.5
タ イ	25	220	2.3
イスラエル	404	149	1.6

①南スーダンを含む　〔FAOSTAT〕

⑪ぶどうの生産 (万t)

国 名	1990	2018	%
世 界	5,975	7,919	100
中 国	86	1,340	16.9
イタリア	844	851	10.8
アメリカ合衆国	514	689	8.7
スペイン	647	667	8.4
フランス	821	620	7.8
トルコ	350	393	5.0
イ ン ド	41	292	3.7
アルゼンチン	234	257	3.2
チ リ	117	250	3.2
イラン	142	203	2.6

日本17　〔FAOSTAT〕

⑫ぶどうの輸出入 (万t)

輸出国	1990	2018	%	輸入国	1990	2018	%
世 界	163	480	100	世 界	162	467	100
チ リ	47	73	15.1	アメリカ合衆国	37	59	12.5
中 国	0.05	48	10.0	中 国	0.001	47	10.1
イタリア	41	47	9.7	オランダ	8	42	8.9
アメリカ合衆国	25	42	8.7	ド イ ツ	34	32	6.8
オランダ	4	36	7.6	ロ シ ア	① 0.01	30	6.3
ペルー	0.2	34	7.1	イギリス	12	27	5.7
南アフリカ共和国	5	32	6.8	カ ナ ダ	18	19	4.0
アフガニスタン	0.1	20	4.2	パキスタン	0.4	18	3.8
トルコ	2	18	3.8	フランス	13	13	2.7
スペイン	9	18	3.7	タ イ	0.03	12	2.5

日本0.1(輸出) 4(輸入)　①ソ連　〔FAOSTAT〕

⑬レモン・ライムの生産 (千t)

国 名	1990	2018	%
世 界	7,251	19,392	100
イ ン ド	752	3,148	16.2
メキシコ	696	2,548	13.1
中 国	110	2,483	12.8
アルゼンチン	534	1,989	10.3
ブラジル	312	1,481	7.6
トルコ	357	1,100	5.7
スペイン	630	1,087	5.6
アメリカ合衆国	706	813	4.2
南アフリカ共和国	64	474	2.4
イラン	394	445	2.3

日本8　〔FAOSTAT〕

⑭ワインの生産 (万t)

国 名	1990	2018	%
世 界	2,851	2,906	100
イタリア	549	541	18.6
フランス	655	489	16.8
スペイン	397	444	15.3
アメリカ合衆国	184	238	8.2
中 国	25	192	6.6
アルゼンチン	140	145	5.0
チ リ	40	129	4.4
オーストラリア	44	129	4.4
南アフリカ共和国	77	95	3.3
ド イ ツ	95	63	2.2

日本8　〔FAOSTAT〕

⑮ワインの輸出入 (千t)

輸出国	1990	2018	%	輸入国	1990	2018	%
世 界	4,483	10,951	100	世 界	4,341	11,104	100
スペイン	479	2,129	19.4	ド イ ツ	1,063	1,496	13.5
イタリア	1,348	2,084	19.0	イギリス	689	1,371	12.4
フランス	1,249	1,488	13.6	アメリカ合衆国	252	1,176	10.6
オーストラリア	37	860	7.8	フランス	459	750	6.8
チ リ	43	851	7.8	中 国	0.1	741	6.7
南アフリカ共和国	15	533	4.9	ロ シ ア	① 142	605	5.4
ド イ ツ	284	404	3.7	カ ナ ダ	148	425	3.8
アメリカ合衆国	99	356	3.3	オランダ	221	421	3.8
ポルトガル	157	297	2.7	ベルギー	② 239	345	3.1
アルゼンチン	59	269	2.5	日 本	93	270	2.4

日本0.2(輸出)　①ソ連　②ルクセンブルクを含む　〔FAOSTAT〕

⑯ビールの生産 (万kL)

国 名	1990	2018	%
世 界	11,395	19,106	100
中 国	669	3,893	20.4
アメリカ合衆国	2,389	2,146	11.2
ブラジル	580	1,414	7.4
メキシコ	397	1,198	6.3
ド イ ツ	1,202	937	4.9
ロ シ ア	① 500	775	4.1
日 本	② 660	② 511	2.7
ベトナム	-	430	2.3
イギリス	597	423	2.2
ポーランド	122	421	2.1

①ソ連　②ビール，発泡酒，新ジャンルの合計　〔キリンビール資料〕

⑰天然ゴムの生産（千t）

国 名	1990	2018	%
世 界	5,225	14,676	100
タ イ	1,418	4,814	32.8
インドネシア	1,275	3,630	24.7
ベトナム	58	1,138	7.8
イ ン ド	297	988	6.7
中 国	264	824	5.6
コートジボワール	74	624	4.3
マレーシア	1,292	603	4.1
フィリピン	61	423	2.9
グアテマラ	18	353	2.4
ミャンマー	15	275	1.9

〔FAOSTAT〕

⑱天然ゴム*の輸出入（千t）

＊乾燥天然ゴムなどを含む

輸出国	1990	2018	%	輸入国	1990	2018	%
世 界	4,064	9,714	100	世 界	4,282	9,463	100
タ イ	1,133	3,526	36.3	中 国	340	2,599	27.5
インドネシア	1,084	2,813	29.0	マレーシア	136	1,015	10.7
コートジボワール	68	687	7.1	アメリカ合衆国	840	997	10.5
ベトナム	76	683	7.0	日 本	666	714	7.5
マレーシア	1,322	639	6.6	イ ン ド	52	597	6.3
カンボジア	24	153	1.6	韓 国	254	379	4.0
ベルギー	①1	124	1.3	ド イ ツ	236	299	3.2
ミャンマー	1	119	1.2	ブ ラ ジ ル	92	225	2.4
フィリピン	18	112	1.1	ト ル コ	47	209	2.2
グアテマラ	14	109	1.1	ス ペ イ ン	120	185	2.0

日本0.4（輸出）　①ルクセンブルクを含む　〔FAOSTAT〕

⑲ジュートの生産（千t）

国 名	1990	2018	%
世 界	2,779	3,634	100
イ ン ド	1,425	1,952	53.7
バングラデシュ	842	1,614	44.4
中 国	400	30	0.8
ウズベキスタン	－	16	0.4
ネ パ ー ル	16	11	0.3

〔FAOSTAT〕

⑳サイザル麻の生産（千t）

国 名	1990	2018	%
世 界	380	198	100
ブ ラ ジ ル	185	80	40.4
タンザニア	34	34	17.0
ケ ニ ア	40	24	12.1
マダガスカル	20	18	8.8
中 国	30	13	6.5

〔FAOSTAT〕

㉑綿花の生産（万t）

国 名	1990	2018	%
世 界	1,852	2,465	100
中 国	451	610	24.8
イ ン ド	167	477	19.3
アメリカ合衆国	338	400	16.2
ブ ラ ジ ル	63	193	7.8
パキスタン	164	168	6.8
ト ル コ	65	98	4.0
オーストラリア	31	95	3.9
ウズベキスタン	－	76	3.1
メ キ シ コ	20	40	1.6
ギ リ シ ャ	22	31	1.3

〔FAOSTAT〕

㉒綿花の輸出入（万t）

輸出国	1990	2018	%	輸入国	1990	2018	%
世 界	512	824	100	世 界	510	806	100
アメリカ合衆国	170	357	43.4	中 国	42	157	19.5
イ ン ド	34	114	13.8	ベ ト ナ ム	3	138	17.1
ブ ラ ジ ル	11	92	11.1	バングラデシュ	11	98	12.2
オーストラリア	30	48	5.8	インドネシア	33	76	9.5
ベ ナ ン	4	26	3.1	ト ル コ	8	75	9.3
ギ リ シ ャ	7	21	2.6	パキスタン	0.4	61	7.5
ブルキナファソ	6	20	2.4	イ ン ド	0.02	27	3.4
コートジボワール	9	17	2.0	タ イ	28	26	3.2
ウズベキスタン	－	12	1.4	メ キ シ コ	4	20	2.5
アルゼンチン	14	10	1.3	韓 国	43	20	2.4

日本0.01（輸出）　6（輸入）　〔FAOSTAT〕

㉓生糸（上繭）の生産（千t）

国 名	1990	2018	%
世 界	364	609	100
中 国	158	403	66.1
イ ン ド	78	161	26.4
ウズベキスタン	－	18	2.9
イ ラ ン	1	13	2.2
イ タ リ ア	5	4	0.7

日本0.1　〔FAOSTAT〕

㉔羊毛（脂付）*の生産（千t）

国 名	1990	2018	%
世 界	3,350	1,805	100
オーストラリア	1,102	386	21.4
中 国	239	357	19.8
ニュージーランド	309	128	7.1
イ ギ リ ス	74	70	3.9
ト ル コ	61	64	3.6
モ ロ ッ コ	35	64	3.5
ロ シ ア	①474	55	3.1
イ ラ ン	45	51	2.8
パキスタン	47	46	2.5
南アフリカ共和国	97	42	2.3

＊羊から刈り取った原毛　①ソ連　〔FAOSTAT〕

㉕羊毛の輸出入（2018年, 千t）

輸出国	洗上羊毛	脂付羊毛	%	輸入国	洗上羊毛	脂付羊毛	%
世 界	236	554	100	世 界	268	486	100
オーストラリア	19	286	51.6	中 国	95	268	55.2
南アフリカ共和国	1	45	8.1	イ ン ド	47	35	7.1
ニュージーランド	66	42	7.5	チ ェ コ	0.1	34	7.0
ルーマニア	0.1	15	2.7	エ ジ プ ト	0.2	30	6.3
ス ペ イ ン	2	14	2.5	ト ル コ	10	24	4.9
アルゼンチン	1	10	1.9	イ タ リ ア	12	19	3.9
イ タ リ ア	2	10	1.8	ウルグアイ	0.03	17	3.5
ペ ル ー	1	10	1.8	イ ギ リ ス	25	14	2.9
ウルグアイ	1	8	1.5	ベ ル ギ ー	7	10	2.0
フ ラ ン ス	1	8	1.4	ブルガリア	0.2	6	1.2

日本5（洗上・輸入）　0.003（脂付・輸入）　〔FAOSTAT〕

㉖生糸の輸出入（千t）

	国名	1990	2018	%
輸出	世 界	27.3	13.8	100
	中 国	13.0	6.1	44.1
	イ ン ド	0.2	2.4	17.6
	ベトナム	0.04	1.9	14.1
	ウズベキスタン	－	1.4	10.2
	イ タ リ ア	0.1	0.5	3.5
輸入	世 界	27.3	14.8	100
	中 国	0.2	3.7	24.9
	イ ン ド	1.6	2.8	19.0
	ルーマニア	－	1.5	10.4
	イ タ リ ア	4.8	1.4	9.5
	ベトナム	0.0	1.1	7.6

日本0.01（輸出）　6（輸入）　〔FAOSTAT〕

㉗牛の頭数（万頭）

国 名	1990	2018	%
世 界	129,664	148,980	100
ブ ラ ジ ル	14,710	21,352	14.3
イ ン ド	20,250	18,446	12.4
アメリカ合衆国	9,582	9,430	6.3
中 国	7,777	6,327	4.2
エチオピア	①3,000	6,260	4.2
アルゼンチン	5,285	5,393	3.6
パキスタン	1,768	4,608	3.1
メ キ シ コ	3,205	3,482	2.3
ス ー ダ ン	②2,103	3,122	2.1
チ ャ ド	430	2,906	2.0

日本384　①エリトリアを含む　②南スーダンを含む　〔FAOSTAT〕

㉘牛肉の生産（万t）

国 名	1990	2018	%
世 界	5,303	6,736	100
アメリカ合衆国	1,047	1,222	18.1
ブ ラ ジ ル	412	990	14.7
中 国	108	580	8.6
アルゼンチン	301	307	4.6
オーストラリア	168	222	3.3
メ キ シ コ	111	198	2.9
ロ シ ア	①881	161	2.4
フ ラ ン ス	191	144	2.1
カ ナ ダ	90	123	1.8
ド イ ツ	211	112	1.7

日本48　①ソ連　〔FAOSTAT〕

㉙牛肉*の輸出入（万t）

＊水牛，ヤクなどの肉を含む

輸出国	1990	2018	%	輸入国	1990	2018	%
世 界	438	987	100	世 界	447	970	100
ブ ラ ジ ル	5	135	13.7	中 国	0.04	148	15.3
オーストラリア	67	118	11.9	アメリカ合衆国	70	97	10.0
イ ン ド	6	111	11.3	ベ ト ナ ム	0	62	6.4
アメリカ合衆国	34	101	10.3	日 本	38	61	6.3
オ ラ ン ダ	31	48	4.8	韓 国	11	42	4.3
ニュージーランド	24	44	4.4	オ ラ ン ダ	7	41	4.2
ポーランド	4	39	4.0	イ タ リ ア	45	39	4.0
アイルランド	28	37	3.8	ド イ ツ	25	36	3.7
アルゼンチン	16	37	3.7	ロ シ ア	①35	34	3.6
カ ナ ダ	8	35	3.6	エ ジ プ ト	12	34	3.5

日本0.4（輸出）　①ソ連　〔FAOSTAT〕

㉚豚の頭数（万頭）

国 名	1990	2018	%
世 界	84,939	97,833	100
中 国	34,575	44,174	45.2
アメリカ合衆国	5,379	7,455	7.6
ブ ラ ジ ル	3,362	4,144	4.2
ス ペ イ ン	1,691	3,080	3.1
ベ ト ナ ム	1,226	2,815	2.9
ド イ ツ	3,418	2,645	2.7
ロ シ ア	①7,896	2,308	2.4
メ キ シ コ	1,520	1,784	1.8
カ ナ ダ	1,039	1,417	1.4
フ ラ ン ス	1,228	1,332	1.4

日本919　①ソ連　〔FAOSTAT〕

㉛豚肉の生産（万t）

国 名	1990	2018	%
世 界	6,970	12,088	100
中 国	2,235	5,416	44.8
アメリカ合衆国	696	1,194	9.9
ド イ ツ	446	537	4.4
ス ペ イ ン	179	453	3.7
ベ ト ナ ム	73	382	3.2
ブ ラ ジ ル	105	379	3.1
ロ シ ア	①665	374	3.1
フ ラ ン ス	173	217	1.8
カ ナ ダ	112	214	1.8
ポーランド	185	214	1.8

日本128　①ソ連　〔FAOSTAT〕

㉜豚肉の輸出入（万t）

輸出国	1990	2018	%	輸入国	1990	2018	%
世 界	283	1,174	100	世 界	278	1,157	100
アメリカ合衆国	7	181	15.4	中 国	0.0001	146	12.7
ド イ ツ	22	179	15.3	イ タ リ ア	50	100	8.7
ス ペ イ ン	1	152	13.0	日 本	34	93	8.0
デンマーク	47	112	9.6	ド イ ツ	55	92	8.0
カ ナ ダ	22	96	8.2	メ キ シ コ	3	89	7.7
オ ラ ン ダ	77	91	7.8	ポーランド	2	76	6.6
ベ ル ギ ー	①28	69	5.9	韓 国	0.2	57	4.9
ブ ラ ジ ル	1	55	4.7	イ ギ リ ス	8	43	3.7
ポーランド	1	51	4.3	アメリカ合衆国	23	40	3.5
フ ラ ン ス	13	43	3.7	フ ラ ン ス	29	30	2.6

日本0.1（輸出）　①ルクセンブルクを含む　〔FAOSTAT〕

統計資料

323

統計資料① 農林水産業

①鶏の羽数 (百万羽)

国名	1990	2018	%
世　界	10,620	23,709	100
中　国	2,000	5,277	22.3
インドネシア	571	2,384	10.1
アメリカ合衆国	1,332	1,973	8.3
ブラジル	546	1,468	6.2
イ ラ ン	160	1,072	4.5
イ ン ド	268	801	3.4
メ キ シ コ	234	568	2.4
パキスタン	79	524	2.2
ロ シ ア	①1,137	507	2.1
ト ル コ	64	354	1.5

日本323　①ソ連　[FAOSTAT]

②鶏肉の生産 (万t)

国名	1990	2018	%
世　界	3,542	11,428	100
アメリカ合衆国	867	1,957	17.1
ブラジル	236	1,491	13.1
中　国	220	1,399	12.2
ロ シ ア	①328	454	4.0
イ ン ド	36	359	3.1
メ キ シ コ	75	334	2.9
インドネシア	50	254	2.2
日　本	139	225	2.0
イ ラ ン	38	219	1.9
ト ル コ	40	216	1.9

①ソ連　[FAOSTAT]

③鶏肉の輸出入 (万t)

輸出国	1990	2018	%	輸入国	1990	2018	%
世　界	220	1,431	100	世　界	216	1,329	100
ブラジル	29	382	26.7	中　国	6	120	9.0
アメリカ合衆国	53	331	23.1	メ キ シ コ	4	80	6.1
オ ラ ン ダ	25	123	8.6	サウジアラビア	21	62	4.7
ポーランド	2	81	5.7	アラブ首長国連邦	6	59	4.4
中　国	4	72	5.0	ベ ト ナ ム	0	56	4.2
ベ ル ギ ー	①7	53	3.7	日　本	29	56	4.2
ト ル コ	0.1	46	3.2	ド イ ツ	21	50	3.7
ウクライナ	-	33	2.3	南アフリカ共和国	0.4	49	3.7
イ ギ リ ス	3	30	2.1	イ ラ ク	1	45	3.4
ド イ ツ	2	29	2.0	フ ラ ン ス	4	38	2.9

日本1(輸出)　①ルクセンブルクを含む　[FAOSTAT]

④羊の頭数 (万頭)

国名	1990	2018	%
世　界	120,558	120,947	100
中　国	11,124	16,408	13.6
オーストラリア	17,030	7,007	5.8
イ ン ド	4,870	6,167	5.1
ナイジェリア	1,246	4,297	3.6
ス ー ダ ン	①2,070	4,085	3.4
イ ラ ン	4,458	3,967	3.3
イ ギ リ ス	4,383	3,378	2.8
ト ル コ	4,365	3,368	2.8
チ ャ ド	193	3,322	2.7
エチオピア	②2,296	3,169	2.6

日本2　①南スーダンを含む　②エリトリアを含む　[FAOSTAT]

⑤羊肉の生産 (万t)

国名	1990	2018	%
世　界	703	979	100
中　国	55	242	24.7
オーストラリア	63	74	7.5
ニュージーランド	53	47	4.8
ト ル コ	30	36	3.7
アルジェリア	13	33	3.3
イ ラ ン	24	32	3.3
イ ギ リ ス	37	29	3.0
ス ー ダ ン	①7	26	2.7
イ ン ド	18	23	2.3
ロ シ ア	②97	21	2.1

日本0.02　①南スーダンを含む　②ソ連　[FAOSTAT]

⑥ヤギの頭数 (万頭)

国名	1990	2018	%
世　界	58,901	104,615	100
中　国	9,617	13,824	13.2
イ ン ド	11,320	13,275	12.7
ナイジェリア	2,332	7,938	7.6
パキスタン	3,545	7,413	7.1
バングラデシュ	2,103	6,007	5.7
チ ャ ド	284	3,652	3.5
エチオピア	①1,720	3,305	3.2
ス ー ダ ン	②1,528	3,184	3.0
モ ン ゴ ル	496	2,712	2.6
ケ ニ ア	1,019	2,671	2.6

日本2　①エリトリアを含む　②南スーダンを含む　[FAOSTAT]

⑦馬の頭数 (万頭)

国名	1990	2018	%
世　界	6,100	5,778	100
アメリカ合衆国	507	1,048	18.1
メ キ シ コ	617	639	11.1
ブラジル	612	575	10.0
モ ン ゴ ル	220	394	6.8
中　国	1,029	344	6.0
カザフスタン	-	265	4.6
アルゼンチン	340	261	4.5
エチオピア	①265	230	4.0
ロ シ ア	②592	124	2.1
コロンビア	198	93	1.6

日本1　①エリトリアを含む　②ソ連　[FAOSTAT]

⑧牛乳の生産 (万t)

国名	1990	2018	%
世　界	47,854	68,202	100
アメリカ合衆国	6,701	9,869	14.5
イ ン ド	2,224	8,983	13.2
ブラジル	1,493	3,384	5.0
ド イ ツ	3,131	3,306	4.8
中　国	416	3,075	4.5
ロ シ ア	①10,804	3,035	4.4
フ ラ ン ス	2,614	2,554	3.7
ニュージーランド	751	2,139	3.1
ト ル コ	796	2,004	2.9
パキスタン	352	1,672	2.5

日本729　①ソ連　[FAOSTAT]

⑨チーズの生産 (千t)

国名	1990	2018	%
世　界	14,830	23,483	100
アメリカ合衆国	3,126	6,315	26.9
ド イ ツ	1,321	2,423	10.3
フ ラ ン ス	1,457	1,739	7.4
イ タ リ ア	917	1,214	5.2
オ ラ ン ダ	584	953	4.1
ポーランド	333	743	3.2
ロ シ ア	①2,074	702	3.0
エ ジ プ ト	268	607	2.6
カ ナ ダ	286	593	2.5
イ ギ リ ス	312	470	2.0

日本92　①ソ連　[FAOSTAT]

⑩バター* の生産 (千t)

国名	1990	2018	%
世　界	7,835	11,344	100
イ ン ド	1,038	4,509	39.7
パキスタン	311	1,024	9.0
アメリカ合衆国	608	904	8.0
ニュージーランド	258	502	4.4
ド イ ツ	648	484	4.3
フ ラ ン ス	527	352	3.1
ロ シ ア	①1,739	258	2.3
ト ル コ	118	252	2.2
アイルランド	148	238	2.1
イ ラ ン	88	194	1.7

*ギー(乳脂肪製品)を含む　日本59　①ソ連　[FAOSTAT]

⑪鶏卵の生産 (千t)

国名	1990	2018	%
世　界	35,073	76,701	100
中　国	6,357	26,591	34.7
アメリカ合衆国	4,034	6,466	8.4
イ ン ド	1,161	5,237	6.8
メ キ シ コ	1,010	2,872	3.7
ブラジル	1,230	2,666	3.5
日　本	2,419	2,628	3.4
ロ シ ア	①4,582	2,486	3.2
インドネシア	364	1,644	2.1
ト ル コ	385	963	1.3
ウクライナ	-	922	1.2

①ソ連　[FAOSTAT]

⑫原木の生産 (百万m³)

国名	1990	2019	%
世　界	3,543	3,966	100
アメリカ合衆国	509	459	11.6
イ ン ド	311	352	8.9
中　国	377	340	8.6
ブラジル	195	266	6.7
ロ シ ア	①386	218	5.5
カ ナ ダ	162	145	3.7
インドネシア	164	124	3.1
エチオピア	②73	116	2.9
コンゴ民主共和国	47	91	2.3
ナイジェリア	59	77	1.9

日本30　①ソ連　②エリトリアを含む　[FAOSTAT]

⑬木材の輸出入 (原木・製材) (万m³)

輸出国	1990	2019	%	輸入国	1990	2019	%
世　界	16,203	30,310	100	世　界	16,790	29,875	100
ロ シ ア	①1,694	4,939	16.3	中　国	412	10,199	34.1
カ ナ ダ	2,839	3,594	11.9	アメリカ合衆国	2,274	2,736	9.2
ニュージーランド	230	2,461	8.1	オーストリア	527	1,288	4.3
ド イ ツ	578	1,824	6.0	ド イ ツ	807	1,279	4.3
チ ェ コ	②165	1,807	6.0	スウェーデン	222	941	3.1
アメリカ合衆国	3,012	1,418	4.7	日　本	3,667	876	2.9
スウェーデン	706	1,352	4.5	イ タ リ ア	1,233	871	2.9
フィンランド	447	1,042	3.4	イ ギ リ ス	1,091	850	2.8
オーストリア	537	717	2.4	フィンランド	530	692	2.3
オーストラリア	3	659	2.2	韓　国	1,075	627	2.1

日本128(輸出)　①ソ連　②チェコスロバキア　[FAOSTAT]

⑭パルプの生産 (万t)

国名	1990	2019	%
世　界	16,561	19,357	100
アメリカ合衆国	5,640	5,096	26.3
ブラジル	436	1,976	10.2
中　国	1,252	1,856	9.6
カ ナ ダ	2,284	1,624	8.4
フィンランド	877	1,160	6.0
スウェーデン	992	1,159	6.0
日　本	1,115	839	4.3
ロ シ ア	①1,008	833	4.3
インドネシア	79	819	4.2
イ ン ド	175	613	3.2

①ソ連　[FAOSTAT]

⑮世界の漁獲量 (千t)

国名	1960	1980	2000	2018	%
世　界	34,796	68,238	94,778	97,398	100
中　国	2,215	3,147	14,982	14,957	15.4
インドネシア	681	1,653	4,159	7,261	7.5
ペ ル ー	3,503	2,709	10,659	7,208	7.4
イ ン ド	1,117	2,080	3,726	5,343	5.5
ロ シ ア	①3,066	①9,502	4,027	5,117	5.3
アメリカ合衆国	2,715	3,703	4,789	4,757	4.9
ベ ト ナ ム	436	461	1,630	3,347	3.4
日　本	5,926	10,062	5,192	3,207	3.3
ノルウェー	1,386	2,528	2,892	2,658	2.7
チ リ	347	2,891	4,548	2,369	2.4

①ソ連　[FAOSTAT]

⑯世界の水産物輸出入 (2018年)

輸出国	百万ドル	%	輸入国	百万ドル	%
世　界	165,444	100	世　界	159,693	100
中　国	22,409	13.5	アメリカ合衆国	23,732	14.9
ノルウェー	11,980	7.2	中　国	18,383	11.5
ベ ト ナ ム	8,867	5.4	日　本	15,373	9.6
イ ン ド	6,930	4.2	スペイン	8,568	5.4
チ リ	6,794	4.1	イ タ リ ア	7,038	4.4
タ イ	6,050	3.7	フ ラ ン ス	6,995	4.4
アメリカ合衆国	5,990	3.6	ド イ ツ	5,984	3.7
オ ラ ン ダ	5,620	3.4	韓　国	5,915	3.7
カ ナ ダ	5,424	3.3	スウェーデン	5,625	3.5
ロ シ ア	5,284	3.2	オ ラ ン ダ	4,519	2.8

日本2,324(輸出)　[FAOSTAT]

⑰世界の養殖業収穫量* (2018年)

国名	万t	%
世　界	11,451	100
中　国	6,614	57.8
インドネシア	1,477	12.9
イ ン ド	707	6.2
ベ ト ナ ム	415	3.6
バングラデシュ	241	2.1
フィリピン	230	2.0
韓　国	228	2.0
エ ジ プ ト	156	1.4
ノルウェー	136	1.2
チ リ	129	1.1

日本103　*魚介類と海草類の計　[FAOSTAT]

⑱石炭*の可採埋蔵量・生産量　*無煙炭・瀝青炭の計

国名	埋蔵量(億t) 2019	%	国名	生産量(百万t) 2017	%
世界	7,492	100	世界	6,445.4	100
アメリカ合衆国	2,195	29.3	中国①	3,523.6	54.7
中国	1,335	17.8	インド	675.4	10.5
インド	1,009	13.5	インドネシア	461.0	7.2
オーストラリア	726	9.7	オーストラリア	415.7	6.4
ロシア	717	9.6	アメリカ合衆国	320.2	5.0
ウクライナ	320	4.3	ロシア	312.8	4.9
インドネシア	282	3.8	南アフリカ共和国	256.8	4.0
カザフスタン	256	3.4	カザフスタン	101.8	1.6
ポーランド	211	2.8	コロンビア	90.5	1.4
南アフリカ共和国	99	1.3	ポーランド	66.0	1.0

日本3(埋蔵)　①褐炭・亜炭を含む　[Energy Statistics Yearbook 2017, ほか]

⑲石炭*の輸出入(2017年)　*無煙炭・瀝青炭の計

輸出国	万t	%	輸入国	万t	%
世界	133,461	100	世界	128,768	100
インドネシア	38,954	29.2	中国	27,093	21.0
オーストラリア	37,894	28.4	インド	20,827	16.2
ロシア	18,102	13.6	日本	18,696	14.5
コロンビア	10,269	7.7	韓国	12,911	10.0
アメリカ合衆国	8,012	6.0	ドイツ	5,049	3.9
南アフリカ共和国	7,107	5.3	トルコ	3,825	3.0
カナダ	3,093	2.3	マレーシア	3,043	2.4
モンゴル	2,855	2.1	ロシア	2,672	2.1
カザフスタン	2,699	2.0	タイ	2,326	1.8
モザンビーク	1,178	0.9	ブラジル	2,121	1.6

[Energy Statistics Yearbook 2017]

⑳日本の石炭輸入先(万t)

国名	1990	2019	%
総計	10,358	18,618	100
オーストラリア	5,414	10,926	58.7
インドネシア	90	2,814	15.1
ロシア①	833	2,018	10.8
アメリカ合衆国	1,099	1,326	7.1
カナダ	1,892	1,018	5.5
中国	456	188	1.0
コロンビア	12	121	0.6
モザンビーク	—	89	0.5

①ソ連　[財務省貿易統計, ほか]

㉑原油の埋蔵量・生産量(2019年)　[BP統計]

国名	埋蔵量(億t)	%	国名	生産量(百万t)	%
世界	2,446	100	世界	4,485	100
ベネズエラ	480	19.6	アメリカ合衆国	747	16.7
サウジアラビア	409	16.7	ロシア	568	12.7
カナダ	273	11.2	サウジアラビア	557	12.4
イラク	214	8.7	カナダ	275	6.1
イラン	196	8.0	イラク	234	5.2
ロシア	147	6.0	中国	191	4.3
クウェート	140	5.7	アラブ首長国連邦	180	4.0
アラブ首長国連邦	130	5.3	イラン	161	3.6
アメリカ合衆国	82	3.4	ブラジル	151	3.4
リビア	63	2.6	クウェート	144	3.2

㉒原油の輸出入(2017年)　[Energy Statistics Yearbook 2017]

輸出国	万t	%	輸入国	万t	%
世界	220,105	100	世界	232,854	100
サウジアラビア	34,743	15.8	中国	41,946	18.0
ロシア	25,217	11.5	アメリカ合衆国	39,326	16.9
イラク	18,677	8.5	インド	22,528	9.7
カナダ	14,455	6.6	日本	15,587	6.7
アラブ首長国連邦	11,846	5.4	韓国	15,061	6.5
イラン	11,555	5.2	ドイツ	9,074	3.9
クウェート	10,278	4.7	イタリア①	6,635	2.8
ナイジェリア	8,649	3.9	スペイン	6,596	2.8
ベネズエラ	8,196	3.7	シンガポール	5,795	2.5
アンゴラ	7,477	3.4	フランス②	5,705	2.5

①サンマリノ, バチカンを含む　②モナコを含む

㉓日本の原油輸入先(万kL)

国・地域名	1990	2019	%
合計	22,525	17,386	100
〈国別〉			
サウジアラビア	4,599	6,216	35.8
アラブ首長国連邦	4,778	5,155	29.7
カタール	1,313	1,522	8.8
クウェート	788	1,471	8.5
ロシア	—	938	5.4
〈地域別〉			
中東	15,977	15,370	88.4
ロシア・中東欧・中央アジア	—	1,055	6.1
北アメリカ	10	386	2.2
中南米	936	275	1.6
アジア	5,355	184	1.1
(ASEAN)	(3,509)	(184)	(1.1)

[財務省貿易統計, ほか]

㉔天然ガスの埋蔵量(2019年)

国名	兆m³	%
世界	198.8	100
ロシア	38.0	19.1
イラン	32.0	16.1
カタール	24.7	12.4
トルクメニスタン	19.5	9.8
アメリカ合衆国	12.9	6.5
中国	8.4	4.2
ベネズエラ	6.3	3.2
サウジアラビア	6.0	3.0
アラブ首長国連邦	5.9	3.0
ナイジェリア	5.4	2.7

[BP統計]

㉕天然ガスの生産量(億m³)

国名	1990	2019	%
世界	19,665	39,893	100
アメリカ合衆国	5,043	9,209	23.1
ロシア	5,900	6,790	17.0
イラン	262	2,442	6.1
カタール	63	1,781	4.5
中国	158	1,776	4.5
カナダ	988	1,731	4.3
オーストラリア	197	1,535	3.8
ノルウェー	255	1,144	2.9
サウジアラビア	335	1,136	2.8
アルジェリア	494	862	2.2

[BP統計]

㉖天然ガスの輸出入(2017年)　*10^{15}J=千兆ジュール　1J=0.239cal

輸出国	10^{15}J	%	輸入国	10^{15}J	%
世界	45,692	100	世界	45,363	100
ロシア	8,135	17.8	日本	4,569	10.1
カタール	5,076	11.1	ドイツ	4,454	9.8
ノルウェー	4,838	10.6	中国	3,527	7.8
アメリカ合衆国	3,463	7.6	アメリカ合衆国	3,275	7.2
カナダ	3,305	7.2	イタリア①	2,654	5.8
オーストラリア	2,858	6.3	トルコ	2,116	4.7
アルジェリア	2,107	4.6	韓国	2,029	4.5
トルクメニスタン	2,057	4.5	フランス②	2,008	4.4
オランダ	1,868	4.1	イギリス	1,869	4.1
マレーシア	1,282	2.8	オランダ	1,805	4.0

①サンマリノ, バチカンを含む　②モナコを含む
[Energy Statistics Yearbook 2017]

㉗日本の液化天然ガス*輸入先(2019年)　*LNG。天然ガスを冷却・加圧し液化したもの。メタンが主成分

国名	千t	%
合計	77,327	100
オーストラリア	30,116	38.9
マレーシア	9,331	12.1
カタール	8,735	11.3
ロシア	6,399	8.3
ブルネイ	4,321	5.6
インドネシア	4,153	5.4
パプアニューギニア	3,742	4.8
アメリカ合衆国	3,696	4.8
オマーン	2,894	3.7
アラブ首長国連邦	2,168	2.8

[財務省貿易統計]

㉘おもな国の発電量(億kWh)

再生可能エネルギー* の内訳は 風力／太陽光／地熱／バイオ燃料① の各欄。

国名	総発電量 1990	総発電量 2018	火力	%	水力	%	原子力	%	風力	太陽光	地熱	バイオ燃料①	%	1人あたり消費量(kWh)
世界	118,972	267,301	170,935	63.9	43,251	16.2	27,104	10.1	12,734	5,657	890	6,372	9.8	3,260
中国	6,213	71,818	50,076	69.7	12,321	17.2	2,950	4.1	3,658	1,772	1	1,040	9.0	4,906
アメリカ合衆国	32,186	44,554	28,343	63.6	3,170	7.1	8,413	18.9	2,758	852	188	777	10.4	13,098
インド	2,895	15,832	12,449	78.6	1,511	9.5	378	2.4	643	397	—	454	9.5	968
ロシア	10,822	11,151	7,135	64.0	1,930	17.3	2,046	18.3	2	7	4	26	0.4	6,917
日本	8,707	10,578	7,685	72.7	883	8.4	649	6.1	75	627	25	442	12.8	8,010
カナダ	4,822	6,544	1,198	18.3	3,860	59.0	1,007	15.4	332	38	—	108	7.3	15,438
ドイツ	5,500	6,432	3,276	50.9	241	3.8	760	11.8	1,100	458	2	579	33.5	6,848
ブラジル	2,228	6,014	904	15.0	3,890	64.7	157	2.6	485	35	—	539	17.7	2,570
韓国	1,054	5,901	4,269	72.3	73	1.2	1,335	22.6	25	92	—	84	3.9	11,082
フランス②	4,208	5,819	472	8.1	706	12.1	4,129	71.0	286	106	1	107	8.6	7,141
サウジアラビア	692	3,782	3,780	100.0	—	—	—	—	—	—	—	—	0.0	10,239
メキシコ	1,158	3,356	2,667	79.5	326	9.7	137	4.1	129	19	53	—	6.7	2,329
イギリス	3,197	3,334	1,502	45.0	80	2.4	651	19.5	569	129	—	404	33.1	4,906
イラン	591	3,098	2,859	92.3	158	5.1	—	—	4	2	—	0.2	0.1	3,341
トルコ	575	3,048	2,061	67.6	599	19.7	—	—	199	78	74	—	12.7	3,348
イタリア③	2,166	2,897	1,705	58.9	505	17.4	—	—	177	227	61	216	23.7	5,220
インドネシア	327	2,838	2,343	82.6	216	7.6	—	—	—	9	140	135	9.8	984
スペイン	1,519	2,745	1,112	40.5	368	13.4	558	20.3	509	127	—	69	25.8	5,567
オーストラリア	1,550	2,610	2,164	82.9	160	6.1	—	—	152	99	—	35	11.0	9,906
南アフリカ共和国	1,672	2,561	2,276	88.9	57	2.2	116	4.5	65	42	—	4	4.4	3,957
ベトナム	87	2,409	1,562	64.8	841	34.9	—	—	—	5	—	1	0.3	2,378
タイ	442	1,823	1,522	83.5	76	4.1	—	—	16	45	0.01	163	12.4	2,810
ポーランド	1,363	1,700	1,474	86.7	24	1.4	—	—	128	3	—	70	11.9	4,343
スウェーデン	1,465	1,634	21	1.3	623	38.1	685	42.0	166	4	—	135	18.6	13,331
ウクライナ	2,988	1,599	608	38.0	120	7.5	844	52.8	12	11	—	3	1.6	3,066
ノルウェー	1,218	1,469	28	1.9	1,395	95.0	—	—	39	0.02	—	3	3.1	24,047
アルゼンチン	510	1,468	1,045	71.2	326	22.2	69	4.7	14	1	—	14	1.9	2,982
アラブ首長国連邦	171	1,360	1,347	99.0	—	—	—	—	—	13	—	—	1.0	13,242
オランダ	720	1,145	900	78.6	1	0.1	35	3.1	106	37	—	66	18.2	6,796
フィリピン	263	992	764	77.1	94	9.5	—	—	12	—	104	12	13.4	846
ニュージーランド	323	444	73	16.5	263	59.2	—	—	21	1	80	6	24.3	8,517
デンマーク	260	304	89	29.3	0	0.0	—	—	139	10	—	66	70.7	5,764
アイスランド	45	198	0	0.0	138	69.7	—	—	0.04	—	60	—	30.3	54,605

*水力を除く　①バイオ燃料・廃棄物　②モナコを含む　③サンマリノ, バチカンを含む　[IEA資料, ほか]

㉙おもな国のウラン埋蔵量・生産量

国名	確認埋蔵量*(千tU) 2017	生産量(tU) 1998	生産量(tU) 2019
世界	4,815.0	34,986	52,521
カザフスタン	434.8	—	22,808
カナダ	592.9	10,922	6,871
オーストラリア	1,400.6	4,910	6,273
ナミビア	368.5	2,780	4,475
ニジェール	336.4	3,714	3,050
ロシア	260.0	2,530	2,904
ウズベキスタン	57.6	1,926	2,404
中国	136.7	590	1,885
ウクライナ	137.7	1,000	1,180
インド	149.0	—	423

*ウラン1kgあたり260米ドル以下で回収可能な可採埋蔵量　tU=ウラン酸化物(U_3O_8)に含まれるウラン(U)の重量(t)
日本6.6(確認埋蔵量)　[World Metal Statistics Yearbook 2020, ほか]

㉚日本の発電量の推移(億kWh)

年	総量	火力	%	水力	%	原子力	%
1930	158	23	15.2	134	84.8	—	—
1950	463	85	18.4	378	81.6	—	—
1960	1,155	570	49.4	585	50.6	—	—
1970	3,595	2,749	76.4	801	22.3	46	1.3
1975	4,759	3,648	76.7	859	18.1	251	5.2
1980	5,775	4,028	69.7	921	15.9	826	14.4
1985	6,720	4,232	63.0	879	13.1	1,596	23.7
1990	8,573	5,574	65.0	958	11.2	2,023	23.6
1995	9,899	6,042	61.0	912	9.2	2,913	29.4
2000	10,915	6,692	61.3	968	8.9	3,221	29.5
2005	11,579	7,618	65.8	864	7.5	3,048	26.3
2010	11,569	7,713	66.7	907	7.8	2,882	24.9
2015	10,242	9,088	88.7	914	8.9	94	0.9

[電気事業便覧 平成28年版, ほか]

統計資料② 鉱工業

統計資料② 鉱工業

❶鉄鉱石の生産 (含有量) (百万t)

国 名	1990	2018	%
世 界	540.0	1,520.0	100
オーストラリア	69.8	557.4	36.7
ブラジル	99.9	292.8	19.3
中 国	50.5	209.3	13.8
イ ン ド	34.4	126.0	8.3
ロ シ ア	① 132.0	56.7	3.7
南アフリカ共和国	19.7	47.2	3.1
ウクライナ	―	37.7	2.5
カ ナ ダ	22.0	31.5	2.1
アメリカ合衆国	35.7	31.3	2.1
イ ラ ン	1.8	23.9	1.6

①ソ連　〔Minerals Yearbook〕

❷鉄鉱石の輸出入 (2019年) 〔Steel Statistical Yearbook 2020〕

輸出国	百万t	%	輸入国	百万t	%
世 界	1,591.2	100	世 界	1,578.8	100
オーストラリア	836.2	52.6	中 国	1,069.1	67.7
ブラジル	340.4	21.4	日 本	119.6	7.6
南アフリカ共和国	66.8	4.2	韓 国	74.7	4.7
カ ナ ダ	52.2	3.3	ド イ ツ	37.1	2.3
ウクライナ	39.9	2.5	マレーシア	30.9	2.0
イ ン ド	31.2	2.0	オ ラ ン ダ	29.4	1.9
マレーシア	27.4	1.7	(台 湾)	23.4	1.5
ロ シ ア	22.4	1.4	カ ナ ダ	16.6	1.1
スウェーデン	22.3	1.4	フランス	13.9	0.9
オ ラ ン ダ	21.1	1.3	イギリス	11.3	0.7

❸おもな国の鉄鉱石輸入先 (2019年)

国 名	万t	おもな輸入先(%)
中 国	108,834	豪(61.1)ブラジル(21.0)南ア(3.9)ソ連*(2.4)
日 本	11,956	豪(57.3)ブラジル(26.3)カナダ(6.2)南ア(2.9)
韓 国	7,466	豪(72.6)ブラジル(13.3)南ア(6.7)カナダ(4.7)
ドイツ	3,902	カナダ(16.4)ブラジル(10.8)スウェーデン(8.2)南ア(6.1)
(台 湾)	2,339	豪(73.7)ブラジル(17.1)カナダ(7.1)
フランス	1,385	ブラジル(37.3)カナダ(35.9)リベリア(9.7)モーリタニア(7.1)
イギリス	766	カナダ(29.8)ブラジル(28.6)スウェーデン(19.2)南ア(8.1)
イタリア	590	ブラジル(57.8)モーリタニア(19.8)南ア(18.9)カナダ(12.0)
アメリカ合衆国	391	ブラジル(55.9)カナダ(21.4)ソ連*(8.4)スウェーデン(3.1)

*旧ソ連構成国のうち、バルト3国を除く12か国　〔鉄鋼統計要覧2020〕

❹ボーキサイトの生産 (万t)

国 名	1990	2017	%
世 界	11,300	30,800	100
オーストラリア	4,140	8,790	28.5
中 国	240	7,000	22.7
ギ ニ ア	1,580	4,616	15.0
ブラジル	968	3,850	12.5
イ ン ド	485	2,291	7.4
ジャマイカ	1,090	825	2.7
ロ シ ア	① 925	552	1.8
カザフスタン	―	500	1.6
サウジアラビア	―	413	1.3
インドネシア	121	290	0.9

①ソ連　〔Minerals Yearbook〕

❺アルミニウム (地金) の生産と消費 (万t)

国 名	1989	2019	%	消費量 2019
世 界	1,798	6,428	100	6,314
中 国	83	3,504	54.5	3,524
ロ シ ア	① 240	390	6.1	70
イ ン ド	38	352	5.5	183
カ ナ ダ	156	285	4.4	50
アラブ首長国連邦	―	258	4.0	84
オーストラリア	124	157	2.4	18
ベトナム	―	137	2.1	141
バーレーン	―	137	2.1	46
ノルウェー	86	128	2.0	22
アメリカ合衆国	403	113	1.8	493

日本177(消費)　①ソ連
〔World Metal Statistics Yearbook 2020, ほか〕

❻すず鉱の生産 (含有量) (千t)

国 名	2017	%
世 界	313.0	100
中 国	93.0	29.7
インドネシア	83.0	26.5
ミャンマー	47.0	15.0
ボリビア	18.5	5.9
ブラジル	18.0	5.8
ペ ル ー	17.8	5.7
コンゴ民主共和国	9.5	3.0
オーストラリア	7.2	2.3
ナイジェリア	6.0	1.9
ベ ト ナ ム	4.6	1.5

〔Minerals Yearbook〕

❼銅鉱石の生産 (含有量) (2015年)

国 名	万t	%
世 界	1,910	100
チ リ	576	30.2
中 国	171	9.0
ペ ル ー	170	8.9
アメリカ合衆国	138	7.2
コンゴ民主共和国	102	5.3
オーストラリア	97	5.1
ロ シ ア	73	3.8
ザンビア	71	3.7
カ ナ ダ	70	3.6
メキシコ	59	3.1

〔Minerals Yearbook〕

❽銅地金の生産と消費 (2019年, 万t)

国 名	生産量	%	消費量
世 界	2,362	100	2,387
中 国	945	40.0	1,280
チ リ	227	9.6	4
日 本	150	6.3	101
アメリカ合衆国	106	4.5	184
ロ シ ア	102	4.3	35
コンゴ民主共和国	84	3.6	―
韓 国	64	2.7	63
ドイツ	60	2.5	102
ポーランド	57	2.4	29
カザフスタン	48	2.0	4

〔World Metal Statistics Yearbook 2020〕

❾ニッケル鉱の生産 (含有量) (万t)

国 名	1990	2016	%
世 界	97.4	204.0	100
フィリピン	1.6	34.7	17.0
ロ シ ア	① 28.0	25.3	12.4
カ ナ ダ	19.6	23.6	11.6
オーストラリア	6.7	20.4	10.0
(ニューカレドニア)	8.5	20.4	10.0
インドネシア	6.8	19.9	9.8
中 国	3.3	9.8	4.8
ブラジル	2.4	7.7	3.8
キューバ	4.1	5.2	2.5
マダガスカル	―	4.9	2.4

①ソ連　〔Minerals Yearbook〕

❿鉛鉱の生産 (含有量) (万t)

国 名	1990	2016	%
世 界	337.0	475.0	100
中 国	31.5	234.0	49.3
オーストラリア	57.0	45.3	9.5
アメリカ合衆国	49.7	34.6	7.3
ペ ル ー	21.0	31.4	6.6
ロ シ ア	① 42.0	25.0	5.3
メキシコ	18.7	23.2	4.9
イ ン ド	2.3	14.7	3.1
スウェーデン	9.8	7.9	1.7
ト ル コ	1.8	7.6	1.6
ボリビア	2.0	7.5	1.6

①ソ連　〔Minerals Yearbook〕

⓫亜鉛鉱の生産 (含有量) (万t)

国 名	2017	%
世 界	1,250	100
中 国	440	35.2
ペ ル ー	147	11.8
オーストラリア	84	6.7
イ ン ド	83	6.7
アメリカ合衆国	77	6.2
メキシコ	67	5.4
ボリビア	47	3.8
カ ナ ダ	34	2.8
カザフスタン	33	2.6
ロ シ ア	28	2.2

〔Minerals Yearbook〕

⓬ダイヤモンドの生産 (2017年, 万カラット)

国 名	装飾用	工業用	計	%
世 界	8,790	6,300	15,100	100
ロ シ ア	2,380	1,880	4,260	28.2
カ ナ ダ	2,323	―	2,323	15.4
ボツワナ	1,600	690	2,290	15.2
コンゴ民主共和国	378	1,510	1,888	12.5
オーストラリア	34	1,680	1,714	11.4
南アフリカ共和国	775	194	969	6.4
アンゴラ	850	94	944	6.3
ジンバブエ	25	226	251	1.7
ナミビア	195	―	195	1.3
レ ソ ト	113	―	113	0.7

〔Minerals Yearbook〕

⓭マンガン鉱の生産 (含有量) (万t)

国 名	1990	2016	%
世 界	908	1,570	100
南アフリカ共和国	191	530	33.8
中 国	82	233	14.8
オーストラリア	91	224	14.2
ガ ボ ン	112	162	10.3
ブラジル	90	108	6.8

〔Minerals Yearbook〕

⓮タングステン鉱の生産 (含有量) (t)

国 名	1990	2017	%
世 界	51,900	82,100	100
中 国	32,000	67,000	81.6
ベトナム	―	6,600	8.0
ロ シ ア	① 8,800	2,094	2.6
イギリス	42	1,086	1.3
ボリビア	1,010	994	1.2

①ソ連　〔Minerals Yearbook〕

⓯金鉱の生産 (含有量) (t)

国 名	1990	2017	%
世 界	2,180	3,230	100
中 国	100	426	13.2
オーストラリア	244	301	9.3
ロ シ ア	① 302	270	8.4
アメリカ合衆国	294	237	7.3
カ ナ ダ	169	164	5.1
ペ ル ー	9	151	4.7
南アフリカ共和国	605	137	4.2
ガ ー ナ	17	128	3.9
メキシコ	10	126	3.9
スーダン	② 0.1	107	3.3

日本6　①ソ連　②南スーダンを含む　〔Minerals Yearbook〕

⓰銀鉱の生産 (含有量) (t)

国 名	1990	2016	%
世 界	16,600	26,600	100
メキシコ	2,420	5,364	20.2
ペ ル ー	1,930	4,374	16.4
中 国	130	3,496	13.1
ロ シ ア	① 2,500	1,571	5.9
チ リ	655	1,497	5.6
オーストラリア	1,170	1,418	5.3
ボリビア	311	1,353	5.1
ポーランド	832	1,265	4.8
アメリカ合衆国	2,120	1,150	4.3
アルゼンチン	83	839	3.2

日本5　①ソ連　〔Minerals Yearbook〕

⓱クロム鉱の生産 (鉱石量) (万t)

国 名	1990	2017	%
世 界	1,296	3,570	100
南アフリカ共和国	462	1,654	46.3
ト ル コ	84	650	18.2
カザフスタン	―	458	12.8
イ ン ド	94	350	9.8
フィンランド	50	97	2.7

〔Minerals Yearbook〕

⓲モリブデンの生産 (含有量) (千t)

国 名	1990	2018	%
世 界	127.0	297.0	100
中 国	15.7	133.0	44.8
チ リ	13.6	60.2	20.3
アメリカ合衆国	61.6	41.4	13.9
ペ ル ー	2.5	28.0	9.4
メキシコ	2.0	15.1	5.1

〔Minerals Yearbook〕

⓳マグネシウム鉱の生産 (万t)

国 名	1990	2017	%
世 界	1,050	2,910	100
中 国	217	1,900	65.3
ト ル コ	85	330	11.3
ブラジル	26	180	6.2
ロ シ ア	① 160	150	5.2
オーストリア	118	60	2.1

①ソ連　〔Minerals Yearbook〕

⓴バナジウムの生産 (含有量) (千t)

国 名	1990	2018	%
世 界	33.9	71.2	100
中 国	4.5	40.0	56.2
ロ シ ア	① 12.0	18.0	25.3
南アフリカ共和国	17.1	7.7	10.8
ブラジル	―	5.5	7.7

①ソ連　〔Minerals Yearbook〕

㉑プラチナ (白金) 族* の生産 (2018年, t)

国 名	プラチナ	パラジウム	プラチナ族 計	%
世 界	190.0	220.0	471.0	100
南アフリカ共和国	137.1	80.6	270.6	57.5
ロ シ ア	22.0	90.0	115.9	24.6
ジンバブエ	15.0	12.0	30.0	6.4
カ ナ ダ	7.4	20.0	28.3	6.0
アメリカ合衆国	4.2	14.3	18.5	3.9
中 国	2.5	1.3	3.8	0.8
フィンランド	1.2	1.3	2.7	0.6

*ルテニウム、ロジウム、パラジウム、オスミウム、イリジウム、プラチナ(白金)の総称　おもな用途(プラチナ、パラジウム):貴金属、自動車の排ガス浄化触媒　〔Minerals Yearbook〕

㉒りん鉱石の生産 (含有量) (万t)

国 名	1990	2018	%
世 界	5,050	7,640	100
中 国	640	3,600	47.1
モロッコ①	691	1,050	13.7
アメリカ合衆国	1,420	725	9.5
ロ シ ア②	1,180	550	7.2
ヨ ル ダ ン	201	257	3.4
ブラジル	62	200	2.6
サウジアラビア	―	195	2.6
エ ジ プ ト	29	150	2.0
ペ ル ー	2	120	1.6
イスラエル	110	110	1.4

①西サハラを含む　②ソ連　〔Minerals Yearbook〕

㉓綿糸・綿織物の生産（千t）＊推計値

国 名	2014	％
世 界	**50,438**	**100**
綿糸　中　国	36,447	72.3
インド	3,853	7.6
パキスタン	3,156	6.3
トルコ	1,680	3.3
ブラジル	986	2.0
世 界	**17,234**	**100**
綿織物　中　国	5,603	32.5
インド	5,058	29.3
パキスタン	3,265	18.9
インドネシア	780	4.5
ブラジル	640	3.7

日本(2018年)：32千t(綿糸)，107百万m²(綿織物)
〔繊維ハンドブック2020〕

㉔毛糸の生産（千t）

国 名	2000	2016
中　国	6,570	07)20,682
トルコ	37	68
インド	03)30	05)52
イタリア	440	42
ニュージーランド	18	05)22
イギリス	94)18	14)16
日　本	34	11
リトアニア	1	11
ルーマニア	19	08)9
アメリカ合衆国	29	10)6
ポーランド	10	6

03)：統計年次の西暦下2桁を示す
〔Industrial Statistics Yearbook〕

㉕毛織物の生産（万m²）

国 名	2000	2016
トルコ	05)25,506	12)155,475
中　国	45,920	—
日　本	16,800	—
チェコ	1,430	08)1,401
アメリカ合衆国	5,674	10)1,232
イギリス	—	10)1,053
ロシア	5,460	913
ドイツ	5,718	635
ウクライナ	—	14)499
ポルトガル	998	328
リトアニア	1,516	280

05)：統計年次の西暦下2桁を示す
〔Industrial Statistics Yearbook〕

㉖化学繊維の生産（万t）

国 名	1990	2016	％
世 界	**1,765**	**6,495**	**100**
中　国	156	4,472	68.9
インド	65	558	8.6
アメリカ合衆国	312	198	3.1
インドネシア	32	192	3.0
（台　湾）	177	190	2.9
韓　国	129	165	2.5
（西ヨーロッパ）	—	140	2.2
タ　イ	20	102	1.6
トルコ	30	88	1.3
日　本	170	57	0.9

〔繊維ハンドブック2019，ほか〕

㉗繊維製品＊の輸出入（百万ドル）

国 名	2019	％
世 界	**305,394**	**100**
輸出　中　国	119,575	39.2
インド	17,189	5.6
ドイツ	13,725	4.5
アメリカ合衆国	13,359	4.4
トルコ	11,778	3.9
世 界	**335,278**	**100**
輸入　アメリカ合衆国	31,400	9.4
ベトナム	17,284	5.2
中　国	15,712	4.7
ドイツ	12,812	3.8
バングラデシュ	10,657	3.2

＊糸・布地・織物など　日本6,585(輸出)　8,830(輸入)〔WTO資料〕

㉘衣類の輸出入（百万ドル）

国 名	2019	％
世 界	**493,386**	**100**
輸出　中　国	151,537	30.7
バングラデシュ	33,072	6.7
ベトナム	30,888	6.3
ドイツ	26,181	5.3
イタリア	24,431	5.0
世 界	**536,394**	**100**
輸入　アメリカ合衆国	95,492	17.8
ドイツ	39,203	7.3
日　本	29,751	5.5
イギリス	26,367	4.9
フランス	25,752	4.8

日本714(輸出)〔WTO資料〕

㉙合成ゴムの生産（千t）

国 名	1990	2019	％
世 界	**9,910**	**15,133**	**100**
中　国	316	3,178	21.0
アメリカ合衆国	2,115	2,232	14.7
韓　国	227	1,565	10.3
ロシア	—	1,529	10.1
日　本	1,426	1,526	10.1
ドイツ	①525	789	5.2
（台　湾）	175	772	5.1
フランス	522	474	3.1
インド	—	395	2.6
シンガポール	—	358	2.4

①西ドイツ〔世界国勢図会2020/21年版，ほか〕

㉚紙・板紙の生産（万t）

国 名	1990	2019	％
世 界	**23,935**	**40,432**	**100**
中　国	1,399	10,783	26.7
アメリカ合衆国	7,197	6,816	16.9
日　本	2,809	2,538	6.3
ドイツ	1,219	2,207	5.5
インド	219	1,728	4.3
インドネシア	144	1,195	3.0
韓　国	452	1,138	2.8
ブラジル	484	1,053	2.6
フィンランド	897	971	2.4
スウェーデン	842	962	2.4

〔FAOSTAT〕

㉛鉄鋼の生産量・消費量（万t）

国 名	銑鉄1960	銑鉄1990	銑鉄2019	％	粗鋼1960	粗鋼1990	粗鋼2019	％	粗鋼消費量(2018)万t	①kg
世 界	**24,160**	**53,082**	**127,761**	**100**	**34,150**	**76,900**	**187,469**	**100**	**183,082**	**240**
中　国	1,350	6,535	80,937	63.3	1,110	6,535	99,634	53.1	86,975	609
インド	—	1,200	7,410	5.8	—	1,200	11,125	5.9	10,450	77
日　本	1,190	8,023	7,491	5.9	2,214	11,034	9,929	5.3	7,126	560
アメリカ合衆国	6,107	4,967	2,230	1.7	9,007	8,973	8,776	4.7	11,198	342
ロシア	②4,676	②11,017	5,029	3.9	②6,529	②15,441	7,157	3.8	4,473	307
韓　国	—	1,534	4,752	3.7	—	2,313	7,142	3.8	5,595	1,093
ドイツ	③2,574	3,140	2,552	2.0	③3,410	4,402	3,967	2.1	4,188	504
ブラジル	—	537	987	0.8	—	944	3,374	1.8	3,254	395
トルコ	—	—	—	—	226	2,057	3,223	1.7	2,356	112
ウクライナ	—	127	274	0.2	—	143	3,190	1.7	2,173	266

鉄鉱石の生産国が鉄鋼の生産国とはならない。　①1人あたり　②ソ連　③西ドイツ〔鉄鋼統計要覧2020，ほか〕

㉜鉄鋼の輸出入（2019年）

国 名	万t
輸出　中　国	7,013
日　本	3,379
韓　国	3,065
ドイツ	2,640
イタリア	1,866
輸入　アメリカ合衆国	3,853
ドイツ	2,773
イタリア	2,395
中　国	2,331
韓　国	1,832

日本869(輸入)〔鉄鋼統計要覧2020〕

㉝セメントの生産（万t）

国 名	1990	2017	％
世 界	**116,000**	**408,000**	**100**
中　国	21,000	233,100	57.1
インド	4,900	28,100	6.9
アメリカ合衆国①	7,140	8,680	2.1
トルコ	2,450	8,055	2.0
ベトナム	250	7,884	1.9
インドネシア	1,380	6,500	1.6
韓　国	3,360	5,650	1.4
日　本	8,440	5,520	1.4
イラン	1,300	5,500	1.3
ロシア	②13,700	5,468	1.3
ブラジル	2,580	5,400	1.3
エジプト	1,410	5,400	1.3

①プエルトリコを含む　②ソ連〔Minerals Yearbook〕

㉞自動車の生産（千台）

国 名	1990	2018	％
世 界	**48,885**	**96,869**	**100**
中　国	474	27,809	28.7
アメリカ合衆国	9,780	11,298	11.7
日　本	13,487	9,730	10.0
インド	364	5,143	5.3
ドイツ	①4,977	5,120	5.3
メキシコ	821	4,101	4.2
韓　国	1,322	4,029	4.2
ブラジル	915	2,881	3.0
スペイン	2,053	2,820	2.9
フランス	3,769	2,268	2.3

①西ドイツ〔国際自動車工業連合会資料，ほか〕

㉟自動車の輸出入（2017年） 〔世界自動車統計年報2019，ほか〕

輸出国	輸出台数(千台)	うち乗用車割合(%)	輸出額①(百万ドル)	輸入国	輸入台数(千台)	うち乗用車割合(%)	輸入額①(百万ドル)
世 界	**—**	**—**	**746,256**	**世 界**	**—**	**—**	**754,697**
フランス	②6,365	89.5	④22,220	アメリカ合衆国	8,627	86.9	179,597
日　本	4,706	89.6	93,373	ドイツ	3,043	92.3	58,487
ドイツ	③4,589	95.4	157,403	イギリス	08)2,117	87.0	44,212
メキシコ	3,254	44.4	41,529	イタリア	1,791	91.9	31,187
アメリカ合衆国	2,839	78.2	53,489	カナダ	02)1,545	83.6	28,629
韓　国	2,530	95.5	38,831	中　国	1,247	98.5	49,946
カナダ	02)2,373	81.1	46,491	フランス	1,192	86.0	④34,817
スペイン	2,318	80.5	35,776	スペイン	1,049	88.4	20,157
イギリス	1,383	96.5	41,989	ベルギー	08)614	87.3	36,408
中　国	891	71.7	7,177	オランダ	05)546	85.3	9,923

日本：358千台(輸入)　①乗用自動車　②フランス国外からのフランスメーカーの出荷台数を含む　③6t以上のトラック，バスを含まない　④モナコを含む　乗用車の割合＝乗用車台数／総台数×100　02)：統計年次の西暦下2桁を示す

㊱船舶の生産（千総トン） 〔IHS資料，ほか〕

国 名	船舶＊の竣工量 1990	2016	％
世 界	**15,885**	**66,422**	**100**
韓　国	3,441	25,035	37.7
中　国	404	22,355	33.7
日　本	6,663	13,309	20.0
フィリピン	3	1,204	1.8
ルーマニア	175	926	1.4
（台　湾）	515	483	0.7
ベトナム	92)3	455	0.7
ドイツ	①874	451	0.7
イタリア	392	425	0.6
アメリカ合衆国	23	364	0.5

＊100総トン以上の鋼船　①西ドイツ　92)：1992年

㊲おもな工業製品の生産（千台）

製品	国 名	2000	2015
家庭用冷蔵庫	中　国	12,790	14)87,961
	インド	2,009	07)7,393
	ブラジル	4,350	6,910
	トルコ	2,405	6,865
	ドイツ	02)2,354	1,989
電気掃除機	中　国	10,103	14)87,998
	ドイツ	6,087	14)5,129
	トルコ	802	3,694
	日　本	5,771	14)3,626
	ハンガリー	98)332	3,253
家庭用洗濯機	中　国	14,430	14)71,144
	アメリカ合衆国	8,043	10)16,010
	ポーランド	99)448	8,955
	トルコ	1,346	8,737
	ブラジル	3,216	8,209
自転車	中　国	29,068	14)79,101
	インド	14,975	11,397
	ブラジル	2,967	5,178
	ポルトガル	294	2,917
	ドイツ	2,973	10)1,518
自動二輪車	中　国	9,602	14)26,917
	インド	3,756	07)8,010
	ベトナム	463	3,422
	タ　イ	928	08)2,165
	パキスタン	95	1,777
コンバイン(台)	日　本	45,113	14)28,413
	ドイツ	6,565	08)13,221
	アメリカ合衆国	8,283	03)9,654
	ロシア	5,201	4,412
	メキシコ	1,196	3,888

02)：統計年次の西暦下2桁を示す　〔Industrial Statistics Yearbook〕

㊳日本のIC輸出入（億円）

国 名	2000	2019	％
世 界	**29,338**	**28,361**	**100**
輸出　中　国	1,441	6,949	24.5
（台　湾）	2,384	6,371	22.5
（ホンコン）	3,836	5,650	19.9
韓　国	2,679	1,958	6.9
ベトナム	127	1,508	5.3
世 界	**19,185**	**20,083**	**100**
輸入　（台　湾）	3,351	10,726	53.4
アメリカ合衆国	5,578	2,604	13.0
韓　国	383	1,994	9.9
中　国	2,878	1,121	5.6
マレーシア	2,003	783	3.9

〔財務省貿易統計〕

統計資料

50音さくいん

※赤字は，重要語句を解説している「用語」コーナーがあるページです。

【あ・ア】

アウトソーシング…………164
青いバナナ…………………167
赤潮…………………………82
亜寒帯（冷帯）…58,59,62,261
亜寒帯（冷帯）湿潤気候区
　………58,59,62,63,255
亜寒帯低圧帯…………40,42
亜寒帯（冷帯）冬季少雨気候区
　…………58,59,62,63
亜寒帯林…………………124
アグリビジネス…97,116,117
アグロフォレストリー………79
アジア太平洋経済協力
　（APEC）…193,223,241,276
アジア通貨危機……………237
アジアNIEs……157,190,191
アシエンダ…………………118
ASEAN経済共同体（AEC）
　…………………193,241
ASEAN自由貿易地域
　（AFTA）……………241
アセノスフェア………………14
アネクメーネ…………63,196
亜熱帯高圧帯（中緯度高圧帯）
　…40,41,42,51,242
アパラチア山脈………23,264
アパルトヘイト→人種隔離政策
アフガニスタン内戦………224
油やし…………95,108,317
アフリカ大地溝帯……17,250
アフリカの年…………222,251
アフリカ連合（AU）…223,251
アボリジニー…………274,275
雨陰砂漠……………………52
アマゾン…………78,270,271
アラブ石油輸出国機構
　（OAPEC）………133,223
アラブの春…………………253
アラル海……………………80
アルパカ…………61,63,318
アルプ………………………92
アルファルファ………102,118
アルプス山脈…………22,254
アルプス＝ヒマラヤ造山帯
　…22,34,238,242,246,254
アルミナ…………137,175,319
アルミニウム
　………137,167,319,326
安定陸塊…22,23,34,242,246,
　250,270,274
アンデス共同体（CAN）…273

【い・イ】

イエローケーキ………165,319
囲郭都市→城塞都市
イギリス連邦…………223,275
イコン…………………221,262
異常気象………………68,69
イスラーム……217,220,221,
　240,244,247,248
イスラーム教徒→ムスリム
イスラーム復興運動………248
1次エネルギー………130,142
一次産品………………112,191
一国二制度…………………233
一般図………………………11
遺伝子組み換え作物………96
緯度…………………………8
糸魚川・静岡構造線………70
イヌイット………60,63,214
稲………………………98,315
伊能忠敬…………………6,7

【う・ウ】

ヴァルナ…………………244
ウェゲナー…………………15
ウェーバー…………………148
ウォーターフロント開発
　………………212,213
魚つき林…………………125
雨温図………………………47
雨季……41,48,50,63,239,242
浮稲………………………107
牛………101,120,318,323
宇宙産業………………153,156
ウバーレ………………32,35
ウラン…………130,165,319,325

【え・エ】

永久凍土…58,60,63,65,261
衛星都市………205,207,267
液化天然ガス（LNG）
　………134,170,325
液状化現象…………………75
エクメーネ………………196
エコツーリズム……………184
エスカー………………31,35
エスキモー…………………60
エスタンシア………………118
エスチュアリ（三角江）…29,35
エネルギー革命……………130
エラスムス計画……………257
エリカ気候……………55,63
エルサレム………………225
エルニーニョ現象……69,126
エレクトロニクス産業……156
エレクトロニクス受託製造
　サービス（EMS）……154
塩害…………………………80
沿岸流……26,28,35,39
園芸農業
　…91,93,102,106,113,114
塩原……………………31,35
塩湖……31,35,80,246
円弧状三角州………26,35
円村（環村）………………203
えん麦……………91,92,320
遠洋漁業…………………127

【お・オ】

オアシス…31,35,51,52,110,
　202,246,250
オアシス農業……90,102,111
オイルサンド…………131,173
オイルショック→石油危機
大麦……………92,315,320
沖合漁業…………………127
オゾン層…………………76,84
オゾンホール………………76
尾根線………………………37
オフショアリング…………164
おぼれ谷……………………29
親潮…………………44,126
オリジナルカロリー………129

オリーブ…55,63,93,316,322
オリーブ気候…………55,63
オレンジ類……55,93,322
卸売業……………………182
温室効果ガス……77,83,85
温帯……54,55,56,57,62
温帯湿潤気候区…54,57,62,63
温暖湿潤気候区…54,55,62,63
温暖冬季少雨気候区
　…………54,55,62,63
隠田百姓村…………………202
オンドル…………………234

【か・カ】

海岸砂漠………52,250
海岸段丘…24,27,28,35
海岸平野……28,35,295
回帰線砂漠…………………52
階級区分図…………………11
海溝……13,16,34,70
海溝型地震…20,34,71
外国人労働者
　…198,201,211,249,272
海食崖…………28,35
海食台……28,35,291
塊村………………………203
街村………………………203
外帯…………………………70
開拓前線（フロンティア）…265
貝塚…………………………27
外的営力……………………12
買い回り品…………………182
海洋汚染……………………82
海洋性気候…………………45
海洋プレート
　…16,17,18,34,70,71
外来河川…31,35,102,110,
　202,246,250
海流…………………………44
海嶺……13,16,17,18,34
ガウチョ…………118,216
カカオ……95,112,317,321
化学工業………150,156
化学繊維…………150,156,327
河岸段丘…24,27,35,39,202
華僑……………………198,240
河況係数……………………71
格安航空会社（LCC）…185,187
火口原……………………34
火口原湖…………………34
火口湖…………………19,34
過耕作……………………80
火砕流……………………19
カザフステップ…………110
火山…18,19,34,67,71,75,238,
　250,270,274,283
火山砕屑丘…………………34
火山前線（火山フロント）
　…………18,34,70
火山帯…………18,34,70
火山フロント→火山前線
火山列……………16,34
カシミール問題………224,244
華人……………………198,240
カースト制…………………244
カスピ海油田………165,249
カスプ状三角州………26,35
風…………………………42,43
河跡湖→三日月湖
化石燃料…14,77,130,132,142
過疎……………………201
過疎化……………………125
褐色森林土……………63,65

活断層…………21,34,71
カッパーベルト……………166
カトリック…220,221,240,256
カナート…………63,90,110
過伐採………………………80
過放牧………………………80
火力発電………140,144
カール（圏谷）…30,31,35,254
カルスト地形……32,33,35
カルデラ…19,34,283
カルトグラム………………11
かれ川→ワジ
カレーズ…………63,90
カレン…………32,35
カレンフェルト……32,33,35
灌漑……80,86,90,110
灌漑農業………110,116,117
乾燥…………41,48,50,63,239
環境税………………………85
環境問題…76,82,83,84,210
環礁……………32,33,35
関税と貿易に関する一般協定
　（GATT）………………191
岩石砂漠………30,35
乾燥限界…………62,86,196
乾燥帯…………51,52,53,62
乾燥地形………30,31,35
乾燥パンパ
　…53,63,103,118,270
環村→円村
寒帯…………60,62,261
間帯土壌………………64,65
環太平洋造山帯
　…22,34,70,238,274
環太平洋パートナーシップ
　（TPP）協定…123,193
干ばつ…………68,80
間氷期………………………66
カンポ…50,63,103,118,270
漢民族…………198,230
寒流…………44,52,72

【き・キ】

気圧…………………………42
気圧帯………………………42
気温…40,46,47,72,77
気温の逓減率………………61
企業的な穀物・畑作農業
　…………87,94,99,103,117
企業的農業……87,94,103
企業的牧畜……94,103,117
気候…………40～63,72
気候因子……………………40
気候区…………………46,63
気候区分……46,47,62,72
気候帯………………………46
気候要素…………40,46
技術革新（イノベーション）
　…………………146
技術貿易…………………155
希少金属→レアメタル
気象災害……68,69,73
季節風（モンスーン）
　…42,43,45,48,50,54,57,63,
　72,89,107,234,239,243
北アイルランド紛争………224
北大西洋海流…40,56,255
北大西洋条約機構（NATO）
　…………………223
気団…………………………72
キプロス問題……………224
ギャオ………………………17
逆断層………………21,34

キャッサバ
　…49,89,111,316,321
キャラバン→隊商
丘上集落…………………202
丘陵…………………………27
共通農業政策………113,114
京都議定書…83,84,85
極高圧帯……………………42
局地的大雨（ゲリラ豪雨）
　…………66,75
局地風（地方風）……………43
極東ロシア…………260,263
極偏東風……………………42
極夜…………………………8
裾礁……………32,33,35
巨帯都市→メガロポリス
巨大都市→メトロポリス
キリスト教
　…6,217,220,221,236,256
金…137,138,166,319,326
銀……………137,138,326
緊急輸入制限（セーフガード）
　…………………191
近郊農業…93,102,286,290
金属シリコン（ケイ素）……319

【く・ク】

グード図法
　→ホモロサイン図法
熊本地震………21,71
グランチャコ…50,118,270
栗色土………………………64
クリスタラー………………206
クールアイランド効果……66
クルアーン→コーラン
グルジア紛争……………262
クルド民族紛争……………224
車社会化→モータリゼーション
グレートアーテジアン
　（大鑽井）盆地…120,274
グレートバリアリーフ
　…………32,274
グレートプレーンズ
　…103,116,117,264
黒潮……………44,126
グローバル化
　…68,97,171,190,214
クロム………………………319

【け・ケ】

計画経済………170,229
計曲線………………………36
軽工業…………147,156
経済改革・対外開放政策
　…………104,158,229,231
経済技術開発区……………158
経済協力開発機構（OECD）…223
経済特区……………158,229
経済連携協定（EPA）
　…163,191,193,201
ケイ素→金属シリコン
経度…………………………8
傾動地塊………21,34
ケスタ…………23,34
ケッペン…………46,62
ケベック州………………269
ゲリラ豪雨→局地的大雨
ゲル…53,63,88,233
限界集落…………………201
言語……………218,247,256
圏谷→カール
減災…………………74,75
原子力発電………140,141
減反………………………122

原油 …… 131,133,144,165,173, 174,195,249,319

【こ・コ】

広域中心都市 …… 206
黄河（ホワンホー）…… 104,126,228
航空機産業 …… 153,156,168,172
合計特殊出生率 …… 200
黄砂 …… 81
高山気候区 …… 61,63
工場制機械工業 …… 146
工場制手工業 （マニュファクチュア）… 146
恒常風 …… 42
洪水 …… 5,68,242
降水量 …… 40,46,47,62,72
構造平野 …… 23,34
豪族屋敷村 …… 202,293
郷鎮企業 …… 104
高度経済成長 …… 85,181
後背湿地 …… 24,25,35,38,202
公用語 …… 218,219
広葉樹 …… 63,65,124,125
硬葉樹林 …… 64
小売業 …… 182
こうりゃん …… 315
高齢化 …… 106,122,125,200,230
古期造山帯 …… 22,23,34,260,264,274
国際河川 …… 139,254
国際原子力機関（IAEA）…… 223
国際石油資本（メジャー） …… 133,165
国際通貨基金（IMF）…… 191,223
国際復興開発銀行（IBRD） …… 191,223
国際分業 …… 147,153,168
国際連合 …… 223
国際労働機関（ILO）…… 223
谷底平野 …… 24,35
黒土 …… 53,65
黒土地帯 …… 99,115
国内総生産（GDP） …… 147,190,231,268
国民 …… 219,222
国民総所得（GNI） …… 192,193,235,241,258
穀物メジャー …… 97,116,117,119
国連環境計画（UNEP）…… 223
国連教育科学文化機関 （UNESCO）…… 223
国連児童基金（UNICEF）…… 223
国連食糧農業機関（FAO）…… 223
国連貿易開発会議 （UNCTAD）…… 191,223
ココやし …… 317
コジェネレーション システム …… 143
こしょう …… 316
弧状列島（島弧）…… 16,34,70
古生代 …… 14,22,23,34
語族 …… 218
国家 …… 222
国境 …… 222
コットンベルト …… 117
コナーベーション（連接都市）…… 208
コーヒー …… 95,107,112,316,321
コプラ油 …… 317,322
小麦 …… 89,99,103,105,114,122, 195,216,315,320
米 …… 89,98,103,105,107, 122,216,315,320
コーラン（クルアーン） …… 221,247,248
コリオリの力 …… 42,44
コリデール種 …… 120,318
コルクがし …… 63,93,317

混合農業 …… 63,87,91,92,102,113,114
混合林 …… 63,65,124
コンテナ船 …… 188,195
コンテンツ産業 …… 160,183
コンビナート …… 170
コーンベルト …… 102,116,117

【さ・サ】

再開発 …… 148,211,212,213,267
サイクロン …… 26,43,63
サイザル麻 …… 317,323
再生可能エネルギー …… 83,130,142,143,172
栽培限界 …… 86
財閥 …… 160,237
砂丘 …… 30,31,35
砂嘴 …… 28,35
砂州 …… 28,29,35,39
さとうきび …… 95,119,143,315,321
砂漠 …… 30,35,51,52,64,202, 222,246,250
砂漠化 …… 76,80,84,246
砂漠気候区 …… 51,52,62,63
サバナ …… 50,63,64
サバナ気候区 …… 41,48,50,62,63
サービス業 …… 183
サービス貿易 …… 190,191
サヘル …… 80
サマータイム …… 9
サーミ …… 60,63,256
サンアンドレアス断層 …… 17,34
三角グラフ …… 181
三角江→エスチュアリ
三角州（デルタ）…… 24,26,35,38, 107,238,242,264
山岳氷河 …… 30,35,254
三角末端面 …… 21,34
残丘（モナドノック）…… 23,34
産業革命 …… 146,167
産業の空洞化 …… 171,176,180
産業の高度化 …… 181
サンゴ礁 …… 32,33,35,270,274
酸性雨 …… 81
散村 …… 203
サンソン図法 …… 10
三大都市圏 …… 206,213
サンベルト …… 171
三圃式農業 …… 91,113

【し・シ】

シーア派 …… 221
ジェット気流 …… 42
シェールオイル …… 133,173
シェールガス …… 134,173
シェンゲン協定 …… 257,259
ジェントリフィケーション …… 211,267
潮境 …… 44,126
ジオパーク …… 83
潮目 …… 44,126
四季 …… 54,57
自給的農家 …… 122
自給的農業 …… 87,88,89,102,111
シク教 …… 220,224,244
子午線 …… 8,9
時差 …… 9,164
市場経済 …… 229,263
地震 …… 18,20,21,34,67,71, 74,238,270,274
沈み込み帯 …… 16,18,20,34
次世代送電網→スマートグリッド
自然堤防 …… 24,25,26,35,38, 202
自然的国境 …… 222
持続可能な開発 …… 84
湿潤パンパ …… 102,103,118,270
実体視 …… 39

自動車産業 …… 146,149,152,162, 163,170,172,177,179,231,249
児童労働 …… 199
寺内町 …… 205
地場産業 …… 147,178,184
自噴井 …… 44
シベリア …… 58,59,260
社会主義 …… 229,233,261,273
じゃがいも …… 115,216,316,320
ジャーティ …… 244
ジャポニカ種 …… 98,315
ジャングル …… 49
首位都市（プライメートシティ） …… 205,209
重化学工業 …… 146,147,156
宗教 …… 217,220,221,236,240, 244,256,262
宗教都市 …… 206
褶曲山脈 …… 16,22,34
重工業 …… 146,147,156
重工業三角地帯 …… 167
集積回路（IC） …… 149,156,159,177
集村 …… 203
集団農業 …… 104,115
自由地下水 …… 44
自由貿易協定（FTA） …… 191,193
集約的稲作農業 …… 87,88,90,102
集約的畑作農業 …… 88,90,102
集落 …… 202
儒教 …… 236
主業農家 …… 122
主曲線 …… 36
主権 …… 222
手工業 …… 146
主題図 …… 11
ジュート …… 109,317,323
主導工業 …… 147
準主業農家 …… 122
準平原 …… 23,34
巡礼 …… 248
省エネルギー …… 83,142
荘園集落 …… 202
城下町 …… 205,285
商業的農業 …… 87,91,102
商圏 …… 182
礁湖（ラグーン）…… 32,33,35
城塞都市（囲郭都市）…… 205
上座仏教 …… 221,240
少子高齢化 …… 201,213
少数民族 …… 230,256
小地形 …… 12,24
衝突帯 …… 16,20,34
鍾乳洞 …… 32,33,35
商品作物 …… 95,107,111,112,255
情報格差（デジタルデバイド） …… 189
情報通信技術（ICT）…… 146,156, 163,164,167,172,183
縄文海進 …… 27
照葉樹林 …… 63,65
条里制 …… 202
常緑広葉樹 …… 64,124
職住近接 …… 211,212,213
植生 …… 46,62,63,64
植民地 …… 198,239,251,255,271
食料援助 …… 128
食料自給率 …… 122,129
ショッピングセンター …… 182
シラス台地 …… 283
シリア内戦 …… 224
シリコンヴァレー …… 171,172,173
シリコンデザート …… 171

シリコンプレーン …… 171,173
飼料作物 …… 92,94,103
白い革命 …… 109
人為的国境 …… 222
新期造山帯 …… 22,34,67,238,254
新興工業経済地域→NIEs
人口転換 …… 197
人口爆発 …… 197,208,210
人口ピラミッド …… 197,201,213,230
人種 …… 211,219,266,272
人種隔離政策（アパルトヘイト）…… 251,252
人種・民族のサラダボウル …… 266
侵食 …… 12
侵食輪廻 …… 23
新生代 …… 14,22
薪炭材 …… 124
新田集落 …… 202,293
人民公社 …… 104,229
針葉樹 …… 59,65,125,261

【す・ス】

垂直貿易 …… 190,191
水半球 …… 13
水平貿易 …… 190,191
水力発電 …… 140
数理的国境 …… 222
スエズ運河 …… 188
図形表現図 …… 11
スコール …… 48,49,63,239
すず …… 137,326
スタートアップ企業 …… 172
ステップ …… 51,53,63,64
ステップ気候区 …… 51,53,62,63
ストリートチルドレン …… 209,273
砂砂漠 …… 30,35
スノーウィーマウンテンズ 計画 …… 103,275
スノーベルト （フロストベルト）…… 171
スプラトリ諸島→南沙群島
スプロール現象 …… 212
図法→地図投影法
スマートアグリ …… 93
スマートグリッド （次世代送電網）…… 144
住み分け（セグリゲーション） …… 267
スモッグ …… 210
スラブ語派 …… 218,256
スラム …… 209,210,211,245,267,273
ずれる境界 …… 16,17,34
スンナ派 …… 221

【せ・セ】

正角図法 …… 10
西岸海洋性気候区 …… 54,56,62,63,255
西岸気候 …… 45
正教会 …… 220,221
正距図法 …… 10
正距方位図法 …… 7,10
生産責任制 …… 104
生産年齢人口 …… 197,201
製紙業 …… 177
政治都市 …… 206
正積図法 …… 10
成層火山 …… 19,34
成帯土壌 …… 64
正断層 …… 21,34
政府開発援助（ODA）…… 139,192,210
生物多様性 …… 79,84
正方位図法 …… 10
世界遺産 …… 185
世界宗教 …… 220

世界の工場 …… 157,158,159
世界貿易機関（WTO） …… 155,190,191,193,223
赤黄色土 …… 63,64
潟湖→ラグーン
石炭 …… 130,131,135,142, 175,319,325
赤道 …… 8,42
赤道低圧帯→熱帯収束帯
石油 …… 130,131,132,133,142
石油化学工業 …… 133,147,150,169,177
石油化学コンビナート …… 147,150,151,168,177
石油危機（オイルショック） …… 130,133,146,225
石油輸出国機構（OPEC） …… 133,165,223
セグリゲーション→住み分け
絶対分布図 …… 11
狭まる境界 …… 16,34,70,238
セーフガード→緊急輸入制限
セマウル運動 …… 106
セメント工業 …… 149,177
セラード …… 50,103,119
セルバ …… 49,63,270
繊維工業 …… 148,149,150
尖閣諸島 …… 227
先カンブリア時代 …… 14,22,23,34
全球測位衛星システム （GNSS）…… 4,268
先住民 …… 118,266,271,272, 274,275
扇状地 …… 24,25,35,38,202
先進国 …… 82,129,147,211
浅堆→バンク
センターピボット …… 110,117
先端技術産業 …… 147,156,159
尖峰→ホーン

【そ・ソ】

造山運動 …… 14,22,23,34
造山帯 …… 22,34
宗主国 …… 198,214,218,239,255,271
造船業 …… 153
創造型企業→ベンチャービジネス
相対分布図 …… 11
粗放的定住農業 …… 87,88,102
ソマリア内戦 …… 224,252
ソルガム→もろこし

【た・タ】

第1次産業 …… 181
タイガ …… 58,59,63,65,124,255,261
対外債務 …… 273
大気汚染 …… 81,84
大気大循環 …… 42
大圏航路 …… 8,10
第3次産業 …… 181,182
第3のイタリア …… 167,169
隊商（キャラバン）…… 51
大乗仏教 …… 221,240
大豆 …… 96,100,103,105, 119,315,320
対蹠点 …… 10
台地 …… 24,27,35,202,289
大地形 …… 12,13,16
大土地所有制 …… 103,118
第2次産業 …… 181
台風 …… 4,43,63,68,72,73
太平洋ベルト …… 176,201
ダイポールモード現象 …… 69
ダイヤモンド …… 137,166,319,326
太陽光発電 …… 83,142,143,144
第4次産業革命 …… 146
大陸移動説 …… 15
大陸横断鉄道 …… 187,265

大陸性気候……45
大陸棚……15,126,131
大陸氷河（氷床）……30,35,60,65,66
大陸プレート……16,18,20,34
大量生産方式……146
大ロンドン計画……211
タウンシップ制……203,265
高床式……49,239,261
滝線都市……204
卓状地……22,23,34,250
竹島……227
多国籍企業……97,103,147,268
ダーチャ……115
竜巻……69,73
楯状火山……19,34
楯状地……22,23,34
多島海……29,35
棚田……90,108
谷口集落……25,202,204
谷線……37
多文化主義……276
多民族国家……230,240
ダールフール紛争……224,252
タロいも……49,316,321
タワーカルスト……33,35
単一耕作（モノカルチャー）……103
単一国家……222
段丘崖……27,28,35,39
段丘面……27,28,35,39,202
断食……248
断層……21,34
断層崖……21,34
断層湖……17,21,34
炭素繊維……150
暖流……44,72

【ち・チ】

チェチェン紛争……262
チェルノーゼム……53,63,65,115
チェルノブイリ原子力発電所……141
地殻……14
地殻変動……12
地下水……44,117,120
地球温暖化……77,84,85
地球儀……7,8,10
地形図……11,36,37,38,39,75
地溝……17,21,34
地溝帯……17,34,250
地産地消……129,145
知識産業……155
地図……6,7,8,10,11,75
地図記号……36
地図投影法（図法）……10
チタン……319
地中海式農業……93,102,111,112,113,114,117
地中海性気候区……54,55,62,63,255
知的財産権……155
地熱発電……19,142
チベット仏教……220
地方風→局地風
茶……55,95,105,109,112,316,321
中緯度高圧帯→亜熱帯高圧帯
中央構造線……70,71
中央集権国家……222
中心業務地区（CBD）……207
中生代……14,22,34
沖積平野……24,35,90,202,238,242
中東戦争……225,247
中米統合機構（SICA）……273
宙水……27,44,202
チューネン……91

長江（チャンチヤン）……104,126,228
鳥趾状三角州……26,35
潮汐発電……142
朝鮮戦争……235
直下型地震……21,34,71
地理情報システム（GIS）……5
地塁……21,34
沈水海岸……29,35
チンリン（秦嶺）山脈……104,228
チンリン＝ホワイ線……104

【つ・ツ】

ツインシティ→双子都市
津波……20,34,67,71,74
梅雨……56,72
ツンドラ……60,65,261
ツンドラ気候区……60,62,63,261
ツンドラ土……63,65

【て・テ】

TOマップ……6
デーヴィス……23
出稼ぎ……88,198,232,272
デカン高原……65,102,109,242
適地適作……116
デジタルデバイド→情報格差
鉄……136,206,319
鉄鋼業……148,149,151,177
鉄鉱石……136,151,175,195,326
テラローシャ……65
テラロッサ……63,65
デルタ→三角州
田園都市構想……211
電気機械工業……154
てんさい……92,316,321
電子基準点……36
電子国土基本図……37
電子商取引……183
電子地形図25000……37
天井川……25
伝統産業……169,178
伝統的工芸品……147,178
天然ガス……131,134,142,144,325
天然ゴム……95,108,317,323
電力……140,144

【と・ト】

ドイモイ（刷新）……107,150,162
銅……137,319,326
等角航路……8,10
東岸気候……45
統計地図……11
島弧→弧状列島
等高線……36
等高線耕作……116
等時帯……9
等値線図……11
東南アジア諸国連合（ASEAN）……185,223,241
東北地方太平洋沖地震……20
とうもろこし……89,96,100,103,104,117,216,315,320
独立国……222,251
独立国家共同体（CIS）……223,255,261
都市型水害……66
都市気候……66
都市圏……213
都市鉱山……138
土砂災害……73
土壌……63,64,65
土壌侵食……116
渡津集落……202
土地生産性……87,103,122
ドットマップ……11
トナカイ……63,256,318
ドーナツ化現象……212

トラックファーミング→輸送園芸
トラフ……70
ドラムリン……31,35
トランスフォーム断層……17,34
鳥居前町……205
ドリーネ……32,33,35
トルネード……69,265
奴隷貿易……251,271
屯田兵村……202
トンボロ（陸繋砂州）……28,29,35,291

【な・ナ】

内帯……70
内的営力……12,20
内陸河川……31,35,80,246
内陸砂漠……52
ナイル川……26,31,71,111
中継貿易……191
ナゴルノ・カラバフ紛争……262
なつめやし……52,110,246,317,322
鉛……137,326
納屋集落……28,202
南海トラフ……70,74
南極……13,30,76
南沙群島（スプラトリ諸島）……224,225
南南問題……192
南米諸国連合（UNASUR）……223
南米南部共同市場（MERCOSUR）……193,223,273
南北問題……192,223
難民……128,198,224,259,276

【に・ニ】

二期作……102,105,107
肉牛……94,102,117,318
二酸化炭素……77,79,85
2次エネルギー……130,140
日較差……40,51,61
ニッケル……319,326
二圃式農業……91,113
二毛作……105
乳牛……92,102,110,318
ニュータウン……211,213,287

【ね・ネ】

ネイティブアメリカン……265,266
熱赤道……40
熱帯……48,49,50,62
熱帯雨林……48,49,63,78,250,251
熱帯雨林気候区……48,49,62,63
熱帯収束帯（赤道低圧帯）……40,41,42,48,80
熱帯低気圧……43,54,63,68
熱帯モンスーン気候区→弱い乾季のある熱帯雨林気候区
熱帯林……78,79,95,101,124,184,270
年較差……40,45,58
年少人口……197,201

【は・ハ】

梅雨前線……72,73
バイオエタノール……117,119,143
バイオガス……143,145
バイオディーゼル……143
バイオテクノロジー……156
バイオマスエネルギー……143
ハイサーグラフ……47
排他的経済水域（EEZ）……126,127,222,226
パオ……63,88
バオバブ……251
バカンス……184,255
白豪主義……276

端境期……99,120
ハザードマップ……5,74
バスク人……219,224,256
パタゴニア……118,119,270,271
発光ダイオード（LED）……144
発展途上国……82,128,147,189,192,199,209
バナナ……95,102,108,118,322
パナマ運河……188
ハブ空港……187
パーム油……95,108,317,322
ハラーム……217,248
ハラール……217,248
パリ協定……84,85
ハリケーン……43,265
バルクキャリア……188
春小麦……99,103,116,117,315
パルプ……124,149,156,322
漢江の奇跡……160
バンク（浅堆）……126
ハングル……236,237
パンゲア……15
半導体……154,160
パンパ……53,118,119,270
パンパ土……63,65
氾濫原……24,25,35,38,75,202

【ひ・ヒ】

被圧地下水……44,120
PM2.5……81
ヒスパニック……116,266
非政府組織（NGO）……253
日付変更線……8
羊……101,120,230,318
非鉄金属……137
ヒートアイランド現象……66
一人っ子政策……196,230
ピナクル……32,33,35
日干しれんが……52,215,247
ヒマラヤ山脈……16,20,242
ひまわり……115,321
白夜……8
ビュート……23,30,34,35
氷河……30,31,65,66,77,250,270
氷河湖……31,35,254,264
氷河地形……30,31,35,274
氷期……66
兵庫県南部地震……21
標準時……9,235
氷床→大陸氷河
氷雪気候区……60,62,63
ビール……114,149,156,315,322
広がる境界……16,17,34
浜堤……28,295
ヒンディー語……218,243
ヒンドゥー教……217,220,221,244
ヒンドスタン平原……242

【ふ・フ】

ファゼンダ……118
ファブレス企業……155
ファベーラ……209,273
V字谷……24,35
フィードロット……94,103,117,129
フィヨルド……29,35,113,167,254,274
風化……12
風力発電……142,143,144,145
フェアトレード……191,192
フェーン現象……43
フォガラ……63,90
フォッサマグナ……70
付加価値……147
副業的農家……122
副都心……207

プスタ……65
豚……101,123,318,323
双子都市（ツインシティ）……204
仏教……217,220,221,240
ぶどう……93,111,113,322
プトレマイオス……7
ブミプトラ政策……240
冬小麦……99,103,116,117,315
プライメートシティ→首位都市
プランテーション……95,108,112,119,266
プランテーション農業……63,94,95,103,107,109,118
ブリックス（BRICS）……146,157,163,174,179
プルームテクトニクス……19
プレート……14,15,16,17,18,19,20,34
プレート境界型地震……34,74
プレートテクトニクス……14,15,19
プレーリー……53,64,103,116,117,264
プレーリー土……63,65,102
フロストベルト→スノーベルト
プロテスタント……220,221,256
フロンティア→開拓前線
分水界……37

【へ・ヘ】

米国・メキシコ・カナダ協定（USMCA）……174,190,193,223,273
ベドウィン……88,214
ベビーブーム……201
ベンガル湾……163,164,245
便宜置籍船……188
偏西風……40,42,45,54,56,63,81,255,275
変動帯……16,70

【ほ・ホ】

ホイットルセイ……87
方位……8,36
貿易風……42,48
貿易摩擦……179,194
防災……67,74,75
放射性物質……82,141
ボーキサイト……137,175,319,326
北米自由貿易協定（NAFTA）……174,190,223
母語……218
母国語……218
堡礁……32,33,35
ホットスポット……15,18
北方領土……227,295
ポドゾル……63,65
ホームステッド法……117
ホームレス……209,211,267
ホモロサイン図法（グード図法）……10
ポリエ……32,35
掘り抜き井戸……44,120
ボルダー……254
ホワンツー（黄土）高原……228
ホーン（尖峰）……30,35
本初子午線……8,9

【ま・マ】

マイクロファイナンス……245
マオリ……275
マキラドーラ……174
マグマ……18,19,34
マニュファクチュア→工場制手工業
マール……19,34
マルティン＝ベハイム……7
マングローブ林……78,79
マントル……14,18,19

【み・ミ】
三日月湖（河跡湖）……24, 25, 35
ミシシッピ川……26, 71, 97, 264
水無川……25, 35
緑の革命……96, 98, 99, 102
南アジア地域協力連合（SAARC）……223
名田百姓村……202, 293
民族……218, 230, 240, 247, 256, 262, 266, 272
民族島……219
民族宗教……220, 221
民族問題……244, 262

【む・ム】
ムスリム（イスラム教徒）……185, 220, 240, 247, 248
ムハンマド……220, 221

【め・メ】
メガロポリス（巨帯都市）……173, 208, 267
メサ……23, 30, 34, 35
メジャー→国際石油資本
メスチーソ……272
メソスフェア……14
メタンハイドレート……145
メッシュマップ……11
メトロポリス（巨大都市）……208
メリノ種……120, 318
メルカトル図法……6, 10
綿花……65, 96, 100, 109, 110, 317, 323

【も・モ】
モスク……221, 248, 252, 258
モータリゼーション（車社会化）……152, 182
モナドノック→残丘
モノカルチャー→単一耕作
モノカルチャー経済……95, 112, 128, 161, 166, 174, 192, 253
最寄り品……182
モルワイデ図法……10
モレーン……30, 31, 35, 65
もろこし（ソルガム）……89, 251, 315, 320
モンスーン→季節風
門前町……205

【や・ヤ】
ヤギ……318
焼畑……76, 78, 80, 89, 111
焼畑農業……63, 87, 88, 89, 102, 118
ヤク……88, 318
やませ……43, 73, 292, 293
ヤムいも……111, 316, 321

【ゆ・ユ】
遊牧……53, 88, 102, 110, 111
ユーゴスラビア……224
U字谷……29, 30, 35, 254, 274
輸出加工区……159, 161, 162
輸出指向型……160, 161, 190
輸送園芸（トラックファーミング）……93, 102

ユダヤ教……217, 220, 221
ユニバーサル横メルカトル（UTM）図法……10
輸入代替型……161, 174
ユルト……63, 88
ユーロ……257, 258, 259
ユーロポート……168

【よ・ヨ】
溶岩円頂丘（溶岩ドーム）……19, 34
溶岩堰止湖……34
溶岩台地……34
溶岩ドーム→溶岩円頂丘
用材……124, 125
溶食……32, 33
養殖……79, 113, 126, 127
羊毛……101, 323
羊毛工業……156, 169, 255
横ずれ断層……21, 34
ヨーロッパ共同体（EC）……223, 257
ヨーロッパ自由貿易連合（EFTA）……223, 257
ヨーロッパ石炭鉄鋼共同体（ECSC）……257
ヨーロッパのサンベルト……167
ヨーロッパ連合（EU）……193, 223, 257, 258, 259
弱い乾季のある熱帯雨林気候区（熱帯モンスーン気候区）……48, 50, 62, 63

【ら・ラ】
ライ麦……115, 315, 320

ラクダ……88, 318
酪農……63, 91, 92, 102, 113, 114
ラグーン（潟湖）……28, 29, 35, 39
ラティフンディオ……118
ラトソル……48, 63, 64
ラニーニャ現象……69
ラムサール条約……83
ランドラッシュ（農地収奪）……128

【り・リ】
リアス海岸……29, 35, 234, 293
陸繋砂州→トンボロ
陸繋島……28, 29, 35, 291
陸水……44
陸半球……13
リサイクル……83, 85
離水海岸……28, 35
リソスフェア……14
立地因子……148
立地条件……148
リプロダクティブ・ヘルス／ライツ……199
リモートセンシング……4, 75
リャノ……50, 63, 270
リャマ……63, 318
流域……37
流線図……11
領域……222
領海……222, 226
領空……222
領土……222, 226, 227
輪作……91, 92, 118

【る・ル】
累積債務……162, 174, 273
ルックイースト政策……162
ルール地方……148, 167, 168, 208
ルワンダ内戦……224, 252

【れ・レ】
レアアース……138, 139, 158, 165
レアメタル（希少金属）……138, 139, 158, 165, 166
冷帯→亜寒帯
礫砂漠……30, 35
レグール……65, 109, 242
レス……65
連接都市→コナーベーション
連邦国家……222

【ろ・ロ】
労働生産性……87, 94, 184
老年人口……197, 200, 201
6次産業化……123
六信五行……248
ロシア正教……221, 262
路村……203
露天掘り……135, 137, 158, 175

【わ・ワ】
ワイン……111, 114, 156, 322
ワジ（かれ川）……30, 31, 35, 51
輪中……202
ワスプ（WASP）……266
湾岸協力会議（GCC）……193, 223

アルファベット略称さくいん

【A】
AEC……193, 241
AFTA……241
APEC……193, 223, 241, 276
ASEAN……185, 190, 223, 241
AU……223, 251

【B】
BRICS……146, 157, 163, 174, 179

【C】
CAN……273
CBD……207
CIS……223, 255, 261

【E】
EC……223, 257
ECSC……257
EEZ……222
EFTA……223, 257
EMS……154
EPA……163, 191, 193, 201
EU……114, 167, 190, 193, 223, 257, 258, 259

【F】
FAO……223
FTA……191, 193

【G】
GATT……191
GCC……193, 223
GDP……11, 155, 161, 190, 231, 235, 237, 241, 268
GIS……5
GMT……9
GNI……11, 192, 193, 235, 241, 268
GNSS……4, 36, 268
GPS……4, 268

【H】
HIV……199

【I】
IAEA
IBRD……191, 223
IC……149, 156, 159, 177
ICT……161, 163, 164, 167, 172, 183, 245
ILO……223
IMF……191, 223

【L】
LCC……185, 187
LED……144
LNG……134, 170

【M】
MERCOSUR……193, 223, 273

【N】
NAFTA……174, 190, 223
NATO……223
NGO……253
NIEs……157

【O】
OAPEC……133, 223
ODA……139, 192, 210
OECD……223
OPEC……133, 165, 174, 223

【R】
R&D……147, 155

【S】
SAARC……223
SDGs……84, 巻末1～2
SICA……273

【T】
TPP11……193

【U】
UNASUR……223
UNCTAD……191, 223
UNEP……223
UNESCO……223
UNICEF……223
USMCA……174, 190, 193, 223, 273

【W】
WASP……266
WTO……155, 190, 191, 193, 223

【写真・資料提供】(敬称略・五十音順)

APPLE INC.／朝日新聞社／アフロ／アフロスポーツ／アマナイメージズ／アール・エス・アイ／イタリア中央銀行／イノプレックス／今治タオル工業組合／imagenavi／宇宙航空研究開発機構（JAXA）／AFP＝時事／AFP＝時事／Josh EDELSON／AFP＝時事／TOTAL E&P UK／AFP＝時事／MARINA MILIT ARE／AFP／WAA／ESRIジャパン／AP／遠藤敬／欧州委員会／欧州中央銀行／大山修一／岡山県観光連盟／オーストリア中央銀行／鹿児島県黒豚生産者協議会／鎌倉市／気象庁／木下真一郎／キヤノン／共同通信社／葛巻町／久保純子／黒澤達矢／ゲッティイメージズ／国土地理院／国連広報センター／国連WFP／ColBase／Cynet Photo／The Sustainable City, Dubai／産経新聞社／時事通信フォト／Jim Brandenburg/Minden Pictures／JICA／準天頂衛星システムウェブサイト／スカイマップ／杉下正良／Scott Anderson／スペイン中央銀行／住友化学／関市／岐阜県／ゼンリン／大学入試センター／ダイキン工業／駐日欧州連合代表部／津村建四朗／ドイツ中央銀行／東海大学情報技術センター（TRIC）／東京国立博物館／東洋経済／土砂災害防止広報センター／内閣府／NASA／NAVITIME JAPAN／ゼンリン（P.4⑤）㈱ゼンリンの許諾を得て掲載(許諾番号：Z21LE第1715号)／新潟ボンド工業／二瀬賢治郎／日本気象協会／日本製紙／NOAA／野上道男／バイオテク情報普及会／BHP／PPS通信社／ピクスタ／広島市／フォトライブラリー／福井幸太郎／Fujisawa SST協議会／フランス中央銀行／文京区／毎日新聞社／三上岳彦／宮田広子／山下暢之／ユニフォトプレス／読売新聞／リモート・センシング技術センター／ロイター／わかちあいプロジェクト

※本書に掲載した地形図は，国土交通省国土地理院発行の電子地形図25000および5万分の1の地形図を使用したものである。
※本書でSDGsロゴ（ホイール）を使用している箇所の内容は国連の許諾を得たものではなく，国連や国連加盟国の見解を反映させたものではありません。

表紙・裏表紙のスイス地形図 スイス連邦地理局（Federal Office of Topography swisstopo）〈1：50000 Arolla〉

【編集協力】根元一幸（神奈川大学特任准教授）
石橋生（桐蔭学園高等学校）／井上明日香（神奈川県立川崎高等学校）／上野貴子（東洋英和女学院中学部・高等部）／川島勇行（東京都立国際高等学校）／齋藤晃（中央大学附属中学校・高等学校）／中井彩乃（神奈川大学附属中・高等学校）／能勢博之（神奈川県立小田原高等学校）／橋本達也（神奈川県立住吉高等学校）／真島徹也（神奈川県立横浜修悠館高等学校）

【表紙デザイン】菅野祐子（ビーワークス）

巻末特集 SDGsについて探究しよう

持続可能な開発目標（SDGs）とは、「誰一人取り残さない」という理念の下、国際社会が2030年までに取り組むべき課題とその解決に向けた目標として、2015年の国連持続可能な開発サミットで採択されたものである。SDGsの目標と、それらが提起された背景、各地で進められる取り組みについて、探究しよう。

1 各地で進められる取り組みの例をみてみよう

やってみよう SDGsにおいては、人間活動による生態系や人間の福祉に与える影響を含む諸問題を、世界中のすべての人々が取り組むべき課題として提起している。以下の取り組みは、どのような問題の解決のために行われているのだろうか。また、私たちの生活とどのようなつながりがあるのだろうか。

↑①**医療援助活動を行う国境なき医師団の医師たち**（中央アフリカ） 国境なき医師団は、1971年に設立された非政府組織（NGO）で、自然災害や戦争・内戦、貧困などで保健医療を受けられない人々に対して、国家という枠をこえて支援活動をしている。とくに難民・避難民に対しては、予防接種や健康教育、心のケアなどにも注力している。
Link p.224〜225 世界の民族・領土問題

↑②**フェアトレード認証砂糖の原料となるさとうきびを生産する農家**（マラウイ） フェアトレードとは、発展途上国の農産物などを適正な価格で購入する取り組みのこと。小規模農家が多いマラウイでは、乾燥地でも育つさとうきびが農家の貴重な収入源で、農家と政府が協力してつくった生産者組合によって、フェアトレード認証砂糖の生産に力が入れられている。
Link p.192 ②フェアトレード

↑③**廃棄予定の食品を食料が必要な人々に届けるフードバンクの取り組み**（フランス） フードバンクとは、まだ食べられるのにさまざまな理由で処分されてしまう食品を集めて、食べ物を十分に得られない人々に無料で届ける取り組みのこと。日本でも、生活困窮者の支援団体などによって行われており、食品ロスの問題の解決や、環境負荷の削減にもつながっている。
Link p.129 ③先進国の食料問題

2 さまざまな立場になって考えてみよう

やってみよう 地球上の諸問題をSDGsの視点で考える際は、さまざまな立場から関連する事象をとらえることが大切であり、それが、「誰一人取り残さない」持続可能な社会につながる鍵となる。ここでは、アマゾンの森林面積の減少を事例として、5つのSTEPで探究してみよう。

★STEP1〜4では、考えたことをカードやふせんに記入して、ノートに貼って並べてみよう。STEP5では、ノートに関係図を書いてみよう。

↑④**アマゾンの熱帯林に隣接する大豆畑**（ブラジル） ブラジルでは、以前から肉牛用の牧場造成のために熱帯林の伐採が行われてきた。1990年代以降は、貿易の自由化や中国での大豆需要の高まりを受けて、大豆の生産量・輸出量が激増しており、最近はブラジル高原のセラードだけでなくアマゾン盆地での開発も進んでいる。大豆は食用に限らず、畜産用の飼料やバイオ燃料の原料としても使われていて、世界各地に輸出されている。
Link p.119 ③ブラジルの農業の変化

STEP 1 アマゾンの森林面積はなぜ減少したのか？

- （例）農地をつくるために森林を伐採したから。→ STEP2 へ
- （例）木材を利用するため。
- （例）山火事で失われたため。

STEP 2 農地を開発する側と反対する側の立場で考えてみよう

開発する側（例えば穀物メジャー）の意見
- （例）広大な農地を確保でき、より多くの大豆を生産できる。

開発に反対する側（例えば先住民）の意見
- （例）貴重な野生生物の生息数や種類が減っている。

STEP 3 アマゾンの森林が減るとどのような問題が起こり得るだろうか？

STEP 4 問題の解決にはどのような考え方が必要だろうか？

STEP 5 SDGsの目標のつながりをとらえよう

陸の豊かさを守ること（目標15）は、海の豊かさを守ること（目標14）にもつながるというように、各目標は相互に関連をもっている。各目標はどのような関連性があるのか、考えてみよう。ただし、ある目標を達成するために別の目標の達成を犠牲にしてはならず、どのようにすれば両立できるのかを考えることが大切である。

↑⑤陸の豊かさを守ること（目標15）と各目標の関連